창조적 세계화론

창조적 세계화론

펴낸곳 서울대학교출판문화원
펴낸이 이장무
지은이 박세일

초판 1쇄 발행 2010년 2월 10일
초판 3쇄 발행 2010년 6월 20일
출판등록 제15-3호

주소 서울 관악구 관악로 599 우편번호 151-742
대표전화 02-880-5252 **팩스** 02-888-4148
마케팅팀(주문상담) 02-889-4424, 02-880-7995
이메일 snubook@snu.ac.kr
홈페이지 www.snupress.com
영문홈페이지 eng.snupress.com

ISBN 978-89-521-1075-6 93340

창조적 세계화론

대한민국 세계화전략

21세기 한반도 선진화와 통일을 위한 세계화전략

박 세 일 지음

서울대학교출판문화원

Korea's Creative Globalization Strategy:

Creative Globalization Strategy for the Advancement of Korea

Park, Se-Il

Seoul National University Press

머리말

한 시대를 사는 지식인의 역할이 무엇일까? 공장과 농촌에서 많은 이웃이 땀을 흘리며 노동할 때 책을 읽었던 지식인이 있다면 이들이 이웃을 위해 해야 할 일은 무엇일까? 다음의 세 가지가 아닌가 생각한다.

첫째, 세상의 변화를 알리는 것이다.

이 세상이 지금 어떻게 변화하고 있는지 그 실상과 변화의 원리를 밝혀서 국민들에게 알려야 한다. 21세기를 세계화의 시대라고 한다. 그러면 도대체 세계화란 무엇인가? 좋은 것인가? 나쁜 것인가? 어떠한 점이 좋고 어떠한 점이 나쁜가? 이러한 내용들을 정리하여 국민들에게 알려야 한다. 그래서 국민들이 막연하게 불안해하지 않게 그리고 세상의 변화를 올바로 이해하고 필요한 준비를 미리 할 수 있도록 도와야 한다.

둘째, 국가와 민족의 흥망의 원리를 알리는 것이다.

국가와 민족은 성공하기도 하고 실패하기도 한다. 지금 세계를 돌아보면 어느 국가는 발전하고 있지만 어느 국가는 실패하고 있다. 역사를 돌이켜보면 한 민족도 도약할 때가 있고 추락할 때도 있다. 도대체 왜 그러한 일이 일어나는지, 그 흥망의 원리를 밝혀야 한다. 특히 21세기 세계화시대의 국가흥망 원리는 무엇인가? 어떻게 하면 경제적 풍요와 사회적 정의가 넘치는 국가를 만들 수 있는가? 그리고 어떻게 하면 그 국가와 그 사회는 발전을 멈추거나 후퇴하는가? 이러한 원리들을 밝혀 국민들에게 알려야 한다.

셋째, 세상의 변화 속에서 대한민국과 한반도가 나가야 할 길을 제시하는 것이다.

세상의 변화를 이해하고, 국가와 민족의 흥망원리를 알고 나면, 당연히 새로운 세계 변화 속에서 어떻게 하면 대한민국과 한반도가 발전하고 번영할 수 있는가에 대한 답이 나온다. 이 시대의 지식인들은 21세기 세계화시대에 대한민국과 한반도가 발전·번영할 수 있는 길을 찾아내어, 그 비전과 방향을 국민들에게 알려야 한다.

요약하면, 국민들이 시대를 정확히 읽고, 국가의 흥망원리를 바르게 이해하고, 세상의 변화에 올바로 대처해 나갈 수 있도록, 자신의 지식과 지혜를 모아 최선의 노력을 다하는 것이 이 시대를 사는 시식인의 역할이라고 생각한다. 국민들이 막연한 불안에서 이웃나라에 대해 배타적 태도로 나아가거나, 현실에 안주해 변화를 거부함으로써 — 필요한 개혁과 변화를 못하여 — 역사발전을 그르치는 일이 있어서는 안 된다. 만일 그러한 일이 발생한다면 그것은 그 시대를 사는 지식인들이 자기책임과 자기역할을 제대로 하지 않았기 때문이라고 생각한다.

필자가 세계화globalization에 관심을 가지게 된 것은 1990년대 초 우연히 미국의 로버트 라이히Robert Reich 교수의 *The Work of Nation*이라는 책을 읽고 난 후 부터였다. 그때까지 산업화국가industrialized nation를 국가발전의 기본모델로 생각하던* 필자에게 세계화라는 문명사적 변화가 진행되고 있다는 사실과 앞으로는 세계화국가globalized nation를 지향하지 않으면 국가발전이 어렵다는 사실은 큰 충격이었다. 세계화시대에는 과거와 다른 새로운 국가발전원리 내지 국가흥망의 원리가 전개된다는 문

* 당시만 해도 나의 세계관에 큰 영향을 준 책은 Clark Kerr, John T. Dunlop etc. *Industrialism and Industrial Man*, Harvard University Press, 1960이었다. 기본적으로 산업화(industrialism)의 패러다임으로 당시의 세상을 읽는 책이었다. 특히 경제발전과 노동문제에 초점을 맞춘 대작이다.

제제기가 필자에게 새로운 지적 도전으로 그리고 지식인이 풀어야 할 새로운 시대적 과제로 다가왔다.

그래서 몇몇 교수들과 함께 서울대학교에 「세계화연구회」권태환, 하영선, 이각범, 김인준 등를 만들어 정기적으로 만나 토론을 시작했다. 1992년 안식년으로 미국의 콜롬비아대학교 법경제학연구소에 방문해 있는 동안 세계화연구를 본격적으로 시작했다. 그리고 돌아와 1994년 말 문민정부김영삼 정부 시절에 청와대 정책기획수석으로 들어가 1995년부터 1997년까지 정책기획수석과 사회복지수석을 하면서, 3년간 세계화시대에 국가발전을 위한 개혁과제를 직접 책임지고 추진하게 되었다. 총리실에 「세계화추진위원회」를 만들어 53개의 세계화과제를 선정해 추진했다. 이 밖에도 사법개혁, 교육개혁, 노동개혁, 복지개혁 등의 세계화시대에 국가발전을 위한 제도개혁, 소위 세계화개혁을 위해 혼신의 노력을 다했다. 지금 돌이켜보면 만감萬感이 교차한다. 학문과 수양이 크게 부족해서인지, 최선의 노력을 했는데도 지금 돌아보면 부끄러운 점이 많다. 성공한 정책도 있지만 미완으로 끝난 것도 적지 않아 안타까움도 많다.

자세히 들여다보면 솔직히 당시 세계화개혁에는 많은 성과가 있었다. 그러나 기억에 많이 남는 것은 부족했던 점들뿐이다. 특히 사법개혁에서 법학대학원 도입을 이루어 내지 못해 10여 년이 늦추어진 것도 안타깝다. 교육개혁은 대단히 야심적으로 — OECD가 감탄할 정도로 — 구상하고 추진했으나 정권교체로 인하여 추진이 일관성있게 지속되지 못한 것이 너무 가슴 아프다. 또한 노동개혁이 마지막 단계에서 집권세력 내부의 혼란으로 왜곡되었고, 기업개혁과 금융개혁의 추진은 정치적 이유로 — 주로 여야 간의 권력투쟁으로 — 제대로 추진되지 못했던 점 등도 크게 안타깝다.

이제 돌아 보면 당시 정부의 세계화구상과 세계화개혁의 문제의식은 옳았고 시의적절했다. 시대변화의 정신을 제대로 읽었다고 생각한다. 그러나 당시 우리나라의 정치권 전반, 일반 관료사회와 기업사회, 그리고 지식인사회의 문제의식수준은 세계화가 요구하는 변화와 개혁이라는 시대정신에 충분히 부응하지 못하고 있었다. 정권은 우파진보정부였으나 전반적 사회의식은 아직 우파보수가 지배적이었다고 볼 수 있다.[●] 물론 국민 설득 부족 등 개혁파들의 준비 미흡과 개혁과정의 전략적 관리에도 문제가 많았다고 자기반성을 한다. 그래서일까? 종합적으로 보면 1995-97년경에 있었던 제1차 세계화개혁은 미완으로 끝나게 된다. 특히 교육, 노동, 복지 등의 비非경제분야에서는 큰 진전이 많았으나, 금융, 기업, 정부규제 등의 경제분야 개혁은 미진했다.

그리고 우리나라는 1997년 말에 아시아금융위기를 맞고 IMF에 구제금융을 신청하게 된다. 아시아금융위기는 물론 세계적 요인이 크게 작용한 것이다. 그러나 1990년 중반부터 기업, 금융 등을 포함한 경제 분야의 세계화개혁을 제대로 성공시켰다면, 그리고 국정의 안정적 운영 — 정치안정 — 이 가능했다면, 우리나라가 아시아금융위기를 피할 수도 있지 않았을까 하는 안타까움이 적지 않다. 당시 국정의 한 부분을 맡았던 사람으로서 국민들에게 죄송함과 부끄러움이 너무 크다.[●●]

● 좌와 우 그리고 진보와 보수를 어떻게 정의할 것인가에 대하여는 여러 방법이 있으나, 여기서는 논의의 편의상 다음과 같이 분류한다. 우(右)는 자유, 시장, 성장, 법치(작은 정부), 세계 등을 강조하고, 좌(左)는 평등, 국가, 분배, 법률(큰 정부), 민족 등을 강조하는 입장으로 보기로 한다. 그리고 보수는 전통을 존중하고 점진적 변화를 선호하는 입장이고 진보는 급격한 변화 내지 개혁을 주장하는 입장으로 보기로 한다.

●● 당시의 기업개혁 — 투명성 등을 위한 기업의 지배구조개혁 — 은 대기업과 일부 관료와 언론 등의 반대가 컸다. 그리고 금융개혁은 야당의 반대가 주효했다. 거기에 정권교체의 가능성이 높아지면서 국정운영의 종합적 계획성, 위기대응능력, 정책의 일관성과 치밀성 등이 크게 흔들렸다. 이러한 정치 경제적 요인이 합쳐져 1997년 금융위기를 맞았다고 생각된다.

그리고 10년의 좌파정부가 등장한다. 전반의 5년은 좌파보수정부가 그리고 후반 5년은 좌파진보정부가 국정을 운영하게 된다. 전반 5년김대중 정부에는 IMF가 요구하는 소위 워싱턴 컨센서스Washington Consensus가 제시하는 개혁 — 금융개혁, 공공개혁, 노동시장의 유연성 등 — 을 추진하는 데 많은 시간을 보내게 된다. 후반 5년노무현 정부에도 이미 우리나라 경제의 개방성이 크기 때문에 불가피하게 시장주의적인 워싱턴 컨센서스적 개혁을 계속하게 된다. 그러나 좌파정부이기 때문에 과거 우파정부와는 달리, 복지 확충, 균형발전, 부동산 세제개혁 등 평등을 위한 정책에도 많은 노력을 하게 된다.

그런데 좌파정부들의 이러한 좌우左右정책의 혼합에 대한 국내 비판이 적지 않았다. 또한 그러한 비판에 대한 반反비판도 있었다. 그러나 이러한 비판과 반비판은 기본적으로 20세기적 발상으로 보인다. 즉 '성장이냐 복지냐, 개방이냐 보호냐' 양자택일 식의 이분법적 발상으로 보인다.

앞으로 21세기는 '성장도 복지도', '개방도 보호도' 함께 해야 하는 시대다. 그래서 단일 정책보다는 정책 패키지가 필요한 시대다. 그리고 더 깊이 생각하면 앞으로는 단순히 올바른 정책 패키지policy package의 선택 못지않게, 정책을 추진할 국가능력state capacity을 어떻게 높일 것인가가 더 중요한 핵심과제가 되는 시대다. 이러한 문제들을 모두 포괄하는 21세기적 국가발전의 신패러다임이 나와야 한다. 신패러다임을 만드는 문제, 21세기적 새로운 국가발전전략, 즉 21세기적 창조적 세계화전략을 찾는 노력이 진정으로 이 시대가 요구하는 것이다. 그런데 지난 10년간 이러한 방향으로의 큰 진전은 없었다.

2008년 여름에 필자는 미국 스탠포드대학 아태亞太연구소에서 안식년을 지내면서 대한민국의 21세기적 국가발전의 신패러다임을 연구하기 시작했다. 그러면서 이 책—창조적 세계화론—을 쓰기 시작했다. 2007년 대한민국의 정권이 좌파에서 우파로 바뀌었다. 2008년 미국에서는 진보적인 민주당의 오바마 후보가 대통령이 되었다. 그리고 2008년 9월 15일 리만 브라더스의 파산으로부터 시작된 미국발 금융위기가 전 세계적 금융위기로 확산되었고, 그로 인하여 전 세계적 경제침체가 가속하고 있었다. 2009년에는 제2차 세계대전 이후 최초로 세계 GDP가 마이너스 성장을 기록하게 될 것으로 전망되고 있었다. 이러한 국내외의 격변의 와중에서 이 책을 쓰기 시작했다.

우리나라는 최근의 이러한 세계금융의 격변의 문제를 어떻게 읽고 어떻게 대응해야 할까? 현재의 세계적 경기침체가 회복된 후, 세계에는 과거와는 다른, 혹은 부분적으로 수정된 새로운 금융과 무역질서가 대두되고, 개별국가들도 나름의 새로운 발전전략을 선택하게 될 것이다. 그렇다면 이러한 변화의 물결 속에서 우리나라는 어떻게 대처해야 할까? 만일 우리나라에서 21세기적 초超세계화super globalization시대에 국가발전을 위해 앞으로 제2차 세계화개혁을 다시 본격적으로 추진한다면, 그때는 어떠한 사상과 이론에 기초해야 하고 어떠한 원칙과 전략을 가지고 추진해야 할까?* 지난 산업화시대 우리나라가 의지해 온 발전패러다임 내지는 발전전략, 즉 산업화전략strategy for industrialism—소위 박정희 식의

* 필자는 1980년부터 본격화된 소위 제2차 세계화운동(the second wave of globalization) 속에서도 21세기에 들어오면서 세계는 이제는 초세계화(super globalization)의 시대로 진입한 것이 아닌가 생각한다. 소위 국가 간, 조직 간, 개인 간, 국경을 넘는 상호의존성과 상호작용성이 너무 깊어지고 넓어지고 빨라졌다고 생각한다. 이번 2008년의 미국발 세계금융위기가 이를 실증적으로 보여주는 것이 아닌가 생각한다. 우리가 생각했던 것보다 상호의존성이 훨씬 앞서 나가고 있음을 보여주고 있다. 그래서 2000년 이후부터는 단순한 세계화가 아니라 초세계화라고 부르는 것이 현실을 보다 정확히 표현하는 것이 아닌가 생각한다.

동아시아 발전모델 — 과는 어떻게 다른 새로운 패러다임과 전략 — 세계화전략strategy for globalization — 을 가지고 21세기 초세계화의 풍랑을 헤쳐나갈 것인가? 세계의 주류경제학자들이 주장하는 경제발전이론과 World Bank나 IMF 등 국제기관들이 권장하는 세계화정책들 중에서 우리가 받아들일 것이 무엇이고 우리가 수정해야 할 것이 무엇인가? 또 우리가 거부해야 할 것이 무엇인가? 지난 1960-70년대 산업화시대에 대한민국의 정책 성공에서 앞으로 우리가 지키고 발전적으로 계승해야 할 것이 무엇이고, 우리가 버려야 할 것이 무엇인가 등의 문제를 생각하면서 이 책을 쓴다.

대한민국에서 세계화가 논의되기 시작한 지 벌써 15년이 지나고 있다. 돌이켜보면 몇 가지 결정적으로 미흡한 점이 발견된다.

첫째, 대한민국의 세계화구상 내지 전략 — 세계화시대 경제와 국가발전을 위한 국가구상 내지 전략 — 에 한반도 통일의 문제가 그 중요성과 긴박성에 비해 충분히 다루어지지 않았다. 솔직히 그동안 우리사회에서는 적극적 통일의지와 열망을 담은 통일정책은 적었고, 오직 북한 당국을 어떻게 다룰 것인가 하는 대북정책만 있었다.* 그러나 이제는 한반도의 통일과 대한민국의 세계화전략은 점점 따로 논의할 수 없는 단일單一

* 우파는 북한당국을 좀 더 원칙을 가지고 강경하게 다루어야 한다는 주장이 많았고 좌파는 북한당국을 온건하게 다루는 것이 보다 효과적이라는 주장이 많았다. 그러나 우파든 좌파든 통일에 대한 적극적 의지는 약했다고 보여진다. 북한의 움직임에 어떻게 대응할 것인가를 중심으로 논쟁을 하다가 강경정책과 온건정책 자체가 목적이 되어 버리고, 북한의 변화 — 정상국가화 근대국가화 — 라는 목적은 잃어버렸다. 그래서 북한을 실제로 어떻게 변화시켜 통일을 이룰 것인가에 대하여는 모두가 소극적이 되었고 외면하는 경향까지 생겼다. 그래서 좌와 우가 온건이냐 강경이냐의 비생산적 논쟁을 하는 동안에 북은 핵실험을 두 차례나 하였고 북한동포의 고통은 계속되고 있다. 그리고 남한에서는 통일에 대한 열정과 의지가 식어가고 있다. 크게 잘못된 일이다.

과제가 되어가고 있다고 생각한다. 한반도의 내부 — 특히 북한의 변화 — 와 외부의 상황변화가 통일문제를 떼어 놓고 한반도 선진화를 위한 세계화전략을 논할 수 없게 만들고 있다.

이제는 한반도의 '선진화와 통일'을 위한 한반도 전체의 '창조적 세계화전략'을 생각해야 할 때라고 판단한다. 이러한 방향으로의 노력이 결코 쉽지 않고 이미 많이 늦었다고 생각한다. 우리가 통일에 대한 확고한 입장과 적극적 구상을 가지고 나가지 않으면, 이웃 4강들이 한반도의 역사, 특히 김정일 이후의 역사를 직접 쓰려 들 것이다. 그리고 그 과정에서 한반도의 통일은 더 멀어지고 '한반도 전체의 선진화를 위한 세계화전략'은 치명적인 타격을 받게 된다. 따라서 서둘러야 한다.

둘째, 지난 15년을 돌이켜보면 세계화개혁에 대한 구호는 요란했다. 그리고 우리의 제도와 정책을 세계문명표준, 소위 글로벌 스탠더드global standard에 맞추려는 제도 및 정책 개혁의 노력도 많았다. 그러나 실제로 현장에서의 개혁적 변화, 피부에 와닿는 실제적 변화는 크지 못했다. 예컨대 지난 1995년 5.31 교육개혁안은 OECD로부터 많은 찬사를 받았다. 그런데 그 이후 대한민국의 교육현실이 과연 현장에서 얼마나 달라졌는가? 물론 적지 않은 개선도 있었지만 과연 오늘날 국민 모두가 느끼는 교육고통의 문제가 충분히 풀리고 있는가? 외국의 교육변화와 대비할 때, 우리의 교육개혁이 우리의 국가경쟁력을 높이고 있는가? 국민통합에 기여하고 있는가? 돌이켜 보면 크게 부족하다. 그렇다면 기업의 지배구조는 어떠한가? 은행의 감독질서는 어떠한가? 공기업 개혁은 어떠한가? 지방발전은 어떠한가? 여러 현안들에 대해 좀 더 구체적으로 들어가면 갈수록, 정책구호는 요란했지만 현장에서의 실제적 변화는 많이 부족한 것 같다. 한마디로 그동안 우리나라의 세계화개혁이 이율곡 선생께서 한

탄했던 실공實功 effectiveness이 부족한 개혁이 아니었나 하는 반성이다. 그러면 그동안 왜 세계화개혁에 실공이 적었을까? 가장 중요한 이유는 다음의 두 가지가 아닌가 생각한다.

첫번째 이유는, 지난 15년을 돌이켜 보면 필자를 포함하여 우리나라의 지식인 — 전문가들이 우리나라의 역사·전통·관행·문화·의식 등 우리나라의 조건과 환경에 맞는 창조적 정책구상을 자주적으로 해내지 못했기 때문이다. 아무리 선진적 제도와 정책이라고 해도 선진국적인 조건과 환경에서 나온 제도와 정책이다. 따라서 조건과 환경이 다른 후진국이나 중진국에 도입할 때는 불가피하게 수정과 보완이 필요하다. 그런데 우리는 그동안 선진국의 제도를 무비판적으로 수입하는 데만 급급하지 않았는가? 그리고 그 제도와 정책이 본래의 목적을 이루어 내지 못하면 그 책임을 자신들 — 학자들 — 의 부족함으로 돌리지 않고, 오히려 사회와 국민들에게 돌리려 하지 않았는가? 많은 반성이 된다.

21세기는 교과서가 없는 시대다. 단일모델이 존재하는 시대가 아니다.• 물론 어느 정도 보편성을 가지는, 문명표준이라고 칭할 수 있는 소위 글로벌 스탠더드라는 것은 있다. 예컨대 앞으로는 모든 제도와 정책이 자유와 질서, 개방과 통합, 경쟁과 공정, 투명성과 책무성 등을 존중하는 방향으로 가야 한다는 정도의 글로벌 스탠더드는 분명히 있다. 물론 이것을 중시해야 한다. 그러나 글로벌 스탠더드를 어떻게 개별 국가의 개별

• 예컨대 민주주의제도로서 대통령제도가 좋은가 내각책임제가 좋은가, 아니면 이원(二元)집정부제가 좋은가는 그 나라의 역사·문화·의식·관행 속에서 판단해야 할 문제이다. 마찬가지로 기업의 통치구조(governance)로서 주주중심(shareholder)의 체제가 좋은가 관계자중심(stakeholder)체제가 좋은가도, 또한 노사관계에서도 '노사자치주의(voluntarism)'가 좋은가 '사회적 대화모델(corporatism)'이 좋은가도 모두 그 나라의 역사·문화·의식·관행 속에서 자신들에게 가장 맞는 제도를 선택하고 끊임없이 수정보완하면서 창조적으로 개선해 나가야 하는 것이다.

제도와 정책에 적용할 것인가는 그 나라의 역사·문화·관행·의식 등을 감안해 자주적이고 창조적으로 만들어 나가야 한다. 더구나 아직 글로벌 스탠더드가 형성되어 있지 않은 정책분야도 많다. 이러한 경우에는 더욱 더 그 나라의 특징 — 장점과 특수성 — 을 존중하면서, 가장 이상적이면서도 가장 자기현실에 맞도록, 자기주도적으로 정책을 개발해야 한다. 학문과 정책에서 이러한 자주의식과 창조의식은 대단히 중요하다.

그런데 우리나라는 그동안 후진국에서 중신국으로 나아가는 산업화시대를 지나면서 소위 따라잡기catch-up를 위해 선진제도를 빠르게 모방하고 복사하는 데 익숙해 왔다. 그런데 이제는 중진국 단계를 지나 선진국으로 나가야 할 선진화시대인데도 아직 국가전략을 구상하고 실천하는 데 외국 제도를 무조건 모방하고 복사하려는 사고의 습관habit of mind이 많이 남아 있다. 빨리 이를 고쳐야 한다. 구체적 현실 속에서 자주적이고 창조적으로 정책을 구상하고, 현실 속에서 구체적 실천을 통하여 조금씩 점진적으로 개선gradual improvement해 나가야 한다. 그러한 실사구시적實事求是的 정신이 필요했다고 본다. 이 점의 부족이 지난 15년간 세계화개혁에 실공이 적었던 이유의 하나가 아닌가 생각한다.

지난 15년간 개혁의 실공이 적었던 두 번째 이유는 우리가 개혁의 '제도적 측면'에 과도하게 치중하고 '인적 측면'을 상대적으로 소홀히 한 데 있었다. 국가의 발전을 위해서는 제도개혁institutional reform과 인적개혁leadership reform이 동시에 진행되어야 한다. 아무리 제도를 고쳐도, 그 제도를 운영하는 사람들의 변화, 특히 지도자의 변화가 없으면 개혁은 성공하기 어렵다. 지난 15년간 많은 개혁의 구호가 있었고 제도의 개선도 있었지만, 우리는 인적개혁 — 의식과 실력의 변화 — 을 대단히 소홀히 했다고 본다.* 이 점이 개혁의 실공이 적었던 두 번째 이유다.

본래 동양에서는 국가운영에서 제도보다 사람을 중요시해 왔다. 그래서 특히 국가를 운영하는 지도자들의 인격과 덕성, 경험과 경륜을 중시했다. 국가가 성공하려면 지도자가 국익과 공익을 위하여 — 애민愛民과 위민爲民 — 사욕을 억제하는 선공후사先公後私의 정신이 있어야 함을 가르쳤다. 그리고 역사의식을 강조했다. 시대의 정신을 읽고 시대적 과제의 해결에 몸을 던지는 것을 자신의 사명과 영광으로 알고, 동시에 자신의 일거수일투족이 다음에 올 세대에게 모범과 전범이 될 수 있도록 행동하고 사고할 것을 요구했다. 한마디로 선공후사의 정신과 역사의식을 사회지도자와 공직자들에게 요구했던 것이다. 그래서 국정쇄신을 위해서는 인적쇄신부터 시작했다. 한마디로 공직자들 — 정치지도자, 공무원, 교사 등 — 의 의식개혁과 실력향상부터 시작했다.

그런데 일제강점기를 지나고 해방 이후 서구문물이 급속히 들어오면서 우리 사회에서 이러한 공직자의 윤리와 지도자정신이 크게 약화되어 왔다. 그리고 특히 민주화과정에서 지도자와 국민의 거리가 줄어들기 시작하면서 아무나 지도자가 되려고 나서기 시작했다. 또한 공직자와 개인사업자 사이의 거리도 줄어들기 시작하면서, 공직자든 개인사업자든 모두가 시장적 가치와 개인적 이익을 중시하는 경향을 가지게 되었다. 그래서 지도자와 공직자들의 선공후사 정신과 역사의식 등이 크게 약화되었다.

그래도 1960-70년대의 산업화시대에는 새마을운동과 같은 지도자와 국민 모두가 공감하는 정신과 의식개혁운동이 있었다. 그러나 그 이후

* 예컨대, 교육개혁의 경우 교사들의 사명감, 자긍심, 직업윤리, 그리고 세계화·정보화 실력이 크게 개선되지 않고 과연 교육현장의 개혁이 가능할까? 마찬가지로 공무원들의 공인의식, 사명감, 국정운영능력 등이 높아지지 않는 상황에서 공공부분의 개혁이 성공할 수 있을까?

특히 1980-90년대의 민주화시대로 들어오면서, 우리 사회에 반反권위의 풍조가 팽배해지면서, 그 부작용으로 공직자의 윤리와 정신은 후퇴하기 시작했다. 그러면서 국가경영은 인적개혁보다 제도개혁에 치중하게 되었다. 여기에서 왜 지난 15년간의 개혁이 현장에서 실공을 만들어 내지 못했는가에 대한 답을 찾을 수 있다. 한마디로 정치지도자, 공무원, 교사 등 현장 공직자들의 의식과 윤리가 제도개혁이 요구하는 수준의 정신개혁을 이루어 내지 못했기 때문이다. 제도개혁은 앞서가는데 그 제도를 운영하는 사람들의 인적개혁 — 의식과 윤리개혁, 지식과 실력향상 등 — 은 뒤따라오지 못했기 때문이다.

물론 인적개혁의 문제는 국가 사회의 지도자, 즉 공직자들에게만 해당되는 이야기는 아니다. 국민들에게도 과연 새로운 세계화된 선진제도에 걸맞는 의식과 윤리, 민주시민으로서의 품격과 능력을 가지고 있느냐를 물어야 한다. 그리고 이를 높이기 위한 노력을 해야 한다. 요약하면 공직자와 국민들의 의식 및 윤리개혁과 실력향상을 위한 노력이 부족한 상황에서 제도개혁만 추구해서는 본래 세계화개혁이 기대하는 실공을 이루어 내기 어렵다는 것이다.

이상과 같은 지난 15년간의 각종 국정개혁 — 1995-97년까지의 세계화개혁을 포함하여 — 이 가지고 있던 몇 가지 근본적 문제점과 한계에 대하여 깊은 자기반성을 하면서 이 책을 쓰고 있다.

세상이 크게 변화하고 있다. 단순한 양적 변화가 아니라 새로운 문명사적인 질적 변화다. 개인 행복의 원리나 국가 발전의 원리가 크게 달라지는, 전혀 새로운 발전패러다임의 시대로, 소위 혁명적 변화의 시대로 진입하고 있다. 한마디로 세계화라는 변화다. 다시 강조하지만 이 변화를 어떻게 읽고 어떻게 대비할 것인가? 이것이 이 시대 모든 국가와 각국 국민들에게 최대의 도전이고 과제다.

이와 더불어 대한민국의 역사가 우리에게 새로운 국가목표national goal 내지 새로운 국가과제national agenda를 요구하고 있다. 지난 60년간 우리나라는 1940-50년대의 건국과 호국, 1960-70년대의 산업화, 그리고 1980-90년대의 민주화라는 국가목표를 성공적으로 이루어 냈다. 그래서 20세기 말 우리는 중진국의 선두주자로 우뚝섰다. 그러면 앞으로 21세기 우리의 국가목표는 무엇이 되어야 할까? 그 답은 한마디로 '선진화와 통일'이다. 한반도 전체가 선진화되고 통일된 세계일류국가, 세계중심국가가 되는 '선진화와 통일'이다. 이 새로운 국가목표 내지 국가이상國家理想을 위하여 우리는 어떠한 준비와 노력을 해야 하는가? 이것이 바로 이 시대의 최대 화두다.

요약하면 세계화라고 하는 문명사적 도전의 시대에, — 즉 큰 기회와 큰 위기의 시대에 — 한반도의 '선진화와 통일'이라는 국가목표 내지 국가이상을 향하여 뛰어야 하는 것이 우리에게 주어진 이 시대의 사명이고 이 시대의 대의大義다. 이 역사적 사명과 역사적 대의에 답하려면 우리는 반드시 21세기 '한반도의 선진화와 통일을 위한 세계화전략'을 찾아내고 만들어 내야 한다. 그리고 이것을 국민과 역사 앞에 제시해야 한다.

어떻게 해야 할까? 첫째, 우선 시급한 것은 세계화라는 변화에 대한 객관적이고 심층적 분석과 이를 전제로 한 국가전략의 수립이다. 냉전이 끝나고 동아시아에 새로운 변화의 파도가 도도히 넘쳐 흘러들고 있다. 우리는 그 변화를 올바로 읽어야 하고 변화에 대한 확고한 국가전략 — 한반도 통일전략과 동아시아구상 — 을 가져야 한다. 그래서 냉전 이후 세계의 권력구조는 어떻게 변화하고, 특히 동아시아에서의 국제관계는 어떻게 변화하고 있는가를 심층적으로 살펴봐야 한다. 그래서 이미 체제실패가 깊어지고 있는 북한의 위기를 어떻게 한반도의 통일의 기회로 연결시킬 것인가? 더 나아가 이웃 4강과 협력하여 통일한반도 이후의 동아시아의 평화와 번영의 질서를 어떻게 만들 것인가? 이러한 문제들에 대해 올바른 답을 준비해야 한다. 만일 이를 해내지 못하면, 우리 한반도의 운명은 결국 이웃 4강의 손에 놓이게 된다. 그래서 통일은 실종되고 새로운 분단이 등장할 것이고 그 새로운 분단은 반半영구화될 것이다. 그리고 그것은 결국 중장기적으로 민족상산을 가져올 것이다.

둘째로 시급한 것은 21세기 세계화라는 변화에 걸맞는— 과거 산업화시대와는 전혀 다른— 새로운 국가발전모델과 전략, 즉 '선진화모델과 전략'을 찾아내는 일이다. 이를 위해 세계화— 이미 21세기 초세계화의 단계로 진입한 세계화— 라는 문명사적 변화를 어떻게 이해해야 할 것인가? 어떠한 이해가 올바른 이해인가? 그리고 그것에 어떻게 대처해야 하는가? 단순히 세계화에 찬성이냐 반대냐 하는 수준이 아니라, 어떠한 세계화이어야 하는가? 세계화의 이익을 극대화하고 그 위험을 최소화하는 길은 무엇인가? 그리고 세계화가 소수를 위한 세계화가 아니라 다수를 위한 세계화가 되게 하려면 어떠한 정책노력이 있어야 하는가? 결국 이러한 문제들에 대해 올바른 답을 찾아내야 한다. 만일 이를 찾아내지 못하면, 결국 우리나라는 국제경쟁력을 잃고 국가발전은 뒤처지게 된다. 그러면 우리 대한민국은 결국 중진국에 머물거나, 후진국으로 추락해 영원히 후손들에게 선진국이라는 세계일류국가를 남겨주지 못하게 된다. 그것은 결국 역사실패이고 국민좌절이다.

이러한 사태를 막기 위하여 우리 모두가 노력해야 한다고 생각한다. 민족상잔을 민족번영으로, 역사실패를 국가성공으로, 그리고 국민좌절을 국민행복으로 바꾸기 위해, 우리 모두가 — 정치지도자와 지식인과 국민 모두가 — 대대적인 국가비전운동, 국가전략운동, 정책개발운동, 국민통합운동, 정신개혁운동, 도덕재무장 운동 등을 펼쳐야 한다고 생각한다.

그런데 이러한 노력을 하는데 우리에게 남아 있는 시간이 별로 없다. 앞으로 10년 내지 15년 이내에 결판이 날 것이다. 과연 우리의 선진화와 통일을 위한 세계화전략이 성공할 것인가, 그래서 한반도가 선진화와 통일에 성공할 것인가 아닌가가 결판 날 것이다. 우리는 앞으로 10-15년 사이에 인구감소국이 된다. 그 전에 선진국에 진입해야 한다. 북한도 현재와 같은 실패국가의 상태가 앞으로 10-15년 계속되면 전 국토의 사막화砂漠化가 진행되어 인적·물적·정신적 자원의 고갈의 시대, 소위 회복불가능의 시대로 들어갈 것이다. 그래서 반드시 그 이전에 통일을 이루어야 한다.

이상과 같은 문제의식을 배경으로 이 책을 썼다. 책은 내용상 크게 세 부문으로 나누어진다.

첫째는 한반도의 통일을 목표로 그리고 동아시아의 평화와 발전을 목표로 한 '세계화전략'을, 즉 한반도의 '통일전략과 동아시아구상'을 제시한다. 욱일승천하는 중국은 우리에게 어떠한 새로운 기회이면서 어떠한 새로운 도전인가? 중·장기적으로 동아시아에 어떠한 국제질서를 만들어야 동아시아에 평화와 번영이 보장되는가? 한반도 통일을 위해 우리는 어떠한 종합적·복합적 전략과 구상을 가져야 하는가? 이러한 질문들에 대해 필자의 생각을 제시하려 한다.

둘째는 세계화가 가져올 변화 그리고 제기하는 정책과제를 심층적으로 살펴본다. 예컨대 세계화는 과연 이로운 것인가, 해로운 것인가? 세계화는 경제금융정책에 어떠한 변화를 가져오는가? 세계화는 과연 분배를 악화시키는가, 아닌가? 세계화는 교육과 노동정책에 어떠한 변화를 가져오는가? 세계화는 민주주의를 촉진하는가, 아닌가? 세계화는 민주주의와 시민사회, 그리고 국가경영에 어떠한 변화를 가져오는가? 그리고 각각에 대하여 우리는 어떠한 정책적 대응을 해야 하는가 등을 살펴보는 것이다.

각각의 분야에 대해 지금까지 세계 최고의 학자들과 정책전문가들이 분석하고 논의하고 합의해 온 내용을 기초로, 우리는 어떠한 입장을 취하는 것이 바람직한가에 대한 필자 나름의 입장을 제시하려 한다. 필자는 특히 이 부분에 대하여 많은 지면을 할애했다. 그 주된 이유는 우리 사회에 세계화에 대한 잘못된 이해가 많다고 보았기 때문이다. 소위 세계화에 대한 잘못된 속론俗論 내지 부의浮議가 많다고 본다. 이를 바로 잡는 것, 특히 다음에 우리나라의 주인이 될 젊은 세대들 사이에 있는 잘못된 인식을 고치는 것이 나라의 발전을 위해 대단히 중요하다고 보았기 때문이다. 그래서 이 부분은 특히 세계화에 관심이 있는 대학생들이나 대학원생들의 좋은 학습교재가 되기를 희망하며 집필하였다.

셋째는 대한민국의 선진화를 위한 새로운 발전모델과 전략을 찾아내는 것이다. 특히 2008년 미국발 금융위기가 가져온, 그리고 향후 가져올 변화까지를 반영하여, 우리가 어떠한 세계화전략을 선택해야 하는가? 어떻게 해야 대한민국의 경제와 국가발전이 가능한가? 지난 1960-70년대 대한민국이 후진국에서 중진국으로 올라서던 근대화시대의 '산업화발전모델'과는 다른, 21세기 세계화시대 대한민국을 중진국에서 선진국으로 뛰어오르게 할 '선진화 발전모델' — 우리는 이것을 서울 컨센서스Seoul Consensus라고 부르기로 한다 — 을 제시하고자 한다. 즉 세계 글로벌 스탠더드의 변화를 감안하고, 우리의 산업화 성공의 역사도 참고하면서, 우리의 역사·문화·전통·의식에 맞는 우리 나름의 새로운 '창조적 세계화전략'을 제시하고자 한다.

사실 우리에게 남아 있는 시간이 별로 없다. 그러나 우리가 풀어야 할 시대적 과제는 너무나 엄중하고 절박하다. 그래서 자신의 천학비재淺學非才함을 걱정하고 고민할 여유도 없이, 필자는 이 책을 집필하기로 결심했다. 학문도 수양도 모두 한없이 부끄럽지만, 누군가 반드시 시작해야 한다는 단심丹心으로 집필을 결심했다. 이 작은 책이 앞으로 우리나라의 '선진과 통일'이라는 시대적 국가과제를 푸는 데 작은 지침 내지 작은 단초라도 되었으면 하는 마음이 간절하다. 우리 시대의 문제를 고민하는 뜻있는 정치지도자 · 공무원 · 경제인 · 언론인 · 지식인 · 대학생 등 모든 국민에게 감히 이 부족한 책을 올리고자 한다.

끝으로 이 책을 내면서 서울대 국제대학원과 행정대학원에서 지난 수년간 나의 세계화강의를 들었던 학생들에게 고마움을 전하고 싶다. 강의 속에서 보여준 학생들의 뜨거운 관심이 내가 집필을 결심하는 동인의 하나가 되었고 그들의 예리한 질문들이 오늘의 이 책이 다루는 과제를 선정하는 데 크게 기여했다. 미국 체류기간 동안 연구 및 집필을 위한 지원을 아끼지 않은 스탠포드 대학교 아태연구소 신기욱 소장의 도움이 컸다. 또한 한반도선진화재단의 스태프들의 도움도 적지 않았다. 이상래 기획위원, 정선재 국장, 신종수 연구원이 전체의 윤문과 교정을 도왔고, 김왕식 연구원이 도표를 만들어 주었다. 이 모든 분들에게 감사의 뜻을 전하고자 한다.

2010. 2.

박세일

차례

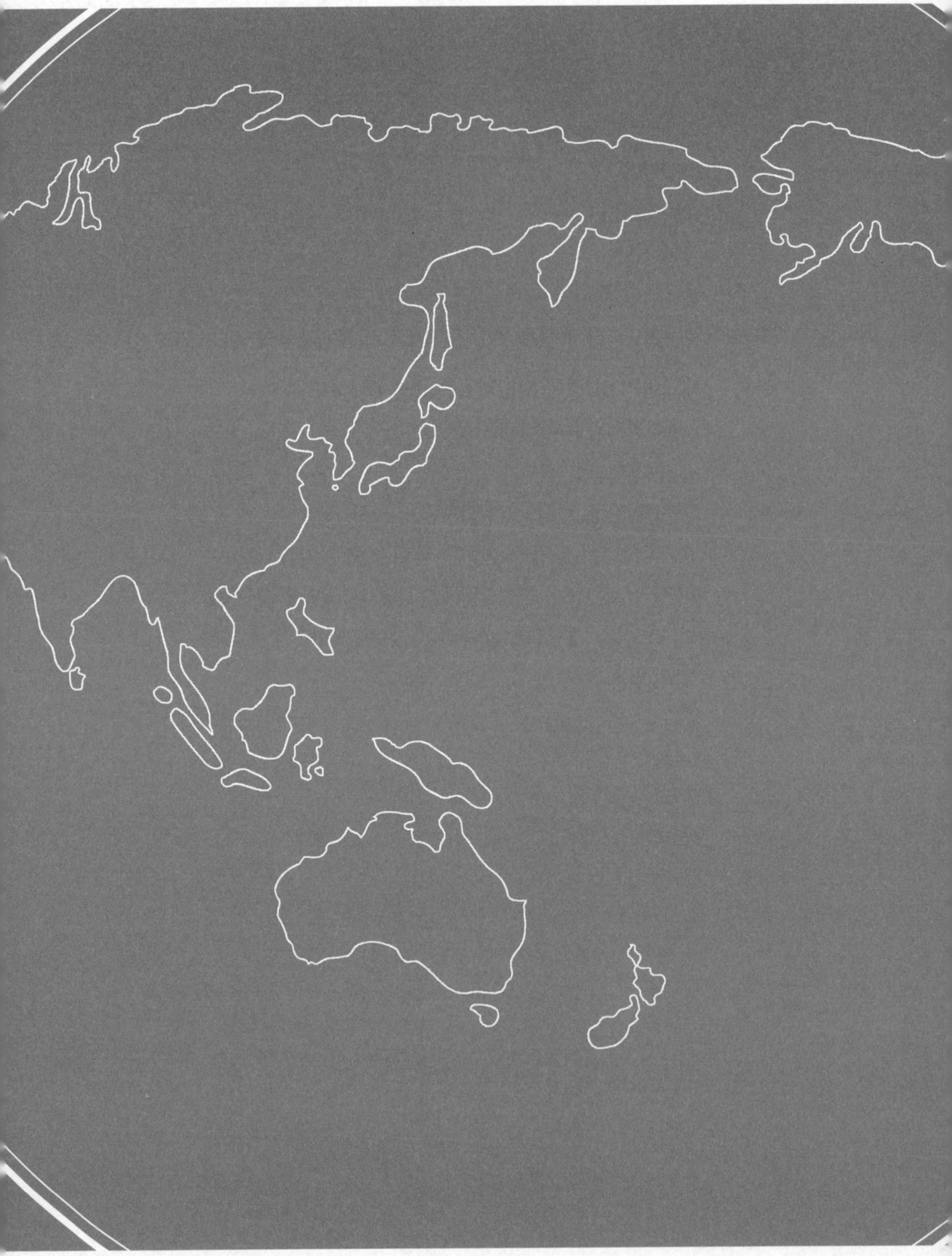

제1부

선진화를 위한 세계화

제1장

문제의 제기: 왜 세계화론인가? 왜 세계화전략인가?

세계는 지금 혁명적 변화 속에 있다. 문명사적 변화의 와중에 놓여 있다. 1978년 중국이 개혁개방을 시작했다. 1989년 베를린 장벽이 무너졌다. 1991년 소련연방이 붕괴되었다. 1995년 WTO가 출범했고 대한민국의 일인당 국민소득이 드디어 1만 달러가 되었다. 그런데 1997년 아시아 금융위기가 닥쳤다. 2001년 미국에선 9.11 테러가 일어났다. 2006년 북한은 핵실험을 강행했다. 그리고 2008년 이후 세계를 휩쓴 글로벌 금융위기와 경제침체가 아직도 지구촌 여러 곳에서 진행되고 있다. 이처럼 엄청난 격동과 변화의 한가운데 우리 대한민국은 서 있는 셈이다.

지난 30여 년간 이렇게 지구촌에 각종 혁명적 변화들을 가져온 현상을 우리는 한마디로 세계화globalization라고 부를 수 있다. 세계화란 상품·돈·사람·정보·기술 등이 국경을 넘어 이동이 확대되고 심화되며, 또 그 이동의 빈도와 강도가 증가하는 것을 의미한다. 그리고 이로 인해 지구촌의 개인 간, 조직 — 예컨대 기업과 대학 등 — 간, 국가 간 상호의존성과 상호관계성이 급속하게 증대하는 것을 의미한다. 세계화를 좁은 의미로 경제적 측면만 국한하여 이야기하면 지구적 규모의 시장 확대라고 간단히 정의할 수도 있다.

이러한 의미의 세계화는 엄격히 말해 최근의 현상은 아니다. 이미 1860-1917년까지 '제1차 세계화의 시대the first wave of globalization'가 있었다.* 그러나 제1차 세계화의 움직임은 제1차 세계대전의 발발로 중지됐

* 제1차 세계화를 언제부터로 볼 것인가는 학자 간에 견해차이가 있을 수 있다. 세계무역의 획기적 확대만을 보면 1850년부터 보아도 무방하다. 1800년부터 1913년까지 세계무역이 약 25배 증가했는데 이 기간 중 1850년대와 1870년대의 중엽에서 무역증대가 가장 놀랍기 때문이다. 1850년대를 제1차 세계화의 시대로 보는 또 하나의 근거가 될 수 있는 것은 그 기간 중 특히 노동이동이 격심했기 때문이다. 1850년부터 1914년

다. 그 이후 1945년 제2차 세계대전이 끝날 때까지를 크게 봐서 세계화의 후퇴 시대age of deglobalization라고 할 수 있다. 이렇게 뒷걸음질쳤던 세계화는 제2차 세계대전 이후 다시 서서히 일어나기 시작했다가 특히 1980년대 들어 금융의 세계화가 본격화되면서 더욱 가속했다. 그래서 우리는 오늘날 '제2차 세계화의 시대the second wave of globalization: 1980년-' 속에서 살고 있다고 할 수 있다.

제2차 세계화의 물결 속에서 특히 시장경제의 세계화가 중국경제의 개혁개방과 소련체제의 붕괴를 가져왔다. 그리고 제2차 세계화 속에서도 특히 금융의 세계화가 1997년의 아시아 금융위기와 2008년의 미국발 세계금융위기를 가져왔다. 그러나 바로 이러한 세계화의 물결 — 제2차 세계화 — 이 세계 최빈국의 하나였던 대한민국을 1963년 일인당 국민소득 100달러에서 1995년 1만 달러를 달성한 국가로 올려놓았다.* 반면 세계화의 부작용도 등장했다. 군사안보 면에서 9.11테러와 북한의 핵개발을 가져왔다. 자원부족과 지구온난화의 문제도 더욱 심각해지고 있다.

이렇게 세계화는 분명 새로운 도약과 발전의 기회이면서 동시에 새로운 위험의 등장이기도 하다. 따라서 세계화가 가져오는 각종 변화를 올

까지 약 6천만 내지 7천만의 인구가 조국을 떠나 다른 나라로 이주했다. 그러나 우리가 운송과 통신수단(증기선, 기차, 전신 등)의 획기적 발전을 계기로 사람과 물자 등 모든 종류의 이동이 급속히 늘어난 시점을 기준으로 한다면 1880년으로 보는 견해도 가능하다. 세계화의 역사는 Jurgen Osterhammel and Niels P. Petersson, *Globalization: a short history*, Princeton University, 2005를 참조.

* 1950년대 말 60년대 초 대한민국은 세계최빈국의 하나였다. 1960년 일인당 GNP는 약 86달러였다. 아프리카의 가나, 아시아의 스리랑카 수준이었다. 우리는 캄보디아에서 무상원조를 받았고 필리핀의 기술자들이 와서 장충체육관을 설계하고 감리했다. 국가예산의 40%, 국방비의 75%를 미국원조에 의존하던 나라였다. 이렇게 세계최빈국의 하나였던 나라가 1995년 1만 달러에 이르는 소위 한강의 기적을 이룩했다. 당시만 해도 이렇게 단기간에 고도압축 성장에 성공한 나라는 인류역사상 없었다.

바로 읽고 그 변화에 제대로 대처하는 국가는 발전의 기회를 선용善用해 성공할 것이고 이를 잘못 읽고 필요한 변화와 개혁을 거부하는 국가는 실패하게 된다.

그런데 이러한 혁명적 변화의 와중에서 우리는 2008년에 대한민국 건국 60주년을 맞이했다. 대한민국의 지난 역사는 1940-50년대 건국과 호국, 1960-70년대 산업화, 그리고 1980-90년대 민주화시대를 지나, 소위 근대화 혁명산업화와 민주화을 성공적으로 이루어 낸 승리의 60년이었다. 이 승리의 60년을 끝내고 이제 21세기에 접어든 대한민국은 새로운 국가목표, 새로운 국가이상國家理想, 새로운 국가비전을 찾아야 하는 전환기를 맞고 있다. 그 새로운 국가목표 내지 국가이상을 명실공히 세계일류국가世界一流國家 내지 세계중심국가世界中心國家인 선진국이 되는 '대한민국의 선진화와 통일' 혹은 '한반도의 선진화와 통일'이라고 정리할 수 있다.•

해방 후 대한민국은 세 가지 국가목표 내지 국가프로젝트가 있었다. 첫째는 경제발전이고 둘째는 민주주의, 셋째는 민족통일이었다. 경제발전이란 목표는 1960-70년대 산업화의 성공을 통해, 세계최빈국의 하나였던 우리경제가 중진국경제의 선두주자가 됨으로써 달성했다. 이제는 경제의 선진화가 남은 과제다. 민주주의라는 목표는 1980-90년대 민주화民主化, 절차적 민주주의에 성공해 국민들이 정부를 자유롭게 선택할 수 있게 되면서 이루어졌다. 그렇다면 앞으로 남은 과제는 자유화自由化, 실체적

• 지난 날 우리나라는 후진국인 세계주변국가였다. 그러나 산업화와 민주화를 통하여 소위 중진국인 세계조정국가(世界調整國家)가 되었다. 앞으로는 선진국인 세계중심국가가 되어야 한다. 이것이 1907년 국채보상운동 때 우리 선조들이 꿈꿨던 세계상등국가(世界上等國家) — 우리나라도 언젠가는 세계상등국가가 되는 것을 희망하노라 — 가 되는 것을 의미한다.

민주주의일 것이다. 즉 국민이 선택한 정부가 국민의 자유와 권리, 재산과 생명을 하늘처럼 떠받드는 정부가 되도록 만드는 일, 그래서 소위 자유 민주주의를 완성하는 일이 남아 있다. 그래서 정치선진화의 주 과제는 민주화 이후 자유화의 완성이다. 그런데 민족통일의 목표는 실질적으로는 그동안 별 진전이 없었다. 그래서 결국 21세기를 맞이한 우리의 국가 과제는 '경제의 선진화', '정치의 자유화', 그리고 '민족통일', 요약하면 '선진화와 통일'이라 할 수 있다.

21세기 초 대한민국은 두 축 위에 서 있다 볼 수 있다. 우선 시간의 축 위에서는 '대한민국의 선진화와 통일' '한반도의 선진화와 통일'이 새로운 국가목표가 된다. 건국과 산업화와 민주화를 이루어 낸 대한민국이 이제 21세기에는 선진화와 통일을 목표로 해 나가야 할 시간의 축 위에 서 있다고 볼 수 있다. 다른 하나는 공간의 축으로서의 '대한민국의 세계화' '한반도의 세계화'가 과제다. 세계화라는 인류의 문명사적 변화의 물결 속에서 새롭게 제기되는 많은 도전과 과제들, 그리고 기회와 위험을 올바로 대처해 나갈 수 있는 '대한민국의 세계화전략' '한반도의 세계화전략'을 세워야 한다. 이러한 일을 해야 할 공간의 축 위에 서 있다고 볼 수 있다.

요약해 보자. 공간적으로 세계화라는 새로운 문명사적 도전을 헤쳐 나가면서 시간적으로 대한민국과 한반도의 선진화와 통일을 향해 뛰어야 하는 것이 이 시대의 대의大義이고 이 시대를 사는 우리의 역사적 사명인 것이다. 따라서 우리는 '21세기 대한민국과 한반도의 선진화와 통일을 위한 세계화전략'을 세워야 한다. 즉 대한민국과 한반도의 선진화와 통일이라는 국가목표를 달성하기 위해 세계화라는 시대의 변화가 우리에게 주는 도전과 과제에 어떻게 대처해 나갈 것인가? 그래서 어떻게 선진화와 통일을 이루어 '통일된 선진대한민국'이라는 국가성공을 이루어 나갈 것인가?에 대한 올바른 세계화전략을 세워야 한다.

세계화전략globalization policy은 크게 두 부분으로 나눌 수 있다.* 하나는 한반도의 통일과 동아시아의 평화와 발전을 목표로 한 세계전략, 즉 '통일전략과 동아시아구상'이다. 냉전 이후 새로운 국제관계 환경 속에서 — 그리고 북의 핵개발 등의 새로운 상황변화에 대응하여 — 어떻게 한반도의 통일을 이루어 낼 것인가? 동시에 동아시아의 평화와 번영이 장기간 가능하도록 이 지역의 안보협력과 경제협력을 어떻게 다자간 제도화institutionalize할 것인가? 하는 문제다. 이를 위해 우리의 대북, 대미, 대중, 대일, 대러, 대동남아, 대 EU 정책은 남북통일과 동아시아평화를 위한 어떠한 종합적 전략구상 위에서 이루어져야 하는가? 더 나아가 우리는 장기적으로 동아시아 공동체구상Asian Union을 위해 어떠한 전략을 가져야 하는가? 등이 중요한 문제가 된다.

세계화전략의 또 다른 하나는 지난 산업화·민주화시대와는 다른 세계화시대, 정보화시대에 걸맞은, 그리고 선진화를 목표로 하는 대한민국에 걸맞은 새로운 발전모델과 발전패러다임을 찾아내는 일이다. 다시 말해 세계화시대에 맞는 선진화를 목표로 하는 '신新국가발전체제'와 '신국가발전전략'을 찾아 이를 정책화하는 일이다. 앞으로 우리는 지난 1960-70년대 산업화시대에 지배적 패러다임이었던 동아시아 발전모델소위 박정희 모델을 넘어서야 하고, 1990년대 신자유주의적인 워싱턴 컨센서스Washington Consensus도 넘어서는, 21세기 초세계화superglobalization 시대에

* 세계화전략이란 세계화라는 현상, 지구촌에서 일어나는 새로운 문명사적 변화에 대하여 우리가 어떻게 대응해야 하는가? 어떠한 제도개혁, 정책변화, 그리고 의식개혁이 필요한가? 그래서 세계화라는 변화를 우리나라의 국가발전과 성공으로, 나아가 국민의 행복증진으로 어떻게 연결시킬 것인가? 하는 국가전략을 의미한다.

걸맞은 새로운 국가발전모델을 찾아야 한다.* 초세계화라는 새로운 환경에서 대한민국의 역사와 발전단계와 문화에 상응하는 '중진국형 발전모델' 즉 '선진화 발전모델'을 찾아야 한다.**

그런데 이러한 두 가지를 주 내용으로 하는 대한민국의 세계화전략은 불가피하게 창조적 세계화creative globalization전략이 되지 않을 수 없다.

두 가지 이유 때문이다. 하나는 후진국에서 중진국까지 올라오는 데는 선진국이라는 배우고 모방할 모델이 있었다. 그러나 이제 우리가 중진국을 지나 선진국을 목표로 하는 발전단계에 있기 때문에 우리에게 더 이상 이상적인 모델이나 교과서가 없게 되었다. 이제는 불가피하게 롤 모델role model이나 교과서 없는 시대를 살며, 우리는 우리가 생각하는 우리 나름의 선진국을 우리의 국가이상으로 설정하고, 이를 달성하기 위하여 주체적이고 창조적인 노력을 하지 않을 수 없다.

또 다른 이유는 세계화시대 자체가 개별 국가에게 스스로의 창조성을 요구하고 있다. 세계화시대의 성공을 위해서는 세계의 보편적 문명표준global standard도 적극 수용해야 하지만, 동시에 각 나라가 나름의 역사, 전통, 문화 속에 있는 자신들만의 고유 가치를 창조적으로 발견하여, 그것을 가지고 지구촌에 나가야 한다. 그래서 기존의 지구촌의 보편적 표준

* 필자는 1980년부터 제2차 세계화가 시작되었다고 보는데 특히 2000년을 고비로 이제는 단순한 세계화를 넘어 초세계화의 시대로 들어간 것이 아닌가? 생각한다. 초세계화란 특히 금융의 세계화의 급속한 진전으로 이제 지구촌의 상호의존, 상호작용의 관계가 지극히 ― 우리가 일반적으로 생각한 것 이상으로 ― 긴밀해지고 불가분리적이 되어가는 것을 표현한다.

** 새로운 발전모델은 결코 과거 동아시아 모델이나 워싱턴 컨센서스를 전면으로 부정하는 새로운 모델이 아니다. 과거 동아시아 모델에서 우리가 버릴 것이 무엇이고 발전적으로 승계할 것이 무엇인지를 선택하는 것을 의미한다. 동시에 워싱턴 컨센서스가 결코 다 잘못된 것이 아니다. 그중에서 우리가 우리의 역사, 문화 등 현실을 감안하여 받아들일 것이 무엇이고 거부할 것이 무엇인가를 선택해야 한다. 이 문제에 대한 보다 자세한 논의는 제3부 창조적 세계화의 길을 참조.

과 융합해 새로운 인류의 문명표준을 창조하는 데 기여해야 한다. 그래서 지구촌의 발전과 인류역사의 보편적 진보에 기여해야 한다.

이 두 가지 이유로 인하여 우리의 세계화는 더 이상 '모방적 세계화'가 될 수 없다. 반드시 '창조적 세계화'가 되어야 한다. 그래서 우리는 반드시 '한반도와 대한민국의 선진화를 위한 창조적 세계화전략'을 찾아야 한다. 그리고 그것이 이 책의 목적이다.

한반도와 대한민국 선진화를 위한 창조적 세계화전략을 찾아보려면 몇 단계로 나누어 접근해야 한다. 제1단계는 우선 무엇보다 먼저 선진화라는 국가목표를 확실히 해야 하고, 그 내용을 확정해야 한다. 제2장에서 이 문제를 다루기로 한다. 대한민국 선진화는 이미 필자의 다른 책인 『대한민국 선진화 전략』2006, 21세기북스과 『대한민국 국가전략』2008, 21세기북스 등에서 자세히 논의했기 때문에, 여기서는 간단한 개요만을 설명하겠다.*

제2단계에서는 세계화란 — 세계화 일반의 문제 — 도대체 어떠한 현상이고, 어떠한 역사와 구조적 특징을 가지고 있는가 하는 문제를 다루기로 한다. 창조적 세계화전략은 세계화에 대한 대한민국의 전략이다. 따라서 대한민국의 전략을 세우기 전에 우리는 오늘날 지구촌에서 진행되고

* 2004년경부터 우리나라에서 소위 선진화담론이 시작되었다. 그 시대배경을 보면 당시는 친일파 청산, 과거사 청산 등 과거 역사에 대한 시비와 논쟁 — 공격과 방어 — 이 격심한 때였고, 또한 포퓰리즘적 정책이 과다하여 수도이전 논란으로 서울과 지방을 분열시키고, 부동산중과세 논란으로 강북과 강남을 분열시키고. 대학평준화 논란으로 대졸과 고졸을 분열시키는 등, 사회분열과 갈등이 심해지는 상황에 있었다. 이러한 과거지향적 — 분열지향적인 정치사회 상황을 극복하기 위해 가능한 한 우리사회의 관심을 과거보다는 미래를 향하도록 하고, 분열보다는 모두가 하나가 되어 나가도록 하자는 취지에서 대한민국의 선진화 담론이 시작되었다. 그 이후 선진화 비전연구 그리고 선진화 정책연구가 많이 나왔다. 그리고 선진화 담론을 보다 체계적으로 발전시키기 위하여 한반도선진화재단이 설립되었고 한국선진화정책학회도 결성되었다. www.hansun.org를 참조.

있는 세계화라는 변화 내지 현상에 대해 보다 심층적이고 종합적인 이해가 반드시 필요하다고 생각한다. 이 문제를 제3-4장에서 다루기로 한다.

다음의 제3단계에서는 세계화라는 현상이 한 나라의 정치·외교·경제·사회·노동·문화 등 각 분야별로 어떠한 영향을 주는가? 어떠한 기회를 제공하고 어떠한 위험을 가져오는가? 어떠한 도전과 과제를 제기하는가? 하는 문제를 분석하기로 한다. 예컨대, 세계화가 세계권력 구조에 어떠한 변화를 가져오고, 그것이 동아시아와 한반도에 어떠한 모습으로, 어떠한 과제 내지 도전으로 나타나는가? 세계화가 제기하는 핵·빈곤·인권·환경·금융위기 등등 각종 지구촌의 문제를 해결하기 위한 UN, IMF, World Bank 등의 세계통치구조global governance는 과연 제대로 작동하고 있는가? 그렇지 않다면 제대로 작동하기 위해서는 어떠한 개혁이 필요한가?

무역과 투자의 세계화 그리고 금융의 세계화는 오늘날 전 세계에 어떠한 기회와 위험으로 나타나는가? 세계화는 지구촌의 빈곤과 소득분배, 사회복지에 어떠한 변화를 가져오고, 어떠한 새로운 정책적 과제를 제기하는가? 그리고 세계화는 교육과 노동, 환경과 문화 분야에서는 어떠한 빛과 그림자로 나타나는가? 세계화는 민주주의와 시민사회에 어떠한 영향을 주고 있는가? 그리고 세계화시대 정부의 역할은 어떻게 달라져야 하는가? 또한 세계화시대 지방발전의 의미와 발전전략은 어떻게 달라져야 하는가? 등의 문제를 보도록 한다. 이를 제5장에서 9장까지에서 다루도록 한다.

이 부분에서는 각각의 주제에 대해 비교적 상세한 토론을 할 생각이다. 그렇게 계획한 주된 이유는 우리사회에 세계화에 대한 올바른 견해를 세우기 위해서다. 우리사회에는 세계화에 대해 여러 속설俗說이 많고 근거 없는 부의浮議 — 뜬소문 — 가 많기 때문이다. 우리사회에는 깊은 연구와 실증적 자료분석 없이 몇 가지 우연한 관찰과 단순한 논리에 기초하여 세계화에 대해 너무 단정적 주장들을 하는 경우 — 그것이 긍정론이든 부정론이든 — 가 너무 많다.* 이를 바로잡기 위해 5장부터 8장까지에서는 주제별로 비교적 상세한 토론을 하려 한다. 그동안 각각의 주제에 대한 최고의 전문적 연구결과를 참조하면서 우리들이 각각의 주제에 대하여 어떠한 견해를 가지는 것이 이론적으로 실증적으로 옳은 것인지를 독자들과 함께 찾아보려 한다.

다음 제4단계에서는 이러한 세계화에 대한 각각의 주제별 분석과 종합적 이해가 끝난 후 본격적으로 '선진화를 위한 창조적 세계화'의 문제로 넘어갈 것이다. 이를 위해 우선 창조적 세계화는 공동체자유주의communitarian liberalism적 철학과 이론에 기초해야 함을 밝히고, 더 나아가 '창조적 세계화전략의 기본패러다임'은 무엇이어야 하는가? 우리가 생각하는 '중진국발전모델' 내지 '선진화모델'은 무엇이어야 하는가? 하는 문제 등을 제9장에서 다루도록 한다. 그리고 제10장에서는 대한민국의 선진화를 위한 3대 목표를 확정하고 그 목표를 달성하기 위한 5대 '국가능

* 사회에 속설이 많이 돌아다니는 것은 사실은 지식인이 자기역할을 못했기 때문이다. 공부하는 사람들이 좀더 열심히 연구하여 그 결과를 국민들이 이해하기 쉽게 알리면 속설의 난무는 그만큼 줄어들게 될 것이다. 그래서 일차적 책임은 지식인들에게 있다고 본다. 그러나 이러한 속설 — 아마추어의 견해 등 — 을 정치적으로 이용하는 경향도 증가하고 있다. 이론과 학문의 정치화 내지는 정파화 현상이다. 대단히 위험하다고 본다. 예컨대, 요즈음 신자유주의가 이 시대 모든 잘못의 원인으로, 즉 이 시대의 악으로 주장하는 경향이 많다. 한동안 모든 정치 사회경제적 병은 자본주의 때문이라고 하는 것과 유사한 풍조다. 이는 잘못이다. 신자유주의는 그 내용을 보면 물론 과도한 부분도 있지만 나름의 진리인 — 참고해야 할 — 부분도 많다. 우리가 취사선택하여 활용하면 된다. 본래 모든 이론은 역사적으로 상대적이기 때문이다. 지금 필요한 것은 심층적이고 주체적인 연구이고 창조적인 활용이다. 진지한 연구도 없이 정치적·사회적 선동만 하는 것은 국민생각을 혼란시킬 뿐 국리민복에 도움이 되지 않는다. 모두가 경계하고 반성할 일이다.

력state capacity향상론'을 제시하고자 한다. 그리고 제12장에서는 누가 이 세계화전략을 추진할 것인가? 하는 문제, 즉 창조적 세계화의 주체형성 — 세계화를 추진할 역사적 주체형성 — 의 문제를 다루면서 책의 맺음말로 하도록 하겠다.

제2장

국가목표: 선진화

어떤 선진화인가?

21세기 우리의 국가목표는 한반도와 대한민국의 선진화다. 그러면 선진화란 무엇인가? 한마디로 '세계일류국가', '세계중심국가'의 하나인 선진국이 되는 것이 선진화다. 세계변방국가에서 세계중심국가로, 세계삼류국가에서 세계일류국가로의 도약이 선진화다. 그러면 우리가 목표하는 선진화, 우리가 되려는 선진국이란 어떠한 나라를 의미하는가?

첫째, 경제적 선진화: 일인당 소득 3만 달러의 '항아리 형型' 경제

우선 경제적으로는 2007년 가격으로 일인당 국민소득이 최소한 3만 달러 수준에는 들어가야 한다. 2007년 현재 일인당 국민소득이 3만 달러 이상인 나라는 전 세계 국가 약 220개국 중에서 오직 20개국뿐이다노르웨이·룩셈부르크·스위스·아이슬란드·덴마크·스웨덴·아일랜드·미국·네덜란드·핀란드·오스트리아·영국·벨기에·캐나다·독일·프랑스·일본·호주·이탈리아·싱가포르. 따라서 경제적 의미의 선진국이란 대한민국이 세계최고소득국가 20개국G-20 안에 들어가는 것을 의미한다.

동시에 선진국이란 단순히 국민소득이 높은 것만으로는 충분하지 않다. 반드시 국민소득이 비교적 고르게 분배되어야 선진국이라고 할 수 있다. 평균 국민소득은 높지만 빈부격차가 너무 심하면 선진국이라고 할 수 없다. 따라서 평균 국민소득도 높지만 중산층중위 60%의 비중이 상대적으로 큰 '항아리형 경제'를 이루어야 선진국이라고 할 수 있다.

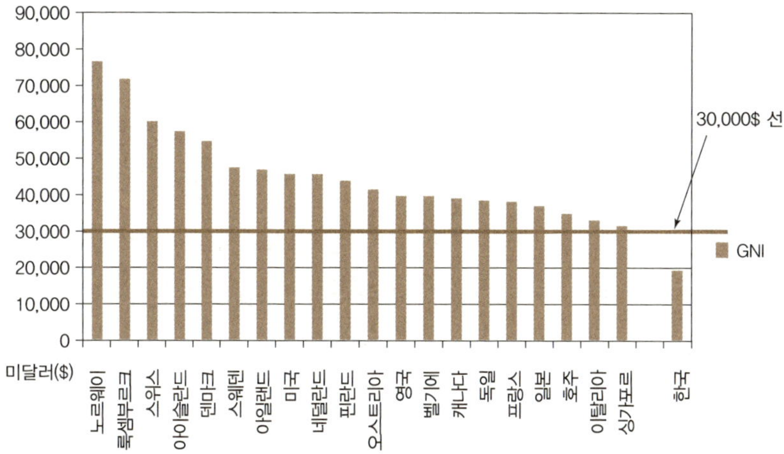

자료: World Development Indicators 2009 (IBRD)

▮그림 2.1▮ 소득 3만 달러 이상의 국가들(2007년 기준)

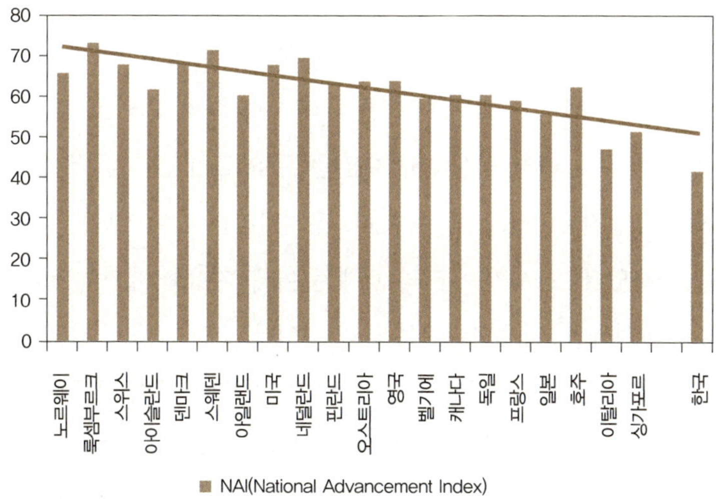

자료: 2008 선진화지수(한반도선진화재단)

▮그림 2.2▮ 선진화지수(NAI)로 나타낸 소득 3만 달러 이상의 국가들

여러 선진국의 경험에서 볼 때, 중산층이 큰 사회, 비교적 분배가 고른 국가가 정치적·사회적 갈등도 적고 성장친화적成長親和的인 사회분위기가 함께 한다고 한다. 그래서 친성장적인 정책과 제도를 선택하고 유지하기 쉬워서 높은 경제성장률을 지속적으로 달성하기 용이하다고 한다.

'항아리형 경제'를 이루기 위해서는 경제성장전략 자체가 다수 국민의 경제적 참여를 보장하고 유도하는 전략이어야 한다. 소수의 대기업 중심보다는 다수의 중소기업 그리고 영세자영업 등의 경제활동이 활발한 그러한 경제를 만들어야 한다. 소위 저변이 넓은 경제성장broad based economic growth을 이루어야 '항아리형 경제'를 만들 수 있을 것이다.

둘째, 정치적 선진화: 포퓰리즘populism을 넘어 '자유민주주의'로

정치적으로 선진국이란 '절차적 민주주의procedural democracy' 단계를 지나 '실체적 민주주의substantive democracy'의 성공까지 이루어 내는 것을 의미한다. 다시 말해 '민주화의 단계'를 지나 '자유화의 단계'를 성공시키는 것을 의미한다. 그래서 명실공히 자유민주주의liberal democracy를 달성해야 정치적으로 선진국이라고 할 수 있다. 우리나라는 이미 1980~90년대 민주화를 이루었다. 21세기 우리의 과제는 이제 '자유화'다. 즉 '실체적 민주주의', 환언하면 '자유민주주의'의 완성이다.

그러면 민주화는 무엇이고 자유화란 무엇인가? 민주화는 국민이 선거를 통하여 정부를 선택할 수 있음을 의미한다. 그래서 이를 '절차적 민주주의procedural democracy' 또는 '선거민주주의electoral democracy' 혹은 협의의 민주주의thin democracy라고도 한다. 다음으로 자유화는 무엇인가? 자유화는 이렇게 선출된 정부가 국민의 자유와 권리, 그리고 생명과 재산을 하늘처럼 떠받들 때 비로소 자유화까지 이루어졌다고 할 수 있다. 이렇게 해서 민주화와 자유화, 즉 민주주의와 자유주의가 결합될 때 비로소 '자유민주주의liberal democracy'가 성립된다. 이를 '실체적 민주주의' 혹은 '광의의 민주주의thick democracy'라고도 부른다.

따라서 21세기 우리나라가 정치적 선진국이 되기 위해서는 민주화와 자유화가 결합된 자유민주주의의 달성이 필요하다. 그런데 민주화 단계를 지나 자유화 단계로 나아가는 데 가장 큰 걸림돌이 되는 것이 바로 포퓰리즘populism 대중영합주의이다.* 민주화의 물결을 타고 정치적 선동가가 등장해 대중의 일시적 정서에 맞춰 혹은 대중정서를 조작하며, 국정을 인기 영합적으로 운영하면서 법치와 원칙을 무시하면, 국민의 자유와 기본권이 위협받고 부정되기 쉽다독일의 히틀러를 상기하면 된다. 그 결과 등장하는 것이 소위 비자유非自由민주주의illiberal democracy 혹은 국민투표형 독재plebiscitarian autocracy다.** 즉 민주화는 되었는데 — 투표를 통하여 지배자를 선택하였는데 — 자유화에는 실패하는 경우 — 지배자가 국민의 자

* 포퓰리즘과 함께 나타나기 쉬운 현상이 소위 이익집단민주주의(interest group democracy)다. 본래 민주주의에서 공동선(共同善, common goods or public goods)을 찾는 방법이 두 가지 있다. 하나는 모든 구성원들이 자신들의 이익[私益]을 억제하고 공동선[公益]이 무엇인가를 토론하고 성찰하여 찾아가는 방법이다. 다른 하나는 모든 구성원들이 자신들의 이익을 집단적으로 주장하도록 하여 그들 주장의 타협의 결과(이익균형)를 공동선으로 간주, 이를 찾아가는 방법이다. 문제는 전자로 가면 자유민주주의가 달성되기 쉬우나, 만일 후자로 가면 소위 이익집단민주주의라는 현상 — 자신의 집단이익을 공익으로 간주받으려는 이익집단들 간의 무한경쟁 — 이 나타나고, 이 이익집단민주주의는 정치지도자들의 포퓰리즘과 용이하게 결합하는 경향을 보인다. 그리고 그렇게 되면 소위 비자유민주주의가 결과된다. 박세일, 『법경제학』, 박영사, 2002, pp.701-703 참조.

** 사실은 비자유민주주의가 많다. 2007년 자료를 보면 조사된 180개국 중에서 소위 민주주의를 하는 나라는 약 61% 수준이다. 즉 110개국 정도다. 이중 자유민주주의를 하는 나라는 56개국(31%) 그리고 비자유민주주의 내지 국민투표형 독재를 하는 나라는 54개 국(30%) 정도로 나타난다. 크게 보아 민주주의를 하는 나라 중에서 약 50% 정도가 비자유민주주의라고 보아야 할 것이다. 좀더 자세한 논의는 C. W. Haerpfer, P. Bernhagen, R. F. Inglehart, C. Welzel, *Democratization*, Oxford University Press, 2009, pp.16-17를 참조.

유와 권리를 존중하지 않는 경우 — 가 발생하는 셈이다.*

자유민주주의의 성공적 정착은 결코 쉬운 일이 아니다. 자유민주주의의 성공을 위해선 포퓰리즘의 극복이 가장 시급한 과제다. 이를 위해선 세 가지 조건이 성립해야 한다. 첫째는 '법치주의rule of law'가 정착해야 하고, 둘째는 국정운영에서 '대중주의와 엘리트주의'의 균형과 조화를 이루어야 하며, 셋째는 국민들의 공동체적 시민의식, 즉 공민의식公民意識이 높아져야 한다.

주지하듯이 법치주의는 편의의 지배rule of expediency가 아니라 원칙의 지배rule of principle를 의미한다.** 법치주의는 기본적으로 국민의 자유와 권리를 보호하기 위하여 권력의 자의恣意를 제한하는 것limiting government을 목적으로 한다. 그래서 포퓰리즘의 위험을 극복하기 위해서는 반드시 법치주의를 세워 국정운영이 '편의와 인기'에 놀아나지 않고 '법치와 원칙'이 지켜지는 장으로 만들어야 한다.

다음은 국정운영에서 대중주의와 엘리트주의와의 균형과 조화가 중요하다. 환언하면 국정운영에서 '대중성과 전문성의 조화'다. 민주화는 대중의 목소리, 다수의 목소리를 크게 만든다. 민주화는 본래가 '소수의 지배'를 '다수의 지배'로 바꾸는 과정이기 때문에 다수의 목소리가 커지는 것은 당연하고 바람직한 형상이다. 문제는 그것이 과도해 소위 국가운영의 전문성이 무너지면 자유민주주의 자체가 흔들릴 수 있다는 데 있다. 소위 '과잉過剩 민주주의excessive democracy'의 문제가 그것이다. 따라서 다

* 민주주의와 자유주의가 반드시 같이 가지 않을 수 있다는 점을 명쾌하게 지적하고 그래서 오늘날 비자유민주주의의 확산이 우려됨을 잘 정리한 책으로는 Fareed Zakaria, *The Future of Freedom: Illiberal Democracy at Home and Abroad,* W.W. Norton & Company, 2003이 있다.

** 법치주의에 대하여 가장 잘 설명한 책은 Friedrich Hayek, *Law, Legislation, and Liberty*, Routledge and Kegan Paul, 1982라고 생각한다.

수의 목소리, 대중의 요구를 존중하되 그 즉흥성과 격렬함을 전문가들이 전문성을 가지고 걸러내는 장치가 필요하다. 그래서 대중의 요구를 일정 부분 견제하고 순화하는 장치가 필요하다. 그래서 다수의 지배가 단순히 '양量의 지배'가 아니라 '질質의 지배'가 될 수 있도록 만들어야 한다.

이를 위하여 우리는 선거를 통하지 않은 '비非선출직 국정운영자un-elected officials'들을 제도화하고 있다. 선거를 통해 얻은 국민적 지지 때문이 아니라, 국정운영의 전문성 때문에 국가운영을 맡기는 제도가 그것이다. 사법부, 법관, 행정부, 직업공무원, 중앙은행 임직원 등이 그러한 제도들이다. 이들 비선출직이 '선출직 국정운영자elected officials'인 대통령과 국회가 포퓰리즘에 빠지기 쉬운 것을 견제하고 순화하는 노력을 해야 자유민주주의가 성공할 수 있다. 여기에 대학, 싱크탱크, 자유언론들도 국정운영의 전문성을 높이기 위해 일정한 기여를 해야 한다. 한마디로 자유민주주의가 성공하려면 '대통령과 국회' 대 '법원과 공무원, 그리고 대학, 싱크탱크, 언론' 사이의 상호 견제와 조화, 즉 대중성과 전문성 간의 균형과 견제와 조화가 필수적이다.

끝으로 중요한 것이 국민들의 성숙한 '공동체적 시민의식'이다. 개인의 이익보다 공동체의 이익을 우선하여 생각할 수 있는 시민의식이 필요하다. 그리고 법과 원칙을 지키고 합리와 이성을 존중하는 태도가 중요하다. 자기이익만 생각하는 개인으로서도 아니고, 감성적 비非이성적 군중으로서도 아니고 개명된 공민公民으로서 생각하고 행동하는 국민들이 많이 나올 때 선동정치가 주도하는 포퓰리즘은 성공할 수 없다. 왜냐하면 선동가는 항상 격정적 폭민暴民과 결합하여 정치적 포퓰리즘을 만들어 내기 때문이다.

이와 같이 법치주의가 정착하고 국정운영의 대중성과 전문성이 서로 균형과 조화를 이루고, 국민일반의 공민의식이 높아질 때, 우리는 소위 포퓰리즘을 극복하며 자유민주주의를 성공시킬 수 있다. 그래야 우리나라가 비로소 정치적 선진국이 될 수 있다.

셋째, 사회적 선진화: 예치禮治의 사회, 즉 군자君子와 교양인의 사회

사회적으로 선진국이란 예禮가 지배하는 사회다. 예의 본질은 타인에 대한 존중과 배려, 즉 경敬이고, 예의 결과는 화和다. 타인이웃에 대해 공경하고 배려하는 마음을 가지는 사회가 예치의 사회이고 그러할 때 그 사회는 조화사회가 된다. 타인에 대한 배려 없이 오로지 자기의 이익추구에만 급급한 사회는 후진사회다. 선진사회란 사회구성원 자신의 이익을 자유롭게 추구하면서도 타인과 공동체에 대한 존중과 배려, 연대와 책임의식이 높은 사회를 의미한다. 한마디로 공사를 조화公私調和社會하는 이웃배려사회가 바로 '예치禮治사회'다. 물론 공익과 사익의 조화를 보장하는 제도적 장치의 하나가 법치다. 그러나 법 이전에 공중도덕과 사회윤리 등을 통하여, 즉 그 사회의 예를 높임으로써, 이웃에 대한 존중과 자발적 배려의 사회를, 공과 사의 조화의 사회를 만들어 나갈 수 있다.

따라서 선진국일수록 이와 같이 도덕적·윤리적 자기절제를 통해 이웃에 대한 존중과 배려, 그리고 공익과 사익의 조화가 자연스럽게 이루어진다. 본래 공동체와 이웃을 위한 자기절제능력이 높은 사람을 동양에서는 '군자君子 혹은 선비'라 하였고 서양에서는 '신사紳士 혹은 교양인教養人'이라 했다. 따라서 우리는 '군자와 교양인이 많은 사회'를 선진사회라고 부를 수 있다.

이러한 의미의 선진사회가 되면 그 사회는 자연히 사회구성원들 간의 상호배려와 신뢰가 높은 신뢰사회信頼社會 trust society가 된다.[•] 그리고 사회구성원들 간에 배려와 인정이 넘치는 조화사회調和社會 harmonized society 내지 다정사회多情社會 compassionate society가 된다. 그리하여 이웃사랑과 이웃 나눔의 활동이 저절로 일어난다. 자원봉사활동이 일상화되고 크고 작은 공동체운동community movement이 일어난다. 이러한 의미의 '자원봉사형의 공동체운동'이 많은 나라가 선진국이다. 미국에는 약 140만 개의 자원봉사조직이 있다고 한다. 성인의 과반수가 주 4시간 이상을 자원봉사활동에 참여하고 있다고 한다.[••] 우리에게는 타산지석他山之石이 되어야 할 것이다.

넷째, 문화적 선진화: 다多문화공생을 통한 신新글로벌 문화표준의 창조

문화적으로 선진국이 된다는 것은 두 가지 조건이 이루어짐을 의미한다. 하나의 조건은 우선 '다문화 공생사회'가 되어야 한다는 것이다. 일단 다른 문화, 다른 민족, 다른 종교에 대하여 열린 마음으로, 이해하고 배우려는 수용과 관용tolerance의 자세를 가져야 한다. 자신의 문화, 종교, 민족에 대한 독선적 자세와 다른 문화, 종교, 민족에 대한 배타적 자세를 가져서는 문화적 선진국이 될 수 없다.

둘째의 조건은 다문화 공생의 단계를 넘어서 자기 민족의 전통문화의

• 우리나라는 특히 사회적 신뢰, 즉 사회자본(social capital)이 낮은 것으로 나타난다. 최근의 연구를 보면 대한민국의 사회적 자본지수는 OECD 29개 국가 중 22위로 대단히 낮은 것으로 드러났다. 개별국가의 사회자본지수를 보면 네덜란드가 8.29, 덴마크가 8.23으로 아주 높고 미국이 7.43 그리고 일본이 6.44로 중간을 차지하는데 우리는 5.70으로 낮은 편이다. 우리는 21위를 한 이탈리아(5.87) 수준 정도로 나타났다. 우리보다 낮은 나라들은 그리스, 포르투갈, 터키, 멕시코 등이 있었다. 이동원 박사 등, 『사회적 자본 확충을 위한 정책과제』, CEO information, 2009, 9.16, 삼성경제연구소.

•• Jeremy Rifkin, *The End of Work*, Tarcher/Putnam Book, 1995, p.241.

장점과 이국異國문화의 장점을 결합하여 새로운 '세계문화표준global cultural standards'을 만들 수 있어야 한다. 어느 문화든 나름의 특장特長이 있을 수 있다. 자국의 문화와 이국 문화의 특장들을 결합하고 융합하여 세계화시대에 걸맞는 '새로운 글로벌 문화'를 창조할 수 있어야 한다. 그래야 비로소 문화적 선진국이라고 할 수 있을 것이다.

이러한 문화의 융합이 성공하려면 반드시 국민 다수가 높은 수준의 문화이해력 내지 문화해독력cultural literacy을 가져야 한다. 자국의 문화는 물론이고 이국의 문화에 대한 올바른 해독력이 중요하다. 그리고 이를 기초로 해야 인류의 보편적 발전에 기여하는 창조적 문화표준을 만들 수 있을 것이다.

다섯째, 국제적 선진화: 세계공헌국가, 세계모범국가

국제적으로 선진국이란 무엇인가? 한마디로 선진국이란 인류의 보편적 발전에 기여하는 '세계공헌국가世界貢獻國家'다. 인류는 오늘날 많은 어려움과 도전에 당면해 있다. 핵과 테러의 문제, 인종전쟁과 실패국가failed state의 문제, 빈곤과 질병의 문제, 지구온난화와 에너지 부족의 문제, 국제금융시장의 불안과 범지구적 통치구조global governance 취약의 문제, 가족의 붕괴와 정신적 황폐화의 문제 등 수많은 문제가 있다. 이들 문제의 해결에 적극 기여하는 나라가 바로 선진국이다. 다른 나라보다 앞장서 지구촌 이익을 고민하는 나라가 선진국이다. 예컨대 평화, 인권, 반핵, 빈곤퇴치, 환경, 생태 등 소위 지구적 공공재global public goods를 생산하는 데 앞장서서 기여하는 나라가 선진국이다. 그래서 이웃의 존경과 신뢰를 받는 '세계모범국가世界模範國家'가 되어야 선진국이다.

따라서 선진국이란 군사적·경제적 능력만으로 되는 것이 아니다. 반드시 뛰어난 '문화력과 외교력'이 있어야 하고 그리고 세계문명을 선도하는 학술·종교·도덕 등의 '정신적 자본mental capital'이 있어야 한다. 소위 소프트 파워soft power가 강해야 한다. 이러한 소프트 파워를 많이 가진 나라, 그래서 이웃의 존경과 신뢰를 받는 모범국가, 매력국가가 바로 국제적 의미의 선진국이다.

대한민국의 꿈: 21세기 국가이상으로의 선진화

이렇게 선진국을 여러 측면에서 정의해 보면 결국 우리가 지향하는 선진화는 정치·경제·사회·문화·외교 등 모든 면에서 최고로 성숙한 나라를 의미한다. 그러한 의미에서 선진화란 오늘날 지구에 실재하는 선진국 중의 어느 한 나라와 비슷해지는 것, 즉 모방하는 것을 목표로 하지 않음이 명백하다. 결국 우리가 목표로 하는 선진국이란 우리가 희망하는, 가장 바람직한 성숙국가, 즉 '21세기적 이상국가理想國家 Ideal Nation'를 의미한다. 그래서 우리는 우리의 선진화가 지향하는 이상적 선진국을 부민덕국富民德國 혹은 안민덕국安民德國이라고 표현하기도 했다. 경제적으로 정신적으로 사회문화적으로 '부유한 사람들이 — 아니 더 나아가 편안한 사람들이 사는 덕 있는 나라'라는 뜻이다. 덕은 외롭지 않다고 했다. 물질적·정신적 풍요와 편안함뿐 아니라 이웃의 존경과 사랑을 받는 나라가 부민덕국이고 안민덕국이다.

우리는 지난 60년간 건국, 산업화, 민주화라는 국가목표 내지 시대적 과제에 모두 성공했다. 그러나 이 국가목표는 사실 '과거와의 투쟁'이 중심에 있었다. 과거로부터의 해방을 목표로 한 투쟁이었다. 건국은 식민지 지배에서 해방하기 위한 투쟁이었다. 산업화는 가난과 기아에서 해방하기 위한 싸움이었다. 그리고 민주화는 독재와 권위에서 해방하기 위한 투쟁이었다. 이 모두가 사실은 과거의 유산을 극복하기 위한, 과거의 어두움에서 벗어나기 위한 처절한 투쟁이었다. 지난 60년간은 우리에게 미래의 희망과 꿈을 그릴 마음의 여유도 시간적 여유도 없었다. 그러나 이제는 우리의 미래를 그려야 한다. 과거와의 투쟁이 아니라 미래를 향한 창조에 힘을 모아야 한다. 그러려면 이제부터 우리의 미래의 꿈, '대한민국의 꿈'이 과연 무엇이어야 하는가를 토론하고 모색해야 한다. 이러한 노력이 바로 선진화담론의 시작이다.

결국 대한민국의 선진화는 '이상국가理想國家로서의 대한민국의 창조'를 지향하는 것이다. 개인에게도 꿈과 이상이 있듯이 국가에게도 꿈과 이상이 있어야 한다. 그동안에 우리는 과거의 어두움에서 벗어나기 위해 뛰어왔지만 이제는 미래의 꿈과 희망을 향해 뛰어야 한다. 과연 '대한민국의 꿈', '대한민국의 이상'은 무엇인가? 아니 무엇이어야 하는가? 그 꿈과 이상으로서의 대한민국의 선진화된 모습은 무엇이어야 하는가? 모든 국민이 바람직하게 생각하는 '한국적 선진국', 우리의 역사와 전통, 문화와 정서에 잘 어울리는 '동양적·한국적·선진국'의 모습은 과연 무엇이어야 하는가? 이를 찾아내 실현하고 실천하려는 노력이 바로 대한민국의 선진화다. 따라서 대한민국의 선진화는 기본적으로 '모방적 선진화'가 아니라 '자주적 선진화'이고 '창조적 선진화'여야 한다.

그런데 대한민국의 선진화는 결국 한반도의 선진화로 확대되어야 하고 이는 자연 통일대업의 성취와 함께 해야 한다. 따라서 한반도의 선진화는 앞으로 두 단계를 밟게 될 것이다.

제1단계는 남한의 선진국 진입과 북한의 근대화 시작의 단계
제2단계는 남한의 선진국 완성과 북한의 선진화 시작의 단계

제1단계는 남한이 경제적으로 선진국 진입에 성공하고 북한이 정상국가화와 개혁개방을 통하여 산업화와 민주화를 본격적으로 추진하는 단계를 의미한다. 이 제1단계가 앞으로 10-15년 이내에 반드시 이루어져야 한다. 왜 그래야 하는가? 남한의 경우는 급진전되는 '고령화'로 앞으로 10-15년 이내에 총인구가 줄어들기 시작하기 때문이다.* 그리고 북한은 지금과 같은 실패국가의 상황이 지속되면 북한 전체의 '사막화' — 정신적·물질적 자원의 고갈 — 가 진행될 것으로 보기 때문이다. 따라서 우리는 반드시 10-15년 이내에 제1단계에 들어가야 한다.**

제2단계는 남한이 경제뿐 아니라 정치적·문화적·국제적으로도 선진

* 지금의 추세라면 앞으로 8년 이내에 생산인구가 줄고 앞으로 13년 이내에 총 인구가 줄 것이다. 물론 출산율을 높이는 정책도 세워야 하고 그리고 해외에서 양질의 인재를 들여오는 이민정책도 세워야 한다. 그러면 현재 진행되는 고령화의 추세를 어느 정도 낮출 수 있을 것이다. 여하튼 본격적인 인구감소경제에 들어가기 전에 우리는 선진국 진입에 성공해야 한다. 인구감소경제에 들어가면 그 요인 자체로 경제의 잠재성장률을 약 2% 정도 낮춘다는 연구가 많다. 우리가 일인당 국민소득 3만 달러 수준의 경제에 진입하려면 앞으로도 상당히 높은 성장률을 이루어 내야 한다. 따라서 서둘러야 한다. 여기에 통일 후 북한경제의 산업화를 견인하는 데 남한의 경제가 상당한 견인차 역할을 해야 함을 감안하면 우리는 더욱 남한의 선진화를 서둘러야 한다.

** 결국 이 기간 중 남한과 북한 간 통일이 이루어지면 남의 선진화와 북의 근대화는 서로 큰 시너지효과를 가질 수 있다. 북은 적어도 15년 정도는 연 10% 전후의 성장을 할 수 있을 것이고, 남은 고령화와 인구감소 등으로 인한 성장동력의 하락을 상당부분 막을 수 있을 것이다. 북의 우수한 노동력과 천연자원 그리고 남의 기술 및 자본력이 결합한다면 우리는 한반도 선진화의 제2단계 진입을 앞당길 수도 있을 것이다.

국의 선두주자가 되는 단계다. 그리고 북한이 산업화와 민주화라는 근대화를 성공적으로 마치고 선진화를 시작하는 단계다. 제2단계는 제1단계가 끝난 후 최소한 15년 내외의 시간이 걸릴 것이다. 결국 이 두 단계를 거치면서 한반도는 늦어도 2035-2040년경에는 세계 선진국의 선두주자가 되어야 한다. 약 한 세대30년 내에 우리는 선조들이 약 100년 전부터 꿈꾸어 왔던 세계상등국가가 되어야 한다. 그래서 선진화된 한반도는 동북아의 3극중국·한국·일본의 하나로, 그리고 동아시아의 4극중국·한국·일본·아시안의 하나로 우뚝서서 21세기 본격화할 아시아의 시대 — 세계중심의 아시아로의 이동 시대 — 를 맞이해야 할 것이다. 통일된 한반도, 선진국의 선두주자가 된 한반도, 21세기 아시아의 중심국가 — 그래서 세계중심국가 — 의 하나가 된 한반도가 우리가 꿈꾸는 미래 모습이다. 그리고 이것이 바로 선진화와 통일이라는 21세기적 국가목표가 완성된 우리의 자랑스러운 모습이다.

제3장

국가환경: 세계화

이와 같이 우리가 한반도의 선진화와 통일을 향하여 뛰어야 할 21세기, 우리가 살고 있고 앞으로 살아가야 할 이 21세기는 어떠한 세기인가? 흔히 21세기를 세계화의 시대라고 부르는데 이 '세계화의 시대'는 과연 어떠한 시대인가? 그리고 이 세계화는 우리에게 어떠한 도전과 문제들을 제기하고 있는가?

세계화론: 세 가지 시각

세계화globalization란 한마디로 지구촌에 여러 나라의 경제와 사회가 빠르게 하나로 통합되어 가는 것growing integration of economies and societies around the world을 의미한다. 이러한 의미의 세계화는 보다 구체적으로는 국가와 국가 사이에 자본·상품·지식 그리고 사람의 활발한 이동으로 나타난다. 어느 시대에나 국가 간에 자본·상품·지식 그리고 사람의 이동이 어느 정도는 있기 마련이다. 그러나 그 이동의 폭이 넓어지고 이동의 속도가 급속하게 증가해, 여러 나라의 경제와 사회가 빠르게 하나로 통합integration되어 가는 것을 우리는 세계화라고 한다. 쉽게 이야기하면 국경이란 장벽이 크게 낮아지는 것이다. 그래서 혹자는 지구가 평평해진다flat고 표현하기도 한다.* 이렇게 되면 지구촌 속에서의 사람

* Friedman은 세계화에 대한 그의 책의 제목을 The world is flat라고 하고 있다. Thomas L. Friedman, *The World is Flat*, Farrar, Straus and Giroux, 2005.

과 사람, 지역과 지역, 나라와 나라 간의 상호의존성interdependence 내지 상호관련성interconnectedness이 크게 증대하게 된다. 한 지역에서 일어난 일이 곧바로 다른 지역에 영향을 미치게 된다. 그 반대의 경우도 마찬가지다. 요약하면 국경을 넘는 자본·상품·지식 그리고 인간의 이동의 증대, 그로 인한 지구촌 전체의 경제사회적 통합의 증대, 그 결과로서 사람과 사람, 지역과 지역의 상호의존성 내지 상호관련성의 급격한 증대를 우리는 세계화라고 부른다.

이론적으로는 이러한 세계화 현상을 보는 세 가지 시각이 있다.*

첫째는 '세계화 긍정론hyper-globalizer'이다.

세계화 긍정론은 세계화를 다음과 같이 이해한다.**

(1) 세계화는 기본적으로 경제적 현상이다. 즉 세계무역과 세계금융의 확대와 심화를 중심으로 하여 나타나는 현상이다.

(2) 세계화는 기본적으로 모두에게 이익이 되는 현상이다. 한마디로 포지티브 섬positive sum 게임이다. 세계화는 단기적으로는 손해를 보는 사람을 만들 수 있지만, 장기적으로 모두에게 이익이 된다. 예컨대, 세계화는 산업과 기업의 구조조정을 요구하고 이러한 구조조정은 실업자를 만들어 내지만 이들 대부분은 결국 세계화로 인해 새로이 창출된 고임금 직장으로 취업하게 된다.

* 세계화를 보는 기본적으로 서로 다른 세 가지 시각을 잘 정리한 책으로는 David Held & Anthony McGrew, etc. *Global Transformations*, Standford University Press, 1999가 있다. 상이한 국제관계이론들 — 현실주의, 자유주의 등 — 이 세계화를 어떻게 다르게 보는가를 잘 정리한 책은 John Baylis & Steve Smith, *The Globalization of World Politics*, 2nd ed. Oxford University Press, 2001.

** 대표적 긍정론자의 견해는 Kenichi Ohmae, *The End of the Nation State*, Free Press, 1995를 참조.

(3) 세계화는 지구적 시장의 힘을 강화하고 대신에 개별국가, 전통적인 국민국가nation-state의 힘을 상대적으로 약화한다.

(4) 세계화는 새로운 지구촌 시민사회global civil society를 만들어 내고 새로운 지구촌 문화global culture를 창출하게 된다.

(5) 세계화는 결국 모든 나라를 자유민주주의와 시장경제의 방향으로 나가도록 만든다. 그리하여 자유민주주의와 시장경제가 인류의 최종적인 제도선택이 된다.•

둘째는 '세계화 회의론skeptics'이다.

이들은 세계화를 다음과 같이 이해한다.••

(1) 세계화라는 것이 실제reality보다 과장되었다. 따라서 세계화란 일종의 신화myth 내지 잘못된 통념이다. 현재 진행되는 세계화제2차 세계화는 과거 19세기 말과 20세기 초에 있었던 제1차 세계화시기보다 오히려 국제간 이동의 정도가 약하다.

(2) 세계화는 기본적으로 제로 섬zero sum 게임이다. 즉 한쪽이 이익을 보면 다른 쪽은 반드시 손해를 보는 관계다. 따라서 세계화는 후진국 경제를 더욱 낙후시키는 경향이 있다.

(3) 세계화가 있어도 국민국가nation state의 영향력이 결코 약화되지 않는다. 세계화도 사실은 국민국가의 정책적 결단의 산물이다.

(4) 세계화보다 사실은 지역화regionalism가 보다 지배적 현상이다. 오

• 이 점을 특히 강조한 책은 Francis Fukuyama, *The End of History and the Last Man*, Free Press, 1992.

•• 대표적 비관론자의 견해는 Paul Hirst and G. Thompson, *Globalization in Question*, Polity Press, 1996와 A. Hoogvelt, *Globalization and the Postcolonial World*, Macmillan, 1997을 참조.

늘날 세계는 크게 3개의 지역주의미국·유럽·아시아로 나누어지고 있다.

(5) 지구촌 시민사회라는 주장은 환상이다. 지구촌 문화도 과장이고 허구다.

셋째는 '세계화 진화론' 내지 '세계화 개혁론'transformationalist 혹은 reformist이다.

이들은 세계화를 다음과 같이 보고 있다.*

(1) 세계화란 거대한 변화이고 강력한 힘이다. 과거에 제1차 세계화1860-1917가 있었다고 해도 그 강도와 정도가 크게 다르다. 제2차 세계화1980-에서 역사에 선례가 없을 정도의 거대한 변화가 진행되고 있다. 기본적으로 국경은 크게 낮아지고 국제와 국내의 구별은 사실상 없어지고 있다.

(2) 그러나 이러한 세계화 변화의 최종 도달점은 아직 확실하지 않다. 대단히 역동적인 움직임이지만 최종 결과는 알 수 없다. 세계화의 미래는 '열린 가능성'이다.

(3) 그러나 세계화는 단일 시장 내지 단일 시스템으로의 수렴을 결과하는 것은 아니다. 오히려 국내적으로는 시장을 분절화分節化하여 국민을 엘리트층, 민족滿足층the contented 그리고 한계限界층the marginalized으로 나누는 경향이 있다. 또한 국제적으로도 중심국가와 변방국가core-periphery로 나누는 경향이 있다.

(4) 세계화과정 속에서 국민국가는 소멸되지 않고 재구축restructuring된다. 국민국가 주권의 일부는 국제조직으로 이동하고 또 일부는 지방자치

* 대표적인 진화론 내지 개혁론자의 견해는 Anthony Giddens, *Europe in the Global Age*, Polity, 2007; Anthony Giddens(ed.), *The Global Third Way Debate*, Polity, 2001; Anthony Giddens, *Runaway World*, Routledge, 2000; Anthony Giddens, *The Third Way*, Polity 1998 등을 참조.

조직으로 이동하는 경향을 가진다.

(5) 그러나 국민국가는 더욱 활동적이 된다. 앞으로의 국민국가의 모습은 다음의 세 가지 타입 중 하나가 되거나, 어떤 혼합형이 나올 것이다. (i) 경제사회에의 국가개입을 최소화하는 최소最小국가minimal state, (ii) 경제사회발전을 적극 촉진하는 발전發展국가developmental state, (iii) 민간부분의 자발적·자생적 발전을 도와주는 조력助力국가catalytic state가 그것이다. 여하튼 세계화시대는 더 이상 국가가 혼자 독주할 수 있는 시대가 아니다. 앞으로는 어떻게 국가state가 시장market과 시빈사회civil society와 긴밀히 소통하고 협력하면서 국가를 함께 운영할 것인가가 중요해지는 시대다.

이상의 세 가지 시각 중 어느 것이 올바른 견해일까? 결론부터 이야기하면 현재 진행되는 세계화는 위의 세 시각이 모두 혼합되고 혼재되어 진행되고 있다고 보는 것이 정확할 것이다. 본래 위의 세 가지 시각은 각자 나름의 장점을 가지면서도 과도한 단순화의 위험이 있다. 현실은 보다 다면적이고 다층적이고 복합적이다. 따라서 세계화 문제에 대하여 각각의 이슈별로 보다 심층적 이해제2부 세계화의 빛과 그림자: 이론적·실증적 성찰를 한 후에 다시 돌아와 종합적으로 판단을 내리는 것이 옳다고 본다. 그때까지는 모든 주장에 대하여 열린 자세를 가지는 것이 겸손하고 성실한 태도일 것이다. 빠른 결론은 잘못된 도그마를 만들 위험을 높인다.

다만 한 가지 지적할 수 있는 것은 제2차 세계화가 1980년대부터 본격화되면서 1995년까지 약 15년간은 세계화에 대한 긍정론 내지 낙관론적 시각이 지배적이었다. 그러나 1995년을 정점으로 그 이후에는 세계화에 대한 회의론 내지 비관론이 증가하고 있다. 특히 2008년 미국발 세계금융위기를 거치면서 세계화에 대한 회의론 내지 비판론을 넘어 '세계화 비관론悲觀論'까지 등장하고 있다. 이러한 기본시각의 변화에 대하여 충분히 이해되는 면이 있으나, 문제는 회의론이나 비관론이 세계화를 대체할 다른 어떠한 현실적 대안을 제시하고 있는 것도 아니라는 점이다.

따라서 오늘날의 지배적 담론은 세계화에 대하여 찬성하는가, 반대하는가, 세계화의 장래에 대하여 낙관론인가 비관론인가가 문제가 될 수 없다. 그 대신 어떠한 세계화를 만들어 나갈 것인가라는 문제로 그 중심이 이동하고 있다. 소수에게만 이익이 되는 세계화가 아니라 모든 사람들에게 이익을 주는 '민주적 세계화'를 어떻게 만들 것인가? 경제발전을 가져오는 세계화만이 아니라 경제안정 — 고용·물가·임금 등의 안정 — 과 특히 금융시장의 안성도 가져오는 '안정적 세계화'를 어떻게 만들 것인가? 또한 사회불평등의 증대와 환경파괴를 결과하지 않고, 사회통합과 환경보호를 가져오는 '지속가능한 세계화'를 어떻게 만들 것인가? 등의 문제로 관심이 이동하고 있다. 그래서 기존의 세계화를 규율하는 각종 제도와 법을 어떻게 개혁해 나갈 것인가? 그 운영을 어떻게 보다 합리화할 것인가? 등의 논의로 발전하고 있다. 한 마디로 추상적 논의보다는 어떻게 '세계화의 비용'을 최소화하면서 '세계화의 이익'을 극대화할 것인가? '소수의 세계화'가 아니라 '다수의 세계화'로 만들 것인가? '격렬한 세계화'가 아니라 '안정적 세계화'로 만들 것인가? 등의 구체적 전략과 정책선택에 대한 토론으로 문제의 중심이 이동하고 있다고 볼 수 있다.

세계화의 역사

국경을 넘는 자본·상품·정보·기술 그리고 인간 이동의 격화를 세계화라고 할 때, 세계화의 흐름은 인류역사상 두 번 있었다.* 제1차 세계화the first wave of globalization는 1860년대부터 1914년까지의 흐름이다. 그리고 제2차 세계화the second wave of globalization는 1980년대부터 시작되어 현재도 진행 중에 있다. 학자들에 따라서는 제1차 세계화를 1840-1914년으로 보고 제2차 세계화를 1960년대부터 지금까지로 보는 견해도 있다.

제1차 세계화는 19세기에 들어오면서 18세기적 중상주의적 관행이 줄어들고 자유무역(론)이 일반화되면서 국가 간 무역장벽이 점차 축소되는 상황을 배경으로 하여 등장했다. 여기에 기차와 증기 선박의 등장으로 교통비용transportation cost의 획기적 감소가 큰 계기가 되어서 제1차 세계화가 본격화되었다. 그 결과로 상품, 자본 그리고 사람들의 국제 간 이동이 크게 활성화되었다. 상품, 자본 그리고 사람의 국제이동의 수준은 오늘날의 제2차 세계화 수준과 거의 비슷했고 특히 사람의 이동migration은 지금보다 더 높았다.

제1차 세계화는 국가 간 빠른 경제통합뿐 아니라 급속한 세계경제의 발전을 수반했다. 그리고 세계경제의 발전은 국가 간 격차의 축소로 연결되었다. 예컨대 캐나다, 오스트레일리아, 브라질, 아르헨티나 등은

* 세계화의 역사 특히 지난 100여 년간의 세계화의 역사를 가장 종합적으로 잘 정리한 책은 Jeffry A. Frieden, *Global Capitalism: Its Fall and Rise in the 21st Century*, WW Norton & Company, 2006이다.

1860년과 70년대는 가난한 나라들이었다. 이들 나라가 1900년대 초에는 서구유럽나라들의 수준을 앞서는 발전을 보였다.

그러나 제1차 세계화는 제1차 세계대전의 발발로 1914년 중단되었다. 1918년 제1차 세계대전이 끝난 이후 제2차 세계대전이 시작된 1939년까지 약 20여 년 동안 많은 나라가 제1차 세계대전 이전의 세계화 수준으로 돌리려는 많은 노력을 했다. 그러나 실패했고 역사의 진행은 결국 1930년대의 세계대공항great depression을 거쳐 제2차 세계대전으로 연결되었다. 이 기간, 즉 제1차 세계대전과 제2차 세계대전 사이의 기간 중 세계화의 복원노력이 왜 실패했을까? 그리고 왜 반세계화deglobalization의 길을 걸었을까? 제1차 세계대전 이전의 세계와 제1차 세계대전 이후의 세계가 크게 달라졌기 때문이다.

제1차 세계화가 진행되던 1860년대부터 1914년까지, 즉 제1차 세계대전 이전의 세계는 소위 고전적 자유무역론classical free trade theory이 현실 속에서 이론 그대로 작동하던 시대였다. 모든 나라의 무역은 소위 비교우위comparative advantage에 따라 일어났고, 비교우위의 변화로 인한 산업과 기업의 구조조정restructuring은 비교적 순조로웠다.* 중소기업, 소농小農,

* 비교우위란 간단히 이야기하면 노동력이 많은 후진국에서는 노동력을 많이 사용하는 노동집약적인 산업 — 의류, 전자 등 — 에 국제경쟁력이 있다는, 그래서 이들 산업을 수출산업으로 해야 한다는 주장이다. 그러나 이러한 노동집약적 산업의 수출이 지속적으로 늘고 경제가 확대 발전하면 머지않아 노동력이 상대적으로 부족해질 수 있게 된다. 그러면 비교우위산업이 노동집약에서 자본집약적인 산업 — 기계, 철강 등 — 으로 이동하게 된다. 이제는 노동이 아니라 자본이 상대적으로 풍요로워졌기 때문이다. 그래서 국제경쟁력이 더 이상 노동집약산업에 존재하지 않게 된다. 그러면 반드시 구조조정을 해야 한다. 즉 종래 노동집약산업에 종사하던 노동자와 자본이 그 산업에서 나와 자본집약적 산업으로 이동해야 한다. 이것이 구조조정이다. 그런데 이러한 움직임을 노동자와 자본가들이 반대하면 그만큼 구조조정이 어렵게 된다. 그래서 비교우위 변화에 따른 산업구조의 구조조정이 안 되면 그 나라 경제는 국제경쟁력을 잃게 되고 결국 침체하게 된다. 물론 노동자와 자본가의 반대가 없이 구조조정이 유연하게 일어나면 그만큼 그 나라 경제는 새로운 분야 — 자본집약적 산업 — 에 국제경쟁력을 찾아 경제발전

그리고 비非조직 노동자가 지배적이었던 시대였다. 그래서 구조조정을 반대하는 정치적 세력, 예컨대 대기업이나 대기업노동조합 등은 없었다. 그 결과 임금과 물가는 상·하방으로 자유롭게 이동하며 수요와 공급을 맞추어 주었다. 또한 당시는 금본위제도가 지배하던 시대였다중국과 페르시아만 제외. 그래서 무역수지가 금의 이동으로 인한 환율의 상 · 하방 이동을 통하여 자동 조절되었다. 교과서에 나오는 고전적 자유무역론이 그대로 현실에서 작동하는 시대였다.

하지만 제1차 세계대전 이후 세계는 크게 달라졌다. 더 이상 임금과 가격의 상 · 하방 이동이 자유롭지 않게 되었다. 독과점적 대기업과 거대노동조합이 등장하고, 농민단체 등이 나타났기 때문이었다. 비교우위의 변화로 상품가격의 하락을 대기업이 막고, 임금의 하락을 노조가 막고 나섰다. 외국의 싼 농산물의 수입도 농민단체들이 막고 나섰다. 더 이상 시장의 자동조절장치가 그리고 고전적 자유무역론이 이론 그대로 작동하지 못하게 되었다. 과거 제1차 세계화가 진행되던 시대에는 노동자는 조직되지 않았고, 거대기업은 별로 없었으며, 농민들은 외국의 싼 농산물 수입에 저항할 조직적 힘이 없었다. 뿐만 아니라 당시에는 노동자와 농민들에 대한 탄압은 일상적이었고 사회의 민주화는 별로 진전되어 있지 못했다. 아직 보통선거권universal suffrage이 도입되지 않은 시절이었다. 따라서 당시에는 물가, 임금 그리고 이윤 등이 오로지 경제적 요인에 의하여 — 시장의 수요와 공급에 의하여 — 큰 정치적·사회적 저항 없이 쉽게 하락할 수 있었다.

그런데 제1차 세계대전 이후 상황이 크게 달라졌다. 대기업, 거대노

을 지속할 수 있다.

조, 농민단체들이 속속 등장했다. 그리고 이들 단체가 물가, 임금, 이윤 등의 가격에 영향을 미치기 시작했다. 가격과 임금의 하방下方경직성이 나타나기 시작했다. 동시에 세계무역의 비교우위 변화로 산업과 기업과 고용의 구조조정을 거대노조 등이 거부하기 시작했다. 이들은 자유무역이 아니라 보호무역을 주장했다. 요약하면 정치적 이유로 더 이상 고전적 자유무역의 세계제1차 세계화의 시대로 돌아갈 수 없게 되었다. 새로 등장한 기득권구조가 구조조정을 막기 시작한 것이다. 동시에 제1차 세계화는 당시의 유럽과 북미, 그리고 일부 남미국가를 중심으로 하는 소위 선진국가중심의 세계화였다. 당시의 많은 후진국들은 경제적 논리보다 정치적 논리에 따라 움직이는 식민지 내지 반半식민지 경제의 상태에 머물고 있어 사실상 세계화의 변방에 놓여 있었다. 식민종주국에 의한 일방적인 경제외적 수탈과 착취의 경우가 많았다. 그래서 세계화는 지구촌 전체의 지지를 받을 수 없었다.

이러한 이유 등으로 전쟁기간중 즉 1918-39년 사이의 세계화 복원 노력은 결국 실패했다. 오히려 이 기간 중 소련 등 일부국가는 자유경제 대신에 사회주의적 계획경제를 선택했다. 또한 후진국들 사이에는 경제적 민족주의economic nationalism가 등장했다. 그리고 독일, 이탈리아 등 일부 국가는 파시즘적인 폐쇄경제autarky의 길을 선택하기도 했고, 폐쇄경제의 어려움을 해결하기 위하여 전쟁을 택하기도 했다. 세계화가 아니라 오히려 반세계화의 길로 나갔던 것이다.

제2차 세계대전 이후에 선진국에서는 노사 간 그리고 정부와 국민 간에 일종의 '사회적 타협social deal'이 있었고, 그 위에 세계화를 향한 새로운 움직임이 시작되었다. 일정한 사회적 타협의 배경은 사회민주주의적인 복지국가welfare state의 등장이었다. 세 가지 타협이 있었다. (1) 자유무역으로 인한 구조조정의 결과로 발생하는 실업의 문제 등을 사회보험의 도입을 통하여 적극 해결하겠다는 타협이다. 그리고 (2) 자유무역의 결과로 일어나는 경제성장의 성과를 정부의 재분배정책을 통하여 모든 사람들이 나눌 수 있도록 하겠다는 타협이다. 또한 (3) 세계화도 급격하지 않고 점진적으로 추진하겠다는 타협이 있었다. 그래서 처음에는 농업이나 서비스는 자유무역에서 제외하는 것으로 출발했다. 또한 직접투자는 권장하지만 자본의 자유이동 — 특히 단기자본의 이동 — 은 통제하는 것을 원칙으로 했다. 이러한 타협들을 전제로 '점진적 세계화'의 방향으로 움직이기 시작했다. 그리고 이러한 세계화 노력이 국제관계에서 제도적으로 표현된 것이 1945년의 브레튼 우즈 체제Bretton Woods System였다.

제2차 세계대전 이후 브레튼 우즈 체제가 성공적이어서 세계화는 진전될 수 있었다. 세계경제는 점진적 시장통합의 방향으로 나아갔고 세계경제는 빠르게 성장했다. 특히 무역자유화는 GATT를 통하여 지속적으로 확대되었고 급기야는 1995년 WTO가 등장했다. 자본자유화도 1970년대에 들어 종래의 고정환율제도가 변동환율제로 바뀌면서, 급속히 확대되고 자본통제도 더 이상 가능하지 않게 되었다. 미국은 1974년, 영국은 1979년 그리고 일본은 1980년 자본통제를 모두 풀고 완전 자본자유화의 길로 나서게 되었다. 이제 세계무역시장뿐 아니라 세계자본시장도 본격적으로 자유화되고 활성화되기 시작한 셈이다.

여기에 1970-80년대의 정보기술IT의 발달로 통신비communication cost의 획기적 절감이 전반적인 세계화 추세를 크게 촉진했다. 또한 여기에 더하여 1978년 중국의 개혁개방의 시작, 1989년 베를린 장벽의 붕괴 등을 통하여 구舊사회주의권의 글로벌 자유무역경제권에의 편입이 이루어졌다. 그래서 1980년대를 전후하여 제2차 세계화 — 지구촌 시장경제의 확대 — 가 본격화되었다. 그리고 그 추세가 오늘날 계속 진화, 확대되고 있다.

제1차 세계화와 제2차 세계화는 어떻게 다른가? 네 가지 정도의 특징적 차이가 보인다.

첫째, 제1차보다 제2차의 경우에서 보다 많은 나라들이 세계화에 참여하고 있다. 제1차 세계화의 경우에는 당시 선진국 중심의 움직임이었으나 제2차 세계화는 구사회주의권 국가뿐 아니라 후진국구식민지들도 대부분 자유무역과 자본의 자유화에 참여하고 있다.

둘째, 제1차 세계화는 교통비의 대폭인하가 계기가 되었으나 제2차 세계화는 통신비의 대폭인하가 큰 자극이 되었다. 특히 제2차 세계화에서는 제1차 세계화의 시대에는 없었던 서비스산업의 세계화가 새로운 현상으로 등장하고 있다.

셋째, 자본자유화의 정도는 비슷하나, 그 자본이동의 규모가 제2차 세계화에서 급격히 증대하고 있다. 특히 제2차 세계화부터는 자본과 실물의 분리현상decoupling이 나타나 실물거래무역, 외국인투자 등와 전혀 관계없는 자본거래각국의 이자율의 차이나 주가나 환율의 변동에서 수익을 얻을 것을 목표로 하는 거래가 커지고 있다. 전 세계에서 일어나는 하루의 외환거래량이 1973년에는 150억 달러 정도였고 이중 1/2이 무역과 직접투자를 위한 것이었다. 그런데 2000년 현재 하루의 외환거래량은 2조 달러로 증가했고 이중 1/50만이 무역과 직접투자 등 실물거래를 수반하는 자본거래였다. 나머지는 모두 주가, 환율, 이자율 변동에서 수익을 얻을 것을 목표로 하는 단기 이동성이 높은 자본거래였다.

넷째, 제1차 세계화와 달리 제2차 세계화에서는 자유무역이 상당부분 국제제도로서 제도화institutionalization되었다. UR, WTO 등이 그것이다. 이

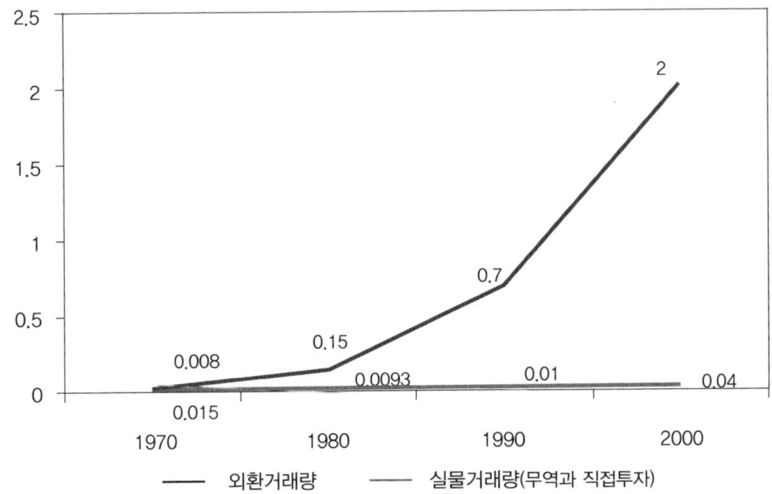

Unit: trillion 1990 international $

자료: IBRD.

▮그림 3.1▮ 세계의 외환거래량과 실물거래량(무역 및 직접투자) 비교

러한 차이를 배경으로 하여 제2차 세계화가 급속히 진행되던 1980-96년 사이의 변화를 보면 세계생산이 매년 2.5%씩 증가하는 가운데 세계무역은 매년 5%, 직접투자는 매년 7.5%, 그리고 기금, 주식, 증권 등에 대한 국제투자는 매년 25%씩 증가했다.* 그런데 앞에서 지적한 대로 세계화의 추세는 계속 확대되고 있지만 1995년 전후부터 조심스럽게 세계화에 대한 회의론 내지 비관론이 등장하고 있다. 2006년 EU의 조사결과를 보면 유럽인 중 약 47%가 세계화를 위협으로 보고 있고 오직 37%만 기회로 이해하고 있다. 특히 프랑스와 그리스에서는 위협으로 보는 사람들이 70% 수준에 달하는 것으로 나타난다. 결국 세계화의 비용

* The Economist, *Economics: Making Sense of the Modern Economy*, Profile Books, 1999, Figure 1-1.

이 실업의 위험, 소득불평등 확대의 위험, 그리고 거시경제운영의 어려움으로 커지고 있다고 보고 있다. 그래서 세계화 회의론 내지 비관론이 많아지고 있다.

그러면 현재 진행되는 제2차 세계화의 물결은 제1차 세계화의 경우처럼 언젠가 실패로 끝날 것인가? 환언하면 현재 진행되는 세계화는 가역적可逆的 reversible일 것인가? 아니면 비가역적非可逆的 irreversible일 것인가?

오늘날의 세계화 물결에는 이를 가능하게 한두 가지 계기 내지 요인이 있다. 하나는 과학기술의 혁명적 발전이다. 특히 정보통신기술의 발전이 그것이다. 한 가지 예로 1930년에 뉴욕과 런던 간의 3분간 통화료는 오늘의 가격으로 환산하면 약 300달러 정도였다. 2000년 현재 3분간 통화료는 1달러 이내다. 항공기, 선박 등 교통수단의 발달과 정보통신기술의 발전이 세계화를 가능하게 하는 가장 중요한 기술적 요인이다. 이

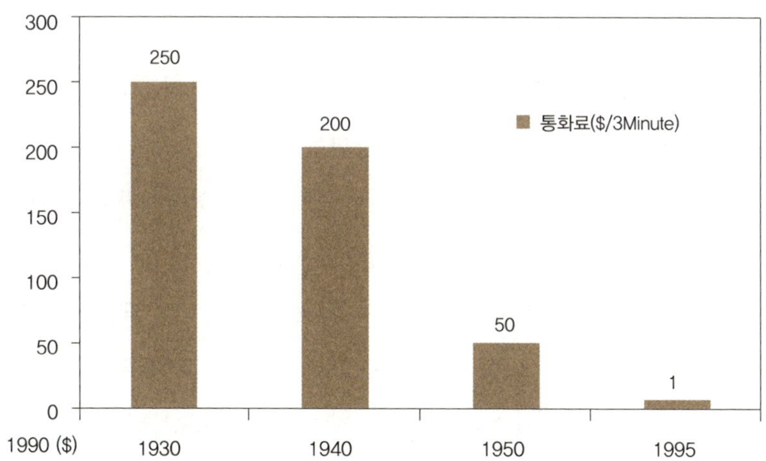

자료: Cox, Simon(EDT), "Economics: Making Sense of the Modern Economy," *The Economist*, 1995

그림 3.2 통신비 변화추이(뉴욕-런던 기준 3분 통화시)

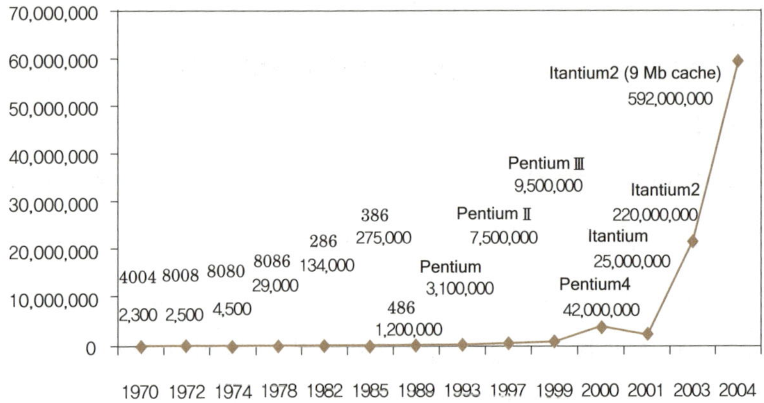

자료: Ray Kurzweil, *The Singularity Is Near*, Penguin Books, 2006.

▮그림 3.3▮ IC칩에 내장되는 트렌지터의 기하급수적 증가(무어의 법칙)

기술적 요인은 앞으로도 변하지 않을 것이다. 즉 앞으로도 과학기술의 발달은 친親세계화의 방향으로, 다시 말해 세계화를 비가역적으로 만드는 방향으로 몰고나갈 것이다.

세계화의 다른 하나의 계기는 자유화정책이고 개방화제도다. 개별 국가들이 적극적으로 자유화정책을 채택했다. GATT와 WTO, IMF와 World Bank 등의 국제조직들은 개방화를 단순한 정책의 단계를 넘어 제도화하는 방향으로 몰고 나갔다. 정치적 결단이었다. 이미 세계화를 상당부분 제도화했기 때문에 사실 앞으로 세계화를 중단시키기는 쉽지 않을 것이다. 그러나 원칙적으로 정치적 결단에 기초한 제도는 새로운 정치적 결단에 의하여 바뀔 수 있다고 봐야 한다. 즉 정책과 제도라는 요인은 세계화를 가역적으로 만들 수 있는 요인이라고 봐야 한다.

동시에 우리는 1914-39년 사이에 개별 국가와 국민들이 19세기 동안 즐겨오던 자유무역의 이익을 얼마나 쉽게 포기하고 경제적 민족주의로 혹은 폐쇄경제체제로 쉽게 후퇴하는가를 잘 보았다. 특히 1930년대의 세계공황과 같은 어려움이 있을 때 얼마나 쉽게 많은 사람들이 시장경제와 자유무역의 이점을 포기하고 정부개입의 필요성을 강조하고 보호무역주의를 주장하는가를 잘 보았다.

이상의 여러 측면을 종합적으로 생각하면 현재 진행되고 있는 제2차 세계화도 이론적으로는 결코 비가역적이라고 할 수 없다. 한마디로 가역적이다. 즉 현재 진행되는 제2차 세계화도 제1차 세계화와 마찬가지로 중단될 수 있다. 다만 그 중단이 제1차의 경우보다 대단히 어려울 것으로 보인다. 그 이유는 첫째, 정보통신 등 새로운 과학기술의 발전이 자본과 상품과 지식의 국제간 이동을 막는 것을 더욱 어렵게 할 것이기 때문이다. 예컨대 프랑스 정부가 자국의 영화산업을 보호하기 위하여 보호무역정책을 강화하려 했으나 정보통신기술의 발달이 인터넷을 통한 영상이동을 쉽게 하면서 사실상 그 시도가 실패하고 말았다.

둘째, 지난 60년간 발전해 온 자유무역을 위한 국제제도WTO, FTA 등의 힘은 분명 세계화의 중단을 어렵게 만들 것이다. 대단히 큰 정치적 결단을 통하여 기존의 제도를 180도 바꾸지 않는 한, 기존의 국제제도는 세계화를 촉진하는 방향으로 움직일 것이다.

셋째, 제1차 세계화 실패에서 얻은 교훈이 제2차 세계화의 중단을 어렵게 할 것이다. 제1차 세계화의 실패의 교훈은 두 가지로 볼 수 있다.

하나는 세계화의 비용 내지 위험을 무시해서는 안 된다는 것이다. 즉 비록 단기적이라 해도 세계화가 가져오는 일국 내의 실업과 분배의 악화라는 고통을 무시하면 안 된다는 것이다. 또한 세계화에서 소외되기 쉬운 후진국의 문제지구촌의 남북문제를 외면해서는 안 된다는 것이다. 환언하면 세계화 때문에 생기는 사회경제적 피해자의 문제나 약소국의 문제에 대한 확실한 대책이 있어야 한다. 19세기 고전경제학 내지 자유무역론에서는 이들 문제를 가볍게 생각했다. 그러나 이제 거대기업과 거대노조가 존재하고, 민주주의가 상당히 발전된 현대 사회에서, 특히 선진국과 후진국 간의 상호의존의 관계가 훨씬 밀접해진 오늘의 시대에서, 이들 문제를 가볍게 생각하면 일국 내의 사회적·정치적 분열과 동시에 지구촌 안의 갈등의 증대 등으로 세계화가 중단 내지 후퇴될 수도 있다는 교훈이다.

다른 하나의 교훈은 세계화의 이익 내지 기회를 무시해서는 안 된다는 것이다. 세계화의 이익을 외면하고는 경제발전도 국가발전도 이룰 수 없다는 사실이다. 20세기 사회주의 실험이 보인 계획경제의 실패가 이를 극적으로 보여주고 있다. 또한 제1차와 제2차 세계대전 사이에 있었던 주요 선진국들 간의 보호무역경쟁begger-thy-neighbour policy이 세계무역의 급속한 감소를 가져와, 결국 모든 나라가 피해를 보는 결과를 초래했다는 사실도 이를 가르쳐주고 있다. 물론 일부 후진국이 택한 경제적 민족주의, 폐쇄적 자급자족경제로의 회귀 등도 모두 시장경제와 세계화를 대신할 유효한 정책대안이 될 수 없음을 보여준다. 한마디로 시장경제와 세계화 없이는 경제발전도 국가발전도 어렵다는 사실이다. 이상의 두 가지 교훈을 종합하면 결국 우리의 선택지는 어떻게 세계화의 비용을 최소화하면서 세계화의 이익을 극대화할 것인가라는 문제로 수렴된다.

그런데 여기에 제1차 세계화시대에는 별로 나타나지 않았던 세계화의 비용 내지 위험이 제2차 세계화시대에는 두 가지가 더 추가되고 있다. 하나는 금융시장의 불안정global financial instability이란 비용이고, 다른 하나는 지구온난화global warming라는 비용이다. 제1차 세계화시대에는 금본위

제도이기 때문에 환율이 비교적 안정적이었다. 그러나 제2차 세계화시대에는 브레튼 우즈 시스템의 붕괴로 변동환율제도가 기본이 되었다. 그래서 이를 계기로 국제자본이동이 훨씬 많아지고 자유스러워지고 있어, 세계금융시장의 불안정이 급속히 높아지고 있다. 2008년 미국발 세계금융위기도 이러한 금융시장의 불안정성의 문제를 단적으로 보여주고 있다.

이와 함께 제2차 세계화에서 새롭게 이슈가 되는 것이 지구온난화 문제다. 이는 제1차 세계화의 시기에는 문제가 되지 않던 새로운 문제다. 그러나 지난 20세기 후반 50년간의 지구온도의 상승에 인간의 행위가 크게 기여했다는 전문과학자들 사이의 합의가 이루어지면서 지구온난화가 새로운 지구촌의 문제로 등장하고 있다. 이렇게 새로운 세계화의 문제점 내지 비용이 등장하고 있지만 그럼에도 세계화를 대체할 현실적 대안은 존재하지 않는다. 따라서 결국은 어떻게 세계화의 이익을 보다 극대화하고 그 비용을 가능한 최소화할 것인가? 그리하여 오늘의 세계화를 어떻게 보다 민주적이고 보다 안정적이며 보다 지속가능한 세계화로 만들어 나갈 것인가? 하는 문제로 다시 수렴될 수밖에 없게 된다.

그런데 어떻게 하면 보다 민주적이고 안정적이며 지속가능한 세계화를 만들 것인가 하는 문제는 좀 더 깊이 생각하면 궁극적으로는 세계화를 올바로 발전시켜 나갈 정치적 리더십의 문제로 귀착한다. 학자들이 올바른 세계화 정책과 전략을 제시하는 것도 중요하지만 이를 추진해 나갈 우호적 정치환경과 강력한 정치 리더십이 존재하지 않으면 아무런 의미가 없기 때문이다. 따라서 세계화의 이익을 극대화하고 그 비용을 최소화할 세계화 정책과 전략의 연구와 더불어 반드시 올바른 세계화전략 내지 세계화정책을 추진할 수 있는 우호적·정치적 환경을 어떻게 만들 것인가 그리고 이를 추진할 강력한 정치적 리더십을 어떻게 양성할 것인가? 하는 문제도 함께 고민해야 할 것이다.

이와 관련하여 프린스턴 대학의 길핀Robert Gilpin 교수의 주장은 흥미롭다.* 그의 주장을 요약하면 세계화가 가져오는 창조적 파괴구조조정는 비록 단기적이라도 반드시 승자와 패자를 만들어 내고, 동시에 전통적인 사회가치와 신념 그리고 기존의 제도 등에 엄청난 위협으로 작용한다. 따라서 비록 자본주의가 다른 어떠한 제도보다도 장기적으로는 부富를 효율적이고 공평하게 배분하는 제도라는 것을 잘 알고 있어도, 단기적으로 부와 권력의 분배를 악화시킨다는 사실도 결코 잊어서는 안 된다. 그래서 오늘날 국제사회에는 보다 현명하고 강력한 정치적 리더십이 요구된다. 그리고 이 리더십은 (1) 국제무역과 국제자본이동을 공정하고 효율적으로 규제할 룰rule을 만드는 국제협력과 공조를 잘 만들어 내야 한다. 그리고 (2) 창조적 파괴과정 속에서 발생하는 피해자의 문제혹은 피해국의 문제에 대하여 사회적으로 최소한혹은 국제적 최소한의 안전장치를 제공할 수 있어야 한다. 그래서 경제적 효율과 사회적 보호국제적 보호 safety net 사이에 균형을 유지해야 한다. 과연 미국의 국가리더십이 이 일을 잘 해낼 수 있을 것인가를 자문하면서, 만일 못한다면 제2차 세계화도 제1차와 같이 실패할 수도 있다는 것이 그의 주장이다. 경청할 만하다.

* Robert Gilpin, *The Challenge of the Global Capitalism*, Princeton University Press, 2000. 특히 introduction을 참조.

제4장

세계화시대의 구조적 특징과 모순

21세기 여섯 가지 근본흐름

21세기 세계화시대 지금 지구촌에는 여섯 가지의 중요한 변화가 진행되고 있다. 이들 변화를 살펴보면서 21세기라는 시대의 의미와 특징, 가능성과 한계 그리고 구조적 모순과 문제들을 분석해 보도록 하자. 왜냐하면 우리가 사는 시대의 의미를 바로 읽어야, 그러한 시대 속에서 우리 대한민국이 나아가 한반도가 어떻게 선진화를 이루어 낼 것인가라는 올바른 국가전략의 구상이 나오기 때문이다.

첫째는 과학기술의 혁명적 발전이다.

21세기를 주도할 5대 첨단 핵심기술 분야에서 과학기술혁명이 빠르게 진행되고 있다. (1) 전자 (2) 정보통신 (3) 신소재 (4) 생명공학 (5) 환경 및 에너지 기술 분야가 그것이다. 특히 정보통신분야와 생명공학분야의 기술혁신 속도가 빠르며, 이 분야의 변화가 앞으로 각국의 산업과 무역구조의 비교우위를 크게 바꾸어 놓을 것이다. 그리고 선·후진국을 막론하고 지구촌 위의 인류의 삶의 모습을 크게 바꾸어 놓을 것이다.

둘째는 경제적 세계화의 진전이다.

경제적 세계화는 경제적 자원의 국가 간 이동의 증대를 의미한다. 구체적으로는 무역의 자유화, 자본과 금융의 자유화, 그리고 노동이동이다. 이 경제적 세계화가 사실 21세기 다른 여러 분야안보, 사회, 문화 등에서의 세계화 내지 지구촌화의 흐름 전체를 선도 내지 주도하고 있다. 경제적 세계화의 등장 배경으로는 (1) 정보통신혁명으로 인한 인간과 인간, 지역과 지역 간의 소통비용의 절감 (2) 냉전종식으로 인한 구사회주의권의 시장경제로의 편입 (3) 제2차 세계대전 이후 지속적으로 노력해 온 자유무역에의 국제공조WTO 등 (4) 대처M. Thatcher나 레건R. Reagan 등이 주도한 신자유주의적 경제정책의 성공 등을 들 수 있다. 이러한 요인을 배경으로 1980년 전후부터 경제적 세계화가 가속하고 있다.

셋째는 민주주의의 혁명적 확산이다.

1970년 중반부터 소위 헌팅턴S. P. Huntington 교수가 이야기하는 제3차 민주화운동The third wave of democratization이 시작되었다.* 그래서 세계 여러 나라에서 권위주의적 지배가 끝나고 적어도 선거를 통하여 정권교체가 가능한 '선거민주주의' — 절차적 민주주의 — 가 등장하고 있다. 1900년대 세계 민주주의 국가는 10개국 정도였다고 한다. 그 수가 1950년대 약 30개국으로 증가했으나 그 이후 1975년경까지 큰 변화가 없다가, 20세기 3/4분기에 접어들면서 급증해 2005년 현재는 약 119개국에 달한다고 한다.** 분명 전 세계적으로 민주주의 혁명이 진행되고 있다.

이론적으론 제3차 민주화운동1974-도 제1차 운동1820-1926이나 제2차 운동1945-62 때와 마찬가지로 도중에 중단될지 모른다는 우려가 있다. 신생민주주의 국가들이 포퓰리즘에 빠져서 자유민주주의를 공고화하는 데

* Samuel Huntington, *The Third Wave: Democratizaton in the Late Twentieth Century*, University of Oklahoma Press, 1991.

** Michael Mandelbaum, *Democracy's Good Name: The Rise and Risks of the World's Most Popular Form of Government*, PublicAffairs, 2007. 특히 Introduction 참조.

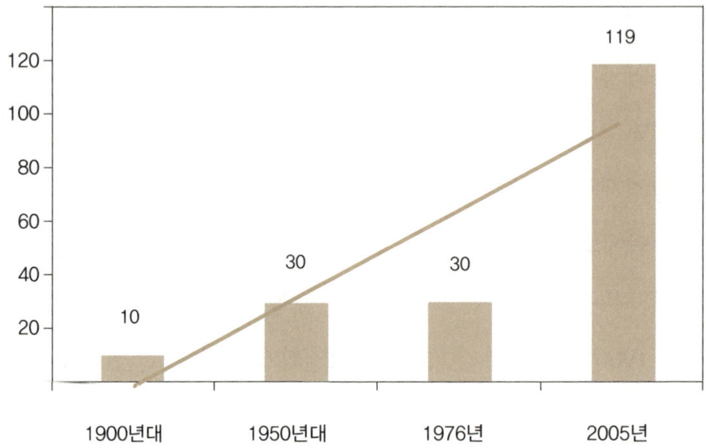

자료: *Democracy's Good Name: The Rise and Risks of the World's Most Popular Form of Government*, PublicAffairs, 2007

▌그림 4.1▌ 민주주의 국가 수의 증대

실패하고 소위 비자유민주주의 혹은 더 나아가서는 독재로의 회귀 경향이 있는 것도 사실이다. 그러나 적어도 21세기 초 민주주의 혁명, 특히 아래로부터의 민주화 열기는 세계적 대세라고 보아야 한다.

넷째는 민족주의와 근본주의의 재등장이다.

종족우월주의, 폐쇄적 민족주의, 종교적 근본주의fundamentalism 등이 재등장하고 있다. 오늘날 지구촌 한편에서는 분명히 세계시민의식과 지구촌문화의식이 확산되고 있다. 그러나 이러한 세계주의적 흐름에 대한 반발과 반동이 동시에 거세지고 있다. 뿐만 아니라 냉전이 끝나고 동서간의 이념대결이 종식되면서 새로운 이념에 대한 갈증이 커지고 있다. 또한 경제적 세계화의 확산에 따라 전통적 공동체의 연대가 약화되고, 개개인이 파편화破片化되면서 새로운 집단주의적 이념에 대한 대중적 갈증이 커지고 있다. 그러한 갈증들이 폐쇄적 민족주의나 종교적 근본주의로 나타나고 있다.

다섯째는 세계 권력의 분권화가 진행되고 있다.

냉전이 끝나면서 세계권력구조는 종래의 양극兩極체제가 붕괴된 뒤 한동안 미국중심의 단극單極 unipolar 체제로 이동하였었다. 소위 팍스 아메리카나Pax Americana의 등장이었다. 그러나 21세기에 들어오면서 빠른 속도로 세계권력이 분권화되고 있다. 다시 말해 다多주체화하고 있다. 하스R. Haass 박사 식으로 표현하면 이제는 무극無極체제의 시대age of non-polarity라고까지 표현할 수 있을 것이다.* 미국이 아직 군사적으로 최고 강자super power임은 사실이나 경제적으로는 이미 세계의 1/4 수준이다. 또한 미국과 더불어 중국·유럽EU·인도·일본·러시아 등이 이미 군사적·경제적으로 세계 주요 중심세력great powers으로 등장하고 있다. 또한 브라질·아르헨티나 등이 남미에서, 나이지리아와 남아프리카공화국이 아프리카에서, 이란·이집트·사우디아라비아 등이 중동에서 그리고 파키스탄·호주·인도네시아·한국 등이 각각의 지역에서 자신들의 지역영향력major powers을 높이려 뛰고 있다. 여기에 UN, WTO 등의 국제기구, NGO 등의 글로벌 시민조직, 그리고 여러 거대 다국적기업 등이 세계 권력의 분권화에 참여하고 있다. 빠른 속도로 미국 중심의 단극체제가 끝나고 있다.

여섯째는 신新정신주의new spiritualism의 등장이다.

오늘의 지구촌에서는 세계화에 따른 급격한 부의 증대와 함께 나타나

* Richard Haass, The Age of Non-Polarity: What will follow U.S. dominance, *Foreign Affairs*, May/June 2008.

는 물질주의, 상업주의, 배금拜金주의에 대한 정신적 반발과 갈등이 증가하고 있다. 또한 세계화, 도시화의 결과로 나타나는 가족과 고향 등 전통적 공동체의 붕괴와 그로 인한 개인의 파편화와 유동화로 인한 정신적 부적응 형상이 증가하고 있다. 이러한 부적응과 반발과 갈등이 새로운 대안적 삶의 모색으로 나타나고 이러한 욕구가 다양한 형태의 정신주의운동으로 나타나고 있다. 예컨대 각종의 명상운동, 공동체운동, 생태운동, 새로운 유사종교운동 등으로 나타나고 있다.

21세기 세 가지 근본모순

이상의 여섯 가지 변화는 21세기라는 시대에 세 가지 근본적인 시대모순 내지 시대적 과제를 제기하고 있다.

첫째는 자유와 평등 간의 모순이다.

앞에서 든 여섯 가지 변화 중에서 (1) 과학기술혁명 (2) 경제의 세계화는 세계를 자유·창의·효율·성장·개인주의·대외개방超국가주의 쪽으로 끌고 가려는 힘으로 작용한다. 반면에 (4) 민족주의와 근본주의 (5) 세계 권력의 분권화 (6) 신정신주의는 세계를 평등·전통·정의·분배·공동체주의·대내지향국가주의 쪽으로 움직여 가려는 힘이다. 그러나 (3) 민주주의는 그것이 '자유민주주의' 방향으로 발전하면 자유·효율·성장·

초국가주의 등과 함께 하지만 '비자유민주주의'로 발전하면 평등, 정의, 분배, 국가주의와 함께 하는 경향이 있다. 그래서 어떠한 민주주의냐에 따라 결과가 다르게 된다.

이상을 요약하면 (1) 과학기술혁명 (2) 경제의 세계화 (3) 자유민주주의는 세상을 자유와 효율의 방향으로 이끌어 시장market영역을 확대하고 국가state의 역할을 축소하는 방향으로 세상을 조직화해 나간다. 반면 (4) 민족주의 (5) 세계권력의 분권화 (6) 신정신주의 (3) 비자유민주주의는 세상을 평등과 분배의 방향으로 끌고 가 시장의 영역을 축소하고 반면에 국가 역할을 확대하고 강화하는 방향으로 세상을 조직화해 나간다. 따라서 서로 방향을 달리하는 이 두 가지 조직화의 힘 사이에 긴장과 갈등은 필연적이고 그것이 21세기가 당면한 근본모순의 하나다.

예를 하나 들어 보자. 오늘날 세계 최고부자 200명의 자산의 합계가 세계인구의 거의 1/3에 속하는 저소득층 20억 명의 1년 소득보다 많다고 한다. 아니 세계 최고갑부 3인의 부가 세계 6억 명의 가장 가난한 사람들의 1년 소득보다 많다고 한다.* 또한 세계의 발전을 선도해 온 미국에서도 최하위 20%의 가구소득은 1975년 이래 실질로 약 15% 정도 감소해 오고 있다고 한다.** 좀 더 자세히 살펴보면 1973년 이래 약 15년간 미국의 미숙련unskilled 내지 반숙련semi-skilled 노동자들의 실질임금은 절대적으로도 상대적으로도 하락한 것으로 나타난다. 그 이후 15년을 보면 미숙련과 반숙련 노동자들의 소득은 안정되었으나 중산층의 상대소득이 지속적으로 하락하는 것으로 나타난다. 중국의 경우도 2001년

* Jay Mazur, "Labor's New Internationalism," *Foreign Affairs*, 2000, January/February.
** Nancy Birdsall, "Life is Unfair: Inequality in the World," *Foreign Policy*, 1998, Summer.

50대 부자의 총자산은 약 140억 달러이고 1인당 평균은 1억 달러 정도로 나타난다. 그런데 당시 중국에는 하루에 1 달러 이하로 생활해야 하는 절대적 빈곤층이 1억 명이 넘는 것으로 집계된다.

이렇게 거대한 불평등구조를 평등과 정의 그리고 공동체주의를 지향하는 (4) 민족주의 (5) 세계권력의 분권화 (6) 신新정신주의 (3) 비非자유민주주의의 흐름이 수용하기는 무척 어렵다. 따라서 당연히 불평등구조를 혁파하기 위한 국가의 개입과 통제에 대한 유혹을 강하게 느끼게 된다. 그 결과 자연히 자유와 평등, 시장과 국가 간의 긴장과 갈등관계가 등장하게 된다. 자유와 효율이 가져오는 풍요와 평등과 분배가 가져오는 정의를 어떠한 수준에서 적절히 조화시켜 나갈 것인가? 경제사회활동의 어디까지를 자유시장원리에 맡기고 어디까지를 국가가 나서야 하는가? 이 문제를 어떻게 풀 것인가? 등이 모든 나라에서 21세기 발전전략을 구상할 때 풀어야 할 가장 중요한 기본 문제 중의 하나다.

둘째는 경제와 정치 간의 모순이다.

21세기 세계경제에서는 다국적기업, 초국적 금융 등이 중심이 되어 세계화, 무無국경화가 빠른 속도로 진행되고 있다. 반면에 세계정치는 아직도 국민국가nation state가 중심이 되어 세계이익이 아닌 국가이익을 우선하는 행태와 구조를 유지하고 있다. 즉 세계구조는 경제적으로는 상호의존의 강화와 세계통합 쪽으로 움직이는 데economic integration, 반하여 정치적으로는 여전히 독립된 개별 국민국가 단위로 분열되어 있다political segmentation. 바로 이 경제와 정치 간의 모순에서 단일시장으로 통합되어 가는 '세계경제구조'가 제기하는 지구촌의 문제군問題群을 국민국가 단위로 분열되어 있는 '국제정치구조'가 해결하기 어렵다는, 즉 구조적으로 해결이 어렵다는 문제가 발생한다. 환언하면 세계화된 경제구조가 제기하는 문제들을 효과적으로 풀 수 있는 세계화된 정치구조global political system 내지 세계 차원의 통치구조global governance가 아직 없다는 게 문제다.

예를 하나 들어 보자. IMF 자료에 따르면 1975년부터 1997년 사이에 세계적으로 158개의 외환위기와 54개의 금융위기가 있었고 양자가 결합된 형태의 위기가 32개 있었다고 한다. 이 중 12개는 GDP의 10%를 사용하고 나서야 겨우 극복된 대형 위기였다고 한다. 이렇게 주기적이고 반복적으로 일어나는 국제금융위기는 첫째는 세계화로 국제금융의 규모 자체가 기하급수적으로 커졌고 동시에 정보화로 인하여 그 움직임이 대단히 빨라졌기 때문이다. 2000년 현재 세계 외환거래의 일일 평균 거래량은 2조 달러 수준이다. 이들 중 40%가 이틀 사이에 거래의 방향을 바꾸고 80%가 7일 안에 거래의 방향을 바꾼다고 한다. 엄청나게 큰 규모의 자금이 대단히 빠르게 움직인다는 이야기다. 둘째는 금융시장이 본래 가지고 있는 정보의 비대칭성asymmetric information과 도덕적 해이moral hazard 등의 문제로, 시장의 불확실성이 크게 증가하였는 데 반해, 이를 규율해야 하는 개별국가 수준이나 국제 수준에서의 규제제도소위 prudential regulation의 발전은 대단히 더디기 때문이다. 시장의 변화를 제도가 따라가지 못하고 있는 것이다.

따라서 이 국제금융시장의 불안정문제에 대한 올바른 대응, 올바른 제도적·정책적 대책이 개별국가는 물론이고 전 세계적 차원에서 대단히 시급한 과제가 된다. 그런데 지금처럼 개별국가로 분열된 국제정치구조로 인한 개별국가 간 이해관계의 상충 때문에 지구촌 전체의 관점에서 이 문제의 해결을 구하기는 대단히 어렵다. 미국과 EU, 중국과 일본의 이해가 서로 다르고 선진국과 후진국의 이해관계가 서로 다르기 때문이다.

요컨대 이 문제를 풀기 위한 세계 차원의 단일한 통치구조global governance: 예컨대 세계중앙은행 등가 존재하지 않기 때문이다. 환언하면 지구촌의 경제적 통합과 정치적 분열 간의 구조적 모순 때문에 이 글로벌 통치구조의 문제가 잘 풀리지 못한다고 볼 수 있다. 이 통치구조의 문제를 어떻게 풀 것인지가 21세기 세계질서의 장래를 결정할 것이다. 그리고 중장기적으로 지구촌 위에서 민주주의와 시장경제의 안정적 발전 여부를 결정하게 될 것이다.

셋째는 세계와 민족 간의 갈등이다.

세계경제와 과학기술은 분명 세계주의globalism 내지 보편주의universalism를 지향하고 있다. 성공적 세계화를 위하여 모든 나라들이 소위 세계표준global standard을 따를 것을 강조하는 주장이 그러한 움직임이다. 그런데 이러한 보편주의는 불가피하게 개별국가의 전통, 문화, 역사, 의식 등과 갈등하고 대립하기 쉽다. 왜냐하면 선진국에서 생성된 글로벌 스탠더드들이기 때문에 다른 나라들이 지금까지 존중해 온 고유의 전통가치나 윤리와 충돌하기 쉽기 때문이다. 주지하듯이 국가의 발전을 위해서는 경제와 기술의 발전이 핵심이다. 그런데 문제는 경제와 기술이 요구하는 세계 보편적 제도나 기준을 어디까지 따라가고, 어디까지는 전래의 가치, 문화, 전통, 역사 등을 존중하고 유지해야 할 것인가를 정해야 한다. 그런데 이것은 결코 쉬운 문제가 아니다.

예를 하나 들어 보자. 오늘날 우리사회에서 많이 논의되고 있는 노동시장유연성labor market flexibility의 주장해고의 자유와 단기고용의 예찬은 분명 개인주의적 전통과 의식이 강한 이민移民국가인 미국에 가장 잘 맞는 미국식 문제해결방식이다. 미국적 합리성이 분명 있다. 그러나 공동체주의

communitarianism적 전통의식이 강한 우리나라에서 이 노동시장의 유연성을 어디까지 도입해야 할까? 사용주들이 일방적인 임의적 해고를 자유롭게 할 수 있도록 허용한다면 고용환경이 불안해진 근로자들이 과연 회사에 대해 높은 충성도를 가질 수 있을까? 만일 남아 있는 근로자들의 근로의욕이나 노동생산성이 크게 떨어진다면 과연 해고의 자유가 기업발전에 어떠한 의미를 가지는가? 그렇다고 노동시장의 경직성을 강화하여 모든 노동자에게 '철밥통'을 안겨주는 것을 과연 바람직하다고 할 수 있는가? 세계경제에서의 무한경쟁이 갈수록 격화되는 현실 속에서, 해고의 제한이 과연 현실적이고 가능한 선택인가? 그것이 과연 국가발전의 길인가? 등의 문제들이 등장한다.

그동안 공동체주의적 전통이 강한 유럽과 일본에서는 고용의 안정성에 보다 많은 역점을 두어 왔고, 개인주의적·자유주의적 경향이 강한 미국은 고용의 유연성에 보다 많은 역점을 두어 왔다. 그런데 오늘날의 움직임을 보면 유럽과 일본 쪽에서 안정성뿐 아니라 유연성을 강조하기 시작했다. 그래서 가능한 유연성과 안정성을 조화하고 통합하여 이 양자를 함께 추구해 보려는 소위 유연안정성flexicurity을 향한 노력을 강화하고 있다.• 반면에 미국에서는 종래의 유연성 중심의 시스템에 대하여 아직 특별한 제도적·정책적 반성이 보이지 않는다. 이러한 변화들이 우리에게 어떠한 시사점을 주는 것일까?

아무리 합리적이고 선진적인 제도와 정책이라도 우리나라의 국민적 가치, 정서, 문화 등에 맞지 않으면 결코 성공할 수 없다. 반면에 경제와

• 세계화시대 노동시장의 유연안정성을 높이는 문제는 이론적으로도 정책적으로도 대단히 중요하다. 이 문제에 대하여는 뒤의 제2부 제7장 세계화와 노동운동에서 상세히 논의한다.

기술이라는 것은 나름의 게임의 룰rule과 발전의 원리가 있다. 아무렇게나 해서 발전할 수 있는 것이 아니다. 보편적 발전의 룰을 무시하면, 다시 말해 세계표준을 무시하면 경제와 기술의 발전을 이루어 내기 어렵다. 그렇다면 어떻게 할 것인가? 어떻게 지켜야 할 전통을 지키면서 받아들여야 할 세계표준을 받아들일 것인가? 표현을 바꾸면, 어떻게 버려야 할 전통을 버리면서, 받아들이지 말아야 할 세계표준을 받아들이지 않을 것인가?

우리는 이상에서 21세기 여섯 가지 변화 속에 내재하는 세 가지 근본모순 내지 갈등구조를 보았다. 과연 우리는 앞으로 여러 형태로 나타날 자유와 평등 간의 갈등의 문제를 어떻게 풀 것인가? 개인주의와 공동체주의 그리고 시장주의와 국가주의 사이의 긴장과 대립의 문제를 어떻게 풀 것인가? 또한 세계경제와 국제정치 사이의 모순으로 발생하는, 예컨대 세계금융시장의 불안정성의 문제를 풀기 위해 — 세계금융시장의 안정이라는 지구적 공공재global common goods를 생산하기 위해 — 우리는 어떠한 노력을 해야 하는가? 개별국가 차원의 노력은 어떻게 해야 하고 국제적 공조는 어떻게 해 나가야 할 것인가? 또한 소위 경제와 기술의 발전을 위하여 선진국에서 지배적인 세계표준을 어디까지 받아들이고, 우리의 전통가치와 관행과 문화는 어디까지 지켜나갈 것인가? 이러한 모든 문제들에 대하여 우리의 입장 내지 관점 — 이론적 철학적 관점 — 을 먼저 정립해야 한다. 그리고 그에 기초하여 합리적인 정책선택과 제도선택을 해 나가야 한다. 어떻게 할 것인가?

자유와 평등 간의 갈등의 문제를 풀려면 결국 우리의 세계화가 반드시 '민주적 세계화democratic globalization' 내지 '통합적 세계화inclusive globalization'가 되어야 함을 의미한다. 즉 소수만의 세계화가 아니라 모든 사람이 참여하는 세계화, 그래서 모든 사람이 세계화의 이익을 함께 나눌 수 있는, 동시에 세계화의 비용도 함께 부담할 수 있어야 함을 의미한다. 또한 경제와 정치의 모순의 문제를 풀려면 우리의 세계화는 '능동적 세계화pro-active globalization'가 되어야 함을 의미한다. 즉 세계화라는 상황변화에 단순히 수동적으로 적응해 가는 것이 아니라, 바람직한 세계화예컨대 민주적이고 안정적이며 지속가능한 세계화를 적극적으로 만들어 나가야 함을 의미한다.

끝으로 세계와 민족의 갈등의 문제를 풀려면 우리의 세계화가 '자기주도적 세계화self-directed globalization' 내지 '자주적 세계화self-reliant globalization'가 되어야 함을 의미한다. 각 나라가 자신들의 역사·문화·전통에 맞게 주인의식을 가지고 세계화를 주체적이고 자기주도적으로 만들어 나가야 함을 의미한다. 선진국의 세계표준을 도입할 때도 무조건 모방이 아니라 자신들의 문화에 맞게 재창조하여 도입해야 함을 의미한다.

이상의 세 가지 바람직한 세계화의 방향, 즉 '민주적 세계화' 내지 '통합적 세계화', 그리고 '능동적 세계화', 그리고 '자기주도적 세계화' 내지 '자주적 세계화'를 합쳐 한마디로 표현한다면 '창조적 세계화creative globalization'라고 부를 수 있을 것이다.

우리는 대한민국 나아가 한반도의 세계화가 '창조적 세계화'가 되어야 한다고 생각한다. 우리의 지력과 경험과 용기를 다 동원하여 우리 나름의 답을 만들면서 우리나라를 세계화해 가야 한다. 더 이상 우리에게 교과서는 없다. 우리나라가 중진국까지 뛰어올 때까지만 해도 성공한 선진국의 경험들이 교과서가 될 수 있었다. 그러나 이제는 선진국과 경쟁해야 하는 단계에 진입하고 있다. 선진국의 성공 경험이 '참고서'는 될 수 있어도 더 이상 '교과서'는 될 수 없다. 더구나 오늘날 진행되고 있는 세계화는 인류역사상 흔하지 않은 문명사적인 격변과 격동이 함께하는 세계화다. 대단히 새로운 역사실험이다. 누구도 미래를 확신할 수 없다. 세계화가 성공할지 실패할지 아무도 아직 모른다. 분명한 것은 완전성공도 완전실패도 아닐 것이다. 우리로서는 최선을 다하여 대한민국 나아가 한반도의 선진화를 위해 우리의 21세기 세계화 전략을 창조적으로 만들어 내야 한다. 민주적으로 능동적으로 그리고 자기주도적으로 만들어 내야 한다. 그러기 위해선 더 열심히 선진국의 성공사례를 배우고 우리의 과거경험과 현재의 여건을 분석해야 한다. 그래야 진정한 '창조적 세계화의 길'이 열릴 것이다. 그리고 그 결과로 우리는 향후 10-15년 안에 선진국—세계중심국가—에 성공적으로 진입하게 될 것이다.

제2부

세계화의 빛과 그림자 : 이론적 실증적 분석

제5장

세계화와 세계질서의 변화

세계화와 세계권력구조

세계화는 국제관계와 세계권력에 어떠한 변화를 가져오는가? 오늘날 세계권력은 세계화로 인하여 네 가지 큰 구조적 변화를 겪고 있다. 이 변화를 올바로 이해하고 이를 안고 가야 한다. 저항하려고 하면 국가성공이 어려워진다.

세계권력구조의 4대 변화

첫째는 전 세계에서 민주적 정치혁명이 일어나고 있다.

지구촌에 정치적 대 각성이 일어나고 있다. 지구촌 전체의 인류가 정치적 자각과 자긍심을 가지고 자신들의 정치적 의견을 국내적으로뿐 아니라 국제적으로 주장하기 시작하고 있다. 브레진스키Z. Brzezinski는 이것을 지구적·정치적 대각성a global political awakening이라고 부른다.* 모든 인류가 그리고 모든 나라가 이제는 세계문제에 대하여 각자 자기주장을 하기 시작했다. 이러한 정치적 자각과 변화가 오는 데는 두 가지 계기가 있었다.

하나는 세계화로 지구촌의 많은 나라들이 경제발전에 성공하게 되었고 그것이 가져온 경제적 풍요다. 이 경제적 풍요가 많은 나라들과 그

* Zbigniew Brzezinski and Brent Scowcroft, *America and the World*, Basic Books, 2008.

나라의 국민들에게 자긍심과 자신감을 주었다. 그래서 자기목소리를 높이기 시작했다. 멀리는 제2차 세계대전 이후부터 가까이는 특히 제2차 세계화가 본격적으로 시작된 1980년 이후 전 세계의 경제성장은 눈부셨다. 지난 2006-2007년 사이에 경제성장률이 연평균 4% 이상이었던 나라가 세계에서 124개국이었다고 한다. 빈곤의 감소는 더 극적이었다. 하루 1달러 이하로 살아야 하는 빈곤층이 제2차 세계화가 시작되던 1981년에는 세계총인구의 40%였다고 한다. 이 빈곤층이 2004년에는 18%로 줄고 2015년에는 12%로 줄 것이라고 예상되고 있다. 중국 한 나라만을 보아도 이 기간 동안 4억 명 이상의 빈곤층이 줄어들었다.• 한마디로 고도경제성장과 급격한 절대빈곤의 감소가 지구촌의 많은 사람들에게 자긍심과 자부심을 주었고 이것이 그들이 정치적 목소리를 높이는 배경이 되고 있다.

다른 하나는 정보화다. 정보통신기술의 발달이 지구촌을 하나의 작은 마을로 만들어 버리고 있다. 이웃나라에서 일어나는 일에 대하여 과거에는 알기도 어렵고 관심도 없었다. 그러나 이제는 이웃나라의 일들이 시시각각 실시간으로 알려지고, 세계의 상호관계성이 높아지는 것을 몸으로 느낄 수 있다. 그래서 이제는 이웃나라의 문제, 세계의 문제에 대하여 사람들이 민감하게 반응하고 있다. 세계화를 통하여 자긍심이 커진 국민과 국가들이 정보화를 통하여 세계문제에 대하여 반응하고 주장하는 셈이다. 지구촌 구성원들이 — 국가든 개인이든 — 모두 정치적으로 대단히 활동적이 되고 있다.

• Fareed Zakaria, *The Post-American World*, W.W. Norton & Company, 2008, pp.2-3.

둘째, 세계경제권력의 상호의존성과 변동성이 크게 증가하고 있다.

무역과 투자와 금융의 세계화가 국가경제의 상호의존성과 상호작용성을 크게 높이고 있다. 이제는 명실공히 지구촌경제의 시대다. 2008년 미국발 세계금융위기가 우리가 생각한 것보다 지구촌이 더 긴밀한 상호의존의 관계가 되었음을 보여주고 있다. 2008년 9월 15일 리만 브라더스Lehman Brothers의 파산으로 시작된 미국의 금융위기는 빠른 속도로 전 세계로 퍼져 나갔다. 그래서 100년에 한번 있을까 말까하다는 세계금융위기로 전환되었다. 2007년 미국 주택시장의 부실금융이 드러나기 시삭할 때, 아시아경제는 미국의 소위 악성채권toxic assets을 별로 가지고 있지 않았고, 외환보유고도 많았기 때문에, 미국의 금융위기에 별 영향을 받지 않으리라고 생각했다. 아시아경제가 미국경제와는 소위 분리decoupling되었다고 생각했다. 그러나 결과는 정반대로 재결합re-coupling되어 있음이 드러났다. 미국의 금융위기가 세계금융위기로 전환되었을 뿐 아니라 미국의 금융위기로 인한 미국 실물경제의 추락이 그대로 세계 실물경제의 추락으로, 즉 수출 감소와 실업 증대 그리고 경기 하락으로 나타났다.

1989년 11월 9일 베를린 장벽의 붕괴로 시작된 냉전의 종식 이후, 소위 역사의 종언The End of History ─ 미국판 자유시장경제의 승리선언 ─ 을 주장하며 자유시장경제의 완전 승리가 찬미되어 왔다. 그런데 만 20년도 되지 못해 지난 2008년 9월 15일 자유시장경제체제의 결정적 문제점이 일거에 드러나 버렸다.

물론 자유시장경제체제는 많은 장점이 있고 인류의 국부國富의 발전에 큰 기여를 한 것은 사실이다. 지난 250년간 지구촌의 일인당 평균소득을 1750년의 180달러 수준에서 2000년 현재 6,600달러 수준으로 올린

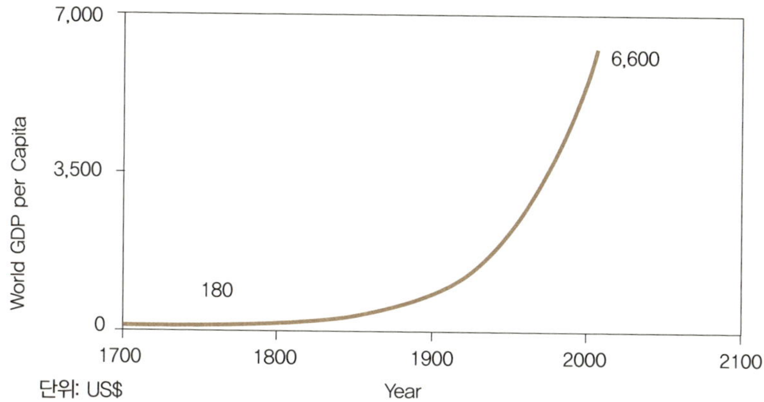

자료: Eric D. Beinhocker. *The Origin of Wealth*, 2006.

▌그림 5.1▌ World GDP Per Capita(1750-2000.AD)

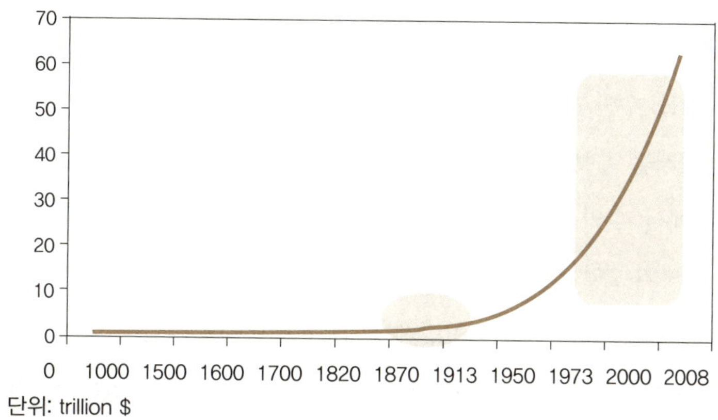

자료: www.theworldeconomy.org

▌그림 5.2▌ World GDP의 변화(0-2008AD)

결정적 요인의 하나는 시장경제 — 자유무역 — 의 확대였다.* 동네시장에서 지역시장 그리고 국가시장 나아가 세계시장으로 자유시장의 끊임

* Eric D. Beinhocker, *The Origin of Wealth*, Harvard Business School Press, 2006, pp.9–10.

없는 확대와 심화가 지난 250년 간 인류에게 경제적 기적을 선사했다. 그러나 시장경제는 어느 때나 항상 발전하는 것은 아니다. 공정하고 자유로운 '시장질서market order'와 근면·정직·성실의 '시장윤리market ethics'가 있을 때에만 발전한다. 시장질서를 규율하는 시장경제의 통치구조가 부실bad governance해지고,* 이번에 일부 Wall Street가 보여 주었듯이 시장주체들의 반反윤리성이 심해지면 시장경제체제는 생각보다 쉽게 허물어질 수도 있다. 이러한 시장경제체제의 취약성을 여실히 보여준 것이 2008년 미국의 금융위기였다.

이와 더불어 정보화의 급진전은 경제권력구조의 유동성과 변동성을 크게 높이고 있다. 앞에서 보았지만 2000년 현재 세계에서는 매일 약 2조 달러의 외환거래가 일어나고 있다. 이 중 무역이나 외국인직접투자 등 실물거래를 수반하는 외환거래는 약 1/50에도 미치지 않고 나머지는 모두 실물거래를 수반하지 않는 외환거래다. 각국의 이자율, 환율, 주가의 변동 등에서 수익을 찾아 움직이는 거래다. 이들 약 2조 달러의 거래액 중 약 40%가 2일 사이에 거래방향이 달라지고 80%가 약 7일 사이에 거래방향이 달라진다고 한다. 이렇게 극심한 대량자본의 순간이동, 금융의 순간이동이 세계경제의 유동성과 변동성을 크게 높이고 있는 셈이다. 이제 세계경제는 상호의존성뿐 아니라 변동성도 크게 높아진 셈이다.

셋째는 세계권력이 분산되고 다주체화多主體化 polycentric되고 있다.

우선 세계화가 전 세계에 경제성장을 가져오면서 세계권력의 위계를

* 시장질서를 규율하는 시장통치구조란 예컨대 시장질서의 경쟁성을 확보하는 제도인 '반(反)독점기구', '소비자보호기구', 그리고 금융시장의 경우에는 소위 도덕적 해이를 줄이기 위한 '금융감독기구', 노동시장의 경우에는 부당노동행위를 규제하는 '노동위원회' 등을 의미한다.

바꾸었다. 아직 미국이 군사적으로나 정치적으로 절대 우위인 것은 사실이다. 미국의 국방예산은 매년 5천 억 달러 규모로서 중국·러시아·인도·일본 그리고 모든 유럽국가의 국방예산을 합친 것보다 많다. 절대적 우위다. 그리고 미국의 GDP는 11조 달러 정도로 아직은 세계 GDP의 25% 수준을 유지하고 있다. 그리고 세계 여러 나라들이 자국의 경제발전을 위해서는 반드시 미국경제와 관계를 맺고 미국시장에 들어가야 함도 사실이다.•

그러나 이제 세계화가 가져온 급속한 경제성장 덕분에 세계에는 적어도 6개의 주요권력국가great power가 등장하게 되었다. 미국을 포함하여 중국·EU·인도·일본·러시아 등이다. 그 이외에도 지역세력regional power들이 있다. 브라질·아르헨티나·칠레·멕시코·베네수엘라 등이 남미의 지역세력이라면, 나이지리아·남아공 등이 아프리카의 지역세력이다. 이집트·이란·이스라엘·사우디 아라비아 등이 중동의 지역세력이라면, 오스트레일리아·인도네시아·한국 등이 동남아와 태평양지역의 지역세력이다.

이렇게 주요권력국가와 지역세력국가들이 등장하여 냉전 이후 형성된 미국 중심의 단극單極 unipolar의 시대를 끝내고 있다. 이렇게 수많은 국가들이 세계권력의 분산과 다주체화를 촉진할 뿐 아니라, 수많은 다국적기업GM, SONY 등과 국제조직UN, 세계은행, IMF 등, 세계 대도시뉴욕, 상하이 등, 국제협력기구The African Union, The Association of Southeastern Asian Nations 등 그리고 각종의 세계언론BBC, CNN 등과 국제 NGOGreenpeace, Doctors without Borders 등 그리고 심지어는 각종 무장집단Hezbollah, Taliban 등 등도 세계 권력관계의 분산과 다주체화를 촉진하고 있다.

• 미국의 힘의 강력함과 그 한계를 잘 정리한 Richard Haass, *The Opportunity: America's Moment to Alter History's Course*, PublicAffairs, 2005를 참조.

그래서 심지어는 이제는 무극無極의 시대non-polarity라는 주장도 있다. 그러나 보다 정확한 표현은 소수다극少數多極 minpolar 혹은 minilateral의 시대로 보는 편이 나을 것 같다. 여하튼 확실한 것은 이제 세계권력이 분산되고 그 주체가 다기화되고 있다는 사실이다. 그래서 요약해 보면, 20세기 초에 다극multipolar의 시대로 시작하여, 냉전기간 중 미국·소련을 중심으로 하는 양극bipolar의 시대를 거쳐, 1991년 냉전 이후 한동안 미국 중심의 일극unipolar의 시대를 거쳤으나, 적어도 2001년 9.11 이후 지금은 소수다극의 시대로 다시 세계권력의 분산이 일어나고 있다고 정리할 수 있다.

넷째는 세계권력이 대서양에서 태평양으로 이동하고 있다.

지난 200년간 세계권력의 중심은 대서양에 있었다. 그러나 앞으로는 태평양중심의 시대가 열릴 것이다. 15세기부터 18세기 후반까지는 근대사회의 등장, 과학과 기술의 발전, 자본주의의 확대 등을 통하여 서구The West가 서서히 세계권력의 중심으로 이동하던 시기였다. 그리하여 19세기는 본격적으로 유럽이 세계의 중심에 있었고 그중에서 영국이 중추적 역할을 했다. 19세기 말에서 20세기 초 다시 세계권력은 서서히 대서양을 거쳐 미국으로 이동했고 그 결과 20세기는 본격적인 미국의 시대였다. 그런데 1980년대 제2차 세계화가 본격화되면서 세계권력의 중심이 태평양으로, 더 나아가 아시아로 빠르게 이동하고 있다. 그래서 지난 200년간 세계를 지배하던 대서양 중심의 서구의 시대가 서서히 끝나고 있다고 볼 수 있다. 물론 태평양 중심의 시대 혹은 아시아의 시대는 일본의 전후 복구에서 시작되어 다음은 소위 네 마리 용의 등장, 즉 한국·싱가포르·타이완·홍콩의 고도성장의 시대를 거쳐, 이제는 중국과 인도가

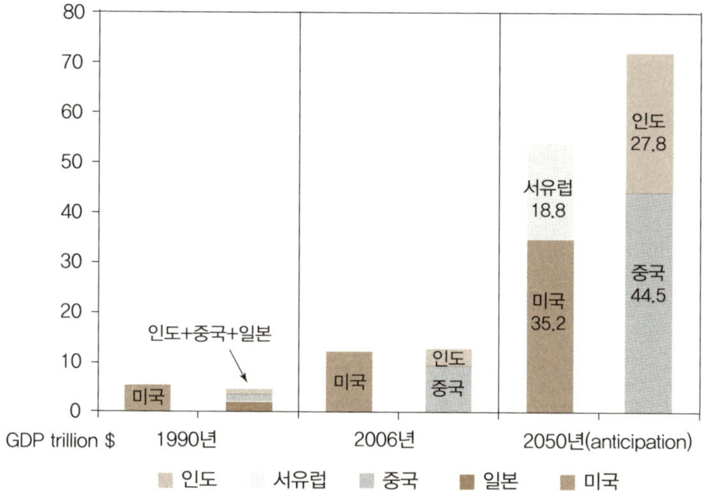

자료: Gabor Steingart, *The War for Wealth*, McGrawHill, 2008.

그림 5.3 주요 국가 간 GDP 비교

본격적으로 전면에 등장하는 시대로 이동하고 있다.

1990년에는 미국의 GDP가 약 5조 7천억 달러로, 당시 일본2.3조과 중국1.6조 그리고 인도1.1조 세 나라를 합친 5조 달러보다 많았다. 그러나 이미 2005년에는 미국의 GDP는 약 12조 3천 억으로 중국9.4조과 인도3.6조를 합친 규모인 13조보다 작아지기 시작했다. 2050년의 예상추계를 보면 미국의 GDP는 35조 2천 억 달러로 중국44.5조보다도 작아지고 있다. 2050년이 되면 중국과 인도의 GDP 합계72.3조가 미국과 서유럽의 합계54조를 크게 넘어서게 된다.* 분명히 세계권력은 아시아로 이동하고 있다.**

* Gabor Steingart, *The War for Wealth*, McGrawHill, 2008.

** 아시아시대의 등장의 불가피성과 서구가 이를 수용하고 받아들여야 한다는 주장을 보려면 Kishore Mahbubani, *The New Asian Hemisphere*, PublicAffairs, 2008을 참조. 이러한 아시아의 시대가 오고 있다는 주장에 대한 반론도 만만하지는 않다. 현재

흥미있는 것은 세계화는 본래가 서구적 프로젝트로 시작되었는데 서구적 프로젝트인 세계화가 동방에 와서 꽃을 피우면서 서구로부터 권력을 빼앗아 아시아로 이동시키고 있다는 점이다. 제1세계인 서구가 제2세계인 소련 등과 냉전을 벌이는 과정에서, 세계화의 물결을 타고 제3세계였던 아시아에서 새로운 세계권력의 중심이 형성되어 온 셈이다. 또 하나 흥미로운 사실은 이러한 아시아의 대두라는 새로운 세계권력의 재편성과정에서 국가의 역할이 대단히 적극적이었다는 점이다. 서구의 시장중심 발전모델과는 다른 정부주도의 발전모델이 — 소위 동아시아발전모델이 — 아시아의 성공을 이끌어 왔다는 점이다. 그리고 엄격한 의미의 자유민주주의가 아닌 권위주의적 시대에 경제성장이 성공했다는 점이다. 한국의 박정희 발전모델도 일본의 자민당 발전모델도 그리고 중국의 공산당이 선도한 개혁개방도 모두 비자유주의적이고 국가 주도적이었다고 볼 수 있다.

어떻게 대응해야 하나?

이상의 네 가지 세계권력구조의 변화가 우리에게 주는 의미는 무엇인가? 몇 가지를 생각할 수 있다.

진행되는 아시아의 상승이 지속되어도 아시아가 일인당 국민소득으로 미국과 대등해지려면 적어도 77년 — 중국은 47년, 인도는 123년 — 이 걸릴 것이다. 그리고 그 기간 동안에 아시아의 상승이 중단될 위험도 크다고 주장하는 견해는 Minxin Pei, "Think Again: Asia's Rise," *Foreign Policy*, July/August 2009를 참조.

첫째, 냉전적 사고를 벗어나야 한다.

우선 무엇보다도 지난 60년간 우리를 지배해 온 냉전적 사고를 벗어나야 한다. 냉전적 사고란 무엇인가? 냉전적 사고란 한마디로 국제관계에 대해 자주적 내지 자기주도적 사고를 하지 않는 '사고중지思考中止의 사고'를 의미한다. 우리는 그동안 냉전기간 중 미국의 안보우산 밑에서 안주하며 국내문제에만 신경을 써왔다. 그래서 산업화·민주화라는 국가의 내부과제를 해결하는 데 집중하였기에 그러한 문제들을 푸는 데 유리했던 면도 있다. 그러나 우리는 그동안 대외문제에 대하여는 너무 오랫동안 자기사고중지의 기간을 가져왔다. 국가이익national interest이 무엇인지, 변화하는 세계 속에서 국가이익을 어떻게 관철할 것인지 등에 대한 적극적 사고와 노력이 대단히 미흡했다.

그러나 이제는 더 이상 그럴 수 없다. 냉전은 끝났고 세계화는 본격화되었다. 세계는 소수다극少數多極의 시대로 들어가고 있다. 우리 스스로가 국가이익을 정의하고 이를 실현하기 위한 자기전략을 가져야 한다. 적극적·능동적·자기주도적 사고를 해야 한다.

냉전적 사고의 두 번째 의미는 '이념중심理念中心의 사고'다. 시대에 관계없이 이념과 가치가 중요한 것은 사실이다. 그러나 이제 국제관계에서 자국의 이익을 지키고 확대하려면 이념을 뛰어넘어 대화하고 포용하는 태도가 중요해지는 시대인 것을 잊어서는 안 된다. 물론 서로 이념과 가치관을 달리하는 나라들과 대화를 할 때도, 우리가 믿는 이념과 가치의 중요성에 대하여 우리의 입장을 확실히 밝히는 것은 옳은 태도다. 그러나 탈냉전의 시대에 국가경영을 하려면 서로 믿는 가치가 달라도 서로의 공동이익이 크다는 사실을 상대에게 알려야 하고, 또한 우리는 상대를 대단히 소중하게 생각한다는 사실도 알려야 한다. 그래서 이념의 차이가 공동의 이익의 실현에 방해가 되지 않도록 노력해야 한다. 그것이 냉전 이후 세계화시대 성숙한 국가의 태도다.

둘째, 중진국적 사고를 극복해야 한다.

이제 우리는 중진국적 사고를 극복해야 한다. 중진국적인 사고는 한마디로 '자기함몰의 사고'다. 특히 후진국에서 압축 고도성장을 통하여 중진국 진입에 성공한 나라일수록 자기만족과 자기오만의 덫에 빠질 수 있다. 그러면서 내부적으로는 변화를 거부하고 외부적으로는 배타적이 되기 쉽다. 성공경험에서 오는 오만과 배타는 국민의 정신적 기강을 해이하게 한다. 그리고 외부의 변화를 배우려 하지 않게 만든다. 그러면 점점 더 외부의 변화에 대하여 무지해지고 따라서 더 배타적이 되고, 그 결과 더욱 고립되고 낙후된다. 특히 자기만족과 오만 속에서 산업화시대 때 보이던 '하면 된다'는 정신적 긴장감과 자신감도 해이해진다. 이렇게 되면 선진국 진입을 목표로 하는 선진화는 확실하게 실패하게 된다.

중진국적 사고의 또 다른 하나는 '실수용인의 사고'다. 우리는 중진국이니 좀 실수해도, 좀 부족해도, 선진국들이 이해해 줄 것이라고 하는 안이한 사고다. 그래서 무리한 주장도 하고 무례한 행동을 해도 어느 정도 용인될 수 있다고 생각하는 사고다. 이것은 잘못이다. 우리 스스로는 아직 자신을 중진국으로 보고 아직 중진국적 사고의 수준을 벗어나지 못하고 있을지 모르나, 세계화시대에는 모든 나라들이 모든 외국의 나라에게 성숙한 선진국적 사고와 태도를 기대한다. 이 기대를 저버리면 국제적 신뢰를 잃게 되고 협력적이고 미래지향적인 국제관계를 만들어 갈 수 없다.

셋째, 능동적 '세계전략'을 가져야 한다.

이제는 외교가 대단히 중요하고 어려운 시대로 들어가고 있다. 세계 권력이 분산되는 소수다극의 시대이기 때문에 국제관계가 대단히 유동적이고 복잡하게 될 것이다. 또한 냉전시대가 끝났으므로 동맹의 의미도 과거보다 약화되거나 변질될 수 있다. 이 모두를 각오해야 한다. 국제관계의 변화도 격심하고 상황의존적인 불확실성도 크게 증대할 것이다. 심지어는 적과 동지의 구별도 간단하지 않은 상황으로 들어갈 것이다. 따라서 중요한 것이 세계전략이다. 특히 대한민국과 같이 중규모국가middle power가 선진국의 일원이 되려고 하면 대단히 능동적pro-active이고 공격적인 세계전략을 가져야 한다. 소극적 발상과 태도로는 새로운 도약의 역사를 만들지 못한다.

외교는 사실 큰 나라보다 작은 나라에게 더 중요하다. 더구나 대내정책, 즉 내정의 잘못은 국내에서 야당, 언론 등이 비판하고 교정을 해줄 수 있지만 대외정책, 즉 외교의 잘못은 세계의 그 어느 나라도 우리를 위하여 비판하고 교정해 주지 않는다. 따라서 대외정책을 구상할 때는 더 깊이 생각하고 더 신중해야 한다. 따라서 선진화를 위해선 무엇보다 (1) 심계원려深計遠慮한 대한민국의 세계구상과 세계전략이 있어야 한다. 세계구상과 세계전략을 세울 정부조직과 민간연구소 등이 있어야 한다. (2) 그리고 이를 추진할 외교역량, 즉 종합적 외교역량을 획기적으로 증대시켜야 한다. 특히 정부 부처간경제·외교·국방·문화 등 협력체제의 구축이 중요하다. 동시에 (3) 정부외교 이외에 공공외교public diplomacy와 민간외교 — 기업, 학교 등 — 의 중요성도 크게 강조해야 한다.

넷째, '통합-관계-연대전략'을 기본으로 해야 한다.

크게 보면 우리의 세계전략은 결국 모든 세계 권력의 주체들국민국가, 국제기관, 국제기구, 다국적기업, 세계 NGO 등과의 통합전략integration 내지는 관계전략engagement이 기본이 되어야 한다. 경제와 기술 그리고 문화와 사회는 가능한 통합의 방향으로 나가야 한다. 그리고 정치와 외교는 적극적 관계전략으로 나아가서 제외되는 나라가 없어야 한다.

과거 우리의 외교는 4강 중심의 외교였다. 이제는 달라져야 한다. 강대국뿐 아니라 강소국은 물론 약소국 모두를 대상으로 적극적인 통합과 관계의 외교를 만들어 나가야 한다. 이것이 지구적 규모의 정치적 각성의 시대와 세계권력의 분산과 다주체화의 시대에 걸맞는 적극적 외교노선이다.

큰 방향을 '통합과 관계'에 두고 나가면서 필요하다면 얼마든지 수시로 다양한 연대를 구축coalition building해야 한다. 다양한 대화와 협력의 네트워크를 상설화할수록 좋다. 이제는 더 이상 냉전적 세력균형이 모든 문제를 풀어주는 시대가 아니다. 국가성공을 위해선 다른 나라와 다른 나라 국민들과 어떻게 잘 대화하고 잘 협력하고 잘 관계를 발전시켜 나가는가가 결정적으로 중요해지는 시대다. 대화와 협력의 예술이 필요한 시대다. (1) 우선 다른 나라와 다른 나라 사람들을 정확히 알고 잘 이해해야 한다. 그들의 입장에서 사물을 보는 것을 익혀야 한다. 그들의 역사를 배워야 하고 지리를 익혀야 한다. 그리고 무엇보다도 그들의 언어와 문화를 배워야 한다. (2) 그리고 보다 적극적으로 다른 나라, 다른 국민들과 만나고 대화하고 협력하고 더 나아가 공동사업을 만들어 나가야 한다. 그러한 적극적 태도와 열린 마음open-minded이 대한민국의 세계화에 무엇보다 중요하다.

중국 문제

세계 권력이 대서양에서 태평양으로 이동하면서, 아시아의 시대가 본격적으로 열릴 때 우리가 깊이 생각해야 할 문제가 하나 있다. 무엇인가? 바로 중국 문제다.

중국 문제란 무엇인가? 중국의 경제적·정치적·군사적·문화적 부상이 대한민국에 던지는 문제제기다. 세 가지 문제를 제기하고 있다고 본다.

첫째는 경제적 도전이다. 앞으로 한국경제가 중국경제의 추격에 대하여 어떻게 대응해야 하는가? 앞으로 한국의 경제를 중국의 경제와 어떻게 연계하면서 공동 발전할 수 있는 우리 나름의 발전전략을 짤 것인가 등의 문제다. 한마디로 중국과의 새로운 협력분야를 개척하는 문제다. 결국 이 문제는 우리 경제가 중국경제와의 관계에서 어떻게 새로운 비교우위분야new comparative advantage — 수평적·수직적 비교우위 분야 — 를 창출해 나갈 것인가의 문제가 된다. 어떻게 대한민국이 몇몇 미래 핵심 기술 분야에서 세계최고의 기술개척국가technologically pioneering state가 되어서 중국이 끊임없이 우리를 필요하도록 — 그래서 우리의 수직적 비교우위를 — 만들어 나갈 것인가? 혹은 기존의 기술 분야에서도 우리의 장점을 어떻게 특화하여 수평적 비교우위를 강화·발전시켜 나갈 것인가 등의 문제가 된다.

그러나 좀 더 넓게 생각하면 산업이나 기술 분야뿐 아니라 교육, 의료, 문화, 관광, 행정 등의 분야에서도 중국이 우리를 절실히 필요로 할 분야를 만들어 나가야 한다. 중국과 우리는 역사적·문화적 인접성이 크기 때문에 서로 정서적 거부감이 적다. 우리의 문화, 관광산업뿐 아니라 우리의 산업화, 도시화의 성공과 실패의 정책경험과 지식예: 새마을운동 등이 중국에 큰 참고가 될 수도 있다.

또한 우리는 최고선진국인 미국과 일본과의 접근성이 좋다. 선진국의 학문과 기술과 제도 등을 우리가 소화해 내어 중국의 발전단계에 맞는 형태로 그 내용과 형식을 바꾸어 공급할 수도 있다. 예컨대 지구촌 자원의 한계와 에너지 조건을 감안할 때 21세기 중국의 산업화와 도시화는 20세기 많은 개발도상국가가 했던 에너지다소비형, 환경생태파괴형, 사회갈등심화형 산업화와 도시화를 반복 답습할 수 없을 것이다. 중국의 인구규모 자체가 크기 때문에 지구자원의 한계가 이를 용납하지 못할 것이다. 그렇다면 우리가 앞장서 중국의 에너지저소비형, 환경생태보전형, 사회갈등완화형 산업화와 도시화의 길을 제시하는 연구를 해야 한다. 이러한 분야에서도 우리는 창조적으로 비교우위를 찾아야 한다.

본래 세계화시대의 발전은 서로를 필요로 한다. 그런데 우리가 중국을 필요로 하는 것보다 중국이 우리를 더 필요로 하게 만들 수는 없는가? 어떻게 하면 그것이 가능하도록 할 것인가? 이것이 첫 번째 도전이다.

둘째는 정치적·안보적 도전이다. 주지하듯이 우리의 역사를 보면 분명 동북아에서 단일의 패권대국이 등장하면 항상 한반도는 변방의 설움이나 속국의 고통을 경험했다. 그리고 과거 역사를 보면 중국이 내부분열의 문제가 해결되어 하나로 통일된 거대대국으로 등장하면 항상 대외패권의 길을 걸었다. 그리고 그러할 때 한반도는 자존과 자긍, 번영과 평화를 지키기 어려웠다. 따라서 '역사의 힘'은 분명 중국을 패권적 중화주의中華主義 부활의 방향으로 이끌려 할 것이다.

반면에 중국이 과거와는 달리 앞으로 패권화하지 않을 것이라는 주장도 있다. 왜냐하면 중국이 개혁개방과 경제발전에 성공하려면 이웃나라에 대한 패권추구가 오히려 장애가 되기 때문이라는 것이다. 소위 '시장의 힘'이 중국의 패권화를 막을 것이라는 주장이다. 그렇게 된다면 모두에게 가장 바람직한 것이다. 그러나 지난 수천 년 동안 인류의 역사는 그렇게 간단하지 않음을 가르쳐 주고 있다. 평화가 상호이익이 되는 시장경제국가 간에도 얼마든지 갈등과 전쟁이 있어 왔다.* 과연 상호관계를 깊게 하고 호혜평등을 지키려는 '시장의 힘'과 중화주의와 패권주의를 부활시키려는 '역사의 힘', 이 둘 중 앞으로 어느 힘이 보다 커질 것인가? 다수는 적어도 중국이 소위 화평굴기和平屈起 peaceful rising를 하는 동안은 '시장의 힘'이 '역사의 힘'보다 크게 작용할 것으로 보고 있다. 그러나 화평굴기가 끝난 후에는 '역사의 힘'이 '시장의 힘'보다 강하게 움직이지 않을까** 하는 견해가 많다.

여하튼 어느 나라든 국민의 생명과 재산, 국가의 자존과 번영은 조금의 위험이 있어도 — 비록 그 가능성이 적다고 하여도 — 이에 철저히 대처하는 것이 올바른 길이다. 중국과 한국이 잘 지낼 때는 문제가 없으나 양국의 국가이익이 서로 충돌할 때 앞으로 우리는 어떻게 우리의 자존과 번영과 평화를 지킬 것인가를 고민해야 한다. 어디서 중국을 견제하고 설득할 힘을 만들 것인가를 고민해야 한다. 이것이 두 번째 도전이다.

* 앞으로 중국의 패권화가 불가피하다고 보는 대표적 견해는 John J. Mearsheimer, *The Tragedy of Great Power Politics*, W.W. Norton & Company, 2001과 Robert Kagan, *The Return of History and the End of Dreams*, Alfred A. Knopf, 2008을 참조. 특히 우리나라와 관련하여 이 문제에 관심있는 독자는 Mearsheimer 교수 책의 한국번역판(이춘근 역, 『강대국 국제정치의 비극』, 나남출판사)에 저자가 보낸 서문을 참조.

** 중국의 미래에 대한 연구는 너무나 많다. 비교적 간단한 소개서로는 CSIS와 IIE가 함께 연구하여 낸 *China; The Balance Sheet*, PublicAffairs, 2006가 있다. 또한 중국 문제를 특집으로 다룬 *Foreign Affairs*, September/October 2005호와 January/Feburary 2008호도 참고가 될 것이다. 좀 더 이론적 접근을 위해선 G. John Ikenberry and Michael Mastanduno(ed.), *International Relations Theory and the Asia-Pacific*, Columbia University Press, 2003부터 시작하라.

셋째는 문화적·사상적 도전이다. 우리는 조선시대에 문화적·사상적으로 중화중심주의中華中心主義 sino-centrism 속에서 살아 왔고, 그리고 해방 이후에는 서구중심주의西歐中心主義 euro-centrism 속에서 살아 왔다. 21세기 세계권력의 중심이 구미에서 아시아로 이동하면서 중화중심주의가 새롭게 부활하고 있다. 특히 유교가 새롭게 각광을 받으며 중국의 소프트 파워로 적극 활용되고 있다. 서구식 자유민주주의 대신에 유교민주주의Confucian Democracy를, 서구식 시장경제 대신에 유교식 시장경제Confucian market economy를 주장하고 있다. 그리고 중국 정부가 앞장서 전 세계에 공자孔子학교Confucius Institute의 설치를 지원하고 독려하고 있다. 2007년 현재 이미 전 세계 33개 국가에 140개의 공자학교가 설치되어 있다.• 이러한 변화 속에서 장기적으로 서구중심주의는 상대적 위축의 길을 갈 것이다. 문제는 이러한 세기적 문화변동 속에서 우리가 과연 코리아 중심주의Korea-centrism를 만들어 내고 이를 지켜낼 수 있는가 하는 문제다. 코리아 중심주의가 되려면 적어도 우리의 주장과 사상과 문화에 자기정체성과 독자성이 뚜렷해야 하고, 동시에 우리의 주장이 보다 고차원의 인류보편성을 가져야 한다. 과연 중국이 주도하는 신新중화주의의 부활, 신新유교주의New Confucianism의 부활이라는 새로운 환경 속에서 우리가 이 일을 해낼 수 있을까? 우리 대한민국이 중국의 문화적·사상적 변방으로 끝나지 않고 코리아 중심주의를 만들어 낼 수 있을 것인가? 우리의 유교와 불교가 중국의 유교와 불교의 변방사상으로 끝나지 아니하고, 얼마나 독자성과 창조성을 가지며, 중국의 유교와 불교보다 한 단계 더 높은 인류보편성을 주장할 수 있을까? 이것이 세 번째 도전이다.

• 이와 관련 중국의 최근의 변화는 Daniel A. Bell, *China's New Confucianism*, Princeton University Press, 2008을 참조하라.

이상의 세 가지 도전을 종합하면 결국 앞으로 예상되는 중국의 경제적·군사적·문화적 패권주의의 등장을 어떻게 막고 어떻게 대응할 것인지가 우리의 시급한 국가과제가 된다.

물론 큰 방향은 '협력과 견제'가 되어야 할 것이다. 앞으로 우리는 중국과 (1) 경제적으로 더욱 통합integration하고 관계engagement해야 할 것이다. 그래서 서로가 서로를 더욱 필요하도록 만들어야 한다. 그러면서 공동번영의 길을 모색해야 한다. 동시에 우리는 (2) 정치적으로는 중국과 긴밀히 협력하면서도 국가이익이 상충할 때 그들을 효과적으로 견제할 확실한 실력과 수단을 가져야 한다. 이에 대한 확고한 중·장기 구상을 가져야 한다. (3) 문화적으로는 적극적으로 상호교류하면서도 우리의 문화적·사상적 독자성과 정체성을 찾고 세우는 일을 게을리 해서는 안 된다.

이 모든 것이 중국주도의 경제적·군사적·문화적 패권화를 막는 노력이 되고 동시에 한반도와 중국의 관계를 더욱 호혜평등한 주권국가 간의 대등하고 성숙한 관계로 만들기 위한 노력이 된다. 환언하면 동아시아에 소위 웨스트팔리아Westphalia적인 평등한 주권국가들 간의 자유주의적 국제 패권liberal internationalism 질서를 창출하기 위한 노력이라고 볼 수 있다. 그리고 우리의 이러한 노력이 성공할 때 비로소 동아시아에 영구평화와 무한번영의 시대가 열릴 수 있다고 생각한다.

우리의 이러한 반패권주의의 노력은 성공할 것인가? 과연 중국의 미래는 어떠할 것인가? 중국이 어떠한 미래를 선택할 것인가? (1) 국가 간 상호 독립된 주권을 인정하고 대등한 국제관계를 존중하는 자유주의적 국제주의의 방향으로 갈 것인가? (2) 아니면 과거로의 회귀, 즉 중화주의적 세계질서의 재편성을 목표로 할 것인가? 패권주의로의 회귀를 목표로 할 것인가?

주지하듯이 중국의 역사를 보면 19세기 말 20세기 초까지 중국에는 '대등한 국제관계'라는 개념이 존재하지 않았다. 엄격한 의미에서 외교, 즉 독립된 주권을 가진 대등한 국가 간의 관계가 중국의 역사 속에는 존재하지 않았다. 오랫동안 중국은 국가 간의 관계는 대등하지 않은 것이 오히려 자연스럽고 당연하다고 생각해 왔다. 그들은 지난날의 중화질서 속에서 이웃나라오랑캐들은 중국을 상방上邦으로 숭상하고 스스로 번속蕃俗으로 자리매김하는 것을 영예로 알고 있었다고 보고 있었다. 따라서 이웃나라들이 중국에 대하여 조공朝貢을 못 바치면 오히려 수치로 느낀다고 이해하고 있었다. 그만큼 중국은 항상 왕도王道를 실천하는 나라였다고 스스로를 생각해 왔다.

그래서 19세기 중엽까지 중국은 대외관계를 이무夷務라고 불렀고, 그렇게 부르는 것이 아무런 문제가 되지 않는다고 생각해 왔다. 그 다음에는 이무夷務에서 서양을 다룬다는 의미에서의 양무洋務, 그리고 1912년 이후에는 내외內外라는 의미의 외外가 아니라 중외中外, 중국을 中에 놓고 중국의 밖을 다룬다는 의미라는 의미에서의 외外를 다룬다는 의미의 외무外務가 되었다. 사실 중국, 중화中國, 中華라는 말 자체가 세계의 중심이라는 자존자대自尊自大의 의미가 대단히 강한 표현이다. 그러한 의미에서 중국은 '세계의 중심'일 뿐이고 스스로는 중국을 하나의 국가로, 따라서 중국을 개별국가의 국명國名이라고 생각하지 않았다. 이것이 중국 수천년 역사의 모습이었다.

그러나 지난 1978년 개혁개방 이후 중국은 대단히 빠른 속도로 세계시장에 편입되어 가고 있다. 중국에서는 광범위한 시장경제화가 진행되고 있다. 그런데 시장경제화 더 나아가 경제의 세계화는 패권적·위계적 국제질서와는 상호모순하고 상충하는 면이 많다. 시장 경제화나 세계화는 주권국가 간의 대등관계라는 웨스트 팔리아적 국제질서 — 호혜평등 주권의 질서 — 와 상의상생相依相生의 관계에 있기 때문이다. 따라서 앞으로 중국이 과거 중화적·위계적 패권질서의 복권을 추구한다면 중국경제의 세계화에는 엄청난 부담이 될 것이고, 일정한 후퇴를 감수해야 할지도 모른다. 그런데 중국은 이미 경제의 세계화를 통한 경제발전을 최우선의 국가과제로 삼고 있다. 중국이 이미 가입한 WTO도 사실은 호혜평등한 주권국가 간의 대등한 국제질서를 전제로 하고 있다. 따라서 중국이 적어도 개혁개방과 경제발전에 성공할 때까지는, 소위 화평굴기 혹은 화평발전에 성공할 때까지는 패권주의로의 움직임을 자제할 것이라는 것이 다수의 의견이다. 그러나 소위 화평굴기가 끝난 다음에는 중국은 어떠한 선택을 할까? 이미 앞에서 제기하였듯이 과거의 '역사의 힘'이 강하게 작용하여 패권적 중화질서로의 복귀를 선택할 것인가? 아니면 세계화라고 하는 새로운 '시장의 힘'이 더 강하게 작용하여 웨스트 팔리아적 국제질서를 선택할 것인가?*

다시 강조하지만 우리는 중국이 과거의 중화주의적 패권주의로 복귀하는 것을 막고, 세계화, 즉 지구적 규모의 시장경제화에 상응하는 자유주의적 국제질서로 진일보하는 것이 중국의 장기이익에도 맞고 우리의

* 오늘날 중국은 긍정적 이미지와 부정적 이미지 두 가지를 다 가지고 있다. 중국이 화평굴기에 성공하고 세계평화에 기여하는 세력이 될 것인지? 아니면 화평굴기에 실패하고 세계적 평화를 위협하는 세력이 될 것인지? 이러한 문제 등을 비교적 자세히 살펴본 책으로는 Randall Peerenboom, *China modernizes*, Oxford University Press, 2007이 있다. 중국의 미래와 발전전략의 문제에 대한 중국 내부의 시각을 흥미있게 정리한 책으로는 Mark Leonard, *What Does China Think?* Fourth Estate, 2008. 또한 중국이 주장하는 중국식 발전모델, 소위 사회주의적 시장경제의 한계와 위험이 있다 즉, 유럽의 계몽주의적 다원주의적 발전단계를 거치지 아니하고 진행되는 현재의 발전이 가지는 한계와 위험을 설득력 있게 정리하고 주장한 책으로는 Will Hutton, *The Writhing on the Wall: China and the West in the 21st Century*, Little Brown, 2007이 있다.

국가이익, 나아가 동아시아의 지역이익에도 합당하다고 생각한다. 엄밀히 이야기하면 중국만이 아니라 일본도 러시아도 모두 동아시아에서 지역패권의 욕심을 당연히 버려야 한다고 생각한다. 그리고 궁극적으로는 뒤에 상론하겠지만 동아시아의 모든 나라들이 EU식의 다자주의European multilateralism로 나아가야 한다고 생각한다. 그래야 비로소 동아시아, 동북아 지역에 영원한 평화와 무한한 발전이 가능하게 된다고 생각한다.

결국 우리의 전략과제는 어떻게 하여 동아시아에 '패권주의적 국제질서'의 등장을 막고 이 지역에 '자유주의적 국제질서'의 형성을 촉진할 것인가? 하는 문제로 요약된다. 이를 위해서 우리 대한민국은 다음과 같은 다섯 가지 전략적 노력을 해야 한다.

(가) 자강自强전략

대한민국은 중간국가middle power이기 때문에 대국大國과의 군사충돌은 가능한 피하는 것이 옳다. 그러나 만일 이웃 4강이 군사적 도발을 시도할 경우에는 심각한 반격과 타격을 줄 수 있을 정도의 강력한 군사력을 확보하고 있어야 한다. 아무리 강대국이라 하여도 대한민국에 군사적 도발을 시도할 경우, 이익보다 피해가 클 수 있다는 메시지를 확실히 줄 수 있어야 한다. 그 정도의 강력한 군사력의 확보는 필수적이다. 그래서 박정희 대통령은 '고슴도치전략'이 필요하다는 주장을 한 바 있다. 이웃 국가들의 부당한 요구에 대해서 우리는 강력한 거부능력denial capacity을 확실히 갖추어야 한다. 이를 위해 우리의 자강능력을 높이는 것이 아주 중요하다. 그리고 우리의 자강능력을 높이기 위해 한미동맹을 최대한 활용해야 한다. 그래서 그들로부터 세계최강의 군사기술과 노하우를 이전받아야 한다.

(나) 동맹同盟전략

동아시아에서 패권주의의 부활을 막기 위해서는 21세기에도 동북아에서 미국이 균형자balancer 역할을 계속해야 한다. 지난 60년 간 동북아의 평화는 미국이 일본과 중국 사이에서 세력의 균형자 역할을 성공적으로 잘 해왔기 때문에 가능했다. 어느 한쪽의 대국화大國化나 패권화覇權化를 미국이 비교적 효과적으로 잘 견제하여 왔다고 볼 수 있다. 그동안 미국은 일본에 대하여는 중국이 미일美日동맹 때문에 일본에 대해 공격을 못한다고 설득해 왔고, 중국에 대하여는 미일동맹 때문에 일본이 재무장을 못할 것이라고 설득해 왔다. 미국이 어느 한 나라를 선택하기보다 상호 견제해 왔기 때문에, 동북아의 평화가 유지되어 왔다. 기본적으로 이러한 3각 구도는 앞으로도 계속 유지되는 것이 중국의 패권화와 대국화를 ― 그리고 일본의 잠재적 패권화도 ― 막는 길이 될 것이다. 따라서 우리는 이 지역의 큰 균형자major balancer로서의 미국의 역할이 지속되도록 한미동맹을 강화해야 하고, 동시에 이 지역의 작은 균형자minor balancer로서의 우리의 역할을 적극적으로 구상해야 한다.

여하튼 앞으로도 상당기간 한미동맹은 대한민국 안보의 기본이 되어야 할 것이다. 특히 미국이 우리에게 최적의 동맹국이라고 생각하는 데는 다음과 같은 몇 가지 이유가 있다.

(1) 우리와 미국은 동아시아의 패권주의의 등장을 반대한다는 의미에서 공동의 목표 내지 공동의 국가이익을 가지고 있다. 지난 100년간 미국의 동아시아정책을 살펴보면 항상 동아시아 지역패권regional hegemony의 등장에 반대해 왔다. 왜냐하면 어느 나라든 동아시아에서 지역패권에 성공하면 다음은 필연적으로 세계패권global hegemony을 두고 미국과 경쟁하게 되기 때문이다. 그래서 미국은 항상 동아시아에서의 지역패권의 등장

에 반대해 왔고, 그 점에서 우리 한반도의 국가이익과 일치한다.

(2) 미국은 우리와 지역적·물리적으로 멀리 떨어져 있다. 이것은 미국이 동아시아에서 지역적 패권국가가 될 수 없다는 것을, 그리고 영토적 야심을 가질 수 없다는 것을 의미한다. 그래서 미국은 옛날부터 동양의 국제관계에서 주장되어 온 원교근공遠交近攻의 원리에서 볼 때 원교遠郊해야 할 가장 중요 대상국이 될 수 있다. 국토가 인접해 있으면 불가피하게 영토분쟁 등에 휘말릴 위험이 있으나, 그러한 영토적 패권으로 발전할 위험이 없는 나라가 미국이기 때문이다. 물론 우리는 미국뿐 아니라 EU·인도·동남아·중남미 등과도 당연히 원교를 잘해야 한다. 특히 앞으로 우리는 EU와 Asian과의 관계를 보다 긴밀히 하는 것은 세계전략 면에서 중요한 의미를 가질 것이다.

(3) 미국과 우리나라는 가치와 이념을 공유하는 나라다. 정치질서로서의 자유민주주의와 법치주의 그리고 경제질서로서의 시장경제는 두 나라가 공유하는 이념이고 가치다. 나아가 주권국가들 간의 대등한 자유주의적 국제관계도 두 나라가 지향하고 있는 국제관계정책의 기본 방향이다.

물론 한미동맹관계는 종전의 '냉전 형'을 끝내고 앞으로 '21세기 형'으로 바뀌어야 한다. 그러한 의미에서 21세기적 상황에 맞는 진화된 '신新한미동맹비전'이 나와야 한다. 예컨대 통일된 한반도를 지지하고 더 나아가 동아시아에 평화와 발전의 시대를 여는 가치동맹價値同盟으로서의 성격으로 발전해야 한다. 그러나 확실한 것은 자유민주주의와 시장경제, 그리고 자유주의적 국제주의는 두 나라가 함께 지향하는 공동의 이념이고 가치라는 사실이다.

(4) 마지막으로 한미동맹이 중요한 이유는 미국이 여러 의미에서 세

계최강국이라는 사실이다. 동맹이란 외부로부터 국가안보에 위협이 발생할 때 적을 함께 퇴치한다는 것을 의미한다. 즉 공동의 적을 퇴치하기 위해 함께 노력한다는 것을 의미한다. 따라서 안보위협을 효과적으로 줄이기 위해서는 가능한 동맹국이 강할수록 바람직하다. 그런데 미국은 군사적·경제적으로 세계최강국이다. 이것이 우리에게는 동맹의 큰 이점이 된다. 뿐만 아니라 오늘날 세계문제에는 미국이 관여되어 있지 않은 문제와 지역이 없다. 그것이 초강대국으로서의 미국의 운명이며, 강점이자 약점이다. 여하튼 세계문제에 영향력을 미치려면 미국과의 우호적 관계는 대단히 중요하다.

우리 사회 일부에서 21세기는 중국이 웅비雄飛하는 시대인데 과거처럼 한미동맹을 유지하는 것이 과연 우리나라 국가이익에 장기적으로 유리한 것인지에 대하여 회의적인 주장들이 있다. 그래서 앞으로는 미국이 아니라 중국을 선택하는 것이 바람직한 것 아닌가 하는 일부의 견해도 있다. 그런데 이러한 발상, 즉 중국이냐 미국이냐 하는 식의 양자택일적 발상은 크게 잘못된 것이다. 양자는 결코 상호모순의 관계가 아니다. 미국과의 긴밀한 동맹관계는 한중韓中관계, 한일韓日관계의 발전에 크게 도움이 된다. 한미관계가 나쁠 때보다 좋을 때, 중국과 일본은 한국에 보다 큰 의미와 가치를 두게 된다는 사실을 잊어서는 안 된다.

물론 그 반대도 마찬가지다. 즉 미국도 우리나라가 중국, 일본과 좋은 관계를 유지하여 그만큼 그들에게 큰 영향력을 가지는 경우를 더 희망한다고 봐야 한다. 이는 또한 모든 동맹관계에 내재해 있는 딜레마의 하나인 소위 방기放棄 abandonment의 위험상대국이 동맹관계를 먼저 단절하는 경우을 줄이기 위해서도 바람직한 정책방향이 된다. 일반론으로 방기의 위험을 줄이는 기본전략은 (1) 자강自强능력의 강화 (2) 선택폭의 확대creating option

에 있기 때문이다. 따라서 중국과 좋은 관계를 맺는 것은 한미동맹의 강화를 위해서도 필요하다고 봐야 한다.

미국이 무시하는 우리를 중국이 존중하기 어렵다. 중국이 무시하는 우리를 미국이 존중하기 어렵다. 따라서 미국이냐 중국이냐 식의 발상은 크게 잘못된 발상인 것이다. 우리는 미국과 동맹하고 중국과 협력해야 한다.

한 가지 더 강조할 것은 대북안보에서 한미동맹의 중요성이다. 이 점은 아무리 강조해도 지나치지 않을 것이다. 지난 수십년 간 북의 남침 가능성을 줄인 것은 한미동맹 체제였다. 뿐만 아니라 앞으로 통일 후에, 우리가 중국과 압록강을 국경으로 서로 마주하고 있을 때를 생각해 보아도, 또한 만에 하나라도 일본이 패권주의적 움직임을 보이는 경우에도, 이들을 제어하기 위해서 한미동맹의 중요성은 더욱 커진다고 봐야 한다. 분명 한반도 통일 후에도 상당기간 미국의 동북아의 안정자stabilizer로서의 역할은 더욱 중요해진다고 봐야 한다.

그러나 장기적으로 우리는 미국의 동아시아에서의 영향력 쇠퇴가능성에 대비해야 한다. 앞에서 보았듯이 21세기 들어 세계권력의 중심이 대서양에서 태평양으로, 유럽에서 아시아로 급속히 이동하고 있다. 지금 추세라면 2035년 전후, 빠르면 그 이전에도 중국의 총생산이 미국을 앞서게 된다. 따라서 중장기적으로 미국의 영향력은 아시아에서 분명히 줄어들게 되어 있다. 특히 동아시아에서 미국 영향력의 장기적 감소라는 문제는 일본이 어떻게 움직이는가를 참고해 보는 것도 좋을 것이다. 왜냐하면 일본도 장기적으로 예상되는 미국의 동아시아에서의 존재감 감소가 심각한 안보 딜레마가 되고 있기 때문이다. 그러나 이 문제는 장기적으로는 뒤에서 논할 '동아시아 안보공동체' 구축, 즉 EU 식의 '상호통합의 네트워크 전략'을 통하여 풀어 나가야 할 문제라고 본다.

(다) 균세均勢전략

주지하듯이 세계는 무정부anarchy의 시대다. 따라서 국가안보를 위해서 균세, 즉 세력균형balance of power이 필수적이다. 그리고 세력균형을 안정적으로 관리하기 위해서는 균세의 제도화institutionalization가 필요하다. 특히 과거 동아시아의 국제관계 역사에서는 위계位階질서는 추구하였지만 균세均勢의 제도화를 추구한 적이 거의 없다. 그만큼 동아시아에서는 중국의 중화주의中華主義가 압도적이었고, 그만큼 국가 간 대등주의의 전통은 약했다. 웨스트 팔리아적 정신이나 전통이 전혀 존재하지 않았다고 봐야 한다. 따라서 더욱 더 독립된 주권국가 간 대등주의에 기초하는 균세의 제도화가 필요하다.

(1) 우선 균세전략의 방향으로 '미중일美中日 간의 21세기적 신新 3각균형'이 유지되도록 하는 것이 우리의 국가이익에 맞는다. 구체적으로는 미중美中 패권경쟁의 가능성과 중일中日 패권경쟁의 가능성을 모두 최소화해야 한다. 중일 간 패권경쟁의 가능성을 줄이기 위해서 미국은 물론 우리도 중재자 역할을 해야 할 것이다. 또한 미중 간 패권경쟁의 가능성을 줄이기 위해 일본은 물론이고 우리도 당연히 노력해야 한다. 세계의 모든 강대국들이 적극적으로 노력하여 미중 간의 패권경쟁을 막아야 한다.

(2) '한중일 3국 정상'의 대화와 협력을 강화해 나가야 한다. 한중일 FTA, 한중일 투자협정, 동아시아 금융협력, 동북아 다자안보체제 등을 적극적으로 추진해야 한다. 그 과정에서 우리가 전략적인 교량자bridging role 내지 촉매자catalyst 역할을 해야 한다. 그리하여 장기적으로는 통일된 한반도를 전제로 '한중일 3국 정립鼎立의 평화체제'를 구축해야 한다.*

* 뒤에서 재론하겠지만 동아시아에 중국과 일본의 2국이 대립하면 반드시 패권경쟁으로 간다고 본다. 필자는 이것을 '2국대립패권론(二國對立覇權論)'이라고 부른다. '2국대립

(3) 최근 논의되고 있는 북핵 관련 6자회담을 신지역안보협의체new multilateral security regime로 발전시키는 것은 대단히 바람직한 방향이다. 앞에서 이야기한 '미중일 간의 21세기적 신3각 균형'과 '한중일 3국 정립의 평화체제'를 장기적으로 안정시키고 제도화하는 방향과 일치하는 움직임이 대단히 중요하다. 우리가 앞장서 지지하고 주도해야 한다.

(4) 기타 다양한 형태의 정치적·경제적·군사적·문화적 다자주의multilateralism를 강화해 나가야 한다. 다자주의가 자강이나 동맹을 대체할 수도 없고 대체될 수도 없지만, 자강과 동맹전략과의 관계에서 대단히 중요한 보완재임을 잊어서는 안 된다. 따라서 우리는 ASEAN+3, EASEast Asia Summit 등 모든 형태의 다자주의적 움직임에 적극 참여하고 앞장서 지지해야 한다. 크게 보면 앞으로 아시아의 다자주의는 아시아대륙 중심으로 엮어 나가려는 중국주도의 방향과 가능한 아시아와 태평양 지역을 함께 묶어 나가려는 미국과 일본 주도의 방향, 두 방향으로 나누어져 진행될 것이다. 우리의 경우는 모두의 방향에서 핵심적 파트너가 되는 것이 옳다. '대륙세력'과 '해양세력' 모두와 연대하는 것이 옳다. 다만 우리나라의 지정학적·지경학적 위치를 감안하면 장기적으로는 해양세력을 목표로 하는 것이 21세기 세계화시대에 보다 진취적 역사를 만들 수 있을 것이다.

패권론'은 한반도의 분단을 전제로 한다. 분단된 한반도는 중국, 일본과 대비하여 하나의 독자적 존재감을 만들 수 없다. 중국과 일본이 각자 하나의 극을 이룰 수 있다면 분단된 한반도는 일극(一極)을 이룰 수 없다. 그러나 만일 한반도가 통일되면 통일한반도는 동아시아에서 일극을 이룰 수 있고 그러면 동아시아에서 3국이 정립하게 되어— 2국대립패권론을 극복하고—3국이 서로 견제와 균형을 하면서 정립하는 평화체제를 이룰 수 있다. 필자는 이것을 '3국정립평화론(三國鼎立平和論)'이라고 부른다. 우리는 한반도 통일을 이루어 동아시아에 3국정립평화를 이루어 내야 한다.

(라) 사상문화思想文化전략

동북아시아에 패권국가나 적대국가의 등장을 막기 위해서 우리가 취해야 할 중요한 전략의 하나가 사상문화전략이다. 소프트 파워soft power 전략이라고 부를 수도 있을 것이다. 그것은 동북아시아의 국제관계에 관련되는 4강, 즉 미국·일본·중국·러시아 등에 우리와 사상과 가치를 같이하는 세력을 키우고 그러한 세력과 연대하는 일이다. 우리와 사상과 가치를 같이한다는 것은 기본적으로 자유민주주의와 시장경제를 존중하고 주권국가 간의 대등한 국제관계를 신봉하는 사상을 갖는 것을 의미한다. 한마디로 자유주의적 국제주의liberal internationalism의 사상과 가치를 갖는 것을 의미한다. 동북아의 평화와 발전을 위해서 이들 4강이 자유주의적 국제주의의 방향으로 나아가야 하고 그렇게 되기 위해서는 이들 나라의 지도층과 국민들이 보다 많이 자유주의적 국제주의의 사상과 가치를 가져야 한다.

만일 앞으로 중국에 과거의 중화적中華的 패권주의의 복원을 꿈꾸는 사람들이 많아진다면 이것은 동북아의 평화와 발전에 대단히 큰 위협이 될 것이다. 마찬가지로 일본에 만일 과거의 대동아공영大東亞共榮의 꿈을 부활시켜 보겠다는 사람들이 많아지면 이 또한 동북아의 평화와 발전에 큰 위협이 될 것이다. 그리고 만일 미국이 초강대국으로서의 힘을 선용善用하여 다자주의multilteralism에 기초한 공정하고 효율적인 신세계통치구조new global governance 구축의 방향으로 나가지 않고, 세계패권을 고수하기 위하여 일방주의unilateralism의 강화로 나간다면, 이 또한 세계평화는 물론이고 동북아의 평화와 발전에 위협이 될 것이다. 물론 러시아의 경우도 마찬가지다. 요컨대 동북아의 평화와 발전은 이들 4강이 앞으로 보다 확실하게 자유주의적 국제주의의 방향으로 나아갈 때에 비로소 보장되는 것이다. 그렇다면 우리가 노력해야 할 주요전략의 하나는 이들 나라에 있는 '자유주의적 국제주의자'들과 연대하고 그들과 더불어 각각의 나라들이 잘못된 역사의 길, 즉 '비非자유주의와 반反국제주의'의 길로 가지 않도록 함께 노력하는 것이다. 그것이 바로 사상문화전략이고, 소위 soft power전략의 한 부분이 될 수 있다.

이러한 사상문화전략의 추진은 앞의 자강, 동맹, 균세의 경우와 달리 정부보다는 민간이 주도하는 것이 더 효과적일 수 있다. 특히 학계 등의 전문가 집단, NGO 등의 시민사회단체, 그리고 각종의 종교문화단체 등의 역할이 보다 유효할 수 있다. 이들 민간단체들이 이웃나라들의 민간단체와 교류, 협력하면서 지역의 평화와 번영이라는 공동의 가치와 목표에 대한 공감대를 넓혀 나간다면 '비非자유 반反국제'의 가능성을 줄이는데 크게 기여할 수 있을 것이다.

동아시아 공동체 구축: 아시아판版 EU 전략

지금까지 앞에서 논한 자강, 동맹, 균세 등의 전략은 기본적으로 20세기적 전략이다. 요즈음 자주 논의되고 있는 동아시아 경제공동체 혹은 지역안보협의체 등에 대한 논의도 기본적으로 20세기적 발상이고 20세기적 접근이다. 동아시아의 미래를 구상함에 있어 우리는 '21세기적 발상'은 할 수 없는 것인가? 아니 21세기적 전략은 아시아에서는 불가능한 것인가? 필자는 가능하다고 보고, 반드시 시도해야 한다고 생각한다.

그러면 20세기적 전략과 21세기적 전략은 어떻게 다른가 하는 문제부터 정리해 보자.* '20세기적 전략'은 기본적으로 (1) 절대주권국민과 영토에 대한 절대적 지배권을 가진 국민국가nation-state를 전제로 한 전략이다. (2) 국내적으로는 국법질서의 존재를, 국제적으로는 무정부anarchy 상태를 전제하고 있다. 그래서 국제와 국내를 엄격히 구분한다. (3) 무정부 상태인 국제사회에서의 질서평화유지를 위해서는 세력균형balance of power을 핵심전략으로 보고 있다. 이것이 20세기적 전략의 기본전제이고 특징이다. 그런데 사실 이러한 전략에 의지했던 19세기와 20세기는 전쟁과 혁명의 세기였다. 세력균형론이 단기적 평화를 유지하는 데는 성공했지만 장기적 평화를 보장하는 데는 실패해 왔다. 세력균형의 상태 그 자체가 끊임없이 변화하고 유동적이기 때문이다.

그래서 이러한 실패의 경험을 딛고 제2차 세계대전 이후 인류가 시도한 실험이 EU의 등장 경험이 보이고 있는 '21세기적 전략'이다. '21세기 전략'은 다음의 특징을 가진다. (1) 국민국가를 넘어서려고 노력한다. 국민국가가 독점하던 국가주권 일부의 자발적이고 점진적 포기를 전제한다. (2) 세력균형에 의지하지 않고 상호통합의 네트워크network of integration를 통한 국제평화의 달성과 유지를 목표한다. (3) 국제와 국내의 구별이 점차 없어진다.

좀 더 상론하면 국민국가들이 모여 평화, 번영 등의 공동의 목표, 가치, 기준을 정하고 그의 실현을 위하여 국제협약을 제정하고, 그 협약을 감시 감독할 국제기구를 설치한다. 예컨대, 평화유지를 위해 군사정보의

• 21세기 새로운 전략의 가능성을 잘 정리한 책으로는 Robert Cooper, *The Breaking of Nations*, Grove Press, 2003이 있다. 쿠퍼는 국제관계의 발전을 3단계로 나누고 있다. 첫째는 전근대시대(pre-modern world), 둘째는 근대시대(modern world) 그리고 셋째는 근대이후시대(post modern world)다. 그리고 그는 유럽의 EU를 근대 이후 시대의 특징으로 주장하고 있다. 이 책에서 우리가 주장하는 20세기 전략은 쿠퍼의 근대시대의 특징, 그리고 21세기 전략은 쿠퍼가 주장하는 근대 이후 시대의 특징과 상응한다.

상호공개, 군사이동정보의 공유, 군축의 상호추진과 감시 등을 추진한다. 또한 경제교류의 확대를 위해 시장 및 무역규제의 상호축소, 독과점의 공동감시, 낙후지역과 산업의 공동지원 등을 추진한다. 그리고 국민들의 국가 간 이동을 촉진하기 위하여 국가를 넘어선 직장의 자유선택뿐 아니라 사회보장권리의 국가 간 이동을 보장한다. 또한 기존의 국민국가를 넘어서는 새로운 정체성 내지 일체성예컨대 유럽정신 혹은 유럽인을 창출하기 위하여 문화와 교육의 교류 강화, 교육제도의 국가 간 통합, 그리고 교육제도의 국제표준화 노력까지 추진한다. 요약하면 안보·정치·경제·사회·문화 등 모든 면에서 국가 간 국민 간 상호통합integration의 노력을 제도화해 나가는 것이다. 그리고 그 진행과정을 자신들이 세운 국제기구가 감시하게 한다. 자신들이 만든 국제협약을 스스로 지켜야 하는 범위 내에서, 종래 국민국가가 누리던 절대적 국가주권의 일부는 자연히 제한을 받게 된다. 그것이 상호통합을 위한 제도화의 비용이다. 이러한 상호통합의 과정을 통하여 국제와 국내의 구별도 점차 줄어든다. 종전의 국내정책의 영역이 점차 국제협상의 대상이 되고 국제 감시의 대상이 된다.

지금 영국의 새로운 입법의 1/3 정도는 EU를 통한 다른 나라들과의 사전 협상 후 영국에서 입법화된다. 경제사회정책의 2/3도 모두가 다른 EU국가들과 사전 협상에서 합의한 정책들이다.• 다른 EU 국가들도 사정은 마찬가지다. 결국 종래의 국민국가 개념이 크게 퇴색되어 가는 셈이다. 물론 이러한 변화의 배경에는 EU를 통한 안보·경제·사회·문화의 상호통합이 이 지역의 모든 국민들에게 종래의 국민국가체제가 주지

• Mark Leonard, *Why Europe Will Run The 21st Century?* PublicAffairs, 2005, p.14.

못하는 영구평화와 공동번영을 보장해 준다는 공감대가 형성되어 있기 때문에 가능하다. 물론 장기목표와 가치의 공유 그리고 상호신뢰의 구축 confidence-building이 전제가 되어야 한다. 그러나 확실한 것은 이제는 누구도 앞으로 EU 내에서 국가 간 전쟁의 가능성을 믿는 사람은 없다. 이제 적어도 유럽 내에는 영구평화permanent peace가 왔다고 본다. 지난 200년간 전쟁과 혁명으로 얼룩진 유럽에 어떻게 이것이 가능하게 되었을까?

우리는 이들의 경험을 배워야 한다. 그래서 아시아판 EU전략을 동북아시아 내지 동아시아에서도 추진해 나가야 한다. 물론 EU의 정책 경험을 그대로 모방할 수는 없을 것이다. 동아시아의 역사, 문화 등에 맞는 모델을 새롭게 창조해 나가야 한다. 그러나 확실한 것은 자강, 동맹, 균세에 의존하는 20세기적 전략만으로는 더 이상 국가안보와 국민번영을 100% 보장하기 어렵다는 것이다. 특히 우리나라 같은 중간국가가 중국의 급격한 부상, 일본의 아시아로의 복귀, 미국의 아시아로부터의 퇴각 등 21세기적 상황변화를 맞이해서는 더욱 그러하다고 본다.

따라서 우리는 20세기적 전략에 기초한 자강, 동맹, 균세뿐 아니라 21세기적 발상에 기초한 '상호통합의 네트워크 전략'을 구상해야 한다. 구체적으로는 우선 '동아시아 경제·안보 공동체'를 구상해야 한다. 그리고 점차적으로 국민국가의 이익을 넘어설 각오를 하면서, 장기적으로는 아시아지역연합AU의 창출가능성을 모색해 나가야 한다. 우선 예컨대 '동아시아공동체East Asia Union 전략'부터 시작할 수 있다.* 그래서 점차 전아시아지역으로 확대해 나가는 것이 진정한 '신新아시아의 시대'를 여는

* 동북아 3국(한중일)과 아시안(Asian)의 10개국(미얀마·라오스·타이·캄보디아·베트남·필리핀·말레이시아 브르나이·싱가포르·인도네시아) — 그리고 오스트레일리아와 뉴질랜드도 포함하여 — 동아시아공동체(EAU) 구성을 위한 노력을 시작할 수 있다. 물론 장기적으론 인도·파키스탄 등으로 확대해 나가야 할 것이다.

것이 된다. 그리고 이것이 가능해지면 이 지역의 평화와 번영은 물론이고 우리 한반도에 대한 지난 수천 년간 강대국들의 끊임없는 침탈과 간섭의 역사는 종지부를 찍게 될 것이다.

세계화와 한반도 통일문제

대한민국의 선진화를 위한 세계화 과정에서 우리가 반드시 풀어야 할 문제의 하나가 북한 문제다. 그러면 (1) 도대체 북한 문제란 어떠한 문제인가? (2) 북한 문제의 해결이란 무엇을 의미하는가? 해결의 목표는 무엇인가? (3) 그리고 그 해결의 수단은 어떠해야 하는가? (4) 북한 문제의 해결에 이웃나라들은 어떠한 입장을 가지고 있는가? (5) 한반도 통일을 위한 우리의 종합전략은 무엇이어야 하는가? 이와 같은 순서로 논하도록 한다.

북한 문제의 본질

우선 북한 문제란 어떠한 문제인가? 북한문제는 두 가지 성격을 가지고 있다. 첫째, 대내적으로는 우리 민족의 일부가 잘못된 정치·경제시스템 속에서, 그리고 가난과 폭압의 전근대적 사회, 비정상적 국가에서 살고 있다는 문제다. 한마디로 우리 동포가 겪고 있는 고통의 문제다. 따라서 누구보다 먼저 우리 민족이 최대의 관심을 가지고 앞장서서 서둘러 풀어야 할 지상의 과제다. 둘째, 북한 문제는 대외적으로는 동북아에 평화와 번영의 새로운 질서를 구축하는 데 장애가 되는 문제다. 왜냐하면 북한의 문제를 올바로 풀지 않고서는 동북아에 평화와 번영의 신新질서를 만들어 가는 것이 사실상 불가능하기 때문이다. 대량살상무기로 무장한 전근대적·비정상적 국가를 그대로 두고, 그리고 경제시스템의 완전한 실패로 인해 기아에 허덕이는 인민과 이들에 대한 정치적 폭압구조를 그대로 두고, 그 위에 평화와 번영의 동북아 지역질서를 만들 수는 없기 때문이다.* 따라서 남북통일은 내부적으로는 민족문제지만 외부적으로는 동북아에 평화와 번영의 신질서 구축이라는 국제문제가 된다.

그러면 북한 문제의 해결이란 무엇을 의미하는가? 그 해결의 최종목표는 무엇인가? 북한 문제의 해결은 우리에게는 두 가지가 이루어지는 것을 의미한다. 하나는 북한의 정상국가화正常國家化와 근대국가화近代國家化이고, 다른 하나는 남북 간의 통합이고 통일이다. 여기서 '근대국가화'란 북한의 산업화와 민주화를 의미하고 '정상국가화'란 북한이 국제사회의 책임있는 일원으로서의 참여, 즉 국제규범을 존중하는 국가가 되는 것을 의미한다. 물론 북한의 근대화혁명이 하루아침에 성공할 수는 없다. 그러나 적어도 시장경제의 도입을 위한 개혁과 대외개방을 통한 산업화 노력부터 시작되어야 한다. 또한 적어도 기본적 인권조차 철저히 부정하는 전근대적 지배의 완화부터 시작해야 한다. 동시에 최소한 비핵화선언

* 중국의 동북3성의 경제적 낙후의 원인의 하나는 북한의 존재 때문이다. 비정상의 전근대국가를 바로 옆에 두고 동북3성에서 활발한 외국인투자나 경제활동을 기대하기 어렵다. 따라서 북한의 개혁개방은 북한지역은 물론 동북3성, 나아가 연해주를 포함한 동북아시아 전체의 경제발전과 도약에 결정적 전기가 될 것이다.

의 준수 등 국제사회의 책임 있는 일원으로서 국제규범을 지키려는 노력이 반드시 선행되어야 한다. 이것이 북한의 근대사회로의 진입이고 정상국가화의 시작이다. 이것이 북한 문제 해결의 시작이다. 그러한 변화가 남북의 통합과 통일로 연결되어, 궁극적으로 민족이 하나 되는 민족통일을 달성하는 것이 우리가 생각하는 북한 문제의 해결이다.

그러면 위와 같은 목표를 가지고 북한 문제의 해결을 시도할 때 그 해결수단 내지 해결방법은 무엇이어야 하는가? 다시 말해 어떻게 북한 문제를 해결해야 할 것인가? 세계화시대는 관계engagement와 통합integration의 전략이 요구되는 시대다. 그리하여 모두에게 이익이 되는 질서를 만들어 나가야 하는 시대다. 따라서 당연히 남북 간에도 '관계-통합의 전략'이 기본이 되어야 한다. 이를 통하여 남북 인민 모두에게 이익이 되는 질서 — 자유민주주의, 시장경제질서 — 를 만들어 나가도록 노력해야 한다. 즉 '관계- 통합 전략'을 통하여 북의 개혁과 개방 그리고 남북의 통일의 시대를 열도록 노력해야 한다. 그리고 더 나아가서는 '관계와 통합의 전략'을 통하여 남북 주민뿐 아니라 동북아 전체 — 동북 3성, 연해주, 몽골 등 — 에 평화와 번영을 주는 신질서를 창조하도록 노력해야 한다.

그동안 대북정책에는 두 가지 문제가 있었다. 하나는 목표와 수단의 혼란이 많았고 다른 하나는 정책의 일관성이 부족했다. 대한민국 대북정책의 목표는 북한의 근대화와 정상국가화, 그리고 그 과정 내지 결과로서의 통일이다. 그리고 그 수단은 '관계-통합의 전략'의 구체적 표현인 대화와 교류, 협력과 지원이다. 따라서 기본적으로 교류협력은 북을 근대사회와 정상국가로 유도하기 위한 수단이다. 표현을 달리하면 대한민국 헌법 제4조가 천명한 자유민주주의적 기본질서에 입각한 통일이 통일정책의 최종목표이고 이를 실현하기 위한 수단이 교류와 협력이 되어야 한다. 이것이 여야가 합의하고 국민 모두가 지지한 1989년의 한민족공동체통일방안과 그 이후 이를 보완하고 발전시킨 1994년의 민족공동체통일방안의 기본정신이고 원칙이다.*

그런데 남한의 일부 정치가들이 북한 문제를 국내정치에 이용하기 위해 혹은 정치가 개인의 사익을 위해, 대화, 협력, 지원이라는 정책수단을 정책목표로 만들어 버리고 북의 변화, 즉 근대화와 정상국가화라는 정책목표를 잊어버리기 시작했다. 북을 무조건 지원하는 것 — 북의 요구를 무조건 수용하는 것 — 자체가 정책목표가 되면, 그것은 북의 변화를 유도하지 못할 뿐 아니라 오히려 북의 전근대성과 비정상 국가화를 강화하는 데 기여할 수 있게 된다. 그래서 이러한 잘못된 정책 — 정책목표와 수단의 혼란 — 이 그동안 남남갈등의 원인이 되어 왔다.

또 다른 하나의 문제는 정책의 목표와 원칙, 그리고 일관성의 부족이다. 한마디로 '통일 포퓰리즘'이 문제다. 즉 국제 상황이 풀리면 대화와 지원을 목표로 했다가 국제 상황이 경색되면 곧 대화도 지원도 중지하는 식의 원칙 없는 널뛰기식 정책이 많았다. 북을 객관적으로 정확히 파

* 이와 관련하여 한 가지 지적하여 둘 것은 소위 햇볕정책에서 주장하는 교류와 협력과 민족공동체통일방안에서 주장하는 교류와 협력에는 질적 차이가 큰 것 같다는 사실이다. 민족공동체통일방안에서의 교류와 협력은 북의 개혁개방이라는 목표를 위한 수단이기 때문에 당연히 '상호주의'가 전제된다. 따라서 교류와 협력이 과연 북의 개혁개방에 기여하는지에 대한, 주기적인 평가와 분석, 그리고 기존 정책에 대한 반성이 요구된다. 그런데 햇볕정책에서의 교류와 협력은 북의 개혁개방이라는 목표를 명확하게 가지고 있지 않았던 것 같다. 따라서 상호주의가 처음부터 확실하게 전제되지 않았다. 오히려 햇볕정책에서 주장하는 교류와 협력은 중장기적으로 연방제로 — 낮은 단계의 연방제를 통하여 보다 높은 단계의 연방제로 — 가기 위한 남북 간의 교류와 협력이 아니었던가 하는 의구심이 제기될 수 있다. 환언하면 연방제가 목표이고 교류협력은 수단이었다는 시각이다. 이 점은 우리나라의 햇볕론자들이 2000년 6.15 남북공동선언에서 남측의 연합제와 북측의 낮은 단계의 연방제가 서로 공통점이 있다는 것을 인정하고 앞으로 이 방향으로 통일을 지향시켜 나가기로 합의(6.15 남북공동선언 제2조)해 준 것을 보면 보다 명백해지는 듯하다.

악하고 분석하면서 북의 변화가능성, 근대화와 정상국가화의 가능성을 극대화하기 위한 가장 효과적인 전략과 정책이 무엇인가를 진지하게 과학적으로 연구조사하면서 유화정책이든 강경정책이든—혹은 양자의 결합이든—일관성 있게 추진하는 자세가 너무 부족했다. 이렇게 된 것도 사실 대북정책을 국내정치에 인기영합적으로 이용하려는 데서 기인한 것이다. 통일정책의 목적과 수단의 혼동, 그리고 정책의 원칙과 일관성 부족 등이 그동안 대북정책의 근본적 문제였다. 이 점부터 바로잡는 것이 우리의 대북정책을 바로세우는 시작이 될 것이다.•

우리와 이웃 4강의 근본적 차이

다음은 북한 문제의 해결에 이웃 나라들의 입장은 어떠한가 하는 문제를 보도록 하자. 우리는 앞에서 북한 문제의 해결은 두 가지 의미를 가진다고 했다. 하나는 북한의 근대화와 정상국가화이고 다른 하나는 남북 간의 통합과 통일이다. 그런데 문제는 이웃 4강들에게는 북한의 근대

• 이 이외에서 대북통일정책에는 몇 가지 문제점이 있었다. 첫째, 대(對)당국자 정책은 있었어도 대(對)민정책—대(對)동포정책—이 없었다. 북한 당국을 어떻게 대할 것인가에 대한 논의는 많았지만 북한동포에 우리가 어떠한 메시지를 주어야 하는가에 대한 고민과 노력은 없었다. 통일을 목표로 할 때 북한동포가 남한을 어떻게 보는가? 어떻게 이해하는가가 대단히 중요한 문제가 된다. 우리의 통일의 비전과 열정과 동포애를 북한 동포에게 전달하려는 노력이 거의 없었다. 둘째, 이웃 4강에 대한 적극적 통일외교정책이 약했다. 물론 대중국정책, 대미국정책은 있었다. 그러나 우리가 통일한반도의 미래비전과 동아시아의 미래구상을 가지고 통일한반도가 동아시아의 발전과 평화에 얼마나 중요한 의미를 가지는지를 적극적으로 설득하는 노력은 크게 부족했다. 분단된 한반도를 이대로 두고는 동아시아의 발전과 평화가 불가능하다는 사실을 이들 4강에게 적극적으로 설득하는 노력이 크게 부족했다. 결국 이 두 가지 문제점을 합해 보면 그동안 우리나라에서는 '대북정책'은 있었지만 '적극적 통일정책'은 거의 없었다고 생각한다. 참으로 부끄러운 일이다.

화와 정상화만으로 북한 문제가 충분히 해결되었다고 볼 수 있다는 점이다. 그들에게는 반드시 남북 간의 통합과 통일까지 가지 않아도, 그것이 동북아의 평화와 변영을 적극적으로 해치지 않는 한 큰 문제가 아니라고 볼 수 있다는 점이다. 좀 더 정확히 이야기하면 이웃 4강들에게는 북의 정상국가화만으로 예컨대 비핵화라는 국제규범의 준수만으로 북한 문제가 충분히 해결되었다고 볼 수 있다는 것이다. 그들에게는 북의 근대화, 즉 산업화과 민주화도 그렇게 절실한 과제는 아닐 수 있고 한반도의 통합과 통일은 더 더욱 자신들의 과제로 보지 않을 수 있다. 사실 그들의 이러한 시각은 너무나 당연한 것이다.

여기서 대한민국의 이해와 이웃 4강의 이해 사이에 괴리가 생긴다. 우리는 북한의 정상화를 넘어 북한의 근대화, 더 나아가 남북의 통일을 추구한다. 그러나 이웃나라들에게는 분명 북한의 근대화도 남북의 통일도 그리 절실한 문제가 아닐 수 있다. 오히려 동북아 평화와 번영의 질서를 위해 현재와 같은 분단의 지속이 더 도움이 된다고 생각할 수도 있다. 이러한 현실을 우리는 냉정하게 보아야 한다.

그런데 좀 더 깊이 생각해 보면 이웃나라들은 북의 정상국가화를 바라지만 결코 서두르지는 않는다고 봐야 한다. 사실 주변국들은 핵개발 등 대량살상무기의 문제만 어느 정도 해결되면 국제사회 일원으로의 복귀와 같은 북의 전반적 정상국가화까지는 그렇게 간절히 바라는 것이 아닐 수도 있다. 여하튼 이웃 4강들은 북의 정상국가화를 희망하지만 그 해결을 위하여 서두르지는 않고 있다.

첫째 이유는 그들에게 북의 인민들이 겪는 고통의 문제가 사실 그렇게 절실한 것은 아니기 때문이다. 지구촌에는 아직 정치적·경제적 고통을 받고 있는 사람들이 많이 있기 때문에, 이웃 4강이 북한 인민들의 고통을 같은 동족인 우리가 느끼는 것처럼 아프게 느껴야 할 이유도 별로 없을 것이다.

둘째 이유는 북한의 변화 이후 상황의 불확실성 때문이다. 사실 이웃 나라들은 북의 정상국가화를 서두르다가 북한의 체제변화regime change가 온다면 그 이후에 어떠한 상황이 될지 예측하기 어렵다고 보는 것 같다. 북이 자발적으로 비핵화를 하면서 개혁개방으로 나가는 것, 즉 자발적 정책변화policy change의 가능성을 대단히 낮다고 평가한다. 한마디로 북의 소프트 랜딩soft landing의 가능성을 대단히 낮게 보고 있다. 그렇다면 결국 남은 길은 하드 랜딩hard landing, 즉 체제의 급격한 변화인데 그 이후가 불확실하다는 것이다. 그래서 이웃 4강들은 조심스러워 한다.

우선 중국은 자신들의 경제발전의 유지가 최대의 관심이다. 따라서 변방의 정치적·사회적 안정을 선호한다. 또한 북한이 국제관계에서 지금과 같은 완충지대buffer zone로의 역할을 지속적으로 해주기를 원한다. 그래서 북의 급격한 변화에 대하여 부정적이다.

미국의 경우도 북한과 핵문제 해결에서 어느 정도의 타협이 성립하면 그 정도 선에서 현상을 수용하고 더 이상 나가지 않으려는 경향이 있다. 체제변화를 수반할지 모르는 북의 근대화와 정상국가화까지 적극적 노력을 기울일 유인誘因이 확실하지 않다. 특히 미국은 플루토늄plutonium으로 만든 핵은 사용하기 어렵다는 사실을 잘 알고 있다. 대신 우라늄uranium으로 만든 핵의 사용이 비교적 쉽긴 하나 북의 우라늄 핵개발은 실패한 것으로 보고 있다. 물론 미국은 국제테러집단에게 북핵이 전달되는 것에 대해서는 대단히 경계하고 있다. 그러나 북한이 직접 핵을 공격수단으로 사용하기 쉽지 않다는 사실도 잘 알고 있다. 동시에 김정일 이후가 가까이 오고 있고 김정일 이후에는 핵문제 해결의 기회가 올 수도 있다고 판단하고 있다. 그래서 더욱 북한의 정상국가화를 서두르지 않고 있는지도 모른다.

셋째 이유는 각국의 장기적인 전략적 고려 때문이다. 우선 중국에는 장기적으로 통일한반도는 결국 중국 편이 되지 않겠는가라고 보는 경향이 있다. 지정학적으로 그리고 역사적으로 한국은 중국의 변방 속국이었기 때문에, 앞으로 통일한반도가 중국으로 기울어지는 것은 시간 문제라고 보는 것이다. 물론 그 반대의 견해도 있다.* 반면에 미국의 경우는 냉전이 끝난 이후의 대對중국정책과 대對북한정책의 기본방향을 아직 100%는 확정하지 못한 상태인 것 같다. 따라서 북의 정상화를 서두르지 못하고 있다. 물론 현재 미국의 대對중 정책방향의 기조는 통합과 협력 쪽에 가 있다. 그러나 그러한 노력의 결과로 중국이 앞으로 정치적·군사적·경제적 강대국이 되었을 때 중국이 기존의 세계질서를 유지하는 세력이 될 것인지 아니면, 세계질서에 도전하는 — 미국의 패권에 도전하는 — 세력이 될 것인지에 관해서는 아직 미국 내 전문가들의 의견이 엇갈리고 있다. 현재까지 다수 전문가의 의견은 중국의 미래는 불확실하다는 것이 중론이다. 한마디로 판단 유보다.

* 물론 중국 안에는 조선민족은 대단히 자존과 독립심이 강하여 결코 쉽게 중국의 변방국가로 만족하지 않을 것이라는 견해도 있다. 이렇게 중국 안에서도 여러 상반되는 논의가 있으나, 미국 안에서도 통일한반도의 미래에 대하여 서로 대립하는 견해가 있다. 브레즌스키 박사는 통일 한반도는 미군이 없으면 중국으로 기울 가능성이 높다고 본다. 그래서 가능한 통일을 서두르지 말고 미국과 중국의 상호신뢰 관계가 좀 더 진전된 이후 그리고 한국과 일본 간의 과거 역사에 대한 진정한 화해가 크게 진전된 이후 통일이 되어야 한반도가 통일 후 중국으로 기울지 않고 동북아에서 중일(中日) 간의 중립적 역할을 할 수 있다고 보고 있다. 반면에 하버드 대학의 나이 교수는 한국은 미국과의 동맹관계를 활용하여 동북아에서 나라의 자존과 긍지를 지키려 할 것이기 때문에 결코 중국으로 기우는 선택은 하지 않을 것으로 보고 있다. 자세한 논의는 Zbigniew Brzenzinski, *The Grand Chessboard*, Basic Books, 1997과 Joseph S. Nye, Jr. *The Paradox of American Power*, Oxford University Press, 2003을 참조.

그러면서 가능한 중국을 세계질서 속에 편입시켜 나가려는 '관계와 통합의 정책'은 강화하고 있다. 하지만 중국에 대한 미국의 장기정책은 아직 확정적이지 못하고 유동적이라고 봐야 한다. 그리고 그것은 소위 체제변화 이후의 북한에 대한 — 장기적으로는 통일한반도에 대한 — 미국의 정책도 아직 확정적이지 못하고 유동적임을 의미한다.

이상의 이유로 중국은 서두르지 않고 있고, 미국도 서두르지 못하고 있는 상황이다.

이렇게 북의 변화가 진행되어, 즉 근대화와 정상국가화가 진행되어 남북통일로 연결되는 것에 대하여 이웃나라들은 적극적이지 않다. 남북이 하나가 되어야 한다는 것은 우리 민족의 염원이지 이웃나라들의 염원은 아니다. 아니 그렇게 해주기를 기대하는 것 자체가 사실 무리다. 이웃나라들은 적어도 북에 정상국가가 등장해 비핵화를 이루고 국제사회의 일원으로서 북한이 국제관행과 약속을 지키는 나라가 되면 그것으로 더없이 충분한 것이다. 그 이상도 그 이하도 아닐 것이다.

이웃나라들이 한반도의 남북통일에 대하여 좀 더 적극적이 될 수는 없을까? 역시 어려울 것이다. 우선 중국의 입장에서는 미국의 후원을 받는 통일한반도에 대하여 대단히 불편하게 느낄 것이기 때문이다. 미국과 직접적으로는 물론이고 간접적으로도 통일된 한반도를 통해 국경을 마주한다는 것은 상상하기도 싫은 일일 것이다. 따라서 남북통일 후 북한지역에 미군의 주둔은 중국으로서는 수용하기 어려울 것이다. 물론 그 반대로 중국의 후원을 받는 북한 주도의 통일한반도라면 대단히 환영할 것이다. 그러나 그것이 현재의 남북 간 발전의 차이를 보았을 때 현실적으로 불가능하다면, 중국으로서는 차라리 분단한반도가 차선책이 될 수 있다. 그러면 앞에서 지적하였듯이 북을 지속적으로 완충지대로 활용할 수 있기 때문이다.

다음은 미국의 입장을 보자. 미국의 입장에서는 물론 미국의 후원을 받는 남한 주도의 통일한반도가 가장 바람직한 게 사실이다. 그 반대 경우인 중국 후원의 북한주도의 통일한반도는 현실성도 없지만 미국도 이것을 결코 수용하려 하지 않을 것이다. 그런데 미국의 후원을 받는 남한 주도의 통일한반도를 중국이 대단히 불편하게 생각한다면, 미국이 굳이 통일한반도를 고집할 절실한 이유가 있을까? 그들이 절실한 이유를 찾지 못한다면, ─ 아니 우리가 그들을 적극적으로 설득하여 그 이유를 찾게 하지 못한다면 ─ 오히려 분단한반도가 미국에게 차선책이 될 수도 있을 것이다.•

특히 북한의 하드랜딩, 즉 급격한 체제변화 이후 중국이 후원자로 등장하여 북의 비핵화를 추진하고 대미외교 정상화를 적극 주선하면서 북을 중국식 개혁개방으로 서서히 이끌어 간다고 하면, 그리고 그러한 시나리오를 중국이 제시한다면 미국이 이를 강력하게 반대할 이유가 있을까?

특히 북한의 체제변화가 평화적으로 진행되어 김정일 이후 새로 등장한 세력개인이든 집단이든이 북한 내부를 안정적으로 잘 관리해 나가면서 중국의 지도와 협조 아래 비핵화를 결정하고 조미朝美관계도 정상화하면서

• 사실은 통일한반도가 동북아의 발전과 평화에 얼마나 필수적이고 미국의 동아시아 전략에도 얼마나 큰 이익이 되는가에 대한 이론구성을 가지고 우리가 미국을 설득해야 한다. 동시에 중국에 대하여도 통일한반도가 ─ 한국주도의 통일이라 해도 ─ 동북아의 발전과 평화를 통하여 결국은 중국의 발전과 평화에 얼마나 큰 이익이 되는가를 우리가 이론화하여 이를 가지고 중국을 설득해 나가야 한다. 이것이 바로 통일외교가 해야 할 일이다. 이러한 우리의 적극적 통일외교 노력이 없으면 당연히 4강은 한반도의 통일에 소극적이 될 수밖에 없을 것이다. 그들을 탓할 것이 아니라 우리의 부족함을 철저히 자성해야 한다.

중국식 개혁개방을 추구해 나간다면 어떻게 될 것인가? 중국은 물론 대환영일 것이다. 하지만 미국과 일본이 과연 이를 강력하게 반대할 것인가? 만일 이들 국가들도 이러한 상황을 수용한다면 한반도의 역사는 어떻게 전개될 것인가? 문제는 이것이 과연 대한민국의 국가이익·민족이익이 될 수 있는가? 북한이 정치적·군사적으로는 완충지대로 그리고 경제적으로는 중국의 변방 경제지역으로 전락하는 것이, 그래서 통일이 불가능해지고 분단이 반半영구화되는 것이 과연 우리 민족에게 이익이 될 수 있는가? 물론 절대적으로 아니다. 우리로서는 결코 수용할 수 없는 일이다.

만일 북의 체제변화가 내부권력투쟁으로 인해 평화적으로 진행되지 못한다면, 그래서 정치적·경제적 혼란에 빠진다면 문제는 더욱 심각해진다. 이 경우 중국이 무력개입을 자행하고* 그를 통하여 중국이 북한을 접수한다면, 그래서 제2의 안동도호부를 설치하게 된다면, 우리로서는 더욱 더 참을 수 없고 절대 수용할 수 없는 상황이 될 것이다. 그런데 후자의 경우 미국과 일본은 과연 어떠한 태도를 취할 것인가? 이 부분도 깊이 생각해 봐야 한다.**

* 물론 중국이 일방적으로 개입하는 것이 아니라 국내권력 투쟁과정에서 친중적 일파(親中的一派)의 지원요청에 의하여 개입이 시작될 수도 있다. 혹은 중국으로 넘어오는 난민의 문제를 근원적으로 해결한다고 하면서 개입해 들어가 수도 있다. 혹은 북한이 제3차, 제4차 핵실험을 강행하여 나가는 경우 유엔의 결의(유엔헌장 제42조)를 받아 중국이 미국의 묵시적 양해 하에 군사적 개입을 추진할 수도 있다.

** 학자들에 따라서는 여러 가지 이유로 중국의 북한 개입의 가능성을 대단히 낮게 보는 견해도 많다. 그러나 문제는 그 가능성이 높은가 낮은가가 아니라, 조금이라도 가능성이 있다면 이에 대하여 철저히 대처하는 것이 옳은 일일 것이다. 국가의 안보문제와 민족자존을 지키고 통일을 이루어 내는 문제에는 아무리 적은 위험도 절대 허용해서는 안 되기 때문이다.

한반도 선진화 통일을 위한 종합전략*

만일 사정이 이렇다면 최종적으로 북한 문제에 대해 우리가 취해야 할 올바른 종합전략은 무엇이어야 하는가? 이것을 몇 가지로 나누어 설명해 본다.

첫째, 가장 중요한 것은 올바른 통일정책의 수립이다.

올바른 통일정책은 한마디로 '한반도 선진화 통일정책선진화 통일론'이 되어야 할 것이다. 남한과 북한을 모두 선진국, 세계중심국으로 만드는 통일이 되어야 한다. 이를 위해서는 우리가 지향하는 통일은 당연 '자유민주주의'와 '시장경제'를 기본으로 하는 통일이 돼야 하고, 이를 중심으로 국론을 하나로 모아야 한다. 그리고 그 방향으로 우리의 '통일 의지'를 확실히 세워야 한다.

지난 10여 년간 우리나라에서 대북정책은 있었어도 통일정책은 없었다. 대북정책을 온건하게 할 것인가? 강경하게 할 것인가? 상호주의를 지킬 것인가? 지키지 않고 편의적으로 할 것인가? 등의 논쟁은 많았지만 막상 어떻게 통일을 이룰 것인가 하는 논의는 제대로 된 것이 없었다. 한마디로 통일정책은 없었고 대북정책에 있어 국론의 분열만 심각했다. 물론 분열된 국론 위에서는 대북정책도 효과적일 수 없다. 오히려 남한의 국론 분열이 북한의 체제강화에 그리고 북한이 변화와 개혁을 거부하는 데 크게 기여한 면이 적지 않다. 국론 분열은 앞으로 우리가 적극 추진해야 할 통일정책을 위해서도 크게 유해하다. 따라서 적극적 국론통

* 선진화통일론에 대한 보다 상세한 글은 http://www.hansun.org/board/board_view.jsp?boardCd=004&seq=2308을 참조.

일의 노력이 시급하다. 국론통일을 위해 무엇보다 먼저 우리가 목표하는 통일이 어떠한 통일인가에 대한 의견합의가 있어야 한다. 정답은 이미 헌법 제4조가 명시하듯이 자유민주주의를 기본질서로 하는 내용의 통일이어야 한다. 헌법은 국민적 합의의 제도적 표현이기 때문이다.

혹자는 남한의 자유민주주의와 시장경제 그리고 북한의 수령절대주의와 계획경제 사이에 양자의 장점만 모은 중간 시스템이 있을 수도 있지 않느냐는 주장을 하기도 한다.• 이것은 크게 틀린 환상이다. 자유와 독재 사이에 중간은 없고 사적소유제와 국가소유제 사이에 중간은 없다. 따라서 우리는 통일목표에 대한 국민적 합의와 국론의 재확인이 우선 시급하다

그리고 동시에 통일의 문제는 북에 사는 우리 동포의 생존과 한민족 전체의 사활과 발전이 걸린 문제임을 확실히 해야 한다. 통일의 문제는 잘못된 제도와 리더십으로 정치적 폭압과 경제적 기아를 겪고 있는 북의 우리 동포를 해방시키는, 사실상 인간해방의 문제임을 확실히 해야 한다. 또한 통일문제는 북을 근대사회와 정상국가로 변화시켜 남한과 통합하여 한반도의 선진화로 함께 나아가야 하는, 다시 말해 민족대통합과 민족대도약의 과제임을 분명히 해야 한다. 또한 이 세상의 어느 나라도 우리를 대신해 이 민족의 과제, 이 동포해방의 숙원宿願을 풀어줄 수 없음을 명백히 해야 한다. 비록 고통과 비용이 많이 들더라도 우리만이 이 문제를 풀어야 하는 역사적이고 민족적인 책무가 있음을 자각해야 한다.

• 대표적인 예가 문익환 목사의 통일론이다. 그는 1994년 1월 범민련 북측본부 의장 백인준에게 보낸 공개편지에서 "통일은 남과 북의 대등한 통일이어야 하고 상호장점만 살려, 새 나라, 새 사회, 새 문화를 창조해 나가는 통일이어야 하고 자유와 평등이 하나로 종합되는 통일이어야 한다."고 주장했다. 그리고 "앞으로 느슨한 연방제 통일로 군사 외교까지 연방정부가 관장하는 진정한 연방국가가 되도록 노력해야 한다."고 했다. 남시욱, 『한국 진보세력 연구』, 청미디어, 2009, p.313 참조.

그리고 통일이 가져올 가치와 이익은 한없이 크다는 사실도 확실히 깨달아야 한다.*

둘째, 북에 대하여 적극적 '관계-통합정책'을 추진해야 한다.

북한의 변화, 구체적으로는 근대화와 정상화의 방향으로 북한을 유도하기 위해 우리는 북한에 대하여 적극적인 '관계-통합정책'을 추진해야 한다. 동시에 그 과정에 이웃 나라들의 지원과 지지를 적극 유도해야 한다. 이웃나라들에게 북의 변화와 통일한반도의 실현이 동북아시아에 평화와 번영에 필수적·핵심적 사항임을 설득해야 한다. 북의 근대화와 정상국가화 없이 동북아에 평화와 번영은 불가능하다는 사실을 지적하면서, 북의 변화에 소극적인 이웃나라들을 적극적으로 설득해 나가야 한다. 그들의 소극성이 얼마나 근시안적으로 단견短見인가를 설명해야 한다. 북한의 변화에 소극적인 태도가 그들 나라의 장기적 국가이익에도 크게 반反한다는 사실을 설득할 수 있어야 한다. 그러면서 우리는 북의 근대화와 정상국가화를 위해 적극적으로 북핵문제, 개혁개방문제, 인권개선문제 등에 앞장서야 한다. 남한이 앞장서 북한과의 '관계- 통합정책'을 강화할 뿐 아니라 이웃나라들도 함께 북한과 '관계-통합정책'을 강화하도록 설득하고 유도해야 한다.

이와 관련해 특히 중요한 것은 북한 주민인 우리 동포에 대해 우리의 직접적인 '관계-통합노력'을 강화하는 것이 중요하다는 점이다. 그동안 대북정책은 오로지 북한당국자와의 대화 교류에만 신경을 써왔다. 이는 잘못이다. 북한동포를 대상으로 하는 '대민對民정책'이 보다 강화되어야

* 지난 10여 년간 통일비용에 대한 논의와 걱정은 많았지만 통일이익에 대한 분석 그리고 통일의 가치에 대한 논의는 상대적으로 적었다. 이것은 큰 잘못이라고 본다.

한다. 비록 정보통제와 여행통제 등으로 밖의 세계에 대한 정보가 북한 주민들에겐 제한되어 있을 것이다. 그렇지만 여러 형태로 남한 동포들의 따뜻한 동포애와 통일에의 의지가 그들에게 전달되어야 한다. 그들에게 남한 동포와의 협력만이 북한의 문제를 풀 수 있다는 확신을 주어야 한다. 그래서 북한에 우리와 뜻을 같이하는 선진화 통일세력을 만들어 나가야 한다. 결국 앞으로 통합과 통일과정에서 북한 동포들이 남한사회와 남한 동포들을 과연 어떻게 이해하는가가 대단히 중요한 요인이 될 것이기 때문이다.

한 가지 더 지적해 둘 사항은 북에 대한 '관계-통합정책'의 수단은 크게 두 가지가 있다는 점이다. 하나는 지원과 협력이고, 다른 하나는 견제와 제재다. 그동안 우리나라에는 '무조건의 지원 협력'과 '무조건의 견제 제재'라는 두 가지 극단적 정책방향만이 존재했다. 둘 다 바람직하지 않다고 본다. 지원과 견제 그리고 협력과 제재라는 두 가지 수단을 잘 조합하여 북을 변화의 방향으로 유도하고 통합해 나가야 한다. 그리고 그 과정에서 특히 우리의 노력과 진정성에 대한 북한 동포들의 이해, 그리고 우리의 통일노력에 대한 이웃 4강들의 지지를 구하는 것이 대단히 중요하다.

셋째, 북한의 급변사태에 대해 적극적 대비를 해야 한다.

북한의 지도부가 점진적 개혁과 개방으로 나오는 것을 우리는 모두 간절히 바라고 있다. 북한 당국이 개혁과 개방으로의, 즉 근대화와 정상국가화로의 방향만 확실하게 잡으면 최대한의 지원과 협력을 하려는 것이 남한정부와 국민 모두의 뜻이다. 그러나 북의 자발적 근대화, 자발적 정상국가화의 가능성은 점점 멀어지고 있는 것 같다. 북한은 어떤 식의 개혁과 개방도, 근대화와 정상국가화를 위한 어떠한 노력도, 김정일 체제 유지에 크게 위협이 된다고 보기 때문이다. 그러면서 핵실험과 미사일실험 등의 잘못된 선택을 반복하고 있고 시대흐름을 거스르는 역주행을 하고 있다. 그러면 원하든 원하지 않든 북한의 하드랜딩은 불가피할 것이다.

그렇다면 우리는 이에 대해 적극적으로 대비해야 한다. 북한의 급격한 변화가 반드시 한반도의 통일로 연결되도록 최선을 다해야 한다. 상당기간의 과도기도 생각할 수 있다. 그러나 그 과도기를 지나서는 반드시 남북통일의 시대를 열어야 한다. 우리 동포가 살고 있는 북한지역이 한 번 더 이웃 강대국들의 세력균형을 위한 완충지대로 사용되는 것을 절대 허용해서는 안 된다. 왜냐하면 그것은 분단의 반半영구화를 의미하기 때문이다. 다시 분단이 반영구화된다면 북한동포들의 고통은 말할 것도 없고 한반도는 분단의 고통과 비용 때문에 남한을 포함해 한민족 전체의 발전과 민족적 자존을 지켜나가기 어려울 것이다. 뿐만 아니라 분단이 반영구화되면 동북아의 번영과 평화는 구조적으로 불가능하게 된다. 따라서 절대적으로 북한의 변화가 반드시 한반도의 통일로 연결되도록 하는 적극적·공격적 대비가 필수적이다.

넷째, 한반도 통일의 중요성을 이웃나라들에게 설득하는 통일외교를 강화해야 한다.

우리는 이웃 4강에게 북의 정상화와 근대화가 대단히 시급한 과제이며 이는 반드시 한반도가 통일을 이루어 내는 방향으로 관리되어야 함을 설득해야 한다. 한국이 아닌 강대국 주도의 — 예컨대 중국주도의 — 북의 정상화 내지 근대화는 사실상 한반도 분단을 반영구화시킬 위험이 크다. 이 사실을 지적해야 한다. 어떠한 형태의 새로운 분단과 그 분단의 반영구화도 우리 민족은 결코 받아들이지 않을 것이라는 점과 그러한 시도는 동북아의 평화와 번영에 대단히 유해하다는 점을 천명해야 한다. 오직 '통일된 한반도'만이 동북아 전체의 번영 — 만주와 시베리아 지역의 개발을 포함하여 — 과 평화에 대한 확실하고 영구적인 보장이 됨을 설득해야 한다.*

이렇게 하려면 '통일한반도의 비전'을 우리가 제시해야 한다. 미국의 이해와 중국의 이해를 조정하고 조화시킬 수 있는 우리의 '통일한반도 비전'이 나와야 한다. 통일 한반도가 분명 미국과 중국의 국가이익에도 기여가 될 것임을 보여야 한다. 그리고 우리가 취할 미국과 중국 모두에 대한 선린우호노선이 결코 상호모순하지 않음을 설명해야 한다. 아니 그러한 시대를 열어야 함을 적극 설득해야 한다. 그리고 그것이 세계화시대에 동북아 나아가 동아시아의 평화와 번영을 담보하는 길임을 증명해야 한다.** 그래서 단순히 북의 정상국가화비핵화 등에 그치지 않고 반드시 남북통일이 가능하도록 이웃나라들이 적극적으로 지지하고 돕도록 만들어야 한다.

이러한 방향으로 우리의 정책을 세워 나가기 위해서는 반드시 준비하

* 우리는 통일한반도와 중국 그리고 일본, 이 3국이 동아시아에서 정립해야 이 지역의 견제와 균형이 가능하여 — 통일한국이 공평한 조정자 역할을 할 수 있기 때문에 — 장기평화를 가져올 수 있다는 '3국정립평화론'을 주장해야 한다. 또한 우리는 만일 한반도의 분단이 지속되면 중국과 일본, 이 2국은 서로 패권추구를 위해 대립하게 되어 이 지역의 구조적 불안정이 불가피하다는 '2국대립패권론'을 주장해야 한다.

** 미국에서도 한반도의 통일이 동북아 전체의 발전과 평화에 크게 기여가 될 것임을 주장하는 견해가 많다. 문제는 어떻게 이루느냐다. Nicholas Ebertstadt, *The End of North Korea*, The American Enterprise Institute, 1999; Paul B. Stares and Joe S. Wit, *Preparing for Sudden Change in North Korea*, Council on Foreign Relations, Council Special Report 42, January 2009를 참조.

고 각오할 것이 있다. 북한의 급변사태의 경우, 우리의 적극적 '관계-통합전략'이 반드시 단호한 행동으로 나타나야 하는 것이다. 북의 문제는 다른 그 어느 나라가 관여할 문제가 아닌 바로 우리나라, 우리민족의 문제임을 행동으로 보여야 한다. 그 과정에서 우리는 사전적·사후적으로 UN의 적극적 도움을 받아야 할 것이다.

다섯째, 통일 후 한반도의 미래건설에 이웃나라들의 적극적인 참여와 지원을 끌어내야 한다.

우리는 통일과정에서 북한의 발전과 남한의 발전을 직접 연계할 뿐 아니라 북한의 발전과 중국의 동북3성의 발전도 연계해야 한다. 또한 북한의 발전과 일본의 서북부지역의 발전을 연계해야 한다. 러시아 극동지역의 발전과도 연계해야 한다. 통일 후 북의 개발에는 중국과 러시아의 체제전환과 개혁개방의 경험, 그리고 미국과 일본의 자본과 기술력, 그리고 남한의 근대화산업화와 민주화 경험이 유익하게 작용할 것이다. 반드시 그렇게 만들어야 한다. 통일된 한반도의 발전계획을 포함한 동북아 전체의 발전구상이 나와야 한다. 다자多者협력을 통한 '동북아개발은행'의 설립도 생각해 볼 수 있다. 남과 북은 물론 북한과 중국의 동북3성 그리고 러시아의 연해주 극동지방, 일본의 서북부지역을 엮는 거대한 동북아지역 발전계획도 생각해 볼 수 있다. 이러한 과정에서 서해와 동해는 물자의 교류와 관광이 크게 빈번해지는 유럽의 지중해와 같은 내해內海가 될 수도 있을 것이다. 이와 더불어 반드시 동북아지역의 '다자안보협력체제'를 함께 발전시켜 나가야 한다. 그렇게 되면 동북아 전체를 21세기 인류의 새로운 발전과 도약의 축으로 만들어 낼 수 있을 것이다.

다시 강조하지만 이 모든 것을 위해서는 통일에 대한 우리의 입장을 먼저 확실하게 정리하는 것이 가장 중요하다.

우선 무엇보다 먼저 우리사회 내부의 사고의 혼란을 정리해야 한다. 그동안 우리 사회 내부에 남북 문제, 민족 문제를 국내의 정치적·당파적 권력투쟁에 이용하려는 집단들이 나타나 북한 문제를 보는 국민의 사고에 많은 혼란을 야기해 왔다. 예컨대, 무조건 북을 지원하는 것이 민족이익이라고 하는 주장이다. 조건 없이 북을 지원하면 북한체제의 강화에 기여하게 된다. 그러면 그것은 명백히 반反민족이고 반反민중이다. 따라서 지원의 조건과 방법을 전략적으로 잘 구상하여 북을 변화의 방향으로 이끌어 내는 지원이 되는 게 핵심이다.

반대로 무조건 북을 거부하고 압박해야 한다고 주장하는 경우도 있다. 그런데 일반적으로 경제적 지원의 중단 등 북에 대한 압박은 주민의 생활에 대한 압박으로 나타난다. 북한당국은 기본적으로 주민의 고통에는 관심이 없기 때문에 사실상 외부의 압박이 북한당국을 변화시키는 데는 큰 효과가 없을 수도 있다. 그렇다면 결국 북에 대한 압박도 북의 주민만을 어렵게 하고, 오히려 그들을 당국에 더욱 의존하게 만들어, 기존 체제를 강화시키는 역효과를 낼 수도 있다. 따라서 단순한 압박의 강조가 아니라, 압박의 경우도 그 방법을 보다 전략적으로 구상할 필요가 있다.

따라서 문제는 단순히 지원이냐 압박이냐의 선택이 아니다. 북의 근대화와 정상국가화라는 정책의 목적을 확실히 하고 어느 방식이 그 목적에 보다 효과적으로 기여하는가?를 잘 분석하여 선택하는 전략적 사고가 중요하다.

뿐만 아니라 지금 우리사회의 큰 문제 중 하나는 국민들 사이에 남북통일에 대해 소극적이고 회의적인 태도가 많다는 사실이다. 소위 보수는 통일비용을 이야기하면서 통일에 소극적인 태도를 보이는 경향이 있다. 반면에 진보는 요즈음 한반도의 평화를 주장하면서 통일논의를 피하려는 태도를 보이고 있다. 보수든 진보든 통일에 소극적인 점에서는 묘하게 일치한다. 이것은 대단히 잘못된 태도이고 시각이다. 통일에는 비용의 지출만이 있는 것이 아니라 통일의 이익도 크고 무엇보다 통일의 가치는 한없이 크다는 것을 알아야 한다. 북한이 위기적 상황이 되면 우리는 아무리 어려워도 통일을 회피하지 말고 북한 동포들을 적극적으로 껴안고 통일의 방향으로 함께 나아가기 위한 혼신의 노력을 다해야 할 것이다. 그것이 이 시대를 사는 우리의 시대적 운명이고 역사적 대의다.

끝으로 지적할 것은 언제부터인지 우리사회에 국가이익이나 민족이익이 무엇인가를 깊이 생각하지 않는 경향이 생겼다는 사실이다. 우리의 국가이익과 민족이익의 실현을 목표로 우리의 국가전략—예컨대 주변 4강에 대한 우리의 외교·국방전략을 포함하여—을 적극적으로 세우는 노력이 보이지 않는다. 오로지 상황변화에 적응만 하려는 수동적 정신과 소극적 자세가 지배적이다. 자신의 운명을 스스로 개척하려는 능동적인 정신과 개척자적인 자세를 다시 세워야 한다. 과연 북한 문제를 어떻게 풀어야 하는가? 우리의 전략은 무엇이 되어야 하는가? 이웃나라들에게 우리는 무엇을 설득해야 하는가? 우리의 이익과 이웃들의 이익을 조화시키기 위하여 우리는 어떠한 주장을 준비해야 하는가? 이러한 과제들에 대해 좀 더 자주적이고 창조적이며 보다 전략적인 생각을 많이 해야 한다. 그리고 북한의 급변사태 등이 발생했을 때에는 명확히 사고하고 단호하게 행동할 수 있어야 한다. 건곤일척乾坤一擲의 자세를 갖고 국가이익과 민족이익을 지켜나갈 각오를 해야 한다.

그러려면 평소에 그러한 상황에 대해 정신적·경제적·군사적으로 보다 철저한 대비가 필요하다. 그리고 이웃나라들에 대한 우리의 설득 노력이 사전에 충분히 진행되어 있어야 한다. 우리가 우리의 문제를 자기 주도적이고 적극적이며 공격적으로 해결하려는 노력을 하지 않는다면 우리의 문제는 다른 나라들의 문제가 되어버린다. 그러면 그들이 자신들의 이해관계를 중심으로 북한 문제를 해결하려 들 것이다. 그러면 결국 우리의 역사를 남의 나라가 쓰게 되는 민족적 불행, 아니 천추千秋의 한恨을 다시 결과할 수 있다. 이래서는 절대 안 된다. 21세기 한반도에 새로운 반半영구적 분단의 등장이라는 반反민족과 반反민중의 역사가 다시 써져서는 결코 아니 될 것이다. 모두가 크게 경계하고 철저히 대비할 일이다.

세계화와 세계통치구조

왜 문제가 되는가?

세계통치구조global governance란 무엇인가? 그리고 세계화가 진전되면서 세계통치구조가 왜 문제가 되는가? 세계통치구조란 지구촌 공동의 과제를 해결하기 위하여 개별국가의 정부, 국제기구, 그리고 각국의 시민사회를 연결하여 서로 협력하게 하는 구조 내지 과정을 의미한다. 지구촌이 당면한 어렵고 많은 과제를 풀기 위하여 지구인들이 어떻게 서로 협력할 수 있도록 할 것인가는 대단히 중요한 문제다. 지구촌은 현재 세계화의 진전과 더불어 많은 새로운 도전과 과제에 당면해 있다. 예컨대 아직 지구촌의 상당부분에 남아 있는 절대빈곤, 심화되는 지구온난화, 세계금융질서의 불안정성, 격화되는 국제테러와 핵 확산위험, 증대하는 에너지와 자원부족, 인권탄압과 인종전쟁 등이 지구촌이 시급히 해결해야 할 우선적인 문제들이다. 이들 문제들을 지구촌이 잘 풀어나가면 세계화도 순조롭게 진전될 것이고 지구촌도 지속적으로 발전할 것이다. 이 일을 제대로 잘 해내야 하는 것이 바로 세계통치구조가 당면한 과제다.

그런데 오늘날의 세계통치구조는 다음과 같은 몇 가지 이유로 지구촌이 당면한 공동의 문제를 제대로 해결하지 못하고 있다. 그래서 세계통치구조의 문제가 중요한 현안이 되고 있고 이를 어떻게 개혁할 것인가가 지구촌의 중요과제가 되고 있다.

우선 오늘의 세계통치구조가 지구촌의 문제를 제대로 해결하기 어려운 가장 중요한 이유는 이미 앞에서도 지적하였지만 세계경제질서와 국제정치질서 간의 미스매치mismatch 때문이다. 즉 세계화의 진전에 따라 '세계경제질서'는 단일의 세계경제시장을 형성하는 방향으로 나아가고 있고 그로 인하여 국가간 상호관련성과 의존성이 크게 높아지고 있다. 반면에 '국제정치질서'는 여전히 국민국가nation state 중심으로 분권화, 지역화, 개별화되어 있다. 국제정치에서는 개별국민국가가 여전히 가장 중요한 활동주체들이다. 따라서 단일화되어 가는 세계경제시장이 제기하는 새로운 문제들—예컨대, 세계금융시장의 불안정성, 환경파괴와 기후변화, 자원고갈과 에너지 부족, 민주주의와 국가실패 등의 문제—을 해결하는 데 국민국가 단위로 권력이 분산되어 있는 국제정치질서—즉 다多주체화되어 있는 국제정치질서—로서는 제대로 대응하기 어렵다는 문제—즉 경제질서와 정치질서 간의 미스매치의 문제 ― 가 제기된다. 지구촌의 문제를 해결하기 위해서는 지구촌 전체의 관점, 지구촌의 공동 이익의 관점에서 문제를 풀어 나가야 하는데, 각국은 오로지 자국의 이익을 중심으로 생각하고 행동한다. 지구촌 전체의 이익을 제대로 고려하지 않을 뿐 아니라, 지구촌의 문제를 해결하는 데 가능하면 다른 나라들이 앞장서 해결하도록 하고 자신들은 노력을 하지 않는다. 소위 전형적인 무임승차free ride의 경향까지 보이고 있다. 지구촌의 문제를 해결하는 데 드는 비용을 다른 나라들이 부담하고, 자신들은 그 부담을 피하고 이익만을 향유하려는 태도다.

여기에 냉전시대가 끝난 후 더욱 더 국가 간 협력을 조직화하기 어렵게 되었다는 여건까지 가세하면서, 세계통치구조의 문제는 더욱 더 풀기 힘든 난제가 되고 있다. 과거 냉전시대에는 세계가 미국과 소련이라는 두 블럭으로 나뉘어 대립하고 경쟁했다. 이 때문에 같은 블럭 안에서는 개별국가의 이익을 넘어서는 국제협력을 이루어 내기가 상대적으로 쉬웠다. 그러나 지금은 그러한 구조적 유인도 없는 시대다.

더 나아가 오늘날 세계통치구조를 대표하는 UN, G7/8 정상회담, World Bank, IMF 등의 제도는 모두가 1945년 2차 세계대전 종료 이후에 만들어진 것이다. 이미 60년 이상의 낡은 제도다. 이들 제도는 당시의 국제적 힘의 관계를 대변하면서 등장했다. 당시에는 나름대로 지구촌의 문제해결에 크게 기여했으나 60년이 지난 이제는 더 이상 세계통치구조로서의 유효한 역할을 제대로 하지 못하고 있다. 우선 지난 60여 년 동안 국제적 힘의 관계가 크게 변화했다. 유엔 안보리의 상임이사국은 아직도 출발시기와 같이 5개국미국·영국·프랑스·러시아·중국이다. 독일도 일본도 들어가 있지 못하고 개발도상국에는 중국을 제외하고는 한 나라도 포함되어 있지 못하다. 60년 전의 국제적 힘의 관계를 반영하여 만든 제도가 그대로 유지되어 왔기 때문에, 오늘날의 힘의 관계를 전혀 반영하지 못하고 있는 셈이다.

따라서 21세기적 상황에서는 과거에 만든 유엔안보리가 제대로 자기 기능을 할 수 없다. 따라서 유엔은 모든 나라들이 한 표씩의 투표권을 행사한다는 의미에서는 대표성의 정당성representative legitimacy을 갖는다. 하지만 문제를 효과적으로 해결할 수 있다는 의미에서의 성과적 정당성performance legitimacy은 갖지 못하고 있다. 한마디로 UN의 문제해결능력이 크게 낮아졌다. 반면에 1977년부터 시작한 G7 그리고 1998년부터의 G8 정상회담은 정반대로 오직 선진국 강대국들만의 정상회의가 되어 있어, 지구촌의 문제를 푸는 데는 효과적일 수 있지만, 그래서 성과적 정당성은 높을 수 있으나, 많은 나라들, 특히 개도국들이 제외되어 있어 세계통치구조로서 대표성의 정당성은 결여되어 있다는 문제가 있다.

World Bank나 IMF의 운영도 한계가 크다. 모두 1945년 당시의 국제적 힘의 관계를 반영해 일부 강대국에게만 대부분의 의사결정권voting share을 주었기 때문에, 이들 제도가 과연 오늘의 지구촌 문제를 공정하고 효율적으로 해결할 수 있는 세계통치구조인가에 대한 근본적 회의가 커져 왔다. 단순한 의사결정권의 문제만이 아니라 정책의 우선순위에서도 과연 현재 지구촌 문제의 중요도를 제대로 공평하게 반영하고 있는가에 대한 회의도 커져 왔다.

좀 더 심각한 근본문제의 하나가 있다. 그것은 앞에서 논한 이들 세계통치구조가 과연 오늘날의 지구촌 문제를 얼마나 효과적으로 해결하고 있는지 그 성과에 대한 평가도 그리고 감시감독도 전혀 안 되고 있다는 점이다. 일반 지구촌의 평범한 구성원들이 이들 제도들이 과연 지구촌 문제에 대하여 얼마나 효과적으로 대응하고 있는지 그 효과에 대한 정보를 거의 알 수 없을 뿐 아니라, 비록 알았다 해도 이들 제도를 감시 감독할 길과 수단이 전혀 없다는 문제점이 있다.

어떠한 대안이 있는가?

세계통치구조에 앞에서 본 여러 문제들이 있다면, 앞으로 어떠한 대안을 생각해 볼 수 있을까?

(가) 단일의 세계정부

세계단일 정부가 등장하면 분명 지구촌의 문제는 세계정부world government가 해결해야 할 제1의 과제가 될 것이다. 그리고 여기에서는 개별국민국가의 이해관계와 지구촌의 이해관계 사이에 상충도 발생하지 않을 것이다. 이미 개별국민국가의 독자성은 존재하지 않기 때문이다. 그러나 이 대안은 현실적이지도 못하지만 이상적이지도 못한 대안이다. 왜냐하면 지구촌의 문제를 효과적으로 해결할 세계정부를 등장시키려면 세계정부는 대단히 중앙집권적인 구조를 가지지 않을 수 없는데, 이것은 지구촌 구성원 개개인의 존엄과 자유, 그리고 기본적 권리 등에 대해 상당한 제한을 불가피하게 수반할 것이다. 개별국가가 자신들의 주권을 그렇게 쉽게 포기하지도 않을 것이다. 따라서 바람직하지도 현실적이지도 못하다. 더구나 오늘의 세계에서는 개별국가도 국민 개개인의 자유와 자율을 위하여 권력 분권화의 길을 가고 있는 것이 대세인데, 이러한 상황에서 고도로 중앙집권적인 세계국가를 세운다는 것은 올바른 방향이 아니다.

(나) 지구촌 민주주의

앞에서 본 중앙집권적인 단일의 세계정부에는 반대하지만, 분권적인 세계정부를 그 대안으로 주장할 수도 있다. 특히 지구촌민주주의cosmopolitan democracy를 주장하는 학자들이 생각하는 세계통치구조는 반드시 중앙집권적인 세계정부는 아니지만, 어떠한 형태로든 지구촌의 주민 한 사람 한 사람의 관심과 의견이 보다 잘 반영되는 세계통치구조를 제시하려 한다. 민주주의의 원리가 지구촌 전체의 차원에서 보다 잘 관철되는 세계통치구조를 생각하는 것이다. 이들의 견해를 좀 더 들어보자.

우선 이들은 민주주의를 근본적으로 끊임없이 진화·발전하는 것으로 이해한다. 그런데 세계화가 진행되면서 한 나라의 내부에 미치는 외부의 영향력, 즉 세계의 영향력이 급증하게 된다. 그러면 '일국一國민주주의'가 큰 도전을 받게 된다. 즉 한 나라 안에서 민주주의원리의 유지가 어렵게 된다는 것이다. 왜냐하면 자신들이 통제할 수 없는 나라 밖의 외부의 영향력힘에 의하여 한 나라의 운명, 그 나라와 그 국민의 복지가 크게 영향을 받게 되기 때문이다. 좀 더 논의를 진전시키기 위하여 우선 민주주의 원리를 정리해 보자.

(1) 모든 갈등과 분쟁을 대화와 협상으로 해결한다는 원리, 즉 비폭력의 원리non-violence (2) 국가의 지도자를 국민이 직접 선택한다는 국민지배의 원리popular control (3) 모든 국민은 정치적으로 평등하다는 정치적 평등의 원리political equality. 이들 세 가지가 민주주의의 기본원리인데 지구촌 민주주의를 생각하는 학자들이 보기에는 이들 세 가지 민주주의의 기본원리가 세계화되면서 크게 도전을 받는다는 것이다. 즉 세계화로 인하여 외부에서의 결정이 일국에 미치는 영향이 커지면서 민주주의원리인 (1) 대화와 비폭력 (2) 국민지배 (3) 정치적 평등의 원리, 모두가 크

게 약화되고 있다는 것이다. 나아가서는 법이 있어도 세계화로 민주주의의 기본을 지킬 수 없기 때문에 법이 제 구실을 하지 못하며 형해화形骸化될 수 있다는 것이다. 따라서 비폭력, 국민지배, 정치적 평등의 원리를 지키려면 '일국민주주의'로는 부족하고 '지구촌 민주주의'를 건설하기 위한 노력을 해야 한다고 주장한다.

구체적으로 지구촌 민주주의를 어떻게 제도화할 것인가에 대해서는 아직 단일안이 있는 것이 아니고 여러 논의가 진행 중에 있다. 한 가지 구체적 안의 예를 들어보면[*] 다음과 같다. (1) 주권국가와 개별국민이 모두 지구촌 민주주의의 구성원으로서 각자의 시민권을 가지고 참여한다. 개별 주권국가 중에서 인권탄압이 심한 반反인권국가는 그 참여를 제외시킨다. (2) 정부간 조직에는 개별정부가 평등하게 일국일표一國一票로서 참여하고, 지구촌 조직에는 지구촌 개인들이 평등하게 일인일표一人一票로서 참여한다. (3) 세계헌법이 개별국가의 대내對內 주권을 일정부분 제한한다. 이는 지구촌의 공동의 문제의 해결을 위해서다. (4) 개별국가의 대외對外주권은 세계헌법에 의하여 대체되고, 모든 분쟁은 협상을 통하여 해결한다. (5) 개별국가는 군과 경찰권을 유지하되, 세계헌법에 따른 인도적 이유에 의한 외부로부터의 개입은 가능하다. (6) 국제적 분쟁은 최종적으로는 국제법원에서 결정하고 그 결정의 집행은 직접적·물리적 강제가 아니라, 경제적·사회적·문화적 제재sanction를 통하여 그 준수를 유도한다. (7) 지구촌 민주주의에의 참여는 자발적이다.

이상에서 지구촌 민주주의의 간단한 개요를 보았다. 물론 아직 전혀 구체적이지는 못하다. 그러나 지구촌 민주주의라는 안은 대단히 유용한

[*] Daniele Archibugi, *The Global Commonwealth of Citizens: Toward Cosmopolitan Democracy*, Princeton University Press, 2008에 제시한 안을 참조.

개념이고 앞으로 더욱 발전시킬 가치가 있다. 물론 구체적으로 어떻게 제도화할 것인가에 대해서는 더 많은 논의가 필요하다. 이와 관련하여 EU의 실험은 또 다른 좋은 예가 될 수도 있다. EU가 적어도 유럽대륙에서 개별국가 사이의 전쟁의 가능성을 없앴고 동시에 유럽대륙 전체가 관련되는 환경문제, 에너지문제, 금융시장의 안정성, 낙후지역의 개발문제 등등, 공동의 문제의 해결에 유효성을 보이고 있는 것은 사실이다. 동시에 EU의 조직과 운영방식이 상당히 민주주의 원칙에 충실한 것도 사실이다. EU와 유사한 지역통치구조가 아시아 등 다른 곳에서도 — 예컨대 아시아연합AU — 가능할 수 있다면, 이러한 지역통합의 과정을 통하여 장기적으로 지구촌 민주주의에 입각한 세계통치구조 — EU와 AU를 점진적으로 하나로 합쳐 나가는 식 — 를 계획해 볼 수도 있을 것이다. 물론 지금은 하나의 이상주의적 가능성에 불과하다. 그러나 역사는 항상 이상주의자들에 의하여 새로운 가능성을 열어 왔음을 잊어서는 안 될 것이다.

(다) 세계화의 중단 내지 회귀

세계화 때문에 지구촌에 여러 문제군問題群들이 많이 발생하였으므로 세계화 자체를 중단시킨다면 지구촌 문제의 해결이라는 부담에서 벗어날 수 있지 않겠는가라는 주장이 있을 수 있다. 그러나 이것은 대안이 아니다. 이러한 발상과 유사한 반反세계화의 길을 우리는 1930년대 이미 선택한 적이 있다. 즉 당시 자유무역의 길을 포기하고 많은 나라들이 보호무역의 길을 선택했다. 그러나 그 결과는 세계무역의 감소, 세계생산의 감소, 그리고 세계실업의 증가뿐이었다. 과거의 실패를 반복할 이유는 없다. 또한 우리가 세계화를 중단해도 그것이 핵이나 대량살상무기, 인권

탄압, 실패국가failed state, 그리고 환경파괴 등의 문제들에 대해서는 아무런 해결이 되지 못함을 알고 있다. 따라서 세계화의 중단이 문제의 해결이 아니라, 더 어렵고 새로운 문제들을 불러올 것이다.

(라) 시장市場에게 맡기는 무無정책

세계화가 초래하는 새로운 지구촌의 각종 문제들을 해결하지 않고, 그대로 방치하는 것을 생각해 볼 수 있다. 소위 시장이 해결하도록 하는 선택이다. 과연 국가나 국제사회가 나서지 않고 시장의 자율에 맡기면 어떠한 결과가 나올까? 생각건대, 시장이라는 것이 공중에 존재하는 것은 아니다. 구체적인 제도의 틀문화, 관습, 법질서, 규제 속에서 존재하고 작동한다. 그 제도의 틀이 문제가 있어서 환경문제, 금융시장의 불안정 문제 등이 발생하는 것이다. 예컨대 환경문제는 소유권제도property right의 발달이 미미해서 발생할 수 있다. 만일 강에 대한 소유권제도가 발달되어 있으면 함부로 강을 오염시킬 수 없을 것이다. 또한 금융시장의 불안정은 금융규제financial regulation의 낙후 — 예컨대 예금자보호제도의 미비나 금융기관의 도덕적 해이를 막는 제도의 미비 — 등에서 발생할 수 있다. 그런데 이러한 제도적 틀을 고치지 않고, 시장에 맡긴다는 것은 지금과 같은 문제발생의 지속과 누적만을 결과할 것이다. 따라서 문제 해결의 길이 아니다.

(마) 세계통치구조의 개혁•

결국은 세계통치구조의 개혁, 이것이 아마 가장 합리적인 선택일 것

• 세계통치구조의 구체적 개혁안에 대한 논의는 Colin I. Bradford, Jr. and Johannes F. Linn(ed.), *Global Governance Reform*, The Brookings Institution Press, 2007과 위의 저자들이 함께 쓴 The Brooking Institution Policy Brief #163 Reform of Global Governance: Priorities for Action, October 2007을 참조.

이다. 현재의 세계통치구조를 철저하게 개혁하고, 필요하다면 새로운 구조를 창조하려고 노력해야 한다. 구체적으로는 세 가지 방향을 생각할 수 있다. 첫째는 현재의 G-7/8 정상회담을 확대하여 G-20을 만드는 길이다. 그리고 그것을 제도화하는 길이다. 둘째는 기존의 IMF, World Bank, 그리고 UN 등을 철저하게 개혁하는 길이다. 셋째는 초국가적인 세계시민사회transnational civil society를 만들어 나가는 길이다. 이 세 가지 방향은 반드시 상호 배타적인 것은 아니다. 오히려 동시에 진행될 수도 있다. 그러나 현실적으로는 G-20을 먼저 만들어 활성화하고 제도화한 다음에 이 G-20가 추진엔진이 되어 IMF, World Bank, UN 등의 개혁에 올바른 방향과 동력을 제공하는 것이 바람직한 과정이 될 것이다. 왜냐하면, IMF, World Bank, UN 등의 경우는 자기개혁의 동력이 조직 내부에서 나오기 어렵기 때문이다. 그런데 G-20은 정상들의 모임이므로 여기서 합의가 이루어지면 그 실천력이 강력할 수 있다. 따라서 G-20이 결심만 한다면 기존 세계통치구조인 IMF, World Bank, UN 등의 개혁을 성공시킬 수 있다고 본다. 물론 초국가적인 세계시민사회의 구축은 앞의 상황 전개와는 무관하게 진행시킬 수 있다. 이상의 세 가지 개혁방향에 대하여 좀더 상세히 살펴보도록 한다.

G-20 정상회담G-20 Summit Forum의 제도화

지난 시기의 제도를 가지고 오늘과 내일의 문제를 풀 수 없다는 것은 확실하다. 따라서 오늘과 내일의 문제를 풀 수 있도록 제도를 개혁해야 한다. 그러기 위해서는 제도를 보다 포용적inclusive으로 만들어야 하고,

대표성representative을 높여야 하고, 보다 유효하게effective 만들어야 한다. 세계통치구조의 하나인 G-7은 주요 7개국 정상들의 모임이므로 그 영향력이 대단하다. 거기서 모두가 합의하고 결정에 이룰 수 있다면 사실 지구촌의 많은 문제들을 풀어나갈 수 있다. 그러나 하나의 구조적 문제가 있다. 즉 G-7이 지난 시대 세계의 힘의 구조를 반영한 낡은 제도라는 사실이다. G-7은 1977년에 만들어졌고 미국과 영국 그리고 캐나다·프랑스·독일·이탈리아 그리고 일본으로 구성되어 있다. 1998년 이후 러시아를 넣어서 G-8이 되었다. 그럼에도 이 제도는 지난 30-40년간의 세계 권력구조의 변화를 반영하지 못하고 있다. 예컨대 중국, 인도, 브라질 등처럼 새롭게 등장하는 신흥공업국의 의사가 전혀 반영될 수 없게 되어 있고, 그래서 그들의 협력을 이끌어 낼 수 없다. 따라서 지구촌의 여러 문제를 푸는 데 많은 한계를 가지고 있다. 이를 보완하기 위하여 1997-98년 아시아 금융위기 이후 선진국뿐 아니라 신흥공업국을 포함하여 세계 20개국 재무부장관들의 모임인 금융 G-20Financial track of G-20을 만들었다. 그래서 한동안 정상들의 모임인 G-8leader track of G-8과 재무장관의 모임인 G-20이 병행하면서 지구촌 문제 해결에 나서 왔다.

그러나 2008년 세계금융위기를 계기로 그 대응을 위한 기구로 G-20 정상회담이 새롭게 구성되었다. 그 구성은 미국·영국·독일·프랑스·일본·러시아·캐나다·이탈리아·오스트레일리아·EU 등 선진국 10개국과 그리고 아르헨티나·브라질·중국·인도·인도네시아·한국·멕시코·사우디아라비아·남아프리카·터키 등 개발도상국 10개국으로 되었다. 그래서 2008년 11월 제1차 워싱턴회의, 2009년 4월 제2차 런던회의 그리고 2009년 9월 제3차 피츠버그회의를 개최했다.

생각건대 G-20은 세계통치구조로서 다음과 같은 이점이 있다고 본다.

첫째, 보다 많은 주요 국가들이 선·후진국을 불문하고 비교적 공평하게 참여하게 되었으므로, 이 제도의 지구촌 대표성이 크게 높다고 볼 수 있다. 또한 각국의 최고지도자들이 참석할 수 있게 되어 있어 거기에서 합의에 이르게 되면 지구촌의 문제해결이 보다 효과적일 수 있다. 따라서 대표성 면에서나 실효성 면에서 제도의 정당성legitimacy이 크게 높아진다고 볼 수 있다.

둘째, 특히 개도국이 새롭게 많이 참가하게 됨으로써 지구촌 문제를 해결하는데 이들의 생산적이고 적극적인 기여와 부담의 공유를 기대할 수 있게 되었다. 사실 환경과 자원부족의 문제, 절대빈곤의 문제 등 선진국들의 노력만으로는 풀 수 없는 지구촌의 문제가 크게 증가하고 있는 실정이다. 그래서 개도국의 적극적 참여와 문제해결을 위한 공동노력이 더욱 중요해지고 있다.

셋째, 선진국과 개도국의 정상이 함께 자리를 함으로써 지구촌의 문제를 보다 전체적으로 그리고 종합적이고 포괄적으로 볼 수 있는 안목이 높아진다. 또한 처리할 수 있는 능력도 제고될 수 있다. 선진국은 선진국의 입장만을, 그리고 개도국은 개도국의 입장만을 중심으로 생각하는 사고의 범위를 넘어서 지구적 관점에서 문제를 볼 수 있는 계기가 된다.

넷째, 이 정상모임을 현재의 주관심인 2008년 미국발 세계금융위기의 극복과 국제적 금융규제의 강화 문제를 넘어서 앞으로는 UN, IMF, World Bank 등 다른 세계통치구조의 개혁의 방향을 확정하고 그 추진을 독려하는 수단으로 활용할 수 있다. 사실 UN의 개혁, IMF의 개혁 등에 대해 말의 성찬盛饌은 많으나 실제로 진행은 잘 안 되고 있다. 한마디로 지지부진하다. 각종 기득권의 제약 등으로 개혁의 동력이 조직 내부에서 나올 수 없기 때문이다. 따라서 G-20에서 이들 세계통치구조의 개혁방향에 대하여 합의하고 추진한다면 이들 제도의 개혁이 새로운 활성화의 전기를 맞게 될 것이다. 이 점이 특히 이 제도가 가지는 대단히 중요한 장점이다.

이러한 의미에서 이번 2008년 미국발 세계금융위기를 계기로 G-20이 구성되어 지금까지 세계금융위기를 극복하기 위하여 필요한 거시경제 정책공조, 국제금융제도개혁 등에 공동으로 협력하고 대응하고 있는 것은 대단히 큰 긍정적 의미가 있다. 이번 세계적 금융위기에 대한 국제공조를 통하여 G-20이 성공실적을 구체적으로 내어 그것이 계기가 되어, 앞으로 UN, IMF, World Bank 등 다른 세계통치기구들을 확실하게 개혁해 나갈 수 있어야 할 것이다. 그것이 가능하다면, 이번의 G-20회의가 세계통치기구의 개혁과 발전에 큰 전기를 마련할 수 있다고 본다. 기대되는 바가 크다.

끝으로 중요한 것은 현재의 G-20을 가능한 빨리 상설화하고 제도화해야 한다는 것이다. 우선 지금의 G-20은 엄밀히 이야기하면 합의된 내용의 집행을 강제할 체제나 수단을 갖추고 있지 않다. 이에 대한 제도적 개선이 필요하다. 또한 제도화에 따른 상설 사무국 등의 설치도 있어야 한다.• 중장기적으로는 이 정상회담의 틀을 10년 혹은 20년 주기로 재평가하고, 필요하다면 재구성할 필요도 있을 것이다. 구성국가의 수를 어떻게 할 것인가, 어느 나라를 참여시킬 것인가 등을 정하는 의사결정은 대단히 중요한 문제다. 세계의 힘, 즉 세계의 정치적·경제적 파워의

• 상설사무국 설치의 가장 적합한 곳은 대한민국이라고 생각한다. 대한민국은 1960년대 초 세계최빈국의 하나로 출발하여 중진국을 지나 이제 2000년대 초 선진국 진입을 눈앞에 두고 있는 나라다. 따라서 후진국과 선진국의 문제와 고민을 가장 잘 이해하는 나라다. 또한 서양의 종교와 동양의 종교가 가장 조화롭게 공존 발전하고 있는 대단히 보기 드문 나라다. 따라서 대한민국이 후진국과 선진국 그리고 동양과 서양을 아우르면서 새로운 세계통치구조와 질서를 만드는 데 큰 기여를 할 수 있다고 본다. 대한민국의 이러한 상징성이 G-20의 발전에 큰 자본이 될 것으로 생각한다.

구조변화를 반영하여, 주기적으로 G-20의 성과를 평가하고 재구성해야 할 것이다. 그래야 이 제도의 대표성에서도 유효성에서도 그 정당성을 지속적으로 유지하여 나갈 수 있을 것이다.

IMF의 개혁방향

그동안 IMF International Monetary Fund에 대한 비판은 많았다. 예컨대 (1) 개도국에 무조건 자본시장의 자유화를 강제한 것은 큰 잘못이었다는 것이다. 여타 제도적 준비나 금융전문가 등 인적 자원의 부족 문제를 전혀 감안하지 않고 무조건 자본시장의 자유화와 개방화를 추진했기 때문에 많은 개도국이 세계금융위기에 대단히 취약하게 되었다는 것이다.

(2) IMF에 구제금융을 요구한 나라들에게 과도하게 긴축정책 harsh austerity policy을 강요하여 필요이상으로 경제를 위축시켰다는 비판이다. 그리고 단순한 일시적 유동성 부족 temporary illiquidity problem으로 어려움에 처한 나라를 큰 구조적 문제 deep structural problem가 있는 것처럼 취급하여 오히려 금융 상황을 더 어렵게 만들었다는 비판도 있다.

(3) 동시에 선진국 자본가들의 신중하지 못한 개도국 투자 高수익 高위험 투자로 인해 발생한 개도국의 채무를 IMF가 변제해 줌으로써, 사실상 선진국의 자본가들의 신중하지 못한 투자를 조장해 온 측면이 있다는 비판이다. 다시 말해 고위험 투자로 인해 발생한 채무변제 불능사태를 IMF가 구제금융을 통하여 해결해 줌으로써 오히려 선진국 자본가들로 하여금, 보다 고수익만을 생각한 고위험의 투자를, 즉 신중하지 못한 투자 imprudent investment를 함부로 하도록 조장했다는 비판이다.

(4) 뿐만 아니라 IMF 본래의 사명은 한 나라의 단기유동성 부족의 문제해결에 도움을 주는 제도인데 구제금융의 조건conditionality 등을 통하여 그 나라의 국내제도와 정책에 대한 불필요한 개입과 지도가 많았다는 비판이다. 예컨대 노동시장의 개혁에 대한 요구 혹은 기업의 지배구조 개혁에 대한 요구 등, 자신들의 전문분야금융가 아닌 분야에 대해 정책적 내정간섭이 과다했다는 것이다.

사실 이와 관련하여 한 가지 지적해 둘 사항이 있다. IMF가 본래의 제도적 취지상 정책적으로 세계금융 및 자본시장의 발전과 안정성을 대단히 중시하는 것은 이해할 수 있다. 그러나 세계경제에는 금융시장만 존재하는 것이 아니라 실물시장도 존재한다. 생산과 고용을 결정하는 생산물시장과 노동시장 등이 존재한다. 따라서 IMF가 일국의 경제정책에 과도하게 영향을 주면 자연히 생산, 고용 등의 실물경제의 측면은 경시되고, 오직 금융과 자본의 측면만이 중시되는 편향적 결과를 낳게 된다. 따라서 금융과 자본 시장정책을 제외한 일국 내 경제정책에 대해서는, 고용·생산·빈곤·환경 등 실물경제의 문제에 보다 많은 관심과 전문성을 가지고 있는 World Bank에 맡기는 것이 옳았다고 본다.

(5) 좀 더 근본적인 문제는 IMF 지배구조의 문제에 대한 비판이다. 한마디로 IMF의 의사결정과정에 선진국이 과다하게 대표되고 있고, 개도국의 의견제시는 사실상 극히 제한적이라는 사실이다. 1946년 IMF가 설립될 때 미국과 영국의 쿼터, 다시 말해 결정권은 사실상 50%에 육박했다. 그 이후 변동이 있었지만 지금도 미국의 쿼터는 17.09%이고 유럽연합의 여러 나라 중 주요국 11개국 쿼터의 합은 32.13%이다. 미국과 유럽 11개국을 합치면 전체 쿼터에서 무려 49.22%를 차지한다. 중국은 3.72%로 프랑스나 독일, 영국보다 물론 작다. 한국은 1.35%로 벨

기에·스위스·오스트리아 등과 같은 소국보다도 작다. 나머지 크고 작은 165개국들이 29.14%를 구성하고 있다. 이렇게 IMF 쿼터와 의사결정권이 선진국에 일방적으로 편중된 것이 큰 문제다. 사실은 개도국이 IMF의 결정에 많은 영향을 받고 있는데도 자신들의 목소리를 낼 수 없다는 것은 세계통치구조의 하나인 IMF의 큰 한계라고 할 수 있다. 환언하면 이는 IMF의 대표성에 문제가 있음을 의미한다.

이상의 문제점을 가진 IMF를 어떻게 할 것인가? 크게 보면 세 가지 안이 논의되어 왔다.

첫째는 차라리 IMF를 없애라는 주장이다. 특히 IMF의 개도국채무변제가 선진국 투자자들의 신중하지 못한 고위험투자를 부추겨 왔기 때문에 IMF를 없애면 그러한 도덕적 해이는 더 이상 발생하지 않을 것이라는 것이다. 투자가들이 고위험의 부담을 스스로 지게 되기 때문에 보다 신중하게 될 것이라는 주장이다. 미국의 시카고 대학의 시장주의자들이 주장하는 견해다.

둘째는 IMF를 대신하는 보다 좋은 제도를 고안하라는 주장이다. 구체적으로는 세 가지 안이 나오고 있다.

(1) 세계중앙은행world central bank안이다. 현재의 IMF는 세계중앙은행이 아니기 때문에 여러 제약이 있다는 주장이다. IMF를 대신하여 세계중앙은행을 만들어 개별국가의 금융기관이 부실하게 되면 세계중앙은행이 직접 인수하여 구조조정을 하고, 필요한 경우 개별국가 정부의 국공채를 직접 사들여서 개별국가 내부의 유동성공급을 직접 할 수 있어야 한다는 것이다. 예일대학의 제프리 가튼Jeffry Garten 등의 주장이다.*

* Jeffrey Garten, "Needed: A Fed for the World," *New York Times*, September 23,

(2) 세계금융감독기구World Financial Authority안이다. IMF보다는 전 세계에 있는 모든 금융기관에 대해 규제와 감독을 철저히 할 수 있는 세계금융감독기구를 설치하자는 주장이다. 그러면 금융의 부실화를 사전에 막을 수 있어 금융위기가 보다 큰 경제위기 — 통화위기 — 로 전위되는 것을 막을 수 있다는 주장이다. 영국의 이트웰John Eatwell, 테일러Lance Taylor 등의 주장이다.*

(3) 다음은 지역금융기금regional monetary fund을 설치하자는 주장이다. 예컨대 아시아에 AMFAsia Monetary Fund를 설치하자는 것이다. 그러면 아시아지역에서 금융위기의 발생을 미리 체크하는 것이 보다 용이할 뿐 아니라 발생한 이후 대처나 자원조달 면에서도 더욱 효과적일 수 있다는 주장이다. 동시에 지역금융기금이 설치되면 IMF와는 보이지 않는 경쟁관계가 성립되기 때문에 누가 일을 잘하는가를 비교할 수도 있고 각 기관이 보다 잘하도록 유도할 수도 있다는 것이다. 콜롬비아 대학의 스티글리츠Joseph Stiglitz나 버클리 대학의 아이헨그린Barry Eichengreen 등의 주장이다.**

셋째는 IMF 자체를 개혁하라는 주장이다. 여러 주장들이 있으나 이를 간단히 요약하면 다음과 같다. (1) 현재의 지도부를 교체해야 한다. 현재는 자기개선도 하기 어려울 정도로 너무 현실 안주적이고 관료적이기

1998.

* John Eatwell and Lance Taylor, "A World Financial Authority," *Journal of Commerce*, November 3, 1998. 상세하고 본격적인 논의는 Kern Alexander, Rahul Dhumale, John Eatwell, *Global Governance of Financial System*, Oxford University, 2006을 참조.

** 두 사람은 세계금융이 통치구조개혁 문제의 하나로 지역금융기금의 설치를 지지한다. 아시아금융위기 이후에 아시아통화기금(AMF) 문제를 적극적으로 주장한 글은 Robert Wade and Frank Veneroso, "The Resources Lie Within," *Economist*, November 7. 1998.

때문이다. (2) 의사결정에 보다 많은 나라들이 공평하게 참여해야 하고 그 의사결정과 집행과정 모두가 투명하게 공개되어야 한다. 일부 선진국에 과도하게 의사결정권이 집중되어 있으며 의사결정과정에 비밀이 너무 많기 때문이다. (3) 정책의 우선순위에서 장기발전 잠재력의 제고와 동시에 분배문제 등 사회정의의 문제에 보다 많은 관심을 보여야 한다. 지금은 발전보다는 안정 그리고 형평보다는 효율에 너무 치중하고 있다. (4) 구제금융을 주는 경우에 따르는 부대조건conditionalities에 개별국가의 내부 사정을 보다 많이 고려해야 한다. 일방적이고 일률적인 정책 권고는 개별국가에 득이 되지 못하고 해가 되는 경우가 많았기 때문이다. (5) 금융부실 내지 위기가 발생하였을 경우, 보다 많은 부담을 채권자인 투자자들에게 부담시켜야 한다. 지금까지 IMF의 정책은 채권자선진국 투자자에 대한 과도한 보호와 채무자개도국 기업에 대한 과도한 부담이 일반적이었기 때문이다.•

세계시민사회Transnational Civil Society의 구축

세계화와 정보화는 개별국가 내부의 시민사회가 국경을 넘어 이웃나라의 시민사회와 연대하는 가능성을 열어주고 있다. 그 결과 세계시민사회가 등장하고 있다. 또한 이것이 지구촌 공동의 문제 해결에 기여할 수 있는 새로운 형태의 세계통치구조의 하나로 발전하고 있다. 물론 아직은 가능성을 실험하는 초기단계이고 완전히 현실화된 것은 아니다. 그러나

• IMF의 개혁방향에 대한 이론적 논의의 정리는 Robert A. Blecker, *Taming Global Finance*, Economic Policy Institute 1999를 참조.

앞으로는 국경을 넘는 시민사회의 연대를 통하여 지구촌의 문제를 직접 다루려는 움직임이 더 급증할 것이다. 이렇게 등장하는 세계시민사회는 대체로 두 가지 방식을 통하여 지구촌 문제의 해결에 기여하리라 본다.

첫째는 지구촌 문제의 투명성을 제고하는 방식Transparency-based system of governance이다. 즉 지구촌이 당면한 문제를 공개적으로 알림으로써 그 문제의 해결에 기업들이 보다 적극적으로 나서도록 정부가 유도하는 방식이다. 예컨대 1980년대 중반에 미 의회는 모든 공장들로 하여금 일정한 화학물질을 배출하는 경우 그 배출량을 미 환경청에 보고만 하라는 법률을 통과시킨 적이 있다. 특별한 제재나 벌금이 따른 것도 아니다. 단순한 정보공개다. 그런데도 10년 안에 그 화학물질의 배출량이 1/2로 줄었다고 한다. 모든 공장들이 자신의 공장이 배출공장 리스트의 최고에 위치하는 것을 꺼렸기 때문이라는 것이다. 따라서 세계시민사회가 이와 유사한 방식으로 지구촌의 문제와 그 문제발생에 기여하는 주요국가나 주요기업의 명단만 객관적으로 조사해 발표하더라도, 그 문제의 발생을 줄이려는 노력이 자발적으로 나타날 수 있다고 본다. 이것이 투명성 제고를 통한 접근방식이다.

둘째는 지구촌 문제에 대한 조사감시를 강화하는 방식Monitoring-based system of governance이다. 즉 지구촌의 문제, 예컨대 환경문제, 빈곤문제, 인권문제 등의 정도심각도가 매년 어떻게 변화하고 있는지를 파악하고 그리고 그 변화를 위하여 각국이 어떠한 노력을 하는지, 그동안 어느 정도의 성과가 있었는지 등을 조사하고 감시하는 활동을 의미한다. 이를 통하여 각국이 보다 성의를 가지고, 보다 효과적인 방식을 선택하여, 지구촌 문제의 해결에 보다 많이 기여하도록 유도하려는 것이다. 우선 각종 지구촌 문제의 심각도의 변화를 전 지구인에게 정확하게 알리는 것, 그것만으로도 지구인 전체의 경각심을 높이는 데 크게 기여할 것이다. 그리고 더 나아가 문제해결을 위한 각국의 노력의 정도와 그 성과를 정기적으로 조사하여 전 지구인에게 제대로 알리기만 해도 이들 나라의 정부와 국민들에게는 큰 압력이 될 것이다. 2003년부터 World Economic Forum이 바로 이 조사감시를 시작하고 있고 보고서가 매년 나오고 있는데* 그 영향력이 증대하고 있다.

이러한 방식으로 다양한 세계시민사회조직이 등장해 지구촌의 공동과제에 대하여 투명성을 높이고 조사감시를 강화하는 노력은 대단히 바람직한 일이다.** 문제는 이러한 일을 추진하는 시민사회의 주체가 지구촌 전체의 이해관계, 세계인의 이익을 위해서만 노력해야 한다는 데 있다. 특정한 국가의 이해나 특정한 이익집단의 이해가 개입된다면 세계시민사회활동은 그 가치와 의미, 영향력을 잃게 된다.*** 따라서 이들 세계시민사회에게는 자신의 도덕성과 올바른 정체성을 유지하는 데 많은 노력을 해야 할 것이다. 앞으로 세계 민주화가 진전되면서 세계시민사회의 성숙과 더불어 이들의 활동과 기여가 크게 기대된다고 본다.

* 구체적인 예로 World Economic Forum, *Global Governance Initiative*; Executive Summary 2004를 참조.

** 다양한 형태의 시민운동조직이 나와서 다양한 이슈를 가지고 소위 bottom-up approach를 통하여 지구촌의 문제 해결에 기여하려고 하고 있다. 이러한 활동들의 간단한 조감을 위해선 Don Eberly, *The Rise of Global Civil Society: Building Communities and Nations from the Bottom Up*, Encounter Books, 2008.

*** 어떻게 하여 시민사회가 올바로 정체성 ─ 이익이 아니라 가치지향성 ─ 을 유지하도록 할 것인가가 중요한 과제가 될 수 있다. 결국 답은 자율규제에 기대할 수밖에 없을 것이다. 타율규제는 사실상 시민운동의 자발성을 크게 훼손할 가능성이 있기 때문이다.

제6장

세계화와 경제 · 금융정책

세계화와 자유무역

세계화의 이익이 있다면 가장 큰 이익은 무엇일까? 세계화가 국부國富 증대와 경제발전의 큰 기회일 수 있다는 주장은 어떠한 이론적 근거에서 나오는가? 한마디로 그것은 '자유무역의 이익'에서 나온다. 따라서 자유무역의 이익을 올바로 이해해야 비로소 세계화의 이익에 대해 올바른 이해가 된다. 세계화의 이익에 대한 올바른 이해를 위하여 다음의 몇 가지 문제를 검토해 보자.

(1) 국가나 기업은 왜 무역을 하는가? 무역이 이익이 되기 때문에 한다면 도대체 자유무역의 이익이란 어떠한 것인가? (2) 무역은 생산만 증대시키는가? 소득분배도 개선하는가? 아니면 소득분배를 오히려 악화시키는가? (3) 자유무역의 비용 내지 손해는 없는가? (4) 무역의 이익을 극대화하기 위하여 과연 산업정책industrial policy은 필요한 것인가? 아닌가? 21세기에도 산업정책은 필요한가? 필요하다면 어떠한 산업정책이 필요한가? (5) 앞으로의 바람직한 무역정책의 방향은 무엇인가? 그리고 바람직한 산업정책의 방향은 무엇인가? 이상의 문제들을 하나씩 살펴보도록 하겠다.

자유무역의 이익[*]

우선 국가나 기업은 왜 무역을 하는가? 한마디로 무역의 이익gains from trade이 있기 때문이다. 그렇다면 무역의 이익은 어디에서 오는가? 두 가지 계기에서 온다. 첫째의 계기는 나라들과 기업들이 서로 다르기 때문에 무역의 이익이 발생한다. 모든 나라와 기업이 서로 완전히 같다면 만들어 내는 생산물도 같을 것이기 때문에 서로 교환한다는 것, 즉 무역을 한다는 것이 특별한 의미도 없고 특별한 이익도 되지 않을 것이다. 따라서 나라와 기업들이 서로 다르기 때문에 무역의 이익이 발생하고 그래서 무역을 하게 된다고 볼 수 있다. 둘째의 계기는 무역을 통하여 서로의 시장이 넓어지기 때문에, 즉 상대방의 시장도 나의 잠재적 시장이 되기 때문에, 넓어진 시장을 이용하기 위하여 무역을 하게 된다. 한마디로 시장 확대의 이익이 있기 때문이다. 이상을 요약하면 무역은 무역의 이익이 있기 때문에 하게 되는데 무역의 이익은 첫째로 국가나 기업이 서로 다르기 때문에 발생하고 둘째로는 확대된 시장을 활용할 수 있기 때문에 발생한다.

그러면 국가나 기업이 서로 다르기 때문에 무역의 이익이 발생한다는 주장부터 살펴보자. 무엇이 다르다는 것인가? 두 가지를 생각할 수 있다. 하나는 두 나라의 노동생산성labor productivity이 서로 다를 수 있다. 예컨

[*] 대부분의 국제무역이론 교과서에는 이러한 내용들 — 무역의 이익, 무역의 소득분배효과 등 — 이 잘 정리되어 있다. 예컨대 Paul R. Krugman and Maurice Obsfeld, *International Economics: Theory and Policy*, Addison-Wesley, 2008 등을 참조하라. 그런데 우리사회에는 이론을 중요시하지 않는 경향이 있다. 현실이 이론과 다르게 나타나면 그 차이가 나타나는 이유가 어디 있는지도 '이론적으로' 잘 생각해 보고 따져봐야 한다. 그런데 이론은 본래 현실에 맞지 않는다고 — 이론은 이론이고 현실은 현실이라고 — 쉽게 이론을 버리고 시중에 돌아다니는 속설을 따르는 경향이 있다. 잘못이다. 기본적인 기초이론을 항상 소중히 해야 한다.

대 한 나라는 기계제품을 잘 만드는데 — 좋은 물건을 싸게 만들 수 있는데 — 다른 나라는 섬유제품을 잘 만들 수 있다. 둘째는 두 나라 생산요소의 부존량factor endowment이 서로 다를 수 있다. 즉 노동력이 많은 나라가 있을 수 있고 자본 혹은 토지가 많은 나라가 있을 수 있다.

이상의 두 가지 차이, 즉 '노동생산성의 차이'와 '생산요소 부존량의 차이'가 두 나라의 소위 비교우위comparative advantage의 차이를 만들어 내게 된다. 비교우위란 쉽게 표현하면 서로 잘하는 분야가, 즉 잘하는 산업 혹은 업종이 각 나라마다 다르다는 것이다. 이처럼 서로 잘하는 분야가 달라지는 첫째 이유는 나라 사이의 노동생산성의 차이이고, 둘째 이유는 나라 사이의 생산요소 부존량의 차이 때문이라는 것이다. 이 두 가지가 서로 잘하는 분야의 상이相異를 결정하게 된다는 것이다.

잘하는 분야가 서로 다르기 때문에 서로 잘하는 분야에 보다 많은 자원을, 즉 보다 많은 생산요소를 투입하여 생산하게 되면 모든 나라가 과거보다 많은 생산물을 만들어 낼 수 있게 된다. 그래서 두 나라의 총생산은 증가하고 이것을 서로 교환하면, 무역을 하기 전보다, 서로가 보다 많은 생산물을 소비할 수 있게 된다는 것이다. 이것이 바로 무역의 이익이다.

어떻게 이것이 가능한가? 한마디로 자신들이 가지고 있는 생산요소를 보다 효율적으로 — 보다 생산적으로 — 사용하게 되기 때문이다. 즉 다른 나라와 비교하여 상대적으로 생산성이 높은 분야, 다른 나라보다 잘하는 분야에 보다 많은 생산요소 — 자본과 노동 — 를 투입해 그 분야의 생산을 증가시켜 그것을 다른 나라에 수출하고 반면에 자신들이 잘 못하는 분야 — 생산성이 낮은 부분 — 의 생산을 줄이고 그 분야의 물건은 수입을 하게 된다. 마찬가지로 상대국에서도 자기들이 상대적으로 잘하는 분야의 물건은 수출하고 상대적으로 못하는 분야의 물건을 수입하게 된다. 이렇게 되면 전체적으로 각각의 나라는 보다 많은 생산물을 소비할 수 있게 된다. 환언하면 더 부유하게 되기 때문이다. 왜냐하면 각각의 나라에서 잘하는 부분의 생산은 늘고 못하는 부분의 생산은 줄지만, 전자가 후자보다 항상 클 수밖에 없기 때문에 — 전자는 생산성이 높은 분야이고 후자는 낮은 분야이기 때문에 — 전체적으론 생산이 늘게 된다. 그 증가된 생산물을 수출하고 그것으로 자신들이 상대적으로 못하는 분야의 물건, 그러나 상대 국가는 더 잘하는 분야 — 더 생산성이 높은 분야 — 의 물건을 사오면 결과적으로 모든 나라가 과거보다 많은 소비를 할 수 있게 된다는 것이다.

예컨대 무역이 없다면 어느 나라나 옷과 식량을 다 생산해야 할 것이다. 그러나 자유무역이 시작되면 모든 나라가 다 옷과 식량을 생산할 필요가 없다. 옷을 잘 만드는 나라는 집중적으로 자본과 노동 등 모든 생산요소를 옷 생산에 투입하면 된다. 반면 식량을 잘 생산하는 나라는 식량생산에 모든 역량을 집중하게 되면 전체적으로 옷과 식량의 생산이 모두 늘게 된다. 그래서 이 증가된 생산물을 서로 교환하면 무역이전과 비교해 보다 많은 양의 옷과 식량을 소비할 수 있게 된다. 이것이 소위 '비교우위에 기초한 무역이익의 이론'이다. 자기가 상대적으로 잘하는 일을 보다 많이 하면 그만큼 전체의 생산을, 그리고 그 결과로 전체의 소비를 증가시킬 수 있다는 것이고 따라서 모두에게 이롭다는 것이다.

무역의 이익이 발생하는 두 번째 계기는 무역을 통해 시장이 넓어져서 생기는 이익이다. 즉 시장이 커지면 분업division of labor의 전문화와 세분화가 가능하게 되기 때문에 이로 인하여 발생하는 이익이다. 주지하듯이 노동생산성의 증가는 분업에서 온다. 분업과 노동생산성의 관계는 이미 아담 스미스Adam Smith의 『국부론』에서 잘 설명되어 있다. 아담 스미스는 핀pin을 만드는 데 10명이 하루에 4만 8천 개의 핀을 만드는 공장을 예를 들고 있다. 그들은 핀을 만드는 공정을 18개의 공정으로 나누어 한 사람이 한두 공정을 나누어 분업을 하기 때문에 하루에 한 사람이 4,800개의 핀을 만들 수 있다는 것이다. 그러나 전 18개의 공정을 한 사람이 혼자서 한다면 분명히 하루에 20개도 만들 수 없었을지 모른다는 것이다.• 그 이유는 생산공정을 보다 세분화하고 전문화하면 노동자들의 기능과 숙련도가 높아져서 전체의 생산성을 크게 증가시킬 수 있기 때문이라는 것이다. 이것이 소위 '분업의 이익'이고 '전문화의 이익'이다.

그런데 중요한 것은 분업의 정도 혹은 세분화의 정도가 '시장의 크기'에 의하여 결정된다는 사실이다. 시장의 규모가 커야 다시 말해 수요가 많아야 생산과정의 분업을 보다 세분화하고 전문화할 수 있다. 앞의 예에서 만일 그 나라 시장의 규모가 작다면 문제가 달라진다. 시장수요가 100개 정도라면 5명만 고용하는 공장을 가지고도 충분히 시장수요를 충족시킬 수 있기 때문에, 더 이상의 분업 내지 전문화가 일어날 수 없다. 그러나 만일 외국과의 무역이 시작돼 시장의 규모가 커진다면, 즉 시장수요가 1000개 정도로 확대된다면 10인을 고용하는 기업이 등장하게 될 것이다. 그러면 노동자는 2배 늘지만 생산성은 수 배 아니면 수십 배 오르게 된다. 무역으로 인해 시장이 커져서 분업이 보다 세분화되고 전문화될 수 있었기 때문이다.

요약하면 노동생산성은 분업에서 오고 분업의 정도 내지 세분화의 정도는 시장의 크기에 의하여 결정된다. 따라서 자유무역을 통하여 자국의

• 김수행 역, 아담 스미스, 『국부론(상)』, 비봉출판사, 2003, pp.8-9.

시장뿐 아니라 타국의 시장까지 문이 열리게 되면 생산자 입장에서는 노동을 보다 세분화하고 전문화한 분업이 가능하기 때문에 노동생산성을 획기적으로 높일 수 있게 된다. 결국 노동의 분업을 보다 세분화하여 더욱 많은 전문노동력을 고용하는 대규모 공장을 지어 노동생산성을 크게 높일 수 있게 된다는 것이다. 그래서 이렇게 하여 얻을 수 있는 노동생산성의 증가를 우리는 '규모의 이익economy of scale'이라고 부른다.

이상과 같이 자유무역의 이익은 노동생산성 증가에서 온다. 이러한 노동생산성의 증가는 첫째로 자신이 상대적으로 잘하는 분야, 즉 비교우위분야에 자원과 노력을 집중함으로써 노동생산성을 높일 수 있다. 둘째로 자유무역으로 시장이 확대됨으로 분업을 보다 세분화하고 전문화할 수 있어 즉 규모의 이익을 얻을 수 있어 노동생산성을 높일 수 있다.

그런데 경제성장이란 무엇인가? 한마디로 노동생산이 높아지는 것을 의미한다. 같은 노동자들이 과거보다 보다 좋고 보다 많은 재화를 생산할 수 있게 되는 것을 경제성장이라고 한다. 따라서 자유무역은 경제성장의 동력이고 혹은 견인차engine of growth라고 부를 수 있다.

따라서 '세계화의 이익'은 경제적 측면에서는 한마디로 '자유무역의 이익'이라고 볼 수 있다. 이미 앞에서 보았듯이 인류는 지난 200년간 엄청난 부의 증대를 이루어 냈다. 1750년대 일인당 국민소득 180달러 하던 인류의 부가 2000년 현재 일인당 6,600달러를 기록하고 있다. 이렇게 급상승이 가능했던 주된 이유는 두 가지다. 하나는 과학기술의 발전이고, 다른 하나는 시장의 확대, 구체적으로는 자유무역의 확대 때문이다. 처음에는 경제적 생산, 교환과 소비가 동네의 작은 시장에서 시작되었다. 그러던 것이 점차 교환의 크기, 즉 시장의 크기가 확대되어 지역시장으로 커졌고, 그 다음에는 국내시장으로, 그리고 더 나아가 세계시장으로 확대되어 왔다. 이렇게 시장이 끊임없이 확대되어 오면서, 시장 수요가 지속적으로 커져, 분업의 세분화와 전문화가 끊임없이 진행되어 왔고 그 결과로 공장규모가 지속적으로 커져왔다.

동시에 비교우위에 기초하여 자신들이 잘할 수 있는 분야 — 상대적으로 생산성이 높은 분야 — 로 부존자원과 노력의 집중이 더욱 가속화되었다. 이러한 노력들이 모두 노동생산성을 획기적으로 높여 그 결과로 일인당 소득을 250년 사이에 180달러에서 6,600달러로 올릴 수 있었던 것이다.

따라서 자유무역의 이익은 아무리 강조해도 지나치지 않는다. 따라서 세계화시대 국가발전전략의 기본을 자유무역에 두는 것은 당연한 일이다. 특히 우리나라와 같이 자원이 부족하고 시장이 작은 나라의 경우에는 더욱 해외 진출이 중요하다. 따라서 세계가 자유무역체제를 유지하고 확대하는 방향으로 나가는 것은 우리의 국가이익에도 일치하는 지극히 합당한 방향이다.

무역의 소득분배효과

앞에서 보았듯이 자유무역은 생산증대, 경제성장에 크게 기여한다. 그러면 자유무역은 과연 소득분배에는 어떠한 효과를 주는가에 대해 생각해 보자. 소득분배에도 두 가지가 있다. 하나는 국가 내부의 소득분배 within-country inequality이고 다른 하나는 국가 간 소득분배between-countries inequality이다. 자유무역은 국가 내부의 소득분배, 예컨대 자유무역을 하는 한 나라 내부의 노동자와 기업가 간의 소득분배에 어떠한 영향을 미치는가? 노동자와 기업가의 소득분배를 악화시키는가 개선하는가? 또한 자유무역은 국가 간 소득분배, 예컨대 선진국과 후진국이 무역을 하면 이 두 나라 사이의 소득분배에 어떠한 영향을 미치는가? 두 나라 간의 소득의 차이를 줄이는가 아니면 확대시키는가? 일반적인 속설로는 자유무역을 하면 국가 내부의 소득분배도 악화되기 쉽고, 국가 간 소득격차도 늘어나기 쉽다는 주장이 있다. 또한 자유무역을 하면 기업가에게는 유리하지만 노동자에겐 불리하고, 자유무역을 하면 선진국에는 유리하지만 후진국에는 불리하다는 주장도 시중에는 많다.

흔히 자유무역을 하면 기업가는 돈을 벌지만, 노동자들은 그렇지 않다는 주장이 있다. 가능한 물건을 싸게 만들어야 수출이 잘 되므로 노동자에 대해서는 저임금의 강요, 즉 노동착취가 불가피해지고, 그래서 노동자들에게는 불리하고 결과적으로 국내에서 기업인과 노동자 간의 소득분배는 나빠진다는 주장이다. 언뜻 보면 그럴듯하게 들리지만 크게 틀린 주장이다. 우선 두 가지가 틀렸다. 첫째는 노동자들의 임금은 무조건 한없이 낮출 수 있는 것이 아니다. 그리고 노동자들의 임금을 무조건 낮추는 것이 기업에 무조건 좋은 것만이 아니다. 둘째, 무조건 저임금에 의지하여 싼 물건만을 만들어야 수출이 잘되는 것도 아니다.

노동자의 임금은 기업의 수요가격과 노동자의 공급가격이 서로 맞아야 성립한다. 그리고 임금은 장기적으로는 노동자의 노동생산성 수준에 의하여 결정된다. 경제발전의 초기단계라 해도 노예노동이 아닌 한 임금을 무조건 낮출 수는 없다. 적어도 어느 정도의 생활이 되고 다른 직장에서 ― 예컨대 농업부분에서 ― 받을 수 있는 임금수준은 주어야 하는 것이다. 무조건 한없이 임금을 낮추려고만 하면 필요한 노동자를 구할 수 없게 된다. 또한 무조건 임금을 낮추면 노동생산성이 높은 노동자들이 떠나게 되어 양질의 노동자를 구할 수 없게 된다. 오히려 임금을 다른 직장에서 받을 수 있는 수준인 시장가격보다 조금 높게 주면서 노동자의 기업에 대한 충성심의 제고, 좋은 노사관계의 유지, 이직률離職率이나 근태율勤怠率의 하락 등을 도모하는 것이 기업에 더 유리하다고 생각하는 기업들도 많다. 그래서 고임금정책을 채택하는 기업도 많다. 유리하기 때문이다. 이것을 고임금의 경제학economy of high wage이라고 한다. 특히 대기업이나 외국인 투자기업들이 이러한 정책을 취하는 경우가 많다.

또한 무조건 싼 임금에 의지하여 싼 물건을 만들어야 수출이 잘되는 것도 아니다. 세계시장에서는 단순히 싼 물건보다는 양질의 물건을 원하는 경우가 지배적이다. 그런데 양질의 물건은 노동생산성이 높은 노동자들이 만드는 물건이지 노동생산성이 낮은 저임금의 노동자들이 만들 수 있는 물건이 아니다. 그래서 경제성장 초기에는 싼 물건을 만들어 수출하다가 결국은 경제발전의 단계가 올라갈수록 점차 양질의 물건을 만들어 수출하게 된다. 즉 경제성장이란 싼 물건을 팔고 사는 저가低價무역에서 비싼 물건을 팔고 사는 고가高價무역으로 이동함을 의미한다. 이것은 곧 노동생산성이 높은 노동자들, 환언하면 고임금의 노동자들이 많아짐을 뜻한다. 결국 사회 전체의 노동생산성이 올라가고 노동자일반의 임금도 함께 올라가는 것을 의미한다. 따라서 자유무역은 무조건 국내소득분배를 악화시키거나 노동자들을 더욱 어렵게 만든다는 속설은 잘못된 견해다.•

다음으로 자유무역을 하면 선진국에는 유리하고 후진국에는 불리하다

• 1960년대와 70년대 우리나라의 경험을 보면 수출의 급격한 확대와 높은 성장률이 국내소득분배의 개선과 함께했음을 알 수 있다. 수출의 확대가 분배의 악화가 아니라 분배의 개선을 가져왔다.

는 주장에 대해 살펴보자. 이 또한 크게 잘못된 견해다. 결론부터 이야기하면 자유무역은 국내 소득격차뿐 아니라 국가 간 소득격차도 줄인다. 이것이 경제이론이 예측하는 입장이고 인류의 역사적 경험이 뒷받침하는 사실이다. 물론 여러 다른 이유 때문에 단기적으로 또한 일시적으로 분배가 악화되는 경우도 있다. 그러나 대세는 자유무역은 국가 간 소득격차의 축소를 가져온다.

자유무역이 소득분배기업가와 노동자 그리고 선진국과 후진국 간의 격차에 주는 효과를 생각해 보자. 자유무역을 하게 되면 노동력이 많은 후진국의 경우에는 노동력을 많이 쓰는 산업예컨대 의류산업이 선진국에 비해 상대적으로 유리한 산업이기 때문에 그 분야에 고용이 늘고 생산이 증가한다.* 그래서 의류를 많이 만들어 선진국에 수출한다. 그렇게 되면 노동자들의 소득이 빠르게 증가한다. 반면에 자본을 많이 쓰는 산업예컨대 기계산업은 상대적으로 위축된다. 수출산업이 아니고 수입산업이 되기 때문에 외국 상품과 경쟁하기 때문이다. 그래서 자본소유자의 소득은 더디게 증가한다. 결국 후진국 내부의 소득격차, 즉 노동자와 자본소유자 간의 소득격차는 줄어들게 된다.

그러면 후진국과 선진국 간의 소득격차는 어떻게 될까? 주지하듯이 선진국의 경우는 노동이 부족하고 자본이 풍부하다. 그래서 노동을 많이 쓰는 산업이 후진국보다 상대적으로 불리한 산업이기 때문에 자유무역을 하게 되면 그 분야의 고용과 생산이 줄어들게 된다. 후진국에서 싼 의류를 많이 수입하기 때문이다. 그렇게 되면 선진국 노동자들의 소득은

* 소위 헥셔 오린(Heckscher-Ohlin)의 비교우위이론이 이것이다. 그 나라에 상대적으로 풍부한 생산요소를 가장 많이 — 집약적으로 — 사용하는 산업에 비교우위 — 상대적 높은 생산성이 — 가 있다는 것이다. 그래서 그러한 산업을 수출산업으로 해야 한다는 것이다.

상대적으로 덜 증가한다. 앞에서 보았듯이 후진국의 노동자 소득은 빠르게 증가하는 데 반하여 선진국 노동자의 소득은 덜 증가하게 되면 결과적으로 두 나라 노동자들의 소득격차는 줄어드는 셈이 된다. 이와 같이 이론적으로 검토해 볼 때 자유무역은 국내소득은 물론이고 국가 간 소득도 축소시키는 방향으로 작용한다.

그리고 실증적으로도 인류 여러 나라의 경제발전사를 보면 무역의 확대, 그리고 그로 인한 경제성장이 장기적으로 국내 격차와 국가 간 격차를 모두 축소시키는 효과가 크다는 사실이 드러나고 있다. 1960년대 이후 대한민국산업화의 역사가 바로 이를 증명하고 있다. 지난 산업화의 역사를 보면 자유무역을 통한 고도성장은 우리나라와 선진국 간의 소득 차이를 많이 줄여주었다. 1960년 초 대한민국의 일인당 국민소득은 85달러 정도였고 당시 미국의 일인당 국민소득은 8,500달러로 우리의 100배였다. 그러나 지금은 우리가 2만 달러 수준이 되어 미국의 절반 수준에 달하고 있다. 60년대 초 아시아에서 최빈국의 하나였던 대한민국이 오늘날 세계 경제규모 12위가 되어 있다는 사실 자체가 자유무역이 국가 간 소득의 차이, 즉 선진국과 후진국의 소득 차이를 크게 감소시킨다는 사실을 증명하고 있다.

또한 1960년 이후 우리나라 소득격차의 변화를 보면 장기적으로는 소득분배가 꾸준히 개선되어 온 것으로 나타난다. 최근에 오면서 특히 2000년대 들어와 분배악화의 모습을 보이지만 이것은 뒤에서 재론하겠지만 자유무역 때문이 아니라 다른 정책적 이유 때문이다. 세계화와 소득분배의 문제는 대단히 중요한 문제이기 때문에 뒤에서 별도의 장을 마련하여 보다 본격적 분석과 논의를 하도록 한다. 여기서는 자유무역이 결코 분배악화의 길이 아니라 오히려 분배개선의 길이라는 사실만을 강조하기로 한다.

그러면 자유무역이 성장의 원동력이고 분배개선의 길이라면 자유무역에는 이익만 있고 비용이나 손해는 전혀 없다는 주장인가? 물론 아니다. 자유무역도 단기적으론 큰 비용부담을 가져올 수 있다. 소위 구조조정 structural adjustment의 비용이 그것이다. 자유무역으로 인하여 자신들이 상대적으로 잘하는—비교우위가 있는—산업이나 업종에 생산요소를 집중시켜 수출산업을 육성하려면, 자연히 비교우위가 없는 비수출산업에서 자본과 노동이 비교우위가 있는 수출산업 쪽으로 이동시켜야 한다. 이것은 노동자들에게는 지금까지 일하던 직장을 떠나 다른 직장으로 옮겨야 함을 의미하고, 기업인들에게는 지금까지 해오던 사업을 접고 다른 사업을 개시해야 함을 의미한다. 이것이 소위 구조조정이다. 이 구조조정을 통하여 노동자들은 저임금, 저생산성의 비수출산업을 떠나 고임금, 고생산성의 수출산업 쪽으로 이동하게 된다. 그 결과 장기적으로는 노동생산성도 오르고 소득도 오르기 때문에 노동자들에게 유리한 것은 사실이다.

그러나 그 과정에서 고통이 반드시 따르게 된다. 지금까지 익숙한 직장을 떠나 새로운 곳으로 이동하기 위해 드는 경제적·심리적 비용은 물론이고, 그 이동과정에서 일정기간은 새로운 기술훈련을 받아야 한다. 혹은 실업의 기간을 감수해야 할지도 모른다. 한마디로 노동이동이 그렇게 쉽고 순탄하지만은 않을 수 있다. 이러한 것이 모두 구조조정의 비용이다. 그리고 이 구조조정의 비용은 구조조정의 과정이 얼마나 빠르고 광범위하게 진행되느냐 등에 따라 크게 달라진다. 시간을 가지고 점진적으로 진행되는 경우에는 고통이 적지만 그 과정이 신속하고 격렬할 경우에는 고통이 클 수 있다.

따라서 세계화시대 국가의 역할 중 하나는 이 구조조정의 비용과 고통을 가능한 작도록 만들어 주는 것이다. 세계화와 자유무역의 이익이 크므로 구조조정의 비용과 고통을 모두가 감수해야 하는 것은 분명하다. 그러나 가능한 비용과 고통의 크기를 작게 하고 그 부담이 소수에게 집중되는 것을 가능한 분산시켜야 한다. 따라서 그 구조조정의 비용과 고통이 집중되는 직종이나 산업에 대한 적절한 국가보상도 준비해야 한다. 자유무역의 이익을 받는 직종이나 산업부문이 자유무역으로 인해, 즉 구조조정으로 인해 고통을 받는 직종이나 산업부문을 지원하는 것은 공동체적 연대와 모두의 발전을 위해 당연한 일이라고 봐야 한다.

예컨대 농업의 개방화 내지 자유무역화가 분명 농민들에게 이직과 전직의 고통을 집중적으로 부담시킬 수 있다. 그렇다면 당연히 농업의 개방화로 인하여 이익을 보는 도시의 소비자들은 농업부문 구조조정비용의 일부를 부담해야 할 것이다. 국가적 차원의 농민지원이 필요하다는 말이다. 문제는 그 지원이 반드시 농업의 구조조정비용으로 효율적으로 사용되어야 한다. 환언하면 새로운 분야로 농민들의 직종이동이 용이할 수 있도록, 농민들을 위한 창업비용 혹은 기술훈련비용 등에 효율적으로 사용되어야 한다. 그렇지 않고 단순히 농민들의 소득감소를 보전해 비생산적 소비를 지원하는 데 사용된다면 그것은 세계화시대가 요구하는 올바른 구조조정지원이 아니다. 그동안 우리나라의 경우 농업에 대한 지원이 농업의 구조조정에 활용되지 않고 농민의 소비지원으로 끝나는 경우가 적지 않았다. 이것은 큰 잘못이었다.*

* 1993년 12월, 8년 여를 끌어오던 GATT-UR 협상이 타결되자 당시 김영삼 정부는 우리 농업의 미래성장동력을 키우기 위한 품목별 경쟁력 향상과 전업농 육성을 위한 구조개선정책을 제시했다. 그러나 추진과정에서 점차 '나눠먹기식 작태'가 등장했다. 1998년 정권교체 후 김대중 정부에서는 김영삼 정부의 신농정을 엘리트 농정, 살농(殺

산업정책industrial policy은 필요한가?

자유무역과 관련하여 다음과 같은 질문이 나올 수 있다. 즉 지금 당장은 선진국이 잘하는 산업이지만 일정기간 선진국과의 경쟁을 막고 우리가 보호하고 육성한다면 머지않아 선진국과 경쟁할 수 있는 국제경쟁력을 가지는 산업이 나타나지 않을까? 만약 그렇다면 그러한 산업의 경우는 자유무역에서 예외로 해야 하지 않을까? 그러한 산업은 일정기간 외국과의 경쟁에서 보호하여 육성한 다음에 국제경쟁력을 갖춘 후 세계시장에 나가도록 하는 것이 옳은 정책이 아닌가? 하는 주장이 있을 수 있다. 소위 유치산업보호론infant industry argument이 그것이다.* 지금은 어린이 같아서 약하지만 조금만 자유무역의 문을 닫고 보호해 주면 곧 어른이 되어서 세계경쟁을 할 수 있는 산업이 있다면 이러한 산업은 당연히 지금 보호해야 하는 것이 아닌가? 하는 주장이다. 대단히 옳은 주장이다. 사실 많은 나라에서 — 오늘날 선진국이 된 미국·독일·일본 등과 같은 나라에서도 — 특히 경제발전 초기, 즉 산업화 초기에는 유치산업幼稚產業

農)정책이라고 비판하면서 가족농 보호, 부채상환연기, 이자감면, 수세폐지, 직불제 확대 등 나눠먹기식 포퓰리즘이 본격화되었다. 경쟁력 강화를 위한 구조개선정책은 뒷전에 밀리고 선심성 분배농정이 주류가 되기 시작했다. 그 이후 노무현 정부 출범 후에도 '농정 포퓰리즘'은 개선되지 못하고 더욱 확대되어 왔다. 눈먼 돈이니 우선 받아쓰고 갚지 못해 부채가 누적되면 이를 정치 문제화하여 그 상환을 연기받고 이자 감면까지 받으면 된다는 식의 도덕적 해이가 만연했다. 김영삼 정부 때 약 57조의 농촌지원금이 나갔고 김대중 정부 때 약 45조, 그리고 노무현 정부 때는 2013년까지 119조 지원은 계획을 세웠다. 물론 이러한 정부지원 중에서는 생산적 구조조정을 위하여 사용된 부분도 적지 않을 것이다. 그러나 많은 부분이 소비적 부문에서 나눠먹기식으로 배분되었음은 잘 알려진 사실이다. 그 결과 농촌의 빚은 크게 늘었다. 이제 더 이상의 이러한 정책 포퓰리즘은 있어서는 안 되겠다.

* 세계화시대 국가주도의 산업정책의 중요성을 잘 정리한 책으로는 Ha-Joon Chang, *Globalization, Economic Development and the Role of the State*, Zed Books, 2003이 있다.

보호론에 기초하여 보호무역주의protectionism를 전략적으로 선별적으로 활용하여 왔다. 특히 후발後發국가들이 앞선 나라들을 catch-up하는 과정에서 유치산업보호론은 설득력이 있었고 실제적으로 성공적인 경우가 많았다.

그러나 오늘날의 유치산업보호론은 몇 가지 문제가 있음을 잊어서는 안 된다.

첫째, 지난 60년간 세계 수준에서 자유무역체제의 제도화는 많은 진전이 있었다. WTO가 그 상징이다. 따라서 앞으로 유치산업을 위하여 보호무역정책이나 관행의 전략적·선별적 채택 — 예컨대 관세장벽이나 비관세장벽의 강화와 유지 — 은 점점 더 어려울 것이다. 즉 국제적 제재나 상대국의 무역보복을 초래할 위험이 과거보다 커지고 있다고 봐야 한다.

둘째, 실증적으로 볼 때 유치산업이 성공하는 경우도 있지만 실패하는 경우가 적지 않았다. 아니 더 많았다고 봐야 할 것이다. 그 주된 이유는 보호가 반드시 혁신과 생산성제고 노력으로 연결되지 않는 경우가 많았기 때문이다. 왜냐하면 개별 기업 입장에서 보면 외국과의 경쟁에서부터 보호를 받고 있기 때문에 오히려 현실에 안주하여 혁신 노력과 생산성제고 노력을, 환언하면 국제경쟁력제고 노력을 소홀히 하게 되는 경향이 많았기 때문이다. 혁신과 생산성제고 노력보다는 오히려 자신들의 산업에 대한 국가적 보호, 즉 관세장벽 등을 더 오랫동안 유지하도록 정치적 로비를 하는 편이 손쉬울 수 있었기 때문에, 보호가 혁신과 생산성제고로 연결되지 못했다. 오히려 보호주의를 확대재생산함으로써 정경유착의 공고화로 연결되는 경우가 적지 않았다. 이 점을 주의하지 않으면 안 된다. 물론 진정한 의미의 유치산업이 얼마든지 있을 수 있다. 그렇다면 이를 보호해야 한다. 그러나 점점 유치산업의 보호가 국제적으로 어려워지고 또한 국내적으로 악용될 소지가 적지 않은 것이 사실이다.

그러면 어떻게 할 것인가? 후발주자들이 선진국을 쫓아가려면 어떻게 할 것인가? 악용의 소지가 있기 때문에 보호무역을 포기하고 자유무역에 의지하면 되는가? 단순히 시장의 힘에 맡기고 자유방임한다면 최선의 결과를 기대할 수 있는가? 그렇지 않다. 시장의 힘과 자유무역을 존중하되 국가의 계획성이 반드시 들어가야 한다. 그러면 어떻게 해야 할까? 그 답은 '산업보호정책'이 아니라 '산업육성정책'이 되어야 한다. 그리고 산업육성정책도 직접적 육성정책이 아니라, '간접적 육성정책'이어야 한다. 우선 특정산업의 발전을 위하여 독과점의 이익을 인정하여 주는 식의 보호정책은 피하는 것이 옳다. 독과점의 이익을 보호해 주는 정책은 대외적으로는 보호무역정책으로 나타나고 국내적으론 특정산업에의 진입규제 등으로 나타난다. 전자는 관세정책이고 후자는 규제정책이다. 둘 다 바람직하지 않다. 앞에서도 이야기한 대로 독과점적 지위를 보호하면 수익을 받는 산업이 그 산업의 혁신과 생산성 향상을 위한 경제적 노력을 하기보다는 독과점적 지위의 유지와 강화를 위한 정치적 노력을 하는 경향이 크기 때문이다.

그러면 보호정책이 아니라 지원 내지 육성정책으로 간다면, 그것도 간접적 육성정책의 방향으로 간다면 어떠한 내용이 될까? 지원 내지 육성정책도 직접적인 재정적·금융적 지원은 바람직하지 않다. 간접적 지원이 바람직한데 그것은 두 가지다. 첫째는 정부가 교육을 통하여 그 산업이 필요로 하는 고급인재를 양성하는 길이고, 둘째는 정부가 그 산업분야가 필요로 하는 과학기술분야의 투자를 확대하는 것이다. 그리고 셋째는 정부가 불필요한 산업 및 기업 규제를 철폐하는 것이다. 구체적으로는 지원·육성하고자 하는 산업분야와 관련되는 분야에 정부의 교육투자, 그리고 R&D 투자를 확대하고 그 분야에 민간의 R&D 투자가 활성화될 수 있는 조건을 만드는 것이다. 한마디로 그 산업분야가 필요로 하는 '사람과 기술의 공급'과 '투자환경의 개선'에 노력하는 것이다. 그리고 이 세 가지 방향으로 지원 노력을 할 때 중요한 것은 일방적인 관주도가 아니라 민관民官 간의 보다 긴밀한 사전 정보와 의견 교류 등을 전제로 하는 민관협치民官協治의 방식으로 추진해야 한다는 것이다.• 이상이 21세기 전략산업육성을 위해 가장 유효한 정책방향과 전략이 된다. 그리고 이러한 노력은 WTO가 주도하는 세계 자유무역체제의 제도화라는 흐름과도 충돌이 되지 않는다.

무역산업정책의 바람직한 방향

앞으로 21세기 세계화시대에 보다 바람직한 무역정책, 산업정책의 방향을 좀 더 구체적으로 정리하여 보자. 우선 바람직한 무역정책의 방향은 무엇인가?

큰 방향은 지금까지 대한민국의 무역구조를 산업간 수직적 무역구조에서 산업내 수평적 무역구조로 바꾸는 것이 되어야 한다. 그동안 우리

• 산업정책의 추진과정에서 두 가지를 조심해야 한다. 하나는 정부가 일방적으로 주도하여 민간의 활력에 손상을 주는 경우이고, 다른 하나는 부패사슬을 통하여 정부가 민간기업의 포로가 되는 경우다. 그래서 민간기업의 이익을 위하여 정부가 움직이는 경우다. 이 두 가지를 다 경계해야 한다. 민과 관이 긴밀히 소통하면서 협력을 하되 정부는 민간의 이해관계에서 확실하게 독립되어 있어야 한다. 이것을 Peter Evans는 embedded autonomy라고 부른다. Peter B. Evans, *Embedded Autonomy: States and Industrial Transformation*, Princeton University Press, 1995.

는 노동력이 풍부한 후진국으로서 노동집약적 산업의 생산을 늘려서 수출하고, 그 대신 자본이 풍부한 선진국에서 만든 자본집약적인 상품들을 사오는 무역구조 — 수직적 무역구조 — 를 가지고 후진국 탈출, 즉 산업화에 성공했다. 앞에선 본 무역의 이익 중에 비교우위이론에 기초한 무역의 이익을 향유하는 무역구조였다. 그러나 이러한 무역구조로서 후진국에서 중진국까지는 갈 수 있으나, 중진국을 거쳐 그 위의 선진국으로까지 올라갈 수는 없다. 앞으로 선진국으로 도약하기 위해선 우리의 무역구조가 반드시 산업간 수직적 무역구조inter-industrial vertical trade의 단계에서 산업내 수평적 무역구조intra-industrial horizontal trade의 단계로 넘어가야 한다. 즉 우리가 노동집약적인 의류제품을 수출하고 자본집약적인 기계제품을 수입하는 단계에서, 같은 산업내의 무역으로, 예컨대 자동차산업에서 우리는 중소형 자동차를 수출하고 다른 선진국으로부터는 대형자동차를 수입하는 단계로 넘어가야 한다는 것이다. 그러려면 우리는 반드시 다른 선진국보다 중소형자동차를 잘 만들어 내야 한다. 이렇게 해서 성립하는 무역구조가 산업 내 수평적 무역구조다. 그리고 이러한 산업내 수평적 무역구조는 앞에서 무역의 이익이 발생하는 계기 중에서 두 번째인 무역을 통한 시장 확대로 인해 생기는 규모의 이익, 즉 분업의 세분화와 전문화 때문에 발생하는 것이다.

여하튼 이처럼 산업 내 수평적 무역구조로 도약하려면 어떻게 해야 하는가? 단순히 노동력이 풍부하다는 것만으로는 안 된다. 다른 선진국보다 소형자동차를 잘 만들 수 있는 고급인력이 있어야 한다. 다른 선진국보다 소형자동차를 잘 만들 수 있는 기술의 축적, 그리고 디자인·생산·판매·애프터서비스 등과 같은 각종의 노하우의 축적이 반드시 있어야 한다. 환언하면, 고급노동력을 길러내는 교육과 훈련제도 그리고 새로운 소형자동차를 구상하고, 새로운 기술혁신을 이룰 끊임없는 R&D 투자의 확대가 있어야 한다.

앞으로 우리나라에서 혁신적 R&D 투자를 획기적으로 높이려면 정부는 먼저 지적소유권intellectual property rights보호제도를 정비하고 강화해야 한다. 그리고 정부가 앞장서서 적극적 R&D 투자를 선도해야 한다. 정부의 R&D 투자가 중요한 이유는 시장에 맡기면 사회적으로 바람직한 적정수준의 R&D 투자가 일어나지 못한다. 첫째 이유는 일반적으로 기업들이 R&D 투자를 하여 얻을 수 있는 사적私的이익이 그 투자가 가져오는 사회적 이익의 1/2 수준이라고 한다. 따라서 항상 사회적으로 바람직한 수준보다 크게 미흡한 투자, 즉 과소투자가 일어나게 된다. 따라서 정부가 개입하고 지원해야 한다. 둘째 이유는 민간에게만 R&D 투자를 맡기면 위험도가 높은 초기단계의 투자riskier early-stage activities가 잘 일어나지 않는다. 즉 기초연구투자basic research, 그리고 적용연구투자applied research 등이 잘 일어나지 않는다. 반면에 위험도가 높지 않은 최종단계의 상품개발투자development만이 이루어지는 경향이 있다. 따라서 반드시 정부가 선도적으로 기초연구와 적용연구 분야에 적극적인 투자를 해야 한다. 그렇게 하면서 민간부분의 보다 많은 R&D 투자 촉진을 유도해야 한다.

그러면 어떻게 민간의 R&D 투자를 촉진할 것인가?

첫째, 새로운 기업의 시장진입이 용이하도록 만들어야 한다. 그리고 시장 자체가 항상 경쟁적이 되도록 — 퇴출도 쉽게 일어날 수 있도록 — 만들어 주어야 한다. 그래야 혁신적 R&D 투자의 요인이 발생한다. 일반적으로 한 산업의 시장경쟁 수준과 그 산업에서 일어나는 혁신적 R&D 투자의 수준은 항상 역逆-U자를 보이고 있다. 환언하면, 상당 수준

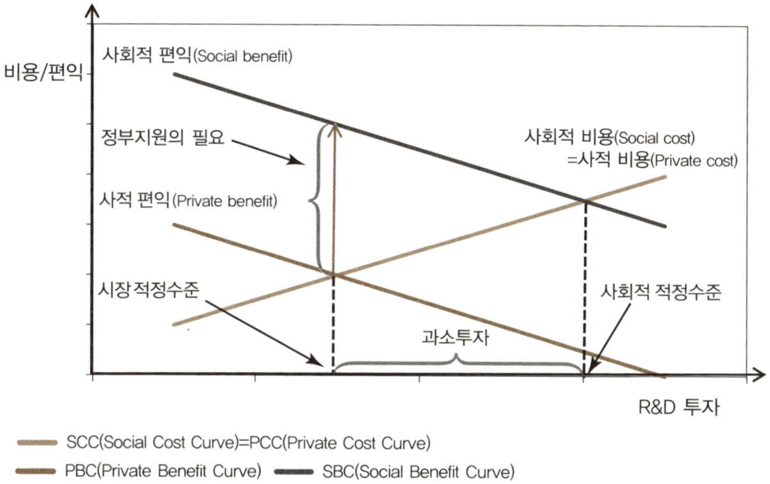

그림 6.1 정부지원이 왜 필요한가?

까지는 시장이 경쟁적일수록 R&D 투자가 늘어나게 되어 있다. 한 가지 지적해 둘 것은 그 나라 경제가 선진국을 따라가는 catch-up 단계의 경우에는 시장경쟁이 덜해도 그래서 R&D 투자가 적어도 문제는 상대적으로 적다. 왜냐하면 그때의 기술은 세계적 수준의 기술도 새로운 기술도 아니기 때문이다. 기존의 기술을 빨리 배워 모방하는 것이 중요한 단계다. 그러나 catch-up 단계를 지나 선진국들과 경쟁하게 되는 단계에서는 세계 수준의 기술이 중요하고 새로운 기술이 중요하게 되므로, 더욱 시장경쟁을 높여 기업들로 하여금 R&D 투자를 높이도록 유도하는 것이 중요한 정책과제가 된다.

둘째, 고등교육에 대한 투자를 많이 해야 한다. 일반적으로 후진국에서 중진국으로 올라올 때, 즉 catch-up의 단계에서는 주로 모방기술imitation technology이 지배적이다. 그래서 이때는 숙련공이나 반숙련공semi-skilled을 제공하는 중·고등학교의 교육이 중요하다. 그러나 모방기술의 단계를 지나 세계 최고를 다투는 창조기술 내지 혁신기술innovation technology의 단계에 오면 대학교육이 특히 대학원교육이 중요해진다. 어떻게 하여 세계 최고 수준의 대학과 대학원을 많이 가지는가가 중요한 과제가 된다. 결국 대학과 대학원에의 투자가 중요하다.

셋째, 금융시장의 발전과 노동시장의 유연성을 높여야 한다. 금융시장이 발전되어야 R&D 투자가 보다 용이하게 된다. 금융이 발전되어 있지 못하면 새로운 사업을 계획하는 경우에도, 새로운 제품의 연구개발을 구상하는 경우에도, 모두 필요한 자금제공을 쉽게 받을 수 없다. 또한 노동시장이 경직적이면 기업이 새로운 사업 분야로 쉽게 이동할 수 없다. 과거 사업분야의 기존 노동자들의 해고가 어렵고 새로운 사업분야의 신규노동자의 채용이 어렵기 때문이다.

넷째, 거시경제운용을 좀 더 적극적·탄력적으로 해야 한다. R&D 투자는 장기적 안목에서 지속적으로 일어나야 하는 것이다. 따라서 경제의 하강국면에서도 일정한 수준의 R&D 투자는 계속되는 것이 바람직하다. 그래야 경제의 기술구조를 모방형에서 창조형으로 올리는 데 성공할 수 있다. 따라서 경제하강국면에 반드시 재정지출을 늘리고 통화공급을 확대시켜 나가야 한다. 단기적으로는 재정적자의 위험, 인플레이션의 위험 등이 있을 수 있으나, 이것이 두려워 경제의 하강국면을 그대로 방치하면 특히 R&D 투자에는 돌이킬 수 없이 피해가 클 수 있다. R&D 투자는 장기적 성장잠재력을 높이는 투자이기 때문에 단순한 안정적 거시경제의 운영정책만을 고려하면 오히려 크게 유해할 수 있다. 따라서 경제하강국면에 특히 R&D 투자의 중단 내지 축소가 크게 일어나지 않도록 하는 정책적 배려가 중요하다. 미국보다 유럽의 R&D 투자가 저조한 이유의 하나로 거시경제가 너무 한정적·경직적으로 운영되고 있다는 점이 많이 지적되고 있음을 잊어서는 안 될 것이다.

끝으로 대한민국이 지속적으로 21세기 자유무역입국을 하려면 두 가지 전략적 고려를 추가로 하는 것이 바람직하다.

첫째는 서비스무역의 중요성을 인식하고 대한민국 서비스 산업의 생산성과 국제경쟁력을 높이는 노력을 해야 한다. 2000년 현재에도 세계무역의 3/4 정도는 아직 제조업에서 일어나고 있다. 그러나 빠른 속도로 서비스 산업의 무역이 늘고 있다. 미국의 경우에는 이미 수출의 40% 정도가 서비스 산업에서 일어나고 있다. 전 세계적으로 통신·교통·금융·보험·교육·의료·관광 등등의 서비스 분야에서 수출산업화가 빠르게 진행되고 있고 우리도 이 추세를 타야 한다. 특히 최근에는 정보통신기술ICT의 발달로 지금까지 비교역 서비스분야—예컨대 회계, 전화교환, 소프트 프로그래밍 등등—에서도 무역이 일어나고 있다. 소위 out sourcing의 그것이다. 우리는 이러한 움직임에 어떻게 대처할 것인가? 우리의 outsourcing 전략은 무엇이어야 하는가? 이 부분도 깊이 생각해 봐야 한다.

둘째는 우리나라에도 소위 기업내 무역intra-firm trade의 비중을 높여야 한다. 2000년 현재 미국의 경우는 수출의 30%가 기업내 무역이고 수입의 36%가 기업내 무역이다. 세계 전체로 보아도 세계무역의 1/3 정도는 기업내 무역이라고 한다.* 기업내 무역이란 동일한 기업 내에서 본사와 지사 간 혹은 지사와 지사 간의 무역을 의미한다. 이렇게 기업내 무역을 할 수 있는 기업은 모두가 다국적기업multinational corporation이다. 결국은 기업내 무역의 비중을 높이려면 다국적기업을 국내에서도 많이 만들어

* Peter Dicken, *Global Shift: Reshaping The Global Economics Map in the 21st Century*, The Guilford Press, 2003, pp.52-53.

배출해야 하고 해외로부터도 많이 유치해야 한다는 이야기가 된다. 국내 출신의 다국적기업은 물론이고 외국 출신의 다국적기업을 많이 유치해야 기업내 무역의 비중을 높일 수 있다. 또한 그것이 곧 자유무역입국의 길이 된다. 다국적기업의 문제는 다음 장에서 자세히 다루기 때문에 여기서는 문제의 지적으로 끝내기로 한다.

결국 요약하면 이제 대한민국이 선진국에 진입하려면 우리의 무역구조가 선진국 간의 무역인 산업내 수평적 무역구조가 되어야 하고 이를 위해선 교육과 훈련제도의 개혁, 그리고 새로운 혁신적 R&D 투자의 획기적 증대, 그리고 과감한 규제 완화가 있어야 한다. 그리고 특히 서비스산업의 국제경쟁력을 높여 서비스의 수출산업화에 노력해야 하고, 동시에 다국적기업의 적극적 배출과 적극적 유치를 통하여 기업내 무역의 기여도 크게 제고해야 한다.

세계화와 외국인투자다국적기업

외국인직접투자: 어떻게 보아야 하나?

일반적으로 후진국은 노동이 풍부하고 자본이 부족하므로 외국에서 자본투자를 유치하여 경제발전을 하는 경우가 일반적이다. 외국에서 자본을 가져오는 방법에는 두 가지가 있다. 하나는 외국에서 빌려오는 방법, 즉 외채foreign loan를 통한 방법이고, 다른 하나는 외국인투자foreign investment를 유치하는 방법이다. 우리나라의 경우 1960년대부터 시작된 산업화 초기부터 외국인투자에 대해 소극적·부정적 입장이 많아서 외채를 통하여 자본 부족의 문제를 해결하려고 했다. 그래서 우리나라는 중진국에 이른 다른 나라들보다 외국인직접투자가 적은 편이다.

외국인직접투자의 문제를 어떻게 봐야 하나? 개도국의 발전에 기여하는가? 아니면 오히려 개도국의 낙후에 기여하는가? 결론부터 이야기하면 외국인직접투자는 개도국의 발전에 크게 기여하는 것으로, 대단히 긍정적으로 봐야 한다. 즉 투자수입국에 많은 이익을 주는 것으로 보아야 하고 따라서 적극적 유치에 노력해야 한다. 흔히들 외국인 회사들이 후진국의 저임금 노동자들을 착취하고 인간 이하의 대접을 하는 경우가 많다고 하는 부정적 인식을 가지고 있는 경우가 적지 않다. 물론 그러한 경우가 전혀 없는 것은 아니나 사실은 긍정적인 기여가 훨씬 많다. 실증자료를 보면 외국인투자들이 단순히 저임금을 목표로 움직이는 경우는 많지 않다.

우선 세계경제 전체를 보면, 외국인직접투자의 2/3 이상이 선진국 사이에서 일어나고 있다. 선진국에서 후진국으로 가는 것은 전체의 1/3에 불과하다.* 또한 전 세계 외국인투자의 흐름을 보면 전자, 화학, 컴퓨터 등의 고임금, 고高기술분야에 투자하는 것이 봉제, 의류 등의 저임금, 저低기술분야에 투자하는 경우보다 20배 정도 많은 것으로 나타난다. 더구나 세계화가 확산되면서 실제로 저임금과 열악한 노동조건을 가지고 국

* 예컨대 2002-2004년 사이를 보면 세계 전체의 외국인직접투자 중 66%가 선진국으로 그리고 34%가 후진국으로 갔다. 상세한 자료는 UNCTAD, *World Development Report*, 2005, United Nations, 2005를 참조.

제경쟁을 할 수 있는 여지가 대단히 제한적이다.

제2차 세계대전 이후 많은 신생독립국가들이 자신들이 겪었던 전쟁 전의 과거 식민지 경험 때문에 외국인투자에 대하여 회의적이고 부정적이었던 것이 사실이다. 또한 1950-60년대 저임금만을 노리는 외국인직접투자가 적지 않았던 것도 사실이다. 그러나 이제는, 특히 21세기에 들어와서는 저임금만을 노리는 외국인투자의 비중과 의미는 크지 않다고 봐야 한다.

그러면 외국인직접투자의 구체적 이익은 무엇인가?•

첫째는 고용의 창출이다. 그동안 놀거나 제대로 활용되지 않았던 노동력이 직장을 찾을 수 있다는 것이 큰 이점이다. 둘째는 보이지 않는 경영재산의 이동transfer of intangible assets이다. 외국인투자는 당연히 새로운 선진적 생산기법, 조직관리기법, 마케팅기법, 인사관리기법 등등의 많은 경영재산을 수입국에게 전수해 주는 기능을 한다. 이 점이 대단히 중요한 것이다. 특히 경제성장의 초기 단계, 즉 catch-up의 단계에서는 이러한 선진경영의 모방이 대단히 중요한데, 이것을 가능하게 도와주는 것이 외국인투자다. 앞에서 외국자본을 유치하는 방법이 외채와 외국인투자로 나눌 수 있다고 했는데, 사실 외채의 취약점은 바로 이러한 선진적 경영재산을 이전받을 수 없다는 점이다.

셋째는 소위 후방연계산업backward-linkage industry에 주는 교육효과다. 후방연계산업이란 외국인기업에 원료나 부품 혹은 중간재를 공급하는 산업을 의미한다. 외국인투자기업은 자신들의 생산성을 높이고 국제경쟁

• 외국인투자를 어떻게 개도국의 경제발전에 최대한 활용할 것인가에 대한 비교적 잘 정리된 이론적·실증적 분석은 Theodore H. Moran, *Beyond Sweatshops: Foreign Direct Investment and Globalization in Development Countries*, Brookings Institutions Press, 2002. 특히 Chapter 7을 참조.

력을 높이려면 당연히 이들 후방연계산업의 생산성이 높아야 한다. 그래서 자신의 이익을 위하여 누가 시키지 않아도 자발적으로 이들 후방연계산업에 대한 교육과 훈련지원, 경영 및 기술지원 등의 노력을 활발히 하게 된다. 이것이 외국인투자가 주는 또 하나의 바람직한 긍정적 효과다.

이상을 종합하면 외국인투자는 수입국의 경제성장곡선에 크게 영향을 주는 핵심요인이 될 수 있다. 특히 최근 그러한 예가 중국과 아일랜드의 발전에서 잘 나타나고 있다. 따라서 정책과제는 외국인투자를 수용할 것인가 말 것인가가 아니라 수입국의 경제성장을 위하여 외국인투자를 어떻게 잘 활용할 것인가? 하는 문제가 된다.

종래에 자본수입국에서는 외국인투자가 자국의 경제성장에 많은 기여를 하도록 여러 가지 정책적 요구를 해왔다. 예컨대 외국인기업들에게 가능한 수입국 내부에서 생산하는 원자재나 중간재들을 많이 사용해 줄 것을 요구domestic content requirement해 왔다. 그래야 소위 후방연계효과가 커져서 수입국의 경제성장에 기여가 될 것이라고 보았기 때문이다. 또는 가능하면 외국인 100% 소유보다는 국내기업과 합작투자joint venture를 하도록 요구했다. 그래야 외국인소유에서 오는 불안을 줄일 수 있고, 자국의, 즉 수입국의 경제발전에도 도움이 되리라고 생각했기 때문이다. 더 나아가서는 외국인투자기업에게 국내 기업과 기술을 공유할 것을 요구technology sharing requirement하기도 했다. 그것이 자국의 경제 및 기술발전에 더 기여할 것으로 보았기 때문이다.

많은 후진국들이 외국인투자에 대하여 이러한 조건들을 자주 요구했다. 일견 합리적인 주장인 것으로 보인다. 그러나 과연 이러한 정책이 자본수입국 — 후진국 — 의 경제성장에 유리한 결과를 가져오는가?를 살펴보면 오히려 답은 그렇지 않다는 것이 명확하다. 환언하면 위와 같은 내용의 조건부 외국인투자 도입이 후진국의 경제발전에 도움이 안 되고 외국인투자 유치에 장애가 되어 오히려 불리하다는 것이다.* 왜 그런가?

일반적으로 외국인투자에는 두 가지 종류가 있다. 하나는 그 나라의 시장확보를 위하여 들어가는 경우다. 즉 '시장확보형 외국인투자market oriented investment'다. 그리고 다른 하나는 그 나라의 양질의 생산요소를 활용함으로써 모母회사의 국제경쟁력을 높이기 위해 들어가는 경우다. 환언하면 모회사가 가지고 있는 전 세계적 규모의 '연구-생산-분배시장 네트워크'의 국제경쟁력을 높이기 위해 들어가는 경우다. 이것을 '자원확보형 외국인투자asset oriented investment'라고 한다. 물론 두 종류의 투자가 때로는 중복되는 경우도 있지만 분리해서 보는 것이 좋다. 어떠한 투자인가에 따라 모회사와 자회사 — 자본수입국에 있는 자회사 — 와의 관계가 크게 달라진다. 전자의 경우 — 시장확보형 투자의 경우 — 에는 일반적으로 수입국정부의 요구 — 국내 중간재의 사용, 국내기업과의 합작투자 등 — 를 기꺼이 받아들이는 경향이 많다. 오히려 자본수입국의 유능한 국내기업과 제휴를 하는 것이 수입국시장 침투에 유리할 수도 있기 때문이다. 그 대신 수입국정부에 대하여 자신들의 제품과 유사제품의 수입을 당분간 막아 외국경쟁에서 보호해 달라는 요구를 하는 경우가 많다.

그러나 후자의 경우는 다르다. 자원확보형 투자의 경우는 자신들의 경영의 독자성을 강하게 요구하는 경우가 일반적이다. 자본수입국정부의 여러 요구를 들어주게 되면, 자신들의 세계적 '연구-생산-분배 네트워크'의 국제경쟁력을 높이는 데 지장이 오기 때문이다. 따라서 자원확보형 투자의 경우는 수입국정부의 조건과 요구가 많으면 투자를 포기하

* 이 문제와 관련하여 자동차, 컴퓨터 그리고 전자산업의 실증분석결과를 보려면 Theodore H. Moran, 위의 책, Chapter 7을 참조.

고 다른 지역으로 이동하는 경우가 많다. 그런데 수입국의 경제발전이라는 측면에서 생각하면 '시장확보형'보다는 '자원확보형' 투자가 훨씬 바람직한 외국인투자 형태다. 왜냐하면 자원확보형의 경우는 자회사의 생산성과 경쟁력을 세계적 수준으로 높이기 위하여 모회사가 여러 가지 적극적 노력을 스스로 하기 때문이다. 자회사에 선진적 경영기법의 소개, 최신 생산기술의 적극적 도입, 그리고 이를 위한 교육과 훈련의 제공 등을 자발적으로 하게 된다. 왜냐하면, 그래야 모회사의 세계적인 '연구-생산-분배 네트워크'의 국제경쟁력을 높일 수 있기 때문이다. 그래서 앞에서 이야기한 외국인투자에 의한 보이지 않는 유·무형의 경영재산의 이동이 자본수출국에서 자본수입국으로 크게 일어난다. 그리고 그것이 바로 자본수입국의 경제성장에 많은 기여를 하게 된다. 그래서 시장확보형보다는 자원확보형 투자가 후신국 경제발전에 보다 바람직한 외국인투자라고 할 수 있다.

그러면 이러한 '자원확보형' 외국인투자를 보다 많이 유인하려면 어떻게 해야 하는가? 우선 정부가 불필요한 조건을 과다하게 요구하지 말아야 한다. 그리고 가능한 모기업이 가지고 있는 세계적 '연구-생산-분배 네트워크'에서 되도록 핵심부분core sector을 자본수입국에 유치하도록 만드는 것이 가장 중요한 정책방향이 되어야 한다. 세계적 연구-생산-분배 네트워크를 자세히 보면 가장 핵심적 부분, 덜 핵심적 부분 그리고 주변부분 등으로 나누어진다. 예컨대 어떤 제품의 세계적 생산 네트워크를 보면 핵심기술의 주主제품 분야가 있고 다음은 핵심부품 분야 그리고 주변부품 분야 등으로 나눌 수 있다. 그렇다면 외국인투자를 유치할 때 가능하다면 주변부품 분야가 아니라 핵심부품 분야의 투자유치가 이루어지는 것이 바람직하다. 더 나아가 가능하다면 핵심부품 분야를 넘어서 핵심기술의 주 제품 분야의 투자유치가 이루어지는 것이 더욱 바람직하다고 보아야 한다. 왜냐하면, 그래야 모회사가 보다 적극적으로 그 자회사의 생산성과 국제경쟁력 제고를 위하여 노력하게 되고, 선진적 경영과 첨단적 생산기술의 전수에 보다 적극적으로 나서게 되기 때문이다. 왜냐하면 주변부품에서 핵심부품으로 그리고 더 나아가 핵심주제품으로 투자의 내용이 이동할수록, 그 투자가 가지는 가치와 중요성이 더욱 커지기 때문에, 세계경쟁에서 승리하기 위하여, 모회사가 그 투자의 생산성을 높이기 위한 보다 큰 노력을 하지 않을 수 없기 때문이다. 그래서 진세계적 생산 네트워크 속에서 중요성이 높은 분야, 즉 보다 핵심적 가치창출 분야를 유치할수록 자본수입국의 경제발전에 보다 많은 기여가 일어날 수 있게 된다. 지금까지는 어떠한 분야의 자원확보형 외국인투자를 많이 유치해야 '보이지 않는 경영자원'의 이전을 극대화할 수 있는가? 하는 문제를 보았다.

다음의 정책과제는 이미 들어온 자원확보형 외국인투자의 후방연계효과를 어떻게 크게 만들 것인가? 하는 문제가 된다. 환언하면 외국인기업이 원자재나 부품 그리고 중간재를 타국에서 가져오지 않고, 현지자본수입국에서 생산된 물건을 가능한 많이 사용하도록 하려면 어떻게 할 것인가? 의 문제다. 후방연계효과가 클수록 당연히 외국인투자의 성장기여효과는 커지게 된다. 그래서 중요한 정책과제다. 그런데 그 답은 지극히 평범하다. 즉 다른 나라에서 사오는 것보다 현지에서 조달하는 것이 유리하게 만들어 주는 방법이다. 그렇게 하려면 자본수입국에 원자재나 부품 그리고 중간재 산업이 발달해야 하고, 그래서 양질의 원자재나 부품을 싸게 공급할 수 있어야 한다.

외국인투자가 들어오는 경우만을 중심으로 이야기했는데 이제 우리나라의 경우 산업화에 성공하고 중진국 선두주자가 되면서 우리나라에서 다른 나라로 나가는 해외투자의 경우가 늘고 있다. 이 문제는 어떻게 봐야 하는가?

해외투자의 경우를 두 가지로 나누어 생각해야 할 것이다. 하나는 본국에 본사나 공장을 두지 않고 해외로 나가 버리는 경우다. 더 이상 대한민국에서 사업이 불가능하다고 판단해 사업하기 좋은 저임금, 저규제 등을 갖춘 지역으로 나가는 경우다. 이 경우는 사실 불가피하지만 바람직하지 못한 현상이다. 가능하면 대한민국을 지속적으로 사업하기 좋은 지역으로 만들어 붙잡는 것이 바람직하다. 다른 하나는 대한민국에 본사와 중요공장을 두면서 해외지역의 특수한 자원특수인력, 특수원자재 등을 활용하기 위하여 지사나 공장을 해외에 세우는 경우다. 이러한 경우는 반드시 부정적으로 봐서는 안 될 것이다. 오히려 그 반대로 생각해야 한다.

흔히 해외투자를 비판하는 두 가지 주장이 있다. 하나는 해외투자는 상품을 수출하는 것이 아니라 직장을 수출하기 때문에 바람직하지 않다는 주장이다. 다른 하나는 해외투자를 하게 되면 국내 취업기회가 상대적으로 줄어들어 국내노동자들의 임금을 낮추는 경향이 생긴다는 주장이다. 그런데 이 두 가지 주장 모두가 일견 그럴 듯하게 들리지만 좀 더 깊이 살펴보면 이 두 가지 주장 모두 옳은 것이 아니다. 여러 실증분석의 결과를 보면 실제로 해외투자를 잘하는 기업이 다른 기업에 비하여 국제경쟁력이 높아서 새로운 고용을 국내에서도 많이 창출하는 경향을 보인다. 동시에 국내에서 고용한 노동자들에 대해서도 다른 기업에 비하여 상대적으로 고임금을 주는 것으로 나타나고 있다.[•] 앞에서 보았듯이

• Theodore H. Moran, 위의 책, Chapter 8을 참조.

해외투자라는 것은 세계적 '연구-생산-분배 네트워크'의 생산성과 국제경쟁력 자체를 높이기 위한 노력이다. 이 때문에 해외투자를 잘하는 기업이 다른 기업보다 생산성과 국제경쟁력이 높아 고용창출력이나 임금제고력이 일반적으로 높은 것으로 나타난다. 따라서 이러한 종류의 해외투자는 본국자본수출국 경제에 유리한 것으로 봐야 한다. 이상을 요약하면 해외투자의 경우는 그 내용에 따라 본국경제에 유리한 것도 불리한 것도 있다고 봐야 한다.

다국적기업이란?

앞에서 본 외국인투자의 주체는 대부분이 다국적기업Multinational Corporation: MNC이다. 다국적기업이란 한 나라 이상의 나라에서 기업 활동, 즉 연구와 생산과 분배활동을 하는 기업이다. 사실은 21세기 세계화의 주체가 다국적기업들이다. 외국인직접투자는 이러한 다국적기업의 다양한 기업활동의 한 분야가 된다. 다국적기업은 왜 생기는가? 다국적기업은 어느 정도 중요한가? 다국적기업을 좀 더 많이 유치하려면 어떻게 해야 하는가? 이 세 가지 문제를 순차적으로 살펴보도록 한다.•

우선 다국적기업은 왜 생기는가? 다양한 이론이 있을 수 있으나 쉽게 설명하면 자기 기업이 가지고 있는 고유의 장점과 특정 나라 혹은 특정

• 다국적기업관련 여러 흥미있는 문제들 — 예컨대 왜 기업들은 다국적기업이 되려 하는가? 왜 다국적기업들은 특정 국가에 진출하고 다른 나라에는 가지 않는가? 다국적기업이 자본수입국의 경제에 미치는 영향은 무엇인가? 자본수출국 경제에 미치는 영향은 무엇인가? 이 모든 것의 정책적 함의는 무엇인가? 등등 — 을 이론적·실증적으로 잘 정리한 책으로는 Giorgio Barba Navaretti and Anthony J. Venables, *Multinational Firms in the World Economy*, Princeton University Press, 2004를 참조.

지역이 가진 나름의 장점을 잘 결합함으로써 세계적 수준에서의 생산성과 경쟁력을 발휘할 수 있을 때 나타나는 현상이다. 우선 자기 기업 고유의 장점ownership-specific advantages이 있어야 한다. 고유의 생산기술, 경영기법, 노하우, 브랜드파워 등등이 우선 있어야 한다. 그리고 그러한 고유의 장점은 자신이 직접 경영 관리할 때만 나타날 수 있는 것이어야 한다. 그렇지 않으면 ― 남이 경영관리 해도 그러한 장점이 나타난다면 ― 남에게 그러한 고유의 장점을 팔거나 임대하여 주고 수익을 취할 수도 있을 것이다. 자신이 직접 경영하기 위하여 해외직접투자를 하는 등의 수고를 하지 않아도 좋을 것이다. 그러므로 그 기업의 장점은 팔거나 임대하는 것보다 기업이 직접 경영 관리해야만 효과가 큰 장점이어야 한다. 우선 기업이 그러한 성격의 고유장점이 있어야 다국적기업이 될 수 있다.

이와 동시에 다국적기업이 진출하려는 나라 혹은 지역에 본국에서는 얻을 수 없는 특별한 장점local specific advantages이 있어야 한다. 예컨대, 그 지역에서만 나는 원자재와 양질의 전문인력은 물론, 그 지역 정부의 세금정책, 규제정책 등의 기업환경도 생각할 수 있다. 그래서 자기 고유의 장점과 이러한 그 지역의 특별한 장점을 결합하면 세계적으로 다른 기업들이 따라오기 어려운 높은 생산성과 국제경쟁력을 낼 수 있게 되고 비로소 다국적기업이 등장하게 된다.

결국 지구 전체를 하나의 사업의 장으로 보면서 어디에 어떠한 공장을 세우고, 어디에 어떠한 연구소를 만들고, 어디에 어떠한 사무소를 세우는 것이 그 기업의 세계적 연계생산성network-based global productivity을 극대화할 수 있는가가 중요한 시대가 되었다. 이제는 기업들이 세계적 연계생산성을 가지고 국제경쟁을 하는 시대가 된 것이다. 그리고 그러한 새로운 세계경제의 중심에 바로 다국적기업들이 있다. 이렇게 세계적 연계생산성을 논할 수 있게 된 가장 중요한 계기는 정보통신과 교통운반비용의 감소에서 온다. 정보통신과 교통운반비용의 획기적 감소가 다국적기업의 세계경영비용을 크게 낮추었고 그로 인해 세계 연계생산성을 높일 수 있어 다국적기업의 세계경영이 가능하게 되었다.

다국적기업은 세계경제에서 얼마나 중요한 존재인가?• 현재 세계에는 약 7만개의 다국적기업이 있고 80만 개 정도의 관련 공장, 지사 등이 있다. 이들 다국적기업들이 세계무역의 2/3를 하고 있다. 그리고 세계무역의 1/3이 바로 이들 다국적기업들의 기업내 무역intra-firm trade이다. 즉 여러 나라에 흩어져 있는 지사들 사이의 무역이라는 말이다. 그리고 세계 기업들이 하고 있는 R&D 투자의 2/3를 이들 다국적기업 중 제일 규모가 큰 700개가 하고 있다. 1980년 중반 이후 이들 다국적기업이 하는 외국인직접투자의 증가율이 세계무역 증가율을 크게 앞서고 있다. 물론 대부분의 외국인투자는 선진국에서 선진국으로 간다. 전체 외국인투자 중에서 약 88%가 선진국에서 나오고 전체 외국인투자 중 약 2/3 67%가 선진국으로 가는 외국인투자다. 최근에 들어와서는 제조업보다 서비스 분야의 외국인투자가 증가하고 있다.

이상에서 간단히 살펴보았지만 다국적기업은 세계화를 만드는 핵심적 주체actor의 하나다. 따라서 세계화시대에 빠른 경제성장을 이루어 내려면 반드시 대대적인 다국적기업의 투자유치를 서둘러야 한다. 경제성장은 생산성 향상에서 오고 생산성 향상은 투자 없이는 이루어질 수 없다.

• 다국적기업에 대한 자료는 United Nations Conference on Trade and Development, *World Investment Report: Transnational Corporations and The Internationalization of R&D*, United Nations의 매년 보고서를 보면 자세하다. Peter Dicken, *Global Shift*, 5th edition, Sage Publication, 2007에도 다국적기업 관련 통계가 풍부하다.

특히 투자 중에서도 혁신적 R&D 투자가 중요하다. 따라서 세계 비즈니스 R&D 투자의 2/3를 하고 있는 700개 다국적기업을 많이 유치하는 것이 바람직하다. 이렇게 세계 최고의 기술과 경영능력을 가진 다국적기업들이 가능한 많이 들어와야 고용과 생산의 증대는 물론이고 세계 최첨단의 생산기술과 경영기법도 전수받을 수 있게 된다. 그래야 국가경제의 생산성과 국제경쟁력을 빠르게 높일 수 있다. 그것이 바로 경제성장의 과정이다.

투자환경개선

그리면 다국적기업의 대대적인 투자유치를 위해선 어떻게 해야 하는가? 이 문제는 한 나라의 투자환경investment climate 개선의 문제다. 다국적기업의 투자유치도 중요하지만 국내기업의 투자 확대도 중요하다. 양자 모두를 위하여 투자환경을 어떻게 개선할 것인가 하는 문제는 대단히 중요한 국가정책과제다.* 투자 없이 생산 없고 생산 없이 고용이 없기 때문이다. 그리고 고용 없이는 복지도 없고 분배개선도 있을 수 없기 때문이다. 투자를 통하여 생산이 일어나야 복지재정도 풍성하게 되어 빈곤의 문제도 풀 수 있다. 또한 투자가 있어야 새로운 기술의 도입이 가능하고 경제 전반에 생산성의 획기적 제고가 가능하다. catch-up의 시대를 끝내고 창조혁신의 시대를 열 수 있다. 따라서 투자는, 특히 혁신적

* 개도국의 투자환경개선문제는 세계은행의 연구결과가 특히 좋다. 일반적·이론적 보고서도 있고 개별국가별 보고서도 있어 큰 참고가 된다. 세계은행 홈페이지에 들어가 Investment climate을 찾으면 많은 연구자료와 접할 수 있다.

R&D 투자는 대단히 중요하다. 그러면 어떻게 할 것인가? 어떻게 하여 투자환경의 획기적 개선을 가능하게 할 것인가?

크게 보아 두 가지 방향을 생각할 수 있다. 하나는 합리화되지 않는 불필요한 투자의 비용investment cost과 투자의 위험investment risk을 줄여나가는 것이고, 다른 하나는 경쟁적 환경competition을 조성해 나가는 것이다. 즉 경쟁제한적 요소를 줄이는 것이다. 우선 투자의 비용을 낮추어 주는 문제부터 생각해 보자.

(1) 가장 큰 비용의 하나는 '세금'이다. 투자유인을 위하여 세금을 낮추어 줄 수 있는지 검토해 봐야 한다.

(2) 다음은 각종 '정부규제'일 것이다. 새로운 기업을 시작할 때 그리고 기존 기업을 접을 때 불필요한 절차와 규제가 많으면 그만큼 투자와 기업 활동을 위축시킨다. 예컨대 오스트레일리아에서는 신규 사업을 시작하는 데 평균 2일이면 되지만 아이티Haiti에서는 평균 200일이 걸려야 새로운 기업을 시작할 수 있다고 한다. 극단적 경우이지만 정부규제가 기업 활동에 얼마나 큰 영향을 미칠 수 있는가를 볼 수 있는 예다.

(3) 다음은 '부패'일 것이다. 부패가 많은 사회는 투자비용을 높인다. 특히 정부의 각종 인허가제도가 부패와 연결되면 더욱 투자를 위축시킬 것이다. 따라서 반反부패의 사회, 투명한 사회를 만드는 것은 그 자체로서도 사회적 선善이지만 투자를 위해서도 큰 경제적 덕德이 된다.

(4) 다음은 '금융비용'일 것이다. 이것은 그 나라의 금융산업이 얼마나 발전되어 있는가에 의존한다. 금융산업이 잘 발전되어 있어야 신규 투자를 위해 싼 신용제공이 가능하게 된다.

(5) 다음은 '노동시장의 규제'도 한몫을 할 것이다. 노동시장의 경직

성이 너무 크면 새로운 노동자의 신규채용과 기존 고용자의 해고가 어렵게 되고 그러면 그만큼 투자를 위축시킬 것이다.

다음은 투자의 위험을 낮추어 주는 문제를 보도록 하자. 일반적으로 투자는 미래를 보고 하는 행동이다. 미래의 수익을 보고 현재의 자원을 재배분하는 활동이다. 따라서 다음과 같은 경우 투자의 위험이 높아진다고 본다.

(1) 정부정책의 예측가능성이 낮고 정부정책에 대한 신뢰성이 낮을 때, (2) 거시경제의 운영이 안정적이지 못할 때, 환언하면 재정운영의 방만성이 심하고 화폐공급이 심하게 불규칙적인 경우, 그리고 외환정책에 일관성이 없는 경우 등이다. (3) 재산권제도의 보호가 미흡할 때, 예컨대 조세제도의 변화가 심하고, 토지 등에 공적수용이 수시로 원칙 없이 일어날 때, 그리고 지적소유권제도의 보호가 미흡할 때, (4) 사법제도가 국민의 권리보호에 미흡하여 제대로 작동되지 않을 때, 그러면 재산권뿐 아니라 계약법 등의 공정하고 효율적 집행이 어려워진다. 위와 같은 상황이 되면 투자위험이 크게 증가하기 때문에 다른 조건이 같다면 분명 그러한 나라, 그러한 지역의 투자는 위축되게 된다.

다음은 경쟁제한적 요소barriers to competition를 줄여주는 문제를 보도록 하자. 모든 기업은 경쟁을 싫어한다. 그러나 경쟁을 시켜야 혁신을 하려고 노력하고 생산성을 높이려고 노력한다. 그래야 좀 더 양질의 재화를 싼 가격으로 소비자들에게 제공할 수 있다. 결국 혁신의 결과, 생산성 향상의 결과를 소비자들과 나누어 가지게 된다. 그것이 바람직한 성장의 모습이다. 따라서 가능한 경쟁제한적 요소는 줄여주어야 한다.

예컨대 (1) 창업과 퇴출에 대한 제한은 가능한 줄여야 한다. 기업이 쉽게 창업하고 쉽게 퇴출할 수 있어야 한다.

(2) 경쟁촉진법 등을 강화하여 독과점의 등장이나 경쟁제한적 거래관행이 들어오는 것을 막아야 한다.

(3) 특히 금융산업의 경쟁성을 높이는 것이 중요하다. 금융산업이 비경쟁적이어서 특정 기업이나 산업분야에만 대출이 일어나면 대출을 받지 못하는 기업이나 산업분야의 생산적 투자를 막게 된다.

이상 살펴본 것은 기본적인 이론이고 중요한 일반론이다. 우리나라의 경우 어떠한가 하나하나 따져봐야 할 것이다. 한 가지 좀 더 구체적으로 우리나라의 경우를 보면 다국적기업의 투자유치를 위해 두 가지 문제가 핵심적으로 중요하다고 생각한다.

하나는 우리나라가 세계적 수준의 양질의 인력을 확보하고 있는가? 하는 문제다. 다른 하나는 우리나라가 외국인들이 사업하기 편하고 생활하기 재미있는가? 하는 문제다. 전자는 '교육경쟁력'의 문제이고 후자는 '도시경쟁력'의 문제다. 대한민국에 다국적기업을 대대적으로 유치하려면, 또한 국내기업의 해외투자를 자제시키고 국내투자를 권장하려면 반드시 우리나라의 교육경쟁력과 도시경쟁력을 획기적으로 높여야 한다. 왜냐하면 세계적 다국적기업의 CEO들이 투자지역을 선정할 때 가장 중시하는 것이 바로 위의 두 가지이기 때문이다. 즉 그 지역에 우수한 인재들이 많이 있는가? 그리고 그 지역이 사업하기 편하고 살기에는 재미있는가? 따라서 우리나라가 앞으로 다국적기업의 투자를 크게 높이려면 앞에서 열거한 투자비용과 투자위험을 낮추는 노력과 가능한 경쟁제한적 요소를 줄이는 노력을 함과 동시에 반드시 우리나라의 교육경쟁력과 도시경쟁력을 크게 높여야 한다.

그런데 우리나라의 교육경쟁력을 세계적 수준에서 보면 대단히 미흡한 수준이다. 서울대학교의 대학순위가 2008년 현재 전 세계에서 51위

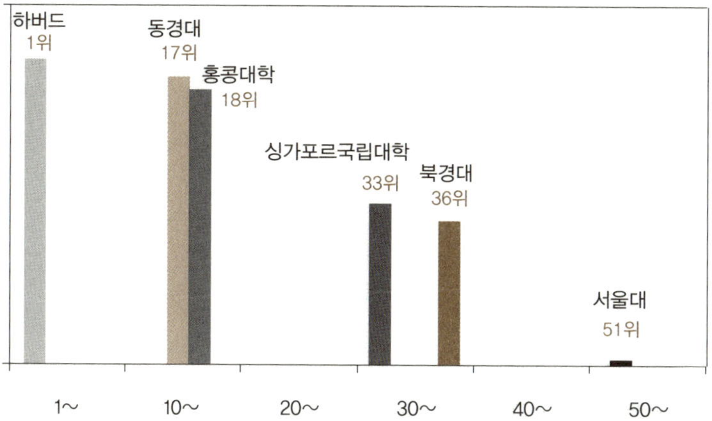

자료: 2007년 영국의 *The Times* 발표지

그림 6.2 세계 주요대학 순위(2007)

에 불과하다.[*] 다른 대학은 아직 100위 내에 진입하지 못했다. 이것이 절대적 평가기준이 될 수는 없지만 우리나라 교육의 국제경쟁력이 아직 취약하다는 단면을 보여주고 있는 것은 사실이다.

그러면 우리나라의 수도인 서울의 도시경쟁력은 어떠한가? 2006년 말 OECD 연구결과를 보면 대단히 충격적이다.[**] 세계의 대도시를 세계의 발전을 선도하는 도시, 자기나라의 발전을 선도하는 도시, 그리고 특별한 역할을 하지 못하는 구조조정이 필요한 도시, 이렇게 3개의 그룹으로 나누고 있다. 이 비교연구에서 서울은 제3그룹으로 분류되고 있다. 서울이 어떻게 이렇게 도시경쟁력이 낮게 되었는가? 하는 문제는 뒤에서 세계화와 지방발전의 문제를 다룰 때 다시 상론하기로 한다. 여기서는 우리나

* 2007년 영국의 *The Times*가 선정 발표한 자료다. 같은 자료에 일본 동경대학은 17위, 홍콩대학은 18위, 싱가포르 국립대학은 33위, 중국 북경대학은 36위로 나오고 있다.

** OECD Territorial Reviews: *Competitive Cities in the Global Economy*, Nov. 2006, OECD.

라의 경우 지금 교육경쟁력도 도시경쟁력도 세계 수준에서 보면 대단히 낙후되어 있기 때문에 그것이 세계적 다국적기업의 우리나라로의 투자유치를 대단히 어렵게 하고 있다는 사실만을 지적하기로 한다.

세계화와 금융자유화

세계화에 따라 각국 금융의 자유화가 빠르게 진행되고 있고 그 결과로 세계금융자산이 급속도로 팽창하고 있다. 제2의 세계화가 본격화되기 시작한 1980년 이후만 봐도 1980년 세계의 금융자산은 약 12조 달러로 당시의 세계 GDP와 거의 같은 수준1.09배이었다. 그것이 2005년 현재 약 140조 달러로 급팽창했다. 이제는 세계 GDP의 약 3.16배나 되는 수준이다.• 한마디로 세계화와 금융자유화의 결과 세계 금융자산이 놀랄만큼 빠르게 폭증하고 있다고 할 수 있다. 그러면서도 여러 나라에서 금융위기가 수시로 일어나고, 최근에는 더욱 대형화하고 있다. 이 문제를 어떻게 볼 것인가? 그리고 우리는 어떻게 대응해야 할 것인가?

금융자유화는 크게 보면 내부금융자유화internal financial liberalization와 외부금융자유화external financial liberalization로 나누어진다.•• 전자는 국내금융

• Martin Wolf, *Fixing Global Finance*, Johns Hopkins University Press, 2008, p.11.

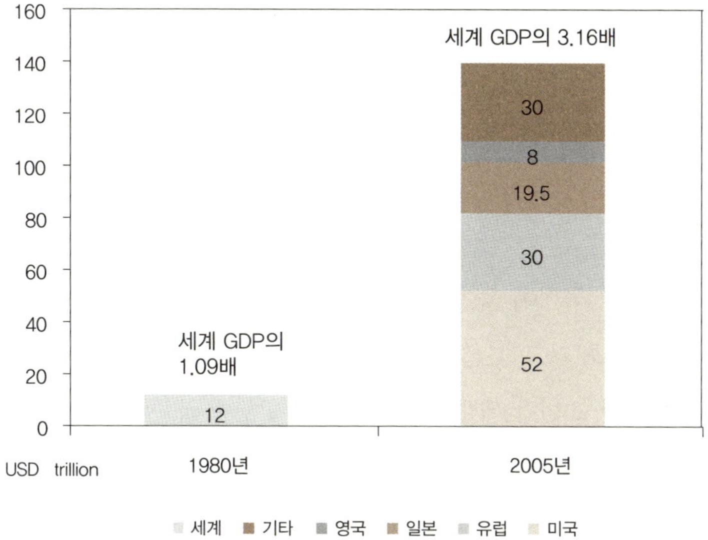

자료: Martin Wolf, *Fixing global Finance*, Johns Hopkins University Press, 2008.

그림 6.3 세계 금융자산의 증가

기관에 대한 정부의 각종 규제와 간섭을 없애는 것을 의미한다. 예컨대 시장이 아니라 정부가 이자율을 정하고, 정부가 누구에게 대출할 것인가를 정하고, 금융업을 새로 시작할 때는 정부의 허가를 받아야 하고, 해외에서 돈을 빌려오거나 해외에 빌려줄 때도 정부의 허가를 받아야 한다. 뿐만 아니라 금융기관의 내부관리 및 운영에도 정부가 나서서 많은 규제와 관여를 하는 경우를 우리는 금융억압financial repression이라고 부른다. 그런데 이러한 금융억압을 없애는 것, 그래서 금융산업을 자유화하는 것을 '내부금융자유화'라고 한다.

** 개도국의 금융자유화를 내부자유화와 외부자유화로 나누어 각각을 자세히 설명하고 특히 그 과정에서 야기되는 문제점, 나아가 금융위기로 발전하는 과정 등을 자세하고 명쾌하게 설명한 책으로는 Frederic S. Mishkin, *The Next Great Globaliztion*, Princeton University Press, 2006이 가장 뛰어나다. 필자도 이 책을 많이 참고했다.

반면에 외부금융자유화란 자본계정의 자유화capital account liberalization와 외국 금융기관의 국내시장에의 자유로운 진입을 의미한다. 자본계정의 자유화 혹은 자본자유화capital liberalization가 되면 내국인이든 외국인이든 누구든지 국내 돈과 외국 돈을 얼마든지 자유롭게 바꿀 수 있고 소지할 수 있고 국경을 넘어 이동시킬 수 있다. 이러한 자본자유화와 함께 외국의 금융기관이 국내에 들어와 자유롭게 영업활동을 하면 우리는 이것을 '외부금융자유화'라고 부른다.

그런데 지난 20년간 세계 여러 나라에서 발생한 금융위기 26개 중 19개가 금융자유화를 한 후 5년 이내에 발생했다. 그렇다면 우리는 자연히 몇 가지 의문을 가지게 된다. 세계화에서 금융자유화는 반드시 필요한가? 금융자유화는 과연 어떠한 이익이 있는가? 그리고 금융자유화가 자주 금융위기로 연결되는 이유는 무엇인가? 금융위기로 연결되지 않게 하려면 어떻게 해야 하는가? 이와 같은 문제들에 관심을 갖게 되는 것이다. 이것들을 나누어 고찰해 보도록 한다.

내부금융자유화: 왜 필요한가?

우선 금융자유화가, 그중에서도 내부內部금융자유화가 왜 필요한가 하는 문제부터 생각해 보자. 그 답은 비교적 간단하다. 우선 금융이란 무엇인가? 금융산업이란 어떠한 기능을 하는가? 가장 중요한 기능이 두 가지 있다. 하나는 개인이나 기업이 저축한 돈을, 생산적인 투자기회를 가지고 있는 다른 개인이나 기업에게 연결시켜 주는 기능이다. 한쪽은 저축능력은 있는데 투자능력이 없어 여유자금을 가지고 있는 그룹이다. 다른 쪽은 저축능력은 없지만 투자능력이 있어, 생산적 투자기회를 알고 있는데도 여유자금이 없어 투자를 못하고 있는 그룹이다. 이 양자를 연결시켜 주면 여유자금을 생산적으로 활용할 수 있게 돼, 나라 전체로 보면 자금의 효율적 사용이 가능해지고 그 결과로 경제가 성장한다.

금융의 두 번째 기능은 금융기관이 위의 둘을 연결시켜 주는 과정에서 대출 전에는 대출을 받을 개인이나 기업이 과연 성공가능성이 높은 투자계획을 가지고 있는지를 심사평가하고, 대출한 다음에는 그 기업이 본래의 계획대로 대출금을 잘 사용하고 있는지를 감시하고 감독하는 기능이다. 금융기관으로서는 당연히 이자를 잘 받으면서 대출금을 약속한 기한 내에 회수하려면, (1) 대출 신청을 받았을 때, 과연 제시된 투자계획이 생산적 투자인지를 심사평가하지 않을 수 없고, (2) 대출을 해준 후에도 대출금을 생산적으로 사용하고 있는지를 감시하고 감독하지 않을 수 없다. 그런데 은행이 하는 이 '심사평가'와 '감시감독'은 당해 은행에 이익이 될 뿐 아니라, 사회 전체의 관점에서 보아도 — 사회 내에서 일어나는 여러 투자들의 성공가능성을 높이기 위해서도 — 대단히 바람직한 기능이라고 할 수 있다.

본래의 금융은 이와 같이 (1) 저축과 투자를 효율적으로 연결시켜 주는 기능과 (2) 투자자의 투자계획을 심사평가하고 투자활동을 감시감독하는 기능, 이 두 가지 기능을 가진다. 그런데 정부가 나서서 이자율을 정하고 — 대부분의 경우 시장에서 형성될 이자율보다 낮게 정한다 — 또한 차입자를 정하는 — 경제적·객관적 평가보다 정치적 이해관계에서 정하는 경우가 많다 — 등의 소위 금융억압financial repression을 하면 금융기관은 이러한 두 가지 기능을 제대로 수행할 수 없게 된다. 우선 이자율을 시장의 수요와 공급에 따라 정하지 못하고 정부가 정하는 낮은 수준의 이자율을 강제하게 되면 사회 속에 잠재되어 있는 저축을 충분히 이끌어 내지 못한다. 그래서 저底저축을 결과한다. 그리고 정부의 관여와 개입으로 은행이 대출심사평가와 감시감독의 기능을 제대로 못하면 투자가 과연 효율적으로 이루어지는지를 알 수 없다. 결국 저축한 자원의 효율적 배분을 해害하게 된다. 따라서 금융기관이 자기 기능을 제대로 할 수 있도록 금융억압을 제거하고 금융을 자유화하는 것은 경제성장을 위하여 대단히 바람직한 정책방향이 된다. 그래야 저低저축의 문제, 투자의 비효율의 문제 등을 해결할 수 있다. 많은 나라들이 금융자유화 특히 내부금융자유화에 나서는 이유가 여기에 있다.

그런데 내부금융자유화에 성공하려면 몇 가지 조건이 있다. 그 조건은 금융이 지닌 몇 가지 구조적 문제에서 기인한다. 일반적으로 금융산업은 다음과 같은 몇 가지 구조적 취약점이 있다. (1) 가장 큰 취약점이 소위 정보의 비대칭성asymmetric information이라는 불완전 정보imperfect information의 문제다. 구체적으로는 두 가지 문제로 나타난다. 하나는 금융거래를 하기 전에 과연 대출자가 제대로 된 생산적 투자계획을 가진 자인지를 100% 확실하게 알 수는 없다는 점이다. 대출을 받겠다는 사람은 투자가 자신의 문제이니 투자내용을 잘 알겠지만, 은행입장에서는 투자내용 — 특히 부실한 것인지 아닌지 — 을 확실히 알 수는 없기 때문이다. 그래서 정보가 비대칭적이라는 이야기다. 따라서 일반적으로 가장 절실히 대출을 받고자 하는 사람들이 사실은 나중에 가장 회수하기 어려운 사람들이 될 가능성이 높다는 것이다. 이것을 소위 역逆의 선택adverse selection의 문제라고 한다. 환언하면 자금사정이 급한 사람일수록, 어떻게 해서든 투자계획을 실제 내용보다 유망하게 포장하기 때문에 오히려 나중에 갚기 어렵게 되는 경우가 많이 발생하게 된다는 것이다. 이렇게 빌려주면 안 되는 사람에게 빌려주게 되는 역의 선택이라는 문제를 금융기관이 잘풀어 나가 그 발생가능성을 가능한 줄여야 한다. 그렇지 못하면 금융의 자유화가 반드시 자원의 효율적 배분을 결과하지 않을 수 있다.

또 하나의 불완전 정보의 문제는 일단 금융거래가 일어난 다음에는 대출을 받은 개인이나 기업은 그 자금을 사용하는 데 신중하지 않게 되기 쉽다는 점이다. 그리고 그들이 덜 신중해지는 것을 금융기관이 알기가 어렵다는 점이다. 소위 도덕적 해이moral hazard의 문제다. 이 문제를 금융기관이 제대로 풀지 못하면, 즉 그 가능성을 줄이지 못하면 금융의 자유화가 반드시 자원의 효율적 배분을 결과한다고 할 수 없게 된다.

그래서 금융기관은 '역의 선택'의 가능성을 줄이기 위해 가능하면 철저하게 대출심사 평가를 하려 하고 그러한 절차와 체제를 갖추려 한다. 그래서 개인이나 기업에 대한 신용자료를 많이 수집한다. 또한 대출 후에도 '도덕적 해이'의 가능성을 줄이기 위해 대출에 대한 감시와 감독을 강화한다. 그리고 이러한 두 가지 문제를 줄이는 데 도움이 되는 담보설정collateral을 요구하기도 한다. 담보설정을 요구하면 역의 선택도 도덕적 해이도 발생하기 어렵기 때문이다.

그런데 문제는 거기서 끝나지 않는다. 금융산업의 두 번째 구조적 취약점은 (2) 은행이 대출자에 대한 불완전 정보문제를 해결하기 위하여, 환언하면, 역의 선택이나 도덕적 해이의 가능성을 줄이기 위하여 최선의 노력을 다한다는 보장이 과연 어디에 있는가? 그것을 어떻게 담보할 것인가? 하는 문제가 남는다. 이 문제까지 풀어야 — 은행이 역의 선택이나 도덕적 해이를 줄이기 위하여 최선을 다하도록 해야 — 소위 금융자유화가 자원의 효율적 배분에 기여하고 경제성장에 기여할 수 있게 된다.

그런데 이는 결코 간단한 문제가 아니다. 이 문제는 실은 예금자, 즉 저축자와 금융기관 간의 정보의 비대칭성의 문제, 즉 불완전 정보의 문제 때문에 발생한다. 예금자 입장에서는 실제로 금융기관이 과연 투자심사를 제대로 하고 감시감독을 제대로 하는지 아닌지를 알기가 쉽지 않다. 과연 금융기관이 자신들의 예금을 너무 위험한 기업에 대출하는 것은 아닌지, 금융기관이 도덕적 해이에 빠지는 것은 아닌지 — 투자심사와 투자감독을 소홀히 하는 것은 아닌지 — 알기가 어렵다. 이러한 문제에 대한 정책대응으로 우선 정부가 나서서 예금자를 보호하는 제도를 생각할 수 있다. 하나가 예금보험제도deposit insurance이고, 다른 하나가 은행이 지불불능의 상태에 빠졌을 때 정부가 은행에 직접 자금을 공급하는 제도bail out다. 여하튼 이러한 제도와 정책이 없으면 예금자는 불안한 입장에 놓이게 되어 예금을 안심하고 할 수 없게 된다.

그래서 금융기관에 대한 신뢰성confidence이 대단히 중요한 것이다. 금융기관에 대한 신뢰성이 떨어지면 예금자들은 일거에 몰려가 예금인출을 요구하게 된다. 그러한 행동 자체가 은행의 지불불능을 유도하고, 더 나아가 다른 은행의 연속적인 지불불능 — 한 은행의 파산이 다른 은행의 파산으로 연결 — 을 결과할 가능성을 높인다.

인간은 본래 정보의 불확실성이 높은 경우에는 집단충동에 따라 일정한 방향으로 움직임을 함께 하는 경향이 크다. 이것을 집단적 쏠림심리herd psychology라고 한다. 과도하게 낙관적이 되어 무리한 예금혹은 투자을 하기도 하고 과도하게 비관적이 되어 갑자기 인출소동혹은 투자회수을 벌이기도 한다. 그렇게 되면 소위 처음의 비非이성적인 예측 혹은 근거 없는 예측이 현실로 실현되는 경우도 발생한다. 처음의 비관적 예측이 현실적으로 타당한 것이 아니었는데도, 많은 사람들이 그렇게 믿고 행동하면, 그래서 모두가 집단적 쏠림현상으로 나가면, 그 비관적 예측이 실제로 실현된다. 소위 예측의 자기실현self-fulfilling prophesy현상이 나타난다. 이러한 심리나 예측이 특히 금융시장에서 비교적 자주 나타나고 빠르게 증폭되는 경향snow ball effect을 가진다. 그래서 약간이라도 금융기관에 대한 신뢰가 흔들리고, 은행의 지불능력이 낮아지면, 모두가 일거에 은행으로 달려가 인출소동을 벌이는 경우가 쉽게 발생하게 된다. 따라서 이러한 경우를 제도적·정책적으로 막는 정부의 노력 — 예금자 보호제도 등 — 이 필수적이 된다.

그런데 문제는 거기서 끝나지 않는다. 왜냐하면 금융기관에의 예금을 정부가 나서서 그 지불을 보장해 주면 그것이 금융기관으로 하여금 더욱 무책임하게 위험부담이 큰 투자분야에 대한 대출 — 물론 기대수익도 크지만 — 을 함부로 할 요인이 될 수도 있기 때문이다. 즉 '고위험-고수익high risk-high return' 분야에의 대출을 많이 하게 된다는 것이다. 왜냐하면 고수익이 일어나면 은행이 이득을 보지만 고위험이 실현되어 손해가 일어나면 국가가 이를 책임져 주기 때문에 은행이 안이하게 고위험-고수익 투자를 확대할 위험이 있다는 것이다.

따라서 금융기관이 보다 신중한 경영을 하도록 하는 정부규제가 반드시 필요하다. 소위 신중경영을 위한 정부규제prudential regulation가 필요하다는 것이다. 예컨대 정부가 금융기관의 경영내용을 정기적으로 보고하도록 하고, 금융기관이 부담할 위험의 최고수준을 정하고, 대출대비 자기자본비율을 일정수준으로 유지하도록 요구하는 등의 규제를 해야 한다. 물론 여기서 한 발 더 나아가 금융규제를 하는 정부기관의 불완전정보 문제와 도덕적 해이 문제는 어떻게 풀 것인가 하는 문제를 논할 수 있다. 즉 금융기관을 감시감독하는 정부기관을 누가 감시하고 감독할 것인가who monitors the monitor? 하는 문제가 된다. 이 문제도 대단히 중요하다. 특히 개도국의 경우 금융자유화의 성공에 큰 장애가 되는 것이 바로 정부의 무능과 부패 그리고 비효율의 문제인 경우가 많다. 그러나 이 문제는 금융자유화영역의 문제이기보다는 정부능력영역의 문제이기 때문에 여기서는 더 이상 논의하지 않기로 한다. 다만 금융자유화의 문제가 결코 쉬운 문제가 아니라는 점만 강조하고자 한다. 여하튼 결론은 금융기관의 신중경영을 위한 정부의 규제는 대단히 중요하고 이것이 금융자유화의 성공 여부를 가르는 시금석이 될 수 있다는 점이다.

따라서 금융자유화의 성공을 위해서는 한편에서는 금융억압을 풀어야 하면서 다른 한편에서는 신중하게 규제를 강화하는 것이 필요하다. 이 두 가지의 조화가 잘되어야 금융자유화, 정확하게 말하면, 내부금융자유화가 성공할 수 있다. 일반적으로 금융위기가 후진국에 자주 일어나는 것은 금융자유화를 하는 과정에서 과거정부의 불필요한 규제와 간섭 — 금융억압을 해오던 규제와 간섭 — 을 해체하면서, 새로운 신중경영을 위한 정부규제를 올바로 강화하고 제도화하지 못하는 데서 발생한다고 볼 수 있다. 그리고 이러한 금융에 대한 정부규제의 양면성 — 규제완화와 규제강화가 동시에 필요하다는 양면성 — 은 반드시 후진국만의 문제가 아니라 선진국의 경우도 문제가 될 수 있다는 점을 2008년 미국의 금융위기사태가 잘 보여주었다고 할 수 있다.

외부금융자유화: 자본자유화의 문제

외부外部금융의 자유화, 자본자유화는 지난 1970-80년대부터 선진국에서 시작되어 빠른 속도로 진행되었다. 그 결과 오늘날 세계 외환거래량은 천문학적 규모가 되었다. 1973년 세계 외환거래량은 하루에 약 100억 달러 내지 200억 달러 정도였다. 그중에 1/2은 무역과 직접 관련되는 무역대금의 결재를 위한 것이었다. 2000년 이후에 세계 외환거래량은 하루에 약 2조 달러 정도라고 한다.* 그리고 그중 1/50만이 무역이나 외국인직접투자와 관련된 것이고, 나머지는 실물거래가 수반되지 않는, 오로지 환율의 변동, 이자율의 변동, 주식가격의 변동 등등을 통해 이익을 내려는 움직임이다. 이와 관련하여 몇 가지 근본적 문제를 살펴보도록 하자. 우선 어떻게 하여 실물거래와 관계없는 자본거래가 이렇게 큰 규모가 되었는가? 그 배경과 원인은 무엇인가? 그리고 이렇게 커진 자본거래를 자유화하는 것은 과연 바람직한가? 환언하면 외부금융자유화의 이익과 비용은 무엇인가? 하는 문제를 살펴보도록 한다.

우선 자본자유화가 등장한 배경을 간단히 살펴보자. 이를 보려면 제2차 세계대전 후 성립한 소위 브레튼 우즈 체제의 특징으로까지 소급해 올라가야 한다. 제2차 세계대전 후에 성립하여 1970년 초까지 세계경제질서를 구성한 것이 바로 브레튼 우즈 체제다. 이 체제는 몇 가지 특징이 있었다.

첫째, 주요국 화폐의 상대가치인 환율은 모두 고정되어 있었다. 한마디로 고정환율fixed exchange rate system제도였다. 미국의 화폐를 금金의 가격 변동에 연동시켜 놓고 주요국의 화폐는 미국의 화폐에 고정시켜 놓고 있었다. 금 1온스의 가격을 35달러로 고정하고 다른 나라의 환율은 모

* 2007년 4월 현재 BIS 기준으로 전통적 외환거래는 현물환(spot), 선물환(outright forward), 외환스왑(foreign exchange swaps) 등을 포함하며 전 세계 일일거래량은 약 3.2조 달러로 잡힌다. 그리고 외환 파생상품거래는 통화선물(currency futures), 통화옵션(currency options), 통화스왑(currency swaps), 통화선물옵션(options on currency futures) 등을 포함하며 전 세계 일일거래량은 4.2조 달러로 나타난다. FIP-2009-0016(통권 제140호, 2009. 07. 29.) Issue paper 환율안정을 위한 외환시장 발전방안, 전국경제인연합회.

두 미국의 달러에 연동시켜 간접적으로 금값과 연계시키는 그래서 각국의 화폐가격의 안정을 기하는 체제였다.

둘째, 브레튼 우즈 체제는 이러한 고정환율제도를 전제로 가능하면 자유무역을 제도화하여 — 점진적인 관세인하 등 — 세계의 경제성장을 도모하려고 했다.

셋째, 무역에 대해서는 자유화를 목표로 하는 반면 자본에 대해서는 반反자유화의 입장을 확고히 했다. 각국은 소위 철저한 자본통제capital control를 실시했다. 외환거래는 무역 등을 위하여 필요한 경우에만 한정하고 일반적으로 자본이동은 대단히 제한적이었다. 그래서 외국자본이 들어와 주식을 산다든가 예금을 한다든가 등은 대단히 예외적인 경우에만 허용되었다. 고정환율제도이기 때문에 환율변동으로 인해 발생하는 소위 환위험exchange risk이 없어 안심하고 모든 나라들이 오로지 생산성경쟁을 통한 무역확대를 도모하는 데 주력할 수 있었다. 국제간 자본이동이 금지되었기 때문에 정부는 통화정책을 통하여 국내이자율을 비교적 낮게 유지하면서 투자증대를 통하여 완전고용을 목표로 움직일 수 있었다. 환언하면 개별정부가 통화정책의 자율성을 가질 수 있었다.

넷째, 무역수지의 적자문제가 발생하는 경우 그것이 단기적이고 예외적인 경우라면 IMF가 단기 자금지원을 통하여 문제를 풀고, 만일 장기적이고 구조적인 것 — 예컨대 재정적자의 누적으로 인한 것 등 — 이라면 IMF 등과 상의하여 환율수준 자체를 재조정하는 방식으로 문제를 풀어 왔다.

이러한 특징을 지닌 브레튼 우즈 체제는 전후부터 1971년 닉슨이 달러의 금태환金兌換을 금지시켜 사실상 브레튼 우즈 체제가 붕괴될 때까지, 세계경제의 안정적 발전에 크게 기여해 왔다. 이 기간 중에 고정환율제도는 대단히 안정적이고 성공적인 시스템으로 작동해 왔다.

그러나 1970년대 초 브레튼 우즈 체제가 붕괴된 이후 고정환율제도가 깨지고 사실상의 변동환율제도로 들어가면서 환율의 변동은 점차 일상화되기 시작했다. 이제 개별 기업들은 환율이 수시로 변동하고 있기 때문에 새로운 환경 속에서 새로운 기회와 위험을 느끼게 되었다. 환換투기를 잘하면 큰돈을 벌 수 있는 기회도 되고, 반면 가만히 있거나 혹은 환투기를 잘못하면 큰 손해를 볼 수 있는 위험도 있음을 느끼게 되었다. 그래서 각 기업마다 자금관리-외환관리를 전문으로 하는 기구를 만들기 시작했고 최고의 전문가들을 채용하기 시작했다. 소위 portfolio 관리나 future market 관리 전문가를 채용하여 회사의 자산관리 특히 금융자산관리를 맡기게 되었다. 그러면서 이들은 정부에 대해 국제자본이동에 대한 기존의 각종 규제와 통제를 풀어줄 것을 요구하기 시작했다. 자본통제와 외환규제를 이대로 두고는 변동환율제도 아래에서 회사의 금융자산관리 등을 제대로 — 효율적으로 — 관리하기가 어려웠기 때문이었다. 외부금융의 자유화를 향한 이러한 압력이 내부금융의 자유화 추세와 맞물려서 결국은 내국인이든 외국인이든 얼마든지 외환을 사거나 팔 수 있고 해외로도 이전시킬 수 있는 본격적인 자본자유화capital liberalization로 나아가게 되었다.

그래서 미국이 1974년 자본통제를 풀었고, 영국은 1979년 그리고 일본도 1980년부터 지금까지의 자본통제를 자유화하기 시작했다. 그래서 세계자본시장이 본격적으로 재등장하게 되었다. 재등장이라고 표현한 것은 이미 지난 제1차 세계화시대1860-1917 이전에 자본이동이 비교적 활발했지만 1917년 이후 그 움직임이 크게 후퇴했다가 1980년 이후 다시 재등장했다고 볼 수 있기 때문이다.

그러면 이렇게 재등장한 자본자유화, 즉 외부적 금융자유화는 과연 세계경제 발전에 어떠한 기여와 이익이 되고 어떠한 비용과 위험을 가져오는가?

기여와 이익의 측면부터 본다면

(1) 지구촌 전체의 관점에서 볼 때, 저축능력이 높은 지역에서 투자능력이 높은 지역으로 자본을 이동시킴으로써 세계적 수준에서 자원배분의 효율성을 높일 수 있다.

(2) 금융기관은 자본조달을 세계적으로 할 수 있고, 투자자들은 자신의 자산관리portfolio management를 세계적으로 할 수 있으며, 기업들은 위험관리를 세계적으로 할 수 있다. 그래서 보다 큰 이익을 창출할 수 있다.

(3) 일반적으로 국제적 투자가들은 낮은 인플레이션을 선호한다. 투자의 실질가치가 하락하는 것을 싫어하기 때문이다. 따라서 국제적 투자가들은 투자한 혹은 투자할 나라가 재정통화정책을 보수적으로 운영하는 것을 좋아한다. 방만한 재정팽창이나 무원칙한 통화공급의 확대를 싫어한다. 국제적 투자자들의 이러한 선호는 해당 국가들의 경제정책을 보다 안정적으로 그리고 일관성 있게 운영하도록 유도한다. 소위 정책의 규율성policy discipline을 높이는 방향으로 유도하는 역할을 한다.

자본자유화는 이상과 같은 이익이 있는 반면 다음과 같은 비용 내지 위험도 있다.

(1) 이미 앞에서 금융에는 불완전 정보의 문제가 많다는 문제점을 지적했다. 이러한 금융의 불완전 정보의 문제가 자본의 자유화가 되면— 자본의 세계화가 되면— 더 심해질 수 있다. 해외에 있는 기업이나 금융기관의 정보가 국내의 경우보다 훨씬 불완전하기 때문이다. 따라서 소위 부실투자 내지 '묻지마 투자'로 인한 금융 버블bubble의 등장과 붕괴의 가능성boom and bust이 크게 높아진다. 그리고 그 횟수가 증가하고 그 크

기가 커진다. 한 가지 더 추가할 것은 자신의 자산관리를 세계적으로 할 수 있어 자산관리의 위험이 상당히 분산될 수 있기 때문에 그만큼 단일 자산에 대한 투자에 대하여 덜 신중하게 된다는 문제도 발생한다. 신중하지 못한 투자의 가능성이 높아지는 만큼 집단쏠림이 발생하면 모든 사람들이 같은 방향으로 몰려갈 위험이 높아지고 그만큼 자본시장의 불안전성은 커지게 된다.

(2) 1971년 브레튼 우즈 체제가 끝나고 고정환율제도가 붕괴된 후에도 후진국에서는 완전한 변동환율제의 도입이 어려웠다. 후진국들은 가능한 환율을 쉽게 변동시키지 않으려고 했다. 후진국이 환율을 쉽게 변동시키지 않으려는 데에는, 즉 고정환율제적 요소를 선호하는 데에는 몇 가지 이유가 있다.

첫째는 후진국의 경우 수입이 GDP에서 차지하는 부분이 많기 때문에 특히 중간재나 오일가격이 올라가면 완전변동환율제 아래에서는 소위 비용 인플레이션cost-push inflation이 발생할 가능성이 커진다. 물론 거시경제운영에 있어 인플레이션 압력 자체도 바람직하지만 인플레가 되면 외국인투자가들이 당연히 높은 이자율을 요구하게 되기 때문에 더욱 바람직하지 않다. 그래서 후진국들은 가능한 환율변동을 기피하려고 했다.

둘째는 이들 후진국은 선진국의 외화표시 부채를 많이 가지고 있는데 변동환율이 되어 자국화폐의 가치가 떨어지면 외국에 지불할 이자부담이 증가하게 된다. 또한 자국의 화폐가치가 떨어지는 것은 정치적으로도 인기가 없다. 이러한 이유 등등으로 후진국의 경우 비록 변동환율제라고 해도 가능한 자국화폐가치의 단기적 변동을 싫어하고, 환율의 경직적 운영pegged rate, target zone 등을 선호하는 경향이 강했다.

그런데 이처럼 경직적으로 운영되는 환율제도하에서 자본자유화를 추진하면 국내 통화정책의 실효성을 얻을 수 없다는 문제가 발생한다. 즉 통화정책의 자율성monetary autonomy을 확보할 수 없게 된다는 것이다. 이것이 자본자유화가 가져오는 비용의 하나다.

예컨대 국내경제가 심한 불경기라면 생산과 고용을 늘리기 위해 화폐공급을 증가시키는 팽창적 통화정책을 사용해야 한다. 그러나 경직적 환율운영과 자본자유화 아래에서는 이러한 팽창적 통화정책이 생산과 고용을 늘리는 효과를 낼 수 없다. 그것이 문제라는 것이다. 왜냐하면 통화공급을 늘리면 이자율이 내려가고 따라서 자본자유화 아래에서는 통화가 — 해외의 고이자율을 찾아 — 해외로 빠져 나가게 된다. 그래서 국내경기 회복, 즉 생산과 고용을 늘리는 기능을 할 수 없게 되기 때문이다. 따라서 '경직적 환율운영'과 '자유화된 자본' 그리고 '유효한 통화정책', 이 세 가지는 동시에 성립할 수 없게 된다. 소위 Policy Trilemma의 문제가 등장한다. 다시 정리하면 경직적 환율제도를 운영하는 후진국이 자본자유화를 추진하면 통화정책이 실효성을 잃게 됨으로써 중요한 거시정책 수단의 하나를 잃게 된다. 이것이 자본자유화가 가지는 두 번째의 문제점 내지 비용이다.

(3) 자본을 자유화하면 외국인투자자들은 일반적으로 낮은 인플레를 선호하기 때문에 — 인플레가 높으면 높은 이자율을 요구하기 때문에 — 자연히 거시경제운영이 긴축적인 방향으로 나아가게 된다는 문제점이다. 정부지출의 삭감, 인플레를 낮추기 위하여 정부지출의 삭감, 통화공급 축소 등의 정책을 쓰면, 즉 거시경제를 긴축적으로 운영하면 자연히 성장은 낮아지고 실업은 늘며 분배는 악화되는 경향을 가진다. 따라서 이러한 정책은 사실은 금융자본가와 금융부문 노동자의 이익을 위해 실물자본가와 실물부문의 노동자의 이익을 희생시키는 측면을 가진다. 이렇

게 외국자본의 유입이 거시경제운영을 긴축적이고 보수적인 방향으로 몰고가는 경향을 가진다.

그러나 물론 외국자본의 유입 자체가 잠재적 투자기회에 자금을 원활히 공급하여 생산과 고용을 늘리는 측면이 있다는 것도 잊어서는 안 된다. 따라서 균형적인 시각을 가지고 종합적인 효과를 보려는 노력이 필요하다.

(4) 마지막으로 자본의 자유화는 경기변동의 폭을 증폭시키는 경향을 가진다. 경기가 상승국면으로 들어서면 외국자본의 급격한 유입이 늘어나고 경기가 하강국면으로 가면 외국자본의 급격한 감소가 발생할 위험이 크다. 그러면 그만큼 국내경기변동의 폭을 크게 만들어 소위 거품현상의 폭을 크게 만든다. 이것이 자본자유화의 또 하나의 문제점 내지 비용이다.

이상을 요약하면 자본자유화는 나름의 큰 장점들과 단점들을 가지고 있다. 우선 이렇게 자본자유화의 이익과 비용 그리고 문제점 그 자체를 정확히 파악하고 이해해야 한다. 올바르고 정확한 이해가 있어야 올바른 정책이 나올 수 있기 때문이다. 지금까지 살펴본 내부금융자유화와 외부금융자유화가 가지는 장·단점, 이익과 비용, 그리고 문제점들에 대한 이해를 전제로, 앞으로는 세계화의 과정에서 증가하고 있는 금융위기 발생의 일반적 원인과 그 과정을 살펴보도록 한다.

금융위기: 그 발생과정과 대책

일반적으로 개발도상국에서 금융위기가 발생하는 두 가지 큰 계기가 있다. 하나는 금융자유화를 잘못 추진하고 관리했기 때문에 발생하는 경우다. 다른 하나는 거시경제운영을 잘못하여 거대한 재정적자가 발생하여 일어나는 경우다. 동남아시아1997-98와 멕시코1994-95의 금융위기는 전자의 경우에 속하고, 아르헨티나2001-2002와 러시아의 금융위기1998는 후자에 속한다. 앞의 경우부터 살펴보자

우선 내부금융자유화를 위해 지금까지 금융억압을 해오던 기존의 정부의 간섭과 규제를 풀기 시작한다. 그러면 은행은 자유로운 대출이 가능하기 때문에 그리고 일반적으로 개발도상국에서는 저축이 적어서 자금에 대한 수요가 높은 편이라 대대적인 대출 붐lending spree이 일어나기 시작한다. 대출기업에 대한 정보는 부족하고 그리고 기업의 투자계획에 대한 금융기관의 심사나 평가기능은 약한 상황에서 대출 붐이 일어나는 셈이다. 그리고 대출 후에도 대출기업의 투자활동에 대한 금융기관의 적절한 사후 감시와 감사가 제대로 이뤄지지 못한다. 왜냐하면 개발도상국의 경우 금융기관이 아직 능력 있는 전문인력이나 필요한 절차와 제도를 갖추지 못했기 때문이다. 대출심사와 평가, 그리고 사후감시와 감독의 경험, 전문성, 능력, 절차와 제도 등의 부족으로 시간이 감에 따라 대출한 자금의 회수가 어려워진다. 금융기관의 경영수지가 악화되고 그러한 사정이 알려지기 시작하면 예금자도 급감하기 시작한다. 따라서 대출붐이 대출 중단과 회수lending crash로 급急반전되기 시작한다. 금융기관의 경영수지가 계속 악화되면 점차 금융기관의 파산가능성도 등장한다. 그러면 집단적 쏠림 심리가 나타나 예금자들에 의한 대대적인 집단인출이 일어난다. 모두가 가능한 한 빨리 자신의 예금을 인출하려 한다.

이처럼 집단예금인출이 급증하면 그 금융기관은 파산으로 가지 않을 수 없게 된다. 그러한 현상을 보고, 금융기관 전반에 대한 금융신뢰

financial confidence가 약화되어, 이웃의 건전한 금융기관에 예금했던 예금자도 예금을 인출하기 시작한다. 그래서 이 금융 불신의 파급효과contagion는 이웃은행으로 전파되면서, 건전한 금융기관의 도산도 일어나게 된다. 이렇게 되어 은행들이 하나 둘 문을 닫게 되면 미래에 대출할 기업에 대한 정보능력도 급속히 줄어든다. 왜냐하면 은행이 문을 닫게 되면서 은행이 보유하고 있던 기업정보가 다 사장死藏되기 때문이다. 그래서 소위 정보의 비대칭성, 불완전 정보의 문제는 더욱 심각하게 되고, 따라서 대단히 높은 수익이 예상되는 생산적 투자기회에 대한 자금공여도 일어나지 못하게 된다. 그러면 금융위기는 자연히 기업도산, 실업증대 등 실물위기로 파급되고 경제는 급속히 하락하게 된다.

이러한 상황의 진행을 특히 집단적 쏠림 심리의 작동을 소위 예금보호제도가 일정부분 완화시킬 것이다. 그리고 정부도 직접 나서서 금융기관에 긴급 자금지원bail out을 하여 금융기관의 파산을 막으려 할 것이다. 그러나 이러한 움직임이 불가피한 것은 사실이지만 이러한 정책이 금융기관의 도덕적 해이를 막지는 못한다. 즉 금융기관의 방만 경영이나 과도한 위험대출의 문제를 근원적으로는 해결하지 못한다. 앞에서도 지적하였지만 그 이유는 다음과 같다. 고위험대출은 일반적으로 고수익대출high risk-high return이기 때문에 고위험대출이 성공하면 금융기관은 큰 이익을 얻게 된다. 그런데 대출이 성공하면 큰 이익을 얻고 대출이 실패해도 그 비용을 정부가 나서서 해결bail out 등하여 준다면, 금융기관으로서는 항상 고위험의 대출이 보다 이익이 되기 때문에 이를 선호하지 않을 수 없다. 결국 금융기관의 방만한 경영과 과도한 위험대출의 문제를 해결할 수 없다. 따라서 정부가 나서서 자금지원을 하는 것은 사실 바람직하지 않은 정책이다. 물론 은행의 연속도산이 국민경제에 주는 영향이 심각한 경우에는 정부의 개입이 정치적으로 불가피한 경우가 많을 것이다. 그러나 경제적으로는 올바른 해결책이 아니라는 말이다.

결국 바람직한 정책방향은 평소에 금융기관에 대한 신중규제prudential regulation를 강화하는 방법이다. 보다 신중한 대출이 가능하도록, 환언하면 보다 철저한 대출심사와 평가가 가능하도록, 그리고 대출 후에도 보다 철저한 감시감독이 가능하도록 정부규제를 강화하는 방법이다. 그리고 일정 수준 이상의 대출을 막고 대출대비 자기자본自己資本보유비율을 적정수준으로 높이는 등의 규제와 감시가 있어야 한다. 다시 강조하지만 내부금융자유화는 과거의 불필요한 금융기관에 대한 간섭과 개입은 줄이되 은행의 도덕적 해이를 줄일 신중규제는 반드시 강화해야 성공할 수 있다는 점을 잊어서는 안 된다. 개도국에 금융위기가 많은 것은 바로 이러한 신중규제를 확실하게 정착시킬 인적·제도적 능력이 없는 상황에서 금융자유화 — 규제완화 — 가 급속히 진행되었기 때문이다. 반드시 경계할 일이다.

개도국의 상황이 이러한데 여기에 외부금융자유화, 즉 자본자유화까지를 함께 추진하면 문제가 크게 악화될 가능성이 높다. 자본자유화로 인하여 금융기관들은 이제 외국에서 이자율이 높은 자금을 빌려올 수 있게 되고 그것을 국내대출자금으로 사용할 수 있게 된다. 일반적으로 개도국은 저축이 적어서 투자수요는 많은데 자금공급이 부족한 경우가 일반적이다. 약간 이자율이 높다고 해도 일반적으로 자금수요가 많은 편이다. 그래서 약간 높은 이자율을 지급해야 하는 자금을 금융기관이 외국에서 가져와도 국내에서 대출을 원하는 개인이나 기업을 찾는 것은 어렵지 않다. 자본자유화를 통하여 이렇게 자본이 해외에서 들어오기 시작하면 쉽게 발생하는 것이 소위 부동산, 주식 등의 자산버블asset bubble

이다. 자산의 공급은 제한되어 있는데 외국자본이 들어와 자산 수요가 크게 높아지면 자산가격이 천정부지로 오르기 시작한다. 그러면 이것을 보고 금융기관은 외국에서 더 차입하여 국내에 대출하고 대출을 받은 기업은 다시 부동산과 주식을 사들이며, 공장을 더 확장하는 방향으로 움직이게 된다.

그런데 이 과정에서 금융기관은 외국에서 빌린 돈을 국내에 대출할 때 대출심사나 평가, 그리고 대출 후의 감시감독을 거의 형식적으로 부실하게 하게 된다. 신중한 심사와 감시를 할 능력도 없고 또 그렇게 할 강력한 요인을 가지고 있지도 않기 때문이다. 왜냐하면 부실대출로 금융기관이 어려워지면 항상 정부가 나서서 자금지원을 해준 역사가 있기 때문이다. 그래서 금융기관도 신중대출보다 부실대출을 많이 하게 된다. 한탕주의를 목표로 하고 있는 셈이다. 따라서 기업도 금융기관도 모두 한탕주의에 빠진다. 즉 고위험-고수익의 전략을 사용하게 된다. 성공하면 고수익을 챙길 수 있고 실패하면 정부가 나서서 문제를 풀어주기 때문이다.

그러나 이러한 여러 요인들이 합쳐서 만들어 내는 자산버블은 무한정 지속될 수 없다. 어디서든 버블은 꺼지기 시작한다. 자산가격의 추락이 시작되는 것이다. 부동산, 주식 등의 가격이 하락하면 결국 기업 소유의 자산가치, 나아가 기업의 가치 자체가 떨어지기 시작한다. 그러면 금융기관은 더 이상의 대출을 기피하게 된다. 그럴수록 기업은 다시 더욱 위험한 투자의 방향으로 움직인다. 성공하면 한탕을 잡아 그동안의 실패를 메울 수 있기 때문이다. 이를 보면서 금융기관은 더욱 대출을 기피하고 이제는 회수를 요구하기 시작한다.

이러한 상황 진행과 더불어 다음과 같은 상황이 동시에 전개된다. 즉 외국에서 들어온 자금이 자산버블을 일으킨 결과, 국내경제 전반에 물가상승의 경향, 즉 인플레가 나타나기 시작한다. 일반적으로 경직적 환율운영 속에서—환율변화가 별로 없는 상황 속에서—국내에서 인플레 경향이 나타나면 국내 화폐의 상대적 가치가 올라가는 셈이 된다. 그래서 수입이 늘고 수출이 줄게 된다. 그래서 결국은 국제수지 적자를 결과하게 된다. 국제수지상 적자가 쌓이면 당연히 시장의 힘은 국내 화폐의 평가절하—상대적 가치의 하락—의 압력으로 작동한다. 그러나 수입의 비중이 큰 개도국의 입장에서는 국내 화폐의 평가절하가 수입물가의 상승을 매개로 국내 인플레이션을 더욱 촉진할 위험이 있기 때문에 평가절하를 가능한 피하려고 한다. 또한 외화표시 외채foreign- currency debt가 많은 개도국으로서는 평가절하가 외채부담 자체를 높이기 때문에 이 또한 평가절하를 피하게 하는 요인으로 작용한다.

이러한 이유 등으로 개도국 정부는 국제수지적자가 쌓이는데도 자국 화폐의 평가절하 등 환율조정을 하지 않으려고 할 수 있다. 하지만 그렇게 되면 외국자본은 그동안의 투자를 회수하기 시작한다. 소위 자본이탈capital flight이 시작된다. 왜냐하면 국제수지적자가 쌓일 경우 분명히 언젠가는 평가절하가 불가피할 것이고, 그렇게 되면 개도국 화폐보다는 달러를 보유하는 것이 보다 유리할 것이기 때문이다. 또한 이미 자산 버블이 붕괴되고 있는 상황이라 개도국 금융기관을 통하여 투자한 기업의 가치도 떨어지고 있기 때문에 더 이상 그 나라에 머무를 필요도 없게 된다. 이러한 상황에서 투기적 목적의 자본도 함께 움직일 수 있다. 평가절하 전에 달러를 사두었다가 평가절하 후에 되팔면 큰 수익을 얻을 수 있기 때문이다. 그래서 투기자본들도 모두 개도국의 화폐를 팔고 달러를 사들이기 시작한다. 해외자본들의 이러한 움직임은 불가피하게 개도국의 외환보유고, 즉 달러 부족으로 연결된다.

처음에는 개도국의 외환보유고를 풀어 달러에 대한 수요증가를 충당하게 된다. 그러나 자본이탈이나 투기자본의 공격이 심해지면 도저히 외환보유고만으로 문제를 해결할 수 없게 된다. 결국 외환보유고는 바닥이 나고 개도국은 IMF의 구제금융을 받지 않을 수 없는 상황으로 몰린다. 이렇게 되면 소위 쌍둥이 위기twin crisis가 오는 셈이다. 하나는 금융위기financial crisis다. 즉 대출기업의 파산이 금융기관의 파산, 더 나아가 금융기능의 정지로 연결되는 위기다. 한마디로 '금융부도'의 상태다. 다른 하나는 외환위기currency crisis다. 외환, 즉 달러의 부족으로 국가가 외채를 갚지 못하는 위기다. 소위 '국가부도'의 상태다. 이러한 두 가지 위기가 오면 실물경제는 곤두박질친다.

여기에 IMF가 구제금융의 조건conditionality으로 국제수지의 악화를 막는다는 명분으로 긴축재정과 통화공급의 축소를 요구하게 되면, 이미 많이 나빠진 실물경제를 더욱 나쁘게 만들게 된다. 1997년 대한민국 등이 경험한 것이 바로 이러한 경우다. 아시아 금융위기 이후 IMF의 처사를 둘러싸고 논란이 많았다. 이미 쌍둥이 위기를 맞이한 나라에게 IMF가 구제금융을 주면서 이와 같은 긴축재정과 통화축소를 요구조건으로 하는 것이 과연 타당하냐에 대한 설득력 있는 비판이 많이 제기됐다. 지금은 IMF도 이에 대해 반성하고 있다.

이와 같이 금융자유화와 자본자유화를 잘못 관리하여 발생하는 금융위기가 일반적이지만 또한 거시경제운영을 잘못하여 재정적자가 과도하게 되어 금융위기를 결과하는 경우도 있다. 이미 지적한 대로 아르헨티나가 2001-2002년에 경험한 금융위기와 러시아가 1998년 경험한 금융위기는 이러한 성격이 강하다. 아르헨티나의 경우 비교적 금융규제 특히 신중규제는 잘 되어 있는 것으로 알려져 있다. 그리고 금융위기가 오기 전에 특별히 과도한 고위험분야의 대출 붐이 있었던 것도 아니다. 그러나 문제는 정부의 재정적자가 너무 과도해 세금으로 메울 수 없어 정부가 국채國債를 발행해 금융기관에게 인수하도록 강요하는 데서 시작되었다. 금융기관이 인수한 국채의 비중이 커지면서 금융기관의 경영수지가 크게 나빠지기 시작했다. 그러면서 민간의 생산적 투자에 대한 대출도 어려워지게 되었다. 여기에 경영수지의 악화를 보고 예금자들의 예금인출이 일어나면서 금융기관의 수지는 더욱 나빠지고, 빠르게 금융기관이 파산하는 방향으로 상황이 악화되어 갔던 것이다.

지금까지의 논의를 생각하면서, 앞으로 금융위기의 재발을 막기 위하여 우리가 어떠한 종합적 정책 노력을 해야 할 것인지 정리해 보자.

첫째, 거시경제운영을 건실하게 하는 것이 중요하다.

우선 재정적자의 과도한 팽창정책은 바람직하지 않다. 그 나라 경제의 미래를 예측하는 시장의 신뢰에 나쁜 영향을 줄 수 있다. 재정적자의 과도한 팽창이 금융위기로 연결되는 것을 우리는 아르헨티나 등에서 이미 경험했다. 통화정책의 방만한 운용도 마찬가지로 나쁘다. 국내외 자본들이 인플레 등을 염려해 이자를 높게 요구하거나 투자 자체를 꺼릴 수 있다. 한마디로 시장신뢰에 악영향을 미친다. 이와 동시에 거시경제운영의 투명성을 높이는 것도 중요하다. 특히 재정 금융자료의 정확성과 투명성을 높여야 한다. 정확성과 투명성의 부족으로 인한 불필요한 오해는 시장신뢰에 악영향을 준다.

둘째, 환율정책을 경직적으로 운영하지 않는 것이 좋다.

금융과 자본자유화의 시대에 어떠한 환율제도가 바람직한가? 고정환율제인가? 변동환율제인가? 등에 대한 논란이 많다. 그러나 어느 쪽이 최선의 제도라는 정답을 구하기는 쉽지 않다. 각각 장단점이 있기 때문이다. 하지만 확실한 것은 너무 극단적으로 한쪽을 선택하는 것은 위험하다는 것이다. 특히 이제 금융과 자본의 자유화가 상당히 진전된 오늘의 시대에 고정환율제도에 가까운 pegged exchange rate 제도는 대단히 곤란하다고 볼 수 있다. 그 반면에 완전변동환율제는 경제의 불안정을 높일 가능성이 크다. 결국 중간의 형태가 될 것이다. 구체적인 것은 나라에 따라 각자의 역사, 제도, 문화, 관행들을 고려하여 정하는 것이 가장 바람직하다. 결국 중간형태예컨대 managed floating 혹은 crawling rate with wide band 등가 가장 지속가능성이 높은 제도sustainable exchange rate arrangement가 될 수 있다고 본다. 사실 환율제도의 잘못보다도 거시경제의 방만한 운용이 금융위기, 외환위기를 유발하는 경우가 일반적임을 잊어서는 안 된다.

셋째, 금융기관에 대한 정부의 신중규제를 강화해야 한다.

금융자유화 특히 내부금융자유화의 추진은 반드시 금융기관에 대한 신중규제를 강화하여 금융기관의 대출심사평가와 투자에 대한 감시감독 기능이 만족할 만한 수준으로 작동될 수 있도록 하는 노력과 함께 진행되어야 한다. 아니면 금융기관에 대한 신중규제가 어느 정도 정착될 때까지 금융자유화를 미루는 편이 옳다. 수차례 강조했지만 일반적으로 금융억압financial repression을 풀어나가는 금융자유화를 하는 과정에서 정부의 각종 불필요한 규제를 혁파하는 것은 옳은 처사다. 하지만 이와 동시에 금융기관의 도덕적 해이의 위험을 줄이려는 신중규제는 반드시 강화해야 한다. 이를 제대로 하지 않고 오직 금융억압만을 줄인다면 반드시 금융위기로 연결된다는 사실을 잊어서는 안 된다. 그리고 이 금융기관에 대한 신중규제 문제 속에는 반드시 금융기관의 모든 회계제도와 정보의 투명한 공개와 더불어 일반기업의 지배구조, 기업회계의 투명성 제고 등도 반드시 함께 이루어져야 한다.*

넷째, 자본자유화는 내부금융자유화가 어느 정도 성공한 후에 해야 한다.

자본자유화, 외부금융자유화는 금융자유화, 즉 내부금융자유화가 어느 정도 성공적으로 진행된 다음에 추진하는 것이 좋다. 또한 자본자유화를 추진하는 경우에도 우선 외국인직접투자FDI부터 하는 것이 순서다. 일반적으로 외국인직접투자FDI는 그렇게 비교적 안정적이고 — 국경을 자주 넘나들지 않고 — 앞에서 보았듯이 생산과 수출과 고용창출에 직접 기여하기 때문이다. 그리고 (1) 거시경제운영이 상당히 건실하고, (2) 금융기관에 대한 신중규제 등이 어느 정도 정착된 다음에 자본자유화를 점진적으로 추진하는 것이 옳다. 특히 필요한 법과 제도의 정착 정도를 보면서 순차적으로 추진하는 것이 바람직하다. 빅 뱅big bang식의 급격한 자본자유화는 실패할 위험이 높다. 즉 금융위기와 외환위기를 동시에 초래할 위험이 높다.

* 이와 동시에 중요한 것은 금융전문인의 양성, 특히 국제적 안목과 훈련을 받은 국제적 금융전문인을 양성하는 것이 대단히 시급한 과제다. 개도국 금융위기의 일정부분은 그 나라 관료나 금융인들의 전문성 부족에서 오는 경우가 많다.

다섯째, 국제자본이동에 대한 — 특히 단기자본이동에 대한 — 부분적 통제가 필요하다.

국제자본의 이동에 대해 부분적 통제 내지 수정을 가하는 것이 필요할 것인가?에 관한 많은 논란이 있다. 결론은 필요하다고 본다. 특히 개도국에 들어오는 외국자본의 구성을 좀 더 장기적 투자 쪽으로 유도하기 위한 노력은 대단히 중요하다. 1년 이상의 장기투자가 많을수록 그만큼 외자시장이 안정적이 된다. 어떤 방법이 있을까? 하나는 외국자본의 이동 자체에 세금을 부과하는 방식이다. 소위 토빈세Tobin Tax 방식이다. 모든 외자거래에 대하여 거래할 때마다 일정의 세금예컨대 0.1~0.5%을 부과하면 특히 단기거래round tripping에서 발생하는 이익을 크게 줄일 수 있다. 그만큼 세금을 내지 않기 위해 단기거래를 기피할 요인이 발생하는 셈이다. 그러나 이 토빈세 방식은 장기거래에 주는 영향은 별로 없다. 왜냐하면 장기거래는 거래 자체가 자주 일어나지 않기 때문이다. 대단히 이상적인 안이지만 문제는 집행이 어렵다는 한계를 가진다. 모든 나라들이 함께 추진해야 성공하는데, 누가 그것을 강제하고 그리고 감시하고 감독할 것인가 등이 쉽지 않다. 결국 제대로 집행되지 못하면 오히려 적지 않은 외국자본들이 토빈세가 부과되지 않는 지역tax heaven을 찾아서 거래를 옮기려 할 것이다. 그래서 사실상 큰 효과를 내지 못할 수 있다.

다른 하나의 방식은 1991~98년 동안 칠레가 사용한 방식이다. 1년 이내의 단기적 외국자본에 대하여 일정한 금액을 중앙은행에 무無이자로 유치할 것을 요구하는 방식Chilean reserve requirement이다. 처음에는 원금의 20%를 그리고 나중에는 30%를 요구했다. 그 효과를 보면 대체적으로 이 제도의 도입이 외자유입을 크게 줄이지 않으면서 외자의 구성을 단기에서 장기로 바꾸는 데도 많이 기여한 것으로 나타났다. 생각건대, 일반적인 자본통제는 시대에 역행하는 것이지만 적절한 시기에 부분적 수정 등은 반드시 필요한 정책이라고 봐야 한다. 문제는 구체적으로 어떻게 할 것인가 하는 것인데 이 문제는 아래에서 2008년 세계금융위기를 살펴본 다음에 논하도록 한다.

세계화와 2008년 세계금융위기

발생과정

2006년 중반경에 나타난 미국 주택시장의 거품붕괴로 시작된 미국발 금융위기가 2008년에는 전 세계의 금융위기로 이어지고 나아가 전 세계의 경기침체로 발전했다. 1930년대 세계공황의 규모까지는 가지 않았어도 그에 준하는 엄청난 경제적·심리적 충격을 세계에 안겨주었다. 2009년은 금융위기를 벗어나는 것과 더불어 하락일로에 있는 세계의 실물경제를 어떻게 살려낼 것인가가 어느 나라에게나 가장 중요한 정책과제가 되었다. 지구촌이 함께 겪은 이번의 전 세계적 금융위기는 도대체 어떻게 일어난 것일까? 그리고 그것이 의미한 것이 무엇이고, 금융위기의 심화와 실물경제의 추락을 막기 위해 앞으로 단기적 대응은 어떻게 해야 하는가? 또한 다시는 이러한 사태가 일어나지 않게 하기 위한 장기적 대응은 어떻게 해야 하는가? 지금부터 이 문제를 논하도록 한다. 이를 위하여 우선 어떠한 과정으로 이러한 세계금융위기가 발행하게 되었는지에 대해 간단히 그 과정과 배경을 살펴보도록 한다.

그 과정은 비교적 간단하다. 1990년대 말부터 미국에서 주택가격이 급상승하기 시작했다. 자산거품asset bubble이 시작된 것이다. 주택경기가 크게 활성화되었고 그래서 1997-2005년 사이에 미국에서 자가소유 집owner-occupied home의 수가 11.5% 증가했다. 1997-2006년2006년 피크까지 사이에 실질주택가격real home price은 전국적으로 85%나 상승했다.* 그 과정에서 모기지 대부업자mortgage lender들이 '묻지 마 대부'를 시작했고 일반국민mortgage borrower들도 '묻지마 투자'를 하기 시작했다. 그 기간 동안 모두가 주택시장거품에 열심히 참여했다.

이처럼 주택거품이 시작된 데는 두 가지 배경이 있었다. 하나는 소위 세계적 불균형global imbalance의 문제가 있었고, 다른 하나는 그 기간 동안 미국의 팽창적 통화정책低이자율정책이 배경이 되고 있었다.

세계적 불균형의 문제라는 것은 한마디로 국제수지상 아시아나 오일생산국은 거대한 채권국이 되고 미국은 거대한 채무국이 되는 현상을 의미한다.

2006년 현재, 아시아지역의 국제수지흑자는 5,110억 달러중국 2,390억 달러, 일본 1,700억 달러, 기타 1,020억 달러이고 오일수출국의 흑자는 3,960억 달러였다. 반면에 미국은 국제수지적자였고 그 규모는 8,570억 달러였다.**

한마디로 미국은 자신들의 생산이나 그로 인해 얻는 소득보다 훨씬 더 많은 소비를 했다는 의미다. 이러한 현상이 시작된 것은 1997년 아

* Robert J. Shiller, *The Subpprime Solution: How today's global crisis happened and what to do about it*, Princeton University Press, 2008, p.32.
** Martin Wolf, *Fixing Global Finance*, Johns Hopkins University Press, 2008, p.77.

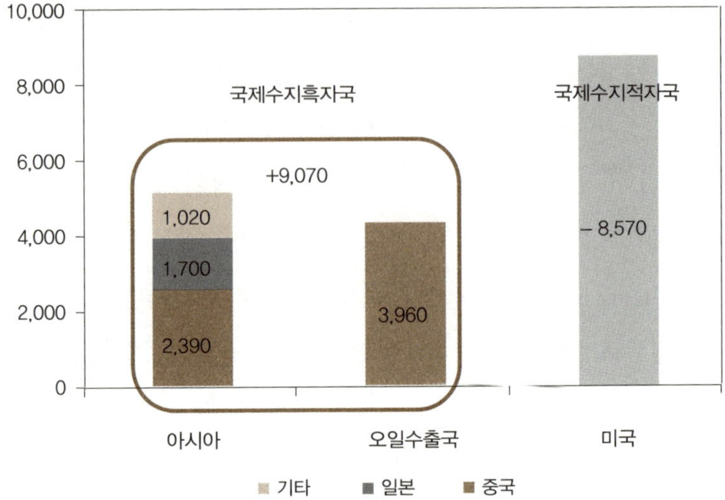

자료: Martin Wolf, *Fixing Global Finance*, Johns Hopkins University Press, 2008.

그림 6.4 세계적 불균형(Global Imbalance)

시아 금융위기 이후 대부분의 아시아 국가들이 다시는 유사한 위기를 겪지 않기 위해, 적극적으로 수출지향의 산업 및 무역 정책을 선택하면서예컨대 低환율정책 등, 가능한 외환보유고를 크게 높이려 한 것이 하나의 계기가 되었다. 자국소유의 외환보유고를 높여야 금융 및 위환 위기가 왔을 때 국가부도라는 불명예를 피할 수 있다고 보았던 것이다.

미국은 어떠했는가? 물론 미국도 이러한 불균형 — 거대한 국제수지적자 — 이 지속되는 것이 바람직하다고 보지는 않았지만, 미국은 항상 대외균형국제수지균형보다는 국내균형완전고용 등을 더 중시해 왔다. 왜냐하면 국제수지상 불균형이 돼도 달러가 국제기축통화이기 때문에 소위 국가부도의 상황이 미국에서는 일어나지 않는다. 즉 기축통화인 달러가 부족하면 계속 찍어낼 수 있기 때문에 미국은 전통적으로 대외균형을 덜 중시하고, 그 대신 국내균형, 즉 낮은 인플레와 완전고용 등을 달성하는

데, 더 높은 정책의 우선순위를 두어 왔다. 물론 미국이 세계적 불균형의 문제를, 다시 말해 대외불균형의 문제를 고치려면 적극적으로 재정정책과 금융정책을 긴축적으로 사용하면 된다. 그러면 국제수지의 적자를 축소하는 것이 가능하다. 그러나 그것은 경기침체와 높은 실업률을 결과하기 때문에 미국은 정책적으로 이를 피해 왔다. 즉 대외불균형의 진행을 그대로 용인하면서 국내균형을 중시하는 정책을 지속해 왔다.

이와 같은 이유로 미국에는 국제수지적자가 그리고 아시아와 오일생산국가에는 국제수지흑자가, 환언하면 외화가 지속적으로 쌓이게 되었다. 그런데 이 아시아와 오일생산국가에 쌓인 외화는 다시 미국으로 환류還流하여 미국연방정부의 국채Federal Bond 등을 사들이기 시작했다. 왜냐하면 아시아 등이 자신들이 가지고 있는 외화, 즉 달러를 아무 수익도 없이 국내에 쌓아 놓을 이유가 없었기 때문이다. 그래서 미국에서 가장 안정적인 투자기회를 찾았고 그 결과 대부분 미국연방정부의 채권을 사들이기 시작했다. 다시 달러가 미국으로 환류되기 시작한 셈이고 이에 따라 미국에는 해외에서 유입된 해외발海外發유동성이 크게 늘기 시작했다.

여기에 미국의 중앙은행 FRBFederal Reserve Bank 총재인 그린스펀이 저금리정책을 장기간 유지하며서 통화공급을 끊임없이 확대시켜 왔다. 이러한 정책은 2001년 닷컴 버블 붕괴와 9.11 사태 이후의 경기침체를 막기 위해 중앙은행의 기준금리를 1% 수준으로 낮추는 데서 시작되었다.*

* 좀 더 정확하게 이야기하면 미국의 과잉유동성 공급은 1995년 1월 10일 루빈 당시 재무부장관 내정자가 상원 재무위원회의 승인공청회에서 달러의 고평가(高달러)가 미국경제에 유리하다는 주장을 하면서부터 시작되었다고 할 수 있다. 그는 1999년 9월 사임할 때까지 지속적으로 고달러유익론(有益論)을 주장했다. 1994년 미국의 경상수지적자는 1,216억 달러였으나 루빈은 이러한 상황을 달러가격을 낮추어 수출촉진-수입감소를 통하여 풀려고 하지 않았다. 반대로 달러가격을 높여서 경상수지적자를 파이낸스하는 길을 선택했다. 환언하면 과잉소비를 억제하려 하지 않고 금융조달을 — 특히 외

그 이후 기준금리 조절과 자산가격의 거품은 관계가 없다는 낙관론을 주장하면서—1980년 이후 계속되어온 미국의 저底물가시대가 지속되리라 낙관하면서—계속해서 낮은 금리를 유지해 왔다. 통화공급을 지속적으로 증가시킨 것이다. 이것이 미국에서 국내발國內發 유동성 증가로 이어졌다. 그리고 이것이 주택거품 발생의 두 번째 배경 내지 원인이 되었다.

이렇게 해외발 유동성과 국내발 유동성의 증가가 함께 이루어지면서 미국 내에 유동성이 크게 증가하게 되었다. 그것이 바로 주택거품의 배경이자 원인이 된 것이다. 어느 사회나 어느 시대나 유동성이 과도하게 많아지면 '묻지마 대부'와 '묻지마 투자'가 일어나고 그것이 거품경제를 만들어 내게 된다. 그리고 그 거품은 한동안 천정부지로 커지다가 언젠가는 반드시 붕괴하게 된다. 사실은 이 거품경제의 발생과 붕괴과정의 정확한 시점 등은 이 분야의 최고 전문가들도 알기 어렵다. 정확한 분석도 어렵고 정확한 예측도 불가능하다. 그리고 거품이 꺼진 후에 모두가 반성하지만 또 시간이 지나고 나면 서서히 과거를 잊는다. 그러다 다시 유사한 상황이 조성되면 또 사람들은 '묻지 마 행동'을 반복한다. 인간의 심리법칙이 가지는 인간의 한계human bondage인지 아니면 원죄인지도 모르겠다.

그런데 이러한 배경에서 시작된 주택시장거품이 2006년을 지나면서 붕괴 조짐이 나타나기 시작했다. 보통 주택시장의 거품붕괴가 본격화되면 보통의 경우 주택시장관련 모기지 대부업자들의 부실 내지 위기로 끝나는 것이 일반적이다. 그런데 이번에는 미국 금융기관 전반의 부실과 위기로 확대되었다. 왜 그렇게 되었을까? 묻지마 투자를 한 사람들의 손

국으로부터—원활히 하여 소비수준을 유지하여 경제성장을 높이려 했던 것이다. 그래서 그 이후 미국의 경상수지적자는 계속 상승하여 2006년에는 7,881억 달러에 달하게 된다. 결국 이 고달러정책의 선택은 제조업에서 금융업으로의 미국의 전략산업의 shift를 의미한다고 볼 수 있다.

해로 그리고 묻지마 대부를 한 기관의 부실과 파산으로 끝나지 않고, 미국 금융기관 전반의 부실과 위기로 발전한 이유는 무엇인가? 여기에도 두 가지의 배경 내지 원인이 있다.

하나는 지난 수십년 간 미국에서 소위 금융산업의 구조적 변화가 있었다는 사실이다. 그리고 다른 하나는 예컨대 채권담보부증권CDO: Collateralized Debt Obligation과 같은 새로운 파생적 금융상품들이 많이 등장했다는 사실이다.*

우선 지난 수십년간 금융산업에서 어떠한 구조변화가 있었는지부터 살펴보자. 미국의 금융기관은 크게 두 종류가 있었다. 하나는 소위 상업은행일반은행: commercial bank으로서 국민들로부터 예금을 받고 또한 그 예금을 가지고 대출하는 은행이다. 그리고 다른 하나는 투자은행investment bank으로 국민들로부터 예금을 받지 않고, 투자자들의 돈을 모아 대출만 하는 은행이다. 본래 예금자의 돈으로 운영되는 일반은행은 예금자보호라는 관점에서 정부의 각종 규제가 많이 있어 왔다. 왜냐하면 일반적으로 은행이 부실해지면 정부가 나서서 공적자금으로 긴급구제bail out를 해주었기 때문에, 그러한 사태를 막기 위해 정부규제는 불가피하다고 보았다. 그래서 예금보호를 위한 조치나 경영자의 도덕적 해이를 줄이는 여러 제도 내지 규제가 많이 있어 왔다. 그러나 투자은행에는 이러한 정부규제가 없었다. 투자자들이 돈을 모아 투자를 하는 것이 주목적이기 때문에 투자결과에 대하여는 자기들 책임 하에 자신들이 위험부담을 하면 된다고 보았다. 예금자가 없기 때문에 특별히 투자은행이 부실해져도 정

* 예컨대 채권담보부증권은 금융기관들이 모기지 대출 증가에 따른 부실위험을 줄이기 위해 수천의 모기지 대출을 모아 그 대출을 담보로 증권을 발행해 신규 투자자 등을 모으는 방식이다. 환언하면 수천, 수만의 모기지를 묶어서 투자할 수 있는 증권으로 만들어 세계에 내다 파는 파생상품이다.

부가 나설 필요가 없다고 보았다. 따라서 규제도 필요 없다고 보았다.

오랫동안 미국의 금융산업에서는 일반은행이 중심이었다. 그러나 지난 수 십년 간 미국에서 투자은행이 크게 성장했고 이와 더불어 헤지펀드 등 새로운 형태의 비非은행 금융부문non-bank financial system이 등장하기 시작했다. 투자은행과 헤지펀드 등을 모두 묶어 비은행 금융부문 혹은 그림자은행부문shadow banking system이라고 부를 수 있다. 정부규제가 상대적으로 적은 이 그림자은행부문이 크게 성장한 것이다. 2007년 초 미국 금융기관의 총 자산이 10조 달러 정도로 보고되었는데 이중 5개 일반은행의 소유가 6조 달러 그리고 5개의 투자은행의 소유가 4조 달러로 나타났다.* 그만큼 소위 그림자은행부문의 비중이 커진 셈이다. 결국 이번 주택거품의 붕괴가 미국의 금융산업 전체에 퍼지게 된 결정적 계기도 바로 이 그림자은행부문에서 비롯되었다. 물론 일반은행도 1999년부터 투자은행과 같은 사업을 할 수 있도록 허용했기 때문에 일부 관련된 부분이 있긴 하다. 하지만 이번 위기의 대부분은 그동안 정부의 규제가 상대적으로 없었던 그림자은행부문을 통하여 주택거품의 붕괴가 금융산업 전체의 부실과 위기로 연결되었던 것이다.

그동안 정부규제가 없는 그림자금융부문의 성장과 함께 이렇게 주택거품의 붕괴가 금융산업 전체의 위기로 확산된 또 하나의 배경 내지 원인으로 꼽히는 것은 소위 금융혁신financial innovation을 통해 새롭게 등장한 파생금융상품과 증권화의 경향이었다. 금융선물Future, 옵션Option 스왑Swap, 신용파산스왑CDS: Credit Default Swap 등의 파생상품 그리고 채권담보

* 그림자은행부문(shadow banking system)이 어떻게 등장하고 발전하게 되었고 그것이 2008년 금융위기에 어떠한 기여를 하였는가를 보려면 Paul R. Krugman, *The Return of Depression Economics and The Crisis of 2008*, W.W. Morton, 2008을 참조.

부 증권CDO: Collateralized Debt Obligation과 같은 다양한 자산담보부증권ABS: Asset Backed Securities 등의 등장이 그 배경이 된다.

이처럼 새로운 금융상품과 금융기법의 등장과 같은 금융혁신이 경제성장에 기여한 것도 사실이다. 저축과 투자를 보다 효율적으로 연결시켜 주었다. 동시에 소위 금융의 민주화financial democratization에도 기여해, 보다 많은 사람들이 특히 저소득층과 중소영세기업들이 대출을 받을 수 있게 된 것도 사실이다.

그러나 이러한 고기술의 금융혁신과정을 통하여 나온 상품이나 기법들은 너무 복잡해 일반투자자들은 알기 힘들었다. 소위 위험관리가 점차 어렵게 되는 문제를 갖게 되었다. 반면에 이러한 상품이나 기법을 개발한 그림자은행의 운영자들은 높은 수익을 만들어 낼 수 있었다. 또한 은행의 수입증대가 자신들의 보니스 증가로 연결되면서 이들은 더욱 고위험, 고수익의 상품과 기법을 개발하게 되었다. 개별투자자의 입장에서 보면 투자에 대한 위험관리 내지 위험감시가 점점 더 어려워지고 있는데 반하여 그림자은행의 경영자 입장에서는 잘만 하면 큰 수익을 낼 수 있는 기회가 확대되는 셈이었다. 그래서 그들은 더욱 고위험 고수익상품을 선호하게 되었다. 그 결과 대량으로 다양한 형태의 자산담보부증권ABS이 등장하고 특히 채권담보부증권CDO이 주택시장의 거품발생시기에 대량으로 만들어져 미국뿐만 아니라 전 세계를 향하여 팔려나갔다. 미국 주택시장의 가파른 가격인상과 더불어 CDO는 불티나게 팔려나갔고, 2006년 한 해에만 판매액수가 5,030억 달러를 넘어섰다. CDO뿐 아니라 다양한 ABS들이 등장하고 여러 형태의 구조화된모기지뿐 아니라 주식, 채권 등과도 연계한 신종복합 합성채권들도 등장하였다.

그러다가 미국의 주택거품이 꺼지면서 바로 CDO의 가격폭락이 시작되었다. 여기서 출발하여 다양한 복합합성채권 모두의 가격폭락이 일어났고, 그로 인해 투자은행 등 그림자금융기관 모두의 대량부실 내지 위기로 연결되었다. 이렇게 되어 주택시장의 거품이 금융산업 전반의 위기로 확대되었던 것이다. 결국 정부의 규제가 거의 없었던 그림자은행부문의 성장과 그곳에서 개발된 새로운 금융상품과 금융기법들의 실패가 금융 산업 전반의 부실과 위기를 결과하는 데 결정적으로 기여한 셈이 되었다.

이미 도산의 위기를 맞은 투자은행 등 그림자금융기관들은 정부에 공적자금의 도움을 요청하게 되었고, 일반 금융기관들도 자산의 부실화를 막기 위해 대출중단과 대출회수에 나서지 않을 수 없게 되었다. 그래서 금융기관끼리도 거래가 어려웠다. 왜냐하면 서로가 상대기관이 소위 부실금융상품고수익-고위험 상품을 얼마나 가지고 있는지 알 수 없었기 때문이었다. 그래서 소위 신뢰위기crisis of confidence가 광범위하게 퍼져 나가면서 전반적으로 대단히 심각한 신용경색credit crunch이 시작되었다. 그 결과 실물경제는 빠르게 위축되었다. 기업의 주가는 떨어지고 회사는 구조조정을 하고 실업은 늘기 시작했다. 금융의 위기가 신용경색을 통하여 실물경제의 위기로 전이되는 과정이 시작된 것이다.

이때를 전후하여 미국발 금융위기와 미국의 실물경제 위축이 국경을 넘어 세계로 퍼져 나가면서 세계금융위기와 세계적 경기침체가 시작되었다. 미국의 위기가 세계의 위기로 빠르게 퍼져 나가는 데도 두 가지 배경 내지 이유가 있었다. 하나는 1980년대부터 시작된 금융의 세계화financial globalization의 진전이고, 다른 하나는 1950대부터 시작된 무역의 세계화trade globalization의 진전이었다. 금융의 세계화로 국경을 넘는 상호투자가 크게 증가했다. 1996년 미국의 해외자산소유는 GDP의 52% 그리고 해외부채소유는 57% 정도였는데 2007년이 되면 각각 128%와

145%로 증가했다. 상호투자가 그만큼 증가한 것이다. 이론적으로 보면 여러 나라에 투자를 분산하거나 차입을 분산하면 한 나라 경제 상황의 변동으로 인하여 받는 영향이 줄어들게 된다. 그런데 이번의 경우는 과도하게 차입한 금융기관이 국내외적으로 많았다. 그래서 미국의 금융위기가 그대로 해외금융위기로 전이transmission mechanism되어 버렸다. 해외에서 과도한 차입을 한 미국의 금융기관이 부실화되면 해외금융기관도 투자회수가 불가능해져서 자신들도 부실화된다. 반대로 미국에서 과도하게 차입한 해외금융기관들은 채권자인 미국의 금융기관들이 자신들의 부실화를 막기 위해 신속한 대출회수를 요구하기 때문에 또 다른 어려움을 맞게 된다. 이 과정이 금융위기의 국제적 전이과정이다. 이미 금융의 세계화의 진전으로 인하여 한 나라의 금융이 다른 나라의 금융과 긴밀히 연결되어 있고 상호의존하고 상호작용하기 때문이다.

미국이 금융위기의 조짐을 보이기 시작할 때 아시아 등에서는 소위 자신들은 외화보유가 많기 때문에 미국의 금융위기가 큰 문제가 되지 않는다는 견해가 있었다. 그러나 결국은 이러한 소위 상호분리현상decoupling은 사실이 아님이 드러났다. 우선 무역에서의 세계화 정도를 가볍게 본 것이다. 미국의 금융위기가 실물경제의 위기로 발전하면, 결국은 미국의 실물경제에 크게 의존하는 — 대미무역에 크게 의존하는 — 아시아 경제에 직접적으로 부정적 영향을 미칠 것이라는 사실을 가볍게 생각했던 것이다. 금융분야도 생각보다 많이 세계화되어서 상호분리가 어려울 뿐 아니라, 실물의 경우도 마찬가지로 세계화되어 상호분리가 불가능하다는 사실을 알게 되었다. 이렇게 하여 미국발 금융의 위기는 세계금융의 위기로, 그리고 나아가 세계경제의 몰락으로 연결되었던 것이다. 그래서 정도의 차이는 있지만 2009년 현재 모든 나라들이 금융위기와 경기침체의 늪에 빠져들어 가고 있는 셈이 되었다. 그래서 IMF는 2007년 5%에 달하던 세계경제성장률을 2008년에는 3.75%로 하락할 것으로 그리고 2009년에는 2% 수준까지 하락할 것으로 전망하였다.

단기적 대응정책방안

2008년 미국발 세계금융위기에 대하여 앞으로 1-2년 어떠한 대응을 해야 하는가? 크게 보아 두 가지가 시급하다.

첫째, 우선 시급한 것은 유동성을 많이 공급하는 것이다. 그렇게 함으로써 우선 금융기관의 부실과 도산을 막고 나아가 실물부문에 일어나는 신용경색을 풀어 실물경제의 위축을 막아야 한다. 금융은 신체의 피와 같아서 피가 흐르지 않으면 경제는 작동하지 않는다. 신체의 피를 흐르게 하려면 피를 공급하는 금융기관을 빨리 정상화시켜야 한다. 한 가지 방법은 정부가 공공자금으로 은행의 우선주식preferred stock을 사는 형태로 하여 은행의 자본을 확충시키는 방식이다. 불량대출을 사주는 것보다 우선주식을 사서 자본을 확충시키는 것이 보다 효과적이다. 자본확충recapitalization은 금융기관의 대출증가, 즉 신용확장으로 쉽게 나타나지만 불량대출을 사주는 것은 그것이 추가적 대출증대로 연결될 것인지 아닌지가 확실하지 않을 뿐 아니라 시간이 걸려야 연결될 것이기 때문이다. 이렇게 우선주 구매를 통하여 자본확충을 위해 노력하다가 필요할 경우에는 일시적 국유화nationalization도 좋다고 본다. 가능하면 은행 본래의 기능을 빨리 정상화하여 신용경색의 극복이 시급한 과제이기 때문이다. 이와 동시에 긴급한 경우에는 중앙은행이 직접 나서서 민간기업의 회사채를 사주는 형태로 실물경제에 유동성을 직접 공급할 수도 있다. 비상시기이기 때문에 비상조치가 필요할 수도 있다. 한 가지 첨언할 것은 이러한 유동성공급 노력은 여러 나라가 함께 해야 효과가 크다는 점이다. 모든 나라의 금융시장이 서로 연계되어 있으므로 여러 나라들이 같은 방향으로 노력해야 효과가 크게 나타난다. 그러한 의미에서 국제협력 내지 공조가 특히 중요하다.

둘째, 재정지출fiscal stimulus을 크게 늘리는 것이다. 한쪽에서는 신용경색의 문제를 풀면서 다른 쪽에서는 침체되는 경제를 살려야 한다. 즉 총수요가 위축되는 경제에서 총수요를 늘리는 방향으로 대책을 강구함으로써 생산과 고용을 다시 늘려 경제침체의 늪에서 빨리 벗어나도록 노력해야 한다. 총수요를 늘리는 방법으로 세금환불tax rebate이나 세금축소tax cut를 생각할 수 있는데 세금환급이나 축소가 얼마나 소비를 늘릴지 확실하지 않다. 그래서 일반적으로 정부지출의 확대를 주장한다. 물론 정부지출을 어느 부문에 많이 늘려야 하는가는 중요한 전략적 함의를 가진다. 생각건대 금융위기 그리고 경기침체를 지나고 다시 경제가 회복된 후를 감안하여 가능하다면 성장잠재력을 높이는 분야에 정부지출을 늘리는 것이 좋을 것이다. 단순한 소비형 지출보다 투자형 지출이 좋다는 이야기다. 예컨대 가장 중요한 부분이 교육과 훈련 부문 그리고 R&D 부문이 될 것이다. 그리고 21세기에 각별한 의미를 가지는 정보인프라와 문화인프라 등 사회인프라 부문도 중요한 투자부문이 될 것이다. 정부지출을 통하여 우선 고용을 창출하여 실업을 줄여나가면서 미래 시대에 대비하여 국민과 사회 전체의 생산성을 높일 수 있는 부문에 투자한다면 위기의 시대의 재정지출은 일석이조가 될 수도 있다.

중장기 대응정책방안

중장기적으로 다시는 이러한 세계적 금융위기 그리고 세계적 경기침체가 오지 않게 하려면 어떻게 할 것인가? 아니 그러한 위험을 줄이려면 어떻게 할 것인가? 그것이 중장기 대응책의 주제가 된다.

세계의 모든 나라들이 함께 생각해 보아야 할 대응책과 특히 개발도상국이 생각해 보아야 할 대응책을 나누어 설명해 보도록 한다. 우선 세계 모든 나라들이 — 물론 선진국이 앞장서서 노력해야 하지만 — 취해야 할 대응책은 다음과 같다.

첫째, 국내 금융규제의 강화다. 금융산업이 구조적으로 정보의 비대칭성 등으로 도덕적 해이를 막기가 대단히 어렵다는 문제점과 그래서 정부의 신중규제가 대단히 중요하다는 점은 이미 앞장에서 충분히 설명했다. 역시 이번의 금융위기를 겪으면서 그 중요성이 더욱 확인된 셈이다. 앞으로 정부규제를 보다 강화해야 하고 보다 효과적이 되도록 해야 한다. 특히 그동안 정부규제 밖에 있던 투자은행 등 소위 그림자은행의 규제를 새롭게 만들어야 한다. 각종 신종금융상품에 대해서는 전반적으로 투명성을 높이는 노력과 처음 만든 사람이 위험관리에 책임지도록 하는 규제의 도입을 서둘러야 할 것이다. 위험평가기관의 책임도 강화해야 한다. 금융기관의 임직원들의 보너스 제도도 재정비하여 고위험-고수익상품에만 경도되지 않도록 해야 한다. 이제는 이들 금융기관도 이미 대형화되어 큰 부실이 발생하면 정부의 지원을 받지 않을 수 없는 상황이기 때문에 당연히 신중규제를 받아들여야 할 것이다. 또한 그동안 예금자들을 보호하는 노력은 있었으나 소액투자자들을 보호하는 정책적 규제는 없었는데 이 부분에도 개선책이 나와야 한다. 요약하면 대대적 금융규제개혁이 일어나야 할 것이다.

규제개혁은 단순히 규제강화만이 아니라 규제의 효과를 높이는 노력도 함께 해야 한다. 미국의 경우에는 8개 조직이 금융규제에 관련되어 있고 서로 업무범위가 중복돼 있다. 따라서 혼란스러울 뿐 아니라 서로 책임을 미루는 경우도 발생하여 규제효과가 크지 않다는 비판도 많다. 어느 나라도 유사한 문제가 있다. 물론 규제개혁이 과도하여 금융혁신의 가능성을 봉쇄하고 그 이점을 막는 것이 되어서는 안 된다. 그래서 소위 과소규제도 과잉규제도 아닌 적절한 규제smart regulation를 해야 한다는 이야기가 나온다. 그러나 전반적으론 규제강화 쪽으로의 규제개혁이 이루어져야 할 것이다.

둘째는 세계 금융규제의 강화다. 금융의 세계화에 대한 공동대응이 나와야 한다. 뒤에 보겠지만 금융의 세계화는 세계경제 발전에 크게 공헌한 측면이 있다. 그러나 그와 함께 부정적인 측면, 세계금융시장의 불확실성의 증대, 불안정성instability의 증대 등을 초래했다는 사실도 무시해선 안 된다. 우리는 효율성을 희생해서라도 안정성을 높여야 하는 시점에 왔다고 본다. 또한 금융의 세계화로 인하여 하나의 경제주체가 다른 경제주체에 줄 수 있는 긍정적 효과도 커졌지만 반면 부정적 외부효과negative externality도 대단히 커졌다. 결국 이 문제를 어떻게 할 것인가에 대한 대책이 나와야 한다.

선진국의 거대 금융기관에 대한 공적 신뢰를 바탕으로 투자한 후진국 소액투자가들의 기대를 어떻게 제도적으로 보호할 수 있는가를 고민해야 한다. 세계적 거대금융기관에 대한 선진국정부의 규제부실로 후진국 소액투자가가 일방적으로 희생을 해야 한다면, 과연 이러한 불공정의 문제를 국제적으로 어떻게 다루어야 하는가도 고민해야 한다. 이미 앞에서도 다루었던 새로운 세계중앙은행World Central Bank을 만들 것인가? 세계적 금융감독기구World Financial Authority: international supervisory institution를 만들 것인가? 이런 문제도 논의될 수 있다. 사실 지구촌의 여러 공공재公共財 중에서 세계금융의 안정성 — 금융위기의 축소 — 이라는 공공재를 어떻게 생산할 것인가가 세계통치구조 문제의 핵심이 되고 있다. 현재 지속적으로 만나고 있는 G-20 정상회담이 이러한 세계금융구조개편new global financial architecture에 성공하기를 크게 기대한다.

개발도상국의 대응정책방향

이상은 선진국이 앞장서서 그러나 원칙적으로 전 세계 모든 나라들이 다뤄야 할 문제다. 그러면 다음은 소위 개발도상국이 다뤄야 할 중장기 과제를 살펴 보도록 한다. 이미 앞에서 언급한 대로 아시아의 개발도상국들은 가능하면 1997년의 아시아 금융위기와 같은 상황이 다시 오게 하지 않으려고 자국의 외환보유고를 높이는 노력을 해왔다. 그러나 그것이 과연 바람직한 정책방향인가 의심하지 않을 수 없다. 많은 양의 외환을 보유하려고 노력하면 그 자체가 소위 앞에서 본 세계적 불균형global imbalance을 심화시킬 뿐이다. 또한 2008년 금융위기에서 경험한 바와 같이, 비록 많은 양의 외환을 보유하고 있어도 아시아 개도국들이 세계금융위기를 피해가는 데에는 크게 도움이 되지 않았다. 모두가 고생을 하고 있다. 그렇다면 다른 대안은 없을까?

첫째, 앞으로 가능하면 국내저축을 국내투자로 연결시키는 효율적 제도와 정책을 개발하는 데 보다 노력해야 한다.

금융의 본래 기능이 저축을 생산적 투자로 연결시키는 것이다. 그런데 적지 않은 개발도상국의 경우 국내저축 자체를 제대로 생산적 투자로 연결시키지 못하고 있다. 국내저축도 제대로 활용하지 못하면서 외국저축 — 외채나 외국인투자 — 에 과도하게 의존하려는 자세는 바람직하지 않다. 개발도상국 언론에서 투자처를 찾지 못하고 떠돌아다니는 시중자금이 넘친다는 보도를 종종 볼 수 있다. 이것이 사실이라면 그 나라 금융제도와 정책에 큰 문제가 있는 것이다. 우선 국내저축을 최대한 활용하고 부족한 부분을 해외저축, 즉 해외자본에 의존하는 것이 순서다.

둘째, 앞으로 외국자본을 유치할 때 가능한 한 자국통화표시 본드시장domestic currency bond market을 개발하여, 이를 통하여 외자를 유치하도록 노력해야 한다.

개도국의 경제발전을 위해서는 물론 외자가 필요하다. 그런데 제2의 아시아금융위기 같은 것을 겪지 않으려면 외국자본을 도입할 때 가능한 안정적인 외자를 도입해야 한다.•

(1) 일반적으로 가장 안정적이고 위험이 적은 외자가 외국인직접투자FDI: Foreign Direct Investment이다. 외국인직접투자는 일단 투자하면 상당기간 이동이 불가능하기 때문이다.

(2) 다음으로 위험이 적은 것이 포트폴리오 투자portfolio equity다. FDI보다는 회수가 용이하지만 FDI와 마찬가지로 회수하려 할 때 금융위기와 경제위기의 부담을 함께 진다. 경제위기 시에는 기업의 가치가 떨어지므로 그때 포트폴리오 투자를 회수하면 본인들도 손해를 보기 때문에 투자회수가 그렇게 자유롭지 않다는 것이다.

• 보다 상세한 토론은 Martin Wolf, *Fixing Global Finance*, Johns Hopkins University Press, 2008, 특히 pp.170-179 참조.

(3) 그 다음으로 위험이 적은 것이 국내통화표시 장기펀드domestic currency fund with long maturity이다. 금융위기시 급격한 환율변동 — 예컨대 급격한 국내통화가치의 하락 — 으로 인한 부담이 없다. 왜냐하면 국내통화로 고정된 금액만을 지불하면 되기 때문이다.

(4) 마지막이 외화표시 부채foreign currency liability이다. 이 경우에는 반드시 외화로 지불해야 하기 때문에 국내통화의 가격하락이 발생하면 엄청난 부담의 증가로 나타난다. 따라서 가능한 외자를 도입할 때 외화표시 부채를 피하고 국내통화표시의 부채의 형태로 하는 것이 바람직하다. 만일 그것이 불가능하면 외자유치 자체를 제한하는 것이 바람직할지 모른다.

이러한 방향으로 노력하기 위하여 중요한 것은 우선 국내에 국내통화표시 펀드시장domestic currency bond market을 개발하는 것이다. 그래서 우선 국내인들의 투자부터 유도해야 할 것이다. 국내투자자들이 상대적으로 올바른 국내금융정보를 보다 많이 가지고 있을 것이므로 우선 국내투자자들의 투자를 유도하고 이들의 움직임을 보고 외국투자자들이 안심하고 참여하게 하는 것이 바람직한 순서일 것이다. 물론 국내펀드시장을 발전시키려면 도덕적 해이를 줄이는 신중규제와 감독, 투명성 제고, 안정적 거시정책의 운용 등이 전제되어야 할 것이다.

셋째, 앞으로는 과도한 단기적 자본이동의 불안정성을 줄이기 위해 (1) 들어오는 자본capital inflow에 대해서는 일정한 규제를 하고 (2) 나가는 자본capital outflow에 대해서는 규제를 하지 않는 정책방향의 모색이 반드시 있어야 한다.

그동안 금융의 세계화과정을 거치며 자본통제는 대부분 없어졌다. 그러나 개도국의 경우에는 단기자본이동의 불안정성을 줄이기 위하여 적절한 통제가 필요하다고 본다. 비록 자본통제로 인해 자본배분의 효율성에는 손해가 생기겠지만 금융의 안정성 면에서는 이득이 크다고 본다. 다만 통제 내지 규제의 방식이 국내에 들어오는 자본에 대한 규제가 중심이 되어야 하고 해외로 나가는 자본에 대한 규제는 하지 않는 것이 옳다. 우선 국내에 들어오는 자본에 대한 규제는 재산권 문제를 일으키지 않지만, 나가는 자본의 이동규제는 재산권 문제를 일으킬 수도 있기 때문이다.

그리고 이러한 사전통제는 해외투자가들에게 투자의 비용과 이익을 사전에 확실하게 알려주기 때문에, 그들의 투자를 단기투자에서 장기투자로 전환시킬 수 있다. 또한 어떠한 결정을 하든 각자 나름의 비용과 이익을 계산한 후 안심하고 투자할 수 있게 된다. 요약하면 단기보다는 장기투자로 유도하기 위하여 통제를 하는 것은 옳으나 그 방식은 투자친화적 환경의 유지에 배치되지 않도록 사전통제가 사후통제보다 보다 낫다는 것이다. 여기서 주장하는 들어오는 자본에 대한 규제는 예컨대 1년 미만의 단기자본에 대하여 일정의 세금tax을 부과하거나 유입자본의 일정금액을 중앙은행에 예치special deposit requirement하게 하는 등의 조치를 의미한다. 그렇게 함으로써 가능한 단기자본의 이동을 줄이고 그 자금을 장기자본의 이동 쪽으로 유도하겠다는 취지다. 모든 규제가 다 그렇지만 규제가 성공하려면 깨끗하고 투명한 정부 그리고 유능한 정부가 있어야 한다.

넷째, 철저한 금융제도 개혁을 추진해야 한다. 소위 건강한 금융제도sound financial system의 구축 없이는 금융위기를 막을 수 없다. 앞장에서 이 문제를 자세히 다루었지만 철저한 예금자보호제도, 강력한 자본충실의 무화, 대출심사평가와 투자에 대한 감시감독, 그리고 감독기관의 독립성 등은 기본이 될 것이다. 그 외에도 기업퇴출제도의 효율화, 기업회계경영의 투명성제고, 외국은행과의 경쟁촉진 등도 필요한 조치가 될 것이다. 그런데 가장 중요한 것은 제도개혁과 더불어 사람이다. 개도국의 경우 전문금융인들이 크게 부족하다. 특히 금융의 세계화를 이해하고 그 분야에 국제적 지식과 국제적 경험을 가진 인재들이 특히 부족하다. 국내교육개혁을 통하여 최첨단의 금융인들을 양성하거나 필요하다면 외국에서 영입이라도 해야 한다. 제도는 선진화되었는데 그 제도를 운영하는 사람들은 과거제도와 과거관행에 익숙한 경우 제도개혁의 효과를 기대하기 어렵다.

비록 이번 2008년 세계금융위기가 미국에서 시작된 것이지만 일부 개도국—한국을 포함하여—에서는 이미 자신들이 부실금융을 만들고 있었던 경우도 많다. 거기에 미국발 위기의 충격이 가해져 그동안 잠재되어 있던, 즉 잠재적으로 진행되던 부실금융이 일거에 드러나고 있는 것이다. 그런데 이들 개도국들도 1997년 아시아금융위기 등을 겪으면서 새로운 첨단 금융제도와 금융기법들을 이미 도입한 경우가 많다. 그런데도 부실금융이 주기적으로 발생하는 것은 단순한 '제도와 정책의 문제'가 아니라 기본적으로 '사람과 문화의 문제'라고 본다. 경영진의 한건주의, 장기보다 단기이익에 집착, 외형불리기, 따라하기식 경영 등의 고질적인 금융문화와 직업윤리가 큰 문제라고 본다. 결국 이러한 부문의 개선이 있어야 비로소 개도국들의 금융도 진정으로 선진금융권으로 진입이 가능할 것이다.

2008년 세계금융위기의 교훈

이번의 2008년의 세계금융위기를 어떻게 보아야 하는가?

첫째, 우선 역사적 안목을 가지고 균형 잡힌 시각으로 보아야 한다.

역사가 가르쳐주는 것은 두 가지다. 하나는 긴 안목으로 보면 이와 유사한 금융위기는 사실 지난 역사에서 여러 번 발생했다는 것을 알 수 있다. 이번의 금융위기가 그 깊이와 폭이 대단히 큰 것은 사실이나 기본적으로 유사한 위기가 많았다. 따라서 충격이 크다고 종말론적終末論的으로 접근할 필요는 없다. 예를 들어 "이제 더 이상 금융의 세계화는 끝났다" 등과 같은 주장은 틀린 것이다.[•] 또한 이러한 경제적 위기를 정치적 내지는 정파적으로 이용하려는 태도도 문제의 해결을 더욱 어렵게 할 뿐이다.[••]

아이헨그린Barry Eichengreen과 보르도Michael Bordo 교수의 연구에 의하면,[•••] 1945-71년 사이에 세계 여러 나라에서 금융위기가 38번 있었고 이중 7번은 금융위기bank crisis와 통화위기currency crisis가 합쳐진 쌍둥이 위

• 경제현상은 좀 더 큰 그림 속에서 긴 역사적 안목을 가지고 보아야 함을 강조하면서 2008 미국발 금융위기를 포함하여 최근의 각종 국제경제 문제들을 설득력 있게 풀어가는 책으로 Nariman Behravesh, *Spin-Free Economics: A No-Nonsense, Nonpartisan Guide to Today's Global Economic Debates*, McGraw Hill, 2009를 추천한다.

•• 이러한 경제위기를 보수나 진보가 정치적·정파적으로 이용하면 상황을 더욱 악화시킬 수 있음을 경계한 책으로는 David M. Smick, *The World is Curved: Hidden Dangers to the Global Economy*, Porfolio, 2008, 특히 제8장: *Class Warfare and the Politics of Globalization*을 참조하라. 그 외에도 이 책은 2008년의 경제위기와 직·간접으로 관련되는 흥미있는 많은 문제 — 중국의 금융문제, 일본의 소비자 문제 등등 — 를 다루고 있다.

••• Barry Eichengreen and Michael Bordo, "Crisis Now and Then: What Lessons from the 1st Era of Financial Globalization?" NBER Reserch Working Paper 8716, January 2002.

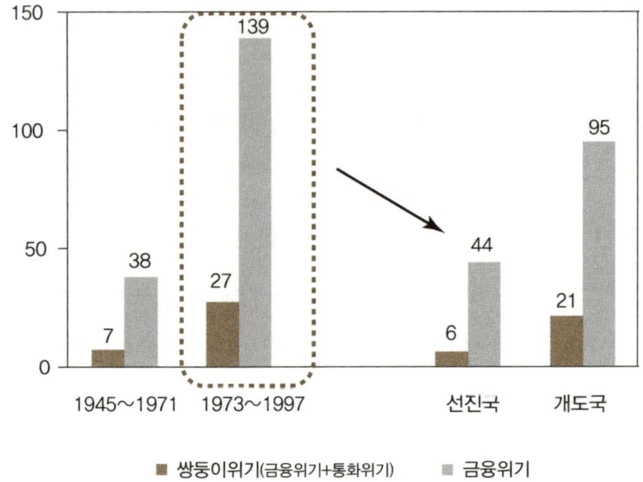

자료: Barry Eichengreen and Michael Bordo, "Crisis Now and Then: What Lessons from the Lst Era o Financial Globalizatio?" NBER Reserch Working Paper 8716, January 2002.

▌그림 6.5▐ 금융위기와 통화위기 발생건수

기twin crisis였다. 그후 1973-97년 사이에 세계 여러 나라에서 금융위기는 139번 있었고 이중 27번이 쌍둥이 위기였다. 이 139번의 위기 중 선진국에서 발생한 것이 44번쌍둥이 위기는 6번 그리고 개도국에서 발생한 것이 95번쌍둥이 위기는 21번이었다.

또한 세계은행의 자료를 보면,• 1970년 말부터 2003년까지 발생한 117개 국가의 위기 중에서 GDP의 10% 이상의 생산손실을 본 나라가 47개국에 달하는 것으로 나타났다. 생산손실의 비중은 일본이 GDP의 48%, 칠레 46%, 타이완 40%, 말레이시아 33%, 덴마크 24%, 핀란드 21% 그리고 한국 17% 등으로 나타났다. 요약하면 금융위기는 극단적으로 표현해 자주 걸리는 독감과 같아서 옆에 두고 함께 살아야 하는 것으

• Gerard Caprio and Daniela Kingebiel, etc., "Banking Crises Database," World Bank, January 2003.

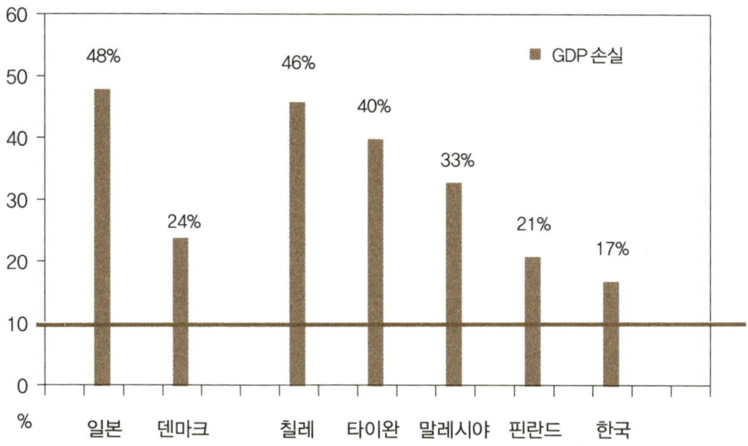

주: 분석한 117번의 위기 중 47번이 10% 이상의 GDP 손실을 발생하였으며, 이 중에서 큰 손실을 기록한 국가들을 그래프로 나타냄

자료: Gerard Caprio and Daniela Kingebiel, etc "Banking Crises Database," World Bank, January 2003.

그림 6.6 금융위기로 인한 GDP손실(1978~2003년)

로 볼 수도 있다는 것이다. 그만큼 자주 일어나는 현상이라는 의미다. 그런데 분명한 것은 최근에 오면서 금융위기의 강도와 빈도가 더 커지고 있다는 점이다. 그리고 그 배경에는 금융의 자유화, 금융의 세계화가 있다고 볼 수 있다. 금융자유화의 시대, 금융세계화의 시대가 금융위기의 증대와 함께 왔다.

그러나 역사가 가르쳐주는 또 다른 하나의 사실은 지난 기간을 보면 금융의 자유화와 금융의 세계화로 인하여 인류의 부가 크게 증대되었고 인류의 빈곤이 크게 축소되었다는 것이다. 지난 25년간 미국의 다우 존스 지수는 800에서 12,000까지 올랐다.* 금융의 자유화와 세계화가 많

* David M. Smick, *The Word is Curved: Hidden Dangers to the Global Economy*, *Portfolid,* 2008, p.16.

은 창조적·혁신적 기업가들에게 자본을 제공하였고 — 그들이 위험부담을 줄일 수 있도록 도왔고 — 이들을 성공시켜 세계의 부의 증대와 빈곤의 감소를 결과했다. 사실 지난 20–30년은 세계적으로 부의 증대와 빈곤감소의 황금기였다. 1980년 이후 약 10억 명의 세계인구가 절대빈곤일인당 하루 1달러 소득에서 해방되었다. 1950–80년간 세계 빈곤인구가 증가추세에 있었던 것과 대비하면, 또한 선진국과 후진국의 평균성장률을 비교해 보면 1980년 이전1960–80에는 선진국평균 3.3%이 후진국평균 1.8%에 앞섰으나 1980년 이후1980–97에는 후진국평균 4.0%이 선진국평균 1.7%을 앞선 것으로 나타난다. 이러한 역전은 엄청난 성취라고 볼 수 있다. 이것이 세계금융자본이 1980년 약 12조 달러 수준에서 2005년에 약 140조 달러로 거의 11.7배 증가한 것과 정正의 관계가 있다고 봐야 한다.

이상의 두 가지 사실에서 얻을 수 있는 교훈은 무엇일까? 결국 앞으로의 과제는 금융의 자유화와 세계화를 어떻게 잘 관리해 그 비용금융위기 발생을 최소화하면서 그 이익부의 창출과 빈곤 축소을 극대화시킬 것인가로 요약된다고 할 수 있다.

둘째, 기본적으로 우리는 이미 초세계화의 시대에 진입했다는 사실을 인식해야 한다.

이제 우리는 지난 산업화시대와는 크게 다른 시대에 살고 있다는 사실을 인정해야 한다. 적어도 금융에 관한 한 우리는 초세계화super-globalization 시대에 살고 있다. 가장 중요한 변화는 그동안의 산업화시대가 가져온 인류의 부의 증대의 결과로 지구촌에 새로운 그룹이 등장했다는 사실이다. 그것이 투자자global investor라는 그룹이다. 소비하지 않은 부를 저축이라고 하면 이 저축을 가지고 투자기회를 찾아 나서는 그룹이 바로 투자자들이다. 세계적 부의 증가에 따라 전 세계에 '크고 작은 투자자'들이 크게 늘어났다.

매킨지Mckinsey Global Institute의 연구결과를 보면,* 2005년 세계금융자산은 140조 달러다. 이것은 같은 해 세계 GDP의 3.16배나 되는 큰 자산이다. 1980년에는 세계금융자산이 12조 달러였고, 그것은 당시 세계 GDP의 1.09배였다. 이와 비교하면 그동안 세계금융자산이 얼마나 빠르게 증가했는지를 알 수 있다. 2005년 현재 이중에서 30조가 유럽, 52조가 미국, 19.5조가 일본, 그리고 8조가 영국의 금융자산이다. 유럽·미국·일본·영국의 금융자산만으로도 세계금융자산의 80% 가까이를 차지한다. 이들은 새로운 고수익의 투자기회를 찾아 전 세계를 돌아다니고 있다. 조금이라도 수익이 많다면 하루에도 국경을 여러 번 넘는다. 반면에 여러 나라의 정부, 기업, 은행들은 자신들의 나라에 이들을 끌어들이기 위해 혈안이 되어 있다.

그런데 (1) 금융시장의 구조적 문제인 정보의 비대칭성과 정보의 불완전성 등은 더욱 심각해지고 있다. 현재 금융시장의 불완전 정보나 불확실성의 문제는 줄어들지 않고 늘어나고 있다. 세계적 대기업, 투자은행 등의 회계장부가 더욱 알기 어렵게 작성되고 있다. 또한 내용을 잘 모르는 신종 금융상품들이 시장에 쏟아지고 있다. 일반 투자자는 제대로 된 정보를 더욱 더 알 수 없게 되고 있다. 전문가들의 도덕적 해이를 막을 방법도 마땅하지 않다. 그러면서도 공급자나 수요자 모두가 각자 고수익을 내기 위한 경쟁이 치열하다.

(2) 동시에 시장참여자들이 크게 늘어나고 있다. 소득과 부가 증가하

* Mckinsey Global Institute, "Mapping the Global Capital Market," January 2007.

면서 많은 사람들과 그들의 이익을 대변하겠다는 많은 조직 — 투자은행 등 — 들이 나타나고 있다. 우수한 인재들이 모여 새로운 혁신적 금융상품과 기법을 끊임없이 만들어 내고 있다. 어떠한 상품이 나올지 어떠한 기법이 나올지 아무도 모른다.

(3) 그러면서 세계금융은 더욱 더 강력하게 서로 연계되고 있다. 한쪽에서 기침하면 다른 쪽에서 바로 감기에 걸리는 상황이 되고 있다. 미국의 플로리다 주에서 일어난 주택대출 실패가 멀리 떨어진 유럽 아이슬란드의 전체 금융제도를 붕괴시키는 시대다.

(4) 이렇게 불안정한 상황에서 중요해지는 것이 소위 신뢰confidence의 역할이다. 시장에 대한 신뢰가 투자자의 행동에 결정적 영향을 미치기 때문이다. 그런데 신뢰란 객관적으로 안정적 제도와 정책운용에서도 오지만, 기본적으로 대단히 주관적인 것이다. 그리고 주변이나 이웃의 행동과 상태에서도 크게 영향을 받는다. 불확실성 속에서의 인간의 행위는 소위 집단심리, 군중심리, 쏠림현상 등의 영향을 크게 받는다. 따라서 시장의 신뢰 유지와 관리는 결코 쉬운 일이 아니다.

셋째, 시장의 변화를 따라가지 못하는 제도와 정책 그리고 사람과 문화가 문제가 된다. 바로 위기의 본질이다.

시장은 빠르게 초세계화의 길로 질주하는데 우리의 사고와 인식은 아직 그에 맞춰 제대로 따라가지 못하고 있다. 우리의 생각이 현실의 변화에 비해 늦다는 것이다. 그것이 그대로 낙후된 제도와 정책, 그리고 문제해결능력을 가진 인재의 부족, 우리 모두의 생각의 안이함 등으로 나타난다. 그 결과는 주기적이고 반복적인 위기상황의 발생이다. 시장과 제도관리제도의 갭이 커질수록, 즉 시장의 현실과 우리의 관리능력간의 갭이 커질수록 우리는 더욱 자주, 그리고 더욱 더 큰 금융위기를 맞게 될 것이다. 그래서 초세계화라는 시장의 변화를 관리할 수 있는 선진제도를 구비하는 것과 이를 책임질 관리능력을 가진 인재를 양성하는 것, 그리고 더 나아가 국제협력능력을 높이는 것 등이 시급한 정책과제가 된다. 사실 적지 않은 경우 개별정부의 관리능력을 넘어서, 보다 구체적으로는 관료들의 관리능력을 넘어서 시장의 발달이 진행되고 있다. 한마디로 진행 상황을 모두가 잘 모른다고 봐야 한다. 여기에 위기의 본질이 있는 것이다.

예컨대 미국의 경우 최고의 우수한 인재들이 월 스트리트에 모인다. 하버드 법대, MIT 경영대 등을 나온 최고의 인재들이 모인다. 이들이 정보화기술의 도움을 받으며 최첨단의 새로운 금융상품, 금융기법을 금융혁신이란 이름으로 끊임없이 개발해 낸다. 이러한 시장의 첨단 변화를 워싱턴의 관료들이 구체적으로 이해하고 파악하기 어렵다. 따라서 구체적으로 이러한 변화를 관리할 수 없다. 그래서 나온 방책의 하나가 월 스트리트에서 성공한 인재들을 정부의 최고관료로 임명하는 것이다. 그래서 재무부장관도, World Bank의 총재도 중앙은행Federal Reserve의 총재도 모두 월 스트리트에서 성공한 인재들을 영입해 맡긴다. 그렇게 되면 다른 정통관료들보다 월 스트리트의 움직임을 보다 잘 이해하기 때문에 바람직한 면이 있다.

그러나 이들은 월 스트리트의 이해관계 내지 시각을 넘어서는 금융제도개혁을 선도하기는 어렵게 된다. 월 스트리트의 이익이 그대로 과연 국익이 될 수 있을까? 만약 서로 부합하도록 하려면 어떠한 금융제도와 질서가 있어야 할 것인가? 이와 같은 근본적 문제에 대한 개혁적 구상과 추진이 사실상 어렵게 된다. 의식하든 못하든 월 스트리트의 이해를 대변하게 되고, 아니면 최소한 월 스트리트의 안정적 발전을 경제정책의 중요 목표로 하게 된다. 한 나라의 경제에는 금융경제를 대변하는 월 스트리트Wall Street도 있지만 실물경제를 대변하는 소위 메인 스트리트Main Street도 있다. 그런데 민생의 관점에서 보면 생산과 고용 등의 실물경제를 대변하는 메인 스트리트가 보다 중요하다. 그러나 월 스트리트 출신의 최고관료들은 메인스트리트보다 월 스트리트적 시각에, 즉 생산증가와 고용창출보다는 금융의 안정적 발전에 초점을 맞춰 경제정책을 운영한다. 그렇게 되면 앞에서 지적한 대로 월 스트리트의 변화를 국익에 맞도록 만드는 월 스트리트의 개혁은 구상도 추진도 모두 어렵게 된다.

이러한 시장과 제도 그리고 그것을 추진할 사람과의 괴리의 문제는 세계금융질서에서도 마찬가지로 나타난다. 아무리 금융의 자유화와 세계화가 급속도로 진전된다고 해도, 세계금융의 불안정성과 불확실성을 줄이는 제도적·정책적 방법을 인류가 고안할 능력이 전혀 없는 것은 아니다. 세계금융이 더욱 복잡 다양해지고 주체들도 많아지고 있다. 새로운 상품들의 등장도 많아서 과거보다 그 변화를 정확히 파악하고 대처하는 것이 어려워지는 것은 사실이다. 그러나 그렇다고 이를 올바로 대처할 제도의 고안이 이론적으로 불가능한 것은 아니다. 100% 완전한 제도 고안은 불가능하겠지만 90% 정도의 완전성을 주장할 제도의 개발은 가능하다.

제도의 유무가 아니라 그 제도개혁을 추진할 세력이 없다는 것이 더 큰 문제다. 세계금융의 불안정성을 본격적으로 해결하려 들면 90%까지는 가능하다고 본다. 문제는 누가 그 일을 할 것인가? 누가 총대를 멜 것인가다. 미국 등 주요선진국이 이 일에 앞장서야 한다. 그러나 미국은 적어도 지금까지는 기존의 세계금융제도와 질서에서 가장 수익을 보는 나라의 하나다. 그런 미국이 기존의 세계금융제도와 질서개혁에 앞장설 수 있을까?

이상을 요약하면 개별국가의 관료들의 능력부족과 미국 정책책임자들의 의지 부족으로 금융의 초세계화라는 시장의 변화에 걸맞는 새로운 제도개혁과 새로운 질서개혁이 지연되고 있다고 결론지을 수 있다. 그리고 이렇게 개혁이 지연되면 될수록 세계금융위기는 보다 빈번하게 보다 큰 규모로 올 가능성이 높아질 것이다.

넷째, 세계적 권력의 이동global power shift이 시장과 제도의 갭을 줄이는 제도개혁을 지연시키고, 그로 인해 금융위기의 빈발을 초래한다.

21세기 초반은 세계적 권력이동기다. 우리는 개별국가에서 금융위기 현상이 보통 그 나라의 정권 이동기에 잘 발생함을 알고 있다. 예를 들어 우리나라의 경우 1997년의 금융위기도 사실은 김영삼 정부에서 김대중 정부로의 정권 이동기에 나타난 현상이다. 정권 이동기, 특히 정권이동이 확실해 보이는 시기에 국가관리는 상당히 느슨해지는 경향을 보인다. 그래서 그것이 시장의 신뢰에 악영향을 줄 수 있고, 그것이 금융위기의 한 배경이 될 수 있다. 마찬가지로 이미 앞에서 지적했지만 지금 세계는 권력 이동기에 있다. 크게 보면 (1) 전 세계에 정치혁명이 일어나고 있다. 국가든 개인이든 자기주장이 크게 증대하는 정치혁명이 일어나고 있다. (2) 세계 권력이 분산되고 다多주체화되고 있다. 냉전 때의 양극구조를 벗어나 여러 나라로 권력의 핵이 다극화되고 있다. 동시에 국민국가뿐 아니라 다국적기업 그리고 시민사회 등으로 주체의 다양화도 일어나고 있다. (3) 그리고 세계 권력의 중심이 지난 200년간을 지배한 대서양에서 태평양으로, 즉 서양에서 동양으로 이동하고 있다.

냉전이 끝나고 특히 위와 같은 움직임들이 가속화되고 있는 가운데 유감스럽게도 세계의 주인의식은 오히려 약화되고 있다. 많은 국가나 사람들이 스스로 주인이 아니라 손님처럼 행동하는 경향이 커지고 있다. 이에 따라 예컨대 세계금융의 불안정성을 근본적으로 해결하기 위해 적극적으로 제도나 정책을 마련하려는 주인의식을 가진 소위 세계역사발전의 주체들이 등장하지 않고 있다. 새로운 역사 주체가 없으면 새로운 역사가 만들어지기도 어렵다. 세계적 권력 이동기에 구舊역사 주체는 그 힘이 약해지고 새로운 역사 주체는 아직 등장하지 않고 있다고 볼 수 있다. 그렇기 때문에 누구도 세계문제를 자기 문제로 보며 문제를 풀어나갈 의지와 각오를 보이지 않는다. 역사변화의 주인은 보이지 않고, 모두가 무임승차만 하려 든다면 역사의 발전과 도약은 결코 일어나지 않는다. 이번 2008년의 세계금융위기를 통하여 과연 인류가 특히 선진국의 지도자들이 이러한 문제에 대한 얼마나 심각한 자각과 자성을 했을까? 과연 그러한 계기가 됐을까? 그래서 세계금융질서의 안정을 위한 제도개혁에 본격적으로 나설 것인가? 답답하게도 아직은 두고 볼 일이다. 그러나 결국은 그 방향으로 인류가 나아가야 금융의 세계화도 살릴 수 있고 나아가 21세기 세계화시대를 인류의 도약과 성공의 시대로 만들 수 있을 것이다.

다섯째, 정치가 경제를 더욱 어렵게 만드는 것을 경계해야 한다. 한마디로 정치에 의한 반反세계화 선동, 반세계화의 포퓰리즘을 경계해야 한다.

이미 지적하였듯이 금융의 세계화에는 장점과 단점이 모두 있다. 그런데 그 단점만을 침소봉대해서 금융의 반세계화 운동을 일으키려는 정치적 움직임이 등장할 수 있다. 이것이 무역에서의 반세계화 운동인 보호무역주의와 결합되어 나타나기 쉽다. 그리고 이러한 움직임은 기본적으로 반反개방의 민족주의와 연계되기 쉽고, 계급전쟁을 고취하는 사회주의적 감성과 연계되기도 쉽다. 그리고 더 나아가서는 소위 민주화 과정에서 등장하기 쉬운 포퓰리즘적 선동주의와 쉽게 결합한다. 그러면 인류역사는 후퇴하게 된다. 한마디로 오늘날과 같은 과도기 ― 아직 세계의 권력이동이 진행 중이고 세계화의 안정적 관리가 이루어지지 않은 과도기 ― 에 나타나기 쉬운 것이 소위 포퓰리즘적 뉴 막시즘New Marxism이다. 이를 경계해야 한다.

우리는 1914–45년 사이에 강대국의 제국주의적 야망과 보호무역주의가 결합해 세계를 흔들고 있을 때, 그래서 세계의 무역과 생산과 고용이 급속히 줄어들어 후진국일수록 큰 고통을 받고 있을 때, 세계화의 장점과 긍정적 측면을 상기시켰던 지식인들이 거의 없었다는 사실을 슬프게 기억하고 있다. 물론 당시 제국주의의 폐해가 크긴 했지만 그래도 제1차 세계화 기간1860–1914 중 인류가 이룩한 많은 세계화의 이익을 상기시키고 제시하면서 세계화를 옹호하려는 지식인들이 거의 없었던 것이다. 다시는 그러한 우愚를 반복해서는 안 될 것이다. 따라서 정치인들과 지식인들이 앞장서 세계화의 비용과 이익을 국민들에게 균형 있게 올바로 알려야 한다. 그래서 세계화를 거부하는 것이 아니라 세계화를 올바로 그리고 창조적으로 관리해 나가는 것이 인류 모두가 승리하는 길임을 국민들에게 올바로 알려야 한다.

이상이 우리가 2008년 세계금융위기를 경험하면서 우리가 마음속에 정리해 두어야 할 역사의 가르침이라고 본다.

제7장

세계화와 교육 · 사회 · 문화정책

세계화와 교육개혁

교육의 세 가지 기능

국가발전에 교육은 일반적으로 다음과 같은 세 가지 기능을 가진다.

첫째, 교육은 경제성장의 원동력이 된다.

경제성장이란 한마디로 노동자들이 만들어 내는 노동생산물이 매년 증가하는 것, 즉 노동생산성의 년년年年의 증가를 의미한다. 그런데 이 노동자의 노동생산성을 결정하는 가장 중요한 요인의 하나가 바로 노동자들의 교육수준이다. 구체적으로 교육의 양과 질이 중요하다. 특히 지식정보화시대가 되면서 노동생산성을 결정하는 데 있어 자본의 크기나 토지의 양보다 노동자들의 지식과 정보의 수준이 더더욱 중요해지고 있다. 지식정보화시대에는 부의 원천이 지식과 정보에서 오는데 새로운 지식과 정보의 창조와 진화는 자본에서보다 노동에서 이루어지기 때문이다. 따라서 국민의 교육수준을 끊임없이 높이는 것은 한 나라 발전의 가장 중요한 원동력이 된다.

둘째, 교육은 소득분배개선의 지름길이다.

한 나라의 소득분배를 고르게 하려면 가장 효과적 방법은 보다 많은 사람들에게 양질의 교육기회를 제공하는 것이다. 20세기 초에 유럽의 여러 나라들이 초등학교를 의무교육화하면서 이들 나라들의 분배불평등의 문제를 크게 개선했던 역사적 경험이 있다. 미국의 경우도 기술혁신의 속도보다 고등교육기회의 확대가 빠르면 소득분배는 개선되고 그 반대면 개악되는 역사적 경험이 있다.* 그래서 교육을 소득분배를 보다 균등하게 만드는 소득균등자所得均等者 great income equalizer라고 부른다.

셋째, 교육은 국민의 삶의 질을 높이는 데 필수요소다.

교육은 단지 생산요소로서만 기능하지 않는다. 교육을 받은 후 반드시 직장을 통해 생산적 기여를 해야만 의미가 있는 것이 아니다. 교육은 생산재로서만이 아니라 소비재로서의 가치도 가지고 있다. 다시 말해 교육을 받는 그 과정 자체가 기쁨이고 보람일 수 있다. 또한 교육을 받아 세상에 대해 좀 더 심층적 이해를 하게 되면 그 이해 자체가 우리에게 기쁨과 가치를 준다. 그리고 그 기쁨과 가치는 직·간접적으로 이웃에게 전파된다. 소위 정正의 외부효과positive externality를 가지게 되는 것이다. 따라서 국민의 삶의 질, 생활의 기쁨과 가치 그리고 보람을 높이기 위해서 우리는 국민의 교육수준을 높이는 데 더욱 노력해야 한다.

직업구조의 예상변화

교육은 이상과 같이 경제성장과 소득분배에 기여하며 동시에 국민의

* 1900년대 초부터 1970년대 말까지는 미국에서 양질의 교육기회의 확대가 기술혁신의 속도보다 빨라서 교육근로자의 공급이 수요보다 빨리 증가했다. 그래서 소득분배가 개선되어 왔다. 그러나 1980년부터는 교육기회의 확대보다 기술혁신의 속도가 빨라 교육노동수요가 공급보다 빠르게 증가하여 그 결과 소득분배가 악화되었다는 사실을 이론적·실증적으로 분석한 책으로 Claudia Goldin and Lawrence F. Katz, *The Race between Education and Technology*, Harvard University Press, 2008이 있다.

삶의 질을 높이는 데 기여한다. 이 중에서 경제성장에 기여하려면 가장 필요한 것은 교육을 받은 후 반드시 생산적 고용에 종사해야 한다. 따라서 교육은 생산적 고용에 취업할 수 있는 인재를 만들어 내는 것이 기본이 된다. 그러려면 우선 21세기 세계화시대 우리사회의 직업구조에 어떠한 변화가 예상되는가 하는 문제부터 살펴보아야 한다. 예상되는 직업구조의 변화를 올바로 알아야 앞으로 어떠한 인재들이 요구되는지도 정확히 파악할 수 있기 때문이다. 그에 따라 교육개혁의 내용과 방향도 바로 세워나갈 수 있다. 또한 그래야 졸업 후 생산적 고용으로 연결돼 교육이 경제성장에 기여할 수 있게 된다. 편의상 직종을 다음과 같이 네 가지로 나누어 그 각각의 변화를 살펴보도록 하자.*

첫째 그룹은 소위 창조적 노동자creative workers 그룹이다.

말 그대로 창조적 노동자들은 창조적 일에 종사한다. 예컨대 과학자·기술자·예술가·법률가·금융인·교수·연구가·경영자문가 등등의 지식노동자들이 여기에 속한다. 이들의 일은 기본적으로 문제를 찾아내서 이해하고 그리고 그 문제를 해결하는 것이다. 이러한 일들을 하는 이들 창조적 노동자들은 다른 창조적 노동자들과 국제적으로 국내적으로 경쟁에 놓여 있다. 그리고 세계화되면서 그 경쟁은 더욱 격화되고 있다. 또한 지식정보화사회가 되면서 이들의 가치와 비중은 더욱 높아지고 있다.

* 모든 직종을 (1) 창조적 직종(처음에는 상징분석직: Symbolic Analyst) (2) 일상생산직 (3) 대면서비스직 (4) 공공직과 농업직 등 4개로 분류한 학자는 Robert B. Reich이다. 이 책에서도 그의 분류방식을 따랐다. 그리고 미국에서 1990년과 2000년 각년도의 4개 직종의 비중이 어느 정도인가에 대한 수치는 그의 두 책에서 참고했다. Robert Reich, *The Work of Nations*, Knopf, 1991; Robert Reich, *The Future of Success*, Knopf, 2001. 앞의 책에는 1990년의 4개 직종의 비중이 나와 있고 뒤의 책에는 2000년의 수치가 나와 있다.

미국의 경우 이들 창조적 노동자의 비중은 1990년에 전 노동력의 20%였으나 2000년 현재 25% 수준으로 늘어났다고 한다. 앞으로 세계화와 지식정보사회가 심화되면서 이들 창조적 노동자의 비중과 가치가 빠른 속도로 늘어날 것으로 예상된다.

둘째 그룹은 소위 일상 생산직 노동자routine production workers 그룹이다.

특히 과거 산업화시대, 대량생산의 시대에 주主노동력이 바로 이들이었다. 단순반복적인 일을 많이 하는 전통적 의미의 육체노동자blue collar와 이들 노동자들을 감시하고 감독하는 일선의 감독노동자routine supervisory workers 그리고 중하급 경영관리자low and middle level managers들이 이 그룹에 속한다. 미국의 경우 이들 일상 생산적 노동자들의 비중이 1990년에는 전 노동력의 25%였으나 2000년에는 20%로 낮아졌다고 한다. 앞으로 세계화와 지식정보화가 진행될수록 이들의 비중은 지속적으로 낮아질 것으로 예상한다.

셋째 그룹은 소위 대면對面서비스 노동자in-person service workers 그룹이다.

이 그룹의 경우 서비스하는 일의 내용 자체는 대단히 간단하고 반복적이다. 구태여 고도의 숙련을 요구하는 것이 아닌 경우가 많다. 그러나 이 대면서비스는 반드시 직접 소비자를 만나person-to-person 현장에서 그 서비스를 제공해야 하는 성격의 서비스다. 그리고 이러한 성격의 서비스 분야에 종사하는 노동자들이 바로 대면서비스 노동자들이다. 예컨대 호텔종사자, 음식점 종사자, 병원종사자, 운동코치, 택시운전사 등등이 이러한 분야라고 볼 수 있다. 이 분야의 종사자는 미국의 경우 1990년에는 전 노동력의 30%였는데 2000년에는 35% 정도로 늘어났다. 앞으로도 계속 증가가 예상된다.

그 증가가 예상되는 주된 이유는 두 가지다. (1) 반드시 대면對面이 요구되기 때문에 외국의 싼 서비스종사자들과 경쟁관계가 성립되지 않는다. 예컨대 대면이 요구되지 않는 다른 서비스산업의 경우는 해외에 아웃소싱outsourcing하는 경우가 늘어나고 있다. 그래서 국내 고용기회는 줄어들고 있다. 예컨대 간단한 법률자문, 회계장부검사, X-ray 판독 등의 서비스, 즉 비대면非對面서비스는 요즘 모두 해외의 임금이 싼 지역 — 특히 인도 등 — 으로 아웃소싱되고 있다. 그만큼 이러한 업종에서 국내 고용기회는 줄어들고 있다. 인터넷 등의 발달로 실시간으로 극히 적은 비용으로 — 예컨대 미국과 인도 간의 — 자료의 이동과 의견의 이동이 가능하기 때문이다. 그러나 대면서비스의 경우에는 이러한 해외 아웃소싱이 불가능하다 그래서 이 분야의 경우 노동수요가 줄어들지 않을 것으로 예상한다. (2) 다른 하나의 이유는 일반적으로 소득수준이 높아질수록 제조업에 대한 수요보다 서비스에 대한 수요가 빠르게 늘어나는 경향이 있다. 따라서 앞으로 세계화의 확대 등으로 지속적인 경제성장이 예상되므로 그 결과 소득수준이 높아지고 서비스수요는 늘어날 것으로 보인다. 결국 비대면서비스는 수요가 늘어도 해외로 아웃소싱을 할 수 있기 때문에 국내 노동수요는 늘어나지 않게 된다. 반면 대면서비스의 경우는 해외 아웃소싱이 거의 불가능하기 때문에 국내노동수요가 크게 늘어날 것으로 보인다.

넷째 그룹은 공공부문과 농업부문의 종사자 그룹이다.

미국의 경우 이 그룹 종사자들이 1990년에는 전체 노동자의 25% 수준이었는데 2000년에도 25% 수준인 것으로 나타나고 있다. 농업부문의 종사자들이 점차 줄어든 반면 공공부문의 비중은 계속 늘어난 것으로 보인다. 그래서 그 차이를 고려하면 이처럼 전체적으로는 큰 변화가 없는 것으로 나타난 것이다.

이상은 미국의 경우를 중심으로 본 것이지만 대부분의 선진국의 경우도 추세는 비슷하다고 봐야 한다. 그리고 선진국을 지향하는 중진국의 경우도 길게 보면 비슷한 변화를 경험하게 될 것이다. 이상에서 네 가지 직종의 변화를 보았는데 그중 특히 중요한 것이 창조적 노동자의 변화다. 좀 더 자세히 살펴보자.

한 연구에 의하면 1900년에 미국의 경우 창조적 노동자는 전 노동력의 10% 정도약 300만 명였다고 한다.[•] 그리고 당시 최고급 수준의 창조적 super-creative 노동자는 약 2.5%였다고 한다. 그러던 것이 1980년에는 창조적 노동자가 20%1,800만 명, 그리고 최고급은 8% 수준으로 올랐다고 한다. 그리고 2000년이 되어서는 창조적 노동자가 약 30%3,800만 명 그리고 최고급은 12%가 되었다고 한다. 앞의 자료에서는 2000년대의 창조적 노동자의 비중을 25%로 보았는데 여기서는 30%로 보고 있다. 5% 정도 차이가 나는 것은 앞에서는 공공부문과 농업부문에 있는 창조적 노동자를 제외한 수치이기 때문이다. 이를 포함하면 앞의 경우도 창조적 노동자의 비중이 30% 가까이 될 것이다. 그래서 전체적으로 보아 30%로 보는 것이 타당할 것이다.

여하튼 이러한 변화는 무엇을 보여주는가? 한마디로 앞으로는 세계화

• 창조적 계급 혹은 직종에 대한 최초의 문제제기는 Richard Florida가 했다. 그의 책 Richard Florida, *The Rise of the Creative Class*, Basic Books, 2002, pp.8~9에 창조적 계급의 크기 그리고 그 비중의 변화에 대한 분석자료가 나와 있다.

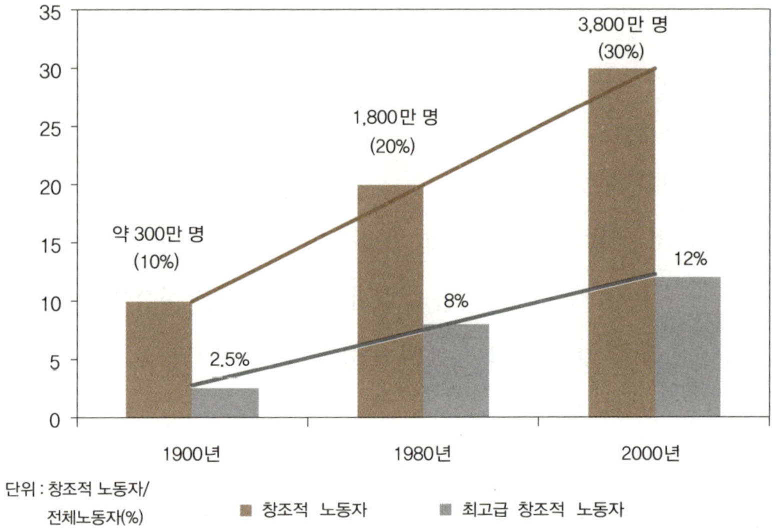

자료: Richard Florida, *The Rise of the Creative Class*, Basic Books, 2002.

그림 7.1 미국의 창조적 노동자 변화 추이(1900-2000년)

시대 직업구성에서 창조적 노동자의 비중이 크게 늘 것이고 그 중요성이 대단히 커질 것이라는 것이다. 그렇다면 21세기 세계화시대에 요구되는 교육개혁의 방향은 바로 이러한 미래의 창조적 노동자들을 보다 많이 양성하고 육성하는 방향이 되어야 할 것이다. 그러면 교육내용이 어떠해야 우리는 보다 많은 창조적 노동자를 육성해 낼 수 있을까?

바람직한 교육내용

앞으로 창조적 노동자들을 보다 많이 만들어 내려면 교육은 다음의 다섯 가지 능력을 높여 주어야 한다.[*]

첫째, 추상抽象의 능력capacity for abstraction이다.

이 세상은 사실 많은 의미 없는 물건·색깔·냄새·소리, 그리고 모양 등으로 꽉 차 있다. 이 속에서 무엇인가 의미와 패턴을 찾는 능력이 소위 '추상抽象의 능력'이다. 추상의 능력이 있어야 우리는 복잡한 현실을 단순화시킬 수 있다. 그리고 각종 현상의 의미와 패턴을 이해하고 이를 우리가 목적하는 방향으로 활용할 수 있다. 산업화시대의 교육은 학생들에게 의미와 패턴을 일방적으로 가르쳐주고 주입시키는 데 급급하였을 뿐이었다. 학생 스스로 추상의 능력을 길러서 자기 스스로가 복잡한 현상 속에서 그 의미를 만들어 내고 그 패턴을 찾아내는 교육은 하지 못했다. 앞으로 세계화 지식정보화시대에는 교육이 추상의 능력을 높이는 역할을 해야 한다.

둘째, 시스템적 사고능력capacity for system thinking이다.

이것은 세상을 원인과 결과 등으로 연결된 하나의 시스템으로 이해하는 능력이다. 우리의 사고는 기본적으로 정태적靜態的이다. 이쪽에 경제가 있고 저쪽에 법률이 있고 하는 식이다. 여기에 정치운동이 있고 저기에 종교활동이 있고 하는 식이다. 그러나 세상은 이렇게 단편적이지 않다. 세상은 깊이 연계되어 있고 상호작용하고 있으며 깊이 융합되어 있다. 우리가 창조적이 되려면 우선 이러한 현상의 상호작용을 이해해야 한다. 사물이 독립되어 있고 독자적으로 움직이고 있는 것으로 보이지

* Robert Reich는 소위 상징적 분석가들 — 그는 나중에 이들을 창조적 직종으로 불렀다 — 에게 필요한 네 가지 교육을 들고 있다. 하나는 추상(abstraction), 시스템사고(system thinking), 실험정신(experimentation), 그리고 협력(collaboration)이다. 필자는 여기에 두 가지를 더 첨가했다. 자기주도성(self-directedness)과 자존과 자긍(self-respect)이 그것이다. Robert Recih, *The Work of Nations*, Knopf, 1991, pp.228-233 참조.

만, 실은 서로 깊이 관계하고 서로 작용하는 것이다. 결국 동태적이고 전체적인 안목에서 사물을 볼 수 있어야 한다. 앞으로는 교육이 이러한 능력을 높여야 한다.

셋째, 자기주도적自己主導的 학습능력self-directed learning과 실험정신learn to experiment이다.

21세기는 지식정보화시대이기 때문에 새로운 지식과 정보가 끊임없이 등장한다. 모든 사람들이 끊임없이 쉬지 않고 평생학습life-time learning을 해야 한다. 교사나 교과서가 없어도 언제 어디서든지 새로운 것을 배우고 학습할 수 있어야 한다. 그러려면 스스로 학습하는 자기주도의 학습능력을 높여야 가능하다. 스스로 연구하고 학습하는 자기 학습능력이 대단히 중요하다. 동시에 앞으로는 이 학습과정에서 더욱 더 개척자정신과 실험정신이 있어야 한다. 실수와 실패를 두려워해서는 안 된다. 좌절과 실망을 두려워해서도 안 된다. 시행착오를 겪으면서도 지속적으로 앞으로 나갈 수 있는 실험정신이 중요하다. 자기주도의 학습능력을 기른 후 아무도 걷지 않은 산길을 처음 걸어가는 정신과 능력이 필요하다. 그렇지 않으면 평생학습을 할 수도, 창조적이 될 수도 없다.

넷째, 타인과 협력하는 능력capacity to collaborate이다.

창조적 노동자들은 일반적으로 팀team으로 일을 한다. 따라서 남들과 대화하고 소통하고, 생각과 정보를 나누면서 공동연구, 공동학습을 함께 하면서 새로운 창조활동을 하는 것을 배워야 한다. 전통적인 교육은 지식의 공유와 같은 남과의 나눔과 협력보다는 각자가 독자적으로 자기만의 지식수준을 높이기 위해 뛸 것을 많이 강조해 왔다. 그러나 새로운 창조적 사고나 아이디어는 교육배경과 문화를 달리해 온 타인과의 소통 속에서 생기는 경우가 많다. 지금까지의 고정관념과 전혀 다른 시각과 입장을 만나야 새로운 모색과 새로운 사고를 할 수 있기 때문이다. 그래서 타인과 소통하고 공유하고 협력하는 능력이 중요하다.

이 타인과의 협력능력은 단순히 한 사회 내의 다른 구성원과의 협력능력에 그치지 않는다. 특히 세계화시대에는 전 세계에 있는 다른 나라 사람들과의 협력능력으로 확대된다. 따라서 외국 역사, 외국 지리, 외국 문화에 대한 이해와 외국어능력은 필수적인 교양이 된다. 외국의 역사나 지리, 문화에 대한 이해 없이 외국인과의 진정한 소통은 불가능하다. 외국인과 창조적 협력도 불가능하다. 더구나 소통의 필수수단은 외국어다. 따라서 외국어 교육과 외국의 역사·지리·문화 등을 배우는 교육은 이 시대가 요구하는 최소한의 세계화교육이라고 할 수 있다.

타인과의 협력능력과 관련하여 또 하나 요구되는 것이 바로 정보화교육이다. 지식정보사회에서 이제 사람들과의 소통수단은 주로 인터넷 등 정보기술을 통해 이루어지고 있다. 특히 외국에 있는 사람들과의 소통과 협력을 위해서는 더욱 그렇다. 따라서 상당한 수준의 정보기술을 익히는 것은 창조적 노동자가 되기 위한 또 하나의 필수적 조건이라고 볼 수 있다. 이렇게 세계화능력과 정보화능력을 높여야 21세기 타인과의 창조적 소통과 협력이 가능하게 된다.

다섯째, 자존과 자긍self-respect의 가치관 교육이다.

21세기 세계화·정보화시대에 잠재적 위험의 하나는 정체성의 위기identity crisis다. 새로운 사람, 새로운 문화, 새로운 과학기술을 만나면서 종래의 전통적 삶의 모습이나, 문화, 가치관이 크게 흔들릴 수 있다. 그래서 발생하는 것이 바로 정체성의 위기다. 물론 이제는 과거와 같이 단일 정체성의 시대는 아니다. 복수의 정체성multiple identity을 가지는 것이 바람직한 시대다.

그러나 복수의 정체성이 무無정체성이나 정체성의 혼란으로 진전되지는 말아야 한다. 그러기 위해서 가장 중요한 것은 각자가 한 사람의 보편적 인간으로서의 자존과 자긍의 가치관을 가지는 것이다. 자기를 소중히 하는 사람들이 남을 소중히 할 수 있다. 자기 역사와 문화를 소중히 하는 사람들이 다른 나라의 역사와 문화를 소중히 여긴다. 따라서 자기에 대한 존중과 긍정의 가치관은 21세기 열린 상호협력의 시대에 가장 중요한 가치관이다. 결국 이러한 가치관교육을 21세기 교육에서는 반드시 핵심으로 강조해야 한다. 특히 많은 다른 사회나 다른 문화와 소통하고 협력해 나가야 할 창조적 노동자의 경우에는 더욱 더 강조되어야 할 중요한 교육내용이라 하겠다.

그러면 자존과 자긍의 가치관 교육을 어떻게 해야 할 것인가? 두 가지 방향을 이야기할 수 있다. 첫째는 우선 자유주의의 가치를 올바로 가르쳐야 한다. 인간의 존엄과 자유, 기본적 권리와 책임 등이 개인의 행복과 국가의 발전에 얼마나 중요한가를 반드시 가르쳐야 한다. 둘째는 공동체의 중요성을 올바로 가르쳐야 한다. 가족의 중요성, 사회의 중요성, 역사의 중요성, 그리고 자연공동체의 중요성을 올바로 가르쳐야 한다. 인간의 자긍과 행복은 개인주의만으로 이루어 낼 수 없다. 반드시 건강한 자유공동체가 함께 가야 한다. 건강한 가족과 이웃에 대한 사랑, 자국의 역사에 대한 자긍심 등등이 있을 때 비로소 인간은 자존과 자긍의 가치관을 가질 수 있다.

창조적 사회의 건설

지금까지 우리는 21세기 직업구성에서 고소득, 고생산성을 향유하는 '창조적 노동자'에 국한해 이야기해 왔다. 그런데 도대체 창조란 무엇인가? 여기서 말하는 창조란 새로운 아이디어를 의미한다. 같은 일을 하면서도 새로운 방식 좀 더 나은 방식으로 일을 하는 능력을 뜻한다. 그러한 의미에서 사실 21세기에는 꼭 창조적 직업에 종사하는 사람들만이 아니라, 모든 노동자들이 나름의 창조성을 가지는 것이 대단히 바람직한 시대라고 보아야 한다. 왜냐하면 (1) 어떠한 일을 하거나 창조적일 때 본인도 즐거움과 보람을 느끼고, 그만큼 사회에 새로운 가치를 추가적으로 제공할 수 있게 된다. (2) 창조적 직업에 종사하는 사람들만이 아니라 여타 일반 노동에 종사하는 사람들도 모두가 창조적이 된다면 — 같은 틀에 박힌 일routine을 해도 좀 더 새로운 방식으로 좀 더 재미있게 한다든가 등등 — , 그 나라, 그 경제 전체의 창조성, 나아가 생산성 자체가 크게 올라갈 것이다. 이렇게 되는 것은 대단히 바람직한 일이다.

창조성이란 실은 모든 인간이 가지는 중요한 자원이고 무한한 자원이다. 사람은 누구나 어떠한 일을 하더라도 다 조금씩은 이미 창조적이기 때문에 노력에 따라 충분히 더 창조적이 될 수 있다. 21세기의 국가가 성공하기 위해서는 창조적 직업에 종사하는 사람들 뿐 아니라 일반노동에 종사하는 국민들도 모두 다 조금씩이라도 창조적이 될 수 있도록 만들어야 한다. 앞에서 살펴본 생산직노동의 경우나, 대면서비스노동의 경우, 공공부문 노동의 경우도 모두 지금보다 좀 더 창조적인 노동으로 만들 수 있는 여지가 얼마든지 있다. 같은 일을 하면서도 종래와는 다르게 더 나은 방식으로 일할 수 있는 아이디어를 얼마든지 고안해 낼 수 있다.

문제는 사회적 합의다. 사회의 분위기를 좀 더 창조적 방향으로, 창조적 활동을 중요시하는 방향으로 만들어가는 것이 필요하다. 한마디로 창조적 사회를 건설해 나가는 것이 중요하다. 그러면 학교교육의 현장에서도, 직장노동의 현장에서도, 그리고 가사노동현장에서도 창조를 중시하는 문화가 확산될 것이다. 그러면 모든 학생들과 노동자들, 그리고 주부들을 보다 창조적으로 만들어 나갈 수 있을 것이다. 사회의 문화와 분위기를 창조적으로 바꾸지 못하면서 학교교육만을 창조적으로 만들기는 어려울 것이다. 마찬가지로 사회를 창조적으로 만들지 못하면서 직장의 노동자들만 창조적이 될 것을 기대할 수는 없을 것이다.

그러면 좀 더 창조적 사회를 만들기 위해 어떻게 할 것인가를 생각해 보자. 몇 가지 정책방향을 생각해 볼 수 있다.

(1) 우선 창조성을 소중히 하는 사회를 만들어야 한다. 그런데 창조성은 주로 새로운 것이나 특이한 것에서 시작된다. 그렇기 때문에 새로운 것, 특이한 것을 수용하고 나아가 격려할 수 있는 사회가 되어야 한다. 학교에서, 직장에서 그리고 가정에서 새로운 이야기를 하는 경우, 이를 수용하고 소중히 하는 문화가 절대적으로 중요하다. 창조적인 생각과 행동을 존중하지 않는 문화 속에서 어떻게 창조사회가 만들어지겠는가?

(2) 다양한 삶의 스타일을 받아들일 수 있어야 한다. 다양한 가치관이나 다양한 세계관을 받아들이는 사회문화를 만들어야 한다. 우리나라의 경우 짧은 기간 동안 고도의 압축성장을 하면서 변화 발전해 왔기 때문에 세대간 역사 경험이 너무 다르다. 그래서 다양한 생각, 때로는 대립하는 인생관과 가치관이 존재한다. 이러한 다양성을 서로 이해하고, 수용하고 존중하는 것으로부터 시작해야 한다. 같은 논리는 외국인의 경우에도 그대로 적용된다. 서로 역사와 문화와 종교가 다르기 때문에 당연히 세계관

과 인생관과 가치관이 다를 수 있다. 이러한 차이를 소중히 하고 존중하는 사회를 만들어야 한다. 서로 다른 것을 인정하고 수용해야 진정으로 소통할 수 있고, 서로 배울 수 있다. 그래야 서로 새로운 관점에서 사물을 볼 수 있고 그 과정에서 창조성이 나온다. 따라서 창조성을 존중하는 사회는 다양성의 수용에서부터, 소위 관용의 덕에서부터 시작되어야 한다.

(3) 다양성의 수용과 인정은 서로 모르는 사람들이 만나서 편안하게 대화하고 담소할 수 있는 사회공간과 문화공간의 확대에서 시작된다. 우리사회는 그동안 같은 사람들끼리의 만남은 많았으나 다른 사람들과의 만남에는 익숙하지 않았다. 이러한 전통이 유독 강하다. 그래서인지 아직은 외국유학생들이나 외국관광객들이 친근함과 재미를 동시에 느낄 수 있는 사회공간과 문화공간을 충분히 만들어 내지 못하고 있다.

(4) 다음으로 중요한 것은 우리 나름의 특이성과 우리 나름의 색깔, 즉 정체성을 가진 사회를 만들어야 한다. 어느 사회든 어느 지역이든 나름의 특이성과 나름의 매력이 있어야 한다. 그리고 그러한 것들이 모여 그 사회, 그 지역의 정체성을 만들어 나간다. 항상 자신의 정체성을 확실히 가지고 있는 문화나 사회가 다른 문화나 다른 사회를 자신 있게 받아들일 수 있다. 나 자신의 정체성이 뚜렷할 때 남들과 적극적으로 소통하고 적극적으로 배울 수도 있다. 이와 달리 자기 나름의 특이성과 정체성을 갖지 못한 나라에서는, 다른 문화와 다른 사회의 특이성이나 정체성을 올바로 이해하고 수용하고 존중할 수 없다. 그런데 알고 보면 자신의 특이성과 타인의 특이성이 만나고 부딪히는 과정 속에서 새로운 발상과 새로운 시각이 나올 수 있다. 그리고 그것이 모든 창조의 원동력이 된다. 따라서 이러한 방향으로 우리사회, 우리지역, 우리문화를 어떻게 바꾸어 나가느냐가 중요하다. 거기에 성공해야 우리사회를 창조사회로

거듭나게 만들 수 있다. 그래야, 우리의 교육현장에서 창조적 인재들이 키워지고, 우리의 노동현장에서 — 직업에 관계없이 — 모든 노동자들이 보다 창조적이 될 수 있다.

교육개혁의 방향*

이제 세계는 교육개혁을 가지고 경쟁하는 시대가 되었다. 어느 나라가 교육개혁을 잘해서 21세기 세계화·정보화시대가 요구하는 인재를 보다 잘 양성해 내는가? 그리하여 국민 한 사람 한사람에게 양질의, 고소득, 고생산성의 좋은 직장을 보장해 줄 수 있는가? 이러한 문제들을 가지고 국가들이 서로 경쟁하는 시대다. 그러면 이제부터 세계화·정보화시대에 그렇게 중요한 국가과제인 교육개혁을 어떠한 목표를 가지고 어떠한 수단을 통해 이루어 내야 하는가 하는 문제를 살펴보도록 한다.

첫째, 교육개혁의 목표를 확실히 제시하고 그 추진을 점검하고 그 성과를 공개해야 한다.

교육개혁은 (1) 창조적 인재를 만들어 내는 것을 제1의 목표로 해야

* 우리나라 교육개혁의 개별분야별 구체적 정책방향의 제시는 다음 세 권의 책이 가장 좋은 자료가 될 것이다. 우리나라 교육개혁에 관심이 있는 독자들은 이 세 권을 참고하기를 권하면서 여기서는 교육개혁의 대략적인 몇 가지 큰 방향만 제시하고자 한다.
(1) 박세일·우천식·이주호 편, 『자율과 책무의 학교개혁: 평준화의 논의를 넘어서』, 한국개발연구원-교육개혁포럼 공동연구, 한국개발연구원 2002.
(2) 박세일·이주호·우천식 편, 『자율과 책무의 대학개혁: 제2단계의 개혁』, 한국개발연구원-교육개혁포럼 공동연구, 한국개발연구원-한국직업능력개발원, 2004.
(3) 박세일·김승보·박정수 편, 『평생학습사회만들기: 교육에서 학습으로』, 한국직업능력개발원-교육개혁포럼 공동연구, 한국직업능력개발원-교육개혁포럼, 2007.

한다. 그리고 (2) 세계화 능력과 정보화능력이 높은 인재를 육성하는 것을 제2의 목표로 해야 한다. 끝으로 (3) 자존과 자긍의 가치관을* 가지는 인재를 양성하는 것을 제3의 목표로 해야 한다. 요약하면 교육개혁의 키워드는 창조성, 세계화와 정보화능력 그리고 가치관이다. 이 세 가지를 목표로 구체적인 달성목표치를 국가가 제시해야 한다. 가능한 선진국의 문명표준Global standards에 맞추는 것이 좋다.

창조성을 높이기 위한 교육목표치, 외국의 역사, 지리, 문화에 대한 이해와 외국어 수준을 높이기 위한 교육목표치, 정보 및 과학기술 능력을 높이기 위한 교육목표치, 마지막으로 자존과 자긍의 가치관을 제고하기 위한 교육목표치 등을 국가가 정하고 제시해야 한다. 물론 이들 목표치는 모두 쉽게 수량화할 수 없을 것이다. 외국어 실력이나 정보기술능력 등은 비교적 쉽게 수량화할 수 있을지 모른다. 그러나 그 이외의 경우는 직접적 목표치 내지 지표보다 간접적 목표치 내지 지표를 세워야 할 것이다. 예컨대 자존과 자긍의 가치관의 수준을 그 자체로 수량화할 수는 없기 때문이다. 결국 자국의 역사에 대한 올바른 이해, 자국의 정신문화와 전통에

* 자존과 자긍의 가치관은 대단히 중요한 교육목표가 되어야 한다. 필자는 우리나라 교육의 인문학적·가치적 목표가 많이 훼손되었다고 본다. 그 주된 이유의 하나는 19세기 말에 주장되던 동도서기(東道西器)가 ― 동양의 정신에 서양의 제도의 결합이 ― 성공하지 못했기 때문이라고 본다. 서양의 제도는 들어왔는데 동양의 정신은 계승하여 발전시키지 못했다. 본래 동양에서는 ― 유교를 보라 ― 학문에 많은 정신적·인문학적 요소가 기초를 형성하고 있었는데 이것이 일제강점기 그리고 해방 후의 혼란과 6.25 그리고 이후의 급격한 산업화와 민주화 과정에서 많이 상실되었다. 다시 우리의 아름다운 정신적·윤리적 전통과 사상 ― 선비정신과 지도자의 애민사상 등 ― 을 21세기에 맞게 발전적으로 복구해야 한다고 생각한다. 미국의 경우에서도 올바른 가치관교육, 올바른 사상교육이 일반교육에서 상실되어 사회 전체 가치의 혼란, 사상의 무질서, 도덕의 황폐가 심각하다는 문제의식이 크다. 이러한 교육과 가치와 도덕의 관계에 대한 근본문제를 제기한 미국의 대표적인 역작은 Allan Bloom, *The Closing of The American Mind: How higher education has failed democracy and impoverished the souls of today's students*, Simon and Schuster, 1987.

대한 올바른 이해, 그리고 공공도덕이나 사회윤리에 대한 올바른 이해 등의 간접적 지표를 가지고 가치관의 문제를 다루어야 할 것이다.*

창조성과 관련되는 추상의 능력, 시스템적 사고능력, 개척자정신과 실험정신, 그리고 남과의 협력능력 등도 교육내용을 개혁할 때 — 교과서를 개편하고 교육과정을 정할 때 — 스며들게 해야 할 정성적定性的인 요소들이다. 예컨대 교육과정에 전통적 인문학인 문학·사학·철학, 소위 문사철文史哲이나 예술의 비중을 높인다든가 해야 할지 모른다. 한마디로 쉽게 정량화定量化할 수 없다. 그러나 어떤 형태로든 — 정성적이든 정량적이든 아니면 직접적이든 간접적이든 — 창조적 인재육성이라는 교육목표를 확실히 정하고, 이것의 달성을 목표로 교육개혁의 방향을 설정하는 것이 필요하다.

그리고 그 목표의 달성 내지 성취의 정도를 국가가 정기적으로 전국적 테스트를 통하여 확인해야 한다. 여기서 중요한 것은 두 가지다. 우선 전국적 테스트의 내용을 정할 때 우리나라의 전문가들만이 아니라 해외의 전문가들을 초청하여 세계적 교육표준을 반영하도록 해야 한다. 다시 말해 우리나라 나름의 특수성과 더불어 세계적 범용성을 가진, 소위 글로벌 스탠더드를 감안한 테스트 내용이 되도록 해야 한다. 교육의 내용과 테스트의 내용이 우물 안 개구리가 되어서는 결코 안 된다. 그리고 다른 하나는 그 테스트의 결과를 반드시 공개해야 한다. 그래서 전국의 각 학교와 전국의 학생들이 자신들의 성취한 바를 정확히 알아야 한다.

물론 몇 가지 테스트로 교육성과 전체를 다 평가할 수는 없다. 또 그래서도 안 될 것이다. 교육의 성과에는 쉽게 측정할 수 없는 분야가 많

* 교육의 표준목표치를 어떻게 설정하고 어떻게 평가할 것인가를 둘러싸고 어느 나라든 많은 논쟁이 있었다. 미국의 경우를 조감하기 위하여는 Diane Ravitch(ed.), *Debating The Future of American Education: Do We Need National Standards and Assessments?* Brookings Institution, 1995.

을 것이기 때문이다. 따라서 그 몇몇 분야의 테스트 결과에 따라 교육성과 전체를 평가할 수 있다고 주장하는 것은 무리다. 그러나 분명한 것은 시대가 요구하는 세계적 수준의 창조적 교육을 우리의 다음 세대에게 확실하게 가르치지 않는다면 다음 세대를 방치하는 것이 된다는 사실이다. 우리의 다음 세대를 세계화시대에서 실패하는 국민으로 만들지 않으려면 교육개혁의 달성목표를 확실히 해야 한다. 그리고 그 추진을 확실하게 점검하는 노력을 해야 한다. 또한 몇몇 테스트를 가지고 교육성과 전체를 평가할 수 없다는 한계를 이유로 평가 자체를 회피해서는 안 된다. 다만 그 평가의 추진세력이 테스트에 나타난 것만이 교육성과의 전부라고 하는 단선적 주장만 하지 않으면 된다. 물론 끊임없이 테스트 방식 등을 개선하려는 노력도 이뤄져야 한다.

둘째, 관치교육의 규제를 대폭 풀어 교육을 '자유화·다양화'해야 한다.

교육의 목표를 정하고 교육성과를 객관적으로 평가하여 그 결과를 볼 수 있는 자료를 제공하면서 국가가 해야 할 다음의 일은 불필요한 교육규제를 대폭 축소하는 것이다. 그동안 우리나라에는 교육에 대한 규제가 과도했다. 일제시대를 지나면서 그리고 국가주도의 산업화시대1960~70년대를 지나면서 소위 관치官治교육이 체질화되어 있다. 산업화시대에 관치교육은 나름의 정당성이 있었다. 우선 당시 우리나라는 선진국을 따라가야 하는 소위 catch up의 단계에 있었다. 그래서 교육의 관주도는 어느 정도 불가피했다. 그리고 당시는 산업화시대의 대량생산체제가 요구하는 반숙련노동력을 만들어 내는 것이 교육의 중요목표의 하나였기 때문에 교육도 대량생산형 교육이었다. 암기위주, 획일적·경직적인 교과과정운영 등이 불가피했다. 또한 당시는 민주주의 도입의 초기였기 때문에 민주시민의 기본을 교육하기 위해서도 관주도의 공교육이 필요했다.

그러나 이러한 산업화의 시대는 이미 끝났다. 이제는 산업화를 통하여 후진국에서 중진국의 선두주자로 뛰어오른 대한민국이 선진국 진입을 앞에 두고 있는 단계에 이르렀다. 또한 이미 우리는 21세기 세계화·정보화의 시대에 살고 있다. 이제는 더 이상 관주도가 필요하지도 가능하지도 바람직하지도 않은 단계다. 자유와 자율 그리고 다양성과 다원성의 시대를 맞고 있다. 이제 교육이 더 이상 획일적·경직적·폐쇄적 인재가 아니라 끊임없이 창조적이고 유연한 열린 인재들을 만들어 내야 한다. 이제 민간주도의 창조교육의 시대를 활짝 열어야 한다.

그렇게 하려면, 아직도 남아 있는 관주도의 제도와 관행과 의식과 각종 교육제도와 정책 속에 남아 있는 관료주의를 과감히 걷어내야 한다. 혹자는 이렇게 표현한다. "정부가 추진하는 교육개혁은 안 된다. 왜냐하면 정부 자체가 문제이기 때문이다." 한마디로 교육을 정부의 관치로부터 풀어야 한다. 교육을 자유화해야 한다. 그래서 우리나라 교육자들의 창의와 혁신이 교육현장에서 마음껏 꽃을 필 수 있도록 만들어야 한다. 주지하듯이 창의와 혁신은 자유 속에서 피어나는 꽃이다. 자유가 제한받은 정부의 간섭과 규제 속에서 창의적 교육개혁이나 혁신적 교육개혁은 일어나기 어렵다. 교육에 대한 중앙정부의 규제는 최소한을 원칙으로 하고 대신 광범위하게 교육정책 전반의 권한을 지방에, 그리고는 궁극적으로는 학교현장에 자유화시켜야 한다.

셋째, 학교의 통치구조school governance를 '경쟁적 혁신형'으로 개혁해야 하고, 학교 자체를 학습조직learning organization으로 만들어야 한다.

정부가 교육이 달성할 교육목표를 제시하고 정부의 불필요한 규제를 풀면 ― 교육을 자유화하면 ― 교육현장은 서로 자유경쟁하면서 그 목표치를 달성하기 위해 힘차게 나아갈 것인가? 유감스럽지만 그렇지 않다. 한 가지 더 중요한 선행조건이 달성되어야 하기 때문이다. 자유경쟁이 혁신적 교육개혁으로 나타나려면 반드시 학교현장에 혁신적인 리더십 innovative leadership이 등장할 수 있어야 한다.* 불행하게도 우리나라 학교현장에 혁신적 리더십이 등장하기가 지금은 대단히 어렵다. 학교의 통치구조, 즉 소유지배와 경영관리구조에 문제가 있기 때문이다. 학교의 통치구조의 개혁 없이 정부가 규제만 풀고 교육의 자유를 확대하여 주면, 학교는 바람직한 교육개혁의 방향으로가 아니라, 기득권의 유지와 강화 ― 전통적 수업내용과 수업방식의 강화 등 ― 쪽으로 움직여 나갈 가능성도 적지 않다. 따라서 자유가 오히려 바람직하지 못한 결과 ― 교육개혁의 후퇴 ― 를 얼마든지 낳을 수도 있다. 자유의 확대는 반드시 자유를 향유하는 주체의 개혁과 함께 진행되어야 성공한다.

혁신적 리더십의 등장을 강조하는 또 다른 이유의 하나는 앞으로는 학교 자체를 학습조직learning organization으로 만들어야 하기 때문이다. 학습조직이란 조직내부의 요구 변화와 외부환경의 변화를 조직 자체가 빠르게 인식하고 필요한 자기변화를 빠르게 만들어 낼 수 있는 조직을 의미한다. 21세기 세계화·정보화의 시대를 맞이하여 교육을 둘러싼 경제사회적 환경과 과학기술적 여건의 변화는 대단히 빠르다. 동시에 교육을 받는 수요자들의 욕구와 기대의 변화도 대단히 빠르다. 어떠한 조직이든 이러한 안과 밖의 변화를 빠르게 인지하고 이를 수용하여 끊임없는 자

* 학교의 통치구조의 중요성과 문제를 최초로 체계적으로 제시한 책은 John E. Chubb and Terry M. Moe, *Politics Market and America's Schools*, Brookings Institution, 1990이다. 필자의 생각을 정리하는 데도 많은 도움이 되었던 책이다.

기변화와 개혁을 조직화해 나가야 성공할 수 있는 시대다.

학교도 예외가 아니다. 학교라는 조직도 안과 밖의 변화를 빠르게 인지하고 이에 적극적·역동적으로 대응해 나가야 성공하는 조직이 될 수 있다. 그런데 이를 해내려면 학교에 혁신적 리더십이 존재해야 한다. 학교의 리더십이 변화를 외면하고 자기개혁에 소극적이면 그러한 학교는 21세기가 요구하는 성공적인 학습조직이 될 수 없다. 교육개혁은 결코 일회적一回的으로 끝날 수 없기 때문이다. 안과 밖의 변화에 끊임없이 지속적으로 자기개혁을 하는 과정이어야 하기 때문이다.

이렇게 성공적 교육개혁을 위해 학교현장에 혁신적 리더십이 중요하다면 혁신적 리더십이 등장할 수 있게 하려면 무엇을 어떻게 해야 할까?

가장 중요한 것이 현재의 학교통치 구조를 '경쟁적 혁신형'으로 바꾸어 나가야 한다. 학교의 지도자들이 교육의 질적 수준을 높이는 경쟁에 앞장서는 통치구조로 만들어야 한다. 그리고 그 질적 수준을 제고하는 교육의 내용과 방식을 끊임없이 새롭게 혁신해 가는 — 경쟁적으로 혁신해 가는 — 통치구조로 만들어야 한다. 현재 중·고등학교 교장들의 선출과 임용과정을 보라. 여기서 경쟁적이고 혁신적인 리더십이 나올 수 있는가? 오랜 경험과 경륜도 중요하나 오랜 연륜 그 자체만으로 자기 개혁적 리더십이 나오는 것은 아니다. 또한 현재 대학총장의 임용제도를 보라. 교수들이 선거를 통하여 선출된 총장이 과연 교수들의 기득권을 넘어서는 대학개혁을 할 수 있겠는가? 그것도 단임의 임기제인 총장이 무엇을 위해 욕먹으면서 대학개혁에 앞장서겠는가? 이래선 안 된다. 따라서 관치교육의 틀을 벗어나 자유스러운 교육환경을 만드는 것도 중요하지만 그렇게 만들어진 교육환경 속에서 자기개혁적인 혁신적 리더십이 나올 수 있도록 학교의 통치구조를 경쟁적 혁신형으로 근본적으로 바꾸어야 한다.*

그러면 어떻게 해야 할 것인가? 한마디로 교장과 총장 등의 교육 지도자들을 일방적인 임명제나 선거를 통한 선출제도에서 기본적으로 초빙제로 바꾸어야 한다. 학교 안팎에서 가장 혁신적인 지도자를 초빙하여 오는 형식이 가장 바람직하다. 교사나 교수, 동창대표, 지역대표 등 학교의 관계자들이 모여 학교발전의 비전을 먼저 정해야 한다. 그리고 그 비전을 가장 잘 수행할 능력이 있는 분을 학교 안팎에서 찾아서 모셔와야 한다. 즉 그 비전을 수행하는 것을 조건으로 해서 리더를 모셔오고 가능한 임기도 없는 것으로 하거나 혹은 있어도 얼마든지 연임할 수 있도록 하는 것이 바람직하다. 그리고 모셔온 다음에는 반드시 학교장이나 총장에게 전폭적으로 학교의 재정권과 인사권을 주어야 한다. 그래서 학교장이나 총장이 자기비전과 자기책임하에 학교개혁을 과감하고 일관성 있게 추진할 수 있게 해야 한다. 지금처럼 기득권과 과거의 관행들이 쌓여 약간의 변화에도 서로가 서로의 발목을 잡는 상황을 계속 두고서는 교육개혁의 성공은 요원하다. 이런 상태로는 세계화시대 정보화사회가 요

* 국립대학의 경우는 대학법인제도의 도입이 올바른 방향이다. 이를 계기로 (1) 국립대학 이사회제도 도입 (2) 총장선임제도의 개혁 (3) 국립대학의 조직·회계·정원·인사의 자율화 등의 변화가 있어야 한다. 사립대학의 경우는 (1) 법인이사회의 독자성과 개방성을 높이고 그 책무성을 명확히 해야 한다. (2) 총장의 권한을 강화하고 그 전문성을 존중해야 한다. (3) 인사·회계 등 대학경영의 모든 분야의 투명성을 높여야 한다. 이 세 가지를 통하여 학교 이윤을 경영자나 소유자가 임의로 사용할 수 없고 반드시 대학의 발전과 운영을 위해서만 사용해야 한다는 소위 비분배조건(non-distribution constraint)의 준수가 반드시 강화되어야 한다. 이 준수를 전제로 사립대학에 대한 불필요한 정부규제를 과감히 풀어야 한다. 자세한 것은 박세일·이주호·우천식 편, 『자율과 책무의 대학개혁: 제2단계 개혁』, 한국개발연구원-교육개혁포럼 공동연구, 한국개발연구원 한국직업능력개발원, 2004, 제8장과 9장을 참조. 대학의 통치구조개혁뿐 아니라 대학개혁의 전반의 문제를 다룬 글로는 박세일, 『세계화시대의 고등교육 선진화』, 한국사학진흥재단 창립 20주년 기념 학술 컨퍼런스 기조발제, 한국사학진흥재단, 2009가 있다.

구하는 세계적 수준의 창조적 인재를 대량으로 양성해 내는 교육개혁이 성공하기는 대단히 어렵다.

넷째, 교육기회의 형평성을 높이는 노력을 해야 한다.

교육은 가능한 자유에 맡기는 것이 옳다. 그것이 특히 세계적 수준의 창의적 인재육성에 결정적으로 중요하다. 그러나 국가교육에는 수월성뿐 아니라 형평성이 중요하다. 물론 여기서의 형평성은 교육결과의 평등이 아니라 교육기회의 평등을 의미한다. 그리고 민간의 자유경쟁에 맡겨서 풀 수 없는 문제는 정부가 직접 개입하여 문제를 고쳐야 함을 의미한다.

첫째가 영세소득층의 교육 문제다. 학습능력도 있고, 학습의지도 충분한데 단순히 학자금이 없어 교육을 못 받는 일은 반드시 없어야 한다. 이를 위하여 가장 효과적인 정책수단은 소위 교육 바우처boucher 제도다. 정부가 영세소득층에게 일정한 교육비를 바우처 형태로 지급하고 그것을 가지고 스스로 교육기관을 정하여 원하는 교육을 받을 수 있도록 하는 제도다. 이 제도는 영세소득층의 교육기회를 넓힐 뿐 아니라 교육기관 간 — 교육공급자 간 — 의 교육경쟁을 유발하여 교육의 질을 높이는 데도 기여하는 제도다.•

둘째는 낙후지역의 문제다. 산간벽지나 해안도서 등에 살고 있어 좋은 교육을 받을 기회 자체가 부족한 경우다. 이에 대해서는 다양한 정부지원이 가능하다. 정보화시대의 여러 정보기술을 이용하여 오지에서도 최고의 교육과 접할 수 있는 길을 모색해 봐야할 것이다. 또한 교육이

• 바우처 제도와 학교 간의 경쟁촉진의 문제를 체계적으로 실증적으로 분석한 책은 Terry M. Moe, *Schools, Vouchers, and the American Public*, Brookings Institution, 2001.

지식의 전수만이 아니라면, 그래서 지방에서의 교육이 나름의 가치가 있을 수 있다면, 방학기간 등을 이용하여 대도시에서 함께 모여 정기적으로 보완교육을 받을 수 있는 기회를 제도화할 수도 있을 것이다. 문제는 정부의 정책의지이고 본인들의 학습의지다.

셋째, 자유경쟁에만 맡겨서는 부실해지는 교육 분야가 등장할 수 있다. 예컨대 개개인의 자유선택에만 맡기면 인문학인 문사철文史哲이나 기초과학이나 기초기술에 대한 교육이 부실해지기 쉽다. 따라서 이 부분에 대한 정부의 특별한 정책적 지원은 당연히 있어야 한다. 아니 국립대학이 존재하는 이유가 바로 그런 데 있다고 본다. 국립대학의 경우는 일반사립대학이 잘하는 분야보다는 일반 사립대학이 외면하는, 그러나 사회적으로는 정正의 외부효과가 큰 학문 분야에, 보다 많은 투자를 해야 한다.

결국 교육은 모든 국민을 세계수준의 창조적 인재로 만드는 일에 성공해야 한다. 그리고 이를 위한 노력이 바로 21세기 교육개혁의 목표와 내용이 되어야 할 것이다.

다섯째, 10년 임기의 초당적超黨的 '국가교육개혁위원회'가 필요하다.

교육개혁의 목표와 방향을 바로 세우는 것도 중요하지만 어떻게 성공적으로 추진할 것인가가 그에 못지않게 중요하다. 성공적 교육개혁의 추진전략이 나와야 한다.

교육개혁의 성공을 위한 제1과제는 올바른 교육개혁의 공론을 세우는 일이다. 교육개혁의 기본철학과 방향에 대한 국민적 이해를 넓히고 공감대를 만들어 나가는 것이 필수적이다. 국민의 이해와 지지 없이 개혁의 성공은 어렵다. 개혁공론을 만드는 과정에서 특히 정책세력의 역할이 중요하다. 정책세력이란 교육의 이론적·실무적 전문가들 — 교수·연구원·

공무원·언론인 — 을 의미한다. 이들이 교육개혁의 당위성과 올바른 방향에 대한 시대적 공론을 세워주어야 한다.

교육개혁의 성공을 위한 제2과제는 개혁추진체계를 바르게 세우는 일이다. 한마디로 10년 임기의 교육개혁위원회를 대통령실 소속으로 설치하여 추진하되 반드시 여야의 참여가 필수적이다. 그래서 초당적으로 지혜를 모아야 하고 초당적으로 추진해야 한다. 이 교육개혁위원회는 우선 1-2년 정도의 시한으로 국민과 전문가의 의견을 광범위하게 수렴하여 교육개혁안을 만들어야 한다. 이 개혁안을 대통령이 수용하고 여야가 함께 추진하는 그래서 필요한 입법을 여야가 공동입법하고 필요한 예산조치를 여야가 함께하는 형식으로 끌고 나가야 한다. 이를 통해 일단 확정된 교육개혁정책이 적어도 8-9년 정도는 일관성 있게 추진되어야 한다. 이렇게 되어야 장관, 차관이나 수석이 바뀌어도 심지어는 정권이 바뀌어도 교육개혁은 일관성 있게 추진될 수 있다.

그동안 교육개혁이 성공적이지 못한 주된 이유는 개혁안의 내용보다도 그 추진과정이 불안정하고 수시로 내용이 바뀌었기 때문이다. 따라서 좋은 교육개혁안을 만드는 것 못지않게 추진체계를 합리화하고 탈정치화하는 것이 대단히 중요하다. 특히 교육이란 그 개혁의 효과가 상당 기간 지나서 나타나는 것이므로 정책의 일관성 유지가 무엇보다 중요하다. 그런데 한 나라의 백년대계가 되는 교육의 개혁을 정치적 내지 정파적 이해 혹은 정권의 변동 등에 의하여 수시로 바뀌어서는 어떻게 소기의 목표를 달성할 수 있겠는가?•

• 교육개혁의 성공을 위해서는 올바른 개혁안을 세우는 것 못지않게, 올바른 개혁전략 — 개혁과정에 대한 전략적 관리 — 이 대단히 중요하다. 우리나라에서 1995년 5.31 교육개혁안을 수립하고 집행하는 과정에서 어떠한 정치적·행정적 문제점들이 있었는가를 개혁과정관리라는 관점에서 정리한 글이 있다. 앞으로 우리나라에서 새로운 교육개혁

여섯째, 모든 학교가 '지적·도덕적 공동체'로 거듭나야 한다.

모든 학교가 구성원들의 자발적 성찰을 통하여 새로운 지적·도덕적 공동체intellectual and moral community로 거듭나야 한다. 특히 대학부터 대학의 문화를 근본적으로 바꾸는 정신혁명을 해야 한다. 현재의 우리 대학은 지적·도덕적 공동체로서의 자기정체성을 잃어 가고 있다. 대부분의 교수들이 대학 밖으로 돈다. 각자 홀로 바쁘다. 지적 공동체 없이 홀로 연구하고 홀로 가르친다. 그러면 근시안적이고 폐쇄적이며 경직적인 지식생산을 결과할 위험이 크다. 뿐만 아니라 연구에 치중하고 교육을 경시한다. 대학평가나 교수의 평가가 과도하게 연구실적 중심으로 되어 있기 때문이다.• 그러니 교육기능은 약화되고 교육에 정성과 열의가 약하다. 따라서 선생과 제자 간의 '인격적 만남'과 '도덕적 감동'이 적다. 이러한 상황에서 어떻게 진정한 교육이 일어나겠는가? 대학뿐만이 아니다. 일반 중·고등학교에도 과연 학생교육에 교사의 헌신성과 열정이 어느 정도인가 반성해 봐야 한다고 생각한다.

그런데 이러한 학교문화를 바꾸는 일은 구성원 한사람 한사람의 자각

을 모색할 때 정책수립과 집행과정에서 큰 참고가 될 것이다. Park, Se-Il, *Managing Education Reform: Lessons from the Korean experience: 1995-97*, Policy Study 2000-01, Korea Development Institute, 2000.

• 이 문제는 대단히 중요한 문제다. 대학교수의 기능은 (1) 교육기능 (2) 연구기능 (3) 사회봉사기능의 세 가지를 가지고 있다. 모두가 중요하지만 우선 가장 중요한 것이 교육기능인데 대학교수들은 스스로 교육자라기보다 연구자로서의 자의식이 강하다. 각종의 사회적 평가의 기준도 그러하다. 그것도 연구물을 누가 해외연구지에 많이 냈느냐를 가지고 경쟁시키는 모습이다. 이것은 크게 두 가지가 잘못이다. 하나는 교육가능과 사회봉사기능을 약화시키기 때문이다. 둘째는 학문의 실사구시성과 주체성을 약화시키기 때문이다. 이공계 등은 예외지만 일반 사회과학과 인문과학에는 국적이 있어야 한다. 자기문제에 대한 고민과 대답을 중시해야 한다. 그런데 사회과학과 인문과학에서도 과도하게 외국전문지에의 게재를 선호하면 자신의 문제를 고민하지 않게 된다. 결국 실학(實學)이 아니라 허학(虛學)이 되기 쉽다. 이러한 대학교육기능의 약화 문제는 일본에서도 심각한 문제로 지적되고 있다. 加藤 寬, 『教育改革論』, Maruzen Library 1996, pp.117-123.

과 자기성찰에서 출발할 수밖에 없다. 결국 자발적인 문화혁명이 일어나야 한다. 즉 상향식일 수밖에 없다. 그래서 대학교수들이 다음과 같은 공동선언을 할 수 있는 날이 오기를 기대한다.•

"나는 여기에 선언합니다. 나는 학문의 발전과 진실에 최선을 다할 것을 약속합니다. 나는 교육이 도덕적 소명이라고 생각하고 대학이 지적·도덕적 공동체가 되어야 한다고 생각합니다. 그리고 내가 하는 교육과 연구와 사회봉사가 교수로서의 나의 숭고한 역사적·사회적 책무라고 생각합니다.

나는 나의 학생들을 위하여 철저한 강의 준비, 엄격한 학사관리, 성의 있는 개인면담 등에 최선을 다할 것을 약속합니다. 우리 대학의 발전과 지역공동체의 발전, 나아가 국가의 발전과 인류복지의 증진을 위하여도 최선을 다할 것을 약속합니다. 그리고 동료교수들의 교육과 연구와 사회활동을 돕겠습니다. 학제간 공동연구와 공동교육에도 앞장서겠습니다. 특히 새로운 후배교수들에게 보다 많은 관심과 배려를 하겠습니다. 그래서 대학이 지적이고 도덕적 공동체로 다시 태어나는 데 제가 앞장서겠습니다"

우리나라의 대학교수들이 이러한 공동선언문을 발표할 때 — 그리고 유사한 선언문이 교사들 사이에서 나올 때 — 진정한 학교공동체의 문화개혁-의식개혁이 시작되고, 이러한 학교공동체의 문화와 의식개혁이 뒷받침될 때 비로소 우리나라의 교육개혁은 성공할 수 있을 것이다.

• 박세일, 『세계화시대 고등교육의 선진화 방향』, 한국사학진흥재단 창립 20주년 기념 학술 컨퍼런스, 『우리나라 고등교육의 선진화 방향과 과제』, 한국사학진흥재단, 2009.6.

세계화와 노동문제

일반적으로 노동문제는 '노동시장의 문제'와 '노사관계의 문제'로 나누어 생각할 수 있다. 노동시장의 문제는 정책적으로는 고용의 문제다. 어떻게 하면 고용을 극대화하여 실업을 없애고 모든 국민들이 생산적 취업을 할 수 있게 할 것인가? 하는 문제가 된다. 그리고 노사관계의 문제는 노사 간의 이해대립사항인 임금, 노동시간 등을 결정할 때, 어떠한 제도와 절차를 통해 공정하고 효율적인 결과가 나오도록 할 것인가 하는 문제가 된다. 노사관계 속에는 생산성의 제고, 노동자 고충의 해소 등 노사 간 이해가 대립되지 않고 노사 모두에게 이익이 되는 사항도 있다. 그러한 이해공동사항을 어떻게 더 잘 되도록 할 것인가 하는 것도 물론 노사관계에서 중요한 문제가 된다.

21세기 세계화가 진전되면서 노동시장의 문제는 어떤 변화를 보이고 있는가? 구체적으로 고용창출의 문제와 노사관계의 문제 특히 노사간 이해대립사항의 해결의 문제에는 어떠한 구조적 변화가 있는가? 그리고 그러한 변화에 올바로 대응해 나가려면 어떠한 정책적 노력이 필요한가? 지금부터 이러한 문제들에 대해 살펴보려 한다.

21세기 세계화 시대가 노동시장에 제기하는 몇 가지 기본적 문제들을 지적해 보면 다음과 같다. (1) 어떻게 하면 성장의 고용효과를 극대화할 것인가? 다시 말해 어떻게 하면 고용 없는 성장jobless growth의 위험을 줄이고, 고용극대화의 성장을 이룰 것인가? (2) 비정규직atypical workers의 문제를 어떻게 풀어야 하는가? 오늘날 세계 모든 나라들이 비정규직 문제의 지속적 증가로 몸살을 앓고 있다. 과연 올바른 비정규직 대책은 무엇인가? (3) 여러 노력들을 하고도 고용창출이 충분하지 못할 때, 즉 다량의 실업이 일반화되고 구조화할 때, 과연 어떠한 추가적 정책 노력을 해야 하는가 등이 될 것이다.

그리고 21세기 세계화가 노사관계에 제기하는 근본적 문제는 (1) 세계화가 진행됨에 따라 점차 약화되는 노동운동의 교섭력bargaining power의 문제를 어떻게 풀 것인가 하는 점이다. 세계화는 노동조합의 교섭력을 구조적으로 약화시키는 경향이 있다. 그렇다면 이렇게 약화되는 노동조합의 교섭력의 문제를 어떻게 보아야 하는가? 약화되는 노동운동의 교섭력하에서 공평하고 효율적인 노사관계의 결과 — 임금, 노동시간 등의 결정 — 를 보장하려면 어떠한 정책적 노력이 필요한가? (2) 21세기 바람직한 노동운동의 패턴은 무엇인가? 21세기 세계화 정보화시대에 이상적인 노사관계의 모습은 무엇인가? 20세기적 대량생산체제의 시대가 끝나고 21세기에는 산업구조가 소량다품종 생산시대로 넘어가고 있다. 동시에 제조업의 비중이 낮아지고 서비스산업, 특히 지식집약적 서비스산업의 비중이 증가하고 있다. 이러한 산업구조의 변화 속에서 20세기적 거대노동조합운동이 과연 앞으로도 가능하겠는가? 거대노조가 앞으로 어렵게 된다면 과연 21세기 세계화 정보화시대에 걸맞는 노동운동의 패턴이나 노사관계의 모습은 무엇이 되어야 할 것인가? 등이 중요한 문제가 될 것이다.

이상의 몇 가지 근본적인 문제들을 이제 하나씩 살펴보도록 한다.

고용극대화 성장

우선 세계화시대에 한 나라에서 고용창출을 극대화하려면 세 가지를 해야 한다. 첫째, 고도성장이다. 무엇보다 먼저 높은 성장을 이루어 내야 한다. 성장이 지지부진한 속에서 고용창출은 있을 수 없다. 둘째, 고용친화적 성장이어야 한다. 높은 성장률 그 자체가 고용의 극대화를 보장하는 것은 아니다. 높은 성장의 내용이 좀 더 고용친화적employment-friendly이어야 한다. 환언하면 고용효과가 높은 내용의 성장이어야 한다. 셋째, 노동수요 창출형 구조개혁이 필요하다. 구조개혁을 통해 잠재적 노동수요를 창출해 냄으로써 고용을 확대해야 한다.

(가) 높은 성장률

고용을 극대화하는 필요조건의 하나는 고도성장 — 높은 성장률 — 이다. 어떻게 높은 성장률을 이룰 것인가? 가장 중요한 것은 두 가지다. 우선 우리나라를 세계적 투자허브investment hub로 만드는 일이다. 무엇보다도 먼저 투자가 일어나야 한다. 그러면 성장이 따라오고 고용이 따라온다. 그러나 투자 없이는 아무것도 기대할 수 없다. 따라서 투자환경 개선이 필수적이다. 그리고 다른 하나는 우리나라의 교육이 세계 수준의 창조적 인재를 길러내는 데 성공하는 일이다. 소위 교육개혁에 성공하는 일이다. 이렇게 투자가 일어나고 양질의 노동공급이 가능하여 이 양자가 결합이 되어야 비로소 고도성장이 시작된다. 따라서 고용극대화를 위하여 가장 중요한 것이 바로 (1) 투자환경의 개선과 (2) 교육개혁의 성공이다. 이 두 가지를 위하여 무엇을 해야 할 것인가는 이미 다른 장에서 논하였기 때문에 여기서는 생략하기로 한다.

(나) 고용친화적 성장

고용극대화를 위한 두 번째 조건은 고용친화적 성장을 이루는 것이다. 어떻게 고용친화적 성장을 이룰 것인가? 우선 중요한 것이 가능한 한 중소기업과 서비스부문에서 투자가 활발히 일어나도록 해야 한다. 그럴수록 고용효과가 크다. 같은 크기의 성장이라도 이들 부문이 가져오는 고용창출효과가 보다 크다. 주지하듯이 대기업보다 중소기업이 그리고 제조업보다 서비스산업의 고용창출효과가 크다. 따라서 이들 분야에서의 활발한 투자활동이 일어나는 것이 대단히 바람직하다. 뿐만 아니라 21세기 선진국의 산업구조의 중심도 바로 중소기업과 지식서비스 산업부문으로 이동하고 있다. 따라서 이 분야에의 투자촉진과 성장유도는 고용효과의 극대화를 위해서뿐만 아니라 산업구조의 고도화를 위해서도 반드시 필요한 부분이다.

(다) 노동수요 창출형 구조개혁

세 번째로 중요한 것은 우리나라에서 수요창출형 구조개혁을 이루어 내는 것이다. 이것이 고용극대화에 크게 기여할 것이다. 사실 앞으로 높은 수준의 고용창출이 쉬운 일은 아니다. 농업에 종사하는 인력은 고령화될 뿐 아니라 산업 그 자체의 비중도 빠르게 줄어들고 있다. 제조업의 경우도 저생산성 — 저임금 분야는 해외로 이전하고, 고임금 — 고생산성 분야는 신기술과 첨단장비의 도입으로 고용창출력이 크게 떨어지고 있다. 물론 서비스 산업의 경우 특히 지식정보서비스업 분야는 대단히 고용창출력도 높고 부가가치 창출력도 높기 때문에 크게 기대되는 부문인 것은 틀림없다. 그러나 사실 이 분야의 발전은 교육개혁이 선도하지 않으면 안 된다. 세계적 수준의 창조적 인력이 공급될 수 있어야 지식정보

서비스 분야에 투자활성화도 고용창출도 가능하기 때문이다. 하지만 교육개혁은 시간이 걸리는 문제다.

그렇다면 어떻게 할 것인가? 하나의 방법은 노동수요 창출형 구조개혁을 하는 것이다.• 그러면 노동수요 창출형 구조개혁이란 무엇인가? 그것은 구조개혁을 통해 우리사회에 있는 잠재적 노동수요를 현재화顯在化시켜 그것을 계기로 새로운 산업을 발전시키고 고용창출을 증대해 가는 것을 의미한다. 일반적으로 구조개혁structural reform이란 구미에서는 경제의 공급능력을 높이고 경쟁력을 강화하기 위해 하는 일련의 정책을 말한다. 예컨대 각종의 정부규제를 축소하여 민간부문의 창의와 혁신을 자극하고, 동시에 개방촉진과 독과점규제 등을 통해 자유경쟁질서를 확보하는 정책을 주로 의미한다. 한마디로 민간의 창의와 혁신을 자극하여 경제 전체의 공급능력을 높이려는 노력을 의미한다.

그러면 수요 창출형이란 무엇인가? 정책수단은 일반적인 구조개혁의 수단을 활용하지만 한 나라 안에 있는 잠재적潛在的 산업수요를 개발해 현재적顯在的 수요로 바꾸어 그것을 통해 새로운 성장과 고용을 창출하려는 노력이다. 일반적으로 구조개혁이 해외의 수요를 전제로 우리의 공급능력을 높이는 노력이라면 우리가 여기서 이야기하는 수요창출형이란 국내의 잠재적 수요의 활성화를 통해 우리의 공급능력을 높이는 노력이다. 그러면 국내에 어떠한 잠재적 산업수요가 있는가? 만약 그 잠재적 수요를 현재화하면 곧 산업화가 가능하고 성장과 고용창출을 위한 새로운 계기를 만들 수 있는가?

잠재적 수요가 많은 분야는 특히 생활 산업 분야, 혹은 생활서비스 분

• 일본에서 이 수요창출형 구조개혁의 문제를 본격적으로 다룬 연구서는 島田晴雄, 『雇用お 創する 構造改革』, 日本經濟新聞社, 2004가 있다.

야다.

예컨대 (1) 우선 '노인보호서비스' 분야를 생각할 수 있다. 뒤의 세계화와 사회복지 장에서 본격적으로 분석하겠지만, 앞으로 증가가 예상되는 소위 '후기노령기 인구'를 대상으로 각종 보호와 보살핌이 앞으로 대단히 중요한 정책적 문제가 될 것이다. 그런데 이렇게 노인보호의 수요는 급속히 늘고 있는데 노인보호서비스 분야가 각종 규제로 인해 그 수요가 현재화되지 못하고 있다. 따라서 하나의 산업으로 활성화되지 못하고 있다. 가족의 부담도 덜고 노인 자신도 안심하고 편하게 지낼 수 있도록 하는 각종 시설과 보호 프로그램 등을 생각할 수 있다. 그런데 지금은 이 모든 것이 정부규제를 받는 정부지원시설 등에 집중되어 있다. 물론 일부 대기업에서 이를 사업화하는 경향도 있지만 아직은 극소수의 부자노인들에게 국한돼 있다. 그러나 앞으로 고령화 사회가 본격화되면서 노인보호서비스 산업의 수요가 지속적으로 증가할 것으로 예상된다. 따라서 이 분야는 앞으로 고용창출의 가능성이 대단히 크다. 잠재적 미래성장분야라고 할 수 있다. 투자를 활성화하기 위해 민간의 자본이 쉽게 들어가고 민간의 창의가 마음껏 발휘될 수 있도록 불필요한 정부규제를 풀어 하나의 산업으로 키워나가는 것이 시급한 과제다.

(2) '어린이 보육서비스'도 아직 잠재수요가 충분히 현재화되지 못하고 있는 분야다. 앞으로 여성들의 경제활동이 늘어날수록 대단히 빠르게 수요가 급증할 분야인데도 아직 그 수요가 충분히 현재화되어 있지 못하다. 양질의 싼 보육서비스가 공급되지 못하고 있기 때문이다. 여기에도 공급 자체를 제약하는 그래서 공급능력을 제고할 수 없게 만드는 각종의 정부규제에 일차적 책임이 있다.

(3) 건강 상담 등 '건강서비스' 산업도 사실은 크게 낙후되어 있다. 국

민들이 건강에 대한 관심이 높아지고 건강을 위한 투자의사와 능력도 높아지고 있다. 건강에 대한 정확한 정보제공이나 상담과 조언, 그리고 건강교육의 실시 등에 대한 국민적 수요는 증가하는데 효율적인 건강서비스의 공급이 없다. 따라서 고용창출의 기회가 사장되고 있다. 왜 이러한 분야에 민간의 자본이 들어가지 않고 있고 혁신과 창의가 일어나지 않는지 깊이 반성해 봐야 한다. 결국 각종 규제와 자격, 제도의 제약 등이 주된 이유일 것이다. 따라서 철저한 구조개혁이 시급하다. 그래서 건강서비스 산업도 좀 더 본격적 산업으로 등장해 새로운 고용 창출원으로 작동할 수 있도록 해 주어야 한다.

이밖에 (4) '여행 관광'서비스 분야 (5) '지역교통'서비스 분야 (6) '평생교육'서비스 등등 많은 분야가 잠재적 수요가 크고 앞으로 더욱 커질 수 있는 분야다. 정부규제를 해체하는 구조개혁을 통해 그들 분야의 수요를 현재화해야 한다. 그러면 그만큼 성장과 고용에 기여할 수 있는 분야들이다.

요약하면, 고용극대화를 위해서는 (1) 무엇보다 먼저 반드시 높은 성장률을 이루어 내야 한다. 이를 위해선 투자환경의 개선과 교육개혁의 성공이 필수적이다. (2) 앞으로는 대기업과 제조업보다는 가능하면 중소기업과 서비스부문이 주도하는 성장일수록 고용극대화의 효과가 클 것이다. (3) 그동안 잠재적 수요는 많은데 — 노인보호, 어린이 보육, 건강서비스, 관광서비스, 평생교육 등 — 각종 정부의 규제로 민간사업으로 현재화되지 못한 분야의 수요를 창출하기 위해 대대적 구조개혁 — 정부규제의 혁파 — 이 필요하다. 그러면 새로운 고용기회의 창출에 크게 기여할 것이다.

그런데 고용극대화를 위해서 반드시 풀어야 할 어렵고 근본적인 문제가 하나 더 있다. 즉 '노동시장의 유연성labor market flexibility'을 어떻게 제고하는가 하는 문제다. 사실 이 문제까지 풀어야 고용극대화를 이룰 수 있다. 아래에서 이 문제를 살펴보도록 한다.

고용친화적 노동시장: 유연안정성flexicurity의 문제

고용극대화를 위해 필수적 조건의 하나가 노동시장의 유연성flexibility을 높이는 것이다. 다시 말해 노동시장이 노동수요조건의 변화에 따라 유연하게 움직이고 적응해야 한다는 것이다. 예컨대 강력한 노동조합이 있어서 노동수요가 줄어드는데도 노동시간을 단축하거나 임금을 삭감하거나 해고를 시킬 수 없다면 그러한 기업은 살아남기 어렵다. 뿐만 아니라 살아남아도 앞으로는 더 이상 정규직 노동자를 채용하지 않으려 할 것이다. 그러한 회사가 도산을 하든, 아니면 살아남아 신규 채용을 줄이든, 어느 경우에도 고용에는 부정적 결과를 가져온다. 최저임금제도가 강력히 시행되는 경우도 마찬가지일 것이다. 노동수요가 줄어 최저임금 이하로 임금을 낮추어야 하는데, 최저임금제 때문에 임금인하를 할 수 없다면, 기업은 당연히 채용인력을 줄이게 된다. 결국 이 경우도 고용극대화에는 부정적인 영향을 준다. 따라서 고용의 극대화만을 생각하면 노동시장은 유연할수록 좋다. 즉 노동시간 단축이든 배치전환이든 임금삭감이든 아니면 일시해고든 노동수요의 변화에 따라 유연하게 노동시장이 움직일 수 있을수록 고용의 양은 극대화된다.

유럽의 노동시장과 미국의 노동시장을 비교해 보면 유럽의 노동시장은 노동시장의 경직성이 높다. 그렇기 때문에 항상 고용이 극대화되지 못하여 실업률이 일반적으로 높다. 반면에 미국의 노동시장은 유연성이 높기 때문에 고용을 극대화할 수 있어 일반적으로 실업률이 유럽에 비해 낮은 편이다. 그렇다면 노동시장도 다른 생산물시장과 같이 수요와 공급에 따라 임금이 상·하방上下方으로 자유롭게 이동하고, 해고와 채용도 수시로 일어나는 것이 대단히 바람직하다는 주장인가?

그렇지 않다. 두 가지 이유 때문이다. 하나는 노동은 다른 생산요소와 달라 인간이 그 노동서비스를 직접 제공해야 한다. 그리고 그 노동의 대가를 받아 인간이 생활을 유지해야 한다. 따라서 노동조건임금, 노동시간 등이 수시로 변화하고 해고와 채용이 수시로 일어나는 것은 고용의 안정성security, 즉 노동자들의 생활의 안정성을 해치게 된다. 따라서 노동시장의 유연성이 비록 경제적으로 필요하다고 해도 사회적으로 무한정 수용할 수 없다. 둘째로 노동은 인간이 제공하는 것이기 때문에 노동을 제공하는 사람의 정신적 자세와 마음의 상태가 노동생산성에 크게 영향을 미친다. 일반적으로 고용의 안정성이 크게 낮아지면 노동의 생산성이 높아질 수 없다. 그래서 노동시장의 유연성은 어느 정도까지는 필요하다고 하여도 유연성을 무한정 허용하는 것은 노동자들의 생활안정성뿐 아니라 노동생산성에도 크게 유해하기 때문에 수용할 수 없다.

그래서 나온 개념이 바로 유연안정성flexicurity이다.* 국제경쟁력제고

* 유연안정성이란 개념은 1994년 덴마크의 노동시장정책의 개혁에서 시작된 개념이다. 1994-96년간에 덴마크는 소위 구조적 실업(structural unemployment)을 줄이기 위하여 적극적 노동시장정책(active labor market policy)을 채택했다. 즉 기술과 기능의 수급불일치로 발생하는 구조적 실업을 줄이기 위하여 노동자들의 기술과 기능수준을 획기적으로 높이기 위한 교육 훈련투자를 강화하는 정책을 채택했다. 이와 동시에 노동시장의 유연성을 높이면서 사회복지지출도 함께 높이는 개혁을 했다. (1) 노동시장의 유연성제고 (2) 적극적 노동시장정책의 강화 (3) 사회보장수준제고 등을 함께 하면서 소위 노동시장의 유연성과 노동자의 고용안정성을 함께 높이려 했다. 이 노력이 성공하여 소위 덴마크 모델(Danish Model)이 등장했다. 그 이후 유럽연합(EU)에서도

와 고용극대화를 위하여 요구되는 노동시장의 유연성과 노동자들의 생활안정과 그들의 노동생산성의 제고를 위해 요구되는 노동시장의 안정성을 이 두 가지를 조화시켜 보려는 노력이 유연안정성이다. 유연성과 안정성이 상반되는 두 가지 요구 사이에 균형과 조화를 유지하려는 제도적·정책적 노력이 바로 유연안정성이다. 그래서 21세기 세계화시대 노동시장정책의 핵심적 과제의 하나는 어떻게 유연안정성을 성공적으로 제도화할 것인가이다. 어떻게 하면 유연안전성을 그 나라의 역사와 문화, 의식과 관행에 맞게 제도화할 것인가? 이다. 그것이 모든 나라들이 고민하는 세계화시대의 화두다. 앞으로 여러 나라들이 노동시장의 유연안정성을 제도화시켜 나가는 데 있어 다음과 같은 몇 가지 주의할 사항들이 있다. 물론 우리나라도 예외가 아니다.

첫째, 안정성을 이야기할 때 직장안정성job security을 높이기보다는 고용안정성employment security을 높이는 방향으로 노력해야 한다.

우리는 개별기업이 수요의 변화에 보다 유연하고 신속하게 적응할 수 있도록 도와야 한다. 그래야 경쟁력도 향상할 수 있고 고용의 극대화도 이룰 수 있기 때문이다. 그러므로 직장안정성, 즉 동일직장에서의 직장보장을 주장하면 유연안정성의 기본정신에 반하게 된다. 따라서 동일직장보다는 다른 직장으로 이동을 신속하고 안정적으로 할 수 있도록 해야 한다. 이를 통해 고용 자체의 안정성을 확보함으로써 노동자들이 소득의 안정성을 확보하는 것을 목표로 해야 할 것이다. 그래서 직장안정성보다

이를 참고로 2000년 리스폰 경제발전 전략(Lisborn Strategy) 이후 각 국가들이 이 유연안정성 모델을 개별국가의 구체적 사정에 맞게 채택할 것을 적극적으로 권장하고 있다. 요약하면 세계화시대 기술변화의 시대에 고용의 유연성은 불가피하므로 이 유연성을 허용하면서, 일단 해고된 노동자들이 교육과 훈련을 받아 좀 더 나은 직장(고생산성 고임금)으로 이동이 쉽도록 돕겠다는 제도다. 그리고 교육과 훈련을 받는 동안의 생활보장은 사회보장수준을 높여서 해결하겠다는 계획이다.

는 고용안정성을 어떻게 높일 것인가에 정책적 노력을 집중해야 한다.

둘째, 유연성을 이야기할 때 단순히 외적유연성external flexibility만이 아니라 내적유연성internal flexibility을 높이는 데도 보다 노력해야 한다.

노동시장의 유연성을 높인다고 하면 곧 해고와 채용을 쉽게 해야 한다는 외적유연성 중심으로 생각하는 경향이 있는데 그래서는 안 된다. 노동수요가 변화할 때 유연한 적응이 필요한 것은 당연하지만 우선 (1) 노동시간의 단축 (2) 배치전환 (3) 임금삭감 등의 내적유연성을 높여서 노동수요 감소에 대응해 나갈 수 있는 여지도 많다. 따라서 이렇게 내적유연성을 높여서, 노동수요의 감소 등과 같은 당면의 문제를 해결하려는 노력을 하지 않고, 무조건 해고 등의 외적 유연성에만 의존하려는 안이한 태도는 옳지 않다. 진정으로 유연안정성을 추구하는 입장에서는 가능하다면 외적유연성보다 내적유연성을 높이려는 방향으로 노력해야 한다.

셋째, 정규직standard workers에는 좀 더 유연한 노동시장제도가 필요하고 비정규직atypical workers의 경우에는 좀 더 안정적 노동시장제도가 필요하다.

과거의 산업화시대와 달리 지금의 세계화시대의 상황에서 볼 때 일반적으로 정규직은 노동시장에서 과대過大 보호되어 있고, 비정규직은 역으로 과소過少 보호되어 있기 때문이다. 따라서 국가정책의 관점에서 볼 때 정규직의 경우에는 유연성을 그리고 비정규직의 경우에는 안정성을 높이는 제도개혁방향이 옳다고 하겠다. 뒤에서 재론하겠지만 모든 나라에서 세계화의 진전과 함께 나타나는 비정규직 증가의 문제는 사실 그 이유의 일정부분은 기존 정규직이 과대 보호되어 있기 때문에 나타나는 현상으로 볼 수 있다. 정규직 보호의 제도는 20세기에 만들어져서 하나의 기득권 — 노동법상의 권리 혹은 단체협약의 규정 — 이 되어 있다.

이러한 경직적 기득권을 21세기적 노동시장의 변화가 감당할 수 없기 때문에 나타나는 현상이 비정규직의 증가인 것이다. 따라서 유연안정성이라는 두 목표의 조화를 추구하는 나라에서는 당연히 정규직의 유연성과 비정규직의 안정성을 함께 높이는 노력을 해야 한다.

넷째, 결국 유연성을 높여야 하는 것은 시대적 과제인데 어떻게 유연성을 높일 것인가? 어떻게 새로운 형태나 방식의 유연성을 더 개발하여 그것을 활용할 수는 없는가? 등이 문제다. 그리고 또한 안정성을 높여야 하는 것도 시대적 과제인데 문제는 어떻게 안정성을 높일 것인가이다. 그 구체적 방법으론 무엇이 있는가?

유연성과 안정성을 함께 높일 수 있는 가장 중요한 정책수단은 사실은 노동자들의 생산성을 지속적으로 높이는 것이라고 볼 수 있다. 노동생산성이 높아지면 구태여 해고 등의 외적유연성을 높이는 수단에 의지할 필요가 줄어들기 때문이다. 오히려 기업이 나서서 생산성이 높은 노동자들을 유지하기 위하여 내적 유연성을 통해 문제를 해결하려고 할 것이기 때문이다. 뿐만 아니라 노동생산성이 높으면 비록 기존의 직장에서 해고당해도 새로운 직장을 쉽게 찾을 수 있을 것이다. 그래서 직장안정성이 낮아져도 그 대신 고용안정성을 높일 수 있다.

그러면 노동생산성을 높이는 가장 중요한 정책수단은 무엇일까? 그것은 교육과 훈련이다. 소위 적극적 노동시장정책active labor market policy의 하나인 인적자본 투자다.* 노동자에 대한 교육과 훈련이 잘 되어 있으

* 노동시장정책은 크게 두 가지로 나눌 수 있다. 하나는 적극적 노동시장정책(active labor market policy)으로 이는 노동자에 대한 (1) 교육 훈련투자(education and training), (2) 직업소개 동(employment service)의 강화 (3) 고용보조금(employment subsidy) 제도 등을 의미한다. 가능한 고용수준을 높이 유지하려는 정책이다. 기존 직장에 남아 있도록 돕거나, 이직이 불가피한 경우 가능한 상위직종으로 빠른 전직이 가능하도록 도우려는 제도다. 다른 하나는 소극적 노동시장정책(passive labor market policy)으

면 배치전환 등이 용이하기 때문에 내적유연성이 높아져 해고의 필요가 줄어든다. 또한 설사 해고된다고 해도 새로운 직장을 쉽게 구할 수 있기 때문에 고용안정성도 높아진다. 특히 교육과 훈련의 내용이 다多기능 다多기술의 교육과 훈련이면 더욱 더 내적유연성과 고용안정성을 높인다고 볼 수 있다. 따라서 유연성과 안정성을 함께 높이기 위한 중요한 정책방향의 하나는 교육과 훈련이다.

좀 더 구체적 방법의 하나로 소위 job rotation 혹은 교육안식education leave제도 같은 것을 생각해 볼 수도 있다. job rotation이란 교육이나 육아 등의 이유로 일시적으로 직장을 떠나는 경우 서로 돌아가며 그 일을 맡아주는 제도다. 이 제도는 떠나는 노동자들에게도 생산성을 높일 수 있는 기회를 주지만, 그 기간 동안 서로 돌아가면서 일을 맡아주는 노동자들에게도 다기능, 다기술, 다직종의 훈련을 받을 수 있는 소중한 기회를 준다. 교육안식제는 비정규직도 포함하여 모든 노동자들이 일정기간 새로운 지식과 기술을 배우기 위하여 직장을 떠나게 하는 제도다. 그리고 필요하다면 이러한 교육기간 동안에는 실업보험의 일부partial unemployment benefit가 지불되도록 할 수도 있다.•

이러한 노동자들의 교육훈련을 강화하는 제도적 노력은 노동자들의 노동생산성을 높일 뿐 아니라 경제 전체의 실업수준을 줄이는 데도 유

로 대표적인 것은 실업보험제도(unemployment insurance)다. 실업이 되는 경우 노동자들의 고통을 줄여주려는 제도다.

• 소위 유연안정성을 높이기 위한 여러 가지 구체적인 미시적 정책이 있을 수 있다. 이를 보려면 베르린 사회과학원(WBZ)의 Schmid 박사의 논문들이 도움이 된다. Gunther Schmid, *Transitional Labor Markets: A New European Employment Strategy*, ISSN Nr 1011-9523, October 1998, WBZ discussion paper, Gunther Schmid, *Sharing Risks: On Social Risk Management and the Governance of Labor Market Transitions*, ISSN NR. 1011-95d23, January 2006, WBZ discussion paper.

효할 수 있다. 일종의 job sharing의 효과가 있기 때문이다.

문제는 결국 이러한 노동자들에 대한 교육과 훈련노력을 노勞와 사使 그리고 정부가 어떻게 힘을 합쳐서 효과적으로 해낼 것인가? 어떻게 효율적인 형태로 제도화해 나갈 것인가? 어떠한 분야에서 공동설계 — 공동추진하며 어떠한 분야에서 각자 설계 — 를 각자 추진할 것인가? 등이 중요한 과제라고 하겠다.

고용비관론과 그 대책

지금까지 21세기 세계화시대 고용문제를 해결하기 위해 풀어야 할 문제점들을 살펴보았다. 다시 정리해 보면 (1) 고도성장의 동력을 잃지 말아야 하고 (2) 가능한 중소기업, 자영업, 서비스부문 등 고용유발효과가 높은 부분의 성장을 중시해야 하고 (3) 특히 생활산업 부문노인, 건강, 관광 등의 구조개혁을 통해 잠재적 노동수요를 현재화하여 새로운 내수분야에서 신新 고용창출에 노력해야 하고 (4) 전반적으로는 노동시장의 경직성을 극복하고 유연안전성을 높여서 고용안정과 더불어 고용기회의 극대화를 도모해야 한다. 이러한 노력들이 체계적으로 일관성을 가지고 지속되면 21세기 세계화 시대에도 고용문제는 어느 정도 해결될 수 있다고 본다. 그러나 일부 학계에는 21세기 세계화·정보화시대에 여전히 '21세기형 대량실업'이 불가피하다는 고용비관론이 존재하고 있다.

고용비관론은 일반적으로 두 가지 형태로 나타난다. 하나는 20세기 후반부터 진행되고 있는 과학기술의 발달이 너무나 노동절약적이기 때문에 지구촌 전체적으로 노동과잉이 불가피할 것이라는 주장이다. 따라서 대량실업 내지 고실업의 문제는 21세기 지구적 과제라는 것이다. 다른 하나는 지금 진행되고 있는 세계화가 너무나 국가 간, 기업 간 경쟁을 촉진하기 때문에 경쟁에서 승리하기 위해 비정규직을 많이 사용하게 됨으로써 고용의 양뿐 아니라 앞으로 고용의 질이 크게 떨어질 것이라는 주장이다. 즉 비정규직의 일반화 내지 보편화가 일어날 것이라는 분석이다. 이 두 가지 분석을 함께 주장하는 경우도 많다. 그렇게 되면 '고실업 속에서 비정규직의 양산'이라는 내용의 고용비관론으로 발전한다.

물론 이들의 주장을 자세히 보면 문제가 많다. 우선 과학과 기술의 발전이 고용기회를 축소시킨다는 비관론은 사실 지금까지의 인류역사상 자주 있어 왔다. 산업혁명 이래 항상 획기적인 기술혁신이 나타날 때마다, 고용에 대한 비관론이 있어 왔다. 그러나 시간이 지나고 보면 과거의 기술 분야의 고용은 줄어들지만 새로운 기술 분야가 새로운 고용기회를 보다 많이 창출하는 것으로 나타났다. 전체적으로 고용비관론은 실현되지 않은 셈이다. 20세기 후반부터 오늘날 진행되는 과학기술발전이 성격상 과거의 과학기술발전과 크게 다르다는 점을 증명하지 못하는 한 — 새로운 과학기술이 창출할 고용기회가 과거기술부문에서 축소되는 고용기회보다 적을 것이라는 점을 과학적으로 증명하지 못하는 한 — 사실 고용비관론이 그렇게 설득력이 있는 것은 아니다.

또한 세계화가 경쟁을 촉진하기 때문에 비정규직의 양산과 일반화가 불가피할 것이라는 주장에도 한계가 있다. 세계화가 경쟁을 강화시키는 점은 확실하나, 경쟁이 반드시 비정규직의 양산으로 나타나야 할 필연이 있는 것은 아니다. 우선 비정규직이 국제경쟁에서 경쟁력을 가지는 분야 자체가 제한적인 것으로 보인다. 비정규직이 경쟁력을 가지는 경우는 낮은 노동비용비정규직의 임금 등을 가지고 경쟁할 수 있는 분야에 한정된다.

그러나 사실 세계경쟁에서 대부분의 경우는 높은 노동생산성과 높은 기술력을 가지고 경쟁을 하고 있다. 따라서 저임금에만 의지하여 경쟁할 수 있는 부분은 크게 제한적이라고 봐야 한다. 또한 비정규직의 증가가 정규직 노동시장의 과도한 경직성 때문에 — 특히 선진국의 경우가 그러하다 — 나타나는 경우가 일반적이기 때문에, 정규직의 노동시장의 경직성을 완화하면 비정규직의 증가는 줄어들 수도 있다.

고용비관론은 이상과 같은 한계와 문제점을 가지고 있다. 그럼에도 각국의 정책책임자들은 이 비관론을 심각하게 받아들이는 것이 좋다고 본다. 그 이유는 앞에서도 누차 이야기했지만 21세기 최선의 복지정책은 고용보장이기 때문이다. 국민 모두에게 완전고용을 보장하려면 최대한 고용확대에 노력해야 하기 때문이다. 따라서 조금이라도 고용비관론적인 현상이 나타나면 이에 대하여 적극 대처를 하는 것이 정부의 바람직한 자세다. 이러한 관점에서 고용비관론의 주장을 좀 더 자세히 살펴보고 만일 우리 경제가 그러한 상황에 접근하게 되면 어떠한 정책을 준비해야 하는가를 함께 생각해 보도록 한다.

우선 과학기술적 요인으로 고용비관론을 주장하는 입장의 견해를 들어보자. 이들은 지금까지 산업화 시대의 고용창출은 기업과 정부의 2개 부문two sectors이 주도해 왔다고 본다. 그러나 과학기술의 발전으로 이제 민간부문과 공공부문 모두에서 고용창출력이 현저히 줄어들고 있다고 본다. 먼저 과학기술의 발전으로 인하여 민간부문기업부문은 더욱 노동절약적이 되고 있다. 공공부문 또한 기술적 요인 이외에도 이제 세계적 추세가 된 '작은 정부' 캠페인으로 인해 과거의 20세기 복지국가의 시대와는 달리 고용기회를 줄여나가지 않을 수 없다는 것이다. 따라서 제3의 부문the third sector에서 새로운 고용창출의 기회를 만들어 내지 못하면 종전의 접근방식 — 즉 기업과 정부의 고용창출력에만 의지하는 방식 — 으로는 고용창출에 한계가 있다는 것이다. 제3의 부문은 바로 자원봉사부문volunteer sector 소위 시민사회부문civil society sector이다.

그런데 이미 1980년대 말 1990년대 초에 미국의 경우를 보면 GDP의 80%가 민간, 14%가 정부 그리고 6%가 제3부문에서 생산되는 것으로 나오고 있다.* 고용에의 기여는 더 커서 같은 기간에 미국 고용의 약 9%가 이 제3부문에서 창출되는 것으로 나타났다. 1992년 갤럽 조사를 보면 미국에 약 140만 개의 비영리 민간조직이 있고 일반적으로 자원봉사자들이 자기들의 시간을 주 4–5시간 정도 투입하는 것으로 드러났다. 비교적 최근 조사를 보면 2004년 현재 미국 노동의 10.5%의 고용이 제3부문에서 나오는 것으로 나타났다. 이중 940만 명은 봉급을 받는 자원봉사자들이고 470만 명은 무보수의 full-time 자원봉사자들인 것으로 알려졌다. 흥미있는 사실은 2002년부터 2004년까지 비영리 부문에 봉급을 받는 자원봉사자들의 수는 약 5.1% 증가하였는데 같은 기간 동안 전체의 고용은 0.2% 낮아졌다. 즉 경기침체로 전체의 고용은 줄어들었는데 제3부분의 고용은 늘어난 것으로 나타났다. 이것은 제3부분이 이미 경기대응적 조절기능counter-cyclical을 하고 있다는 이야기가 된다. 즉 경기가 나쁠 때 보완적인 고용창출의 기능을 하고 있다는 이야기다.

우리나라의 경우를 보면 2006년 현재 제3섹터의 취업자 수는 약 143만 명으로 당시 총취업자 2,315만 명 대비 약 6.2%를 차지하고 있다.**

* 급속한 기술혁신 때문에 고용의 미래에 대하여 비관적 전망을 하면서, 향후 보다 개발해야 할 고용창출원으로서 제3부문의 중요성을 심층적으로 분석, 강조하고 있는 연구로는 Jeremy Rifkin, *The End of Work: The Decline of the Global Labor Force and the Dawn of the Post-Market Era*, Tarcher/Putnam Book, 1995을 참조하라. 제3부분 관련 통계는 pp.240–241 참조.

** 김혜원·박찬임·황덕순·김영용·박종현·전승훈, 『제3섹터 부문의 고용창출 실증연구』,

그리고 1996년부터 2006년까지의 변화를 보면 1996년부터 2001년까지는 비교적 완만하게 증가하다가 2001년부터 매우 가파른 속도로 증가하는 것으로 나타난다. 2001년부터 2006년 사이의 연평균 증가율은 약 4.2%이다.[•] 이것은 같은 기간 총취업자 증가율이 1.4%였던 것과 비교하면 대단히 빠른 증가율이다. 흥미있는 것은 기대한 대로 민간비영리부문의 고용유발효과가 정부나 민간영리부문보다 훨씬 크다는 것이다. 예컨대 2003년 현재 10억 원을 투자할 때 정부부문의 취업자 고용유발효과는 20.1명이고 민간영리부문은 17.7명인데 민간비영리부문은 30.7명으로 나타난다.[••] 요약하면 우리나라에서 제3부문이 전체 고용에 차지하는 비율은 아직 선진국에 비하여 낮은 수준이나, 대단히 빠르게 증가하고 있고, 고용유발효과도 정부가 기업부문보다 훨씬 높은 것으로 나타난다. 특히 기업부문보다는 약 2배에 가깝게 높은 것으로 나타난다.

이상의 분석은 21세기 세계화·정보화시대에 우리가 고용기회의 극대화를 목표로 하려면 반드시 제3부문의 고용창출력을 높이기 위한 정책적 노력이 필요하다는 주장으로 연결된다.

몇 가지 정책방향을 생각해 보자.

(1) 자원봉사시간에 대하여 세금감면tax reduction을 해주는 방법이 있다. 우리가 사회적 가치가 있는 기부를 하면 세금을 감면해 준다. 같은 논리에서 사회적 가치가 있는 노동을 하는데 세금을 감면해 주지 않을 이유가 없기 때문이다. 이러한 세금감면자원봉사소득에 대한 세금감면은 자연히 일반인들로 하여금 보다 많은 시간을 자원봉사에 투입하도록 하는 유인

한국노동연구원, 2009, p.92.

• 위의 책, p.98.

•• 위의 책, p.83.

이 될 수도 있다.

(2) 다음은 실업자들에게 실업보험을 주지 않고, 그 대신 그 재원으로 그들이 각종 사회 내지 지역봉사조직에서 하는 자원봉사에 대한 반대급부反對給付를 — 소위 사회적 임금social wage으로 — 지불하는 방법이 있다. 그리고 정부는 이들 사회 내지 지역봉사조직들이 가능하면 이들에게 적합한 직업교육, 기술교육 등을 제공하도록 유도하면 더욱 좋을 것이다.

(3) 이미 퇴직한 공무원, 전문인, 자영업자 등이 그들의 전문성과 업종경험을 살려, 제3부문에서 하는 실업자교육 혹은 창업자 교육의 분야에서 일할 수 있도록 하는 방법이 있다. 이들의 노동에 대하여는 정부에서 일정한 반대급부를 사회적 소득social income의 이름으로 제공하는 것도 바람직할 것이다.

다음은 세계화로 인한 세계경쟁의 심화로 비정규직의 대량발생과 보편화가 일어날 것이라는 주장에 대해 살펴보자. 이 주장은 노동의 비정규직화는 보편적인 현상이고 지배적인 현상이라는 입장이다. 독일의 경우 비정규직이 1960년 전체 고용의 1/10이었는데, 1970년에 1/4로 그리고 1990년대 말에 1/3로 그리고 2000년에 이미 1/2로 증가했다고 주장한다.* 즉 이제는 평생직장의 시대는 더 이상 아니고 높은 실업률 속에서 모두가 비정규직을 향해 나아가고 있다는 의미다. 그 결과 이제 사회는 점점 위험사회risk society가 되고 있다는 주장이다.

이들은 그동안은 산업화시대에는 실업, 질병 등의 위험의 해결을 국가가 혹은 기업이 주로 부담하여 왔는데, 이제는 개인에게 모든 책임이

* 특히 유럽의 미래고용전망과 관련하여 비정규직의 급증을 걱정하면서 구체적인 정책적 대안을 모색하고 있는 연구로는 Ulrich Beck, *The Brave New World of Work*, Polity Press, 2000을 참조. 통계는 p.2를 보라.

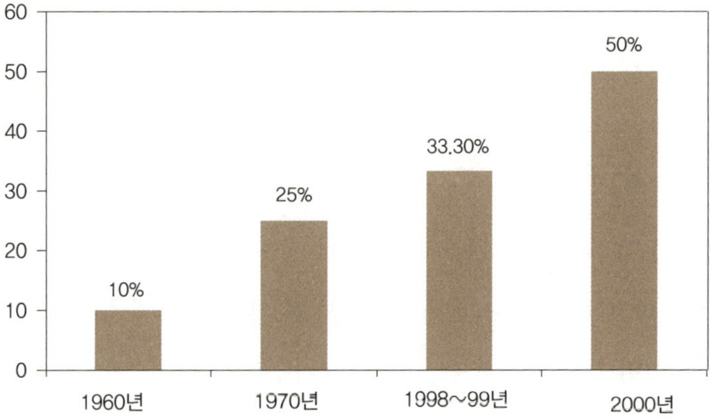

참조: Ulrich Beck, *The Brave New World of Work*, Polity Press, 2000.

그림 7.2 독일의 비정규직 변화 추이

넘겨지는 사회, 즉 위험사회가 되었다고 주장한다. 대대적인 고용창출의 전망도 밝지 않고 비정규직화라고 하는 노동의 한계화marginalization가 진행되는 상황 속에서 우리는 어떻게 해야 하는가? 이에 대한 이들의 답은 다음과 같다.*

(1) 일단 모든 정규직의 노동시간을 줄여야 한다. 그러면 그만큼 비정규직의 노동시간이 늘어날 여지가 생긴다. 그리고 제3부문에서는 자원봉사를 위한 노동시간도 늘어날 수 있다. 정규직들이 노동시간을 줄여서 늘어난 여유시간을 자원봉사형 노동에 사용할 수 있기 때문이다. 한마디로 일종의 work-sharing 계획이다.

(2) 모든 사람들이 일정한 임금노동paid work과 일정한 시민노동civil labor을 함께 하도록 유도해야 한다. 여기서 임금노동이란 보수를 받는

* 위의 책, pp.6-7, 126-131.

정규직 내지 비정규직 노동을 의미한다. 그리고 여기서의 시민노동이란 자원봉사형 노동, 앞에서 본, 제3부문에서의 노동을 의미한다. 따라서 모든 사람들이 자기시간의 일부는 임금노동에 활용하고 나머지는 자원봉사형 노동에 쓰도록 유도해야 한다는 이야기다.

(3) 시민노동은 임금노동처럼 노동의 대가로 보수pay를 받는 노동은 아니다. 그러나 그들의 노동에 대해서 사회가 물질적 형태이든 비물질적 형태이든 일정한 보상reward은 반드시 제공해야 한다. 물질적 보상이란 경제적·화폐적 보상을 의미하고, 비물질적 보상이란 노동의 가치에 대한 사회적 인정이다. 일정시간 어려운 이웃을 위한 자원봉사를 하면 본인이 마찬가지의 어려움에 처했을 때, 이웃의 도움을 받을 수 있는 권익권entitlement을 주는 방식이 비물질적 보상의 예로 생각할 수 있다. 혹은 시민노동에 대하여도 의료보험이나 연금제도의 혜택을 주어, 시민노동이 사회적으로 유용하고 가치 있는 노동임을 인정하는 방식 등도 생각할 수 있다.

(4) 시민노동에 물질적 보상을 하기 위한 재원은 실업자에 제공하던 실업보험제도나 극빈층에 제공하던 공적부조제도에서 나올 수 있다. 그 이외에도 중앙정부나 지방정부의 지원금, 기업의 헌금 그리고 시민노동에서 얻는 수익금 등으로 충당할 수 있을 것이다.

요약하면, 이제는 모두가 임금노동시간을 줄이고 제3부문 노동시간을 늘리는 방식으로 비관적 고용의 시대를 극복하자는 주장이다. 그리고 종래의 실업보험재원을 — 실업자들에게 주는 것보다 이들로 하여금 제3부문에서 일하도록 하여 — 제3부문에서의 노동에 대한 대가로 활용하는 것이 바람직하다는 주장이다.

이상에서 살펴본 두 가지 고용비관론은 우리에게 앞으로 고용정책의 방향을 세우는 데 몇 가지 중요한 시사점을 준다.

첫째, 제3부문의 고용창출력을 적극적으로 활용하라.

앞으로 정부나 기업부문만으로 해결하기 어려운 여러 사회경제 문제들, 예컨대, 가족의 문제, 이웃의 문제, 지역사회의 문제 등이 많아지게 된다. 그런데 이들 문제의 해결에 제3부문의 역할이 커지는 것이 21세기적 현상이다. 또한 이 제3부문은 정부나 기업에 비해 고용유발효과가 높은 부문이다. 따라서 이 부문에 대한 적극적 관심과 그 활성화를 위한 정책적 지원이 대단히 중요하다.

둘째, 사회보장제도와 제3부문에서의 자원봉사형 활동과 연계시켜라.

예컨대, 실업보험제도를 사회적 자원봉사와 연계하고, 더 나아가 제3부문에서의 교육 및 직업훈련 활동과 연계해 나가는 것은 대단히 바람직한 정책구상이다. 이러한 노력은 소비적 복지를 생산적 복지로 바꾸는 데 크게 기여할 것이다.

셋째, 노동시간의 축소는 시대적 추세다.

노동시간의 축소를 받아들여야 한다. 그런데 증가하는 비노동시간을 어떻게 의미 있게 활용할 것인가에 대한 대답은 아직 개인적인 문제로 머무르고 있다. 그런데 과거 장시간 노동에 시달리던 산업화시대와 달리 비노동시간의 증가와 이에 따른 여가의 증가가 21세기에는 고통일 수도 있다. 비노동시간의 증가가 반드시 개인의 행복을 증진시킨다는 보장이 없다. 따라서 비노동시간을 보다 가치 있고, 의미 있게 사용하는 방법에 대한 국가적 관심이 필요한 시점이다. 이러한 문제의식 속에서 노동시간의 감소라는 시대적 추세를 제3부문에서의 자발적 사회봉사활동의 증대로 연결시키는 노력은 새롭고 중요한 발상이라고 생각한다.

21세기 노사관계의 과제

21세기 세계화시대에 노사관계에는 두 가지 과제가 등장한다. 하나의 과제는 (1) 세계화가 노동시장 나아가 노사관계에 주는 영향이 노동자들에게 구조적으로 불리하다는 것이다. 세계화가 노동자들의 단체교섭력을 약하게 만드는 경향이 있다는 것이다. 그래서 이 문제를 어떻게 볼 것인가? 노동자들의 교섭력이 낮아져도 좋은 것인가? 아니라면 어떻게 하여 노동자들의 협상력이 일방적으로 낮아지는 것을 막을 것인가? 하는 문제가 첫 번째 과제다. 다른 하나의 과제는 (2) 21세기적 노동시장의 현실이 20세기적 노사관계법이라는 제도의 틀과 서로 맞지 않는다는 것이다. 세계화의 진전에 따라 노동시장은 빠르게 변화하는데, 노동시장을 규율하는 법과 제도는 그 변화가 더디다는 문제다. 그래서 발생하는 시장과 제도의 불일치 현상mis-match을 어떻게 극복할 것인가가 두 번째의 과제다. 이 두 가지 과제가 21세기 노사관계가 지닌 가장 중요하고 해결하기 어려운 구조적 문제다. 각각 나누어 살펴보도록 하자.

첫째, 세계화가 노동자들의 협상력을 낮추고 있다.

세계화가, 좀 더 구체적으로는 자유무역이 노동자들의 협상력을 낮추고 있다. 왜 협상력이 낮아지는가? 그 이유는 자유무역이 노동수요를 보다 탄력적elastic으로 만들기 때문이다.* 환언하면 노동수요곡선의 기울기를 보다 완만하게 만들기 때문이다. 임금이 약간 증가해도 노동수요가 크게 줄어들고, 임금이 약간 감소해도 노동수요가 크게 늘어나기 때문이다.

일반적으로 노동수요의 임금탄력성elasticity이란 임금이 1% 증가할 때 노동수요가 몇 % 감소하는가를 보이는 수치다. 그래서 노동수요가 보다 탄력적이 되었다고 하는 것은 임금이 1% 증가할 때 노동수요가 과거에는 예컨대 1% 줄었는데 이제 3%가 줄어든다는 이야기가 된다. 임금의 변화에 대해 노동수요가 보다 예민하게 반응한다는 것이다. 그런데 세계화가 진전되어 자유무역이 확대되면 될수록 노동수요의 임금탄력성이 크게 늘어나게 된다. 임금이 약간 변화해도 노동수요가 크게 변화한다는 이야기다. 이것은 곧 노동수요곡선이 가파르지 않고 완만하게 된다는 것을 의미한다. 그러면 왜 자유무역이 되면 노동수요의 임금탄력성이 늘어날까? 왜 노동수요곡선이 더 완만하게 되는가?

두 가지 이유 때문이다. 하나는 임금이 올라가면 사용주가 국내의 비싼 노동력을 사용하지 않고 외국에 있는 상대적으로 싼 노동력을 사용하기 때문에 국내노동력에 대한 수요가 크게 떨어지게 된다. 물론 외국 노동력을 수입해 쓸 수도 있지만, 일반적으로는 해외로 공장을 이전하는 방법을 선택한다.

또 다른 하나의 이유는 임금이 올라서 상품가격이 오르면 소비자들이 국내제품 대신 해외 수입품을 사용하려 하기 때문에 국내제품에 대한 수요가 줄고, 그 결과로 국내노동에 대한 수요가 떨어진다. 그래서 임금이 약간 올라도 노동수요는 크게 떨어지게 된다.

이와 같이 세계화시대 자유무역의 시대에는 사용주와 소비자 모두가

• 이 문제에 대한 체계적 분석은 Dani Rodrick, *Has Globalization Gone Too Far?* Institute for International Economics, 1997, 특히 Chapter 2를 보라.

해외노동자나 해외 수입품으로의 대체생산과 대체소비를 할 수 있기 때문에, 약간의 임금인상에 대해서도 노동수요는 크게 떨어지게 된다. 즉 노동수요의 임금탄력성이 올라가게 된다.

이렇게 자유무역으로 인하여 노동수요의 임금탄력성이 올라가면 노동자들에게는 두 가지 불리한 결과가 나온다. 하나는 노동자들의 협상력, 노동조합의 단체교섭력이 상대적으로 약화된다. 그리고 다른 하나는 노동수요가 대단히 유동적volatile이 되고 변화가 커지게 된다. 그래서 임금과 고용의 상하방上下方 이동이 심해서 결국 고용안정과 임금안정을 해하게 된다.

그러면 노동수요의 탄력성이 높아지면 왜 노동자들의 협상력이 약화되는가? 그 주된 이유는 약간의 임금인상도 많은 고용감소라는 시장적 압력을 받기 때문이다. 탄력성이 낮으면 큰 임금인상도 약간의 고용감소로 버틸 수 있으나, 탄력성이 높아지면 약간의 임금인상도 많은 고용감소라는 시장적 압력을 받게 된다. 따라서 그만큼 노동조합의 임금인상의 요구나 그 관철이 어려워진다. 한마디로 시장의 압력 때문이다. 이 시장의 압력을 무시하고 노동조합이 고용감소 없이 임금인상을 지속적으로 요구하고 이를 관철하면 결국 회사가 문을 닫게 된다. 따라서 자유무역으로 노동수요의 임금탄력성이 높아지면 그만큼 노동자들은 높은 임금인상을 주장하기 어렵게 된다. 결국 교섭력이 낮아지는 셈이다.

또한 노동수요의 탄력성이 높아지면 최종생산물에 대한 약간의 시장수요의 변화가 있어도 곧 노동수요를 크게 출렁이게 만든다. 예컨대, 최종생산물의 수요가 감소하면 그 생산비를 낮추기 위해 고용을 줄여야 한다. 그런데 노동수요의 임금탄력성이 높으면 생산비를 조금 낮추기 위해서도 많은 고용감소를 감수하지 않으면 안 되게 된다. 따라서 최종생산물에 대한 약간의 시장수요 변화도 큰 노동수요의 변화를 가져온다. 그만큼 직장안정이나 임금안정이라는 면에서 노동자들에게 불리하게 작동한다.

이상을 종합하면 세계화의 진전으로 자유무역이 확대되면 결국 노동자들은 노사교섭력의 측면에서도 불리하고, 고용안정 내지 임금안정 면에서도 불안하게 된다는 것이다. 그러면 어떻게 할 것인가? 어떻게 하면 노동자들이 노사교섭력에서도 불리하지 않고, 고용과 임금안정도 지켜나갈 수 있게 할 것인가?

첫째의 방법은 구인자求人者를 구직자求職者보다 많도록 만드는 방법이다. 즉 노동수요증가율을 노동공급증가율보다 빠르게 높이는 방법이다. 구인자가 구직자보다 많으면 자연히 구인자 간의 경쟁이 일어난다. 기업 간 구인경쟁이 일어나면 노동자들의 임금만 오르는 것이 아니고 노동자들의 교섭력도 자연 높아지게 된다. 따라서 노동수요를 빨리 증가시키는 것이 노동자들이 교섭력을 높이는 가장 좋은 방법이다. 그런데 노동수요의 빠른 증가는 결국 노동의 최종생산물에 대한 수요의 증가, 즉 경제성장에서 온다. 그리고 경제성장은 투자의 증대에서 온다. 따라서 문제는 투자다. 투자만 증대시킬 수 있으면 투자증대가 빠른 경제성장을 낳고, 빠른 성장이 노동수요의 증대를 가져온다. 그리고 노동수요의 증대가 구인경쟁을 높여서 노동자들의 임금인상과 교섭력 향상을 가져온다.

그래서 앞에서 세계화가 노동수요의 임금탄력성을 높여 노동자들의 교섭력을 약화시킨다는 주장, 즉 노동자들에게 불리하다는 주장은 지극히 제한적이고 정태적인 분석이다. 사실은 세계화, 즉 자유무역이 시장확대를 통해, 해외수출 기회를 늘리고, 또 해외로부터 새로운 투자도 끌어들이기 때문에, 새로운 성장의 계기를 가져오고 투자의 확대를 결과하게 된다. 그 결과 노동수요가 빠르게 늘어나게 되면 임금인상, 교섭력 제고 등 노동조합에 엄청나게 유리한 결과를 가져올 수 있다. 이 점을 잊어서는 안 된다. 결론은 노동자들을 위하는 최선의 방법은 투자촉진과 성장확대를 통하여 구인자를 구직자보다 많게 만드는 것이다.

둘째의 방법은 노동자들의 생산성을 지속적으로 향상시키는 방법이다. 한마디로 교육과 훈련투자다. 노동자들의 생산성만 세계적 수준으로 높일 수 있다면, 새로운 고용기회가 해외에서도 들어온다. 다시 말해 해외에서 구인자들이 즉 해외자본들이 고임금 직종을 가지고 들어온다. 그러면 그만큼 임금수준도 높아지고 교섭력도 높아진다. 일반적으로 국내 노동에서도 고기술, 고숙련, 고지식의 직종일수록 임금수준이 높고 노동자들의 교섭력이 높은 것과 같은 이치다. 일반적으로 기술집약적, 지식집약적 직종일수록 구인자가 구직자보다 많다. 따라서 노동자들의 기술, 지식, 숙련 수준을 높이는 것이 가장 노동자들의 임금수준과 협상력을 높이는 지름길이 된다. 그리고 한 단계 더 나아가 그 기술과 숙련과 지식이 일반적인 것이 아니라 특별한 기술과 숙련과 지식일수록 더욱 더 노동자들의 임금과 협상력은 올라가게 된다.

둘째, 세계화시대 시장과 제도와의 불일치가 증가하고 있다.

21세기 세계화시대, 노사관계의 두 번째 구조적 문제점은 노동시장market이라는 시장과 노사관계라는 제도institution와의 불일치mismatch가 늘어나고 있다는 점이다.* 이는 우리의 노동시장은 '21세기 지식정보화

* 선진국의 하나인 미국에서 노동시장과 노사관계 제도 사이의 불일치의 문제를 제기하고 그 극복의 방향을 구체적으로 제시한 책으로는 Paul Osterman, Thomas A. Kochan, Richard M. Locke and Michel J. Piore, *Working in America: A Blueprint for the New Labor Market*, MIT Press, 2001. 이 책은 현재 미국의 노사관계학자들 중 가장

시대'의 탈산업화형으로 바뀌고 있는데, 우리의 노사관계를 규율하는 법과 제도는 '20세기 산업화시대'의 낡은 틀을 벗어나지 못하고 있어 발생하는 문제다.* 그래서 결론은 20세기 노사관계의 틀을 21세기형으로 근본적으로 환골탈태시키는 대대적인 노동법 개정과 노사관계 개혁이 필요하게 된다. 대부분의 후진국들은 1945년 제2차 세계대전 이후 선진국들로부터 그들이, 특히 미국이 1930년대 만든 노동법제를 큰 수정 없이 그대로 도입해 오늘날까지 활용하고 있다. 한국도 예외가 아니다. 그래서 많은 나라에서 노사관계의 틀은 1930년대의 반半숙련노동자가 중심이었던 대기업중심의 대량생산시대의 시장구조를 전제로 하고 있다. 따라서 21세기 세계화·정보화시대의 변화된 시장적 현실, 즉 지식노동자가 중심인 다품종 소량생산의 시대의 시장현실과는 전혀 맞지 않는 경우가 허다하다. 그래서 많은 나라에서 대대적인 노동법개혁이 시급한 당면과제가 되고 있다.

우선 시장과 제도 사이에 어떠한 불일치가 있는가 보도록 하자. 먼저 20세기적 노사관계의 틀이 전제로 하는 20세기적 노동시장—사실은 1930년대 선진국의 노동시장—은 다음과 같은 특징을 가진다.

(1) 우선 경제가 오늘에 비해 훨씬 덜 개방적이었다. 국내시장이 경제의 대부분을 차지하고 해외부분은 비교적 작았다. 따라서 해외에서부터 오는 경쟁압력은 크지 않았다.

(2) 여성과 남성의 역할분담이 확실했고 직장과 가사 간의 관계는 확연

뛰어난 학자들의 최근의 연구와 분석을 종합한 결과로 봐야 할 것이다.

* 20세기 산업화시대의 '노사관계의 틀'의 중요한 특징은 무엇일까? 이 문제를 가장 심층적으로 분석한 최고의 책은 Clark Kerr, John T. Dunlop, Frederick Harbison, and Charles A. Myers, *Industrialism and Industrial Man: The Problems of Labor and Management in Economic Growth*, Harvard University Press, 1960이다.

히 구별되어 있었다. 남성의 직장노동이 가구소득의 주 수입원이었고 여성이나 다른 가족들의 고용노동은 없는 것이 원칙이고, 있어도 이차적二次的·부차적副次的 의미밖에 없었다. 그리고 가사노동은 주로 여성의 몫이었다.

(3) 가구주인 남성의 직장노동은 정규직 고용full-time과 장기고용long term이 원칙이었고, 따라서 고용과 소득의 안정성이 높았다. 일단 학교를 나와 취직하면 임금은 경력연수에 따라 올라가고 특별한 사정이 없는 한, 동일직장에서 퇴직 시까지 일하는 경우가 많았다. 퇴직 후에는 퇴직금이나 연금으로 노년생활을 큰 어려움 없이 보낼 수 있었다.

(4) 회사는 전반적으로 안정적이었고 회사 안에서 노동성 향상 기회는 열려 있었다. 또한 자子회사와 모母회사와의 관계, 자自회사와 타他회사와의 관계 등이 확연히 구별되어 있었다.

(5) 노사 간에는 일종의 묵시적 합의 내지 묵시적 사회계약implicit social contract이 있었다. 일단 회사에 들어와 열심히 일하면 시간이 감에 따라 경력에 따른 임금인상을 보장해 주고, 그리고 퇴직 후까지도 퇴직금 등으로 어느 수준의 생활을 회사가 보장해 주는 대신에 노동자는 회사에 대해 성실과 충성을 다해야 한다는 묵시적 합의가 노사 간에 있었다.

이상이 20세기 노동법이 전제하고 있는 20세기적 노동시장의 실상이었다. 1930년 당시는 중화학공업 중심의 대량생산체제의 시대로 대大기업, 대大노동조합이 지배적인 시대였다. 그리고 경제는 비교적 개방성이 적은 폐쇄경제였고, 당시의 주 노동력은 반숙련노동자semi-skilled들이었다. 그런데 이러한 20세기적 노동시장의 특징은 20세기 후반으로 들어오면서 크게 바뀌게 되었다.

21세기적 노동시장의 상황을 정리하면 다음과 같은 특징을 가진다.

(1) 경제의 대부분이 사실상 해외에 완전 개방되는 시대다. 따라서 해

외로부터의 경쟁의 압력이 크게 증가하고 일상화되었다.

(2) 여성들의 노동시장참여율이 크게 높아졌다. 이제는 단순히 부차적·보조적 노동이 아니라 가계의 주主 수입원이 되는 경우도 많아졌다. 다만 아직은 저임금 서비스분야에 집중되어 있다. 그리고 여성노동자들이 가족부양의 의무, 특히 육아와 노인부양의 의무와 직업노동을 어떻게 양립시킬 것인가가 큰 사회적 문제가 되고 있다.

(3) 이제 장기간 고용, 정규직고용의 비중이 크게 줄어드는 시대가 되고 있다. 구조조정의 상시화로 평생고용은 점차 없어지고 일생에 2-3번의 직장이동과 1-2번의 직종이동은 관행이 되고 있다. 단기고용도 많아지고 비정규직도 증가하고 있다. 이제는 노동자들도 끊임없이 노동시장에서 자신의 가치를 높이기 위해 노력해야, 즉 끊임없이 교육과 훈련을 받아야 하는 시대가 되고 있다. 회사가 장기고용을 보장해 줄 수 없는 시대가 되고 있다.

(4) 모회사와 자子회사, 그리고 자自회사와 타他회사 간의 경계가 약화되었다. 노동이동도 많아지고 전략적 제휴나 하청계약도 많아지는 시대다. 그만큼 회사에 대한 충성요구는 어렵게 된다.

(5) 1930년대 산업화시대에 있었던 노사 간의 묵시적 합의는 더 이상 성립할 수 없게 되었다. 노동시장의 변화로 인해 고용과 임금 안정의 보장, 충성서약 등 산업화시대의 묵시적 합의가 더 이상 허용되지 않게 되었다.

그런데 아직도 대부분의 나라는 20세기적 노동법을 가지고 있다. 그러나 21세기적 노동시장의 변화는 이상과 같이 구조적·질적 변화를 겪고 있다. 이제 더 이상 대기업·대규모 노동조합의 시대는 아니다. 중소기업의 의미와 비중이 커지고 있다. 노동시장의 주력 노동력도 산업화시대의 반半숙련노동자가 아니라, 지식정보화시대에 걸맞는 지식노동자knowledge workers로 바뀌고 있다. 노동시장은 이미 유동적 노동시장transitional labor market으로 변화해 노동이동이 일상화되고 있고 교육과 훈련도 이제는 생애주기 동안 수시로 반복적으로 해야 하는 평생교육-평생훈련의 시대로 들어가고 있다.* 그런데 아직도 노동법과 노사관계는 과거적이다.

우선 급한 몇 가지 제도개혁방향을 생각해 보자.

(1) 가장 시급한 것이 노동의 주노동력이 이미 지식노동자로 변화하였는데 노동조합의 조직형태나 단체교섭의 절차, 노동운동방식도 모두가 산업화시대의 대기업의 반숙련노동자들을 전제로 한 방식이다. 아직 지식노동자들을 효과적으로 조직하는 노동조합의 형태가 나오지 못하고 있다. 앞으로는 지식노동자들을 보다 효과적으로 조직하고 그 운동성을 높이는 노동운동방식이 나와야 한다. 종래의 지역이나 기업중심의 노동조합방식보다는 직종중심의 노동조합조직occupational-centered organization을 개발해 나가는 것도 하나의 방법이 될 것이다. 경우에 따라서는 앞으로는 전문직조직professional associations들이 과거의 노동조합 역할의 일부를 해야 할지 모른다. 그래서 한편으로는 직종의 정체성과 가치, 기술의 특수성과 전문성 등을 지키면서, 자신들의 사회경제적 지위향상에 노력해야 할 것이다.

(2) 반면에 종래 대기업의 반숙련노동자의 경우도 그들의 노동이동이

* 유동적 노동시장 내지 이동노동시장(transitional labor market)은 21세기 노동시장의 특징을 요약하고 있는 대단히 유용한 개념이다. 한마디로 직장과 직장 간의 이동뿐 아니라 취업과 학습, 취업과 가사, 취업과 퇴직, 그리고 임금노동과 자영업, 취업과 실업과 퇴직 등등 사이에 다(多)방향의 노동이동이 빈번해지고 일상화된다는 것이다. 과거 20세기 산업화시대와는 크게 다르게 21세기 세계화시대에는 각 부분 간 노동이동이 격렬해진다는 것이다. 그래서 발생하는 이동비용의 증대 개인적·사회적 위험의 증대 등등의 여러 문제들을 어떻게 정책적으로 풀어갈 것인가가 중요한 문제가 된다. 자세한 논의는 Gunther Schmid, *Transitional Labor Markets: Managing Social Risks over the Life-Course*, 2007 WZB Discussion paper, 2007-111.

크게 증가하고 있기 때문에 노동조합조직의 방식과 형태도 달라져야 할 것이다. 또한 최근에 증가하는 비정규직노동자들을 조직하기 위한 노동조합조직에서도 새로운 방식이 나와야 할 것이다. 앞으로 새롭게 모색해야 할 노동조합의 조직형태 내지 방식은 크게 보면 모두 지역노동시장 중심의 노동조합조직local labor market centered organizations이 될 수밖에 없다고 본다. 직장 간 노동이동의 증가가 불가피하게 지역노동시장의 중요성이 높아질 것이기 때문이다. 그리고 노동조합의 형태도 앞으로는 노동이동의 증가로 불가피하게 참여와 탈퇴가 수시로 일어나는 유연한 네트워크형 조직networked organizations이 되어야 할 것이다. 그리고 앞으로 이러한 새로운 형태의 노동조합의 조직과 활동은 인턴넷 등 정보화기술을 이용한 사이버 공간을 많이 이용하게 될 것이다.•

(3) 가장 중요한 제도개혁의 방향은 역시 어떻게 노동시장의 유연안정성을 높일 것인가? 어떻게 그 방향으로 종래의 구노동법, 즉 20세기적 노동법의 각종 제도와 관행을 개혁할 것인가이다. 종래의 구노동법은 대규모 노조의 보호를 받는 노동자의 경우는 — 오늘의 21세기적 노동시장의 관점에서 보면 — 과잉보호하고 있다. 반면에 비조직노동자들이나 영세소기업의 저임금노동자, 비정규직노동자들의 경우는 과소보호되고 있는 것이 지금의 실정이다. 따라서 전자에 경우에는 노동시장의 유연성을 높이고, 후자의 경우에는 노동시장의 안정성을 높이는 방향으로 노동법 개혁을 해야 할 것이다.

• Wayne J. Diamond, Richard B. Freeman, "Will Unionism Prosper in Cyber-Space? The Promise of the Internet for Employee Organization," NBER Working paper No.8483, NBER; Richard B. Freeman, M. Marit Rehavi, "Helping Workers Online and Offline: Innovations in Union and Worker Organization Using the Internet?," NBER Working paper No.13850, NBER.

결국 이상과 같은 방향으로의 노동관계법의 개정은 노동시장의 현실과 노동법 사이의 불일치를 줄임으로써 노사관계에서 발생하는 불필요한 거래비용의 크게 낮출 수 있다. 그래서 세계화시대의 국가선진화에 크게 기여할 수 있게 된다.

세계화시대 노사성공의 경험

(가) 성공한 선진국의 경험

제2차 세계화가 본격화된 1980년 이후 80년대와 90년대 경제적 성장과 사회적 통합 — 소위 효율과 형평 — 모두에 비교적 성공적인 몇몇 나라들이 있다. 대표적인 나라들이 오스트리아, 덴마크, 아일랜드, 그리고 네덜란드 등이다 이들은 세계화시대에 비교적 높은 경제성장과 높은 취업률을 이루어 냈으며 노사갈등도 적었고 사회복지 수준도 개선되는 방향으로 움직였던 나라들이다. 이들이 어떻게 소위 경제성장과 사회복지 내지 사회통합을 동시에 이루어 낼 수 있었을까? 이들 성공한 나라들 사이에서 국가정책의 무엇인가 공통점은 없었는가? 지금부터 이런 문제를 살펴보도록 하자. 물론 나라마다 역사와 문화가 다르기 때문에 외국의 성공 경험이 그대로 다른 나라에 모방될 수는 없다. 그러나 성공한 여러 나라의 정책경험에서 공통점을 찾을 수 있다면 이는 다른 나라들에게도 큰 참고가 되는 것은 물론일 것이다. 위의 4개국의 정책경험을 살펴보면 적어도 세 가지 공통점이 드러난다.*

* 이들 네 나라의 경제성과와 노동시장성과 등을 자세히 분석하고 그 성공의 원인을 잘 정리한 보고서는 Peter Auer, *Employment Revival in Europe*, International Labor

첫째, 높은 수준의 경제성장의 달성이다.

성장과 고용과 복지를 동시에 달성하려면 무엇보다 먼저 반드시 높은 수준의 경제성장을 달성해야 한다. 상당한 수준의 경제성장을 달성하지 못하고 고용확대나 사회복지의 제고를 기대하는 것은 연목구어緣木求魚다. 이들 나라가 비교적 높은 성장을 달성했던 여러 요인들이 있겠지만 공통으로 나타나는 것은 두 가지 요인이다. 하나는 안정적 통화정책이고 다른 하나는 균형적 재정정책이다. 통화정책을 안정적으로 관리했기 때문에 비교적 물가상승률이 낮았고 이자율도 낮았다. 물가상승률이 낮으니 임금인상을 비교적 안정적으로 관리할 수 있었다. 이자율이 낮으니 투자촉진에 유리했다. 이와 더불어 특히 재정정책의 균형을 유지할 수 있었다는 것이 경제 전반의 신뢰를 높이는 데 기여했다. 덕분에 국내는 물론 해외 투자가들도 안심하고 미래를 예측하며 투자할 수 있었다. 결국 이 모든 것이 비교적 높은 경제성장률을 이루는 데 기여하게 되었다. 한마디로 거시경제의 안정적 운영이 이들 선진국의 높은 성장을 가능하게 했다는 것이다.

둘째, 노사정 간의 사회적 대화social dialogue이다.

노사정勞使政이라는 사회적 파트너 간의 대화와 정보교환 그리고 상호신뢰와 공동협력 등이 중요한 역할을 했다. 이들 나라들은 모두가 소위 조합주의적corporatism 전통이 강한 국가다. 즉 노사정 간의 대화와 정보교류는 오랜 전통이었다. 이 전통을 보다 활성화시켜 경제성장과 사회통합의 동시달성이라는 국가의 당면과제에 대해 노사정 간에 공동인식과 이

Office, 2000이 있다. 필자는 이 보고서를 참고하면서 자신의 생각을 더했다.

해를 이루어 냈다. 더 나아가 바람직한 국가정책방향에 대하여 공동합의를 만들어 냈다. 그래서 정부는 안정적 통화정책과 균형적 재정정책을 추진할 것을 약속하고, 노사는 임금의 안정적 관리와 생산성제고 노력을, 그리고 노사정은 사회보장제도의 합리적 개혁과 노동시장의 유연안정성 제고를 위한 제도개혁 등에 합의했다. 그리고 이러한 합의를 노사정이 공동으로 실천했다. 그래서 불필요한 노사대립이나 노사분쟁 없이 필요한 경제사회개혁을 성공적으로 해낼 수 있었다.

셋째, 적극적 노동시장정책active labor market policy의 추진이다.

세 번째 공통점은 적극적 노동시장정책을 크게 강화했다는 점이다. 지금까지는 실업이 발생하면 국가가 실업보험금을 지불했다. 또 그것으로 부족한 더욱 어려운 극빈층에게는 공적부조公的扶助라는 소득지원 노력을 해왔다. 이러한 정책은 모두 소위 소극적 노동시장정책passive labor market policy이다. 다시 말해 실업이나 빈곤이 발생한 후의 방어적·사후적 정책이라는 뜻이다. 그런데 이들 나라들은 지금까지의 이러한 소극적 노동시장정책에서 벗어나 적극적으로 실업자들의 고용가능성employability을 높이는 정책을—내지는 취업자들의 고용지속성을 높이는 정책을—추진해 왔다. 소위 적극적 노동시장정책이 그것이다.

적극적 노동시장정책에는 크게 두 가지 종류가 있다. 하나는 실업자들의 고용가능성을 높이는 정책, 즉 노동공급측 정책으로 (1) 직업교육과 기술훈련education and training (2) 직업 상담과 취업알선employment service 등이 여기에 속한다.

그리고 다른 하나는 취업자의 고용지속성을 높이는 정책, 즉 노동수요측 정책으로 (1) 고용 내지 임금보조금정책employment subsidy, 즉 현직의 고용을 보장하여 주면 그 기업주에게 일정의 임금보조금 등을 지급하는 정책이다. 일종의 고용지속 유인정책이다. 특히 일시적 사정으로 고용조정의 필요가 등장했을 경우에는 이러한 고용보조금정책은 고용의 안정화에 크게 기여한다. 왜냐하면 해고했다가 다시 — 일시적 사정이 소멸하면 — 재고용할 경우 들게 되는 노사 모두의 경제적·심리적 비용을 크게 줄일 수 있기 때문이다. (2) 공공고용 창출정책public employment creation이다. 정부가 직접 공공부문의 고용기회를 늘려 취업기회를 유지하는 정책이다.

이상의 적극적 노동시장정책은 전반적으로 실업률을 최소화하고 고용률employment rate을 높이는 정책으로 평가받는다.[•]

(나) 우리에의 교훈: 도입가능성 검토

앞에서 본 (1) 안정적 거시경제정책의 운영 (2) 노사정 간의 사회적 대화 (3) 적극적 노동시장 정책 등의 세 가지 정책이 비교적 주효해 이들 나라들이 지난 기간 경제성장과 사회복지를 동시에 달성하는 데 성공했다. 이들 나라의 정책경험 중에서 우리나라는 무엇을 배울 수 있을까? 우리에게 주는 교훈은 무엇인가?

첫째 정책, 즉 거시정책의 안정적 운영과 셋째 정책인 적극적 노동시장정책은 사실 어느 나라든 그러한 방향으로 노력해야 할 보편적 가치를 가진 정책이라고 볼 수 있다. 따라서 우리 대한민국에서도 그러한 방향으로 노력해야 한다. 그러나 두 번째 정책인 노사정 간의 사회적 대화의 경우는 유럽의 모델을 그대로 우리나라에 도입하기 쉽지 않다고 본다. 사회적

• 여기서 고용률이라 하면 '특정연령대의 고용자'를 '특정연령대의 인구수'로 나눈 수치다. 따라서 고용률은 그 나라 경제가 그 나라의 인적자원을 얼마나 잘 활용하고 있는가를 보이는 지표가 될 수 있다. 그래서 실업률보다 노동시장의 상황 — 인력활용의 상황 — 을 더 잘 반영한다고 한다.

대화모델의 기본논리—서로 대화를 통하여 정책적 합의를 찾자는 정신—에 잘못이 있어서가 아니다. 우리의 현실과 역사, 전통과 문화가 유럽의 경우와 달라서 그들의 제도를 그대로 모방하기 어려운 점이 많기 때문이다. 따라서 우리의 현실에 맞게 적절한 수정과 보완이 없으면 도입이 어려울 것이다. 설사 도입한다 해도 성공하기 어려울 것이다. 왜 그런가?

노사정 간의 사회적 대화모델이 성공하려면 몇 가지 조건이 필요하다.

첫째는 노동조합의 단체교섭제도가 중앙집권적이어야 성공가능성이 높다.

단체교섭제도가 분권화되어 있으면 그래서 개별기업단위에서 단체교섭이 이루어지고 있으면 비록 중앙에서 노사정 간의 합의를 해도 개별 단체교섭과정에서 그 합의가 그대로 관철된다는 보장이 없다. 따라서 사회적 합의모델이 성공하기 쉽지 않다. 환언하면 산별노조가 아니라 기업별노조가 지배적인 나라에서는 중앙의 합의가 개별 사업장에서는 관철되기 어렵다는 이야기다. 따라서 노사정 합의 모델이 성공하려면 그 나라의 노동조합이 전국단위의 산업별 체제로 되어 있어 단체교섭제도가 중앙집권적으로 이루어지고 있어야 한다. 그런데 우리나라의 경우에는 기업별 노조가 대부분이다. 즉 분권적 교섭제도가 지배적이다. 그래서 중앙에서 합의한 것의 실제적 구속력이 개별 사업장에서는 약하다는 문제가 있다. 이 문제를 어떻게 극복할 것인가에 대한 대책이 있어야 노사정 합의모델이 성공할 수 있다.

둘째는 정부가 중립적 중재자로서의 위상이 확실해야 한다. 그리고 노사간에 상호신뢰의 축적이 있어야 한다.

노정勞政과 노사勞使 간의 신뢰축적의 역사가 있어야 한다. 그런데 우리나라에서는 정부가 중립적 중재자로서의 위상이 약하다. 지난 산업화기간 동안 정부주도의 경제성장을 추진하면서 쌓여 온 친親기업·반反노동적 정부의 이미지가 아직도 강한 편이기 때문이다. 이 문제를 풀어야 한다. 물론 이 문제를 해결하려면 정부가 앞으로 보다 적극적으로 노력해 새로운 중립적 신뢰의 문화를 만들어 나가야 한다. 이를 위해선 모든 노동정책에 중립성과 전문성을 획기적으로 높이는 노력부터 시작해야 한다.

또한 아직은 우리나라에서 노사 간의 신뢰가 약한 편이다. 그 주된 이유는 평소에 진솔한 대화의 부족, 정직한 정보교환의 부족에서 비롯된다. 물론 진솔한 대화와 정보교환의 기회와 장場의 마련은 기업 쪽에서 먼저 노력해야 한다.* 노사협의제 등을 통해서도 노사 간 대화와 정보교환의 기회가 얼마든지 있다. 이를 기업 쪽이 보다 적극적으로 활용해야 한다. 그래서 이를 통하여 노사 간 진솔한 대화와 정직한 정보교환의 경험과 신뢰를 쌓아가야 할 것이다. 왜 대화와 정보교환이 중요한가 하면 노사정 간의 사회적 대화모델은 결국은 노사정 간의 공동행동을 목표로 하기 때문이다. 그런데 공동행동은 반드시 공동이해common understanding가 전제되어야 가능하다. 사회경제적 상황에 대한 노사정 간이 이해의 공유가 있어야 합의가 나오고 공동행동이 가능하게 된다. 결국 공동이해는 평소에 진솔한 대화와 정직한 정보교환의 경험이 쌓여야 가능한 것이다.

셋째는 노동조합의 리더십이 확고하고 안정적이어야 한다.

노사정 합의를 하고 돌아가서 노조의 지도부가 자기 노동조합의 구성

* 물론 우리나라 노동운동의 일부에는 이념적으로 반(反)기업주의 친(親)사회주의적인 부분이 있다. 이런 경우에는 진솔한 노사대화는 원천적으로 불가능하다. 이러한 극단적인 경우를 빼면 대부분의 경우 대화의 성공 여부는 사용주 측의 노력에 달려 있는 경우가 많다.

원들에게 합의결과를 설명하면, 비록 그 결과에 불만이 있다 해도 구성원들의 전폭적 동의를 받아낼 수 있을 정도의 확고하고 강력한 리더십이 필요하다. 노사정 합의의 결과가 노동자들에게 조금이라도 불리한 부분이 있으면, 다른 부분에서는 더 큰 이익이 있어도, 조합원들이 반대해 합의결과를 현장에서 추진할 수 없는 경우가 적지 않다. 이렇게 약한 리더십을 가지고는 노사정 모델이 성공할 수 없다. 그런데 우리나라에선 아직 이러한 의미에서 확고하고 강력한 리더십, 성숙한 노동조합의 리더십이 많이 부족한 편이다.

우리나라에서는 노동조합의 리더십이 너무 쉽게 수시로 바뀐다. 노동조합지도자들의 평균재임기간이 너무 짧다. 너무 가변적이고 유동적이다. 그래서 합리적인 노동조합의 리더십이 성장하고 성숙할 시간이 없다. 단체교섭의 결과가 노동자들에게 모든 면에서 만족할 승리를 주는 것이 아니면 지도부를 너무 쉽게 불신임한다. 그러니 노동조합의 리더십에서는 오로지 강경론자들만이 경쟁에서 승리하는 경향이 생긴다. 이러한 상황에서 합리적인 리더십의 등장은 어렵고 그 결과 노사정 합의는 어렵게 된다.

이상의 문제점을 살펴보면 유럽 노사정 간의 사회적 대화모델은 쉽게 대한민국의 현실 속에 뿌리를 내리지 못할 것 같다. 그러면 우리는 사회적 대화모델을 포기하고 미국식 자유방임주의 내지는 정부불간섭주의로 나가는 것이 바람직하다는 의미인가? 물론 그것은 아니다. 여러 가지 제도적·문화적 차이로 유럽의 노사정모델이 그대로 우리나라에 쉽게 도입되고 정착되지는 못하겠지만 장기적으로 우리나라 실정에 맞는 우리 식의 사회적 대화모델을 개발하고 발전시켜야 한다. 이러한 방향으로의 노력은 노사관계의 발전을 위해 대단히 중요하고, 꼭 필요하다고 생각한다. 다만 그렇게 하려면 다음과 같은 몇 가지 방향으로의 정책노력이 필요할 것이다.

첫째, 노사정勞使政이 아니라 노사공勞使公의 모델이 우리현실에 보다 효과적일 것이다.

정부가 직접 나서기보다 학자, 싱크탱크 연구자, 시민사회단체 대표 등 사회적으로 중립성과 전문성을 인정받는 인사들이 사회적 대화에서 주도적 역할을 해야 한다고 본다. 그래서 공익을 대표하는 학자들과 전문가들이 좀 더 적극적으로 노사 간의 사회적 대화를 이끌어 가는 것이 바람직하다. 그리고 정부는 뒤에서 사회적 대화에 필요한 사회경제정보를 제공하고, 노사공이 합의한 것을 최대한 존중해 그 결과를 적극적으로 정책에 반영하는 선에 머무르는 것이 좋다. 정부가 전면에 나서지 않는 것이 바람직하다고 보는 데는 두 가지 이유가 있다. 하나는 앞에서 언급한 대로 아직 우리나라 노사관계에 있어서 정부의 중립성에 대한 신뢰가 약하기 때문이다. 특히 노동조합 쪽의 신뢰가 약하기 때문이다. 다른 하나는 정부의 정책결정이 노사정 합의, 구체적으론 노사합의의 포로가 될 위험이 있다. 노사가 합의했다고 해서 무조건 그대로 정책화하는 것은 옳지 않다. 왜냐하면 정부의 정책결정에는 노사의 이해뿐 아니라 소비자, 투자자, 그리고 중소기업, 자영업주, 비조합노동자, 비정규직 등등 모든 국민의 이해를 종합적으로 균형 있게 고려해야 하기 때문이다. 나아가 국가의 장래라는 미래 세대의 이해까지를 감안해 결정해야 한다. 그래서 노사간의 합의를 존중은 하지만 노사 간의 합의가 됐다고 무조건 그대로 정부정책으로 확정해서는 안 된다. 따라서 노사정에 당사자의 한편으로 참여하여 스스로를 과도하게 묶는 것은 바람직하지 않다고 본다.•

• 더욱 나쁜 경우는 정치인들이 노사정대화에 정(政)을 대표하여 참여하는 경우다. 정치인들은 기본적으로 포퓰리즘적이기 때문에 이들이 노사문제에 참여하면 노사의 이해과 국가 전체의 이해를 조화하면서 법과 원칙을 세우는 방향으로 가야 할 합리적 노사관계의 발전을 더 어렵게 만든다. 그래서 노사정에 정부가 참여하는 것보다 현역 정치인

둘째, 노사공勞使公 그리고 노사정勞使政 간의 대화의 전통을 만드는 것이다. 그래서 상호 신뢰를 쌓아가는 것이다. 그리고 대화는 반드시 공식적일 필요가 없다. 비공식적 대화가 더욱 효과적일 수 있다. 주지하듯이 일본은 우리나라와 마찬가지로 기업별 노동조합이 지배적이라 유럽처럼 중앙집권적으로 단체교섭제도를 가지고 있지 않다. 일본은 분권적 교섭제도를 가지고 있다. 일본에는 명시적인 그리고 제도적인 유럽식 조합주의는 없다. 노사정이 정기적으로 만나 공식적으로 합의를 발표하는 예도 없다. 그러나 실제로 노사정, 노사공 간의 공식, 비공식의 대화가 일상화되어 있고 정례화되어 있다. 그리고 이러한 대화의 문화가 국가경제가 어려울 때 비교적 용이하게 공동행동을 조직화해 내는 배경이 되고 있다. 예컨대 1960년대 중반부터 일본의 노동성장관은 노사대표를 초대하여 월 1회 조찬을 하는 것이 사실상 관행화되어 왔다. 특별한 현안이 있어서가 아니라 만나서 나라의 경제, 기업의 경기, 노동자의 생활에 대해 정보를 교환하면서 서로의 애로점을 대화한다. 그러한 대화의 모임을 매달 반복하다 보니 상대의 고민에 대한 이해도 깊어지고 서로에 대한 신뢰도 쌓이게 된다.

그러니 1972년 제1차 오일쇼크가 왔을 때 노사정 간에 당면한 국내외 경제문제의 심각성에 대한 이해, 그리고 합리적 해결책에 대한 공감이 쉽게 형성되었던 것이다. 그래서 정부는 긴축재정과 간접세 인하를 통하여 인플레 억제에 나서고, 기업은 배당을 포기하고, 노조는 임금자제에 나서게 되었다. 그래서 소위 다른 선진국에서는 심하게 나타났던 공급 측 쇼크—오일쇼크—로 인한 임금과 물가의 누적적 상승효과

들이 참여하는 것은 적어도 우리나라의 경우는 피해야 한다.

wage-price spiral가 일본에서는 나타나지 않았다. 1972년에 보였던 노사정 간의 공동노력은 알고 보면 1960년대 중반부터 끊임없이 계속해 온 공식, 비공식의 진솔한 노사정 간의 대화와 이를 통한 상호 신뢰의 구축이 그 기초가 되었던 것이다.

또한 일본에서 이러한 대화는 노사정 간에 한정되지 않았다. 특히 노노勞勞 간에도 지속적·반복적으로 있어 왔다. 이미 지적한 대로 일본도 우리처럼 기업별 노조가 중심이어서 분권적인 교섭구조를 가지고 있다. 그래서 개별사업장의 노사가 실권을 가지고 있지만 평소 노노 간의 대화 — 전국연합체와 산별 그리고 기업별간의 대화 — 가 많기 때문에 경제상황의 인식에 대해 공동이해가 이미 되어 있다. 따라서 중앙에서 노사정 간의 공식적·비공식적 합의가 있으면 그 합의에 대해 기업별 노조들도 대부분 협조적인 태도를 보이게 된다. 그래서 비록 유럽식 중앙집권적 노동조합구조가 아니라 해도 중앙의 결정이 현장에서 일사분란하게 집행되는 경향을 보인다. 우리나라처럼 기업별 노조가 중심으로 되어 있는 나라에서 이웃 일본의 예는 좋은 참고가 될 것이다.•

요약하면 노사 간의 대화, 노사정 간의 대화 혹은 노사공 간의 대화를 어떻게 효과적이고 지속적으로 조직화해 노사정 간에 혹은 노사공 간에 우리나라 경제사회가 처한 상황에 대해 공동의 인식과 공동의 문제의식을 가질 수 있게 하는가가 가장 중요하다. 상황에 대한 공동의 인식과 공동의 문제의식만 전제된다면 공동의 행동을 합의하고 이를 실천하는

• 일본의 노사관계 발전의 역사는 우리의 정책구상에 참고할 좋은 자료가 된다. 일본이 어떻게 1945년 이후 전후의 대립적·갈등적 노사관계를 극복하고 오늘날과 같이 협력적 노사관계를 만들 수 있었는가를 분석 정리한 글은 박세일, 『전후 일본노동운동의 경제주의 성립과정』을 참조하라. 이 글은 박래영·박세일·이각범·김태기, 『선진국의 노사관계 정착경험 — 한국에 대한 시사』, 한국노동연구원, 1991에 게재되어 있는데 특히 pp.98-158을 참조.

것은 비교적 쉽기 때문이다. 결국 가장 중요한 과제는 세계화시대가 어떠한 시대이고 어떠한 노력을 노사공 혹은 노사정이 함께할 때, 우리 모두가 승리자가 될 수 있는가에 대한 공동 이해와 인식을 만들어 내는 것이다. 따라서 이 공동 이해와 인식을 만들기 위해 공식, 비공식의 대화와 소통을 일상화하고 관행화하는 것이 가장 시급한 과제가 될 것이다.

세계화와 빈곤과 소득분배

세계화가 경제성장의 동력이 되어 왔다는 사실은 많이 알려져 있지만 과연 세계화가 인류 빈곤의 문제를 해결하고 있는가? 특히 절대빈곤absolute poverty의 문제 해소에 어떠한 기여를 하고 있는가? 더 나아가 세계화는 지구촌의 소득분배에 어떠한 영향을 미치고 있는가? 지구촌의 소득분배를 개선하고 있는가? 아니면 악화시키고 있는가? 소득분배의 문제를 좀 더 세분하여, 세계화는 국가와 국가 사이의 소득분배에는 어떠한 영향을 주고 있고, 일국一國 내의 소득분배에는 어떠한 영향을 주고 있는가? 이제 이러한 문제들을 살펴보고자 한다. 그리고 세계화가 빈곤과 소득분배에 주는 일정한 영향을 준다면 그러한 영향들은 왜 나타나는가? 그 원인들을 찾아본 다음, 앞으로 세계화가 빈곤해소와 소득분배 개선에 보다 크게 기여하도록 하려면, 어떠한 정책적 노력들이 있어야 하는가? 하는 문제 순으로 분석해 보고자 한다.

세계화와 빈곤

우선 세계화가 지구촌의 빈곤문제에 어떠한 영향을 주고 있는가?[*] 절대적 빈곤과 상대적 빈곤에 어떠한 영향을 주고 있는가?

(가) 절대빈곤absolute poverty

결론부터 이야기하면 크게 개선시키고 있다. 즉 세계화는 절대빈곤의 획기적 감소를 가져왔다.[**] 제2차 세계화the second wave of globalization가 시작되던 1980년 현재 세계에서 하루 1달러 이하를 가지고 사는 절대빈곤의 인구 층이 세계 전체 인구의 31.8%인 14억 명 정도였다. 이 절대빈곤층이 1997-98년에는 세계 전체인구의 20.3%인 12억 명으로 감소되었다. 물론 그 사이의 물가변화를 실질가격을 전제로 계산한 수치다. 특히 이 기간 중 중국과 인도에서의 절대빈곤 인구의 감소가 두드러진다.

* 이 문제에 대한 본격적인 종합연구 — 이론과 실증연구 — 로는 Ann Harrison, *Globalization and Poverty*, NBER, The University of Chicago Press,2007이 있다. 이 종합연구는 다음과 같은 몇 가지 잠정적 연구결론을 내리고 있다. (1) 미숙련노동자가 많은 후진국의 빈자들이 자유무역으로 반드시 이익을 보지 않을 수 있다. 특히 부문간 노동이동이 어렵거나 미숙련노동자들이 오히려 정부의 보호받는 부문에서 종사하고 있을 때에는 무역의 자유화는 오히려 빈자들에게 손해를 가져올 수 있다. (2) 자유무역과 함께 다른 정책이 함께 집행되어야 무역이 빈곤해소에 기여할 수 있다. 예컨대 노동이동의 자유를 막는 제도와 관행을 없애야 하고 가난한 자영업주도 금융에 접근할 수 있어야 하고 — 대출을 쉽게 받을 수 있어야 하고 — 또한 사회적 안전망도 갖추어져야 한다. 이러한 보완적 조치가 함께 가야 무역의 자유화가 후진국의 빈곤해소에 기여할 수 있다. (3) 수출산업의 신장과 외국인직접투자(FDI)의 확대는 후진국의 빈곤축소에 기여한다. (4) 금융위기는 빈자들에게 더욱 불리하다. 자본자유화 중에서 직접투자는 빈곤의 축소에 기여하나 기타 단기적 국제자본의 이동 — 주식, 채권, 펀드 투자, 은행 간 단기대출 등 — 은 빈곤을 오히려 확대시키고 있다. (5) 세계화는 빈자들 사이에서도 승자와 패자를 만들고 있다. 따라서 문제는 어떻게 하여 승자를 많이 만들 것인가이다.

** David Dollar, *Globalization, Poverty, and Inequality*, in Michael M. Weinstein(ed.), *Globalization: What's new?* Columbia University Press, 2005. 통계숫자는 pp.106-109 참조.

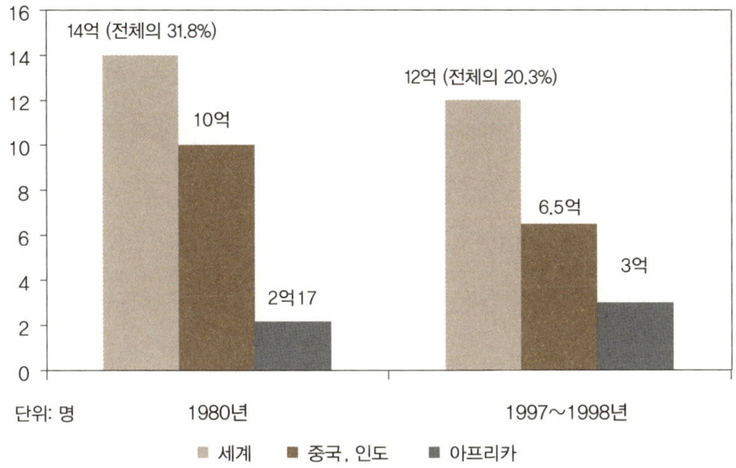

자료: David Dollar, "Globalization, Poverty, and Inequality," in Michael M. Weinstein(ed.), *Globalization: What's new?* Columbia University Press, 2005.

그림 7.3 세계화와 절대빈곤 인구(1980~1998년)

중국과 인도에서 1977-78년간에는 하루에 1달러 이하로 사는 절대빈곤층이 전체인구의 62%인 10억 명 정도였다. 이 절대빈곤층이 1997-98년에는 전체인구의 29%인 6억 5천만 명으로 줄어들었다. 대단히 큰 개선이라고 할 수 있다. 반면에 아프리카의 sub-sahara 지역에서는 절대빈곤이 오히려 증가한 것으로 나타난다. 이 지역의 절대빈곤인구는 1987년 2억 1,700만 명이었으나 1998년 3억 100만 명으로 늘어났다. 아시아 쪽에선 절대빈곤의 감소로, 반면 아프리카 쪽에선 절대빈곤의 증가로 나타났다. 그러나 전자의 규모가 후자보다 크기 때문에 지구촌 전체로서의 절대빈곤은 크게 줄어들었다고 할 수 있다.

한 가지 질문은 이러한 아시아에서의 절대빈곤의 축소와 아프리카에서의 확대는 — 환언하면 절대빈곤 변화의 지역간 차이는 — 어디까지가 세계화의 영향으로 나타난 결과인가? 하는 문제다.

결론부터 이야기하면 아시아에서의 절대빈곤의 축소는 세계화의 결과라고 할 수 있으나, 아프리카에서 절대빈곤의 증가는 세계화 때문이라고 할 수 없을 것 같다. 그 이유는 뒤에서 상론하겠지만, 실증적 통계와 연구를 보면 세계화에 참여한 나라나 지역에서는 절대빈곤의 축소를 보이지만 세계화에 참여하지 않은, 아니면 참여하지 못한 나라나 지역에서는 절대빈곤의 증가를 보이고 있기 때문이다. 그래서 아프리카에서의 절대빈곤의 증가는 세계화의 결과라기보다는 세계화에 참여하지 못한 결과라고 보아야 할 것이다.

(나) 상대빈곤relative poverty

그러면 세계화는 지구촌의 상대적 빈곤relative poverty에는 어떠한 영향을 미쳤을까? 상대적 빈곤이란 결국 소득불평등income inequality의 정도가 어떠한가? 하는 문제다.

이 문제를 좀 장기적으로 보면, 지구촌 전체의 소득분배, 소득불평등도는 지난 200년간 지속적으로 악화되어 온 것으로 나타난다. 그런데 제2차 세계화가 본격적으로 시작된 1980년을 전환점으로 하여 지구촌의 소득분배는 개선되는 방향으로 바뀌어 왔다. 오랜 기간의 악화의 추세가 개선 쪽으로 바뀐 것이다. 최근의 연구결과를 보면,* 소득불평등도를 측정하는 지표 중 하나인 지니계수Gini index를 보면 1820년에 0.50하던 세계 지니Global Gini계수가 1980년에 0.65로 증가했다. 즉 분배가 악화되어 온 것이다. 그러나 1997년에는 세계 지니계수가 0.61로 개선

* 위의 책, 통계는 pp.110-112 참조.

된 것으로 나타난다. 다른 연구결과를 보면 1960년 0.64였던 세계 지니계수는 1980년에는 0.67로 증가분배 악화하였으나 2000년에는 0.61로 감소분배 개선한 것으로 나타난다. 두 연구 모두 1980년을 전환점으로 해서 세계 불평등도가 개선의 방향으로 선회한 것으로 나타난다.

그런데 이러한 세계불평등도의 변화를 좀 더 심층적으로 보면, 대부분의 세계불평등도는 그 주된 부분이 국가 간 불평등도 때문에 일어나는 것으로 분석된다. 그래서 예컨대 1820년대부터 1980년대까지 세계의 불평도가 증가한 것으로 나타나는 주된 이유는 1820년대의 선진국인 미국과 유럽이 1820년대부터 1980년대 사이에 다른 나라들대부분 후진국에 비해 빠르게 발전하였기 때문이다. 반면에 1980년을 기점으로 세계불평등도가 축소의 방향으로 전환한 주 원인은 1980년 이후 그동안 가장 가난한 후진국이던 중국·인도·베트남·방글라데시 등에서 경제성장이 상대적으로 빠르게 일어났기 때문으로 보인다.

세계화와 소득분배

앞에서 빈곤의 문제를 보았는데 여기서는 소득분배의 문제를 보도록 한다.*

(가) 국가 간 소득분배

우선 세계화가 나라와 나라 사이의 소득분배, 소위 국가 간 소득분배

* 세계화와 소득분배의 문제를 종합적으로 정리한 소개서의 하나는 David Held and Ayse Kaya, *Global Inequality*, Polity Press, 2007, 특히 Chapter 1과 2를 보라.

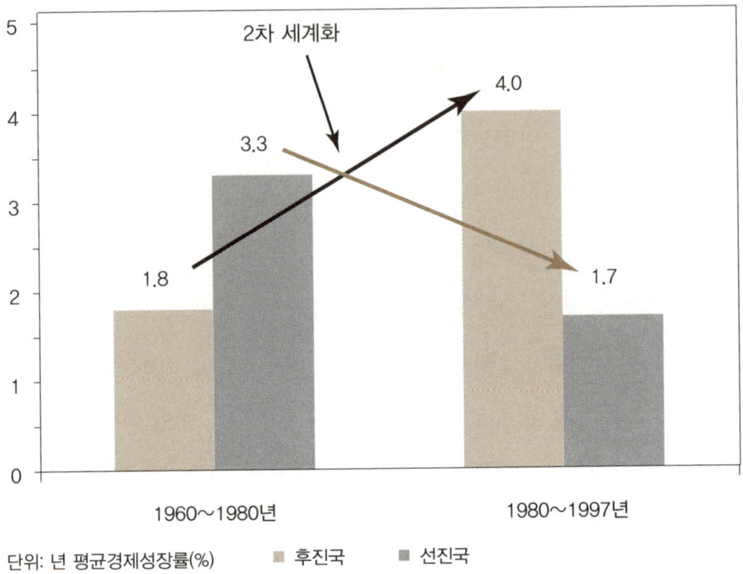

자료: David Dollar, "Globalization, Poverty, and Inequality" in Michael M. Weinstein(ed.), *Globalization: what's new?* Columbia University, 2005.

그림 7.4 선 · 후진국 평균경제성장률의 변화(2차 세계화 이후)

across countries inequality에 어떠한 영향을 미치는가부터 보도록 하자. 결론부터 이야기하면 세계화는 국가 간 소득분배를 크게 축소시키는 것으로 나타난다.* 특히 1980년 이후의 변화를 보면 1980-97년 사이에 세계인구의 1/5에 속하는 가난한 후진국들의 평균경제성장률이 4%였고 상위 1/5에 속하는 선진국들의 평균경제성장률이 1.7%로 알려졌다. 그 결과로 국가 간 특히 선진국과 후진국 간의 상대적 소득분배가 크게 줄어들고 있는 것으로 나타난다. 그런데 이러한 추세는 1980년 이전 20년1960-80년간의 변화와는 정반대의 현상임을 지적해 두어야 한다. 지난 기간,

* David Dollar, *Globalization, Poverty, and Inequality*, in Michael M. Weinstein(ed.), *Globalization: What's new?* Columbia University Press, 2005, 통계는 p.105, 도표 5.6 참조.

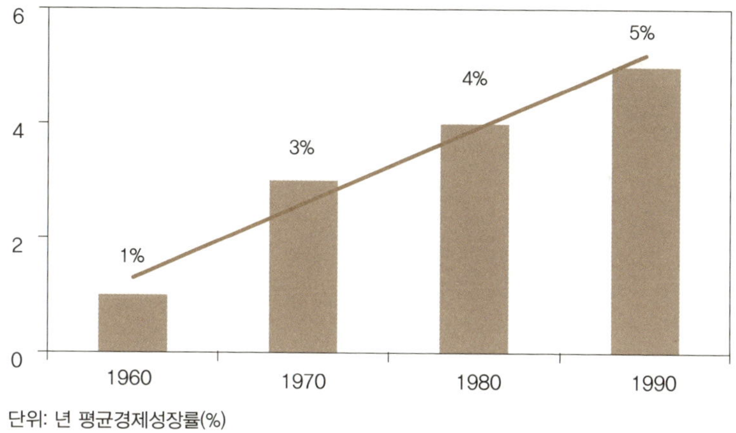

▌그림 7.5▐ 개도국(Developing Countries)의 평균경제성장률의 변화

즉 1980년 이전의 20년간에는 가난한 후진국들세계인구의 하위 1/5의 평균성장률은 1.8%였는 데 반해, 선진국들의 평균성장률세계인구의 상위 1/5은 3.3%로 선진국이 후진국보다 성장률이 훨씬 높았다. 결국 1980년 초 제2차 세계화가 본격화되기 이전 기간 동안에는 국가 간 소득분배는 악화되었던 것을 보여주고 있다.

또 다른 연구를 통하여 1990년대의 변화를 보면,* 세계화가 상당히 진행되어 이미 완성에 가까운fully globalized rich countries 미국과 유럽의 선진국들약 10억 명의 일인당 평균경제성장률은 연 2%로 나타난다. 그리고 같은 기간 중 한국·중국·베트남·동유럽·브라질·러시아 등 자신의 경제를 세계화하려고 노력하는 나라들약 30억 명의 일인당 평균경제성장률은 연 5%로 나타난다. 세계화하기 위해 뛰고 있는 이들 나라들globalizing developing countries의 평균경제성장률을 보면 1960년대는 1%, 1970년대에

* A World Bank Policy Research Report, *Globalization, Growth, and Poverty*, World Bank Publication, 2002, 특히 p.5 참조.

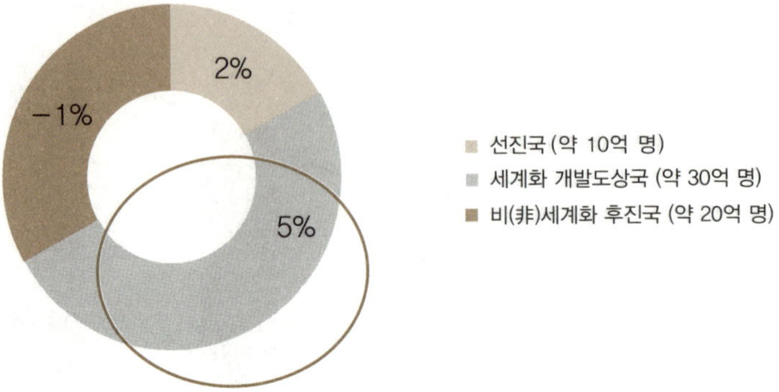

자료: A World Bank Policy Research Report, *Globalization, Growth, and Poverty*, World Bank Publication, 2002.

▮그림 7.6▮ 1990년대 경제그룹별 평균경제성장률

는 3%, 1980년대에는 4%, 그리고 1990년대에는 5%로 지속적으로 증가한 것으로 나타난다. 반면에 1990년대 세계화와 아무 관계없이 사는 non-globalizing poor countries 가난한 나라들약 20억 명의 평균경제성장률은 −1%였다. 경제의 절대적인 후퇴를 경험하고 있는 셈이다.

이러한 변화는 결국 세계화의 물결을 타고 발전하려고 노력하는 후진국들의 경우는 선진국을 빠른 속도로 따라가고 있어 선진국과 이들 소위 세계화 노력국가世界化 努力國家 사이의 소득분배가 축소되고 있음을 보여준다. 반면 세계화의 물결을 타지 못하거나 혹은 거부하는 후진국의 경우에는 선진국과의 격차가 더욱 크게 늘어나고 있음을 보여주고 있다. 따라서 여기서 명백한 것은 세계화는 국가 간 소득격차, 즉 국가 간 발전의 격차를 분명히 줄이고 있다는 사실이다.* 또한 지구촌의 일각에서

* 세계화가 국가 간의 경제수준의 격차를 줄여나가는 데는 (1) 자유무역이나 (2) 외국인 투자뿐 아니라 (3) 과학과 기술의 급속한 확산이 중요한 역할을 한다고 봐야 한다. 결국 세계화는 세계 각국을 상향의 방향으로 수렴(convergence)하여 갈 것이다. 유사한 주장은 Guillermo de la Dehesa, *Winners and Losers in Globalization*, *Balckwll*,

국가 간 소득격차가 늘어나는 것은 세계화 때문이 아니라 세계화에 참여하지 못했기 때문이라는 점이다. 세계화에 참여하지 못하는 나라 중에는 북한이나 쿠바처럼 이념적 이유로 참여를 스스로 거부하는 나라들도 일부 있긴 하다. 그러나 대부분 나라들은 아직 국내사정종족분쟁과 내전 상황, 극심한 무질서와 부패 등으로 세계화에 정상적 참여가 사실상 어려운 경우가 많다. 따라서 사실 지구촌의 분배개선, 즉 모두가 잘 사는 지구촌을 위해서는 이들 세계화 미참여국가들이 가능한 빨리 세계화에 참여할 수 있도록 국내 상황의 정상화와 개선을 도와주는 것이 중요한 과제라고 볼 수 있다.

(나) 국가 내 소득분배

지금까지 세계화가 국가 간 소득분배의 변화에 어떠한 영향을 미치는가를 보았다. 다음은 세계화가 일국 내의 소득분배에 어떠한 영향을 미치는가를 보도록 하자. 결론부터 이야기하면 세계화가 한 국가 내부의 소득분배에 미치는 영향은 나라별로 다르다고 볼 수 있다. 일반적 패턴을 찾기 어렵다. 어느 나라에서는 개선으로 나타나고, 어느 나라에서는 악화로 나타난다. 그런데 개선되는 나라와 악화되는 나라의 수가 크게 다르지 않다.

동시에 한 나라도 어느 때는 개선되고 어느 때는 악화되는 것으로 나타난다. 예컨대 우간다나 베트남·러시아·에티오피아·브라질·프랑스 등에서는 1990년대 세계화가 분배의 개선으로 나타난다. 그러나 같은 기간 중 중국·스리랑카·볼리비아·네팔·폴란드·미국 등의 경우에서는

2006, 특히 Chapter 3과 4를 보라.

분배의 악화로 나타난다. 중국은 절대빈곤은 크게 축소되었지만 상대빈곤, 즉 상대적 소득분배는 크게 악화된 것으로 나타난다. 또한 같은 선진국인데도 미국과는 달리 아일랜드·네덜란드·오스트리아 등에서는 같은 기간 중 소득분배의 개선이 있었던 것으로 나타난다.

뿐만 아니라 같은 나라에도 시기에 따라 소득분배의 변화가 다르다. 타이완의 경우 1953년부터 61년까지는 분배가 크게 개선되었고 스리랑카도 1964년부터 1970년까지, 이란의 경우도 1959년부터 1968년까지는 소득분배가 모두 개선된 것으로 나타난다. 그러나 인도는 1954-63년까지 페루는 1961년부터 1971년까지. 브라질은 1960-70년까지, 필리핀은 1961-65년까지 모두 소득분배가 악화되었다.

한국의 경우는 어떠할까? 최근 세계화가 본격화된 이후의 변화만을 보면 1980년 지니계수가 0.3065에서, 1990년 0.2948 그리고 1997년 0.2830으로 추세적으로 축소되어 분배가 개선되었다. 그러나 동아시아

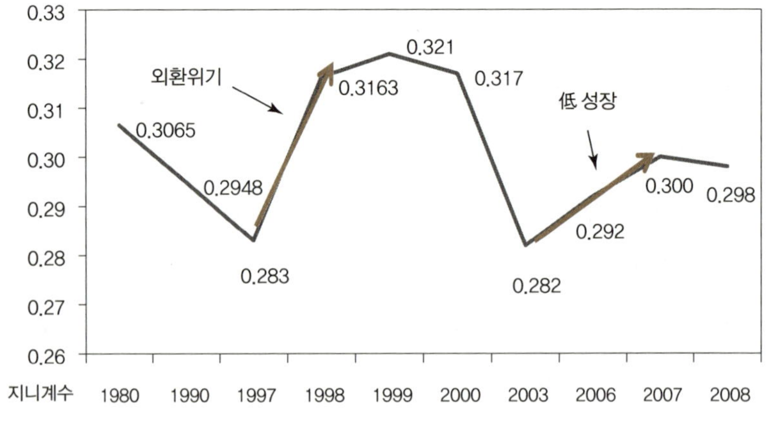

자료: 통계청

▮그림 7.7▮ 우리나라의 최근 지니계수의 변화

금융위기를 겪은 1997년을 기점으로 분배가 악화되어 1998년 0.3163, 그리고 1999년 0.3210으로 악화되었다. 그러나 그 이후 다시 경제가 성장세를 회복하면서 소득분배가 개선되기 시작해 2000년 0.3170, 2003년 0.282로 좋아졌다. 그러다가 다시 저성장의 시기를 지내면서 2006년 0.292로 약간 악화되는 모습을 보이고 있다.

요약하면 실증자료를 가지고는 세계화가 일국 내 소득분배에 주는 효과를 일반화하기 어렵다고 봐야 한다. 한 나라 안의 소득분배는 시장적 요인, 기술적 요인, 제도적 요인, 문화적 요인 등등 여러 요인들에 의하여 결정되므로 실증적 자료를 보면 나라마다 시대마다 다르게 나타나기 때문이다. 그래서 변화추세를 찾기 어렵고 지배적인 일반패턴을 찾기도 힘들다.

소득분배결정 요인

그럼에도 왜 어느 나라는 세계화과정에서 국내소득분배가 개선되고 어느 나라는 악화되는가? 같은 나라라도 왜 어느 때는 소득분배가 개선되고 어느 때는 악화되는가? 세계화시대 과연 일국 내 소득분배를 결정하는 요인은 무엇일까? 이 문제를 좀 더 연구해 보자.

우선 세계화 특히 그중에서도 (1) 무역의 자유화가 소득분배에 주는 영향부터 생각해 보자. 이와 관련해서는 국제경제학에서 소위 스톨퍼 사무엘슨 정리Stolper-Samuelson Theorem가 있다. 일반적으로 무역이 자유화되면 후진국의 경우, 저低기술 노동자들이 풍부하므로 전자, 의류, 봉제 등과 같은 저기술집약적인 상품에 후진국이 비교우위가 있기 때문에 이들

상품을 만들어 선진국에 팔게 된다. 이에 따라 후진국의 저기술노동자들 low-skilled workers의 임금은 고기술노동자들의 임금보다 상대적으로 빠르게 많이 오른다. 그래서 소득분배가 개선되는 경향을 가진다. 반면에 선진국의 경우에는 고기술상품을 후진국에 팔기 때문에 이에 대한 노동수요가 늘어나 고기술노동자들의 임금이 상대적으로 빠르게 오른다. 그 반대로 저기술상품을 후진국에서 사오기 때문에 저기술노동자에 대한 노동수요는 줄어서 저기술노동자들의 임금이 내려가는 경향을 보인다. 그래서 후진국에서는 소득분배가 개선되는 데 반하여 선진국에서는 소득분배가 악화되는 경향이 있다는 것이다. 이것이 스톨퍼 사무엘슨 정리가 일반적으로 주장하는 바다.

그런데 여기서 한 가지 추가로 고려할 사항이 있다. 소위 비경쟁적 무역재non-competing tradable goods의 문제다. 예컨대 국내에서 별로 생산이 안 되던 상품을 자유무역으로 인하여 많이 사오게 되면, 그 상품과 대체관계에 있는 상품의 가격들을 떨어뜨려 선·후진국을 막론하고 실질소득을 올리는 경향을 가진다. 그래서 만일 이 비경쟁적 무역재가 그 나라의 고소득층보다 저소득층이 많이 소비하는, 소위 저소득층용 품목이라면 자유무역은 그 나라의 소득분배를 개선하는 방향으로 작동한다. 반대로 그 비경쟁적 무역재가 그 나라 고소득층이 많이 사용하는 소위 고소득층용 품목이면 오히려 소득분배를 악화시킬 수도 있다. 그래서 선·후진국을 막론하고 이 비경쟁적 무역재의 비중이 어느 정도인가 어느 계층의 소비에서 큰 부분을 차지하느냐에 따라 자유무역이 소득분배에 미치는 효과가 달라질 수 있다.

대부분의 실증분석은 후진국의 경우 자유무역이 소득분배 개선의 효과가 큰 것으로 나타난다.[•] 가장 중요한 이유는 자유무역으로 저기술 노동자의 수요가 빠르게 증가하기 때문일 것이다. 반면에 선진국의 경우는 자유무역이 소득분배에 주는 효과가 정正의 효과이기는 하나 상대적으로 작은 것으로 나타난다. 선진국의 경우에는 한편에서는 자유무역의 확대로 저기술노동에 대한 수요가 감소하여 분배를 악화시킬 수 있지만, 다른 한편에서는 새로 수입되는 비경쟁적 무역재 중 저소득층이 소비하는 품목들이 많아서 여기서는 소득분배를 개선하고 있다. 그런데 종합적인 결과는 후자, 즉 분배를 개선시키는 효과가 전자, 즉 분배를 악화시키는 효과보다 큰 것으로 나타난다. 이에 따라 선진국의 경우에는 자유무역이 소득분배에 미치는 영향은 정正의 효과이지만 그 효과가 상대적으로 작은 것으로 나타나고 있다.

세계화의 또 다른 축인 자본의 자유화는 소득분배에 어떠한 영향을 줄까? 우선 외국인직접투자의 소득분배효과를 보자. 외국인직접투자는 후진국 처지에서 보면 고기술영역에서 이루어지는 것이 일반적이다. 따라서 후진국의 고기술노동자의 노동수요가 올라가 그들의 임금이 상대적으로 오르게 된다. 반면에 외국인직접투자는 선진국에서 보면 저기술영역이 후진국으로 이동하는 경우가 된다. 따라서 선진국의 저기술 노동자들의 노동수요가 줄어들고 그들의 임금이 상대적으로 하락한다. 그래서 후진국에서는 고기술노동자의 임금이 저기술노동자들에 비하여 빠르게 오르고 선진국에서는 저기술노동자의 임금이 고기술노동자들에 비해 빠르게 떨어진다. 결국 선·후진국 모두에게 소득분배를 악화시키는 결과를 가져온다. 즉 외국인직접투자는 선·후진국을 막론

• 세계화와 소득분배의 문제를 다룬 최근의 종합적 실증연구로는 "Globalization and Inequality," *World Economic Outlook*, October 2007, Chapter 4, IMF를 참조.

하고 분배 악화의 경향을 보인다. 물론 외국인투자가 후진국의 성장률 자체를 높여 장기적으로는 성장과 분배 개선 모두에 기여함은 물론이다. 그러나 확실한 것은 적어도 단기적으로는 분배 악화의 경향을 가진다고 보아야 한다.

그 외에 자본자유화로 인한 자본이동, 즉 주식투자, 채권투자, 은행간 대출 등의 소득분배효과는 어떠할까? 자본이동으로 후진국의 중소기업, 영세자영업 등 상대적으로 지금까지 금융혜택을 받지 못한 층에 자본이 들어가면 소득분배를 개선하는 경향을 가진다고 주장할 수 있다. 그러나 지금까지의 국제금융위기에서 볼 수 있듯이 금융의 흐름이 너무 불안정해 생기는 손해를 생각하면, 특히 이들 중소기업이나 영세자영업들은 외부금융의 격렬한 변화에 대응력이 낮기 때문에 흑자도산 등을 통해 자본자유화는 오히려 분배를 악화시키는 경향을 보일 수도 있다. 따라서 이론적으로는 그 나라 금융제도의 질strength of financial institution과 수준에 따라 결과가 다르게 나타난다고 봐야 할 것이다. 그런데 일반적으로 후진국의 금융제도는 아직 미未발달되어 있기 때문에 자본자유화는 적어도 후진국의 경우 분배악화의 경향이 더 크다고 보는 것이 옳다.

요약하면 세계화 중에서 무역의 자유화는 후진국의 경우는 비교적 확실하게 소득분배를 개선하고, 선진국의 경우에는 그 개선의 효과가 적거나 경우에 따라서는 악화의 경우도 있을 수 있다. 반면에 직접투자는 분명히 선후진국 모두의 소득분배를 — 적어도 단기적으로는 — 악화시킨다고 봐야 할 것이다. 그리고 기타의 자본자유화 — 주식투자, 채권투자 등 — 는 그 결과를 후진국의 경우 일률적으로 예측하기 어렵다. 하지만 일반적으로 금융제도가 아직 후진적이기 때문에, 분배 악화의 경향을 가진다고 보는 것이 옳을 것이다.

최근 IMF의 실증연구결과를 보면* 후진국의 경우 무역의 자유화는 분배개선에 크게 기여한 것으로 그리고 해외로부터의 직접투자는 분배 악화를 가져오는 것으로 나타났다. 무역의 자유화와 자본의 자유화를 합쳐 세계화가 주는 분배효과를 종합적으로 분석하여 보면 전자가 후자보다 더 커서 세계화는 후진국의 소득분배를 개선하는 것으로 나타났다. 선진국의 경우도 무역자유화는 소득분배의 개선에 기여하는 것으로 나타난다. 그러나 해외로 나가는 직접투자와 해외로부터의 직접투자 모두가 본국의 분배를 악화시킨 것으로 나타나고 있다. 특히 해외로 나가는 직접투자가 선진국의 분배 악화에 크게 기여한 것으로 보인다. 자유무역이 가져오는 분배개선의 크기는 해외투자가 가져오는 분배악화의 크기에 1/5 정도 수준으로 작은 것으로 나타난다. 그래서 종합적으로 보면 선진국의 경우는 후진국과 달리 세계화가 분배를 악화시키는 것으로 나타난다. 이것이 1980년부터 2000년까지 최근 20년간의 변화를 실증분석한 IMF의 연구결과다.

이상에서 세계화시대 일국 내 소득분배를 결정하는 요인의 하나인 자유무역이 주는 효과는 분배개선인 것을 알 수 있다. 그리고 자본자유화는 분배악화 쪽으로 움직인다고 일단 정리하자. 그러면 일국 내 소득분배를 결정하는 또 다른 요소는 어떠한가? 그 다음으로 소득분배를 결정하는 중요한 요소라고 볼 수 있는 것은 기술혁신technological innovation일 것이다. 왜냐하면 세계화시대는 한편으로는 '자유무역의 시대'이지만 다른 한편으로는 '기술혁신의 시대'이기 때문이다. 세계화시대는 세계적 규모로의 자유무역의 확대가 진행될 뿐 아니라 다른 한편에서는 정보화

* "Globalization and Inequality," *World Economic Outlook*, October 2007, Chapter 4, IMF. 특히 pp.46-54 참조.

와 지식산업화의 시대 혹은 과학기술혁명의 시대 등으로 표현되는 첨단 기술혁신이 빠르게 진행되는 시대다.

그러면 이 기술혁신이 일국 내 소득분배에 주는 효과는 어떠할까? 분명 기술혁신은 선·후진국을 막론하고 소득분배를 악화시킬 것이다. 가장 주된 이유는 모든 기술혁신은 항상 고기술을 선호하는 경향skill biased이 있기 때문이다. 이러한 특징 때문에 선진국이든 후진국이든 고기술자와 고학력자들의 수요를 저기술자 저학력자의 수요보다 빠르게 증가시킨다. 그 결과 고학력자와 저학력자 사이의 '학력 간 임금격차educational wage differentials'를 증가시킨다. 환언하면 고숙련기술자와 저숙련 혹은 미숙련 노동자 사이의 임금격차를 증대시킨다. 결국 분배의 악화에 기여한다.

그러면 세계화의 효과, 즉 자유무역과 자유자본의 효과가 분배에 주는 효과와 기술혁신이 분배에 주는 효과를 비교하면 어떠한 결과가 나올까? 이에 대한 앞의 IMF의 최근 실증분석결과를 보면 기술혁신이 분배에 주는 영향이 세계화가 분배에 주는 영향보다 그 크기가 약 4.5배 정도 큰 것으로 나타났다.•

그러면 기술혁신의 효과는 항상 소득분배를 악화시키는 것으로 봐야 하는가? 단기적으론 분명히 그렇다. 하지만 장기적으로는 그것은 그 나라가 얼마나 고학력노동자, 고기술의 노동자들을 잘 공급하느냐에 달려 있다고 봐야 한다. 기술혁신으로 수요가 증대되는 것보다 더 빠른 속도

• 동 실증분석결과를 보면 전 세계국가(선진국, 후진국 모두)를 대상으로 할 때 자유무역은 분배를 개선하지만 외국인직접투자 등 자본자유화는 분배를 악화시키기 때문에 두 개를 합친 세계화가 분배에 주는 효과는 비록 크기는 작지만 분배악화 쪽으로 나타난다. 물론 후진국의 경우는 세계화(무역과 투자)가 분배를 개선하고 있고, 선진국의 경우는 악화시키고 있는 것으로 나타난다. 그러나 선·후진국을 모두 합치면 약간의 악화로 나온다는 이야기다. 여하튼 세계화의 분배악화의 크기를 기술혁신이 분배악화에 주는 크기와 비교하면 후자가 전자의 4.5배 정도가 되는 것으로 드러났다.

로 고학력, 고기술의 노동자들을 잘 공급하면 임금격차를 줄어들게 만들 수도 있다. 일반적으로는 기술혁신의 속도가 새로운 고학력, 고기술의 인력공급을 위한 교육과 훈련제도의 개혁속도보다 빠르기 때문에 — 수요에 비하여 공급을 빠르게 높이지 못하기 때문에 — 학력간 임금격차가 증가한다. 환언하면 소득분배가 악화되는 것으로 보아야 한다. 그러나 고학력, 고기술 인력의 공급만 빠르게 증가시킬 수 있다면 학력 간 임금격차는 얼마든지 줄여나갈 수 있다.

최근 미국에서의 학력별 임금격차와 숙련별 임금격차의 변화를 연구한 한 보고서를 보면 지난 100년 동안 기술혁신과 교육개혁이 상호경쟁하는 모습을 보여 왔다는 것이다.* 지난 100년간 세계화의 확대도 이민의 증가도 사실은 미국의 임금격차에 큰 영향력을 주지 않았다고 주장한다. 그리고 실증분석을 해보면 기술혁신속도보다 교육팽창의 속도가 빨랐던 1915-50년 사이에는 학력 간 임금격차가 줄어들었다는 것이다. 그런데 기술혁신보다 교육팽창의 속도가 늦어진 시기, 특히 1970년 이후에는 학력 간 임금격차가 늘어났다고 한다. 그래서 1970년에는 대졸자가 고졸자보다 평균적으로 약 45% 정도 더 받았는데 이제 2000년에 들어서서는 대졸자가 고졸자보다 80% 정도를 더 받고 있다는 것이다.

이상을 요약하면 첫째, 세계화 중에서 '무역의 자유화'는 소득분배를 개선하는 것으로, 그러나 '자본의 자유화'는 분배를 악화하는 경향이 있는 것으로 봐야 한다. 둘째, 그러나 일국 내 소득분배를 결정하는 요인으로는 세계화보다는 기술혁신이 훨씬 크고 중요한 역할을 한다. 4.5배 정도의 큰 역할을 한다. 셋째, 기술혁신이 비록 소득분배를 악화시키는

* Claudia Goldin and Lawrence Katz, *The Race Between Education and Technology*, Harvard University Press, 2008.

경향이 크지만, 이를 막을 수 있다. 가장 중요한 정책수단은 고학력, 고기술 인력의 공급을 획기적으로 지속적으로 높여나가는 것이다. 한마디로 교육개혁과 직업훈련개혁을 성공적으로 수행해야 한다.

그러면 끝으로 세계화 중에서 무역의 자유화가 가져오는 소득분배개선효과를 크게 하려면 어떻게 해야 하는가? 하는 문제를 생각해 보자. 그 답은 소위 산업구조조정industrial restructuring을 가능한 빠르고 유연하게 하는 것이다.

일반적으로 자유무역이 일어나면 노동이 풍부한 후진국의 경우 노동집약적 산업이 발전하면서 노동집약적 산업분야의 노동수요가 증가하게 된다. 이 과정에서 농촌에서 다수의 노동인력이 농촌을 떠나 도시로 이동해야 한다. 농업자본도 일부가 빠져나와 도시의 수출지향형 산업자본으로 바뀌어야 한다. 또한 도시에 진입한 노동자들도 경제가 발전함에 따라 저기술의 수출산업에서, 고기술의 수출산업으로 상방이동上方移動해야 한다. 이를 위해 직장 안과 밖에서 교육과 기술훈련을 끊임없이 받아야 한다. 이렇게 농촌에서 빠져나온 노동력과 자본이 도시에서 새로운 산업분야에 투입되는 과정과, 또 도시에 들어온 노동력이 시간이 감에 따라 점차 보다 고기술부문으로 이동하는 과정 이 모두가 바로 구조조정의 과정이다.

이 과정이 유연하고 빠르게 일어나면 일어날수록 그만큼 소득분배의 개선이 빠르게 나타난다. 반면에 이 구조조정의 과정이 힘들고 늦으면 그만큼 소득분배의 개선효과가 늦게 나타날 수 있다. 만일 구조조정이 많이 더디면 분배악화까지도 결과할 수 있다.

따라서 세계화 과정에서 일국一國 내 소득분배를 개선하기 위해서는 두 가지가 가장 중요하다. 하나는 (1) 교육과 직업훈련개혁으로 보다 고학력 고기술의 노동자들을 끊임없이 양성하는 것이다. 다른 하나는 (2) 구조조정의 원활화다. 구조조정의 비용과 고통을 나추는 노력을 민民과 관官이 함께 해야 한다. 아래에서 이 문제를 조금 더 자세히 살펴보자.

분배개선형 세계화

세계화가 소득분배를 악화시키지 않고 개선하는 길은 무엇일까? 단기적이고 일시적인 악화는 감수한다 하더라도 가능한 그 기간을 줄이고 더 나아가 중장기적으로 확실하게 소득분배의 개선에 기여하도록 하려면 어떠한 정책이 추진되어야 하는가? 이제부터 '분배악화의 세계화'가 아니라 '분배개선의 세계화'의 길을 찾아보도록 하자. 지금까지 세계화하면서 분배가 개선되는 — 최소한 악화되지 않는 — 여러 나라의 정책경험을 종합해 보면 다음과 같은 몇 가지 공통점을 찾을 수 있다.

첫째, 분배개선의 세계화에 성공한 나라들은 대부분 고도성장에 성공한 나라들이다.

경제가 고도성장하지 않고 분배개선에 성공한 나라는 없다. 우리나라의 경우도 경제가 고도성장할 때 가장 분배가 많이 개선되었다. 따라서 고도성장은 분배개선의 충분조건은 아니지만 필수조건이다. 따라서 분배개선을 위해 고도성장을 희생해야 되지 않겠는가라는 주장은 크게 잘못된 생각이다. 분배개선을 위해선 반드시 고도성장에 성공해야 한다. 다만 한 가지 유의할 점은 고도성장이 분배개선에 기여를 많이 할 것인가, 못 할 것인가는 그 고도성장의 내용에 많이 의존한다는 점이다. 그 고도성장이 저변이 넓은 항아리형 성장broad based growth일수록 고도성장이 분배개선에 주는 효과가 클 수 있다. 고도성장이 그 경제사회의 일각, 예컨대 대기업의 일부에서만 일어나면 성장이 소득분배 향상에 주는 효과는 크지 않을 수 있다. 따라서 많은 사람들이 참여하는 성장, 즉 중소기업, 자영업자, 영세상공인 등이 광범위하게 참여하는 성장일수록 소수 대기업이나 외국인 기업중심의 성장보다 더 큰 분배개선의 효과를 가진다. 따라서 분배개선을 위하여 성장정책을 추구하더라도 가능한 항아리형 성장정책을 추구할수록 분배효과가 커질 것이다.

둘째, 세계화가 분배개선에 기여하게 하려면 반드시 교육개혁에 성공해야 한다.

우선 세계수준의 교육개혁을 통해 세계화에 따른 산업구조조정이 요구하는, 그리고 급속한 기술혁신이 요구하는, 세계화된 고학력과 고기술의 인력을 충분히 공급해야 한다. 노동시장의 수요변화에 따른 필요 고급인력의 공급을 원활히 해야 학력 간 임금격차와 숙련간 임금격차skill differentials를 줄여나갈 수 있다. 특히 중요한 것은 단순히 중등학교나 대학교육의 질의 향상으로 끝나는 문제가 아니라는 것이다. 오히려 어떻게 평생교육시스템을 잘 구축하여 전 생애기간 중에 지속적으로 새로운 지식과 정보를 계속 공급받을 수 있는 교육 그리고 끊임없이 새로운 기술향상을 받을 수 있는 교육 등을 제도화하고 일반화하는가가 중요하다. 교육개혁 특히 평생학습사회를 열기 위한 교육개혁 없이 이 세계화시대에 분배의 개선을 기대하기 어렵다.

셋째, 교육-노동-복지의 3각 안전망을 잘 구축해야 한다.

이 문제는 특히 중요한 과제라 뒤에서 자세히 상론할 것이기 때문에 여기서는 대강만 이야기하기로 한다. 21세기는 상시常時구조조정의 시대이므로 한 직장에서 평생 머무르는 평생직장lifetime workplace은 사실상 불가능하다. 그러나 적어도 가능한 한 평생동안 고용이 중단되지 않는, 즉 실업기간이 거의 없는 평생고용lifetime employment을 보장하기 위한 노력을 해야 한다. 이를 위해서는 다음의 세 가지가 유기적으로 연관되어야 한다.

(1) '평생교육시스템'의 구축이다.

국민들이 언제 어디서나 나이에 관계없이 양질의 교육을 받을 수 있는 기회가 열려 있어야 하고 이것이 제도화되어 있어야 한다. 그렇지 않으면 정보화와 기술혁신이 급속히 진행되는 세계화시대에 새로운 기술과 정보수요를 따라갈 수 없다. 그러면 그만큼 평생고용의 가능성을 줄이게 된다. 변화하는 시대가 요구하는 새로운 지식과 정보 그리고 기술이 부족하기 때문에 취업과 고용의 기회를 잃게 되기 때문이다.

(2) '평생고용체제'의 구축이다.

이를 위하여 '적극적 노동시장정책active labor market policy'이 추진되어야 한다. 이미 앞에서 본 바와 같이 노동시장정책은 일반적으로 '적극적 노동시장정책'과 '소극적 노동시장정책'으로 나뉜다. 소극적 정책은 실업자에 대한 생활보호정책이고 적극적 정책은 실업자의 재취업정책이다. 예컨대 실업보험, 생계보장 등은 소극적 정책이지만 재취업을 전제로 한 교육과 훈련강화 그리고 취업알선제공 등은 적극적 정책이다. 세계화에 따라 구조조정이 상시화되면서 새로운 기술노동수요는 끊임없이 등장하고 낡은 기술에 대한 노동수요는 끊임없이 축소되어 간다. 따라서 이러한 시대에는 적극적 노동시장정책의 중요성이 많이 강조되어야 한다.

(3) '평생복지체제'의 구축이다.

위의 평생교육시스템과 적극적 노동시장정책이 잘 작동되도록 효과적으로 지원하는 평생복지체제가 구축되어 있어야 한다. 즉 고용상태에 있다가 실업을 당하더라도 경제적으로 큰 어려움 없이 다시 재교육과 향상훈련을 통해 보다 상위의 직종으로 재취업할 수 있도록 복지제도가 유연성과 이동성을 가져야 한다. 유연성flexibility이란 복지필요에 따라, 복지지원 — 예컨대 실업보험이나 교육훈련보조금 — 등이 보다 탄력적으로 수시로 제공될 수 있음을 의미한다. 그리고 이동성portability이란 한 직장에서 가지고 있던 복지프로그램예컨대 건강보험, 노후보험 등이 내용의 변화 없이 다른 직장으로 쉽게 이동될 수 있어야 함을 의미한다.

이러한 교육-노동-복지의 3분야에서의 상호협력 및 협조관계가 잘 구축되어 있어야 세계화시대에 고도성장하면서 분배의 악화를 막을 수 있다. 아니 성장이 분배의 개선으로 연결되도록 할 수 있다.

넷째, 미숙련 저임금노동자들에 대한 단기대책을 가져야 한다.

세계화 과정에서 '자유무역으로 인한 구조조정'과 '기술혁신으로 인한 구조조정'이 진행되면서 그 부담과 고통이 가장 크게 집중되는 곳이 바로 미숙련 저임금노동자들이다. 물론 이들도 결국은 교육훈련을 통해 상위 직종으로 이동하도록 하는 것이 세계화 정책의 정도正道다. 그러나 그것은 중장기적인 원론적 해결책이다. 구조조정이 급격하게 진행되면 이들의 고통도 심할 것이기 때문에 이를 해결하는 단기대책을 마련하는 것이 중요하다. 하나의 방법은 임금보조금wage subsidy제도다. 일반적으로 임금보조금제도도 구체적으로는 두 가지 방향을 생각할 수 있다.

하나는 비교우위변화로 국제경쟁력을 잃고 있는 산업에 보조금을 지급하여 미숙련 저임금노동자들의 취업기간을 늘리는 방법이다. 급격한 대량 해고의 발생을 막는 방법이다. 다른 하나는 비교우위의 변화로 국제경쟁력을 새롭게 얻고 있는 산업에 임금보조를 하여 미숙련 저임금노동자들의 취업기회를 늘리는 방법이다. 물론 바람직한 것은 후자다. 후자의 방법은 미숙련저임금의 노동자들에게 앞으로 장래가 밝은 산업과 업종의 현장에서 기술훈련과 직종훈련을 받을 수 있는 기회를 제공할 수 있기 때문이다. 따라서 일정의 훈련과 현장경험 후에는 임금보조금을 줄여도 그 기간 동안에 배운 기술훈련으로 노동자들의 생산성이 높아졌기 때문에 그 기업에서 계속 고용이 가능하게 될 수 있다.

이상과 같은 네 가지 조건이 이루어진다면 세계화는 한 나라 안에서도 반드시 분배의 개선을 결과하게 된다. 따라서 분배개선이 안 되는 것을 세계화의 책임이라고 하는 것은 올바른 인식이 아니다. 또한 분배악화의 주원인이 급속한 기술혁신 때문이라고 — 따라서 불가피하다고 — 일축하는 것도 올바른 태도가 아니다.

문제는 국가능력state capacity이다. 세계화하면서, 즉 무역을 자유화하면서도 그리고 급속한 기술혁신을 경험하면서도 국가능력이 출중하여 (1) 항아리형의 고도성장을 만들어 내고 (2) 새로운 시대가 요구하는 고기술의 인재를 만들어 내는 교육개혁에 성공한다면, 그리고 (3) 교육-노동-복지의 3각 안전망을 효과적으로 구축하는 데 성공하고, (4) 저임금 미숙련노동자에 대한 단기대책도 잘 준비할 수 있다면, 이러한 나라의 경우 반드시 '분배개선형 세계화'를 이루어 낼 수 있다. 따라서 문제는 그 나라가 이러한 정책들을 구상하고 추진해 낼 그러한 국가능력을 가지고 있는가, 혹은 가지고 있지 않는가이다. 국가능력이 약하여 위의 여러 가지 조건을 만들어 내지 못하면 세계화는 단기적으로뿐 아니라 장기적으로도 분배의 악화를 결과할 것이다. 국가능력이 강하여 위의 여러 제도적·정책적 노력에 성공하면 세계화는 장기적으로뿐 아니라 단기적으로도 분배의 개선을 결과할 것이다. 따라서 다시 강조하지만 문제는 국가 능력이다. 국가 능력에 대한 본격적 논의는 뒤에서 다시 하기로 한다.

금융의 세계화와 소득분배

지금까지는 세계화와 소득분배문제의 분석에서 주로 노동소득labor income을 중심으로 논의해 왔다. 그러나 산업화와 세계화의 결과로 세계에 많은 부wealth가 쌓이면서 이 부의 일부가 저축으로 그리고 나아가서는 투자로 전환되고 있다. 그러면서 지구촌 위에 소위 '투자자 그룹'이 등장하고 있다. 소수의 부자들만이 '투자자 그룹'에 속하는 것이 아니다. 일반 노동자도 중소 영세 상인들도 투자금액에는 차이가 있겠지만 모두가 크고 작은 투자자로 등장하고 있다. 소위 수많은 개미군단들이 지구촌 경제에 새로운 '투자가 그룹'으로 등장하고 있다. 지금까지는 지구촌에는 '노동자 그룹'과 '소비자 그룹', 그리고 '전문경영자 그룹'이 중심이었는데 이제는 '투자자 그룹'이라는 새로운 그룹이 등장하고 있는 셈이다.* 그렇게 되면서 지구촌의 소득분배문제에서 소위 투자자들의 금융 내지 자본소득으로 인한 분배격차가 점차 중요한 문제로 등장하게 된다.

* 라이히(Robert Reich) 교수는 세계가 초자본주의(supercapitalism) 시대로 들어가면서 투자가 그룹이 등장하여 소비자 그룹과 더불어 경영자 그룹과 노동자 그룹을 압박하여 가고 있음을 흥미있게 묘사하고 있다. 소비자 그룹은 좀 더 좋은 물건을 싸게 사겠다고 노동자 그룹에 시장압박을 하고 있고 투자가 그룹은 자신의 투자에 보다 많은 수익을 내라고 경영자 그룹을 몰아가고 있다. 이 두 가지의 시장압박이 결국 경영자와 노동자 모두에게 엄청난 압력으로 작용한다. 특히 노동자들의 조직인 노조는 투자자로부터의 시장압박과 소비자로부터의 시장압박으로 더욱 더 힘을 잃어가고 있다. Robert B. Reich, *Supercapitalism: The Transformation of Business, Democracy, and Everyday Life*, Knopf, 2007.

앞에서 보았지만 2005년 현재 이미 세계에 금융자산은 약 149조 달러로 세계 GDP의 세 배를 넘어서고 있다. 이 금융자산에서 나오는 소득분배가 ― 분명 대단히 불평등이 클 것인데 ― 개인이나 가구소득분배에 어떠한 영향을 주고 있는가? 하는 것이 점점 중요한 문제가 될 것이다. 분명 금융의 세계화가 진전되면 될수록 금융소득 내지 자본소득이 전체의 소득분배에 주는 영향이 점차 커질 것이기 때문이다. 그러나 현재로서는 금융소득분배에 대한 자료는 별로 없다. 그리고 아직은 이 문제의 중요성에 대한 학계나 연구계의 관심이 많이 부족하다.

그러나 분명한 것은 노동소득보다 금융소득이 확실히 더 불평등할 것이고 그 불평등은 시간이 가면 갈수록 기하급수적으로 커져 나갈 가능성이 크다. 우선 왜 노동소득보다 금융소득이 불평등할 것이라고 보는가? 인간은 누구나 노동능력을 가지고 있다. 물론 일부의 예외는 있지만 대부분은 노동능력을 가지고 있기 때문에 그 노동능력을 팔면 자신의 노동생산성 정도의 노동소득을 얻을 수 있다. 물론 개개인의 노동생산성의 차이만큼의 노동소득의 차이는 발생하겠지만 절대다수가 전혀 노동소득이 없는 경우는 있을 수 없다. 그러나 금융소득의 경우는 금융자산이 전혀 없는 사람이 상당수가 있을 수 있다. 그러한 경우 그들의 금융소득은 제로zero가 된다.

더 나아가 금융자산이 있는 사람들은 금융세계화의 흐름을 타고 세계에서 가장 생산성 증가율이 높은 지역이나 산업에 투자함으로써 그 지역이나 산업의 생산성증가율만큼의 금융소득의 증가를 얻어 낼 수 있다. 그러나 노동소득의 경우는 국제이동이 제한되어 있어 그 증가율이 자국의 노동생산성 증가율의 수준을 결코 벗어날 수가 없다. 우선 여기서 금융소득이 노동소득보다 훨씬 유리하게 된다. 그리고 더 나아가 금융소득의 경우는 장기적으로는 복리계산이 되므로 기하급수적으로 증가하는 경향을 가진다. 그런데 노동소득에는 이러한 가능성이란 있을 수 없다.

그렇다면 앞으로 경제성장과 국부 증대의 결과인 투자자 그룹의 등장과 급속히 진행되는 금융의 세계화로 인해 지구촌의 소득분배가 장기적으로 악화되는 방향으로 갈 위험이 있다. 왜냐하면 노동소득과 금융소득을 같이 가지고 있는 사람들과 노동소득에만 의존하는 사람들 사이의 소득격차는 빠르게 확대될 것이기 때문이다. 이제는 아마 노동소득에만 의존하여 중산층이 되기는 점점 어려워지는 시대로 들어갈 것이다. 지구촌 여러 나라의 주식과 채권 등을 가진 사람들과 일국 내에서 임금이나 봉급에만 의지하여 사는 사람들 사이의 소득증대경쟁은 전자에게 결정적으로 유리하기 때문이다. 전자는 세계의 부가 가장 빠르게 창조되는 최고의 지역이나 최고의 산업에 빨대를 꽂고 있는 셈이다. 반면 후자는 자기가 사는 지역이나 산업의 발전 정도에 묶여 있는 수준이기 때문이다. 그래서 앞으로 선진국의 중산층 정도의 생활을 유지하기 위해서는 노동소득뿐 아니라 금융소득이 필수적이라고 봐야 할 것이다.

그런데 노동소득의 경우에는 이미 앞에서도 여러 번 강조하였지만 노동자에 대한 교육과 훈련의 강화 등을 통해 그 소득격차를 줄이거나 아니면 적어도 그 확대를 막아나갈 수 있을 것이다. 그러나 금융소득의 격차의 문제는 교육과 훈련 등으로 풀 수 있는 문제가 전혀 아니다. 그렇다면 어떻게 할 것인가? 두 가지 방법을 생각할 수 있다.

첫째는 국제간 노동이동을 자유화하는 방법이다.

노동의 국제이동을 자유화하면 할수록 노동소득에만 의존하여 사는 사람들의 소득이 빠르게 증가할 기회가 생긴다. 그래서 노동소득과 자본

소득의 격차가 줄어들 가능성도 생긴다. 노동소득이 자본소득보다 불리한 측면이 많이 해소되기 때문이다. 노동도 세계에서 노동생산성이 가장 빠르게 오르는 나라, 지역으로의 이동이 자유스러워지면 그만큼 고생산성이 가져오는 고임금기회에 참여할 수 있게 된다. 노동소득의 증가가 자기나라의 생산성 상승에 잡혀 있을 필요가 없게 된다. 자본소득이 경제성장률이 가장 높은 나라, 지역, 산업으로 자유롭게 이동해 고소득을 창출할 수 있듯이 마찬가지로 자유선택을 이제는 노동소득도 할 수 있게 되면 노동소득의 획기적 증가도 가능하게 된다. 그런데 문제는 노동의 국제이동의 자유화가 과연 가능할 것인가? 어디까지 가능할 것인가가 문제다. 다수결원리에 기초하는 민주주의가 과연 자국의 노동시장을 해외에 개방하는 결정을 할 수 있을 것인가?[*]

둘째는 모든 국민을 투자자로 만드는 방법이다.

그래서 세계적 부의 증대로부터 개개인이 직접적 이익을 받을 수 있도록 만드는 방법이다. 그러면 어떻게 모든 국민을 투자자로 내지는 금융소득자로 만들 것인가? 한 가지 방법으로는 다양한 종업원지주제도 ESOPs: employee stock ownership plans를 생각할 수 있다. 종업원들에 의한 소속회사의 주식소유를 촉진하고 제도화는 방법이다. 이 제도는 노동자에게도 주식소득이 생긴다는 장점 이외에도 노사관계를 개선할 수 있다는

[*] 사실 선진국이 후진국 경제를 도울 수 있는 가장 효과적인 방법의 하나는 후진국에 대한 '원조'가 아니라 후진국으로부터의 '이민(移民)의 자유화'다. 후진국으로부터의 노동력의 이동을 자유화하면 세계 노동시장의 임금격차 — 노동소득의 불평등 — 는 빠르게 줄어들 것이고, 지구촌 전체의 관점에서 볼 때 노동력이라는 자원의 효율적 활용도 극대화될 것이다. 그리고 무엇보다 선진국과 후진국 간의 부와 소득의 격차도 줄어들 것이다. 경제적으로는 크게 바람직한 정책방향이다. 문제는 정치에 있고 인간본성(human nature)의 한계에 있다.

장점이 있다. 회사의 발전과 자신의 소득 향상을 일치시킬 수 있기 때문이다. 그래서 회사에 대한 애착과 충성심이 커질 수 있다.

그러나 두 가지 한계가 있다. 하나는 만일 그 회사의 주식의 가치가 크게 떨어지면 어떻게 할 것인가 하는 문제다. 다른 하나는 일정규모의 회사공개회사에서 근로하는 종업원들에게만 해당되는 문제이기 때문에, 일반적으로 영세 자영업 종사자나 작은 규모의 개인회사비공개회사에서 일하는 노동자 등에게는 도움이 되지 못하는 제도다. 그러나 물론 이러한 한계가 있더라도 가능하다면 종업원지주제도는 확대되고 심화될수록 사회적으로 바람직한 것으로 봐야 한다.

좀 더 직접적으로 모든 국민들을 금융소득자로 만들 수는 없을까? 한 가지 방법은 정부가 모든 신생아에게 일정금액을 제공해 개개인마다 가칭 안심기금安心基金, 예컨대 birthright trust fund을 만들도록 하고, 가족이나 친지들이 그 안심기금에 작은 금액을 지속적으로 기부하도록 유도하는 방식이 있을 수 있다. 그 기부유도를 위하여 정부는 물론 세제 혜택을 주어야 할 것이다. 아마 세금 자체에서 일정금액의 기금기부를 위한 공제를 허용하는 방법이 가장 효과적일 수 있다.

예컨대 우리나라의 경우 모든 신생아에게 정부가 50만 원의 기금을 만들어 줄 수 있다. 그리고 가족이 예컨대 매월 5만 원까지를 자신의 세금에서 공제받아 기부할 수 있도록 한다면 어떻게 될까? 만약 금리를 연 5%로 잡으면 그 일반 신생아의 경우는 18세 때는 1,854만 원의 기금을 가지게 될 것이다. 나아가 40세에는 7,865만 원의 기금을 그리고 65세 때에는 3억 337만 원을 가지게 될 것이다. 만일 저소득층의 경우에는 신생아에게 100만 원의 기금을 제공하고 매월 10만 원까지 가족의 세금에서 공제해 이 신생아의 기금에 매월 10만 원씩을 기부할 수 있게 한

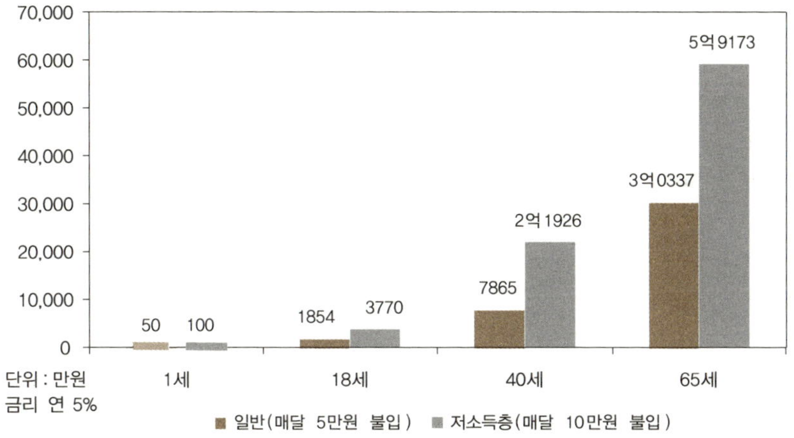

▮그림 7.8▮ 안심기금

다면 어떻게 될까? 그러면 이 저소득층 신생아의 경우는 18세 때는 3천 7,070만 원, 40세에는 2억 1,926만 원, 65세 때는 5억 9,173만 원의 기금을 소유하게 될 것이다. 2007년 현재 한국의 신생아가 약 50만 명 정도가 되므로 모든 신생아에게 50만 원을 주면 약 2,500억 원 그리고 모두에게 100만 원씩을 주어도 5,000억의 규모가 된다. 비록 5,000억 원이라고 하여도 2008년 정부예산 256조 원의 0.11% 정도의 수준에 머문다. 가족의 기여금 부분을 세금공제를 해주면 그 부분만큼의 세수부담이 되는 것은 사실이다. 그러나 그것도 5만 원씩 공제해 주어도 연 3,000억 원 정도, 10만 원씩 공제해 주어도 연 6,000억 원 정도의 세수부담으로 그칠 것이다.•

• 이러한 신생아에 제공하는 안심기금은 장래 금융소득원을 만들어 준다는 이점도 있지만 세 가지 추가적 장점이 있다. 첫째는 출생률을 높이는 데 기여할 수 있을 것이다. 저출산 문제가 심각한 우리나라에서는 특히 중요한 기여가 될 수 있다. 둘째는 가족의 연대와 가치를 높일 것이다. 가족구성원들이 함께 후손, 즉 미래세대를 위하여 공동 저축하는 셈이 되기 때문이다. 셋째, 고령화 대책이 될 수 있다. 현재의 신생아가 나중에 고령자가 되었을 때 안심기금은 중요한 수입원이 될 수 있을 것이다.

구체적으로 실시할 경우 기존의 어린이들과의 형평의 문제 등을 어떻게 할 것인가? 그리고 기금을 금융자산에 투자하는 방법은 어떻게 할 것인가? 이러한 문제들에 대해서도 보다 자세한 정책들이 준비되어야 한다. 다만 여기서 강조하고자 하는 것은 일반 노동소득에만 의존하여 중산층을 육성하는 방식은 점차 한계에 올지 모른다는 점이다. 그런데 중산층 없는 세계화와 민주주의는 성공하기 어렵다. 따라서 어떠한 정책수단을 강구하든지 모든 국민들이 노동소득과 더불어 크든 작든 반드시 금융소득을 가질 수 있도록 만드는 것이 세계화시대, 세계화와 민주주의의 성공을 위하여 대단히 중요한 정책방향이 될 것이다.

세계화와 사회복지

세계화가 진행되면서 개별국가의 사회복지 수준이 크게 낮아진다는 주장이 많다. 해외에서 자본유치경쟁을 벌이다보면 불가피하게 개별국가들이 자신들의 사회복지 수준을 낮추어 나간다는 주장이다. 왜냐하면 높은 사회복지비용높은 연금부담, 높은 최저임금, 높은 실업급여 등이 기업들에게 부담이 되기 때문에 이러한 비용들이 높은 나라에는 외국자본이 들어가지 않는다는 것이다. 그래서 개별국가들은 외자유치를 위해 사회복지 수준을 낮추기 위한 경쟁을 하지 않을 수 없다는 것이다. 소위 하방경쟁下方競爭 race to the bottom 가설이 그것이다. 과연 그러한가? 과연 세계화는 개별국가의 사회복지 수준을 낮추는가? 아니면 역으로 올리는가? 우선 이 문제부터 살펴보도록 한다. 그리고 다음으로는 21세기 세계화시대는 한 나라의 사회복지제도를 둘러싼 국내외 환경에 어떠한 구조적 변화를 가져오는가 하는 문제를 살펴보도록 하자. 20세기와 질적으로 다른 21세기의 구조변화가 무엇인지를 정확히 알아야 그에 대한 올바른 제도적·정책적 대비가 가능하다. 또한 그래야 21세기 세계화시대에도 '지속가능한 21세기형 사회복지제도'의 설계가 가능하게 된다. 그리고 그것이 가능해야 비로소 세계화를 '소수의 세계화'가 아니라 '절대다수의 세계화'로 만들 수 있게 된다.

사회복지의 미래

세계화시대 한 나라의 사회복지의 미래가 어떻게 될 것인가에 대한 몇 가지 가설이 있다. 우선 그 가설들의 내용을 살펴보고 어느 가설이 가장 현실에 맞는지를 찾아보도록 하자.

첫째, 세계화가 될수록 사회복지 수준이 끊임없이 하락한다는 가설이다. 소위 하방경쟁가설이다.

세계화시대는 세계적 규모의 경제전쟁의 시대다. 따라서 가능한 많은 자본을 외국에서 유치해야 하고, 동시에 해외에 많은 시장을 확보해야 한다. 이 두 가지를 이루어 내기 위하여 가장 중요한 것이 국내의 임금 및 노동복지 수준을 가능한 낮추고 각종 사회보장비용도 가능한 낮추어야 한다는 것이다. 그래야 외국자본의 유치에도 유리하고 해외시장의 확보 경쟁에도 유리하다는 주장이다. 따라서 저低임금정책과 저低사회복지 정책을 국가가 의도적으로 채택하지 않을 수 없고 그 결과로 세계화되면 될수록 복지수준은 하락한다는 주장이다.

둘째, 세계화가 될수록 사회복지 수준이 끊임없이 향상된다는 가설이다. 소위 상방향상가설이다.

이미 앞에서 보았듯이 세계화를 통하여 후발개도국들이 선진국을 빠른 속도로 추격해 가면서 끊임없이 선진국과의 격차를 줄여나가고 있다. 그런데 그 과정에서 생산뿐 아니라 소득도 그리고 복지의 차이도 함께 축소되고 있다는 주장이다. 환언하면 세계화가 경제성장을 이룩하고 경제성장이 소득상승과 더불어 사회복지 수준을 높여 나간다는 것이다. 또한 세계화로 인한 경제성장 그 자체가 사회복지의 수요국민의 복지 요구를 높일 뿐 아니라, 공급능력복지를 위한 국가의 재정능력도 높인다는 것이다.

세계화가 사회복지수요를 높이는 메커니즘에는 두 가지가 있다. 하나는 일반적인 경제성장으로 인한 복지수요의 증대다. 구체적으로 세계화가 성장을, 성장이 소득증대를, 그리고 소득증대가 복지수요의 증대 — 복지의 소득탄력성이 정正이므로 — 를 가져온다. 다른 하나는 구조조정을 원활히 하기 위해 사회적 복지수요가 증대한다. 세계화는 산업과 기업의 구조조정해고와 이직, 퇴출과 창업 등을 요구하는데 그 과정에서 발생하는 긴장과 갈등을 해결하기 위해 정부는 불가피하게 사회복지비용 — 실업급여, 건강보험, 공적부조 등등 — 의 지출을 늘리지 않을 수 없다는 것이다.

그래서 세계화될수록 국가의 복지재정은 증가할 수밖에 없다고 한다. 로드릭Rodrik 교수는 한 나라의 자유무역의 정도와 그 나라의 크기재정의 크기와의 상관관계 분석에서 양자 간의 정의 관계를 발견하였는데 이 발견이 이러한 주장을 지지한다고 볼 수 있다.*

셋째, 사회복지 수준은 국가이념에 따라 상향이동상승도 하고 하향이동하락도 한다는 가설이다. 소위 국가이념가설이다.

기본적으로 나라마다 제도와 문화가 다르고 그것을 밑받침하는 국가이념이 다르기 때문에 세계화가 사회복지에 주는 영향은 나라마다 다르다는 주장이다. 일반적으로 제도와 문화의 차이를 가져오는 국가이념은 크게 두 타입으로 나눌 수 있다. 하나는 '조합주의적 국가'이고 다른 하나는 '자유방임주의 국가'다.**

조합주의 국가corporatist countries는 자유주의를 기본으로 하나 공동체주의도 강조하는 나라다. 그래서 이들 나라에서는 (1) 중앙집권적 단체교섭제도가 발전되어 있다. 즉 노사 간의 임금 등 근로조건의 결정이 개별기업 차원에서 이루어지는 기업별노조enterprise unionism체제가 아니라 산업별 혹은 전국적 차원에서 중앙집권적으로 이루어진다. (2) 일반적으로 노사정勞使政이 함께 만나 경제사회문제 일반에 대해 정보를 교류하고 의견을 교환하는 것이 관행화·제도화되어 있다. 경우에 따라서는 정기적으로 함께 정책합의도 한다. 또한 (3) 노동시장은 일반적으로 경직적이어서 — 개별노동자의 권익보호가 많아 — 해고가 쉽지 않고 그 결과로

* Daniel Rodrik, *Has Globalization Gone Too Far?*, Institute for International Economics, 1997. 특히 Chapter 4 참조.

** 국가이념에 대한 본격적 논의는 하지 않기로 한다. 여기서는 국가이념을 한 국가가 가지는 철학적·이념적 경향성 정도로 정의하자. 나라에 따라 상대적이지만 개인주의적·자유주의적 경향이 강한 나라가 있고 공동체주의적·평등주의적 경향이 강한 나라가 있다. 또한 많은 나라들이 그 중간영역에 존재한다. 예컨대 미국과 같이 개인주의적 자유주의의 전통이 강한 나라를 여기서는 '자유방임주의' 국가로 분류한다. 그리고 기본적으로 분권적 시장경제체제를 존중하나 공동체주의적 평등주의의 전통이 강한 — 예컨대 유럽의 사민주의 — 나라들을 여기서는 '조합주의'국가로 분류한다.

새로운 채용도 취업도 쉽지 않다. 그래서 기既취업자의 임금과 노동복지 수준은 높으나 일반적으로 임금의 하방경직성이 커서 실업률도 함께 높다. 기既취업자에게는 유리하나 미未취업자에게 불리하다.

이러한 조합주의국가들은 세계화의 진행에 따라 사회복지 수준이 상향上向이동한다. 하향이동 자체가 어렵다. 왜냐하면 제도적·문화적 저항, 즉 중앙집권적인 거대 산별노조의 반발 등이 크기 때문이다.

반면에 자유방임주의국가laissez faire countries는 (1) 중앙집권적 단체교섭보다 기업별 단체교섭이 지배적이다. (2) 임금, 근로조건 등의 결정에 정부의 개입과 지도가 거의 없다. 노사가 자율적으로 해결하도록 맡기는 소위 당사자주의當事者主義를 철저하게 지킨다. (3) 노동시장은 일반적으로 유연해서, 해고도 상대적으로 자유롭고 따라서 신규채용도 수시로 쉽게 일어난다. 그 결과, 경기변동에 따라 임금 등 노동조건이 악화될 수도 있다. 그 대신 실업률은 조합주의국가보다 항상 낮은 편이다. 시장의 수요와 공급의 변화에 따라 임금의 상하방이동이 비교적 자유롭기 때문이다. 이러한 나라들은 세계화의 진전에 따라 사회복지 수준이 오르기도 하고 때로는 — 경기변화에 따라 — 떨어지기도 한다. 변화에 대한 제도와 문화의 저항이 적기 때문이다. 오히려 시장적 변화를 받아들이려 하기 때문이다.

일반적으로 유럽에는 조합주의국가들이 많다. 따라서 세계화에 따른 사회복지의 하방이동이 거의 없다. 반면에 이들 나라들은 높은 실업률을 감수해야 한다. 미국은 여기서 이야기하는 자유방임주의국가에 속한다. 이들 나라에서는 세계화 과정에서 시장의 변화에 따라 사회복지 수준이 상방이동도 하방이동도 모두 한다. 반면에 이들 나라에서는 실업률이 유럽에 비하여 항상 낮은 편이다. 어느 모델 — 국가이념 — 이 바람직한 것일까? 일률적으로 말하기는 어렵다. 각각의 장단점이 있기 때문이다. 여기서는 세계화의 흐름을 내면화하는 과정에서 한 나라의 제도와 문화가, 좀 더 심층적으로는 그 나라의 국가이념이 적지 않은 역할을 할 수 있다는 사실만을 지적하고자 한다.

넷째, 세계화는 사회복지 수준과는 아무런 관계가 없다는 가설이다. 무관계無關係가설이다.

두 가지 점에서 지금까지의 모든 가설들이 틀렸다는 주장이다. 하나는 다국적기업들이 자신들의 해외지사나 해외공장의 위치를 정할 때 그 나라의 사회복지 수준이 중요한 역할을 하지 않는다는 주장이다. 다수의 다국적기업이 관심을 가지는 것은 단순한 임금이나 사회보장비 등이 아니라, 그 지역에 특이한 지역적 이점, 환언하면 지역특수재산local specific assets의 유무가 중요하다는 것이다. 우수한 인재들이 있는가? 우수한 사회간접시설이 있는가? 특별한 문화적 매력이 있는가? 등등이라는 것이다. 그렇다면 세계자본을 끌어들이기 위하여 사회복지 수준을 낮추어야 한다는 기존의 주장은 큰 한계를 가지게 된다.

다른 하나는 정부복지예산의 크기를 결정하는 데 있어 가장 중요한 것은 그 나라 정부의 이념이라는 것이다. 한 나라의 사회복지 수준과 그 수준을 정하는 데 핵심적인 사회복지예산은 세계화가 아니라 정부의 이념성향government's ideology에 따라 좌우된다는 의미다. 보수적 정부가 들어서면 자연히 사회복지예산은 줄어들기 때문에 사회복지 수준은 하락하고 반대로 진보적 정부가 들어서면 그 반대로 사회복지 수준은 향상되는 경향이 있다는 것이다.

이상의 네 가지 가설을 보면서 우리는 어떠한 입장을 취하는 것이 바람직할까? 한 나라의 사회복지 수준이 한두 가지 요인에 의하여 결정된다고 보기는 어렵다. 세계화라는 시장적 요인과 더불어 그 나라의 제도와 문화 그리고 그 나라 정부의 이념 등이 모두 함께 작용한다고 봐야 할 것이다. 그러나 한 가지 분명히 지적해 둘 것은 세계화가 일방적으로 사회복지 수준을 낮춘다고 하는 주장은 잘못된 논리라는 것이다.

오히려 크게 보면 세계화는 모든 나라의 사회복지 수준을 향상시키고 있다고 보는 것이 옳다. 이렇게 주장하는 데는 몇 가지 이유가 있다. 첫째, 다국적기업들이 반드시 저임금만을 목표로 하지 않는다는 것은 이미 앞에서 수차 지적한 바 있다. 다국적기업의 해외투자는 선진국 간에 더 많이 일어난다는 점을 잊어서는 안 된다. 따라서 소위 하방경쟁가설은 한계가 있다. 둘째, 세계화는 분명 많은 나라에서 경제성장의 추동력이 되어 왔다. 그리하여 세계화가 경제성장을 촉발하고 경제성장이 고용창출과 소득 향상을 가져왔다. 그렇다면 세계화 덕분에 보다 많은 사람들이 취업 확대를 통하여 소득 향상을 달성할 수 있다면 그것보다 더 큰 사회복지 수준의 향상이 어디 있는가? 가장 바람직한 사회복지의 형태는 취업과 고임금이다. 물론 여러 가지 사정으로 취업 자체가 불가능한 — 노령 혹은 질병 등의 원인으로 — 경우가 있다. 이것은 분명 공동체가 책임을 져야 하고 이 분야에 국가예산의 지원이 있어야 한다. 그러나 그러한 국가의 예산지원능력도 경제성장이 전제되지 않으면 어렵게 된다.

그렇다면 우리는 다음과 같이 정리할 수 있다. (1) 세계화는 경제성장을 촉진하고 이를 통하여 고임금경제를 만듦으로써 국민복지 수준 전반을 높이고 있다. (2) 정부가 나서는 복지행정과 관련된 사회적 복지수준에 국한하여 이야기하면, 복지수요의 측면에서는 거시적으로는 고임금취업이 늘어나므로 사회복지수요를 줄이는 경향이 있다. 또 미시적으로는 산업 및 기업구조 조정과정의 갈등을 줄이기 위해 사회복지 수요를 증대시키는 경향이 있다. (3) 반면에 사회적 복지공급능력의 측면에서는 세계화가 경제성장을 통하여 정부의 재정상태를 양호하게 만들어 사회적 복지공급능력을 늘리는 경향을 보인다. (4) 결국 이 모두를 종합해 보면 세계화는 그 나라 전체의 복지 수준, 국민복지 수준과 정부의 사회적 복지행정 수준 모두를 높이는 데 크게 기여한다고 요약할 수 있다.

다음으로 우리는 21세기 세계화시대에 성공적이고 지속가능한 사회복지제도의 비전과 틀을 제시하려 한다. 이를 위해서 먼저 21세기에 사회복지를 둘러싼 환경에 어떠한 구조변화가 발생하고 있는지를 살펴야 한다. 두 가지 구조변화가 보인다. 하나는 고령화로 인한 생애주기life cycle의 변화다. 다른 하나는 노동시장의 유동화 현상, 즉 유동적 노동시장transitional labor market의 등장이다. 이 두 가지의 구조변화가 무엇을 의미하고 어떠한 문제를 야기하는가를 보도록 하자. 그리고 각자에 대하여 어떠한 정책대응을 하는 것이 바람직한가를 논의해 보도록 하자. 아마도 이러한 과정 자체가 새로운 사회복지모델의 제시과정이 될 것이다.

고령화와 생애주기의 변화

21세기 세계화시대와 함께 진행되는 중요한 변화의 하나가 인구구조의 변화이고 구체적으로는 고령화이다. 이 고령화라는 구조변화가 사람들의 생애주기에 큰 변화를 가져오고 그에 따라 나라의 사회복지제도 전반에 대한 대대적 개혁이 불가피해진다. 그러면 우선 고령화에 따라 생애주기life-cycle에 어떠한 구조변화가 오는지부터 간단히 살펴보자.*

우선 첫째의 변화가 전반적인 고령화로 인하여 고령기가 둘로 나누어진다. 전기前期고령기와 후기後記고령기가 그것이다. 전기고령기는 65세부터 75세 내지 80세까지로 보는 것이 좋고, 후기고령기는 75세 내지 80세 이후로 보는 것이 좋다. 단순한 수명의 장기화가 아니라 과거와 달리, 고령기에도 왕성한 사회활동을 할 수 있는 정신적·육체적 건강을 가지는 노인들이 증가하고 있다는 사실이 중요하다. 따라서 전기와 후기를 나누어 각각에 걸맞는 사회복지정책을 구상해야 한다. 과거에는 퇴직금이나 노후연금이 모두 65세 전후부터 시작하는 것으로 되어 왔으나 앞으로는 점차 75/80세 이후가 본격적인 연금대상인구가 되도록 해야 현실적일 것이다.

그리고 전기고령기는 아직 노동능력이 왕성하므로 어떠한 형태든지 '노동과 여가'의 양면의 성격을 동시에 가지는 일거리들이 주어져야 한다. 이들 전기고령자를 위한 노인일거리들이 제대로 공급되지 않으면 그것은 바람직한 사회복지가 아니다. 노동과 여가의 성격을 동시에 가지는 일거리로서는 우선 (1) 각종 지역 NGO 등에서의 유급 자원봉사활동을 생각할 수 있다. 유급의 경우 그 재원은 어디서 충당하는가? 하는 문제는 뒤에서 다시 논하기로 한다. (2) 본인들의 중장년 때의 직업 내지 직종활동의 경험과 지혜를 살려서 그를 다음에 오는 중장년들에게 전수하는 일을 할 수 있다. 예컨대 오랫동안 구두가게를 하던 사람이면 앞으로 구두가게를 열려고 하는 젊은 청년들에게 개업과 경영의 노하우를 가르

* 인구변화가 라이프 사이클에 주는 변화 중에서 특히 고령기와 청소년기가 길어짐으로써 각각을 전기고령기와 후기고령기로, 그리고 전기청소년기와 후기청소년기로 나누어 접근할 필요를 잘 지적한 연구는 廣井良典, 『持續可能な 福祉社會』, Chikima Shinsho, 2006이 있다.

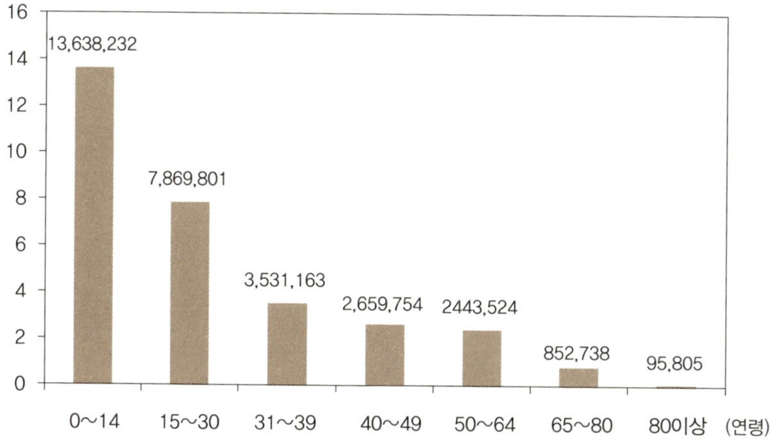

단위: 명

자료: 통계청.

■그림 7.9■ 1969년 인구구조

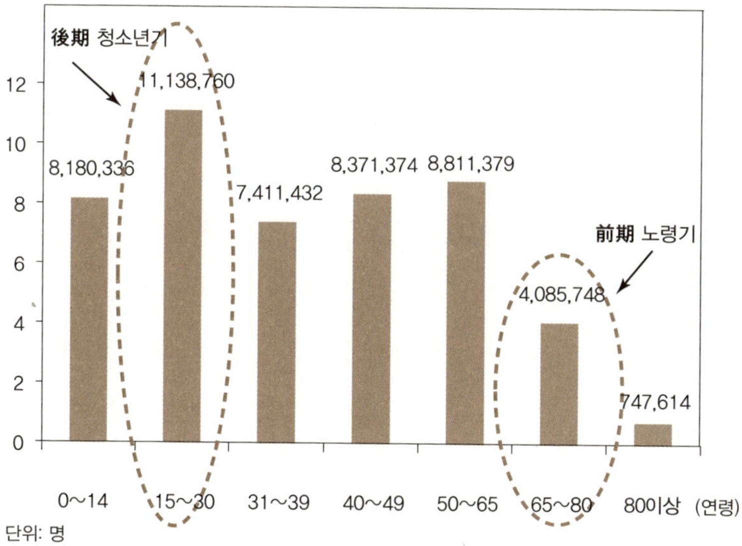

단위: 명

자료: 통계청.

■그림 7.10■ 2009년 인구구조

쳐 줄 수 있다. 이러한 노하우 전수사업은 지방자치단체의 중소영세기업 지원사업의 일환으로 추진할 수도 있다. (3) 특히 중요한 것이 전기고령자들이 청소년어린이들을 가르치는 일이다. 인생의 교훈, 공동체의 중요성 등을 본인들의 시대적 경험과 더불어 가르칠 수 있다. 그것은 그대로 역사교육이고 인생교육이고 사회교육이 될 것이다. 반드시 큰 재원이 필요한 것도 아니다. 문제의 중요성만 확실히 인식한다면 중앙정부든 지방정부든 아니면 종교단체 등 후원을 하는 곳은 얼마든지 찾을 수 있다.

이상의 모든 예는 전기고령자들에게 '노동과 여가'가 결합된 내지는 '교육과 여가'가 결합된 일거리들이다. 본인들의 의미와 가치도 확인하고, 삶의 보람도 느낄 수 있는 이러한 일거리들이 전기고령자들에게 가능한 많이 제공되어야 한다. 정부와 지방자치단체 그리고 기업과 시민사회 등이 나서서 노력해야 한다. 21세기 고령화가 가져오는 전기고령자의 문제를 올바로 풀지 못하면 그것은 올바른 사회복지 비전이라고 할 수 없다.

두 번째 변화는 인간수명의 장기화가 생애주기에서 청소년기를 둘로 나누는 구조변화를 동반한다. 무엇보다도 이제 직장에 들어가서 왕성한 사회노동을 하게 되는 나이가 점점 늦어지고 있기 때문이다. 과거보다 필요로 하는 지식과 정보의 양이 크게 증가하는 정보사회, 지식기반 경제시대에 우리가 살고 있다. 따라서 본격적인 사회노동을 하기 전에 준비해야 하는 시기가 점차 길어지고 있다. 산업화시대의 주노동력은 반숙련노동이었고 고등학교 졸업자가 주를 이루고 있었다. 이제 지식정보화 시대의 주노동력은 기술자이고 대학졸업이 필수가 되어간다. 아니 갈수록, 대학만으로도 부족한 분야가 많아져 대학원에서의 전문교육까지 받지 않으면 특정분야의 전문인력이 되기 어려운 시대로 들어가고 있다.

인간의 수명의 장기화와 지식정보사회로의 진입이 생애주기에서 본격적 직장노동 내지 사회노동을 시작하는 나이를 점차 뒤로 미루고 있다. 따라서 산업화시대에는 20세 전후면 사회노동을 시작할 수 있었는데 이제는 20세 후반까지 공부해도 본격적 직장생활을 시작하지 못하는 경우가 늘고 있다.

그래서 청소년기를 두로 나누어 대응책을 강구하는 것이 옳다. 15세 전까지를 전기청소년기 그리고 15-30세까지를 후기청소년기로 나누는 것이 좋을 것이다. 그런데 전기청소년기까지는 지금까지 국가의 정책적 관심이 많았다. 대표적인 것이 중학교까지의 무상교육이다. 그리고 미흡하지만 신생아에 대한 약간의 정부지원도 있다. 그러나 지금 정부정책의 사각지대死角地帶는 바로 후기청소년기다. 앞에서 전기노령기에 대하여 보다 많은 정책적 관심이 필요하다고 주장했는데 마찬가지로 앞으로는 후기청소년기에 대한 정책적 관심이 크게 필요하다고 본다. 이들은 한편으로는 교육을 받으며 다른 한편으로는 고용기회를 찾고, 혹은 full-time이나 part-time으로 직접 취업을 하면서, 자신의 '일생을 바칠 커리어life-time career'를 찾는 기간이라고 볼 수 있다. 이들이 덜 방황하고 좀 더 효과적으로 자신의 커리어, 즉 각자의 천직을 찾을 수 있도록 돕는 것이 바로 이들에 대한 주요한 사회복지정책의 하나가 되어야 한다. 그동안 이 부분에 대한 국가적 관심이 크게 부족했다고 본다.

또한 이 과정에서도 앞의 전기고령자들과 여기서의 후기청소년들을 연계시키는 복지프로그램을 많이 구상해 볼 수 있다. 전기고령자들의 삶의 역사와 인생경험이 후기청소년들이 자신들의 삶의 의미와 천직을 찾아가는 데 크게 도움이 될 수 있다. 그런 의미에서 국가나 지방자치단체 혹은 시민사회가 나서서 청소년 mentor 제도 등을 활성화시켜 전기고령자와 후기청소년들을 엮어주는 일도 대단히 중요한 사회복지적 의미를 가진다고 본다.

이상이 앞으로 예상되는 생애주기변화로 인한 복지수요의 구조적 변화와 그에 대한 기본적 정책방향이다.

유동적 노동시장과 위험사회의 등장

21세기 세계화시대 나타나는 또 하나의 중요한 변화는 유동적 노동시장transitional labor market의 등장이고, 그로 인한 사회적 위험의 보편화 현상이다.

먼저 유동적 노동시장이란 무엇인가부터 정리해 보도록 하자. 한마디로 '유동적 노동시장'은 노동시장 내부에서의 노동이동과 노동시장의 내부와 외부 간의 노동이동 모두가 크게 증가하는 노동시장을 의미한다. 즉 21세기가 되면서 노동시장의 안과 밖의 노동이동이 크게 증가하는, 노동의 유동화가 크게 증가하는 노동시장으로 바뀐다는 이야기다.[*] 물론 과거 20세기 산업화시대에도 노동이동은 어느 정도 있어 왔다. 예컨대 학교를 졸업하고 취업을 하면 학교와 직장 간의 노동이동이 일어나고 또한 한 직장에 있다가 다른 직장으로 이동하게 되면, 직장과 직장

* 유동노동시장(transitional labor market)이라는 개념을 처음 제시한 학자는 베를린 사회과학원의 균터 슈미트(Gunther Schmid) 박사다. 유동노동시장에 대한 가장 잘 정리된 글로는 다음의 세 가지를 추천한다.
Gunther Schmid, *Transitional Labor Markets: A New European Employment Strategy*, WZB Discussion Paper, FSI 98-206, 1998; Gunther Schmid, *Sharing Risks: On Social Risk Management and the Governance of Labor Market*, 2006, WZB Discussion Paper 2006-101; Gunther Schmid, *Full Employment in Europe: Managing Transitions and Risks*, Edward Elgar, 2008.

간의 노동이동이 일어난다. 그리고 직장에 있다 퇴직을 하게 되면 노동시장에서 노동시장 밖으로의 노동이동이 일어난다. 그러나 과거에는 이러한 노동이동의 빈도가 그리 높지 않았다. 그리고 그 방향이 거의 일방향一方向이었다. 학교를 졸업하고 직장생활을 하다 퇴직한다는 방향이 기본이었다. 학교를 나와 직장생활을 하다가 다시 학교로 간다든가 혹은 퇴직을 했다가 다시 취업을 한다든가 등의 경우는 예외적이었다.

그러나 21세기 들어오면서 종래의 노동시장이 크게 구조변화를 하고 있다. 두 가지 이유 때문이다. 하나는 세계화가 세계경쟁을 통하여 산업과 기업의 구조조정이 상시화되고 있다. 그래서 일반 근로자들의 이직과 취업의 빈도가 높아지고 있다. 다른 하나는 소위 지식정보사회로 진입하면서 새로운 지식과 정보가 끊임없이 생산되기 때문에, 이를 따라가기 위해서도 노동자들이 끊임없이 재교육과 향상교육을 받아야 한다. 그래서 각종의 노동이동 — 이직과 취업 간의 노동이동 그리고 재교육과 재취업 간의 노동이동 등 — 의 빈도가 크게 증가하고, 그 흐름도 쌍방향이 많아지고 있다. 좀 더 구체적으로 보자.

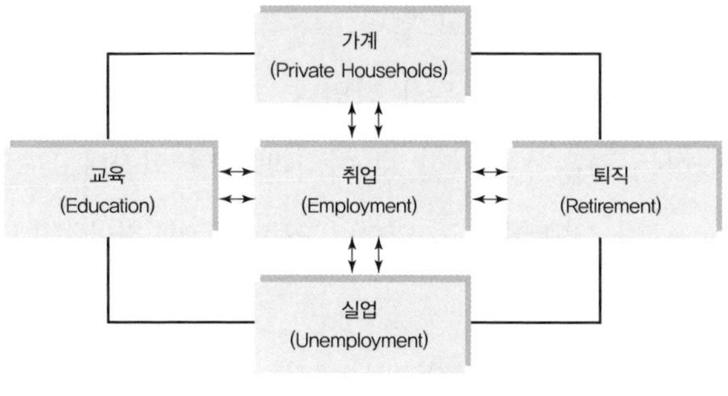

자료출처: Gunther Schmid, "Transitional Labor Market" WZB Discussion Paper, FSI 98-206, 1998.

▌그림 7.11▌ 유동적 노동시장

〈그림 7.11〉을 보면 우선 교육을 받고 취업한 후라도 다시 교육기관으로 돌아가 새로운 교육을 받아야 하는 필요가 늘어난다. 취업 중에도 야간교육의 필요가 생길 수 있고, 이직을 위한 준비로서 교육의 필요가 발생할 수도 있다. 혹은 실직으로 새로운 직장을 찾기 위한 노력으로서 교육이 필요할 수도 있다. 그래서 교육과 취업 간의 노동이동이 과거처럼 한 생애주기에서 일회적이고 한 방향교육→취업으로만의 이동이 아니다. 쌍방적교육↔취업이고 한 생애주기에서 여러 번 일어날 수도 있다. 또한 취업과 실업 간의 노동이동도 쌍방향으로 일어나고 그 빈도도 과거보다 훨씬 증가한다취업↔실업. 주된 이유는 물론 세계화로 인한 구조조정의 필요가 자발적 내지 비자발적 노동이동을 훨씬 증가시키기 때문이다. 취업에서 은퇴retirement로의 노동이동도 과거에는 일을 하다가 한번 은퇴하면 그것으로 다른 변화가 없었다. 그러나 이제는 은퇴한 후에도 다시 교육을 받는다든가, 새로 등장하는 노인 직종에의 취업을 시도한다든가 하는 노동이동의 움직임이 나타난다. 그래서 취업과 은퇴도 쌍방향취업↔은퇴이 되기 쉽다. 특히 여성의 경우 가사노동과 취업과의 관계도 과거 산업화시대에는 결혼 전 취업하다가 결혼하고 육아를 하게 되면 퇴직하는 것이 일반적이었다. 그리고 일단 결혼퇴직 혹은 육아퇴직을 한 후에는 다시 직장에 돌아오는 경우가 적었다. 그런데 이제는 취업하면서 결혼하고 육아하는 경우가 증가할 뿐 아니라 일단 퇴직하고도 재취업하는 경우가사노동↔취업가 일반화되고 있다. 노동이동이 전반적으로 증가하고 일상화된다.

이렇게 노동이동이 노동시장 내부에서는 물론이고 노동시장 안과 밖으로도 빈번하게 일어나면 우선 노동자들의 소득의 안정적 보장이 어렵게 된다. 그리고 심리적 안정이나 직장과의 공동체적 연대감의 유지에도 해롭다. 그래서 사회가 개체화되고 파편화된 개개인이 표류하는 장이 된다. 결국 사회적 위험social risk의 증가라고 볼 수 있다. 그래서 21세기는 위험사회risk society의 시대라는 표현도 나온다. 21세기에는 유동화流動化하는 노동시장의 이러한 구조변화를 심층적으로 이해하지 않으면 올바른 노동정책이나 올바른 사회복지정책을 세우기 어렵게 된다.

그러면 어떻게 할 것인가? 위험사회가 된다고 노동이동을 막는 것은 올바른 정책방향이 아니다. 세계화와 지식정보화의 흐름을 타기 위해서는 노동이동을 자유롭게 허용해야 한다. 다만 그에 따르는 사회위험을 최소화하기 위해서는 결국 개개인의 노동이동비용labor transition cost을 최소화하는 방향으로 노력하는 것이 올바른 국가정책이다. 우선 유동성이 높아지는 노동시장에서 개개인이 부담하는 노동이동비용을 최소화하는 것이 시급하다. 그리고 그와 함께 보다 공격적 정책이 같이 가야 한다. 즉 노동이동이익labor transition benefit을 최대화하는 노력이 함께 가야 한다. 구체적으로 노동이동이 단순한 '수평적 노동이동'이 아니라 가능한 고임금 고생산성 직종으로의 이동, 즉 '수직적 노동이동'이 되도록 하는 노력이다. 그러면 노동이동으로 일시적 고용의 단절이 있었다 해도, 곧 보다 고임금 고생산성 직종으로의 취업이 가능하기 때문에, 노동이동은 결국 비용보다는 이익을 보다 크게 창출하는 일이 된다. 그 결과 노동이동의 증가로 나타나는 사회위험을 사회희망으로 바꾸어 갈 수 있다. 즉 '위험사회'를 끝내고 '희망사회hope society'를 만들 수 있다.

그러면 다음으로 노동이동의 비용을 줄이고 노동이동의 이익을 높이는 정책방향을 생각해 보자.*

* 주로 유럽의 정책경험을 중심으로 생각해 보았다. 좀 더 자세한 논의는 Gunther Schmid, *Transitional Labor Markets: A New European Employment Strategy,*

첫째, 〈그림 7.11〉의 '취업내부에서의 노동이동'의 경우부터 생각해 보자. 어떻게 노동비용을 줄이고 노동이익을 높일 것인가? 우선 한 가지 생각할 수 있는 것은 예컨대 비자발적인 일시휴직이나 비자발적인 일시적 노동시간 단축의 경우에는, 부분실업보험partial unemployment insurance제도의 도입을 생각해 볼 수 있을 것이다. 그래서 소득의 흐름을 안정시키면서, 노동시간이 단축되는 기간 동안에 자신의 기술기능수준을 높이기 위해 향상교육과 훈련을 받을 수 있도록 하면 바람직할 것이다. 반드시 부분실업보험제도를 정부지원의 교육훈련제도와 연계시켜야 보다 효과적일 것이다. 그리고 실업이 구조적으로 큰 문제가 되는 경우에는 법정초과노동수당의 수준을 높이거나, 법정허용 초과노동시간의 수준을 낮추어서 제도적으로 장시간 근무를 줄여나가는 정책도 활용할 수 있을 것이다. 그래서 보다 많은 사람들에게 고용기회를 창출해야 할 것이다. 일종의 work-sharing이 된다.

둘째, 다음은 '취업과 실업 간의 노동이동'의 경우를 생각해 보자. 어떻게 하면 이 노동이동의 비용을 줄이고 이익을 높일 것인가? 그래서 생애소득의 안정적 흐름을 보장할 것인가? 앞으로는 상시적 구조조정으로 인해 취업과 실업 간의 노동이동이 증가할 것이다.

(1) 우선 실업자들에게 교육바우처education voucher를 나누어 줌으로써 나중에 고임금 고생산성의 직종으로 상방이동 — 수직적 노동이동 — 을 할 수 있도록, 실업기간 중 새로운 교육과 훈련을 받을 수 있도록 하는 것이 바람직할 것이다.

(2) 교육과 훈련을 받은 후 새로운 직장을 보다 효율적으로 찾을 수

WZB Discussion Paper, FSI 98-206, 1998.

있도록 취업상담과 알선활동을 강화하는 것도 바람직하다.

(3) 실업자가 자영업을 시작하려 할 때 개업을 돕는 특별지원금도 생각할 수 있다.

(4) 경기순환적 이유로 노동수요가 일시적으로 줄 때 임금보조wage subsidy를 통하여 현 직장에서의 고용유지를 돕는 정책도 있다.

(5) 비영리의 임시직회사temporary employment enterprises를 설립하여, 특히 취업이 어려운 장기실업자들을 대상으로 약간의 교육훈련 후에 임시직에의 취업을 전문적으로 알선하는 정책적 노력도 해야 할 것이다. 그 과정에서 장기실업자도 직업훈련과 취업의 경험 — 비록 임시직이지만 — 을 하기 때문에 차후에 정규직 취업의 가능성이 높아진다.

(6) 구조조정의 폭이 커서 대량실업이 장기화되면, 공공부문의 고용창출public employment이 불가피할 것이다.

결국 이러한 정책적 노력은 모두가 취업과 실업 간의 노동이동의 고통을 줄이고 그 이익을 높이는 것들이다. 그리고 그러한 노력들이 유동적 노동시장의 시대에 발생하는 사회적 위험을 가능한 최소화하고 사회복지 수준을 크게 높이는 길이 된다.

셋째, 다음은 '교육과 취업 사이의 노동이동'의 비용을 낮추고 그 이익을 높이는 정책방향을 생각해 보자.

(1) 무엇보다 먼저 졸업 후 자신들의 능력과 적성에 맞는 취업이 되도록 하는 노력이 중요하다. 이를 위해 보다 전문적이고 효율적인 취업상담과 안내가 되도록 노력해야 한다.

(2) 학교에 다니면서 인턴제도를 통하여 직장의 분위기를 익히고 미래의 구인자와 구직자가 서로 만나는 기회를 만드는 것은 장래의 효율적 구인-구직을 위하여 대단히 중요한 정책방향이다. 이 인턴제도를 정

부, 기업 그리고 학교가 제도화하여 공동 추진하는 방안을 생각해봐야 한다.

(3) 취업 중에 직장을 일시적으로 떠나 새로운 향상교육을 받을 수 있는 기회를 제도화하는 것도 중요하다. 대학 등에 안식년제도가 있으나 앞으로 이 제도는 일반 직장으로 확대되어야 할 것이다. 그만큼 정보와 지식과 기술의 변화속도가 빠르기 때문이다. 유럽에는 이미 job-rotation 제도라는 이름하에 이를 실천하는 기업들이 늘고 있다. 덴마크에서는 1995년 일 년에만도 노동인구의 약 3%가 이 제도로 직장을 쉬면서 지식과 기술향상을 위한 교육훈련을 받는 것으로 알려졌다. 이 제도는 교육과 취업 사이의 노동이동이 수직적 노동이동이 되게 하는 효과적 제도가 될 것이다.

(4) 문제는 교육과 훈련 비용을 누가 부담하는가? 혹은 어떻게 분담할 것인가 하는 문제다. 이론적으로 이야기하면 교육과 훈련이 노동자들의 노동생산성을 전반적으로 높이는 — 다른 직장에서도 활용할 수 있는 — 일반기술과 일반지식에 관한 내용이라면 그 비용은 본인이 부담하는 것이 원칙이다. 그리고 그것이 어려우면 정부가 지원하는 것이 옳다. 다만 그 교육과 훈련의 내용이 소위 그 당해회사에서만 유의미한 특수기술 내지 특수지식이라면 그것은 당연히 그 회사가 그 비용을 부담해야 한다. 환언하면 일반교육과 훈련general training은 개인이나 정부가 그리고 특수교육과 훈련specific training 은 회사가 부담하는 것이 바람직하다는 것이다. 이것을 기본원칙으로 하고 그 교육과 훈련의 내용을 보아 그 비용을 개인, 기업, 국가가 적절히 분담하면 될 것이다.

넷째, '가사와 취업 간의 노동이동'의 문제를 보도록 하자. 특히 문제가 되는 것은 출산과 육아 등의 이유로, 일시적으로 직장을 떠났다가 다시 돌아오는 경우에 그 노동이동비용을 어떻게 줄여줄 것인가? 하는 문제다.

(1) 물론 일시퇴직 후 다시 종래의 직장으로 돌아올 수 있는 권한을 인정해 것이 기본이 된다.

(2) 그리고 가능한 직장에서의 그동안의 경력seniority right 등을 그대로 인정해 주어야 노동이동비용을 낮추는 일이 될 것이다.

(3) 동시에 퇴직금과 연금제도 등에서도 불이익이 없어야 할 것이다.

가사와 취업 간의 노동이동의 원활화를 위해 중요한 정책분야는 장기 단시간 노동long term part-time work을 어떻게 잘 제도화하는가이다. 특히 가사노동을 하면서 full-time 직장노동이 어려운 경우가 증가하고 있다. 특히 어린이와 청소년의 육아 및 교육 기간이 길어질 뿐 아니라 앞에서 논한 후後노령기에 있는 집안의 어른들을 보살펴야 하는 시간도 필요해진다. 따라서 하루에 8시간이 아니라 예컨대 4-5시간만을 노동하고 그것을 장기에 걸쳐 할 수 있는 장기 단시간노동을 제도화하는 것이 시급하다. 이러한 제도를 촉진하기 위해 장기 단시간노동의 여성노동자들을 많이 고용하는 기업에 세제상의 혜택을 주는 것이 바람직하다.

다섯째, 다음은 '취업과 은퇴 사이의 노동이동'의 문제다. 여기서 발생하는 노동비용을 낮추기 위해서는 가장 중요한 것이 정년제도retirement system의 개혁이다.

(1) 우선 기존의 정년을 늦출 필요가 크다. 평균수명이 늘어나면서 소위 전기고령자의 경우 정신적으로 육체적으로 왕성한 활동력을 가지고 있다. 이들의 경험과 경륜을 사회가 활용해야 한다. 따라서 정년의 연장은 반드시 필요하다. 가능하다면 정년제도 자체를 없애는 것도 생각해 볼만하다. 각 사업장과 당사자인 개개인이 자신의 노동능력을 가장 잘

알기 때문이다.

(2) 전기고령노동자들을 그들의 노동생산성이 높은 분야컨설팅, 자문, 훈련 등로 전환배치를 한다든가, 장시간고용에서 단시간고용으로 바꾸는 등의 노력을 통해 가능하면 이들의 고용을 유지하는 것이 바람직하다.

(3) 일반적으로 임금이 중·장년기40-50대에 정점에 올랐다가 점차 낮아지는 경향을 보이는데, 정점 이후에 임금감소를 좀 더 급격하게 할 필요가 있다. 환언하면 고령자의 임금을 낮추는 것이 바람직하다. 그래서 고령자의 고용을 유지하는 것이 기업에 과도한 부담이 되지 않도록 해야 한다. 고령자에게는 임금수준보다 고용의 기회가 더 중요하다. 이와 동시에 퇴직금, 연금 등을 계산할 때 퇴직 수년 전 내지 퇴직 수개월 전의 봉급을 기준으로 계산하는 경우가 많은데 이는 잘못이다. 이것이 오히려 연령-임금곡선age-earning profile이 정점에 이른 다음에 하강하는 것을 막고 있다.

특히 우리나라에서는 이 문제는 중요하다. 우리나라의 경우 다른 나라들과 달리 연령-임금곡선이 지속적으로 퇴직 때까지 상승하는 경향이 강하다. 선진국의 경우에는 중장년까지 임금이 상승하지만 그 이후에는 낮아지는 것이 일반적인 추세인데 우리나라는 그렇지 않은 경우가 많다. 퇴직 시까지 지속적으로 높아진다. 사실은 이러한 연령-임금곡선상의 특징이 우리나라에서 고령자의 고용을 어렵게 하는 중요한 관행적 이유가 되고 있다. 정년제도 전반을 개혁하면서 이러한 임금관행도 바꾸어야 한다.

이상에서 우리는 21세기 사회복지에 영향을 주는 두 가지 구조적 변화를 살펴보았다. 하나는 인간수명이 장기화되면서 생애주기가 변화하기 때문에 등장하는 전기노령기와 후기청소년기 문제의 중요성을 지적하고 대책방향을 생각해 보았다. 그리고 세계화에 따라 유동화하는 노동시장transitional labor market에서 어떻게 하면 노동이동비용을 줄이고 노동이동이익을 높여서 사회적 위험을 축소하고 사회적 희망을 만들어 나갈 것인가? 이를 위하여 어떠한 정책들을 생각해 볼 수 있는가? 등의 문제들을 살펴보았다. 이러한 미시적 차원의 논의를 배경으로 하여 다시 거시적 논의로 돌아가 21세기 사회복지의 기본방향에 대하여 정리해 보도록 하자.

21세기 사회복지의 방향

21세기 바람직한 사회복지의 기본방향을 어떻게 잡아야 할까? 세 가지의 기본방향을 생각해 볼 수 있다. 첫째는 노동을 통한 복지다. 둘째는 공동체를 강화하는 복지다. 셋째는 정부, 기업 그리고 시민사회가 협치協治하는 복지다.

첫째, 21세기 사회복지는 노동복지勞動福祉여야 한다. 모든 복지프로그램은 당사자들의 가치창조와 사회적 기여의 가능성을 높이고, 그 능력을 극대화하는 방향으로 움직여야 한다. 그것은 대부분 취업노동으로 나타날 것이다. 다양한 취업노동 형태가 가능하도록 해, 모든 국민이 어떠한 형태든지 사회적·경제적 보상을 받으면서 노동할 수 있는 것이 최상의 복지다. 물질적 보상이 크지 않으면―부분적으로는 정신적 만족으로 보상을 받더라도―반드시 생산적·가치창조적 노동을 할 수 있는 기회가 모든 국민에게 주어져야 한다.

인간은 본래가 노동을 통하여 자기성장을 하고 자아실현을 한다. 또한 노동을 통하여 사회와 이웃에 기여하고 새로운 가치와 문명을 창조한다. 물론 그러한 생산적·가치창조적 노동은 대부분이 사회경제적 급부를 받는 취업노동일 것이다. 그러나 반드시 높은 급부를 받는 취업노동이 아니어도, 지역의 자원봉사단체에서의 활동 — 이웃 어린이들에게 무료교육, 이웃의 노인들에게 무료의료 등 — 또한 급부는 적지만 사회적 기여가 큰 시민단체에서의 활동 등도 있다. 그 노동의 형태는 어떠하든 반드시 모든 국민에게 생산적이고 가치적인 — 물질적이든 정신석이든 — 노동의 기회를 제공하는 것이 최상의 사회복지다. 이것이 21세기 사회복지의 제1의 기본방향이 되어야 할 것이다.

둘째, 공동체복지共同體福祉다. 사회적 복지는 반드시 우리의 공동체의 가치를 제고하고 소속감과 연대감을 강화하는 내용과 방향의 복지여야 한다. 사회적 복지가 공동체를 약화시켜서는 안 된다. 그 공동체가 가족공동체이든, 이웃의 지역공동체이든, 아니면 직장공동체이든, 아니면 사회공동체이든 우리의 공동체의 의미와 가치를 높이고 그 연대를 강화하는 내용의 복지여야 한다. 복지란 궁극적으로는 개개인의 행복의 수준을 높이기 위한 노력이다. 그런데 본래가 개개인의 행복은 공동체를 떠나 홀로 가능한 것이 아니다. 따뜻하고 건강한 공동체 없는 개인의 행복은 극히 제한적이다.

지금까지 20세기 서구적 복지정책에는 사회적 약자 혹은 탈락자들에게 최소한의 사회경제적 생존이 가능한 물질적 수단을 제공하는 것으로 본래의 사명을 다했다고 생각하는 경향이 있었다. 이것은 잘못이다. 문제는 물질도 중요하지만 정신이 더 중요하다. 어떻게 사회적 약자나 탈락자들을 사회공동체 속에 다시 통합하고 융합하여 하나로 만들어 나아갈 수 있는가? 건강한 사회구성원의 하나로 다시 복원시킬 수 있는가? 이런 고민들의 해결이 중요하다. 청소년이나 노인의 문제도 마찬가지다. 어떻게 가족을 중심으로 다시 하나의 건강한 공동체를 만들 수 있는가? 그리고 이러한 노력을 어떻게 이웃공동체가 도울 수 있는가? 등의 문제가 기본이 된다.

이와 같은 내용의 노동복지와 공동체복지를 구체적으로 실천하기 위해서는 우리가 앞에서 본 두 가지 구조적 문제 — 생애주기의 변화와 유동적 노동시장 — 에 대한 여러 정책수단들이 창조적으로 구상되고 실천되어야 한다. 창조적이란 각 나라의 제도적·문화적 현실에 맞게 그 방법을 만드는 것을 의미한다. 앞에서도 이야기했지만 21세기는 더이상 참고할 교과서가 없는 시대다. 각 나라가 나름대로 자신들 나라의 역사·문화·전통·제도 그리고 의식에 맞는 방향으로 창조적인 대응정책을 찾고 실천하고, 수정보완하면서 나가야 한다.

그러나 확실한 것은 가족이란 공동체 그리고 사회라는 공동체를 강화하고 건강하게 만드는 방향을 확실히 세우고 나가야 한다는 것이다. 그러면서 길을 찾아야 한다는 것이다. 동방예의지국이던 대한민국이 전기고령기의 노인문제를 과연 자신의 역사·문화·전통·의식에 맞게 어떻게 해결해 갈 것인가? 후기청소년 문제의 해결은 어떻게 할 것인가? 동방예의지국이던 대한민국에서 국민들이 교육과 취업, 취업과 실업, 취업과 가사, 취업과 은퇴 사이에서 크게 유동화流動化하게 될 때, 그 노동이동의 고통을 어떻게 줄여나갈 것인가? 그래서 21세기 위험사회를 희망의 사회, 행복의 사회로 만들어 나갈 것인가? 우리 모두가 보다 창조적으로 우리에 맞는 방안들을 더 고안해 내야 한다.

셋째, 3자 협치형복지協治型福祉다. 21세기 복지는 국가와 기업 그리고 시민사회가 긴밀히 협력하고 분업하면서 함께 만들어 나가는 복지여야 한다. 과거 산업화시대에는 일차적으로 사적영역인 기업이 국민의 복지에 책임을 지고 부족한 부분을 이차적으로 공적영역인 정부가 나서서 보완하는 이원론적인 구조였다.* 그것이 복지국가이론이었다. 그러나 이제 21세기 세계화시대에는 기업의 능력도 국가의 능력도 국민의 복지수준을 보장하고 유지하는 데 한계가 있다. 우선 기업의 경영 상황이 달라지고 있다. 과거처럼 평생직장 평생고용의 시대가 아니다. 노동이동이 일상화되고 있는 시대다. 동시에 세계경쟁은 격화되고 있다. 기업복지가 과거처럼 풍성할 수 없다. 또한 국가의 재정능력도 과거와 같지 않다. 불요불급不要不急한 지출은 가능한 축소해야 하는 국내외의 압력을 받고 있다. 어떻게 보면 정부도 다른 나라의 정부와 보이지 않는 경쟁을 해야 하는 시대다. 따라서 시장과 정부에만 맡겨서는 충분한 국민복지를 보장하기 어려운 시대다.

여기서 불가피하게 시민사회의 역할이 중요하게 된다. 여기서 시민사회는 광의의 의미다. 작게는 가족에서부터 이웃동네 그리고 일반 자원봉사단체, 시민단체, 종교단체, 동창회, 각종 직능단체, 지역단체 등등을 생각할 수 있다. 이들의 사회복지에의 기여에 대한 필요가 커진다. 종전에 정부가 하던 역할이나 기업이 하던 역할의 일부를 이들 시민사회가 맡아야 한다.

그런데 시민사회가 사회복지에 중요한 역할을 하게 되면 그것은 단순

* 사실 산업화시대, 1960-70년대, 우리나라에서는 주로 가족과 친척이 국민복지의 안전망 역할을 많이 했다. 개인이 실업, 질병 등으로 어려울 때 항상 한국적 가족주의가 제1차적 책임을 졌다. 백짓장도 맞들면 낫다고 하면서 가족과 친지와 친구의 도움으로 여러 어려움을 극복해 왔다. 그리고 당시에는 국민복지의 제2차적 책임을 기업복지가 담당했고 제3차적 책임을 정부복지가 맡아왔다.

히 경제적·물질적 자원의 기여에 그치지 않는다. 기업이나 정부와는 달리 새로운 정신적·가치적 기여를 하게 된다. 새로운 가치창조가 일어난다는 것이다. 즉 공동체를 강화하는 가치창조가 일어난다는 것이다. 이 점이 중요하다. 기업의 복지나 정부의 복지는 처음에는 시혜施惠로서 그리고 오늘날에는 권익entitlement으로서 주장되는 면이 강하다. 수혜자들이 당연한 권리 내지 이익으로 생각하기 때문이다. 그러나 시민사회가 복지활동을 하게 되면 이것은 수혜자가 권리로서 주장할 수 없는 복지다. 공동체의 따스함에 감사하지 않을 수 없는 복지다. 따라서 그만큼 공동체의 연대, 공동체의 가치를 고양하는 복지가 될 수 있다. 동시에 감사의 복지는 미안함의 복지가 된다. 따라서 가능한 수은受恩을 적게 하고, 독립하려고 노력해 복지지원을 안 받으려고 한다. 결국 자신들이 독립하게 되면 그 다음에는 더욱 어려운 이웃을 위해 보은하려고 노력하는 복지다. 하루아침에 이상대로 실현되지 않는다 해도 그러한 방향으로 노력해야 한다.

그래서 정부가 공公을 그리고 기업이 사私를 대변한다면, 이들 시민사회는 공共의 가치를 대변해야 할 것이다. 따라서 공共의 가치를 대변하는 시민사회가 보다 적극적으로 사회복지의 향상에 기여하면 기여할수록 우리사회를 보다 성숙한 공동체적 사회로 만들어 나갈 수 있다고 본다.

세계화와 환경문제: 지구온난화

세계화의 진행과 더불어 지구촌의 환경문제가 중요한 관심사로 떠오르고 있다. 그중에서도 특히 지구온난화의 문제가 핵심적 정책사항이 되고 있다. 이 문제를 어떻게 봐야 하는가? 그리고 어떠한 대처가 가능한가? 하는 문제를 살펴보도록 한다.

온난화 문제의 다多차원성

지구온난화의 문제는 다음과 같은 논리구조를 가지고 있다.

첫째, 지구의 온도가 지속적으로 높아지고 있고 그것이 여러 가지 환경적 재앙, 경제사회적 비용으로 나타나고 있다. 이대로 두면 앞으로 더욱 큰 재앙이 지구촌에 올 것이다. 환경적으로는 온난화가 북극의 빙하를 녹이고 바다의 수면을 올리며 기후변화를 초래해 홍수, 기근, 물 부족, 이상기후 등을 결과할 것이다. 그래서 농업생산 등에 큰 악영향을 주고 환경변화에 적응하지 못하는 지구촌의 일부 동식물의 멸종을 결과할 것이다. 영국의 Stern 보고서Stern Review: 2006에 의하면 인류가 아무런 대응조치를 하지 않을 경우 경제적으로도 지구온난화의 비용은 매년 세계 GDP의 5% 수준이 될 것으로 보고 있다. 최악의 상황전개를 상정하면 그 비용은 세계 GDP의 20% 이상까지 증가할 수도 있다고 주장한다. 반면에 온난화를 막기 위한 노력을 하는 데 드는 비용은 매년 세계

GDP의 1% 수준이면 충분하다고 보고 있다.[*]

둘째, 지구의 온도가 높아지는 주된 이유는 온실효과greenhouse effect 탓이다. 온실효과는 인류가 석유, 석탄 등 화석연료fossil fuel를 많이 사용하면서 온실가스의 하나인 이산화탄소Carbon dioxide: CO_2를 많이 배출하기 때문이다. 현재 지구촌은 지속적으로 온난화가 진행되고 있으며, 그 주범은 인류가 쓰는 화석연료에서 나오는 이산화탄소다. 따라서 이를 줄여야 온난화가 가져오는 지구촌의 환경적 재앙을 막을 수 있다는 것이다. 그러나 이러한 주장에 대해 반대의 의견도 있다. 즉 지구온도가 최근에 들어 예외적으로 크게 높아지고 있는 것도 아니고, 비록 조금 높아진다고 해도 그것이 주로 온실효과 때문이라고 볼 수도 없으며, 온실효과도 반드시 이산화탄소의 배출이 주된 원인이라고 볼 수 없다는 주장이다. 이러한 문제제기에 대해서는 뒤에서 좀 더 자세히 살펴보도록 한다. 다만 여기서는 다수설多數說에 따라 인류가 배출하는 이산화탄소가 주원인이 되어 온실효과가 나타나고 그것이 지구온난화의 주원인이라고 보기로 하고 논의를 진행해 보자.

셋째, 이산화탄소 배출량을 줄여야 하는데 지구촌의 이산화탄소 배출은 다음과 같은 간단한 공식으로 나타낼 수 있다.

$$\text{지구촌의 } CO_2 \text{ 배출량} = \text{GDP} \times \text{에너지 사용강도} \times \text{탄소 사용강도}$$

그런데 지구촌의 CO_2 배출량을 줄이기 위해 지구총생산GDP을 줄일 수는 없기 때문에 결국은 에너지효율energy efficiency을 높여서 에너지 사

[*] Nicholas Stern, *The Economics of Climate Change: the Stern Review*, Cambridge University Press, 2006.

용강도energy intensity를 낮추든지, 즉 에너지를 덜 쓰든지, 아니면 저탄소 에너지기술low carbon technology을 개발하여 탄소사용강도carbon intensity를 낮추든지, 즉 탄소를 덜 배출하든 해야 한다는 것이다. 물론 바람직한 것은 에너지 사용강도와 탄소사용강도를 모두 낮추는 것이 될 것이다.

넷째, 어떻게 하여 모든 나라 사람들이 에너지 사용강도나 탄소 사용강도를 낮추도록 만들 것인가 하는 문제다. 그런데 이 문제는 결코 간단하지 않다.

우선 (1) 개별국가나 개별세대의 입장에서 보면 가능한 다른 국가나 다른 세대가 비용을 부담하도록 하고, 즉 CO_2 배출을 줄이도록 — 환언하면 에너지 사용강도나 탄소 사용강도를 줄이도록 — 하고 자신들은 무임승차free riding하려는 경향이 나타날 수 있다. 그래서 국제적 공조를 가능한 피하려 할 것이다.

(2) 더구나 지구온난화로 인한 환경적 경제적 피해는 특정지역에 집중적으로 나타날 수 있으므로, 피해가능성이 낮은 나라에서는 더욱 더 국제공조에 소극적이 될 유인이 있다. 그런데 일반적으로 후진국에 그 피해가 집중되는 경향이 있다. 후진국이 일반적으로 열대지방에 많이 위치하고, 인구밀도가 많으며, 농업 등 지구온난화의 피해를 가장 많이 받는 산업에 크게 의존하고 있기 때문이다. 한 연구에 의하면 기후변화로 인한 예상피해의 2/3가 후진국에 집중된다고 한다. 그리고 세계인구의 상위 25% 나라선진국에서는 오히려 이익이 발생할 수도 있다고 한다. 만일 사정이 이렇다면 선진국의 경우에는 온난화의 피해가 적거나 아니면 온난화로 인한 이익이 발생하므로 기후변화를 막는 국제협력에 소극적이 될 수도 있다. 그런데 문제는 선진국의 일인당 CO_2 배출량이 후진국보다 몇 배 높기 때문에, 선진국의 참여 없이는 지구온난화를 효과적으

로 막을 수 없다는 점이다.

(3) 나아가 나라마다 그 나라의 기호taste와 우선순위priority가 다를 수 있다. 예컨대 개발도상국의 경우에는 환경문제보다 경제성장과 고용창출, 빈곤퇴치 등의 문제가 보다 시급할 수 있다. 따라서 이들 후진국들은 CO_2 배출을 줄이는 문제에 소극적이 될 수 있다. 나라마다 처하고 있는 경제사회의 상황이 달라서 국민들의 기호와 우선순위가 다르기 때문이다. 그러나 CO_2 배출을 줄이는 문제에 있어 개도국의 참가는 필수적이다. 왜냐하면 이들 나라들이 노력만 하면 앞으로 경제성장과정에서 가능한 한 저低탄소에너지기술을 도입할 수 있는 여지가 대단히 높기 때문이다. 선진국은 이미 구조적으로 고高탄소에너지의 의존도가 높아, 이 구조를 고치는 데 비용이 많이 들지만, 개도국은 지금부터라도 노력하면 선진국이 겪었던 시행착오를 줄이면서 가능한 저비용의 저탄소 에너지 기술을 활용할 수 있기 때문이다.

다만 개도국의 현재 세대는 빈곤탈피가 보다 시급한 과제이므로 환경문제의 해결을 후세대, 즉 보다 부유해진 세대에 미루려 할지 모른다. 충분히 이해할 수 있는 입장이다. 따라서 불가피하게 개도국의 경우는 일정수준의 경제발전을 이룬 후 국제협력 내지 공조에 참여하도록 유도하는 것이 보다 합리적인 방법일 수 있다. 그렇다면 오늘날 선진국이 후진국의 경제성장을 돕는 각종 지원 — 개발원조 등 — 을 확대한 것도 사실은 유효한 지구온난화 대책의 하나가 될 수도 있다. 이와 같이 지구온난화의 문제는 국가 간, 세대 간 이해관계가 서로 다른 다차원의 성격을 가진 문제이기 때문에, 그 해결이나 조정이 결코 용이하지 않다.

다섯째, 지구온난화에 어떻게 대응할 것인가는 두 가지 접근방법이 있다. 하나는 어떻게 지구온난화를 완화mitigation시킬 것인가이고, 다른 하나는 어떻게 지구온난화에 적응adaptation할 것인가이다. 완화의 문제는 어떻게 개별국가의 노력과 국제적 공조를 통하여 지구촌 전체의 CO_2 배출량을 줄여나갈 것인가 하는 문제로 귀결된다. 그러나 오늘의 현실을 볼 때 국제공조를 통한 지구촌의 완화 노력으로 CO_2 배출을 크게 줄여서 온난화의 진행을 완전히 막을 수 있을 것 같지 않다.

그래서 어느 정도의 온난화 진행은 불가피할지 모른다. 아니 그것이 보다 현실적 판단일 것이다. 지금 교토의정서Kyoto Protocol대로 모든 나라들이 약속을 지켜도, 2015년에 지구의 CO_2 방출량은 90억 톤으로 지금보다 50% 증가된 수준이 될 것이다. 따라서 한편으로는 온난화의 완화를 위해 노력해야 하나 동시에 보완적으로 지구촌이 온난화에 적응하는 노력도 함께 해야 한다. 그래서 예컨대 가능한 자연재해에 잘 견디는 농산물 품종을 개발한다든가, 농업의 관계시설을 보강한다든가, 도시급수 저장시설을 확충한다든가, 기후통제기술을 더 발전시킨다든가 등등의 노력도 함께 해야 할 것이다. 더 나아가 지구에 오는 태양열 반사기술의 개발, 온실가스 제거기술의 개발 등도 생각해야 할 것이다.

얼마나 심각한 문제인가?

오늘의 학계나 전문가들의 주장을 보면 우선 지구의 온난화가 얼마나 진행되고 과연 어느 정도 심각한 수준인가? 등에 대한 견해가 나누어지고 있다. 크게 다수설과 소수설로 나누어지고 있다.

(가) 다수설多數說

다수의 학자들은 지구표면의 기온이 지난 100년간1906-2005 섭씨 0.74+/-0.18도 정도 상승되었다고 본다. 1988년 유엔과 세계기상조직이 만든 범정부기후변화패널Intergovernmental Panel on Climate Change: IPCC에서 2007년 초에 발표한 제4차 평가보고서the Fourth Assessment Report에는 20세기 중반부터의 지구기온 상승은 온실가스 때문일 가능성이 대단히 높다고 결론내리고 있다.* 더 나아가 이 패널은 같은 보고서에서 앞으로 아무런 대책을 하지 않고 이대로 나가면 21세기 중에, 즉 2100년 말까지 지구표면의 온도는 1980-99년 평균치보다 섭씨 1.1도 내지 6.4도까지의 범위로 상승할 것으로 예측하고 있다. 그리고 바다의 수위도 1980-90년 평균치와 비교할 때 2090-2100년이 되면 약 180-590밀리 메타millimeter 높아질 것으로 예측하고 있다.

(나) 소수설少數說

일부의 학자들은 지구표면의 온도에 변화가 있는 것은 사실이나, 이미 지구의 역사에서 심각한 지구온도의 변화는 여러 번 있었다는 것이다.** 동시에 온도의 변화는 여러 가지 이유에서 발생할 수 있는 것이고 CO_2의 증가와 더불어 약간의 온도 변화가 지난 세기에 진행되었다 해도, 이것이 반드시 양자 사이에 인과관계가 존재한다는 것을 의미하는 것은 아니라는 것이다. 뿐만 아니라, 지구온도의 변화에는 온실가스의

* IPCC의 제4차 보고서에 대한 요약적 설명은 R. K. Pachauri, "The IPCC: Establishing the Evidence" in Ernesto Zedillo(ed.), *Global Warming: Looking Beyond Kyoto*, The Brookings Institution, 2008을 참고.

** 소수설의 입장을 잘 대변하고 있는 글은 Richard S. Lindzen, "Is the Global Warming Alarm Founded on Fact?" in Emesto Zedillo(ed.), *Global Warming: Looking Beyond Kyoto*, The Brookings Institution, 2008이 있다.

영향만 있는 것이 아니고 태양의 활동성 변화 등도 큰 영향을 주는데 — 예컨대 1900–2000년 사이의 지구온도의 변화에 태양의 활동성변화가 주는 효과가 45–50%였는데 이에 대한 충분한 고려가 기존의 다수의 주장에는 부족했다는 것이다. 또한 온실가스 중에서도 온실효과에 주는 영향이 CO_2의 경우는 9–26% 정도에 불과하고, 오히려 증기, 즉 물방울water vapor의 경우가 — 구름이 주는 효과를 제외하고도 — 그 효과가 36–70%라는 것이다. 한마디로 다수설의 견해는 여러 가지가 너무 과장되어 있다는 주장이다.

어느 쪽 의견이 옳은가? 답을 100% 정확하게는 알 수 없다. 지구 기후의 변화를 잠깐 살펴보면 AD 1000년부터 AD 1300년까지 지구표면의 온도는 오늘날의 수준으로 더웠다. 그러나 그 이후 지구의 표면온도는 AD 1700년대까지 떨어지지 시작했다. 그래서 이 기간을 작은 빙하기Little Ice Age라고 부른다. 그러던 지구표면온도가 그 이후 다시 조금씩 상승하여 왔다. 그래서 1860년부터 1910년의 평균온도와 지금을 비교하면 지금이 섭씨 1.1도 정도 오른 것으로 나타난다. 또한 1957년 이후에만 국한해도 섭씨 1.5도 정도 오른 것으로 나타난다. 지구온난화에 대한 소수설은 이러한 변화를 지난 기간의 작은 빙하기를 벗어나는 과정에서 나타나는 지구온난화지, 특별히 인간의 활동이 작용하여 새롭게 나타나는 온난화라고 보기 어렵다는 의견을 내고 있다. 물론 과학적 진리는 민주주의처럼 다수설로 결정할 문제는 아니다.

그러나 세계의 많은 과학자들이 집단적으로 참여한 범정부 기후변화 패널IPCC의 견해를 보면 다음과 같다. 즉 작은 빙하기를 벗어났기 때문에 온난화가 발생하고 있을 뿐이지 CO_2 배출 등 인간의 행위가 영향을 주었다고 볼 수 없다는 소위 소수설의 견해가 사실일 가능성이 5%인 것으로 보고 있다. 사실일 가능성을 완전히 배제하는 것은 아니나 대단히 가능성이 낮다extremely unlikely고 평가하고 있다. 반면에 현재진행중인 지구온난화에 인간의 행동이 어떤 식으로든 기여했을 가능성은 90% 수준으로 대단히 높게 보고 있다very likely. 흥미있는 것은 같은 조직이 2001년 보고서에서는 인간의 행동이 지구온난화에 기여했을 확률을 66% 수준likely으로 보고 있었는데, 2007년 보고서에서는 그 입장을 바꾸어 90% 수준very likely으로 크게 올려서 보고 있다. 따라서 우리는 일단 지구온난화에 인간의 기여 가능성이 높았을 것으로 보고, 지구온난화 문제를 보다 적극적으로 다루어 나가는 것이 옳다고 생각한다. 특히 지구온난화로 인해 예상되는 피해는 예측하기 어려울 정도로 크기 때문에, 비록 지구온난화에 대한 인간의 기여가 적어 — 소수설이 주장하듯이 — 우리의 반反온난화의 노력이 큰 기여를 하지 못한다 해도, 우리로서는 최선을 다하는 것이 올바른 전략이라고 생각한다.

얼마나 급하게 대응해야 하나?

문제의 심각성을 크게 보는 사람들은 당연히 보다 과감하고 단호한 대응이 필요하다고 주장한다. 이에 비해 반대의 사람들은 너무 서두른다고 비판한다. 전자를 화급론, 후자를 신중론이라고 부른다면 화급론火急論을 주장하는 대표적 보고서는 Stern 보고서라고 볼 수 있다. 이미 앞에서 보았지만 이 보고서에서는 기후변화비용 — 아무 노력을 하지 않았을 때의 비용 — 은 세계 GDP의 5% 수준이고 기후변화대응비용 — 열심히 노력하였을 때 드는 비용 — 은 세계 GDP의 1% 수준이므로, 과감하고 단호한 대응이 필요하다고 주장한다. 그리고 이 보고서는 지구의 극단적인 재앙을 피하기 위해서는 CO_2 수준이 450ppm과 550ppm 사이의 수준에서 안정화되어야 한다고 보고 있다. 그런데 현재 CO_2가 이미 430ppm 수준이고 매년 2 ppm씩 증가하고 있으므로, 최소한 2050년까지 바람직한 수준을 달성하려면 배출량을 현재보다 25% 정도 낮추어야 가능하다고 주장한다. 이를 위해 과감하고 단호한 행동이 필요하다는 것이다.

Stern 보고서보다 덜 급격한 조치를 주장하는 범정부 기후변화패널의 제4차 평가보고서IPCC Fourth Assessment Report: 2007를 보아도 앞에서 보았듯이 앞으로 100년 이내에 지구온도는 섭씨 1.1도부터 6.4도까지 오를 것으로 예측하고 있다. 그리고 지구온도의 증가폭을 섭씨 2도 안에 묶기 위해서는 선진국의 경우 2020년까지 CO_2 배출량을 1990년 수준 이하로 억제해야 한다고 주장한다. 그리고 후진국들도 적극 동참하여 2050년까지는 1990년 수준의 95% 수준으로 억제해야 지구온도의 증가폭을 섭씨 2도 안에 묶을 수 있다고 주장한다. 그만큼 적극적 노력이 필요하다는 논리다.

반면에 신중론愼重論은 비록 지구온난화가 진행은 되지만 그렇게 심각하다고 보지 않기 때문에 온난화에 대한 대응은 세대를 지나면서 점진적으로 추진해야 한다고 주장한다. 지금 세대보다 다음 세대가 좀 더 부유하고 여유가 있을 것이므로, 그때 가서 온난화에 대한 대응투자를 더 높이도록 하고 지금은 경제성장에 치중하는 것이 바람직하다는 입장이다. 특히 개발도상국들이 이러한 신중론을 지지하는 경향이 있다. 그러면서 Stern 보고서에서 나타난 거대한 온난화의 비용피해은 그 계산에 사용한 할인율discount rate이 너무 낮게 책정되어 나타난 결과로 온난화로 인한 피해가 과장되었다고 주장한다. 그래서 과감하고 단호한 대응의 필요는 없다는 의미다.

이 문제를 어떻게 봐야 할까? 생각해 보면 비용-편익분석을 통해 최종판단을 하기는 쉽지 않다. 비용과 편익을 어떻게 수량화할 것인가? 어떤 할인율을 사용할 것인가 등 많은 논란의 여지가 있기 때문이다. 그러나 한 가지 지적할 수 있는 것은 온난화의 비용 내지 피해는 큰 변화 없이 진행되다가 일정한 수준에서 급격히 상승하는 소위 L자형이 될 가능성이 높기 때문에 온난화의 완화를 위한 투자는 일종의 보험적保險的 성격insurance이 있다고 봐야 한다. 발생확률은 낮지만 위험 자체가 너무 큰 경우 우리가 고액의 보험료를 지불하듯이, 비록 확률이 크지 않다고 해도 너무 큰 지구적 재앙의 가능성에 대한 대비라면 좀 더 많은 예방투자를 하는 것이 합리적일 것이다. 요컨대 보다 적극적인 투자가 바람직하다는 생각이다.

두 가지 방법: 양적量的규제와 가격규제

이산화탄소 배출이라고 하는 부否의 외부효과negative externality를 줄이기 위해 생각할 수 있는 정책수단이 몇 가지 있다.

첫째는 탄소배출의 가격을 높여서 사람들이 탄소배출을 덜하도록 유도하는 방법이다. 소위 가격규제의 방식price based system이다. 일반적으로 사람들은 특정 재화의 가격이 오르면 그 재화의 소비를 덜하기 때문이다. 구체적으로는 탄소세Carbon tax를 도입하는 방식이다. 탄소배출을 한 단위 더 할 때마다 일정의 세금을 부과하면 그만큼 탄소배출 행위의 가격을 높이는 것이 되기 때문에 사람들은 탄소배출을 줄여나가게 된다.

둘째는 지구의 온난화를 해결해 나가는 적정수준의 탄소배출량을 정하고 그 적정수준 이상의 탄소배출을 못하도록 법적으로 강제하는 방법이다. 소위 명령과 강제를 통한 양적규제quantity based system다.

셋째는 탄소배출을 할 수 있는 권리라는 새로운 재산권을 만들어 내어 이를 시장에 유통시키는 방법property right system이다. 시장에서 그 재산권right to pollute을 팔고 사게 만든다는 이야기다. 물론 이때 탄소배출권의 크기 — 어느 정도 탄소배출을 허용할 것인가? — 는 지구온난화 문제를 해결해 나갈 수 있는 수준에서 결정해야 한다.

이상의 세 가지 방법 중에서 교토의정서Kyoto Protocol에서 선택한 방식은 제2의 방식을 중심으로 하고 제3방식을 약간 가미한 형식이라고 볼 수 있다. 소위 cap and trade approach이다. 즉 탄소배출량을 일정한 한도로 규제하고 그 범위 내에서 여유가 있는 나라나 산업이 다른 나라나 산업에 배출권을 팔 수 있도록 하는 제도다. 교토의정서는 주지하듯이 UN 산하 기후변화회의UN Framework Convention on Climate Change: FCCC가 주최하여 1997년 교토에서 합의한 의정서로서 2005년 1월부터 유효하게 되어 있으며 2008년 현재 183개국이 이를 비준했다. 미국은 아직 비준을 하지 않고 있다.

주된 내용을 보면 선진국의 경우에는 온실가스CO_2, 메탄가스 등를 1990년도 배출량을 기준으로 평균 5.2% 줄이도록 하고 있다. 이를 2008년부터 2012년 사이에 달성하도록 강제하고 있다. 그리고 국가별로 별도의 규제치를 정하기도 해, EU의 경우는 8%, 미국의 경우는 7%, 그리고 일본의 경우는 6% 등을 요구하고 있다. 그리고 중국, 인도 등 개발도상국의 경우는 일인당 배출량이 아직 낮기 때문에 그리고 지금까지 배출의 대부분이 선진국에서 이루어졌기 때문에 이번의 배출량 규제에서는 제외했다. 이와 동시에 배출량 규제를 받은 나라와 그 나라의 산업들은 서로 배출권을 팔고 살 수 있도록 허용했다. 즉 규제받은 배출량보다 실제 배출량이 적은 나라나 산업의 경우 그 여유분을 다른 나라나 다른 산업에 팔 수 있도록 한 것이다.

이렇게 규제만 하지 않고 배출권의 교환도 허용한 이유는 무엇일까? 이론적으로 보면 여유분이 있다는 것, 즉 실제배출량이 규제배출량보다 적다는 것은 그만큼 그 나라나 산업의 에너지효율이 높거나 저탄소에너지기술의 개발에 노력하고 있다는 것을 의미한다. 따라서 저탄소에너지기술 등에 앞선 이들로 하여금 더욱 더 배출량을 줄여나가도록 유도하기 위해 — 왜냐하면 그럴수록 보다 많은 여유분을 산출하여 이웃나라나 산업에 팔 수 있기 때문에 — 이 제도를 도입했다고 볼 수 있다. 상대적으로 앞서 있는 나라와 산업들에게 보다 열심히 에너지 효율을 높이는 노력, 저탄소에너지기술의 개발 노력을 자극하고 유도하기 위한 것이다. 물론 배출권을 사는 나라나 산업들도 배출권의 구매로 인해 발생하는 비용을 줄이기 위해, 가능하면 배출량을 줄이려고 할 것이다. 오늘날 특히 EU에서 배출권의 교환무역이 활발히 이루어지고 있다.

결국 지구온난화에 대한 교토의정서의 접근방식은 비록 배출권교환을 허용하지만 기본적으로 양적규제의 방식이다. 즉 배출량 자체를 일정수준에서 제한하는 방식이다. 이 방식이 과연 합리적인가? 배출량 자체를 일정 수준에서 묶는 대신에, 배출량에 대하여 탄소세와 같은 세금을 부과하여 배출가격이 높아지도록 만들어 국가나 산업이 스스로 배출량을 줄여나가도록 유도하는 가격규제의 방식과는 어떠한 장단점이 있는가?*

우선 교토의정서에서 나타난 양적규제의 방식은 왜 1990년을 기준으로 하였는지 그 이유가 확실하지 않다. 무엇을 목표로 그러한 기준을 정했는지가 불분명하다. 예컨대 지구온도를 앞으로 일정기간 후 2~3도 낮추기 위해서는 지구 전체의 1990년 배출량보다 일정 수준 이하가 되어야 한다거나 하는 식의 목표제시와 합리적 설명이 따라야 한다. 그런데 그렇지 못했다. 또한 1990년이라는 특정 년도를 기준으로 하면 이미 저탄소를 위해 노력을 많이 한 나라예컨대 스웨덴나 현재 경제성장을 빠르게 하고 있는 나라예컨대 한국에게는 대단히 불공평한 결정이 된다. 반면에 성장률이 낮고 비효율적 기술을 가진 나라예컨대 러시아나 영국 등에는 대단히 유리한 결정이 된다. 사실 몇 년도를 기준으로 양적규제를 할 것인가가 대단히 어려운 작업이다. 그러나 이러한 문제가 탄소세의 경우, 즉 가격규제의 경우에는 발생하지 않는다. 단지 현재의 배출량에 세금을 부과하면 된다. 경제발전의 수준에 따라 세율을 달리하면 된다. 경제발전 수준이 낮을 경우 0의 세율로 시작하여 일정수준에 달하면, 예컨대 일인당 국민소득 1만 달러 이상에 달하면 정正의 세율을 부과하면 된다. 따라서 선진국이냐 후진국이냐 등에 따라 유리하고 불리한 것이 따로 없다.

특히 중요한 것은 나라마다 산업마다 자신의 온실가스 배출량을 줄이

* 가격규제와 양적규제와의 장단점을 간략히 잘 비교한 논문은 William D. Nordhaus, "Economic Analyses of the Kyoto Protocol: Is There Life after Kyoto?" in Ernesto Zedillo(ed.), *Global Warming: Looking Beyond Kyoto*, Brookings Institution Press, 2008을 참조하라. 이 주제에 대한 좀 더 본격적·심층적 분석은 그가 쓴 다음 글을 참조. www.econ.yale.edu/~nordhaus/kyoto_long_2005.doc 일반 사람들의 행위를 사회가 바람직하다고 생각하는 방향으로 유도하는 두 가지 방법, 즉 가격규제와 양적규제, 혹은 경제주의와 법률주의가 있다. 이 두 가지 방법 자체에 대한 심층적 분석은 박세일, 『법경제학』, 박영사, 2000, pp.359~371 참조.

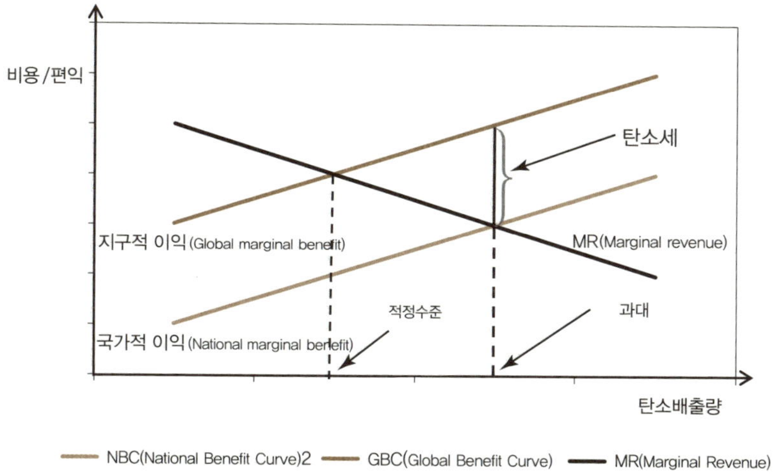

그림 7.12 탄소세 도입의 필요

는 방법이 다를 수 있다는 사실이다. 그런데 가격규제를 하면, 즉 탄소세를 도입하면 탄소세를 줄이기 위해 혹은 내지 않기 위해 어떻게 하면 온실가스 배출량을 가장 적은 비용으로 줄일 수 있는가를 연구하게 된다. 탄소세를 낮출수록 그 나라 그 산업에는 이익이 되므로 가장 효율적인 저탄소에너지기술을 스스로 개발하면서 가장 적은 비용으로 온실가스 배출 감소를 위해 노력하게 된다. 그런데 양적규제의 방식으로 하면 방법이 어떠하든 — 비록 저비용방식이 아니라도 — 목표치 달성에만 급급할 뿐 아니라 가능하다면 목표치 달성을 위장하려는 요인도 작동하게 된다. 다시 말해 목표치 달성이 나라나 산업으로서는 부담이 되므로 가능하다면 이를 피하려는 요인이 작동한다는 것이다. 이것이 투명성 부족과 부패의 가능성을 낳고 나아가 양적규제 집행의 어려움을 가져온다. 그러나 가격규제의 경우에는 이러한 부패나 집행의 어려움이 상대적으로 적다. 그리고 앞에서 지적했지만 나라나 산업 스스로 최소비용의 방식을 찾으려는 요인이 더 강하게 작동한다. 뿐만 아니라, 지구온난화 방지의 이익과 비용의 구조 자체가 대단히 불확실하기 때문에 이러한 경우에는 양적규제보다 가격규제가 상대적으로 효과적이다. 양적규제는 지구온난화 방지의 한계이익곡선marginal benefit curve과 한계비용곡선marginal cost curve을 어느 정도 확실히 알아야 두 곡선이 만나는 수준에서 적정한 온난화방지수준optimal level이 결정되고 그것이 양적규제로 나타난다. 따라서 만일 한계이익곡선과 한계비용곡선에 대한 정보가 부정확하면 — 정책입안시의 예상치와 정책집행시의 실제치에서 괴리가 발생하면 — 양적규제는 쉽게 과도규제over-regulation나 과소규제under-regulation를 결과하게 된다. 따라서 과도규제나 과소규제를 줄이기 위해서는 지구온난화 방지의 이익과 비용에 대한 비교적 정확한 예측이 대단히 중요한데, 이것은 대단히 어려운 일이다. 구조적으로 너무 많은 요인들이 작용하기 때문에 예측은 대단히 제한적이고 불확실할 수밖에 없다.

이러한 경우에는 가격규제가 상대적으로 유리하다. 가격규제의 경우는 한계비용곡선은 몰라도 한계이익곡선만 어느 정도 정확히 예측할 수 있으면 탄소세의 규모를 올바로 정할 수 있다. 즉 지구적 한계이익곡선과 개별국가의 한계이익곡선의 차이만큼을 탄소세의 규모로 책정하면, 그대로 적정 온난화 방지 수준을 결과할 수 있다. 환언하면 양적규제보다 가격규제의 경우가, 필요한 정보가 적어서, 과대규제나 과소규제보다는 과대징수나 과소징수의 경우가 덜 발생한다는 것이다.*

더욱 흥미있는 것은 지구온난화 방지의 비용과 이익구조에는 질적인

* 양적규제와 가격규제가 서로 필요로 하는 정보가 달라서 가격규제의 경우가 양적규제보다 과소 내지 과잉의 발생이 적다는 주장의 근거는 박세일, 『법경제학』, 박영사, 2000, 특히 pp.362-363, 365 참조.

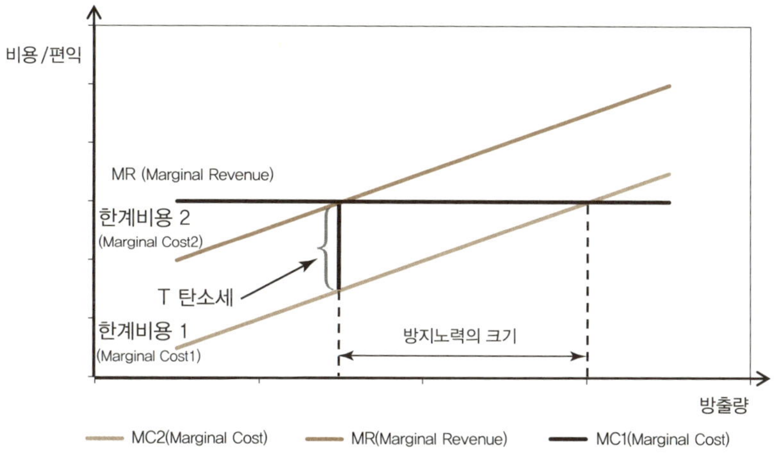

▮그림 7.13▮ 비용곡선이 우상향(右上向)하며, 이익구조가 수평인 경우(현실적 가정)

차이가 하나 더 있다는 사실이다. 즉 온난화 방지의 이익은 대기중에 있는 온실가스 전체의 양stock에 의하여 영향을 받기 때문에, 현재의 배출량, 즉 배출의 흐름flow과는 직접적 관계가 적다. 그래서 이익구조는 방지노력과는 무관하게 비교적 수평적 곡선을 그린다. 반면에 온난화 방지의 비용은 배출량의 흐름에 따라 크게 달라진다. 그래서 많이 줄이려고 방지 노력을 할수록 그 비용이 크게 높아진다. 그래서 비용구조는 급격한 우상향右上向의 곡선을 그리게 된다. 온난화 방지의 이익과 비용구조가 이러한 특징을 가지는 상황에서 탄소세의 도입은 비용구조에 직접 영향을 주어서 비용곡선을 우측으로 이동시킴으로써 — 방지 노력을 강화하면 탄소세라는 비용부담을 줄일 수 있기 때문에 — 보다 큰 방지 노력을 유도하는 데 유효하게 된다.

만일 역으로 이익곡선이 크게 우하향右下向하고 비용곡선이 수평적이라면 탄소세 도입은 방지 노력 유도에 덜 효과적이 될 것이다. 그러나 온난화 방지의 비용과 이익 구조가 그렇지 않기 때문에 탄소세는 보다

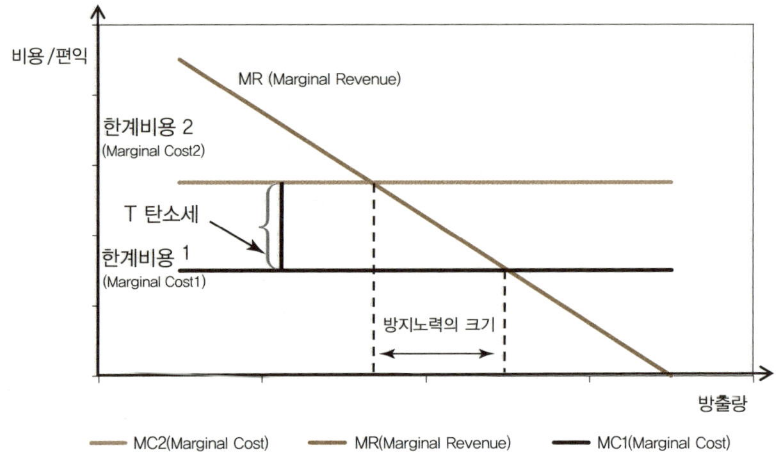

▌그림 7.14▐ 비용곡선이 수평적이며, 이익구조가 우하향(右下向)하는 경우(비현실적 가정)

효과적이게 된다.

가격규제의 또 하나의 이점은 재정수입의 증가다. 이것을 가지고 에너지 효율을 높이는 투자를 하거나 저탄소에너지 기술개발을 하는 데 투자한다면 온난화 방지에 기여할 수 있게 된다. 물론 가격규제가 장점만 있는 것은 아니다. 예컨대 탄소세가 부과되었을 때 그 당해 산업이 독과점적일 때는 그 부담을 생산물 가격으로 전가할 수도 있다. 또한 만일 온난화를 방지하기 위하여 특정수준 이상의 온실가스 배출이 절대 있어서는 안 되는 수준이 있다면, 가격규제의 경우에는 반드시 이것이 지켜지지 않는 경우도 발생할 수 있다. 탄소세를 더 내면서도 배출을 지속할 수 있기 때문이다. 그러나 대체적으로 앞에서 본 바와 같이 양적규제보다 가격규제가 장점이 많다. 지구촌의 온난화대책과 관련하여 아직 탄소세 등의 가격규제가 국제적 수준에서는 본격적으로 논의되지만 앞으로 그 도입을 적극 검토해야 할 것이다.

더 나아가서는 가격규제와 양적규제를 다양한 형태로 결합하는 방식도 검토할 수 있을 것이다. 예컨대 모든 나라가 지킬 최소한 수준의 양적규제를 전제로 그 이상의 배출에 대하여는 탄소세를 도입하는 방법도 생각할 수 있을 것이다. 반대로 일반적으로 탄소세를 도입하고도 최대 배출량을 정하여 일정 수준 이상의 배출을 막는 방법도 생각해 볼 수 있다. 여하튼 현재의 교토의정서의 방식은 앞으로 개선할 여지가 많다고 본다.

앞으로의 과제

우리는 어떻게 할 것인가? 첫째, 지구온난화에 대하여 너무 비관적인 입장도 너무 낙관적인 입장도 바람직하지 않다고 본다. 마치 머지 않아 지구에 종말이 올 것처럼 주장하는 것은 옳지 않다. 그러나 확실한 것은 현재 우리가 기후의 불확실성이 크게 증가하는 시대에 살고 있고 인간의 행위가 일정한 기여를 하고 있다는 사실이다. 따라서 지구파괴적일 수도 있는 인간의 행위를 지금부터 적극적으로 조절해 나가야 한다.•

• 스턴(Nicholas Stern) 박사는 기후온난화가 풀기 어려운 이유는 두 가지가 있다고 지적하고 있다. 첫째의 어려움은 그 진행이 완만하기 때문에 위기감을 느끼기 어렵다는 것이다. 진행이 완만하다가 어느 시점에 큰 재앙으로 급격히 전환되기 때문에, 대재앙에 대한 대응을 일찍 시작하지 않으면 안 되는데 그것이 어렵다는 것이다. 둘째의 어려움은 지금까지 기후온난화의 주(主)책임은 선진국들이었고 앞으로 지구온난화의 주(主)기여는 개발도상국들이 할 것이기 때문에 국제적 합의가 어렵다는 것이다. 왜냐하면 미래의 지구온난화를 막기 위하여 모두가 — 특히 개도국이 적극적으로 — 참여해야 하나, 그것이 경제개발을 우선해야 하는 개도국에게는 대단히 불평등할 수 있다는 것이다. 그래서 국제적 합의가 어렵다는 것이다. 그러나 그는 이 두 가지 구조적 어려움이 있으나 우리는 이 어려움을 넘어 기후온난화 문제를 풀 수 있다는 확신을 보이면서 지구온난화를 위한 지구적 합의를 위한 방도를 제시하고 있다. Nicholas Stern, *The*

둘째, 이와 관련하여 우선 급한 것은 에너지 절약conservation이다. 가능하면 여러 형태로 에너지 낭비부터 줄여야 한다. 그러면서 에너지효율energy efficiency을 높여야 한다. 가능한 적은 투입으로 최대의 산출을 내도록 노력해야 한다. 그래서 에너지 절약과 에너지 효율의 제고를 위한 투자를 대폭 늘려야 한다.

셋째, 가능한 온실가스를 배출하지 않는 대체에너지의 개발, 그리고 배출이 불가피한 경우에는 저탄소에너지기술의 개발 등에 투자해야 한다. 예컨대 태양에너지, 바람에너지, 핵에너지 등의 개발을 위해 노력해야 한다. 그리고 소위 clean coal을 위한 노력도 강화해야 한다. 이 분야에 대한 투자를 늘려나가야 한다.

넷째, 탄소세의 도입을 적극 검토해야 한다. 낮은 단계에서 시작하여 점차 높은 수준으로 올려야 한다. 그래서 우리나라에서 배출되는 CO_2의 양을 스스로 낮추는 계획을 세워야 한다.

다섯째, 지금까지는 분명 선진국이 온실가스 배출량이 많았고 지구온난화에도 결정적으로 기여한 것이 사실이다. 따라서 지난 100년간 지구온난화의 책임은 대부분 선진국이 져야 함은 물론이다. 그러나 앞으로 지구온난화의 주책임은 중국, 인도 등 거대 개발도상국으로 이동할 것이다. 분명 인구 일인당 CO_2의 배출량을 보면 중국이 미국의 1/4 정도다. 그러나 이미 중국의 CO_2 배출량이 미국을 앞서고 있다. 동시에 국민총생산 U.S. $1,000당 CO_2의 배출량을 보면 미국이 0.55, EU가 0.48인데 비하여 중국은 3.14 그리고 인도는 1.88로 나온다. 그만큼 에너지효율과 저탄소효율이 떨어진다는 것이다. 따라서 현재 교토의정서의 비준을 거

Global Deal, PublicAffairs, 2009.

부하고 있는 미국과, 교토의정서에서 제외되어 있는 중국과 인도를 어떤 형태로든 국제공조에 끌어들이는 것이 지구온난화 문제 해결에 있어 대단히 중요한 과제다.

이와 동시에 미국, 일본과 같은 선진국이나 우리나라 같은 중진국의 경우에는 에너지효율과 저탄소기술개발에 앞장서야 할 것이다. 이뿐 아니라 그 기술을 개발도상국에 원조하여 그들의 산업화는 오늘의 선진국이나 중진국이 걸었던 과거와는 달리 보다 에너지 효율적이고 저탄소 의존적으로 될 수 있도록 적극 기여해야 할 것이다.

여섯째, 앞으로 지구온난화 문제 해결에 국제적 공조는 필수적이다. 그런데 이를 성공시키기 위해서는 UN의 산하 기후변화회의FCCC만으로는 자체 동력이 생기기 어렵다고 본다. 앞에서 지적한 미국의 문제, 중국과 인도의 문제를 스스로 풀 수 있는 내부동력을 가지고 있지 않다. 따라서 이 문제를 풀기 위해서는 앞에서 이미 논의했던 G-20정상회담이 보다 적극적인 역할을 해야 한다고 생각한다.• G-20정상회담은 다시 강조하지만 선진국과 개도국의 정상이 같은 비율로 참석하는 포럼으로 거기서 합의하면 그 합의의 공정성과 정당성이 높아 그 영향력이 결정적이다. 따라서 앞으로 G-20정상회담을 새로운 지구온난화 대책에 대

• 주지하듯이 2007년 이후 유엔이 기후변화회의가 제안한 Post-2012 협상프로세스가 진행되고 있다. 기후변화협상에서 이탈하였던 미국도 오바마 등장 이후 복귀했고 중국, 인도 등 개도국들도 기존의 소극적 입장을 벗어나 적극적 대응으로 바뀌고 있다. 2009년 12월 코펜하겐 총회에서의 타결을 목표로 Post-2012 탄소감축 국제체제의 구성을 위한 협상이 진행되고 있다. 이러한 유엔 프로세스와 별도로 주요 탄소 배출 17개국이 참여하는 미국 주도의 에너지와 기후변화에 관한 주요국포럼(Major Economies' Forum on Energy and Climate Change)도 독자적인 협상프로세스를 진행시키고 있다. 이 두 가지 흐름이 하나로 모여 2009년 말 코펜하겐 총회에서 Post-2012 국제체제 구성에 대한 극적인 타결이 이루어지기를 기대한다. 이를 위해 G-20 Summit이 이 문제를 적극적으로 주요 agenda 속에 넣어 합의를 도출하기를 기대한다.

한 국제공조를 만들어 내는 장으로 활용할 필요가 있다고 본다. 그리고 대한민국도 이 과정에 적극적으로 참여해 선진국과 개도국의 사이에서 양측의 주장을 보다 공정하고 효율적으로 조정하는 역할을 해야 한다고 본다. 대한민국은 개도국의 경험도 선진국의 고민도 이해할 수 있는 중간적 입장이기 때문이다. 그 입장을 보다 잘 활용하면 지구온난화의 문제뿐 아니라 지구촌의 다른 문제에도 많은 기여를 할 수 있다고 본다.

세계화와 문화정책

세계화는 지구촌 문화에 어떠한 영향을 미치는가? 이 문제는 많은 사람들의 관심과 논의의 대상이 되어 왔다. 세계화가 지구촌 문화를 하나의 문화로 만들어 버려 개별 국가나 민족의 문화적 특이성과 아름다움을 모두 해소 내지 말살하는 것은 아닌가 하는 두려움이 많았다. 과연 그럴까? 세계화는 지구촌 문화에 과연 어떠한 영향을 미치는가? 문화의 동질화를 가져오는가? 아니면 세계화 속에서도 문화의 다양성이 그대로 유지될 것인가?

또 다른 하나의 관심은 정치와 경제 분야의 세계화가 아니라, 문화 분야에서 일어나는 세계화, 즉 '문화의 세계화'에 대한 해석이다. 다시 말해 몇몇 문화가 세계적으로 확산되어 지구촌 어디에서나 만나볼 수 있고 보편화되고 있는 움직임을 어떻게 보아야 하는가? 하는 문제다. 과연 지구촌에 어떠한 결과를 가져올 것인가? 문화의 세계화가 세계를 더욱 아름답고 평화롭게 만들 것인가? 아니면 더욱 추하고 대결적으로 만들 것인가? 이와 같은 문제에 대해서도 많은 사람들이 관심을 가져왔다.

다음의 우리의 관심은 세계화 그 자체이거나 문화의 세계화이거나 그것이 지구촌의 아름다움과 인류의 발전과 평화에 기여하게 하려면, 우리가 무엇을 어떻게 해야 하는가? 하는 점이다. 구체적으로 여러 나라들이 어떠한 정책적 노력을 해야 할지 하는 과제다. 만일 세계화 일반이든 문화의 세계화든 피하기 어려운 대세라면 이 대세를 개별국가의 발전은 물론이고 지구촌 전체의 발전과 평화와 어떻게 연결시킬 것인가 하는 문제는 당연히 중요한 정책과제가 된다. 이상 크게 보아 세 가지 문제를 각각 나누어 생각해 보도록 한다.

세 가지 패러다임

과연 세계화는 지구촌 사람들을 문화적으로 보다 비슷하게 만드는가? 다르게 만드는가? 아니면 새롭게 만드는가? 이 문제에 대해서는 세 가지 주장이 있다.*

첫째, 지구촌 문화의 동일화同一化, global cultural homogenization **가설이다.**

세계화로 인하여 상품, 자본, 노동, 정보의 국가 간 이동이 활발해지

* 세계화가 문화에 미치는 영향에 대한 세 가지 다른 입장을 잘 정리한 책으로는 Jan Nederveen Pieterse, *Globalization and Culture: Global Melange:* Rowman & Littlefield, 2004.

면 세계의 문화는 점차 서로 닮아가서 비슷하거나 혹은 동일한 내용과 형식을 가지게 된다는 가설이다. 예컨대 맥도날드가 전 세계 많은 나라에서 발견되는데 그 상품의 내용과 판매형식 등이 같기 때문에 맥도날드 상품의 소비과정에서 형성되는 지구촌 문화도 지역에 관계없이 같아질 수밖에 없다는 것이다.* 그러한 과정에서 지역 특유의 문화, 고유의 전통은 파괴된다는 것이다. 특히 세계적 미디어, TV, 영화 등 세계 여러 곳에서 동시에 방영되는 뉴스나 영화, 인터넷뉴스 등이 문화의 동시화同時化 내지 동조화同調化 형상cultural synchronization까지 만들어 낸다는 것이다. 단순히 그 내용이 같아질 뿐 아니라 그 문화소비가 동시에, 즉 같은 시점에 일어난다는 것이다.

그런데 이 과정에서 미국의 영향이 절대적이고 특히 미국 다국적 기업의 영향이 절대적이라는 주장이다. 다국적기업의 해외영업망을 통하여 미국적 소비문화가 지구촌에 보편문화로서 자리를 잡아가고 퍼져 나간다는 것이다. 그래서 세계화는 사실 지구촌 문화의 동일화를 가져오지만 그 내용을 보면 결국 '지구촌 문화의 미국화'라고 볼 수 있다는 입장이다.

둘째, 지구촌 문화의 다양화多樣化 global cultural differentiation 가설이다.

세계화가 지구촌 문화의 동일화를 가져오는 것이 아니라, 오히려 지구촌 문화를 보다 다양하게 만든다고 봐야 한다는 주장이다. 세계화가 문화의 동일화를 가져오는 것 같은 인상을 주는 것은 오직 표면적 현상이며 피상적 관찰이라고 보고 있다. 알고 보면 세계화로 인하여 오히려

* 이를 McDonaldization이라고도 부른다. 특히 다국적기업에 의하여 문화의 동질화현상이 나타나는 것을 의미한다. George Ritzer, *The MaDonaldization of Society*, Sage, 1993.

문화의 지역화regionalization — 문화의 지역적 특성의 증대 — 가 더 진행된다는 것이다. 세계화에 대항하여 각 국가 내지 각 지역의 고유문화를 지키고 발전시키려는 움직임이 오히려 더 강해지기 때문에 문화의 국가적·지역적 차이가 확실하게 드러나는 방향으로 가고 있다는 것이다. 그래서 경제적으로는 서로 통합의 방향으로 가지만 문화적으로는 오히려 반反통합의 방향으로 간다고 볼 수 있다. 그 결과 서양문화에 대하여 반反서양문화의 등장 등 지구촌에서는 문화적 경쟁과 갈등이 더 심해질 것이라는 논리다. 이러한 입장의 연장선에서 세계화가 진행될수록 소위 문명충돌이라든가, 문화충돌이 나타나고 심화될 것이라는 주장이 등장하고 있다.*

셋째, 신新지구촌 문화global cultural hybridization의 등장가설이다.

지구촌 문화가 정치적 경제적으로 가장 영향력이 큰 한두 나라 — 정치적·경제적 초대국 — 의 문화 속으로 편입되어 동일화되는 것은 아니다. 그렇다고 자신들의 고유 문화를 지키기 위한 치열한 투쟁이 일어나는 것도 아니다. 오히려 큰 방향은 세계화를 통하여 과거와는 크게 다른 신지구촌 문화가 창조될 것이라는 주장이다. 세계화로 인하여 지구촌 곳곳에서 그동안 드러나지 않았던 많은 문화적 다양성과 특이성들이 서로 만나게 되고, 서로 알고 서로 배우는 과정에서, 완전히 새로운 문화new hybrid의 종류가 등장할 것이라는 주장이다.

세계화라는 것을 크게 보면 일종의 진화적 변화과정으로 보아야 한다고 생각한다. 세계화 속에는 많은 주체들이 있고 이들 주체들이 서로 다양하게 만나고, 작용하고 변화하며 서로 적응하게 된다. 그러면서 세계

* Samuel P. Huntington, *The Clash of Civilizations and the Remaking of World Order*, Simon and Schuster, 1996.

화의 내용이 정해지고 그 내용이 점차 변화하고 발전하는 것이다. 그래서 어느 분야에선 문화의 동양화가 진행되고, 동시에 어느 분야에선 문화의 서양화가 진행되는 것이다. 지역 고유 문화가 새로운 문화를 만나 배우고 변화도 하지만 동시에 자신의 장점이 더욱 드러나서 보다 잘 지켜지기도 한다. 또한 세계화는 보편화이면서도 각자의 특이성과 독창성 등이 보다 잘 드러나고 높이 평가되는 움직임이기도 하다. 예를 들어 일본의 스시나 중국의 요리가 세계 각국에 보편화되면서 그 지역 주민들의 입맛이나 전통적 음식문화 습관에 따라 여러 형태의 자기변화와 자기수정을 함에 따라 같은 음식이라도 나라마다 조금씩 맛도 다르고 형식도 다르게 된다. 하지만 그래도 여전히 일본의 스시는 세계 어디에서나 일본의 스시 나름의 고유 맛을 지니고 있고, 중국의 요리는 중국요리 나름의 특성을 가지고 있다.

그렇다면 위의 세 가지 가설 중 어느 것이 올바른 관찰일까? 생각건대 크게 보면 위의 세 가지 주장이 모두 일어나고 현실화되고 있다고 봐야 하지 않을까? 그리고 각각의 가설은 그 나라 경제발전의 단계에 따라 어느 가설이 보다 설득력을 가지는가가 결정된다고 생각한다. 즉 경제발전의 초기, 후진국의 경우에는 동일화同一化 가설이, 그리고 경제발전의 중기, 즉 중진국의 단계에서는 다양화多樣化 가설이 그리고 경제발전의 후기, 즉 선진국의 경우에는 창조화創造化 가설, 즉 새로운 문화 등장의 가설이 보다 많은 설득력을 지닌다고 봐야 할 것이다.

분명 어느 나라에서든지 정치적·경제적으로 앞선 국가, 지배적인 국가의 문화를 일방적으로 모방하려는 움직임이 있다. 그것은 개인이나 국가나 마찬가지다. 앞선 자를 배우려는 노력 속에서 본래 발전의 계기가 있기 때문이다. 따라서 이러한 모방노력을 반드시 부정적으로만 보아서는 안 될 것이다. 특히 경제적으로 후진지역일수록 선진지역에 대한 모방충동이 강하다. 대단히 자연스러운 일이고 사실 그것이 발전의 동력이 된다.

그러나 경제가 어느 정도 발전해 중진국의 단계로 들어가면 선진국에 대한 일방적 모방은 점차 매력을 잃어갈 수 있다. 아니 경제발전이 어느 정도 진행되면 인간의 욕구가 경제에서 문화로 바뀌어 간다. 문화적 욕구가 증가하면서 지금까지 무조건 모방하려던 선진국의 문화가 스스로에게 불편한 것임을 느끼게 된다. 아니 지금까지 무시했거나 관심이 없던 자신의 전통문화 속에 보다 깊이 있는 가치와 아름다움이 있다는 사실을 깨닫게 된다. 그러면서 자신의 문화 속의 특이성과 아름다움을 발견하고 그래서 선진국의 문화와 차별화를 시도하기 시작한다. 중진국 문화와 선진국 문화와의 충돌이 시도될 수 있다.

그러나 경제가 더욱 발전해 선진국이 되면 선진국 간의 문화는 과연 어느 문화가 인류의 문화적 욕구의 보편적 변화와 발전에 보다 잘 대응하고, 많은 가치를 — 아름다움과 기쁨을 — 제공하는가에 따라 우열이 나뉜다. 이러한 기준에 따라 그 문화가 지배적이 될 수도 있고 반면에 점차 인기를 잃을 수도 있다. 그 과정에서 두 문화, 아니면 세 문화가 가지는 장점들이 서로 결합되고 융합되어 과거와는 완전히 다른 새로운 문화가 등장할 수도 있다. 새로운 창조의 가능성이 더욱 크다고 할 수 있다.* 왜냐하면 문화란 항상 특정한 풍토 — 사회적·자연적 풍토 — 속에서 등장하는 것이기 때문이다. 그런데 세계화가 풍토를 바꾸어 새로운 사회와 새로운 자연을 만들어 내므로 그 속에서 등장하는 문화도 종국적으로 새

* 기본적으로 세계화의 진행 — 문화의 세계화까지 포함하여 — 은 기존의 지역문화를 파괴하기보다는 새로운 다양성을 창조한다는 주장을 설득력 있게 잘 설명한 책은 Tyler Cowen, *Creative Destruction: How Globalization is Changing the World's Cultures*, Princeton University Press, 2002.

로울 수밖에 없다고 생각한다. 따라서 길게 보면 결국은 신 지구촌 문화의 창조 시대로 우리는 가고 있다고 봐야 할 것이다.

문화적 세계화의 지구촌 영향

앞에서 세계화는 지구촌 문화를 국가발전 단계에 따라, 일부에서는 동일화하고 다양화하면서, 그러나 궁극적으로는 새로운 신 세계문화를 창조하는 방향으로 나가고 있다고 주장했다. 그런데 세계화가 문화에 주는 이러한 여러 가지 영향이 과연 지구촌 자체를 어떻게 변화시키는가? 특히 세계화가 문화에 주는 영향 중에서 특히 '문화동일화의 영향'이 지구촌에는 어떠한 변화를 주고 있는가? 환언하면 세계화가 진행되면서 선진국의 문화가 특히 후진국에 전파되는 것 — 동일화하여 가는 것 — 이 과연 지구촌 전체에 어떠한 결과를 가져올 것인가? 이 문제에 대해서는 두 가지 대립적 견해가 있다.

첫째, 문화의 세계화는 지구촌 분쟁의 원인이 될 것이다.

세계화가 진전되면서 특히 유럽이나 미국을 모델로 한 세계문화의 서구화가 진전되면 당연히 지역의 고유문화로부터 반격이 나타나게 된다는 주장이다. 심한 경우에는 세계화가 결과하는 모든 종류의 상호의존성 내지 상호관계성에 대하여 적대적이 되고, 더 나아가서는 시장, 기술, 민주주의 등 근대성modernity 자체를 거부하기도 한다. 특히 이러한 경향은 지금 중동의 아랍권에 극단적인 형태로 나타난다. 그래서 이 입장을 취하는 학자들은 문화가 세계화되면서 특히 후진국에서 문화의 서구화가 진행되면서 고유전통문화의 저항과 반발이 커져, 문화의 세계화가 지구촌의 분쟁을 촉발하고 격화시키는 경향을 가진다고 주장한다.

이러한 주장에는 몇 가지 문제가 보인다. 하나는 세계문화와 지역문화가 반드시 상호대립적이고 투쟁적이어야 하는가 하는 문제다. 얼마든지 상호보완적이고 공존적이며 평화적일 수 있지 않을까 하는 문제의식이다. 그리고 다른 하나는 더 나아가 문화란 것은 반드시 서로 달라야 할 것인가 하는 의문이다. 세계문화 — 여기서는 주로 서구문화 — 와 지역문화에 서로 공통점은 없는가 하는 문제다. 상이점 보다 공통점이 더 많을 수도 있을 것이라는 의문이 생긴다. 우리의 역사를 보면 문화는 이웃문화와 만나 서로 배우고 빌려주고 빌려오면서 변화하고 발전하는 경우가 대부분이기 때문이다. 따라서 이러한 문화변동과 발전의 동적動的인 과정을 무시하고, 즉 문화는 끊임없이 변화하고 바뀐다는 사실을 무시하고 문화를 너무 고정적이고 그래서 서로 대립과 투쟁만 하는 것으로 보는 것은 올바른 시각이 아니다.

둘째, 문화의 세계화는 지구촌에 보편문화universal culture와 평화를 가져온다.

문화가 세계화되면서 지구촌 위에 모두가 공감하고 받아들이는 보편성을 가진 문화가 형성된다고 본다. 그래서 문화의 세계화가 지구촌 위에 갈등이 아니라 실은 화합과 평화를 가져온다고 본다. 특히 냉전이 끝나고 세계화가 진전되면서 세계문화는 수렴의 방향으로 가고 있다. 예컨대 민주주의적 문화, 시장경제적 문화가 지구촌에서 하나의 지배적 보편문화로서 확고하게 자리를 잡게 된다는 것이다. 지역의 개별문화는 이러한 문화의 보편화의 과정에서 상대적 가치와 의미가 크게 약화된다고 본다.

그런데 이러한 주장은 문화에는 민주주의적 정치문화와 시장경제적 경제문화 이외에도 많은 영역이 있다는 사실을 간과하고 있다는 문제가 있다. 문화에는 사실 학술문화, 종교문화, 예술문화, 가정문화, 여가문화 등 다른 영역이 얼마든지 있다. 과연 이러한 문화에서도 세계적 보편화가 진행되는지, 만약 그렇다면 어느 정도 진행되는지가 사실은 확실하지 않다. 또한 비록 민주주의와 시장경제가 정치와 경제체제 내지 질서로 수렴되는 큰 방향인 것을 받아들인다 해도, 사실은 나라마다 민주주의나 시장경제가 많이 다른 것을 우리는 알고 있다. 민주주의를 하면서도, 보다 소중하게 생각하는 가치가 — 예컨대 자유와 평등 간의 갈등의 문제 — 다를 수 있다. 또한 시장경제를 하면서도 성취하는 목표의 순위 — 예컨대 성장이냐 분배이냐 혹은 환경이냐 등 — 가 나라마다 다르기도 하다.

따라서 결론은 문화의 세계화가 한편으로는 지구촌의 갈등도 가져오고 다른 한편으로는 지구촌의 화목과 평화를 가져온다고 봐야 하지 않을까? 서로 만나는 문화가 상대의 가치와 특징을 인정하고 상호보완적으로 생각하면 화합과 평화의 방향으로 나아가게 된다. 그러나 서로 만나는 문화가 상대를 부정하고 상호대립적으로 사고하면 갈등과 충돌의 방향으로 나아가게 된다. 따라서 실제로 중요한 것은 어떻게 문화의 세계화를 지구촌 평화의 원천으로 삼고, 상호발전의 계기로 만들까? 하는 점이다. 또 어떻게 문화의 세계화가 갈등과 대립 그리고 지배복종의 관계로 발전되는 것을 막을까 하는 것이 보다 중요한 문제가 된다. 이 문제를 좀 더 자세히 논의해 보자.

문화갈등에서 문화상생으로

다음은 세계화 과정에서 발생할 수 있는 '문화갈등'을 어떻게 '문화상생文化相生'으로 바꾸어 문화의 세계화를 지구촌의 평화와 화목을 촉진하는 계기로 만들어 나갈 것인가 하는 문제다. 이 문화갈등의 문제를 풀기 위해 문화란 무엇이고, 갈등이란 무엇인가를 간단히 살펴보자.

문화文化란 본래 사람과 사람을 연결시켜 주는 일종의 상호이해의 끈이고 상호공감의 틀이라고 볼 수 있다. 그래서 상호이해와 상호공감을 위해 문화는 그 사회구성원들에게 다음의 세 가지를 제공한다.

첫째는 정체성identity이다. 구성원들이 함께 공유하는 정체성shared identity이다. 같은 종족, 같은 언어, 같은 역사 등이 하나의 공유하는 문화shared culture를 형성해, 공유하는 정체성의 바탕을 제공한다. 특히 정체성의 형성에 중요한 것이 역사다. 서로가 공유하는 역사shared history — 공유하는 기억 — 와 그에 기초해 공유하는 문화를 가질 때, 그 곳에서 구성원들이 공유하는 정체성이 형성된다.

둘째는 공유하는 가치value다. 서구에서는 개인을 중시한다. 동양에서는 개인보다 가족, 연고 등 공동체를 중시한다. 그래서 서구에서는 독립심, 개인적 성취, 솔직성 등의 가치를 높이 평가하나, 동양에서는 상호인정, 공동의 성취, 체면 등의 가치를 높이 평가한다. 다른 문화가 다른 가치체계 내지 가치질서를 형성하는 셈이다.

셋째는 공유하는 의미meaning다. 삶의 의미, 죽음의 의미, 성취의 의미 등이 문화마다 다르다. 일본에서 무사武士의 할복이 가지는 의미는 다른 서구의 문화에서 이해하기 어려울 것이다. 반대로 유일신唯一神 문화에서 신을 위한 전쟁, 소위 성전聖戰의 의미는 다신교多神教 문화에서는 이해하기 어려울 것이다.

이와 같이 문화는 구성원들이 공유하는 정체성, 공유하는 가치, 그리고 공유하는 의미를 제공한다. 그래서 상호이해를 쉽게 하고 상호공감의 수준을 높인다.

그러면 갈등이란 무엇인가? 갈등이란 서로 달라서 발생하기 시작한다. 그러나 서로 다르다고 반드시 갈등으로 가는 것은 아니다. 서로 다른 것을 인정하고 다른 것을 좋아하면, 다른 것이 얼마든지 평화와 발전의 계기가 될 수도 있다. 따라서 단순히 다른 것이 문제가 아니라 다른 것이 적대적으로 비치는 데서 갈등이 발생한다. 그러면 다른 것이 왜 적대적으로 비치는가? 그 이유에는 두 가지가 있는 것 같다. 하나는 상대에 대한 잘못된 이해, 즉 오해misunderstanding에서 비롯되는 경우다. 다른 하나는 상대에 대한 거부 내지 부정negation이다. 이 두 가지 때문에 단순한 차이가 적대적 관계로 발전한다.

그런데 상대에 대한 잘못된 이해 내지 오해는 소통을 보다 활성화함으로써, 즉 서로 진솔한 대화와 교류를 함으로써 해결할 수 있다. 그러면 상대에 대한 거부 내지 부정은 어떻게 극복할 것인가? 다른 문화를 보고 그 문화의 가치를 거부 내지 부정하는 경우도 사실은 상대 문화에 대한 이해의 부족, 충분한 심층적 이해의 부족에서 오는 경우가 대부분이다. 상대 문화에 대한 피상적·표피적 이해가 상대 문화에 대한 거부와 부정으로 발전하는 경우가 일반적이다.

일견 이해하기 어렵고 받아들이기 어려운 문화라도 그 문화가 어떠한 역사적 맥락에서 나왔고 어떠한 경제사회적 여건 속에서 등장하게 되었는지를 좀 더 깊이 이해하면, 처음 대할 때, 즉 피상적으로 느낄 때의 부정적 인상을 상당부분 교정할 수 있다. 결국 소통의 부족과 심층적 이해의 부족이 이웃 문화에 대한 오해 내지 거부를 그리고 이와 같은 오해와 거부가 문화적 갈등과 충돌을 야기하는 셈이다. 따라서 중요한 것은 문화적 차이 그 자체가 아니다. 그 차이를 어떻게 다루고, 그래서 상호 불필요한 오해와 심층적 이해의 부족에서 발생하는 적대와 갈등을 줄일 것인가가 문제의 핵심이 된다고 볼 수 있다.

따라서 세계화과정에서 발생하는 문화갈등, 이것을 넘어 문화상생을 창출하려면 다음 세 단계의 노력이 필요할 것이다.

첫째, 문화에 대한 이해도cultural fluency를 높여야 한다.

문화갈등을 줄이기 위해 우선 급한 것이 문화에 대한 이해도를 높이는 것이다.* 여기서 중요한 것은 자국의 문화에 대한 이해도와 이웃문화에 대한 이해도를 함께 높여야 한다는 것이다. 어떠한 문화가 어떻게 시작되었고, 어떠한 사회경제적 배경에서 진화하고 발전해 왔는가? 그리고 그 문화가 그 사회의 정체성과 가치와 의미에 어떻게 연결되어 있는가?를 이해해야 한다.

특히 우선 자국自國의 문화부터 올바로 이해할 필요가 있다. 자국의 문화를 객관적이고 심층적으로 이해하는 것이 중요하다. 자국의 문화이기 때문에 편안함과 친근감을 느껴서 무조건 미화하거나 절대화해서는

* 문화적 갈등(cultural conflicts)을 줄이기 위하여 문화에 대한 이해도(cultural fluency)의 중요성을 잘 설명한 책으로는 Michelle LeBaron, *Bridging Cultural Conflicts: A New Approach for A Changing World*, Jossey-Bass, 2003. 흥미있는 것은 이 책에서 문화적 이해도를 높이는 방법의 하나로 동양에서의 명상적 방법을 강조하고 있다는 점이다. 동양적 명상 혹은 불교적 선(禪)의 방법을 가지고 자신의 행동과 생각의 패턴을 돌아봄으로써 자신의 문화에 대한 보다 객관적이고 심층적인 이해를 할 수 있다는 것이다. 그래서 그는 문화적 이해도를 높이는 방법으로 소위 성성(惺惺, mindfulness)의 방법을 제시한다. 선(禪)불교의 명상법을 제시한다.

안 된다. 그러한 주관적 태도는 객관적이고 심층적인 문화의 이해가 아니다. 자국의 문화이해가 주관적이게 되면 이웃나라의 문화에 대하여도 마찬가지로 주관적이 되어서 이웃문화에 대한 객관적·심층적 이해를 방해하게 된다. 그러면 그럴수록 문화이해는 피상적·표피적이며 감성적이 돼 이해 부족 내지 오해로 인한 문화 간 적대와 갈등이 커질 위험이 높아진다. 따라서 자국의 문화에 대하여 올바른 심층적 이해, 과학적이고 객관적인 이해 — 자국의 문화를 상대화하는 이해 — 가 대단히 중요하다. 그리고 자국의 문화에 대한 이러한 이해의 자세를 가지고 이웃문화를 객관적·과학적 그리고 심층적으로 이해하도록 노력해야 한다. 그러면 자국의 문화에 대한 그리고 이웃문화에 대한 이해의 폭과 깊이가 크게 증대된다. 그러면 불필요한 오해와 이해 부족에서 오는 거부와 적대와 갈등은 크게 줄어들게 된다.

이 과정에서 특히 중요한 것이 문화만남cultural interaction의 역사에 대한 이해를 높이는 것이다. 지금까지 인류의 역사를 보면 상이한 문화들이 끊임없이 만나고 교류하고 충돌하면서 변화하고 발전해 왔다. 이러한 문화만남의 과정에 대한 연구와 이해를 높이면 그만큼 모든 문화에 대하여 동태적 이해 그리고 상대적 이해가 가능하게 된다. 그러면 자국自國문화에 대하여 일방적으로 찬미하고 이국異國문화에 대하여 일방적으로 폄하하는 잘못된 태도는 없어지게 된다. 그래서 자국문화와 이국문화의 거부나 갈등과 적대의 발생을 크게 줄이게 된다.

둘째, 갈등에 대한 이해도conflict fluency를 높여야 한다.

도대체 갈등이 왜 발생하는지를 잘 이해해야 한다. 서로 의견이 다르거나, 서로 모습이 다르거나, 서로 하는 행동이 다르거나 하는 등의 차이가 있을 때 이것이 어느 경우에 갈등으로 발전하는가를 잘 살펴야 한다. 차이가 반드시 갈등으로 발전하지 않는 경우는 왜 그러한지도 잘 살펴야 한다. 결국 문제는 차이에 대하여 우리가 어떻게 반응하느냐에 따라 차이가 갈등으로 발전할 수도 있고, 반대로 평화로 발전할 수도 있다는 것을 알 수 있다. 그리고 좀 더 깊이 분석해 들어가면 그 반응에 대한 선택 그 자체도 실은 문화적 영향을 크게 받고 있다는 사실까지를 알 수 있다. 결국 반응의 선택도 지극히 상대적이고 자기중심적이라고 할 수 있다. 절대적인 것이 아님을 알 수 있다.

그렇다면 차이에 대하여 구태여 갈등의 방향으로 반응한다는 것이 어떤 의미를 가지는지를 성찰할 수 있게 된다. 이 성찰과정 자체에서 우리는 그만큼 스스로의 문화적 제약에서 자유로워질 수 있다. 환언하면 자기로부터 자유로워질 수 있다. 그러면 자연히 상대로부터도 자유스러워진다. 즉 나와 상대를 모두 절대화絕對化하지 않기 때문에, 나와 상대의 차이가 반드시 갈등의 방향으로 나갈 하등의 이유가 없게 된다. 따라서 어떻게 갈등이 발생하는지 그 과정을 잘 관찰하면, 갈등과 화목은 결국 자신이 선택하는 것이다. 따라서 그 어느 것도 상대적 선택이지 절대적 선택이 아님을 알게 된다. 그러면 우리는 그만큼 문화충돌에서 자유로워지게 된다.

셋째, 신新지구촌 문화를 창조해야 한다.

위와 같이 문화에 대한 이해도理解度 — 자국과 이국문화 모두에 대한 이해도 — 를 높이고 갈등에 대한 이해도를 높이면 이제부터 문화공생文化共生이 소위 다多문화공생이 가능하게 된다. 그러나 사실은 문화공생만으로 충분하지 않다. 문화공생의 단계를 넘어 바람직한 방향은 지구촌 문화를 한 단계 높이는 것이어야 한다. 즉 새로운 문화 창조가 있어야 한다. 이 과정은 결국 각국이 각자의 문화적 특징과 장점을 모아서 인류의 보편적 발전에 기여할 수 있는 방향으로 서로 통합하고 융합하면서 새로운 시대의 문화적 요구에 답하는 방향으로 일어날 것이다. 그래서 이러한 새로운 지구촌의 문화창조가 일어남에 따라 새로운 인류의 정체성이 등장하고 인간의 삶에 대한 새로운 가치와 의미가 나타나게 될 것이다.

좀 더 구체적으로 그 방향을 생각해 보면 아마 동양의 문화와 서양의 문화 그리고 북방의 문화선진국와 남방의 문화후진국의 통합과 융합을 통해 인류의 자기인식자기정체성, 인간 삶의 가치와 의미, 그리고 공동체의 삶의 가치와 의미들이 한 단계 높아지는 방향으로 재구성되지 않을까 생각한다. 사실 최근 100-200년간 지구촌 문화는 너무나 서구중심주의 방향으로 이동해 왔다. 서구가 산업화와 민주화에 앞섰기 때문에 모두가 서구를 모방하려 했다. 또한 서구는 서구 나름으로 자기중심주의와 자기과신自己過信에 과도하게 빠져 있었다. 그래서 동양의 사상적·문화적 풍요로움과 아름다움이 인류의 공동재산이 되지 못했다. 또한 산업화와 민주화에 더딘 후진국들이 나름대로 가지고 있는 사상적·문화적 풍요로움이나 아름다움과 다양성을 인류 전체가 서로 공유하지 못해 왔다. 사고가 너무나 서구선진 중심주의에 묶여 있었기 때문이다.

다행스럽게 세계화는 종국적으론 모든 문화를 상대화하는 방향으로 움직인다고 본다. 세계화의 결과로서 이 문화의 상대화가 서구중심주의와 선진국중심주의를 모두 극복하고 동양과 후진국 문화의 풍요로움과 아름다움을 인류공동의 유산으로 모두가 함께 나눌 수 있는 기회를 만들고 있다고 생각한다. 그래서 서구중심주의도 아니고 동양중심주의도 아닌, 선진국주의도 후진국주의도 아닌, 모두를 종합하고 한 단계 높은 단계에서 융합하고 발전하는 지구촌 중심주의, 인류중심주의가 나올 것이라고 기대한다.

문화적 정체성의 문제: 어떻게 보아야 하나?

그렇다면 이러한 문화의 세계화의 과정, 즉 문화적 상호이해가 증대하고, 더 나아가서 지구촌 문화가 새롭게 등장할 때, 소위 민족문화의 정체성, 지역문화의 정체성의 문제는 어떻게 되는 것인가? 민족문화는 그리고 지역문화는 그 정체성이 해체되거나 해소되는 것은 아닌가? 이러한 문제가 남는다.

앞에서 보았듯이 이 문제에 대한 비관론悲觀論은 문화의 세계화가 민족문화의 정체성혹은 지역문화의 정체성을 파괴한다고 본다. 그래서 지구문화의 보편화라는 이름으로 사실은 서구화가 진행되고 그 과정에서 특히 후진국 민족문화의 정체성은 희생물이 된다고 본다. 과연 그럴까?

이러한 비관적 주장에 대해 한 가지 근본적인 문제가 제기될 수 있다. 도대체 이 비관론은 민족문화의 정체성 혹은 민족의 정체성을 어떻게 이해하고 있는가? 답을 해보면 이 비관론은 정체성이라는 것을 하나의 고정된 사물로 이해하고 있는 것 같다. 특정의 민족 혹은 지역과 연계되어 불변하고 고정되어 있는 사물로 본다고 할 수 있다. 그리고 정체성을 특히 문화적 정체성을 일종의 오래된 유물 내지 보물로 이해하는 것 같다. 특정 민족 혹은 지역에서 오랫동안 지켜온 유물 내지 보물로 여기는 경향이 크다. 이렇게 고정적이고 불변적인 유물이 세계화를 통하여 문화의 다양성을 만나게 되면 불가피하게 변화하기 때문에 문화의 정체성이 파괴되는 것으로 이해하는 것 같다. 이러한 이해가 과연 올바른 것인가? 민족문화 내지 지역문화의 정체성이 이렇게 고정되고 불변한 존재인가?

결론부터 이야기하면 세계화가 문화적 정체성혹은 민족문화의 정체성을 파괴하는 것이 아니라, 문화적 정체성을 재창조하고 확산시킨다고 생각한다. 문화적 정체성이란 고정되어 있는 것이 아니고 유동적이고 끊임없이 변화하는 것으로 이해해야 한다고 생각한다. 보다 구체적으로 보면 민족이라는 개념도 사실은 대단히 근대적 개념이다. 과거 중세나 왕조시대에는 존재하지 않았던 개념이다. 민족문화, 지역문화도 모두 근대적 개념이다. 그런데 이러한 민족 내지 지역이라는 개념도 사실은 세계화라는 또 하나의 근대적 개념을 만나면서 나타나기 시작한 개념이다. 환언하면 세계화가 없었으면 민족이나 지역이란 개념도 없었을 것이고, 그에 기초한 민족문화, 지역문화라는 개념도 등장하지 못했을 것이다.

그래서 사실 세계화가 민족문화, 지역문화의 정체성을 창조했다고 주장할 수도 있다. 다른 민족과의 만남이 적을 때는 민족의 개념이 성립하기 어렵다. 지역의 경우도 마찬가지다. 다른 지역과의 만남을 통하여 자기지역에 대한 자의식自意識이 생기는 법이다. 따라서 세계화를 통해 다양한 이웃민족을 만나고 이웃나라를 만나면서 자기민족, 자기지역에 대한 자의식이 생긴다고 봐야 한다. 결국 세계화를 통하여 지금까지 잠재적潛在的이고 즉자적卽自的인 존재인 민족, 지역, 문화의 정체성 등이 비로소 현재적顯在的이고 대자적對自的인 존재인 민족, 지역, 문화의 정체성으로 변화되는 셈이다. 그러한 의미에서 문화의 정체성은 고정되어 있는 것이 아니고 유동적이며 변화하고 발전하는 것으로 파악해야 한다. 결국 누구와 만나는가에 따라 또는 어떠한 민족, 어떠한 문화와 만나는가에 따라

내 민족, 내 문화의 정체성도 달라지고, 다르게 정의된다고 봐야 한다.

결국 세계화로 인해 더 많은 사람들, 더 많은 민족과 문화를 만나게 되면서 민족문화, 지역문화의 정체성이 더 화려해지고 그 내용이 더 풍부해진다고 할 수 있다. 그래서 세계화는 민족문화와 지역문화의 정체성을 창조할 뿐 아니라, 확산시키고, 심화시킨다고 봐야 한다. 이렇게 민족문화, 지역문화의 정체성 등은 역사 속에서 만들어지는 것으로 봐야 한다. 끊임없이 진화하고 발전하는 것으로 생각해야 한다. 자연발생적으로 등장하여 고정불변으로 존재하다가, 외부의 영향을 받으면 파괴되어 버리는 존재가 아니다.

이렇게 세계화가 민족문화, 지역문화를 단순히 창조할 뿐 아니라 사실은 이들 문화를 확산시키고 심화시킨다는 점은 더욱 강조해야 한다. 세계화를 통하여 다른 문화를 만나면서 자기의 특이성이 보다 많이 드러나기 시작한다. 따라서 보다 많은 문화와 접하면 보다 많은 자기특징을 발견하고 인식하게 된다. 그리고 동시에 세계화는 특정의 민족문화나 지역문화를 세계 여러 곳에서 접할 수 있도록 해준다. 소위 민족문화나 지역문화가 가진 지역성 내지 지역제한성을 뛰어넘게 해 준다. 이제 한국문화는 세계 여러 곳에서 여러 형태로 경험할 수 있다. 그러면서 더욱 한국문화의 특이성, 아름다움에 대한 이해를 깊게 할 수 있다. 이러한 움직임 모두가 민족문화와 지역문화의 정체성을 확산하고 심화하는 과정이라고 볼 수 있다.

또한 세계화는 한 나라 안에서도 지역문화를 더욱 드러나게 그리고 발전할 수 있게 만든다. 이 점도 중요하다. 세계화는 세계 어디서나 분권화分權化를 촉진한다. 중앙집권을 해체시킨다. 개인이나 지역이 자기 목소리를, 자기의 특이성을 발휘하도록 만든다. 그것이 바로 세계화가 수반하는 세계시장의 확대가 기대하는 것이기 때문이다. 세계시장이란 각자가 —

개인이든 지역이든 — 자기의 특이성과 장점을 갖고 와서 교류하고 교환할수록 발전하는 존재다. 그리고 세계시장은 그러한 움직임을 환영하고 기대한다. 그것이 세계의 부富 — 여기서는 세계의 문화적 풍요로움과 아름다움 — 의 증대를 결과하기 때문이다.

따라서 세계화가 진행될수록 지역문화는 더욱 자기목소리를 내기 시작하고 자기의 특장特長을 주장하기 시작한다. 그래야 환영받고 인정받기 때문에 더욱 자기만의 목소리를 내려 한다. 그래서 지역성을 더욱 강조하고 중시한다. 그리고 지키려 한다. 그러한 의미에서 세계화로 인하여 문화가 재지역화re-territorialization하는 경향도 있다. 다시 말해 세계화시대에는 지역문화가 세계로 뻗어나가는 탈지역화de-territorialization의 움직임과 동시에 본래의 지역으로 회귀하는 재지역화의 경향도 있다는 것이다.

끝으로 한 가지 강조하고 싶은 것은 이제 세계화시대는 단일정체성single identity의 시대가 아니고, 다정체성multiple identity, 나아가 복합정체성complex identity의 시대라는 사실이다. 따라서 정체성은 제로섬 게임이 아니다. 자기가 속한 민족문화의 정체성을 지키고 즐기면서, 동시에 세계시민으로서 보편적 세계문화의 정체성을 즐길 수 있는 시대다. 어떻게 보면 많은 정체성을 가질수록 좀 더 풍요로운 삶을 보낼 수 있는 시대가 바로 세계화시대일지 모른다. 다른 정체성을 가진다고 본래의 정체성이 약화된다고 생각하는 것은 잘못이다. 따라서 21세기 세계화시대 정체성은 본래가 복합적이고 다양하고 유동적이고 가변적이라는 사실을 받아들이는 것이 중요하다. 이러한 관점에서 종래 산업화시대의 사고를 벗어나 새로운 시대에 걸맞는 복합적 정체성 창조에 노력해야 할 것이다. 그것이 21세기 세계화시대를 맞은 개인이나 국가의 발전원리이며 동시에 행복원리가 될 것이다.

제8장

세계화와 민주주의 그리고 국가경영

세계화와 민주주의 그리고 시민사회

지난 20-30년을 돌이켜 보면 하나의 뚜렷한 패턴이 보인다. 즉 세계화와 민주주의가 함께 발전하고 확대되어 왔다는 것이다. 1975년에 민주주의 국가는 지구촌 위에 약 30개 국 정도 있었는데 2005년 현재 119개 국으로 크게 늘어났다.• 그동안 약 4배 가까이 증가한 셈이다. 한마디로 민주주의의 폭발적 확산이라고 볼 수 있다. 동시에 세계 GDP에서 세계무역이 차지하는 비율을 봐도 1975년 약 7.7% 수준이던 것이 2002년 현재 약 19.5%로 증가했다. 그리고 동기간 중 자본자유화국가의 수가 25%에서 38%로 확대되었다. 한마디로 민주주의와 세계화가 동시에 발전해 온 셈이다.

어떻게 해서 이것이 가능했을까? 세계화가 민주주의의 확산에 기여를 했기 때문인가? 아니면 민주주의가 세계화의 확산에 기여한 것인가? 아니면 서로 아무런 관계가 없는 것인가? 아니면 혹시 세계화와 민주주의가 서로 포지티브positive한 방향으로, 즉 상의상생적인 방향으로 발전해 온 것인가? 이러한 질문들이 가능하다. 이 질문에 대한 이론적·실증적 연구들이 많다. 어떻게 보는 것이 올바른 관점일까?

• Michael Mandelbaum, *Democracy's Good Name: The Rise and Risks of the World's Most Popular Form of Government*, PublicAffairs, 2007, Introduction.

세계화는 민주주의를 가져오는가?

우선 과연 세계화가 민주주의의 확산에 기여하는가? 반대로 아닌가에 대해 몇 가지 상반되는 주장이 있다.* 각각 살펴보자.

첫째, 세계화는 민주주의 발전에 기여한다.

세계화가 민주주의에 기여한다는 주장은 역사도 길고 내용도 다양하다.

(1) 세계화가 경제발전을 가져오고 경제가 발전하면 중산층이 성장하기 때문에 민주화에 대한 국민적 욕구가 증가하게 된다는 것이다. 그래서 민주주의가 확산된다는 논리이다. 칸트Kant, 슘페터Schumpeter 그리고 하이에크Hayek 등의 학자들이 오래전부터 주장해 오던 입장이다. 그리고 최근에 이러한 주장을 하는 학자들은 흔히 한국과 인도네시아 등의 역사적 경험을 좋은 예로 들고 있다. 이들 나라의 역사를 보면 '선先 산업화 후後 민주화'였다는 것이다. 즉 산업화가 선행해서 민주화를 이끌어 냈다고 보고 있다.

(2) 세계화는 세계적 기업들과의 관계, 이웃국가들과의 경제 관계를 심화시킨다. 이러한 국제적 경제관계의 심화는 국내의 사회적·정치적 안정을 필수로 전제하기 때문에 그것이 민주주의에 대한 압력으로 작용하게 된다는 것이다. 결국 앞의 주장은 민주화를 향한 내부압력의 증대중산층의 성장를 지적하였는데, 여기서는 민주화를 향한 외부압력외국기업을

* 세계화, 특히 경제적 세계화가 민주주의에 어떠한 영향을 미치는가에 대한 다양한 연구들을 조사하고 잘 정리 요약한 글은 Quanli and Refael Reuveny, *Economic Globaliztion and Democracy: An Empirical Analysis, British Journal of Political Science*, 33, 2003, Cambridge University Press.

제시하고 있다. 즉 외부압력이 존재하고 이것이 불가피하게 민주화를 촉진하게 된다는 입장이다.

(3) 세계화는 독재자들로 하여금 독재를 강화하고 유지하는 이익을 줄어들게 만든다. 그래서 국가를 민주화의 방향으로 유도한다는 것이다. 세계화는 자유경쟁질서를 촉진하고 경제사회의 투명성을 높이기 때문에, 독재정부의 경제정책이 특정집단의 이익, 즉 독과점이익을 보호하거나 확대시켜 주기가 점차 어렵게 된다는 주장이다. 따라서 그만큼 독재정부를 유지하여 얻을 수 있는 경제적 이익, 즉 특정집단에게 독과점을 보장해 줘 얻을 수 있는 이익이 줄어들 수밖에 없게 된다. 결국 그만큼은 민주화를 반대할 이유가 줄어든다는 논리다.

(4) 세계화는 정보비용을 크게 낮추고 국내외 접촉을 높여 그 결과 국민들이 국내외 정보를 보다 많이 접하게 만든다. 그 과정에서 해외로부터 민주적 의식과 가치 등이 유입된다는 입장이다. 특히 이 과정에서 인권 등 민주주의의 기본적 가치를 추구하는 세계의 국제 NGO들과의 접촉도 민주화의 촉진에 기여한다는 것이다.

(5) 세계화는 시장의 영역을 확대하기 때문에 종래의 중앙집권적 국가경영이 불가피하게 점차 분권화 — 동시에 국가역할의 축소 — 된다는 것이다. 그 과정에서 기업조직, 노동조직, 그리고 나아가 시민운동조직 등이 등장하게 되고 이러한 권력의 분권화가 민주주의로의 진일보를 가져온다는 것이다.

(6) 세계화는 국내 제도 중에서 민주주의의 근간이 되는 제도들을 강화하는 방향으로 작용한다. 주지하듯이 세계화는 시장화市場化를 의미한다. 따라서 자연히 시장화의 제도적 전제가 되는 사적소유권, 공정한 사법제도, 법의 지배 등의 법제도를 강화하는 기능을 한다. 동시에 국제거

래의 증가는 자연히 국내의 각종 법과 제도의 책무성accountability, 투명성transparency의 제고를 가져온다. 그리고 이러한 법의 지배, 투명성의 제고 등과 같은 변화들이 결국 민주화에 기여하게 된다는 것이다.

(7) 세계화는 국경을 넘어 민주주의의 이념을 전파한다는 것이다. 실증분석을 보면 민주주의 국가에 둘러싸여 있는 나라들은 보다 쉽게 민주화가 되는 것을 알 수 있다. 그런데 세계화가 정보와 사람의 이동과 교류를 넓힘으로써 이러한 경향을 더욱 촉진한다는 분석이다.

이상이 세계화가 민주주의의 확산에 기여한다는 주장들이 제시하는 이론적 근거들이다. 그런데 이에 대한 반론反論도 만만치 않다. 중국의 경우를 보자. 세계화가 어느 나라 못지않게 잘 진행되고 있는 중국이 아직 비非민주화 국가가 아닌가 하는 반론도 있다. 물론 중국의 경우 좀 더 시간이 지나면 반드시 민주화가 불가피할 것이라는 역반론逆反論도 있을 수 있을 것이다. 여하튼 세계화가 민주주의 발전에 기여하지 않는다는, 아니 오히려 장애가 될 수 있다는 정반대의 주장들을 들어보자.

둘째, 세계화는 민주주의 발전에 장애가 된다.

세계화가 민주주의의 발전에 오히려 장애가 된다는 주장은 그 근거로서 다음과 같은 논리들을 제시한다.

(1) 세계화는 국가정책의 자주성policy autonomy을 약화시킨다. 외국자본유치를 위해 국민들의 이익을 희생시키는 경우가 발생한다는 것이다. 만약 인플레를 기피하는 외국자본의 이해를 감안해서, 국가가 국내 경제적 필요에 따른 거시경제운영 — 예컨대 실업 감소를 위한 정부지출의 확대나 통화공급의 확대 등 — 을 하지 않는다면, 그만큼 국가는 비민주

적이 된다는 의미다. 결국 국민의 이익을 반영하고 지켜야 할 민주주의는 후퇴하게 된다는 것이다.

(2) 세계화는 적어도 단기적으로는 이익을 보는 자winner와 손해를 보는 자loser를 만들어 낸다. 그런데 동시에 세계화는 시장의 역할을 확대하고 정부의 역할을 축소하기 때문에, 이들 손해 보는 자들을 도와줄 수 있는 정부능력은 상대적으로 떨어진다. 종래의 중소기업 지원정책, 약자보호의 사회복지정책 등을 추진할 정부의 여력이 줄어든다. 그만큼 빈곤이 증가하고 분배는 양극화되어서 사회는 더욱더 비민주주의 방향으로 가게 된다는 것이다.

(3) 세계화는 국제자본이동의 불안정성과 불확실성을 높게 해 수시로 후진국에 금융위기 내지 통화위기를 가져온다. 그렇게 되면 IMF가 강력한 긴축정책을 강요하게 된다. 그 결과가 실업의 양산, 분배의 악화, 사회적 갈등의 격화, 정치적 불만의 증가로 나타나고, 이를 통제control하기 위해 국가는 점점 더 비민주적 내지 반민주적 수단을 쓰게 된다는 것이다. 그래서 절차적 민주주의procedural democracy만 남고 실체적 민주주의substantive democracy는 점차 소멸하게 된다.

(4) 세계화는 인종적 계급적 갈등을 부추겨, 민주주의를 위한 공동체적 기초를 파괴하게 된다. 세계화가 만든 사회적 경제적 약자들은 국가 속에서 공동체적 정체성을 찾으려 하지 않는다. 대신 인종적 종교적 계급적 그룹 속으로 새로운 집단적 정체성을 찾으려 노력하게 된다는 것이다. 그래서 인종갈등, 계급갈등, 종교갈등 등이 증폭되고, 이러한 갈등을 합리적으로 해결할 성숙한 제도와 문화가 없으면 — 대부분의 후진국이 그러하지만 — 민주주의는 후퇴하게 된다는 것이다.

(5) 세계화는 정부와 다국적기업의 유착관계를 강화시킨다. 이 유착

관계가 국민들에게 제공하는 정보 — 예컨대 시장정보 등 — 를 관리하게 된다. 또한 가능하면 국민들 사이의 정보의 흐름에도 자신들의 이해관계를 감안한 — 기업이 홍보와 상품광고 등으로 — 관여를 하려고 한다. 그 과정에서 정부의 투명성과 책무성은 낮아지고 실체적 민주주의는 후퇴하게 된다.

(6) 세계화는 시민citizenship이라는 관점을 약화시킨다. 그 대신 모든 사람들을 자신들의 경제적 이익만을 추구하는 경제인homo economicus으로 만드는 경향이 있다. 국민들 사이에 있어야 할 공동체존중, 공공의식, 성숙한 시민의 덕성 등을 약화시킨다. 그래서 그 나라 민주주의의 도덕적·문화적 기반을 취약하게 만든다.

(7)세계화는 선진국과 후진국의 격차를 넓힌다. 그러면서 후진국에서는 빈부격차, 사회적 불안이 높아진다. 또한 이를 억압하기 위해 후진국 정부는 통제력을 강화한다. 여기에 국내 대기업이나 다국적기업의 이해관계가 후진국의 정치세력과 결탁해 후진국의 각종 정부정책 — 친기업적 산업정책, 친기업적 노동정책 등 — 으로 나타나면, 과거의 종속이론dependency theory이 주장하던 신식민지적新植民地的 상황이 재출현한다. 이 모든 것이 반민주주의의 방향으로 세상을 바꾸어 나간다.

이상이 세계화가 민주화를 촉진하기보다는 오히려 장애가 되고 사회를 비민주주의 내지 반민주주의의 방향으로 끌고 나간다는 주장의 근거들이다.

셋째, 세계화는 민주화와 아무 관계가 없다.

또 하나의 주장은 세계화는 사실 민주주의에 별 영향을 주지 않는다는 주장이다. 그 이유는 아래와 같다.

(1) 사실 세계화가 너무 심하게 과장되었다는 것이다. 세계화의 정도가 사실은 크지 않기 때문에 ― 주로 세계화는 선진국 간의 세계화이기 때문에 ― 후진국의 민주주의에 별 영향을 주지 못한다는 주장이다. 게다가 선진국들은 이미 민주주의 국가들이므로 세계화의 영향을 논할 별 의미가 없다는 것이다.

(2) 세계화라고 하지만 국민국가nation-state의 영향력은 아직 크다는 것이다. 국가가 경제 전반에 대한 거시 경제적 관리도 잘하고 있고, 사회복지, 노동정책 등의 미시적 정책분야도 효과적으로 잘 운영하고 있다는 입장이다. 경제발전과 경제안정을 위한 노력이나 사회적, 경제적 약자에 대한 국가의 관심과 지원도 여전하다고 보고 있다. 따라서 세계화가 비민주적 결과를 가져온다는 생각은 잘못이며 별 영향이 없다고 보는 것이 옳다고 주장한다.

(3) 세계화의 영향은 나라에 따라 각각 다르다고 봐야 한다. 세계화라는 현상이 그 나라의 역사, 지리, 정치제도, 정부정책, 문화 등에 따라 상이하게 나타나고 있고 상이하게 진화 발전하고 있다. 그래서 세계화가 민주주의에 주는 영향은 일률적이지 않다. 따라서 양자가 특별한 관계에 있다는 생각은 옳지 않다고 주장한다.

이상에서 우리는 과연 세계화가 민주주의에 기여하는가, 아닌가 하는 문제를 둘러싼 세 가지 서로 다른 견해들을 소개했다. 기여했다는 주장과 아니라는 주장 그리고 아무 관계가 없다는 주장 모두를 살펴봤다. 그런데 주지하듯이 세계화와 민주화가 함께 발전해 온 것은 역사적 사실이다. 그렇다면 이 역사적 사실을 설명함에 있어 반드시 세계화가 민주화의 발전에 기여했다는 주장만 가능한 것은 아니다. 민주화가 세계화의 발전에 기여했다는 주장도 얼마든지 가능하다. 세계화의 민주화에의 기여 여부에 관계없이, 민주화가 세계화에 기여했다면, 이것이 양자, 즉 세계화와 민주주의가 함께 동반 발전해 온 사실에 대한 충분한 설명이 될 수 있을 것이다. 그래서 아래에서는 과연 민주주의가 세계화에 기여한 것은 아닌가 하는 문제를 살펴보도록 하자.

민주주의는 세계화에 기여하는가?

여기에도 상반되는 의견이 있을 수 있다. 즉 민주주의가 세계화를 촉진시킨다는 주장과 오히려 세계화를 억제해서 발전에 장애가 된다는 주장이 있을 수 있다.

첫째, 민주주의는 세계화를 촉진시킨다.

민주주의는 시장경제의 법제도적 기초 내지 전제가 되는 사적 소유권 제도, 거래관련법제, 회사관련법, 그리고 공정거래관련법제 등을 정비하고 강화하는 데 앞장선다. 왜냐하면 민주주의는 법의 지배에 기초해 있기 때문이다. 그런데 이러한 경제활동을 규제하는 법이나 제도의 정비와 강화, 즉 법제의 근대화는 시장에서 경제주체들이 안심하고 투자, 생산, 소비, 저축 등의 활동을 하는 데 결정적으로 기여하게 된다. 그 결과 국내외 무역이 활성화되고 경제성장이 촉진된다. 이러한 견해를 주장하는 학자들은 러시아나 동유럽이 소련의 붕괴 후, 모두 민주화되면서 본격적인 경제발전이 가능했고 세계화도 성공적으로 추진되게 되었다는 사실을 강조한다.

둘째, 민주주의는 세계화를 후퇴시킨다.

민주화가 진행되면 이익집단interest group의 주장이 커지고, 그 주장이 정책에 반영될 확률도 높아진다. 그러면 당연히 노동조합, 농민 등과 국내 수입대체산업 기업들이 나서서 자유무역을 공격하고 보호무역의 강화를 요구하게 된다. 소비자들에게 자유무역은 — 분명 좋은 물건을 싸게 살 수 있으니 — 이익이 된다. 그렇지만 일반적으로 소비자들은 조직을 하기가 어려워 정치적 힘을 가질 수 없다. 이러한 상황에서 과거에는 권위주의적 정권이 이익단체들의 주장을 일축할 수 있었으나, 이제 민주화된 사회에서 이익단체의 주장을 무시할 수 없게 된다. 노조와 농민들의 목소리는 커지고 소비자들의 목소리는 잘 들리지 않는다. 그래서 결국 자유무역을 포기하고 보호무역으로 돌아서게 된다는 것이다.

이러한 입장을 주장하는 학자들은 남미의 볼리비아나 페루의 경우가 민주화되면서 보호무역이 강화된 대표적 경우라고 제시하고 있다.• 어느 나라든 민주화가 되면 정부가 여러 이익집단의 요구를 들어주기 어렵게 되어 과거와 같은 — 권위주의 정부 아래에서처럼 — 장기적 관점에서의 투자가 점점 어렵게 된다. 대신 단기적 소비적 지출만이 많아지게 된다. 그러면 자연히 경제성장은 낮아지고 개방화와 세계화도 후퇴한다.

또한 민주화는 공공기업의 민영화에도 장애가 될 수 있다. 공기업은 일종의 공적독점公的獨占으로서 그 조직의 종업원들은 '철밥통의 이익'을 누리고 있다고 할 수 있다. 그렇기 때문에 그들은 한사코 공기업의 민영화에 반대할 것이다. 그런데 이러한 반대를 무릅쓰고 — 특히 공기업에 대규모 노조가 잘 조직되어 있는 경우 — 공기업의 민영화를 추진하는

• Miaojie Yu, *Trade Globalization and Political Liberalization: A Gravity Approach*, unpublished manuscript, University of California, Davis, 2005.

것은 민주화시대에 사실상 대단히 어려운 일이다. 결국 경제구조의 근본적 개혁과 본격적 효율화는 어렵게 된다. 요약하면 민주화는 빠른 경제발전도 개방화와 세계화도 어렵게 만든다.

셋째, 민주화와 세계화와의 관계는 역逆U 자inverted-U shape의 관계다.

민주화의 초기에는 민주주의는 경제발전에 기여한다. 즉 성장과 개방화를 촉진한다. 그러나 민주화의 중기에는 오히려 민주주의가 성장과 개방화에 장애가 된다. 그리고 민주화의 후기, 즉 민주주의가 완전히 성숙하여 교과서에서 상정하듯이 이상적으로 돌아가면 다시 민주주의는 성장과 개방화에 기여하게 된다는 주장이다. 결국 정치적 후진국, 즉 민주화의 초기경우에는 사소유제도의 도입, 경제적 자유와 법적 지배원리의 도입 등으로 민주화가 경제성장과 개방에 유리하게 된다. 그러나 민주주의의 중기에는 이익집단들의 영향력interest group politics이 커져서 경제성장과 개방이 어렵게 된다는 이야기다. 민주화의 완성 즉 민주주의의 후기에 이른 나라는 아직 없다고 봐야 할 것이다.

민주화가 경제성장에 그리고 세계화에 어떠한 영향을 주는가에 대한 세 가지 견해를 보았다. 생각건대 민주화가 성장에 그리고 세계화에 기여하는가, 아닌가의 양자택일적 견해보다는 역사발전의 단계에 따라 다른 결과가 나온다고 보는 입장이 옳다고 생각한다. 그런데 위의 셋째 견해와 같이 민주화의 발전단계에 따라 민주주의가 경제발전이나 세계화에 다른 영향을 준다고 보기보다는, 경제발전의 단계에 따라 민주주의가 다른 영향을 준다고 보는 편이 옳다고 생각한다. 즉 '경제발전의 초기'에는 민주주의는 경제발전과 개방화에 장애가 될 수 있지만 '경제발전의 후기'가 되면 민주주의는 경제발전과 개방에 도움이 된다고 볼 수 있다.

우리 대한민국의 역사 그리고 중국과 러시아의 역사가 이를 증명하고 있다. 중국은 비민주주의적 정치체제를 유지하면서 경제발전을 도모하여 경제성장에 큰 성공을 이루어 왔다. 그리고 러시아는 일찍 정치적 민주화를 하면서 경제발전을 도모하다가 경제성장에 실패했다고 볼 수 있다. 우리나라의 경우도 1960-70년대의 산업화의 성공은 비민주적 권위주의 정부하에서 이룩한 성과로 봐야 한다.

당시에 만일 민주주의가 본격적으로 보편화되었다면 어떻게 되었을까? 그에 대한 답은 다음과 같다. 성숙한 민주주의full-fledged democracy가 들어왔으면 분명 권위주의 정부보다 더 경제성장에 기여할 수도 있었을 것이다. 그러나 미성숙의 민주주의, 즉 초기민주주의가 들어왔으면 분명 경제성장에 큰 장애가 되었을 것이다. 이것은 대단히 중요한 문제다. 이 문제에 대한 본격적 논의는 뒤쪽의 민주주의와 시장경제 부문에서 다시 상세히 논하도록 하자. 여기서는 다만 문제의 중요성만 지적하는 것으로 그치기로 한다.

세계화와 민주주의의 관계: 왜 병진발전竝進發展인가?

지금까지 과연 세계화가 민주주의의 발전에 기여했는지, 혹은 그렇지 않은지 하는 문제를 보아 왔다. 서로 상반되는 견해가 있음을 알았다. 긍정론과 부정론이 있으나, 종합적으로 판단하면 부정적인 측면보다 긍정적이 측면이 더 많다고 보아야 하지 않을까? 하는 것이 필자의 견해다. 왜냐하면 긍정론은 대부분이 세계화긍정론 즉 세계화 자체를 긍정적으로 보는 견해와 통한다. 그리고 부정론은 세계화부정론과 통한다. 세계화에 대하여 긍정적 시각을 가진 학자들은 민주주의에 대한 효과에서도 긍정적인 측면을 강조한다. 반면에 세계화에 대하여 부정적 시각 내지는 반세계화적 입장을 취하고 있는 학자들은 민주주의의 효과에 대해서도 부정적 측면만을 강조한다. 생각건대 세계화에는 적지 않은 문제가 있지만 종합적으로 평가하면 긍정적 효과가 크다고 생각한다.

부정론자들의 주장에도 물론 일리는 있다. 그러나 그것은 기본적으로 부분적 현상이고 전체적 현상으로 일반화하는 것은 잘못이라고 생각한다. 예컨대 세계화가 국가권력과 다국적기업과의 유착을 가져와 국민들의 이익에 반하는 정책을 선택하지 않을 수 없다든가 하는 주장, 그리고 세계화가 불가피하게 소득분배의 악화와 양극화로 나아가 사회적 갈등을 야기시키므로 이를 통제하려는 정부는 점점 반反민주적이 되지 않을 수 없다든가 하는 주장 등에 일리는 있다. 그러나 이것은 전체의 상황을 균형 있게 보는 시각은 아니다. 따라서 필자는 세계화가 민주주의에 긍정적 영향을 주고 있다는 긍정론이 옳다고 본다.

또한 우리는 앞에서 민주주의가 경제성장과 세계화에 기여하는가 하는 문제도 보아 왔다. 여기에도 긍정론과 부정론이 있었다. 그러나 양자 중 택일하는 입장보다는 경제발전의 수준과 단계에 따라 민주주의가 다른 영향을 경제발전과 세계화에 미치는 것으로 정리하는 것이 옳다고 본다. 즉 경제발전의 초기에는 민주주의는 부정적 영향을 주었지만 경제발전 후기에는 긍정적 영향을 준다고 정리하도록 하자.

그런데 우리는 지금까지 세계화가 민주주의에 어떠한 영향을 주고, 역으로 민주주의는 세계화에 어떠한 영향을 주는가에 대해 나누어 생각해 왔다. 한쪽이 다른 한쪽에 주는 일방적一方的 영향에만 국한해 분석해 왔다. 그리고 이러한 일방적 관계를 상정하고 계량분석을 통해 그 영향을 통계적으로 검증하려는 연구가 많았다.

그러나 사실은 세계화와 민주화는 서로가 서로에게 쌍방향雙方向의 영향을 주고 있다고 보는 분석이 더 옳지 않을까? 세계화가 민주화에 그리고 민주화가 세계화에 영향을 주면서 함께 변화 발전해 왔다고 보는 것이 보다 합리적인 접근이기 때문이다. 그래서 세계화와 민주주의가 지난 1975년 이후 지금까지 동반성장 혹은 병진발전竝進發展해 온 것으로 나타나는 것이 아닌가? 이렇게 세계화와 민주화가 서로 쌍방향으로 상호작용하면서 변화한다는 것을 전제로 계량분석을 한 최근의 연구 — 약 150여 개 국가를 대상으로 한 연구 — 를 보면, 세계화와 민주주의는 쌍방향으로 정正의 관계positive relationship를 가지고 있음이 나타났다. 즉 세계화가 민주주의를 촉진하고 또한 민주주의도 세계화를 촉진한다는 것이다.•

이와 같이 실증연구를 통해 양자가 서로 정positive의 방향으로 상호작용한다는 것을 확인했다. 그러나 그것으로 우리의 분석이 끝날 수는 없다. 어떻게 하여 지난 1975년 이후 이 지구촌에서 세계화의 진전과 민주주의의 확산이 동시에 함께 나타나게 되었을까? 이에 대한 약간의 역사적 현실적 분석을 해 둘 필요가 있다. 그동안의 동반성장 내지 병진발전에는 두 가지 이유가 있었다고 생각한다.

첫째는 개인과 마찬가지로 국가도 앞선 나라에서 배우려고 하는 자연스러운 욕구를 가진다. 20세기는 미국의 시대였다. 20세기 미국이 군사대국으로, 또 경제대국으로 성공한 그 자체가 많은 나라에게 미국의 모델을 따르게 했다. 그리고 그것이 미국적 시장경제와 미국적 민주주의를 모방하게 만들었다. 그래서 그것이 시장경제의 확산으로서의 세계화와

• Barry Eichengreen and David Leblang, "Democracy and Globalization," NBER Working Paper 12450, 2006.

민주주의의 확산으로 나타나게 되었다고 본다.

둘째는 자유시장경제의 성공이 민주주의와 세계화의 확산을 가져왔다. 제2차 세계대전 이후 자유 시장경제 국가들이 경제발전에서 성공하고 냉전이 종식되면서 이제 경제발전을 위해서는 자유 시장경제 이외에는 대안이 없다는 생각이 지구촌에 보편화, 일반화되었다. 그래서 심지어는 중국과 같이, 정치시스템은 일당一黨지배를 고집하여 반민주주의를 하면서도 경제는 시장경제를 도입하는 데 앞장서는 나라도 있다.

경제성장을 위해 필수적인 것이 효율적 자원배분의 메커니즘이다. 그런데 여러 가지 자원배분 메커니즘 중 — 예컨대 시장경제, 계획경제 등 — 에 가장 효율적인 것이 바로 시장경제라는 지구촌의 합의가 생겼다는 것이다. 그런데 이러한 시장경제가 잘 작동하고 성공하려면 반드시 사적소유권, 경제활동의 자유, 분권화, 정부개입의 축소, 법의 지배 등이 필수적이다. 따라서 시장경제는 불가피하게 개인, 경제자유, 분권, 법치 등을 통하여 민주주의의 확산에 크게 기여하게 된다. 요약하면 자유시장경제의 성공 — 급속한 경제발전의 성공 — 이 민주화와 세계화를 동시에 확산시키는 데 기여했다는 설명이다.*

이상의 두 가지 요인을 배경으로 1975년경부터 민주화와 세계화가 함께 병진하여 발전해 왔다. 그런데 그 결과가 국제평화주의international peace를 가져오는 데도 크게 기여한 것처럼 보인다.** 즉 1975년 이후 세

* 그래서 후쿠야마(Fukuyama)는 냉전이 끝 난후 오늘날 우리가 보고 있는 것은 단순한 냉전의 종식이 아니라, 인간의 이념적 진화의 마지막 단계인, — 인간의 최종적 정부형태로서 — 서구적 자유민주주의의 보편화를 보고 있다고 한다. 이제 자유민주주의 이외에는 인류에게 다른 대안이 없다는 주장이다. 20세기 후반기의 세계화와 민주화의 병진발전이 이러한 주장까지를 할 수 있도록 만들었던 것이다. Francis Fukuyama, *The End of History and The Last Man*, Free Press, 1992.

** 민주주의(democracy)와 시장경제(market) 그리고 국제평화(peace) 이 세 가지의 상

계적으로 큰 국제적 전쟁 내지 분쟁이 없었다. 그 주된 이유는 민주주의 국가 간에는 국가 간 분쟁을 가능한 한 평화적으로 해결하기 때문에 상대적으로 전쟁 등 분쟁의 격화가 적기 때문일 것이다. 일반적으로 비민주주의 국가에서는 민주주의 국가로의 대체가 두려워 대외적으로 적대적인 관계를 만드는—외국과의 긴장조성을 통하여 내부의 민주화 요구를 통제하려는—경우가 많다. 그렇지만 민주주의 국가들 사이에는 적어도 그러한 문제는 없다고 보아야 할 것이다. 물론 민주주의 국가에도 국제테러 등의 공격을 받을 위험은 있다고 봐야 할 것이다. 하지만 첫째, 적어도 민주주의 국가들은 그들 사이의 문제를 가능한 한 대화 등 평화적 수단으로 풀려고 노력하고 있고, 둘째, 민주주의하에서는 국민다수가 반대하는 전쟁을 수행하기 어렵기 때문에, 대대적인 전쟁의 가능성은 크지 않다고 봐야 할 것이다. 과거도 그렇고 앞으로도 그렇다고 할 수 있다. 그래서 국제평화의 시대가 열리고 있다고 봐야 한다.

그러면 혁명과 전쟁의 세기였던 20세기가 지난 후 인류는 21세기에 과연 평화의 세기를 열 수 있을 것인가? 얼마나 현재의 상황이 지속될 수 있을 것인가? 그에 대한 답은 20세기 3/4분기부터 본격화되기 시작한 세계화와 민주화가 앞으로도 얼마나 지속적으로 유지 발전할 수 있을 것인가에 달려 있다고 본다. 그래서 21세기 국제평화는 앞으로 다음의 두 가지 문제에 달려 있다고 생각한다.

첫째, 많은 신흥 민주주의 국가들이 과연 민주주의의 공고화鞏固化에 성공할 것인가? 그리고 아직 비민주주의로 남아 있는 국가들이 어떻게

호의존관계, 선순환의 상호관계를 잘 정리한 책으로는 Michael Mandelbaum, *Democracy's Good Name: The Rise and Risks of the World's Most Popular Form of Government*, PublicAffairs, 2007이 있다.

민주주의 도입에 성공할 것인가? 절차적 민주주의procedural democracy의 도입에는 성공한 신흥 민주주의 국가들new democracies이 과연 앞으로 실체적 민주주의substantive democracy까지 성공할 것인가? 다시 말해 단순히 국민들이 정부를 선택하고 대통령을 뽑는 민주화에 성공하는 정도가 아니라 그렇게 뽑힌 정부와 대통령이 법치를 세우고 국민의 권리와 자유를 철저히 존중하고 지키는 데까지 이르는가 하는 문제다. 즉 민주화가 아니라 자유화까지 이루어 낼 수 있는가 하는 의문이다. 현재 많은 나라들이 민주화 즉 절차적 민주주의에는 성공했으나 아직 자유화 즉 실체적 민주주의까지는 이루지 못한 나라들이 많기 때문이다. 과연 이 일을 해낼 수 있을까 하는 의구심이 든다. 게다가 아직 중국 러시아 등 비민주주의 국가로 남아 있는 중요한 나라들이 있다. 이들이 과연 민주주의 도입에 성공할 것인가? 이 문제도 결코 쉬운 문제가 아니다. 그러나 이 과제들이 올바로 풀리지 않으면 세계촌의 민주주의화에는 문제가 생기기 시작한다.

둘째, 현재 진행되고 있는 제2차 세계화가 과연 성공할 것인가? 세계화가 세계의 부富의 증진에 크게 기여하는 것은 확실하다. 그러나 세계화는 동시에 분배, 환경, 테러, 금융 불안정 등 많은 문제들을 야기하고 있다. 과연 이들 문제를 잘 해결하고 세계화가 과연 지속적으로 성공해 나갈 것인가? 보다 구체적으론 세계화가 지구촌의 공공재公共財를 생산하는 데 성공할 것인가 하는 문제다. 지구촌의 공공재란 예컨대 환경파괴와 지구온난화를 막는 것, 세계금융시장의 불안전성을 낮추는 것, 과도한 빈부격차를 줄이는 것, 테러나 핵개발 등을 막는 것, 에너지 기초자원 등의 소진을 막는 것 등을 생각할 수 있다. 특히 세계화가 모든 나라를, 특히 그동안 세계화에 참여하지 못하고 그 이익을 나누지 못한 나라들까지 포용하여 나갈 수 있을 것인가? 이러한 세계화에 도전으로 등장하는 문제들을 세계화가 제대로 풀지 못하면, 즉 정당성과 효율성이 있는 올바른 세계통치 구조global governance를 창출하지 못하면 그것은 세계화의 후퇴로만 나타나는 것이 아니다. 민주주의의 후퇴를 결과하고 나아가 결국은 국제평화의 후퇴로 나타날 것이다.

따라서 민주화와 세계화 모두 성공해 나가야 우리는 21세기를 국제평화의 세기로 만들 수 있다. 만일 민주화와 세계화에 실패하면 21세기는 또 다른 혁명과 전쟁의 세기가 될지 모른다. 그러면 민주화와 세계화의 병진발전은 앞으로도 과연 성공적으로 지속될 것인가? 혹은 아닌가? 필자는 실패의 가능성이 적지 않지만 그러나 결국은 성공할 것이라고 판단한다. 그렇게 조심스런 낙관을 하는 이유는 이미 세상이 너무 많이 연결되어 있기 때문이다. 세계화는 현재 일반적으로 생각하는 것보다 훨씬 더 많이 진전되어 있다. 필자는 앞에서 이를 초세계화super globalization의 시대라고 불러 왔다.* 따라서 어느 나라도 개별국가의 국익만을 고집해서는 곤란한 시대가 되었다. 어느 나라 국민들도 자신들 집단의 작은 집단이익만을 고집해서는 더 이상 자신들의 발전도 이웃과의 안정도 장기적으로 확보할 수 없는 시대로 이미 들어가 버렸다. 그래서 서로 협조하지 않을 수 없고 서로 양보하지 않을 수 없게 되고 있다. 다행히 민주주의가 그래도 상호설득과 자기변화를 하기에 가장 적합한 유연성이 높은 제도이기 때문에 결국은 이들 문제를 해결해 내리라 본다.

그러나 사실 더 중요한 것은 미래에 대한 예측보다도 현재의 우리의 각오와 노력이다. 현재의 우리의 각오와 노력이 우리의 미래를 만들어

* 초세계화에 대한 정의 등 본격적 논의는 뒤에서 다시 한다.

나가기 때문이다. 따라서 중요한 질문은 앞으로 우리가 민주주의와 세계화를 함께 성공시키기 위해서 어떠한 노력들을 해야 하는가 하는 문제다. 이 문제에 대한 검토로 들어가 보자.

민주주의와 시장주의: 취약성

사실 민주주의와 시장주의는 대단히 다루기 어렵다. 깨지기 쉬운 '유리항아리'와 같은 존재들이다. 오늘날 많은 사람들이 민주주의와 시장주의, 즉 시장경제주의를 너무나 당연하고 자연스러운 제도로 생각한다. 하지만 사실 시장경제주의는 인간의 긴 역사에서 보면 대단히 최근에 나타난 제도들이다. 뿐만 아니라 실패하기 쉬운 제도들이다. 시간만 가면 특별한 노력을 하지 않아도 자연적 질서이므로 저절로 발전하고 정착할 것으로 봐서는 안 된다. 특별한 노력을 해야 성공할 수 있고, 가만두어도 저절로 발전하는 자연적 질서가 결코 아니다. 이 점을 확실히 인식하는 것이 대단히 중요하다. 그렇지 못하면 민주주의와 시장주의를 성공시킬 수 없다. 민주주의와 시장주의를 정착시킨다는 것이 대단히 어렵다는 점을 확실히 알아야 민주주의와 시장주의에 성공할 수 있다. 그럴 수 있을 때 21세기를 풍요와 정의와 더불어 평화가 넘치는 세기로 만들 수 있다.

(가) 시장주의의 두 가지 성공조건

여기서의 시장주의란 자유경쟁시장이 가장 효율적이고 비교적 공정한 자원배분의 메커니즘일 뿐 아니라 가장 빠른 국부國富발전의 메커니즘이라는 주장이다. 자유시장주의라고 부르는 것이 보다 정확하나 간단히 시장주의라고 부르기로 한다. 인류의 오랜 역사에서 보면 시장주의, 즉 자유시장주의가 나타난 것은 비교적 최근의 일이다. 중세 봉건제도가 붕괴되면서도 상당기간 절대군주에 의한 중상주의重商主義가 지배해 왔다. 시장에서 개개인의 자유스러운 활동이 과연 사회적으로 바람직한 결과를 가져다 줄 것인가에 대한 불신 때문이었다.

자유스러운 개인의 활동, 특히 경제활동이 사회적 이익이 된다는 것에 대한 확신은 비교적 최근의 일이다. 18세기 후반 아담 스미스 시대부터 경제적 자유주의가 이론적으로 등장했으나 현실화되기 시작한 것은 19세기부터다. 결국 시장주의의 역사는 약 200년 정도이다. 그러나 200년 중에서도 특히 국제적 차원에서 본격적인 자유시장경제는 지난 19세기 말부터 20세기 초까지의 제1차 세계화시대와 1980년경부터 오늘에 이르고 있는 제2차 세계화시대에서 본격화되었다고 볼 수 있다.

지난 200년간을 살펴봐도 대부분의 시기에는 항상 개인에 대한 불신 — 개인의 자유와 시장의 자유에 대한 불신 — 이 강했다. 그 대신 국가의 지도와 규제의 필요에 대한 확신이 보다 훨씬 지배적인 현상이었다. 개인의 자유와 창의가 발전과 혁신의 원동력이라는 사실은 오늘날 많은 사람들이 받아들이면서도 자유시장주의에 대해서는 항상 어느 정도의 유보 — 조심성을 가지는 — 를 하는 이유는 무엇일까? 그 주된 이유는 시장주의가 대단히 바람직한 제도인 것은 확실하나 생각보다 성공하기가 쉽지 않기 때문이다. 개인의 발전과 사회의 발전을 동시에 이루어 내기 어렵기 때문이다. 그래서 시장에 대한 확신보다는 불신의 시대가 많았던 것이고 지금도 그러하다. 특히 2008년 미국발 금융위기 이후 더욱 시장불신이 커지는 경향이 있다.

그렇다면 왜 시장주의가 성공하기 어렵다는 것인가? 그 이유는 시장주의가 성공하기 위해서는 두 가지 조건이 필요한데 두 조건의 성립이 생각보다 어렵기 때문이다. 따라서 앞으로 우리가 시장주의의 성공을 목표로 노력하려면 반드시 이 두 가지 조건이 무엇인지를 밝히고 그 조건의 충족을 위해 노력해야 한다.

첫째 조건은 '자유 경쟁적 시장질서'가 전제되어야 한다는 것이다. 시장이 자유 경쟁적이지 못하면 시장은 본래의 가치와 장점을 충분히 발휘할 수 없다. 즉 효율과 공정과 발전을 이루어 내기 어렵다. 그런데 시장을 자유 경쟁적으로 만들려면, 다시 말해 자유 경쟁적 시장 질서를 구축하려면 여러 가지 법과 제도와 관행이 필요하다. 이 법과 제도와 관행이 도입되고 정착되어야 우리는 비로소 시장주의의 장점을 경험할 수 있게 된다. 어떠한 법과 제도와 관행일까? 몇 가지 예를 들어 보자. 우선 사적소유권제도, 효율적인 계약법제, 경제정보의 투명성, 경제주체들의 책무성, 반독점법, 소비자보호법, 그리고 근로기준법 등을 생각할 수 있다. 이러한 법과 제도는 단순히 법의 제정과 준수로 끝나는 것이 아니라 장기적으로는 우리 경제생활의 관행으로 일상화되어야 한다.

둘째 조건은 '자본주의 정신'이 전제되어야 한다는 것이다. 법과 제도와 관행만으로 끝나는 것이 아니라, 자본주의 정신이 있어야 시장주의가 성공할 수 있다. 자본주의 정신이 기업인들에게는 혁신의 정신 그리고 경제하려는 의지will to economize로 나타나야 한다. 또한 노동자들과 소비자들에게는 근면과 절약과 정직의 정신으로 나타나야 한다. 이러한 자본주의 정신이 전제되어야 시장주의가 효율과 공정과 발전을 이루어 낼 수 있다. 기업인들이 혁신을 통해서가 아니라 독과점과 매점매석을 통해 수익을 늘리려 하고, 경쟁하려는 의지는 없고, 공급독점을 통한 이익 등

지대地代를 추구하려는 의지만 있다면, 그러한 시장주의는 성공할 수 없다. 또한 노동자들이 근면하지 않고 소비자들이 절약하지 않으면 노동생산성은 늘지 않고 저축과 투자도 늘지 않는다. 그렇다면 시장주의의 장점은 실현될 수 없다. 결국 자본주의 정신이 없는 시장주의는 천민적賤民的 자본주의 혹은 한탕자본주의로 타락하게 된다. 효율도 공정도 발전도 가져오지 못한다.

많은 나라들이 바로 이 두 가지 조건의 달성이 어려워서 시장경제에서 실패하게 된다. 올바른 제도의 정착 그리고 올바른 정신과 윤리의 정착이 어려운 것이다. 이것이 안 되면 시장주의市場主義는 후퇴하고 그 대신 정부의 개입을 통해 문제해결을 도모하는 정부주의政府主義가 등장하게 된다. 인류의 역사에서 시장주의가 생각보다 크게 활성화되지 못했던 주된 이유가 바로 여기에 있다. 시장주의의 성공을 위한 제도적 여건의 준비와 정신적 윤리적 여건의 준비가 어려웠기 때문이다. 지금 많은 후진국들이 경제발전에 성공하지 못하는 것이, 그리고 사회주의국가에서 시장경제로 넘어온 나라들이 종래의 국가계획경제를 시장경제로 만드는데 가장 어려워하는 것이, 바로 이 두 가지 조건을 제대로 충족하지 못해서다.

뿐만 아니라 시장경제가 상당히 성숙한 나라들에서도 때로는 이 두 가지 조건이 후퇴하는 경우를 볼 수 있다. 시장질서가 후퇴하여 자유 경쟁적이지 못하게 되고 — 예컨대 선진국에서 일어나는 보호주의의 움직임을 보라 — 기업인들 사이에 혁신의 정신과 합리적 경쟁의 의지가 약화되면 — 예를 들어 선진국에서도 보이는 금융투기, 주택버블 등 — 한탕주의로 일확천금하겠다는 투기적 행태가 나타날 수 있다. 이러한 변화와 더불어 노동자들의 근면과 절약 정신의 후퇴가 일어날 수 있다. 따라서 시장주의는 성공하기도 어려울 뿐만 아니라 성공 후에 유지발전하기도 어렵다고 봐야 한다. 그런데 이 시장주의가 한두 나라에서 성공하는 데 끝나서는 안 될 것이다. 지구촌 위의 많은 나라들, 결국에는 모든 나라들이 시장주의에 성공해야 세계화가 성공할 수 있다. 시장주의의 성공이 세계화 성공의 충분조건은 아니지만 적어도 불가결의 필수조건이라고 할 수 있다.

세계화 성공의 충분조건이 아니라는 것은 세계화가 성공하려면 이미 앞에서 지적했듯이 첫째, 모든 나라가 시장주의에 성공해야 할 뿐 아니라, 둘째, 세계통치구조global governance가 개혁되어 지구촌의 공공재생산환경과 자원보호, 안보와 테러방지, 금융시장의 안정 등에도 성공해야 하기 때문이다.

(나) 민주주의의 세 가지 성공조건

편의상 민주주의를 둘로 나누자. 하나는 절차적 민주주의procedural democracy이다. 즉 국민들이 투표를 통하여 통치자를 선택할 수 있는 것을 의미한다. 다른 하나는 실체적 민주주의substantive democracy다. 즉 그렇게 뽑힌 통치자가 국민의 자유과 권리를 하늘처럼 존중하게 되는 것을 의미한다. 전자를 일반적으로 '민주화democratization', 후자를 일반적으로 '자유화liberalization'라고 한다. 이 두 가지가 모두 성공해야 비로소 우리는 '자유민주주의' 국가가 되었다고 한다. 전자를 민주주의의 시작이라고 한다면 후자는 민주주의의 완성이라고 부를 수 있다.

인류의 긴 역사에서 보면 앞에서 이야기한 시장주의뿐 아니라 사실 민주주의도 극히 최근의 현상이다. 그리고 대단한 정성을 들여야만 성공할 수 있는 허약한fragile 제도다. 아무렇게나 해도 성공하는 그러한 제도가 아니다. 인류가 민주주의를 지금부터 2,500년 전에 아테네에서 경험했지만 극히 단기간에 불과했다. 그 이후 지금까지 적어도 19세기 말까지 우리는 비민주주의적 체제 속에서 국민 전체가 지도자를 선택하지 못하고 살아왔다. 민주주의는 20세기 들어와서 유럽과 미국을 중심으로 정착되기 시작했고 특히 제2차 세계대전 이후 일부 후진국들에게도 일반화되기 시작했다. 그리고 본격적인 대대적 확산은 이미 앞에서 본 대로 1975년 이후의 일이다. 그렇게 보면 민주주의도 비교적 역사가 짧다고 하지 않을 수 없다.

왜 그런 것일까? 왜 인류는 지금부터 약 2,500년 전에 아테네에서 경험해 본 이후 오랫동안 민주주의를 외면하여 왔는가?* 그 이유는 간단하다. 오랫동안 민주주의를 '위험한 제도'로 생각했기 때문이다.** 국민들이 지도자를 직접 뽑는 민주주의가 시작되면 국민의 정서에 영합하는 선동가들이 등장하여 국민의 무지를 이용하여 국민들을 잘못된 방향으로 오도할 가능성 — 소위 포퓰리즘populism의 가능성 — 도 함께 증가한다고 보았다. 그래서 민주주의가 국민을 우민화愚民化하고 폭민화暴民化할 가능성을 높일 수 있다고 보았다. 그러면 이러한 우민화와 폭민화가 다수의 횡포tyranny of majority로 발전하여 소수자의 권리와 자유가 크게 훼손될 수도 있다고 보았다. 특히 유산자有産者들의 권익이 부당하게 도전받을 수도 있다고 보았다. 그래서 민주주의는 위험하고 예측 불가능하고 비효율적인 제도로 보아 왔다. 그러던 것이 생각이 바뀌게 되었다. 그 계기는 유럽과 미국에서 소위 입헌적立憲的 자유주의constitutional liberalism가 제도화되고 정착되면서부터다.

* John Dunn, *Democracy: A History*, Atlantic Books, 2005의 문제의식이 흥미롭다.

** 요즈음은 민주주의를 모두가 최선의 제도, 최고의 제도로서 받아들이지만 과거에는 그렇지 않았다. 적어도 19세기 말까지 많은 유럽의 지식인들에게 민주주의는 쉽게 폭민(暴民)정치 내지 우민(愚民)정치로 전락할 위험이 큰 제도로 이해되어 왔다.

그 과정을 살펴보자. 우리가 앞에서도 지적했듯이 유럽과 미국에서도 민주주의 — 절차적 민주주의 — 의 등장은 비교적 최근의 일이었다. 예를 들면 1824년 미국 선거에서 주민 중 선거권을 가진 사람들은 전체 성인의 5%에 불과했다.* 당시 흑인 여성 빈민 등이 모두 선거권에서 배제되었기 때문이다. 사실 모든 성인들에게 100% 선거권이 주어진 것은 1920-30년대 들어와서부터다. 여성들에게 투표권이 주어진 것도 1920년대 들어서의 일이다. 그런 의미에서 서구에서도 민주주의 등장은 최근의 일이다.

그런데 모든 국민들이 선거권을 가진다는 이러한 의미의 민주주의가 등장하기 훨씬 전부터 유럽과 미국에서는 자유주의의 확산이 일어나고 있었다. 즉 국가는 국민 한 사람 한 사람의 존엄과 자유와 권리를 최대한 존중해야 한다는 사상이었다. 한마디로 개인의 자유실현을 위해 국가를 견제하는 사상이었다. 이 자유주의사상이 1212년 마그나 카르타에서부터 시작하여 1688년의 명예혁명, 1787년의 미국헌법 제정, 1789년의 프랑스 혁명들을 통하여 발전해 왔다. 그래서 19세기에는 이미 이러한 개인의 자유와 권리는 헌법에서 보장되어야 하고 모든 정부가 헌법을 준수해야 한다는 소위 입헌적 자유주의constitutional liberalism가 서구에서 확고한 뿌리를 내리게 되었다.** 그래서 종래 민주주의에 대한 불신, 즉 민

* Fareed Zakaria, *The Future of Freedom: Illiberal Democracy at Home and Abroad*, W. W. Norton, 2003, p.50. 이 책은 선진국 민주주의와 후진국 민주주의의 상이점뿐 아니라 오늘날의 지구촌 전체의 민주주의의 구조적 취약성을 잘 설명하고 있다. 오늘날의 민주주의 문제에 관심이 있는 독자들에게는 일독(一讀)을 권한다.

** 자유주의의 발달사를 보면 17-18세기에는 입헌적 자유주의(constitutional liberalism), 즉 헌법이라는 제도적 장치를 통하여 국민 개개인의 자유와 권리를 보장하려는 노력이 지배적이었다. 이 입헌적 자유주의가 상당한 정도 제도화된 후 서서히 민주주의 — 전 국민에의 투표권의 확대 — 에 대한 보다 우호적 인식이 나타나기 시작하여 소위 민주적 자유주의(democratic liberalism)로 넘어오게 된다. 19세기 들어서 이러한 민주적

주주의가 국민들 모두에게 투표권을 보장하게 되면 민주주의는 쉽게 다수의 횡포로 나타나서 소수의 자유과 권리를 억압하게 될 것이라는 불신이 조금씩 약화되기 시작했다. 소수의 자유와 권리를 침해할지 모르는 다수의 횡포를 헌법이 막아 줄 수 있다고 믿었기 때문이다. 입헌적 자유주의가 막아 줄 수 있다고 믿었기 때문이다. 그래서 서서히 모든 국민들에게 투표할 권리가 부여되는 민주주의가 받아들여지게 되었던 것이다.

결국 민주주의의 도입과 확산이 유럽과 미국의 경우에서도 오랜 시간이 걸린 셈이다. 그런데 중요한 것은 유럽과 미국의 경우에는 앞에서 설명한 대로 13세기 이후부터 소위 자유주의 — 국민의 권리와 자유를 위해 국가권력의 자의적 행사를 제한하려는 노력 — 는 오랜 투쟁기간이 있어 왔다는 점이다. 그것이 19세기에 들어와 입헌적 자유주의로 열매를 맺고 그러한 자유주의의 승리를 배경으로 민주주의가 제도로서 20세기에 들어왔다. 한마디로 '선先 자유화 후後 민주화'라는 것이다. 즉 개인의 자유와 권리에 대한 보장 — 헌법적 보장 — 이 선행하고 나서, 국민들이 투표를 통해 정부를 선택한다는 민주화가 일어난 셈이다. 따라서 이들 유럽과 미국에서는 민주화만 되면 즉 절차적 민주주의만 되면 이미 자유화의 역사와 전통이 길고 강하기 때문에 상대적으로 쉽게, 자유민주주의 즉 실체적 민주주의가 가능하도록 되어 있었다는 점이다. 다시 말해 국민 모두가 참여하여 직접 뽑은 정부가 국민의 자유과 권리를 억압할 가능성은 이미 입헌적 자유주의를 통하여 — 이미 자유화에 성공하

자유주의로의 움직임이 본격화되지만 유럽의 경우 대부분 20세기 초에 들어와서야 완전 실현된다. 자유주의의 발달의 역사, 주요이론의 내용과 변화, 향후 자유주의의 과제 등을 잘 정리한 책으로는 Paul Starr, *Freedom's Power: The True Force of Liberalism*, Basics Book, 2007.

였기 때문에 — 거의 없었다고 할 수 있다.

그러나 유럽과 미국을 제외한 나라들 — 아시아·아프리카·라틴아메리카 등 — 은 자유화의 역사와 전통 없이 민주화가 제2차 세계대전 이후에 하나의 제도로서 서구에서 도입된 경우가 대부분이었다. 즉 '자유화 없는 민주화'였던 셈이다. 그래서 민주화 이후에 자유화를 건설하지 않으면 즉 자유주의의 역사를 만들어 나가지 않으면 안 되게 되었다. 결국 '선 민주화 후 자유화'의 길을 가지 않을 수 없었던 것이다. 그래서 이들 나라에서는 민주화뿐 아니라 자유화까지 성공해야 비로소 자유민주주의의 완성 즉 실체적 민주주의의 완성을 기대할 수 있는 것이었다. 그런데 민주화 즉 모든 국민들이 선거를 통하여 정부를 선택한다는 것은 비교적 쉬운 일일 수 있다. 그러나 그렇게 선출된 정부가 국민의 자유과 권리를 하늘처럼 존중하고 지킨다는 것은 하루아침에 가능한 일이 아니다.

입헌주의立憲主義가 서야 하고 법의 지배가 정착해야 한다. 삼권분립三權分立이 제 기능을 해야 하고 특히 사법부가 독립되어야 한다. 자유언론이 있어야 하고 시민사회가 성숙되어야 즉 자유와 책임을 함께 감당할 수 있어야 한다. 법과 제도만이 아니라 자유주의적 의식, 가치, 관행, 문화 등이 그 사회에 보편화되어야 한다. 따라서 오늘날 민주화에 성공한 나라들은 많아도, 앞으로 자유화까지 성공하여 명실공히 자유민주주의의 정착에 성공할 것인가는 결코 쉬운 일이 아니다.

2005년 현재 119개 국가가 민주주의 국가로 분류되지만 이들 중 명실상부한 자유민주주의 국가는 아직 많지 않을 것이다. 대부분이 민주화에는 성공하여 이제는 투표를 통하여 국민들이 정부를 선택하고는 있을 것이다. 그러나 그렇게 선택된 정부라 해도 국민의 자유와 권리신장과 보호까지 성공하고 있는 나라는 많지 않을 것이다. 다시 강조하지만 바로 민주화 이후 자유화까지 성공해야 우리는 성공적인 민주주의의 확산이라고 본다. 그래서 21세기 많은 민주주의 국가들이 자유화에도 성공하여 자유민주주의국가가 되어야 앞에서 이야기한 세계화 내지 시장주의의 성공과 더불어 21세기 국제평화주의를 만들어 낼 수 있을 것이다.

그런데 이 민주화에 성공한 나라들이 자유화로 나아갈 때 가장 어려운 것이 소위 포퓰리즘populism을 극복하는 문제다. 포퓰리즘이란 국민의 일시적 정서 감성 등에 영합하거나 의지하여, 혹은 경우에 따라서는 조작하여 정파적政派的 이익을 실현하려는 정치나 정책을 의미한다. 포퓰리즘이 성하면 국가정치나 정책에서 '합리와 이성'보다는 '감성과 정서'가 판치게 된다. 그 결과로 법치와 원칙은 무너지고 편의와 무질서가 난무하게 된다. 국가의 장기적 이익의 실현이 아니라 특정 정파들의 단기적 이해가 나라의 정치와 정책을 좌지우지하게 된다. 이때 등장하는 것이 바로 '정치적 선동가'들이다. 이들 선동가가 일부 폭민들과 결합되면 법과 원칙은 더욱 무너지고 나라는 빠른 속도로 무정부 상태로 넘어간다. 그러나 무정부 상태가 오래 갈 수 없기 때문에 선동과 폭민의 결합은 종국적으로는 반드시 우익이나 좌익의 독재를 가져와서 혼란과 무질서와 무정부의 상태를 끝내게 된다.*

따라서 정도의 차이는 있으나 포퓰리즘은 반드시 비非자유민주주의를 결과한다. 즉 지도자를 국민이 선택하지만 그 지도자가 국민의 자유와 권리를 하늘처럼 떠받들지 않게 된다. 선택 과정부터 합리적 이성적 판

* 자유민주주의에 성공하려면 두 가지 문제를 풀어야 한다. 하나는 정치권력인 폭군의 등장이고 다른 하나는 사회권력인 폭민의 등장이다. 폭군과 폭민의 두 가지 도전을 모두 극복해야 자유민주주의를 이룰 수 있다. 그런데 국민이 직접선거를 통해 권력자를 뽑는 민주화를 이루어 내면 폭군의 문제는 해결될 수 있다. 그러나 민주화는 폭민의 문제를 해결해 주지 않는다. 어떻게 이 문제를 풀 것인가? 모든 신생민주주의 국가들이 고민할 문제다.

단보다는 감성적 정서적 판단을 하도록 유도한다. 지도자가 된 다음에도 지속적으로 선동하기 쉬운 국민의 일부를 폭민으로 만들어 법과 원칙을 무시하고 특히 소수자의 권리를 무시하면서 침묵하는 다수를 몰아간다. 남미 정치에서 많이 나타나는 현상이 바로 이러한 포퓰리즘이다.

그런데 민주화과정 자체가 바로 이러한 포퓰리즘을 창출하기 쉬운 토양을 만들어 낸다. 이 점이 무척 중요하다. 민주화란 권력의 하방이동下方移動이다. 지금까지의 소수지배자로부터 다수국민으로 권력이 이동하는 것이다. 즉 국민주권의 시대다. 그래서 국민들의 목소리와 국민들의 권력이 크게 증대한다. 그런데 국민들이 그 증대된 권력을 행사하는 데 과연 합리적으로 할 수 있는가 하는 문제가 등장한다. 국민들이 권력행사를 합리적으로 이성적으로 하지 못하면 거기에 반드시 감성적 선동가가 등장하여 포퓰리즘의 광풍을 일으킨다.

그런데 문제는 일반 국민들이 권력을 행사할 때 구체적으로는 투표권을 행사할 때 합리적이고 이성적인 판단을 하기가 '구조적으로 어렵다'는 것에 있다. 그 가장 큰 이유는 정치와 정책에 대하여 합리적 판단과 이성적 판단을 할 만한 정보가 부족하고 그렇게 할 유인도 부족하다는 데 있다. 무슨 이야기인가?

정치나 정책에 대하여 합리적 판단, 이성적 판단을 하려면 우선 국민들이 올바른 정치정보와 정책정보를 가져야 한다. 그런데 투표권자들은 올바른 정치와 정책정보를 갖기도 어렵고 가져야 할 유인도 없다. 왜냐하면 정치정책정보를 얻는 데 드는 비용과 노력 등은 적지 않는데, 즉 정보수집의 비용은 큰데 비록 그러한 정보를 가지고 올바른 투표를 했다고 해도 자기 투표가 투표의 최종결과에 주는 영향은 극히 미미하기 때문이다. 뿐만 아니라 비록 영향을 주어서 좋은 정치가가 등장하고 좋은 정책이 채택되었다고 해도, 그 좋은 정치와 정책으로 인한 이익은 모든 유권자들과 함께 나누어 가지게 되기 때문에, 본인에게 돌아오는 이익은 대단히 작게 된다. 다시 말해 정치정책정보를 수집하는 데 드는 비용은 적지 않은 데 비해 그 이익은 대단히 미미하다는 이야기다.

따라서 유권자들이 합리적 계산에 기초하여 정치와 정책정보에 대하여 차라리 무지無知한 쪽을 선택한다는 것이다. 누가 올바른 지도자인지 어떠한 정책이 과연 국민들에게 유리한 정책인지를 알기 위한 노력이나 시간, 비용을 지불하지 않으려고 한다는 의견이다. 그보다는 오히려 무지 쪽을 선택한다는 의미이다. 그리고 그 선택은 본인들에게는 지극히 합리적인 선택 — 사회적으로는 비합리적인 선택이지만 — 즉 비용과 이익을 잘 비교한 뒤 내린 결과라는 주장이다. 그래서 이것을 한마디로 투표권자들의 합리적 무지voters' rational ignorance라고 부른다. 투표권자들의 합리적 무지라는 현상이 민주화과정에서는 반드시 나오게 되고, 이러한 현상을 타고 등장하는 것이 바로 포퓰리즘이라고 볼 수 있다. 따라서 민주화, 즉 권력의 하방이동, 국민의 다수결에 의한 정부의 선택이라고 하는 제도도 나름의 위험과 한계와 문제점을 가지게 된다.

그래서 민주주의의 성공을 위해서는 이 투표권자의 합리적 무지를 어떻게 줄이고 포퓰리즘의 등장을 어떻게 막을 것인가가 핵심적 의제가 된다. 그리고 더 나아가서 포퓰리즘이 심한 경우 나타나는 무질서와 무정부를, 특히 극우極右 내지 극좌極左독재의 등장 등과 같은 민주주의의 실패를 어떻게 막을 것인가 등이 사실은 대단히 중요하게 된다. 물론 민주화도 결코 쉬운 일은 아니다. 그러나 그보다 더 어려운 것은 사실 자유화이다. 그래서 민주화 이후 자유화까지를 어떻게 성공시킬 것인가가 바로 21세기 민주주의 국가들, 특히 신흥민주주의new democracies 국가들이 함께 풀어야 할 최대의 시대적 과제다. 이 문제가 올바로 풀려야 세계화도 성공시킬 수 있고 국제평화도 이루어 낼 수 있기 때문이다.

민주주의가 자유화까지 성공하여 명실공히 자유민주주의로 가기 위해서는 다음의 세 가지 조건이 필요하다.

첫째, 질서와 자유 사이에 균형을 잡아야 한다.

민주화 과정은 다수의 주장과 목소리가 커지는 과정이다. 그 과정이 과도하여 무질서와 무정부로 가서는 안 된다. 미국의 건국의 아버지의 한 사람이며 제4대 미국 대통령을 지낸 제임스 메디슨James Madison은 *Federalist Paper*에서 다음과 같이 이야기한 바 있다. "정부를 만드는데 있어 가장 어려운 것은 먼저 정부가 국민을 통치할 수 있는 능력을 갖게 하는 것이다. 그 다음은 정부가 스스로를 국민의 자유를 위해 억제할 수 있는 능력을 갖도록 하는 것이다." 제임스 메디슨의 이야기는 민주화 과정에서의 두 가지 위험을 표현하고 있다. 하나는 과잉 민주주의too much democracy의 위험이다. 즉 민주주의가 너무 과도하여 무정부를 결과해서는, 즉 정부가 통치능력을 잃도록 해서는 안 된다는 것이다. 그리고 또 다른 하나는 과소 민주주의too little democracy의 위험이다. 즉 민주주의가 너무 과소하여 소수의 지배가 사실상 다시 복원되도록 해서도 안 된다는 것이다. 그 어느 것도 민주주의의 부인否認이고 부정否定이기 때문이다. 따라서 민주화의 단계를 지나 자유화로 나아갈 때 주의할 것은 반드시 질서와 자유 사이에 균형을 잘 지켜야 한다는 것이다.

이러기 위해 가장 중요한 것은 '헌법의 지배'와 '법치국가'를 세우는 것이다. 헌법에는 다수결 원리로도 부정할 수 없는 인간의 존엄과 기본적 인권에 대한 보호규정이 있다. 이러한 헌법을 지킴으로써 과도 자유의 위험다수의 폭력과 더불어 과소자유의 위험기본적 자유의 침해도 막을 수 있다. 결국 민주주의도 성공하기 위해서는 권력이든 국민이든 모두의 자기억제와 자기절제가 필요하다는 사실이다.•

둘째, 대중민주주의mass democracy와 엘리트 민주주의elite democracy 사이에 균형을 잡아야 한다.

대중민주주의란 정치과정에 일반국민의 직접 참여와 지배direct participation and control를 중시하는 입장이다. 따라서 직접민주주의의 정신과 제도를 강조한다. 반면에 엘리트 민주주의는 일반국민의 간접지배를 주장하면서, 전문가들에 의한 정치과정의 운영을 중시하는 입장이다. 민주주의란 권력의 하방이동이기 때문에 국민의 직접지배가 원리로서 옳은 주장이다. 그러나 국가경영은 점점 대단히 복잡해지고 고도의 전문지식과 경험이 요구되고 있다. 경험과 지식 없이 아무나 주장할

• 시장주의에 대하여는 일반적으로 너무 자유방임주의(unfettered capitalism 혹은 unfettered market economy)가 되어서는 곤란하다는 사회적 합의가 있다. 적절한 외적규제 — 법과 제도 — 와 내적규제 — 도덕과 윤리 — 가 필요하다고 본다. 그런데 사실 민주주의에서도 마찬가지다. 민주방임주의(unfettered democracy 혹은 unrestrained democracy)가 되어서는 곤란하다. 적절한 외적규제와 내적규제가 필요하다. 그런데 지식인들은 시장주의 자본주의에 대하여는 규제의 필요를 자주 주장하면서도 민주주의에 대하여는 규제의 필요를 이야기하지 않는 경향이 있다. 이것은 잘못이다. 시장주의나 자본주의와 마찬가지로 민주주의도 아무 규제가 없는 — 외적규제와 내적규제가 없는 — 민주방임주의가 되어서는 성공하지 못한다. 이와 관련하여 흥미있는 문제제기가 있다. 즉 일반적으로 자본주의에 대하여는 부정적 인식이 지배적인 데 반하여 민주주의에 대하여는 긍정적 인식뿐이라는 지적이다. 그런데 사실은 이는 실제(reality)와는 다른 잘못된 인식 내지 인상(image)이라는 것이다. 실은 자본주의 못지않게 민주주의에도 문제가 있다는 것이다. 그러나 크게 보면 둘 다 아주 훌륭한 제도(pretty good)라는 것이다. 이렇게 올바로 인식할 때 인류는 훨씬 더 좋은 사회를 만들어 나갈 수 있다는 주장이 있다. John Mueller, *Capitalism, Democracy, and Ralph's Pretty Good Grocery*, Princeton University Press, 1999.

수 있는 시대가 아니다. 따라서 국가운영을 전문가들에게 맡기고 그 과정의 투명성과 책무성만을 국민들이 묻는 것이 보다 바람직하다고 볼 수 있다.

전문가들에 의한 국가경영 — 엘리트 민주주의 혹은 전문가 민주주의 — 은 두 가지 형태로 나타난다. 하나는 정치과정에서 나타난다. 즉 대의제代議制 민주주의representative democracy로 즉 국민이 대표를 뽑아 그들에게 정치를 맡기는 형태로 나타난다. 그리고 다른 하나는 정책과정에서 나타난다. 즉 국정운영에 '비非선거직 국정운영자', 환언하면 전문가들을 많이 활용하는 것으로 나타난다. 예컨대 공무원, 판사, 중앙은행책임자 등이 여기에 속한다.

문제는 이 두 가지를 어떻게 조화시키고 균형을 이루게 할 것인가이다. 그것이 가능해야 민주화가 성공할 수 있다. 어떻게 직접 민주주의적 요소와 간접 민주주적 요소 — 대의제 민주주의적 요소 — 를 조화시키고 균형 있게 할 것인가? 그래서 직접민주주의의 책임성과 간접민주주의의 책무성을 동시에 제고할 것인가? 더 나아가 어떻게 '선거직 공직자'와 '비非선거직 공직자'의 역할을 조화시키고 균형 있게 할 것인가? 사실 선거직 공직자는 정당성은 있으나 국정운영의 전문성과 실효성이 적을 수 있다. 반면 비선거직 공직자는 국정운영의 전문성과 실효성은 있으나 정당성은 부족할 수 있다. 또한 선거직 공직자는 포퓰리즘의 유혹을 받을 가능성이 크지만 비선거직 공직자는 포퓰리즘의 유혹을 받을 이유가 없다. 특징이 이렇기 때문에 어떻게 양자를 조화시키고 균형시켜 나가면서 민주주의를 성숙시킬 것인가가 중요해진다. 앞에서 민주주의는 유리 항아리와 같다고 표현한 이유가 바로 여기에 있다. 그만큼 민주주의는 잘못하면 깨지기 쉬우므로 조심스럽게 다루어야 하고 그래서 생각보다 민주주의의 실패 가능성이 높다고 할 수 있다.

셋째, 시민사회가 성숙되어 공화주의적 덕德을 갖추어야 한다.•

마지막 조건은 시민사회의 성숙이다. 민주화 과정에서 폭발하는 대중의 감성과 정서를 어떻게 순화시킬 것인가? 그래서 선동가와 포퓰리즘의

• 공화국 내지 공화주의를 어떻게 이해해야 할까? 공화주의는 두 가지를 원칙으로 한다. 하나는 주권은 국민에 있다는 원칙이다. 주권재민 내지 인민주권의 사상이다. 다른 하나는 시민공동체를 지향하는 원칙이다. 따라서 공화국이란 '주권재민의 시민공동체 내지 공민공동체'다. 여기서 시민은 국민과 다르다. 국민은 날 때부터 자연스럽게 취득되는 자격일지 모르나 시민은 — 보다 정확하게는 공민은 — 교육되어 비로소 형성되는 것으로 본다. 특히 공민으로서의 덕을 배우고 학습하고 체득해야 비로소 공민이 될 수 있다. 여기서 공민으로서의 덕 — 공화주의적 덕 — 이란 공동체의 공론을 형성하는 데 기여하고 공동체의 가치와 연대를 유지 발전시키는 데 기여하는 덕이다. 좀 더 구체적으로 보면 공민의 덕(civic virtue 혹은 republican virtue)으로 세 가지 정도를 생각할 수 있다. (1) 반부패의 덕이다. 인간적 약점을 극복하고 사익을 앞세우지 않고 공익을 앞세우는 것은 시민으로서의 의무다. (2) 독립의 덕이다. 종속적이 되어선 아니 된다. 근면성실하여 경제적으로 그리고 정신적으로 독립해야 한다. (3) 자유의 덕이다. 공동체의 공적 사업에 참여하는 자유여야 한다. 참여의 자유를 통한 자기통치의 공동체를 만들어 나가야 한다. 환언하면 공민의 덕 — 공화주의의 덕은 다음과 같이 두 가지로도 요약할 수 있다. 하나는 공공선에 대한 헌신의 정신(commitment)이다. 환언하면 선공후사의 각오다. 그리고 다른 하나는 공동체의 사업 — 공공적 사업 — 에의 적극적 참여(participation)의 정신이다. Richard Dagger, *Civic Virtues*, Oxford University Press, 1997.
따라서 공화주의에서의 자유는 단순한 인욕의 해방을 의미하지 않는다. 공공의 사업 — 공화국의 발전 — 을 만들어 나가는 데 모든 구성원 한 사람 한 사람이 다 기여할 수 있다는 의미의 자유다. 그리고 이 공화국은 단순한 여론(輿論) 내지 세론(世論)에 의하여 운영되는 것이 아니라 공론(公論)에 의하여 운영되어야 한다. 공론이란 단순한 여론과 달라 공동체의 발전을 위한 깊은 성찰과 높은 판단력에 기초한 공민들의 의견이다. 따라서 공민들의 식견과 비판의식은 끊임없이 학습되고 훈련되어야 한다. 무책임한 의견이나 비판이 아니라 수준 높은 견해와 절제된 비판이어야 한다. 그리고 물론 여기서의 공동체는 집단주의와 다르다. 개인을 억압하는 집단주의가 아니다. 시민 내지 공민들의 자유 — 공동체의 사업에 참여하는 자유 — 를 존중하는 공동체다. 최근에는 이 공화국 사상 내지 공화주의를 세계화되어 가는 지구촌에 적용할 수는 없는가? 새로운 지구촌 공동체의 구성원리로서 — 혹은 바람직한 세계통치구조(global governance)의 사상으로서 — 공화주의를 활용할 수는 없는가? 하는 논의들이 나타나고 있다. 예컨대 Jean-Pierre Chevenement, Higuchi Yoich, Mira Nobutake, 『共和國はグローバル化を超えられるか?』, 平凡社新書, 2009.

등장을 어떻게 막을 것인가? 더 나아가 민주화과정에서 등장하는 소위 '투표자의 합리적 무지'의 문제를 어떻게 극복할 것인가? 또한 공동체에 대한 올바른 정치와 정책정보를 가지는 그리고 공동체정치에 대해 적극적으로 참여하고 그에 상응하는 책임감을 가지는 그러한 '공화주의적 시민'들, 즉 '공민公民'을 어떻게 양성할 것인가? 이것이 민주주의를 성공시키는 또 하나의 중요한 조건이 된다. 이 과정에서 핵심적인 것이 각종의 중간집단intermediate organization들의 역할이다. 특히 그중에서도 NGO 등 자원봉사형의 시민운동조직들이 중요하다. 이들이 바로 시민사회의 성숙을 만들어 내야 한다.

그러면 시민사회의 성숙이라는 문제를 좀 더 자세히 살펴보자. NGO 등의 활동을 통해 시민사회가 성숙되어야 한다는 것은 결국 무엇을 의미하는가? 한마디로 이기주의나 좁은 의미의 개인주의를 극복하고 '개명된 개인주의enlightened individualism'를 만들어 내는 것을 뜻한다. 이기주의egoism는 기본적으로 사회적 이익 내지 공동체이익을 무시하고 개인의 사적이익만을 추구하는 면이 있기에 기본적으로 비非사회 내지 반反사회적이라고 할 수 있다. 따라서 비판받아 마땅하다.

그런데 문제는 개인주의individualism를 어떻게 볼 것인가이다. 개인주의란 경제가 어느 정도 발전하고 민주주의가 어느 정도 발전한 사회에서 등장하기 시작한다. 즉 개인주의는 자기 혼자서 혹은 자기와 자기가족 등만으로 충분히 잘 살 수 있고 구태여 이웃공동체와 관계를 가지거나 이웃공동체를 의식할 필요가 없다고 하는 의식이다. 이웃공동체와의 관계를 끊고도 나는, 또 나의 가족과 친구들은 얼마든지 자유스럽게 잘 살 수 있다고 하는 생각이다. 따라서 특별히 이웃공동체에 기대도 하지 않고 기여도 할 생각이 없는 경우를 이야기한다.

토크빌Tocqueville은 이러한 개인주의가 민주주의의 발전에 유해有害하다고 보았다.* 그는 개인주의를 넘어서 이웃공동체 나아가 사회 내지 정치공동체에 끊임없는 관심을 가지고, 참여하고 기여하려고 하는 것이 사회공동체와 민주주의 발전에 필수적이라고 보았다. 개인주의의 시민을 교육하고 개명開明시켜 개인이건 가족이건 이웃공동체 없이는 존재할 수 없을 뿐 아니라 적극적으로 좋은 공동체를 만드는 것이 자기를 위해서나 이웃을 위해서 필수적이라는 사실을 가르쳐 줄 필요가 있다고 보았다. 그리고 이것이 가능해야 민주주의가 발전하고, 바로 그러한 교육과 개명의 기능을 하는 것이 중간집단이고 시민단체들이라고 판단했다.

이렇게 '개명된 개인주의' 다시 말해 '공동체적 개인주의'가 등장해야 그 나라 민주주의는 자기억제self-constraint를 잘하는 민주주의, 동시에 정치와 정책을 숙지하고 있는 소위 유식한 유권자well informed voters들이 많이 있는 민주주의가 될 수 있다고 봤다. 그리고 그래야 민주주의는 자유화까지 성공한 자유민주주의가 될 수 있다고 봤다.

이상이 민주주의의 성공을 위한 세 가지 조건이 된다. 이 세 가지 조건이 성립되어야 민주주의는 비로소 완성될 수 있다. 즉 민주화와 자유화에 모두 성공해야 성숙한 자유민주주의full-fledged democracy로 나갈 수 있다.

* Paul Starr, *Freedom's Power: The True Force of Liberalism*, Basic Books, 2007, p.74. 민주주의와 자유주의 문제 — 특히 자유주의 문제에 대하여 관심 있는 독자들에게 일독을 권하고 싶은 훌륭한 책이다.

시민사회와 사회자본

시민사회civil society란 무엇인가? 우리는 앞에서 시민사회의 성숙이 민주주의 성공조건의 하나라고 했다. 그런데 이를 확실히 이해하기 위해서는 시민사회에 대한 좀 더 심층적 이해가 필요하다고 본다. 과연 시민사회란 어떠한 것인가? 무엇을 의미하는가? 그리고 요즈음 시민사회 논의와 더불어 등장하는 사회자본social capital이란 과연 무엇을 의미하고 이것이 세계화시대 민주화시대에 왜 중요한 문제가 되는가 하는 문제를 살펴보자.

(가) 시민사회

우선 시민사회라는 개념부터 살펴보자. 엄밀히 이야기하면 시민사회라는 개념은 진화적 개념이다. 적어도 3단계를 지나면서 역사적으로 진화, 발전해 온 개념이다•. 간단히 살펴보자.

:: 제1단계. 고전적古典的 시민사회론: 정치공동체로서의 시민사회

그리스와 로마시대의 시민사회는 정치공동체 내지 정치조직으로서의 시민사회를 의미했다. 기본적으로 시민사회는 도시국가의 정치조직이었다. 당시의 시민사회는 시민들이 자발적으로 도시국가의 발전을 위해, 또 도시국가의 이익을 위해 사적私的 이해를 자제하는 조직이었다. 그러면서 공공토론에 참여하여 도시국가가 필요한 공공재를 생산하는 데 기여하는 조직이었다. 당시에는 상업이나 무역은 도시공동체를 단결시키는 요인이라기보다는, 도시공동체를 약화시키는 요인 — 개개인이 사적

• 시민사회라는 개념의 변화에 대한 역사적 고찰로서 John Ehrenberg, *Civil Society: The Critical History of Idea*, New York University Press, 1999를 참조.

이익만을 추구함으로 — 으로 이해되고 있었다. 반면에 시민사회야 말로 진정으로 도시공동체를 단결시키고 강화하는 요인 — 개인적 이익을 떠나 공동체의 발전을 위해 노력함으로 — 으로 이해하고 있었다. 한마디로 당시 시민사회는 도시국가의 시민적 정치조직을 의미했다.

:: 제2단계. 근대적近代的 시민사회론: 사적私的 부문민간부문으로서의 시민사회

존 로크나 토마스 홉스, 그리고 아담 스미스가 주장하던 시민사회는 정부 내지 국가와 대립되는 개념이었다. 정부나 국가라는 공공부문public sector에서는 공공의 이익을 추구하지만, 이와 대립되는 사적 부문private sector 혹은 민간부문에서는 사적 이해의 추구가 기본으로 되고 있다고 보았다. 그리고 바로 이러한 사적 부문 내지 민간부문을 당시에는 시민사회로 이해하고 있었다. 따라서 이 시민사회 속에는 시장부문market sector이 당연히 들어가는 개념이었다. 한마디로 당시는 공공부문에 대립하는 민간부문으로서의 시민사회였다. 따라서 당시는 공공公共과 민간民間이라는 이원론의 시대였다.

:: 제3단계. 현대적現代的 시민사회론: 정부와 시장의 중간부문intermediate sector으로서의 시민사회

몽테스키외, 루소, 토크빌 등이 생각하는 시민사회는 기본적으로 정부도 아니고 시장도 아닌 제3부문the third sector을 의미한다. 이것이 오늘날 지배적이고 일반화된 시민사회의 개념이다. 정부는 공공적 목적의 실현을 추구하는 수직적 명령적 조직이다. 시장은 사적 이익을 추구하는 수평적 계약적 조직이다. 그런데 시민사회는 공공적 가치를 추구하지만 수평적이고 자발적인 조직이다. 시민사회는 공공적 가치를 추구한다는 의미에서 정부와 비슷하고 시장과는 다르다. 그러나 조직이 수평적이라는 면에서는 정부와 다르고 시장과 비슷하다. 반면에 시민사회는 자발적 일방적 기여와 봉사의 조직이어서 계약에 기초하여 쌍방적 권리와 의무를 발생시키는 시장조직과도 다르다. 한마디로 시민사회는 정부도 시장도 아닌 제3의 영역이다.

몽테스키외는 '자유自由의 적敵'이 둘이 있다고 보았다. 하나는 단일 지배자 즉 폭군이다. 폭군tyranny의 무한권력이 개인의 자유를 억압한다고 보았다. 또 하나의 적은 집단적 군중이다. 군중의 폭력mob violence이 또한 개인의 자유를 억압한다고 보았다. 그래서 몽테스키외는 이 국가와 개인 사이에 중간집단이 있어야, 이 두 종류의 자유의 적을 막을 수 있다고 보았다. 예컨대 귀족, 지주, 성직자 등이 바로 이러한 역할을 한다고 보았다. 즉 폭군과 폭민 사이에서 개인의 자유를 유지 발전시켜 나갈 수 있다고 본 것이다. 그래서 그는 귀족, 지주, 성직자들의 특권을 폐지하는 데 대하여 비판적이었다.

몽테스키외가 이야기한 이러한 중간집단의 현재적 표현을 토크빌은 미국에서 본 것이다. 특히 그는 국가와 개인들 사이에 많은 자발적 중간집단 내지 중간 조직들이 활동하고 있는 것을 관찰했다. 각 지역에 있는 각종 자원봉사조직, 종교단체, 취미단체, 노동단체, 기업단체, 지역신문 등을 보았다. 이들이 여러 형태의 타운 미팅town meeting을 통하여 그 지역의 공공적 문제를 토론하고 해결하는 것을 목격했다. 그리고 각각의 조직들이 개인의 사적 문제가 공공적 문제와 어떻게 연결되어 있는지를 제시하면서, 개인에게 공공심의 함양과 공동체의식의 중요성을 교육하는 것을 보았다. 그래서 미국에서는 중앙정부는 지역에서는 약한 존재이고 그 대신 지역의 시민사회가 강한 정치적, 사회적 역할을 하고 있다는 사실을 깨달았다. 그래서 미국에서는 이들 중간집단들이 '강한 사회-약한 국가strong society-weak state'를 만들고 있다고 주장했다. 그가 주장한 이들 중간집단들이 바로 현대적 의미의 시민사회의 원형이라고 할 수 있다.

그 이후에도 시민사회라는 개념은 좀 더 진화했다. 광의로는 국가와 개인 사이에 존재하는 '가치집단'과 '이익집단'을 모두 의미한다. 그러나 협의로는 그리고 일상에서 활용되는 시민사회는 국가와 개인 사이에 존재하는 '가치집단'만을 의미한다. 그래서 노동조합이나 기업가단체 등의 이익단체는 시민사회의 개념에서 배제되고 있다. 그래서 개인적 이해가 아니라 공공적 가치를 추구하는 조직, 그러한 목적으로 움직이는 자발적 조직—예컨대 이웃의 빈곤과 질병을 돕는 조직, 인권과 소비자보호 그리고 환경개선에 노력하는 조직 등등—을 시민사회로 규정하고 있다.

그러면 이러한 가치조직으로서의 시민사회 혹은 좀 더 구체적으로 각종 NGO 등 시민운동단체들은 어떠한 정치 사회 경제적 기능을 가지는 것일까? 아니 가져야 하는가? 필자는 시민운동단체가 구체적으로 세 가지 기능을 해야 한다고 생각한다.

첫째는 민주주의를 보완하는 기능을 해야 한다.

예컨대 소수자의 권리 보호는 다수결 원리가 지배하는 민주주의 속에서 무시되거나 잊힐 위험이 있다. 이때 소수자—외국인, 여성, 장애인 등—의 권리를 주장하는 것이 NGO의 역할이다. 또 다른 역할은 소위 투표권자들의 합리적 무지 때문에—투표권자들이 적극적으로 요구하지 않기 때문에—비록 민주주의를 하더라고 정치과정의 투명성과 책무성이 약화될 수 있다. 이때 정치과정의 투명성과 책무성의 강화와 이의 제도화를 요구하는 것이 바로 NGO의 역할일 수 있다. 한마디로 NGO 등 시민운동은 '민주주의의 실질화實質化'에 기여할 수 있다. 이러한 일들을 '깨어 있는 시민사회'가 해야 한다.

둘째는 시장주의를 보완하는 기능을 해야 한다.

시장은 분명 경제적 효율을 높이는 장場이다. 그러나 사회적 형평이나 환경의 문제, 소비자 보호 등에 대해서는 소홀해지기 쉬운 장이다. 따라서 NGO들이 이들 문제를 적극적으로 제기하여 '시장을 보다 인간화'하는 노력을 해야 한다. 종래에는 형평이나 환경이나 소비자 문제의 해결을 위해 국가가 주된 책임을 지고 시장개입을 해왔다. 그러나 세계화되면서 이 부분의 국가기능이 약화될 위험이 있다. 특히 외국으로부터의 자본유치 등을 이유로 환경이나 소비자보호, 그리고 사회보장문제 등을 상대적으로 소홀히 할 위험도 있다. 따라서 특히 '깨어 있는 시민사회'가 이러한 문제들의 중요성을 지적하여 시장경제를 좀 더 '인간의 얼굴을 가진 시장경제'로 바꾸는 데 적극 기여해야 한다.

셋째는 시민사회를 활성화하고 성숙시키는 기능을 해야 한다.

NGO들이 해야 할 가장 중요한 기능과 역할이 시민사회 자체를 건강하게 육성하고 성숙시키는 일이다. 국민 사이에 공공정신public spirit과 공공윤리civic ethics — 직업윤리도 포함하여 — 를 제고하는 일이다. 사회적 예의와 공중도덕 그리고 이웃에 대한 관심과 사랑을 높여 나가야 한다. 개인들이 이기주의나 좁은 의미의 개인주의에서 벗어나서 공동체와 개인의 건강한 관계를 인식하고 실천할 수 있어야 한다. 이러한 '공동체적 개인주의'의 기풍을 길러나가는 데 NGO가 앞장서야 한다. 한마디로 한 사회의 사회자본social capital을 만들어 내는 데 크게 기여해야 한다는 이야기가 된다.

이상과 같이 중요한 기능과 역할을 가진 시민사회 — 구체적으로는 NGO들이 — 가 자신들의 역할에서 성공하려면 몇 가지 성공조건이 있다. 그 조건을 잘 지키면 NGO는 우리나라의 민주주의, 시장주의, 그리고 시민사회의 성숙에 크게 기여하게 된다.

첫째 조건은 반드시 도덕적 우월성을 지켜 나가야 한다는 것이다. 시민운동은 가치운동이고 도덕운동이지 개인이나 특정집단의 이익추구운동이 아니다. 경제적 이익확보를 위한 운동이 아니다. 정신적 가치를 실현하는 운동이다. 따라서 이를 위해 반드시 정치적으로는 비정파적nonpartisan이 되어야 한다. 그리고 경제적으로는 독립적independent이 되어야 한다. 그리고 개개인의 자발적 참여정신, 자원봉사정신에 기초한 운동이어야 한다.

둘째, 시민운동이 성공하려면 반드시 교수, 학자 등 그 분야의 전문가집단 — 정치적으로 비정파적인 — 의 도움을 받아야 한다. 그래야 그 시민운동의 주장의 질質과 격格이 높아지고, 그 시대의 소금의 역할을 제대로 할 수 있다.

셋째, 반드시 내부민주주의internal democracy를 정착해야 한다. 시민운동은 자발적 운동이다. 운동의 지도자와 운동참여자의 관계가 성숙한 민주주의의 관계가 되어야 한다. 시민운동 자신의 투명성과 책무성이 먼저 확보되어야 한다. 스스로 내부 민주주의를 하지 못하면 앞에서 시민사회가 해야 할 세 가지 기능과 역할을 제대로 할 수 없다. '민주주의 없는 시민운동', '시민 없는 시민운동'이라는 비판이 나오면, 즉 간부들만의 시민운동이 되면 그것은 시민운동의 실패이다.

시민운동이 성공해야 앞에서 제시한 민주주의의 보완, 시장주의의 보완, 시민사회의 성숙을 이룰 수 있다. 그래야 결국은 민주주의와 세계화의 성공으로 연결되어 우리 모두가 21세기 국제평화의 길로 나가게 된다.

(나) 사회자본

사회자본social capital이란 무엇인가? 본래 한 사회 안에 있는 모든 사회적 네트워크social network들은 일정한 사회적 가치를 가지고 있다. 이들 한 사회 안에 있는 모든 사회적 네트워크가 가지는 사회적 가치의 합合이 바로 그 사회의 사회적 자본이다. 여기서 이야기하는 사회적 네트워크란 친구·이웃·회사·학교·교회·취미클럽·NGO 등 광범위한 사회적 관계나 반복적이고 지속적인 관계를 모두 포함한다. 일시적이고 일회적인 관계는 여기서의 사회적 네트워크는 아니다. 우리 인간은 누구나 수많은 사회적 네트워크 속에서 살고 있다. 그러한 사회적 네트워크 속에는 여러 가지 사회적 가치가 존재한다. 예컨대 신뢰trust, 기대expectation, 상호성reciprocity, 정보공유information sharing, 협력과 협조coordination, 정체성identity과 연대성solidarity 등의 사회적 가치가 존재한다. 이러한 사회적 모든 네트워크 속에 존재하는 사회적 가치의 합collective value of all social network을 사회적 자본이라고 부른다.

이러한 사회적 자본이 있기 때문에 우리는 사회에서 타인들의 협력과 협동이 가능하다. 서로 믿지 못하고 서로 연대하지 못하면 협력과 협동이 불가능하다. 그래서 사회적 자본이 많을수록 타인들과 보다 잘 협력하고 협동할 수 있다. 서로 믿고 신뢰하며 투명하게 정보를 공개하는 등의 이점이 있기 때문이다.

일반적으로 사회자본에는 두 가지가 있다.* 하나는 단결형團結型 사회

* 사회자본 전반에 대한—단결형 사회자본과 연결형 사회자본의 구분 등을 포함하여—심층적 논의는 David Halpern, *Social Capital*, Polity Press, 2005를 참조.

자본bonding social capital이다. 그것은 유사한 사람들을 연결시키고 단결시키는 기능을 한다. 같은 그룹 안의 사람들을 내적으로 잘 단결시키는 역할을 하는 사회자본이 단결형 사회자본이다. 다른 하나는 연결형連結型 사회자본bridging social capital이다. 서로 다른 사람들을 — 서로 다른 그룹들을 — 연결시키는, 그래서 그룹 간의 신뢰와 상호성을 만들어 내는 사회자본이 바로 연결형 사회자본이다. 여러 사회들을 비교분석하면 각각의 사회마다 어느 종류의 사회자본이 상대적으로 많은지가 사회마다 나라마다 다르다고 한다. 예컨대, 한국이나 이탈리아 남부의 경우에는 단결형 사회자본이 연결형 사회자본보다 많다. 그리고 미국의 경우는 양자가 모두 비슷하게 많은 편이고, 중부유럽의 경우는 오히려 단결형보다 연결형의 사회자본이 더 발달되어 있다. 이러한 관찰은 물론 절대적인 것은 아니다. 그러나 다만 한 가지 확실한 것은 앞으로 세계화시대에 국가가 성공하고 국민이 성공하기 위해서는 단결형 사회자본뿐 아니라 연결형 사회자본이 보다 잘 발달되어야 한다는 것이다. 같은 동창, 같은 지역, 같은 민족 사이의 단결 못지않게, 다른 민족, 다른 사회, 다른 문화, 다른 종교와의 연결능력이 더욱 중요해지는 시대에 우리는 살고 있기 때문이다.

이러한 사회자본은 경제발전과 세계화 그리고 민주주의의 정착을 위해 많은 순順기능을 한다. 어떠한 순기능이 있는지 간단히 살펴보도록 하자.

우선 (1) 사회 전체의 정보의 흐름과 정보의 공유를 보다 쉽게 한다. 그래서 그 사회에서 — 개인이든 조직이든 — 정치적·경제적 결정을 보다 합리적으로 만든다.

불신의 사회보다 신뢰의 사회 속에서 정직한 정보의 흐름이 많아진다. 정보의 흐름이 많아져 그만큼 정직한 정보 위에서 결정을 하게 되면 당연히 그 결정은 보다 합리적이 될 것이다. 그래서 사회자본이 많을수록 한 사회에서의 합리적인 정치적·경제적 결정이 보다 많아진다.

(2) 모든 조직의 내부거래비용internal transaction cost을 낮춘다. 그래서 기업, 정당, 학교 등 모든 조직을 보다 효율적으로 만들 수 있다.*

사실 기업은 경제적 생산의 내부거래비용을 줄이기 위해 고안된 제도다. 또한 정당은 국민들의 정치적 의사를 종합하고 대표하는 내부거래비용을 줄이기 위해 고안된 제도다. 학교도 마찬가지다. 따라서 사회적 자본이 높아지면 모든 조직의 조직화를 위한 내부거래비용이 크게 낮아진다. 그러면 그만큼 기업, 정당, 학교 모두들이 보다 효율적이 된다. 그리고 조직을 보다 투명하게 만들기 때문에 자연 담합과 부패의 가능성도 줄인다.

(3) 정치적 경제적 모든 거래의 외부거래비용external transaction cost을 낮춘다. 그래서 보다 많은 경제적 정치적 생산물 ― 경제성장과 민주주의 ― 을 산출할 수 있다.

사회자본이 낮은 나라에서는 만일의 경우에 상대를 믿을 수 없기 때문에 모두 대비해야 한다. 그런데 만일의 경우에 대비하기 위한 노력, 즉 시간적·경제적·제도적·법적 노력은 사실 모두가 사회적으로 자원의 낭비다. 가능하다면 이러한 낭비 없이 경제활동이나 정치활동이 이루

* 거래비용에는 내부거래비용과 외부거래비용의 두 가지가 있다. 내부거래비용은 조직을 내부적으로 조직화하는 데 든 비용이다. 그리고 외부거래비용은 한 조직과 다른 조직 사이의 각종 거래에 드는 비용이다. 예컨대 기업을 생산과 마케팅과 distribution을 위한 조직이라면 이 각각의 활동을 조직하는 데 드는 비용이 내부거래비용이다. 이 내부거래비용 속에는 노동자들이 과연 성실하게 일을 하도록 하기 위한 감시감독비용 그리고 적정한 평가보상비용 등등이 모두 들어 있다. 만일 그 조직구성원들 사이의 사회자본이 높으면 ― 서로 성실·정직·근면하면 ― 그만큼 내부거래비용이 줄어든다. 덜 감시·감독하여도 효율적인 조직이 된다는 이야기다.

어질수록 좋다. 그러면 그만큼 경제활동과 정치활동에 대한 투입물에 있어 자원의 낭비가 없기 때문에 그 산출물의 크기도 커지게 된다. 그래서 사회자본이 많은 나라에서, 보다 많은 경제활동과 생산이 일어나고, 민주주의의 책무성과 투명성도 높아진다고 할 수 있다.

문제는 이러한 순기능을 많이 가진 사회적 자본을 어떻게 높일 것인가 하는 점이다. 사회적 자본의 중요성은 가정교육에서, 학교교육에서, 직장교육에서, 그리고 더 나아가 NGO 등이 앞장서는 사회교육 등에서 모두 가르치고 육성되어야 한다고 본다. 그러나 그것으로 부족할지 모른다. 그 사회의 정치, 경제, 교육의 지도자들이 자신들 일상의 삶의 모습을 통하여 '신뢰와 협력과 정직의 모습'을 보여야 한다고 생각한다. 그것이 대단히 중요한 교육이라고 할 수 있다. 아니 이것이 지도자들이 해야 할 진정한 노블리스 오블리제라고 생각한다.

사실 사회적 자본을 높이는 것은 사회적 의식, 분위기, 관행 등 사회문화 전체를 개조하는 움직임이라고 볼 수 있다. 따라서 결코 쉬운 일은 아니다.

옛날에는 이것을 '풍속을 바로 세우는 일'이라고 불렀다. 그리고 이 풍속을 바로잡는 일, 즉 정풍속正風俗이 정치가 해야 할 가장 중요한 일 중의 하나로 보았다. 그래서 오랫동안 조선시대에는 사회지도자들에게, 특히 학자들과 정부 관료들에게 자신들의 일상생활을 통하여 국민들한테 '신뢰와 정직과 협력'의 미덕을 보이고 이를 통하여 풍속을 바로잡는 일을 할 것을 요구해 왔다. 대단히 옳은 이야기이고 여전한 진리라고 생각한다.

끝으로 지적해 둘 것은 앞으로 세계화시대가 되면 될수록 일국一國 내의 사회적 자본을 높이는 것도 중요하지만 더 나아가 국가 간, 인종 간,

문화 간, 종교 간 사회적 자본을 높이는 노력도 일어나야 한다는 것이다. 지구촌 전체의 사회적 자본이 높아져야 지구촌 전체의 세계화의 성공 — 부의 축적과 빈곤의 해소 등 — 그리고 민주주의의 성공 등이 가능하게 되리라 생각한다.

세계화와 정부의 역할

세계화가 진전되면서 시장과 민간부분의 역할과 기능이 중요해짐에 따라 정부의 역할과 기능이 줄어드는 것은 아닌가 하는 회의론이 있다. 과거 근대화, 산업화시대와 달리 이제는 정부의 역할이 축소되어야 하고 기능도 단순화되어야 하는 것이 아닌가 하는 주장이다. 과거 근대화·산업화시대에는 정부가 앞장서서 선진국을 모방하면서 경제발전도 교육개혁도 모두 주도해 왔다. 한마디로 '정부주도의 국가발전전략'이었다. 그래서 우리는 중진국에 이르렀다. 그러나 앞으로는 더 이상 과거와 같은 의미의 정부주도의 시대는 아니다. 이제는 명실공히 '민간주도의 시대'다. 정부의 지시보다는 시장의 움직임을 보다 중시해야 하는 상황이다. 그러한 의미에서 정부의 역할과 기능에 큰 변화가 오는 것은 사실이고 또한 와야 한다.

그러나 그 변화가 단순히 정부역할의 축소 내지 그 기능의 약화로만 나타나서는 곤란하다. 세계화시대에 정부의 역할이 크게 변화해야 하는 것은 사실이지만 정부의 중요성이 줄어드는 것은 결코 아니다. 어떤 의미에선 정부가 더욱더 중요해진다고 볼 수도 있다. 왜냐하면 과거보다 정부가 해야 할 일을 잘못하면 그 피해, 소위 정부실패의 외부효과가 더 큰 시대이기 때문이다.

따라서 21세기 세계화시대는 더 이상 정부 주도로 발전하는 시대는 아니다. 그렇지만 민간 주도의 발전의 시대를 올바로 열기 위해서는 정부가 좀 더 똑똑해야 하고 자신이 할 일을 보다 잘해야 한다. 그런 의미에서 큰 정부냐 작은 정부냐보다는 '똑똑하고 능력 있는 정부'냐가 문제의 핵심이 되는 시대라고 볼 수 있다.•

요약하면 앞으로는 정부의 역할이 달라져야 하는 것은 확실하지만 그 중요성이 결코 줄어드는 것이 아니다. 오히려 과거보다 그 역할이 더 중요해지는 시대에 살고 있다고 할 수 있다. 정부가 잘못하면 그 피해가 더 커지는 시대이기 때문이다. 그러면 앞으로 정부의 역할은 어떻게 달라져야 하는가? 반드시 해야 할 일은 무엇이고 해서는 안 될 일은 무엇인가? 정부가 반드시 해야 할 일 다섯 가지와 반드시 해서는 안 될 일 세 가지를 중심으로 세계화시대가 요구하는 정부의 역할을 살펴보도록 하자.••

• 어떤 의미에서는 우리는 앞으로 선진국적인 민간 주도 — 본격적인 시장 주도 — 의 시대를 열기 위한 아직은 중진국적인 민관협치(民官協治)의 단계에 살고 있다고도 볼 수 있다. 정부주도에서 민간주도로 가는 과도기로서 민관협치의 단계라고 볼 수 있다.

•• 여기서는 세계화시대 정부가 해야 할 일을 다섯 가지만 뽑아 논의하고 있다. 중진국 선두주자로 오른 우리나라를 염두에 두고 다섯 가지 과제만 뽑았으나 사실은 정부의 역할과 과제는 보다 많다고 봐야 한다. 세계화시대 정부의 역할 — 특히 후진국에서의 정부의 역할 — 에 대한 종합적 분석은 1997년 세계은행 보고서를 참조하라. The World Bank, *World Development Report-1997: The State in A Changing World*, Oxford University Press, 1997, 특히 pp.1-15까지의 Overview를 참조. 비교적 요약 정리가 잘 된 보고서다. 정부의 역할 중에서 특히 제도개혁(institutional reform)부문 — 교육, 금융, 사법, 공무원 등 — 의 문제를 좀 더 심층적으로 다룬 보고서는 Shahid J. Burki and Gullermo E. Perry, *Institutions Matter: Beyond Washington Consensus*, The World Bank, 1998을 참조.

정부가 반드시 해야 할 일은 (1) 세계화교육의 강화와 국가전략의 제시 (2) 법치국가와 정치·경제적 안정의 확보 (3) 인적·물적 혁신투자의 확대 (4) 사회정책과 문화정책의 강화 (5) 정부능력 및 국가능력의 제고 등 다섯 가지라고 생각한다. 반대로 정부가 해서는 안 되는 일은 (1) 속임수 (2)부패 (3) 간섭 등의 세 가지라고 생각한다. 각각을 나누어 살펴보자.

세계화교육의 강화와 국가전략의 제시

무엇보다 중요하고 급한 것이 세계화에 대한 올바른 정보 제공이다. 세계화란 무엇인가? 세계화시대란 어떠한 시대인가? 세계화시대에는 우리 삶의 모습이 어떻게 달라지는가? 개개인의 행복원리와 국가발전의 원리가 어떻게 달라지는가? 세계화시대에는 어떠한 새로운 기회가 열리고 어떠한 새로운 위험이 등장하는가? 어떻게 하면 우리는 세계화의 기회를 활용하여 개인도 국가도 성공할 수 있는가? 무엇을 잘못하면 개인도 국가도 실패하게 되는가? 등을 국민들에 정확하고 솔직하게 알려주어야 한다.

분명 새로운 문명사적 변화가 오고 있어, 국민들은 궁금하기도 하고 불안하기도 하다. 혹은 기대가 되기도 한다. 따라서 지금이 과연 어떠한 시대인가를 정부가 알려 주는 것은 당연한 일이다.* 그리고 어떻게 하

* 사실은 정부뿐 아니라 그 나라의 지식인들도 이러한 역할을 해야 한다고 생각한다. 학자, 교수, 언론 등 그 시대의 지식인 — 옛날 식으로 이야기하면 그 시대의 선비 — 들이 해야 할 가장 중요한 사회적 역할 내지 기여는 세상의 복잡한 변화를 비교적 쉽게 정리하여 국민들에게 잘 알리고 앞으로 국민들이 어떠한 준비를 하는 것이 좋은지를 알

면 성공할 수 있는지 국민들이 대단히 궁금해하고 있다. 과연 우리 개인이나 국가가 세계화의 격랑 속에 살아남을 수 있을지, 더욱 번영하고 발전할 수 있을지 궁금해하고 있다. 또한 앞으로도 지속적으로 발전 번영하려면 어떻게 준비하고 대응해야 하는지 궁금해하고 있다. 이에 대하여 정부가 제대로 답해야 한다.

첫째, 우선 정부는 객관적이고 솔직하게 우리가 살아갈 시대를 설명해야 한다.

우리가 살아갈 21세기 세계화 정보화의 시대가 어떠한 시대이고 이 시대에는 어떠한 기회와 위험이 있는지 자세히 설명해야 한다. 기회뿐 아니라 위험도 자세히 설명해야 한다.*

둘째, 지금까지 우리가 살아온 과거의 시대를 돌이켜 봐야 한다.

미래를 위해서는 과거의 성찰부터 시작해야 한다. 우선 과거의 공功과 과過를 생각해 봐야 하고, 우리들의 발전의 원동력이 어디에 있었는지, 장점은 무엇이었는지 등을 살펴봐야 한다. 동시에 우리의 약점이 어디에 있었는지 국민과 함께 자성해 봐야 한다. 이와 더불어 지금까지 성공적인 이웃나라의 역사경험을 살펴보아야 한다. 왜 어떤 나라는 발전에 성공하고 어떤 나라는 실패를 하였는지 인류의 역사적 경험에서 배워야 한다.

려주는 일이다. 이것을 옛날 식으로 표현하면 그 '시대의 공론'을 세우는 일이 선비의 주된 역할이라고 했다.

* 특히 이 시대의 정치가의 주요 역할의 하나가 국민들에게 우리가 사는 오늘의 세계가 어떠한 세계이고 어떻게 해야 성공할 수 있는지를 알리고 교육하는 일임을 설득력 있게 주장하는 글은 Thomas L. Friedman, *The World is Flat: A Brief History of the Twenty-First Century*, Farrar, Straus and Giroux, 2005, 특히 p.280 이하를 참조.

셋째, 앞으로 살아갈 세계화시대에 대한 우리의 국가발전전략을 제시해야 한다.

우리 정부는 앞으로 어떠한 세계전략과 국가전략을 가지고 나가려 하고 있는지, 또 그 이유는 무엇인지를 밝혀야 한다. 그리고 정부가 노력할 일과 국민 개개인이 자기책임하에 노력할 일이 무엇인지를 나누어 설명해야 한다. 우리나라가 성공하기 위해서 특히 국민들이 어떠한 노력을 어떻게 해야 하는지 자세히 제시해 줘야 한다.

넷째, 성공한 국민, 승리하는 나라를 만들기 위해서는 많은 제도개혁과 의식개혁이 필요함을 솔직히 이야기해야 한다.

그리고 이들 개혁에는 반드시 고통과 비용이 따른다는 사실도, 그러나 우리의 후손들을 위해 우리가 그 고통과 비용을 감수해야 한다는 당위성도 호소해야 한다. 그리고 우리에게 시간이 없다는 여건도 솔직히 이야기해야 한다. 제도개혁과 의식개혁이 없이는 세계화 정보화시대에 개인이나 국가의 성공이 어려운 게 현실이다. 그런데 다른 많은 나라들은 이미 제도와 의식개혁에 나서고 있다. 이것을 잘 알려야 한다. 아니 이뿐만 아니다. 많은 나라들이 개혁의 어려움과 고통을 참으면서 우리보다 앞서 나가고 있다는 사실을 알려야 한다. 그리고 이 개혁경쟁에서 지면 앞으로 나라의 미래가 어렵다는 냉정한 현실도 솔직히 알려야 한다. 이와 동시에 우리의 지난 역사를 반추해 볼 때 우리는 어떠한 고난도 이겨낸 민족이고 국민이라는 — 우리 모두가 하나만 된다면 가능하다는 — 사실도 강조해야 한다.

이것이 정부가 해야 할 가장 중요하고 시급한 역할이고 사명이라고 생각한다. 시대의 변화를 정확히 알리고 그에 대한 대응의 전략과 정책을 제시하고, 국민과 정부가 함께 힘을 합치고 일을 나누어 — 분업과 협업을 통하여 — 국가성공을 이루어 내자고 하면서 앞에서 이끄는 정부가 나와야 한다. 정부는 국민을 리드해야 한다. 솔직히 어려움을 고백하면서 함께 노력할 것을 호소해야 한다. 정부가 국민의 눈치만 보고, 국민들이 듣기 좋은 이야기만 한다면 그것은 사실 국민을 위하는 정부가 아니다. 반대로 국민을 버리는 정부가 된다고 할 수 있다. 그래서는 물론 안 된다. 21세기 정부에게 요구되는 가장 큰 덕목은 정직이고 솔직함이다. 정직하고 솔직하게 모든 것을 다 알리고 함께 노력할 것을 호소해야 한다. 그러면 국민이 분명 화답할 것이다. 특히 우리나라의 국민은 그러한 국민이다. 또한 그래야 세계화시대를 국민과 국가가 함께 성공하는 시대로 만들 수 있다. 그리고 그것은 우리나라에서는 대한민국의 선진화와 통일의 달성으로 나타날 것이다.

법치국가와 정치적·경제적 안정의 확보

국민에게 나아갈 방향을 제시한 후 정부가 해야 할 일 중에 가장 중요한 일은 법치를 세우고 정치안정과 경제안정을 이루는 것이다.

우선 법치法治를 바로 세워야 한다. 법의 지배rule of law란 기본적으로 국민의 자유와 권리신장을 위한 제도다. 국민의 개인적 자유와 기본적 권리를 보호하고 확장하기 위한 제도다. 따라서 법치를 세우려면 다음의 세 가지가 반드시 필요하다.

첫째, 정부의 횡포를 막아야 한다.

국민의 자유스런 정치경제, 사회문화 활동에 대한 부당한 — 법치를 넘어서는 — 개입과 간섭을 막아야 한다.

둘째, 여론의 횡포를 막아야 한다.

특히 격정적이고 목소리가 큰 소수가 '다수의 횡포'로 변질하여, 소수의 자유와 권리를 침해하는 것을 막아야 한다.•

셋째, 독점의 횡포를 막아야 한다.

개인의 자유 중에서 중요한 것이 경제적 자유다. 개인의 경제적 자유를 지키기 위해, 특히 대기업의 독점의 횡포를 막아야 한다. 왜냐하면 독점은 소비자의 선택의 자유를 줄이고 중소사업자나 신규사업자들의 경쟁의 자유를 억압하기 때문이다.

이상과 같이 '정부와 여론과 독점'의 간섭과 억압으로부터 개인이 자유스러울 때 진정한 법의 지배가 성립하는 것이다.

다음은 정치안정이다. 정치가 안정되지 않으면 국가나 개인의 세계화 노력은 성공하기 어렵다. 정치가 불안한 나라가 경제성장과 국가발전에 성공한 예는 없다. 정치안정을 위해서는 두 가지가 중요하다.

첫째는 정부의 갈등과 분쟁 조절능력이다.

앞으로 세계화가 진전되면서 계층 간, 지역 간, 산업 간 갈등과 대립

• 앞에서도 지적했지만 여론 내지 세론과 공론은 다른 것이다. 여론이나 세론은 그 당시의 국민 다수의 견해이고 정서다. 그런데 이 여론과 세론은 이미지나 감성 등에 의하여 형성되기 쉽고 따라서 가변적이고 즉흥적인 경우가 많다. 이 때문에 잘못하면 여론의 폭력 — 만들어진 다수의 폭력 — 으로, 특히 소수자에 대한 마녀사냥과 같은 폭민의 횡포를 결과할 수 있다. 각별히 주의해야 한다. 반면에 공론은 좀 더 이성적이고 성찰적인 견해다. 비전문가들의 느낌이 아니라 전문가들의 분석과 연구가 뒷받침되는 성숙한 공민(公民)들의 견해다. 따라서 정부는 공론을 존중해야지 여론을 너무 존중하면 소위 국정 실패를 결과하게 된다.

의 등장이 불가피할 것이다. 국제경쟁력을 높이기 위한 각종의 구조조정과 개혁·개방 노력 등은 불가피하게 고통과 이익의 공평한 분배의 문제를 야기할 것이다. 따라서 갈등과 대립이 증폭될 것이다. 정부가 이때 공정하고 효율적으로 분쟁과 갈등을 해결하는 메커니즘을 준비해야 한다. 세계화시대에는 갈등과 대립을 공정하고 효율적으로 관리하는 것이 정부기능의 핵심이 된다. 그리고 이를 통한 사회의 안정 나아가 정치의 안정을, 더 나아가 국민통합을 이루는 것이 대단히 중요한 정부의 역할이 된다.

둘째는 선동정치와 포퓰리즘의 극복이다.

세계화시대는 정보화시대와 함께 진행된다. 정보화시대에는 정보와 지식의 양이 증대하고 그 흐름이 빨라지지만 국민들의 올바른 정보와 지식의 '선별능력'이 함께 신장되는 것은 아니다. 여기에 선동의 정치, 포퓰리즘의 정치가 등장할 가능성이 크게 높아진다. 선동과 포퓰리즘은 권력투쟁을 위해 국민의 일시적 정서에 영합할 뿐 아니라 때로는 조작하면서 국민들을 끊임없이 분열시키고 대립시킨다. 끊임없이 정치 갈등과 정치 불안을 조장하고 이용한다. 이를 막으려면 올바른 정치정보와 올바른 정책정보를 국민들에게 제때에 확실하게 알려서 선동정치나 포퓰리즘이 판을 치지 못하게 해야 한다. 그것이 정치안정을 위한 정부의 중요역할이다. 또한 국가안보상 비공개 정보를 제외한 중요정보의 신속한 공개와 확산도 대단히 중요하다.

끝으로 중요한 것이 경제적 안정을 이루는 것이다. 경제적 안정을 위해서는 세 가지를 잘해야 한다.

첫째는 공정하고 자유로운 시장경제질서를 유지하는 것이다.

이를 위해 독과점규제정책, 소비자보호정책, 합리적인 노사관계정책 등이 반드시 강화되어야 한다. 시장이 독점적 대기업이나 거대노조에 의해 휘둘리면 물가와 임금구조의 왜곡을 가져와 시장의 안정을 확보하기 어렵다.

둘째는 거시경제적 안정macro economic stability을 확보하는 것이다.

구체적으로는 물가의 안정과 낮은 실업률의 확보가 가장 중요한 거시경제적 안정이다. 이를 위해서는 중장기적으로 안정적 통화정책과 균형재정, 그리고 국제수지 균형을 이루는 것이 필수적이다.

셋째는 해외부문과 내수부문의 균형과 조화를 유지하는 것이다.

초세계화의 시대로 들어가면서 과도한 해외의존은 중장기적으로 경제안정을 해할 위험을 키운다. 특히 주기적으로 나타나는 세계금융위기, 이로 인해 유발되는 세계경제침체 등을 감안하면 건강한 내수부문의 확보는 경제안정을 위해 앞으로는 대단히 중요한 정책과제가 될 것이다. 물론 어느 수준이 균형과 조화의 수준이냐는 구체적으로 그 나라의 발전단계, 보유하는 부존자원의 양, 그리고 현재의 산업구조와 생산성과 경쟁력의 수준 등에 의해 결정될 것이다.

여기서 한 가지 강조할 것은 21세기 초세계화의 시대에는 거시경제의 안정, 그리고 해외와 내수부문의 균형과 조화 등을 달성하는 것이 국내정책수단만으로는 어려워진다는 것이다. 따라서 점점 더 올바른 국내정책 — 거시경제정책, 산업정책, 인력개발 등 — 뿐 아니라 효율적인 국가간의 정책공조가 중요해진다. 그런데 이 국가 간 정책협조를 성공적으로 만들어 나가려면 우리 정부 스스로가 국내외 경제움직임에 대단히 밝아야 한다. 그러한 인적·물적 인프라를 갖추어야 한다. 또한 항상 전향적 대책을 만들고 이웃나라들과 정책협조를 적극적으로 주도하려는 노력을 앞장서 해야 한다.

인적·물적·혁신투자의 확대

세계화시대는 가장 많은 부가가치를 창출하여 세계의 발전에 기여하는 사람이나 그러한 지역 혹은 나라가 가장 풍요로울 수 있고, 또한 가장 성공하는 시대다. 따라서 개인이든 국가든 높은 부가가치를 창출할 수 있는 능력을 높이는 것이 제일 시급한 과제다. 이를 위해 다음의 세 가지를 해야 한다. (1) 교육 훈련 등 인적투자가 많이 일어나도록 해야 한다. (2) 공장, 사회간접자본 등에 물적투자가 많이 일어나도록 해야 한다. (3) R&D 등 과학기술분야에 혁신투자innovation investment가 많이 일어나도록 해야 한다.

첫째, 우선 교육훈련 등 인적 투자가 많이 일어나게 해야 한다.

이를 하려면 정부는 무엇보다 세계최고수준의 교육기관들을 만들어 내야 한다. 그래서 세계 최고의 교육을 국민들이 받을 수 있는 기회를 주어야 한다. 그래야 높은 부가가치를 창출할 수 있는 인재들이 양성될 수 있다. 결국 교육개혁 — 교육개방과 경쟁제고 — 을 통해 세계 최고의 교육기관과 교육프로그램들을 많이 만들어 내는 것이 필요하다. 그리고 국민들도 다음의 사실을 명심해야 한다. 즉 단순히 높은 수준의 교육 즉 고등교육을 받는 것만이 중요한 것이 아니라, 창의적 교육과 세계화 교육을 받는 것이 중요함을 인식해야 한다. 지식정보사회로 들어가면서 새로운 부가가치는 항상 창의적 노동자, 창조적 지식노동자들에게서 나오는 것을 우리는 알고 있다.

또한 세계화시대에 새로운 부가가치는 항상 문화가 다르고 역사가 다르고 언어가 다른 사람들과 협력하고 협조하는 과정에서 창출된다는 것을 알고 있다. 즉 이웃나라 사람들과 소통하고 상호 이해하고 서로 협력하는 노력 속에서 새로운 부가가치가 창출되고 있다. 따라서 국민들도 단순한 교육의 양이 아니라 창의적 교육이 대단히 중요하고, 동시에 이를 위해 다른 나라, 다른 문화와 협력할 수 있는 능력coordination capacity을 기르는 세계화 교육이 대단히 중요하다는 사실을 인식해야 한다. 그리고 다음 세대의 교육에 보다 적극적으로 이러한 분야들을 강조해 나가야 할 것이다.

둘째, 물적 투자의 양을 늘리고 질의 수준을 높여야 한다.

새로운 공장과 연구소, 새로운 도로와 항만, 그리고 공항 등이 들어와야 한다. 이를 위해서 정부는 두 가지를 해야 할 것이다. 하나는 전 세계의 다국적기업들이 투자처를 결정할 때 무엇을 중시하는가를 조사하여 그 부분의 대책을 수립함으로써 세계적 다국적기업들의 투자가 활발하게 일어나도록 하는 것이다. 그리고 다른 하나는 새로운 기업을 시작하거나 기존의 중소기업들이 확장투자를 하려 할 때 애로점이 무엇인가를 파악하여 그에 대한 대책을 수립하는 것이다. 국내자본이든 국제자본이든 이 땅 위에서 투자활동이 활발히 일어나도록 하는 것이 세계화시대에 국가성공을 위한 정부역할의 하나다.

셋째, R&D 등 과학기술분야의 혁신투자가 많이 일어나야 한다.

혁신투자란 무엇인가? 새로운 물건, 새로운 제조방식, 새로운 판매방식 등을 개발하기 위한 투자다. 새로워야 부가가치가 높다. 국민과 국가가 보다 많은 부가가치를 생산해 내려면 당연 새로운 물건, 새로운 제조방식 등을 개발하여 새로운 부가가치를 생산해야 한다. 구태의연한 물건, 구태의연한 제조방식을 갖고서는 낮은 부가가치밖에 생산해 내지 못하기 때문이다. 그렇다면 어떻게 하여 R&D 등의 분야에 새로운 혁신투자를 확대할 것인가가 대단히 중요한 정부과제가 되지 않을 수 없다. 왜 우리나라에 혁신투자가 보다 많이 일어나지 않는지 그 애로와 장애가 무엇인지를 조사할 필요가 있다. 그리고 그 대응책을 강구해야 한다.

사회정책과 문화정책의 강화

세계화시대 정부가 해야 할 중요 역할의 하나는 '공동체의 연대'를 강화하는 것이다. 앞에서의 정부의 역할 — 법치국가와 정치경제적 안정 그리고 인적·물적·혁신적 투자의 증대 — 들이 모두 개인의 자유 확대 — 정치적·경제적 자유의 확대 — 를 위한 것이었다면, 다음으로 필요한 것은 공동체적 연대의 강화이다. 공동체적 연대를 강화하기 위해 크게 두 가지를 해야 한다. 하나가 사회정책이고 다른 하나가 문화정책이다.

사회정책에서 가장 중요한 것은 다음의 두 가지다. 하나는 앞에서 이미 지적하였지만 세계화 정보화시대가 가져오는 구조조정의 상시화에 어떻게 효과적으로 대응하는가다. 그리고 다른 하나는 21세기 인구구조의 변화, 특히 고령화가 가져오는 생애주기의 구조적 변화에 어떻게 대응하는가다. 전자는 구조조정의 고통을 어떻게 최소화할 것인가, 그리고 그 고통의 부담을 어떻게 사회가 서로 나누어 가질 것인가 하는 문제다. 소위 사회안전망social safety net의 문제다. 그리고 후자는 심각해지는 노인의 문제, 청소년의 문제를 어떻게 풀어 나가면서 사회 전체의 공동체적 연대를 강화할 것인가의 문제다.

첫째, 구조조정의 상시화常時化에 대비해야 한다.

우선 구조조정의 문제를 보자. 결국 구조조정은 세계화시대 국가와 국민의 경쟁력을 높이기 위해서 불가피하기 때문에 이를 수용해야 한다. 다만 그 부담이 일부 국민에게 과도하게 집중되는 것을 막아야 한다. 또한 가능하면 서로 분담하는 것이 공동체주의적 관점에서 올바른 정책방향이다. 결국 그 방법은 실업자에 대한 교육 훈련의 강화, 교육 후 사후관리와 취업안내의 강화, 교육기간 중 최소생활의 보장, 새로운 직장으로의 이동 후 구舊직장으로부터의 각종 사회보장 권리의 자동승계 등이 될 수 있다. 그리고 여성의 경우는 육아보조제도, 유연시간제 등의 강화 등이 중요한 정책방향 및 수단이 될 것이다.

둘째, 고령화의 문제에 대비해야 한다.

결국은 생애주기가 구조적으로 변하기 때문에 이러한 변화를 반영한 교육제도의 개선과 고용제도의 개선, 그리고 연금제도 등 소위 사회보장제도의 개선이 중요한 정책과제가 된다. 과거에 교육은 평생일회平生一回가 원칙이었는데 이것을 어떻게 평생 수회數回의 교육이 가능한 소위 평생교육시스템으로 바꿀 것인가? 그리고 과거에는 노인들은 노동시장에서 떠나는 것이 원칙이었는데, 어떻게 고용제도를 개혁하여 노인들의 취업, 특히 전기前期노령자들의 취업이 가능하게 만들 것인가? 노령화가 되면서 과거에 만든 사회보장제도가 앞으로 지속가능하지 않기 때문에, 이를 어떻게 고칠 것인가? 앞으로 이와 같은 문제들이 중요한 과제가 될 것이다. 결국 이러한 일은 정부가 앞장서서 해내야 한다.

여기서의 문화정책은 문화정책 일반이 아니라 공동체적 연대를 강화하기 위한 문화정책에 한정한다. 이러한 의미의 문화정책에서 중요한 것은 다음의 세 가지다. 하나는 가족정책을 강화하는 것이다. 그리고 다른 하나는 역사교육을 강화하는 것이다. 세 번째는 직업윤리와 노동철학을 강화하는 것이다. 이 세 가지가 모두 공동체적 연대를 강화하는 중요한 정책과제다. 그리고 세계화시대 가장 약화되기 쉬운 정책분야다.

첫째, 가족정책family policy을 강화해야 한다.

사실은 가족이 사회적 공동체를 형성하는 가장 기초단위다. 사회적 공동체의 건강과 활기는 가정의 건강과 활기에서부터 시작된다. 그런데 세계화는 사회공동체를 약화시키고 해체시키는 경향을 가진다. 따라서 약화되고 해체되는 사회공동체를 복원하기 위해 제일 먼저 강조되고 강화되어야 하는 것이 사회공동체의 기초단위인 가족공동체다. 어떻게 가족공동체를 강화할 것인가? 구체적으로는 어떻게 가족을 중시하는 교육을 학교에서 그리고 사회에서 보다 많이 할 것인가? 우리나라의 세금제도와 상속제도 등을 좀 더 가족친화적인 제도로 만들 수는 없는가? 우리나라의 고용제도를 가정친화적인 방향으로 바꿀 수는 없는가? 우리나라 연금제도, 의료제도 등을 좀 더 가정친화적인 방향으로 바꿀 수는 없는가? 이와 같이 가정과 가족을 중시하는 제도적 노력을 해야 가족공동체가 건강하게 발전할 수 있고 그것이 세계화시대 약화되기 쉬운 사회공동체의 연대를 재구축하는 데 초석이 될 것이다.

둘째, 역사교육을 강화해야 한다.

공동체의 연대를 강화하기 위해서는 가족이나 이웃과의 연대 즉 공간적 연대도 중요하지만 사실 더욱 중요한 것은 시간적 연대를 강화하는 것이다. 즉 자신의 의미와 가치를 역사공동체 속에서 찾을 수 있어야 한다. 자신의 선조와 후손 사이에 존재하는 자신의 의미와 가치를 깨닫고, 거기에서 자부심과 긍지를 느낄 수 있어야 한다. 우리는 선조들이 가지고 있던 아름다운 전통과 유산을 다음 세대에 전수해야 한다. 우리 세대가 선조들 시대의 잘못과 부족함을 반드시 극복하고 교정해야 한다. 다음 세대는 과거에 얽매이지 않고 미래를 향하여 크게 도약할 수 있는 여건을 만들어 주어야 한다. 이러한 노력들이 바로 역사의식에서 나온다. 그래서 역사의식이 있어야 역사공동체의 연대를 강화하는 노력을 할 수 있다. 그리고 이러한 노력을 통해 역사공동체의 연대가 강화될 때 사회공동체와 자연공동체의 연대도 모두 강화될 수 있다. 자연공동체 보호도 실은 후손들에 대한 연대에서 비롯되는 것이다. 사회공동체도 사실은 후손들에게 보다 좋은 사회를 남겨 주기 위한 노력이 내재되어 있는 것이다.

이와 같이 역사공동체, 사회공동체, 자연공동체는 사실 크게 하나로 묶여 있다. 내적으로 깊이 상호 관련되어 있고 상호작용하고 있다. 따라서 한 사회의 공동체적 연대를 강화하기 위해서는 역사, 사회, 자연 등 각각의 공동체의 연대가 모두 강화되어야 가능한 것이다. 어느 하나가 부실하면 다른 공동체의 연대도 부실하게 된다. 그래서 역사교육이 중요한 것이다. 역사교육을 통하여 우리는 선조들의 자랑스러움과 아름다움을 배워야 한다. 그리고 부족함과 실패의 역사도 배워야 한다. 그리하여 과거의 좋은 점을 계승하고 잘못을 고치는 '발전적 계승의 균형사관'을 세워야 한다. 그 과정에서 자신의 역사에 대한 자긍심과 자부심을 가져야 한다. 그래야 미래비전을 세울 수 있다. 이러한 관점에서 우리 사회의 일각에 있는 자기부정적 역사관, 자기학대적 역사관은 크게 잘못된 것이다. 그러한 소위 수정주의적 역사관修正主義的 歷史觀은 우리의 역사공동체를 파괴할 뿐 아니라, 우리의 사회공동체도 파괴하는 유해성을 가진다.*

특히 세계화시대에 올바른 역사교육을 하고 모든 국민들이 자국의 역사에 대하여 자긍심과 자존심을 가질 수 있도록 만드는 것은 대단히 중요하다. 자기 나라의 역사에 자긍심을 가지는 국민이 자기 나라를 사랑할 수 있다.** 그리고 다른 나라의 역사를 존중하고 다른 나라 사람들도 포용할 수 있게 된다. 그러나 자기 나라 역사에 대하여 자학적 역사관을 가지면, 다른 나라의 역사도 무조건 부정하고 폄하하고 공격하게 된다.

* 수정주의적 역사관은 1970년대 미국에서 유행하던 신좌파적(新左派的) 역사관이다. 역사를 대외적으로는 민족해방투쟁으로 그리고 대내적으로는 계급해방투쟁으로 이해하려는 역사관이다. 이러한 역사관이 1980년대 대한민국에 들어와 우리나라 역사, 특히 해방 후의 대한민국의 역사를 전면 부정하고 공격하는 일들을 많이 해왔다. 이 수정주의적 역사관이 우리나라에서는 소위 민중사관, 진보사관이라고 불려 왔다. 대한민국의 선진화를 막는 유해한 사상 중의 하나다. 박세일, 『대한민국 선진화전략』, 21세기북스, 2006, pp.181-185.

** 나라사랑, 즉 애국심은 자기 나라의 역사에 대한 자긍심에서 온다. 자기 나라의 역사에 대하여 부끄럽게 생각하는 사람이 자기 나라를 사랑할 수 없다. 따라서 역사에 대한 자긍심을 키우는 것이 애국심을 높이는 길이다. 그런데 지난 250여 년간 경제발전에 성공한 여러 나라들의 성장과정을 비교분석한 결과 성장의 원동력이 애국심(national patriotism)에서 왔다는 연구가 최근에 나왔다. 그렇다면 자기 역사에 대한 무조건적인 공격과 학대는 결국 사회구성원과 특히 차세대의 애국심을 약화시켜 국가발전에 직접적으로 유해한 결과를 낳게 된다. 자세한 논의는 Lian Greenfeld, *The Spirit of Capitalism: Nationalism and Economic Growth*, Harvard University Press, 2001을 참조.

따라서 이러한 좌파적 역사관은 세계화시대에 크게 유해한 사상이다.

셋째, 직업윤리와 노동철학을 강화해야 한다.

직업윤리와 노동철학을 강화하는 일은 세계화시대에 국제경쟁력을 높이기 위해서도 필수적이다. 동시에 세계화시대 약화되는 공동체를 강화하기 위해서도 필수적이다. 세계화시대가 가져오는 과부유화過富裕化현상은 정직과 성실, 근면의 직업윤리와 노동철학을 약화시키기 쉽다.* 특히 후진국에서 중진국까지 올라오는 기간 동안에는 대부분이 정직하고 성실하고 근면하게 노력해 왔다. 그러나 일단 중진국이 된 이후에는 그래서 절대빈곤의 문제가 해결되고 어느 정도의 경제력을 가지게 된 이후에는 인간은 더 이상 땀 흘리는 노동을 피하려는 경향이 생긴다. 그리고 그러한 경향은 직업윤리와 노동철학의 이완으로 나타난다. 그러면 더 이상의 경제발전을 이루기 어렵게 된다.**

직업윤리와 노동철학의 이완은 경제성장률을 낮출 뿐 아니라 앞에서 본 사회자본social capital도 감소시킨다. 그래서 사회적 상호신뢰를 낮추고 공동체적 연대를 약화시킨다. 즉 서로가 상대의 노동의 성실성을 믿지 못하게 되면, 서로의 말과 행동을 믿지 못하게 되고 그러면 사회구성원

* 자본주의 시장경제의 문제점은 심화하는 빈곤 — 혹은 빈익빈 부익부(貧益貧富益富) — 의 문제라기보다는, 과부유화(過富裕化)의 문제라고 보는 편이 옳을 것이다. 자본주의 시장경제는 사실 빈곤의 문제를 해결하는 데 다른 어떤 경제시스템보다도 큰 기여를 해왔다. 자본주의 시장경제의 문제점 내지 모순은 빈부격차의 증대에 있는 것이 아니라 — 그것은 고칠 수 있으나 더 어려운 것은 자원의 부존 상황 내지는 개인의 소비능력을 감안할 때 — 필요 이상으로 부를 증대시키는 활동성에 있다. 즉 자본주의 시장경제가 가지고 있는 '뛰어난 부의 창출능력' 그 자체 때문에 필요 이상의 과도한 부가 창출하는 것이 오히려 진정한 문제라고 본다.

** 우리나라 노동철학과 직업윤리의 문제점을 밝히고 앞으로 나아가야 할 방향에 대한 간단한 정리는 박세일, 『대한민국 선진화전략』, 21세기북스, 2006, pp.224-228.

간의 상호신뢰는 하락하고 공동체적 연대는 쉽게 해체되어 간다는 것이다. 따라서 정직과 성실과 근면의 직업윤리와 노동철학을 바로 세우는 것이 세계화시대 공동체의 강화를 위해 절대적 필수조건이 된다.

정부와 국가능력의 강화

이상에서 세계화시대 정부가 우선적으로 추진해야 할 일을 간단히 정리해 보았다. 그러나 무엇을 할 것인가도 중요하지만 더욱 중요한 것은 얼마나 잘할 것인가다. 앞에서 제시한 정부의 주요과제를 추진할 때 본래 기대한 좋은 결과를 내려면 반드시 정부의 능력이 높아야 한다. 그러면 정부능력을 높이려면 어떠한 노력들이 있어야 하는가?

(1) 모든 정부정책의 수립·집행·평가 과정에서 정직성과 설득력과 책무성을 높이는 것이 중요하다. 그래야 국민의 신뢰와 지지를 얻을 수 있고 그래야 그 정책이 성공할 수 있다.

(2) 정부의 효율성과 생산성을 높이는 노력이 중시되어야 한다. 즉 가능한 한 적은 투입으로 큰 효과를 얻는 노력을 해야 한다. 정부가 생산적일수록 국민부담은 줄어든다.

(3) 작지만 강한 정부가 필요하다. 정부의 역할 중 불필요한 부분을 줄이고 반드시 해야 할 일은 확실히 하는 정부가 필요하다. 이를 때로는 똑똑한 정부smart government라고 한다.

(4) 공무원들의 직업적 전문성과 직업윤리 그리고 사명감과 자부심을 높이는 것이 중요하다. 전문성과 윤리의식이 없으면 정부 실패를 가져오기 쉽다. 그리고 사명감이 높을 때 본인들도 보람이 있고 정부의 생산성

도 높아진다.

(5) 균형 잡힌 규제개혁을 해야 한다. 정부조직의 축소와 규제개혁, 즉 탈脫규제 혹은 규제완화는 크게 보아 올바른 방향이다. 그러나 무조건 줄이는 것만이 능사는 아니다. 세계화시대가 요구하는 올바른 개혁은 완화해야 할 규제, 즉 없앨 부서와 강화해야 할 규제, 즉 신설할 부서를 올바로 분류하는 데서부터 시작되어야 할 것이다. 우리의 역사와 외국의 예를 참조하여 이 작업을 잘해야 한다. 강화할 것은 강화하고 없앨 것은 없애야 한다.

(6) 정부의 정보화가 중요한 과제다. 발달된 정보통신기술을 정부부문에 도입하여 경비 삭감, 생산성 제고, 대민서비스 강화 등에 적극 활용해야 한다.

(7) 정부의 사업에서 양보다 질을 강조하는 노력이 필요하다. 그동안 정부부문의 사업선정과 평가과정에서 양적 지표를 중시하는 경향이 너무 많았다. 서비스의 질에 대한 지표 — 목표지표와 평가지표 등 — 를 개발하는 노력이 필요하다. 그래서 질質이 높은 정부를 만들어야 한다.

(8) 정부권한의 분권화를 강화해야 한다. 분권화될수록 현장의 사정이 정책에 올바로 반영될 수 있다. 현장공무원의 자유재량도 커지고 주민들의 감시기능도 커진다. 모두가 바람직한 변화다.

다만 장기적으로는 분권화된 권력 간의 이해조정 문제를 잘 풀어야 한다. 이를 위해 분권화를 기본 방향으로 잡아 나가되 결국 분권화와 집중화의 적절한 수준에서의 균형과 조화가 중요할 것이다.

(9) 정책의 수립·추진·평가 과정에서 민간과의 소통을 높이고 모든 정책과정에의 민간의 참여를 제도화해야 할 것이다. 그래서 장기적으로는 민관협치적民官協治的 성격을 강화하는 방향으로 나가야 한다. 이제 민

과 관이 함께 협력하고 노력하여 개인과 국가의 성공을 만들어 나가야 하는 시대다.

이상은 정부능력을 높이기 위한 과제들이다. 그러나 세계화에 성공하려면 단순한 정부능력보다 좀 더 큰 개념으로서 국가능력state capacity을 높이는 노력이 필요하다. 정부능력이란 주로 정책능력, 즉 정책구상과 추진능력을 중심으로 하는 개념이다. 그러나 국가능력이란 정책능력뿐 아니라 정치능력을 포함하는 좀 더 광의의 개념이다.

한마디로 국가능력이란 국가가 자기가 나아갈 방향을 정하고, 다시 말해 국가비전을 제시하고 국민을 설득·통합하여 그 방향으로 끌고 나갈 수 있는 능력을 말한다. 또한 그 과정에서 발생하는 각종 국가과제들을 제대로 풀어 나갈 수 있는 능력을 의미한다. 따라서 국가능력은 (1) 국가비전 제시 및 설득능력 (2) 국민갈등해소 및 통합능력 (3) 국가정책 구상 및 추진능력 등으로 구성된다고 볼 수 있다. 그리고 이러한 세 가지 능력을 합친 의미의 소위 '종합적 국가능력'을 높이기 위해서는 정책능력뿐 아니라 정치능력도 함께 높아져야 한다.•

지금까지는 주로 정책문제 — 정책과제와 방향과 추진능력 — 을 중심으로 논의해 왔으나 사실 중요한 것은 그 '국가의 정치능력'이다. 국가비전을 제시하고 이를 국민들에게 설득하고, 그리고 각종 국민갈등을 치유하면서 국민통합을 이루는 일이 모두 정치능력에서 나온다. 더 나아가

• 민주화가 이러한 종합적 국가능력을 높이는가? 아니면 낮추는가? 이 문제는 이론적으로도 실천적으로도 중요한 문제다. 일반적으로 민주화는 국가능력을 높이는 측면도 있고 그 반대의 경향도 가진다. 어떠한 이유로 민주화가 국가능력을 높이는지 또 낮추는지를 잘 따져봐야 한다. 그리고 우리나라의 경우는 어떠한지, 그 대응책은 무엇인지를 깊이 생각해야 한다.

정부—행정부—가 정부정책을 올바로 구상하고 추진할 수 있도록 여건을 만드는 것도 바로 정치다. 따라서 정부의 정책능력도 사실은 그 국가의 정치능력에 많이 의존하게 된다. 국가능력에 대한 보다 본격적 논의는 뒤에 하기로 하자. 여기서는 그 중요성, 즉 정부능력을 넘어 국가능력의 중요성에 대한 문제의 제기에 그치기로 한다.

정부가 해서는 안 될 일

지금까지 세계화시대를 맞이해 정부가 해야 할 과제들을 살펴보았다. 다음에는 세계화시대 국가성공을 위해 정부가 반드시 하지 말아야 할 과제들을 살펴보도록 하자.

첫째, 국민들을 속이지 말아야 한다.

우리는 이미 앞에서 정부가 솔직하게 세계화가 주는 기회와 위험을, 성공의 가능성과 실패의 가능성을 국민들에게 모두 자세히 설명하는 것이 중요하다는 사실을 강조했다. 그리고 정부는 어떠한 노력을 할 것이니 국민들은 어떠한 노력을 해달라고 주문해야 한다고 제시했다. 이러한 정부의 정직하고 진솔한 노력이 대단히 중요한 시대라고 본다. 이제 우리 국민들의 수준이 후진국 시대 혹은 산업화 시대와는 질적으로 다르기 때문이다. 정보의 양과 인식의 수준이 크게 높아졌고 그러한 국민들을 국정운영의 파트너로 삼아야 하는 시대다. 그런데도 아직 국민들에게 실상을 숨기고, 특히 어려움을 숨기고, 듣기 좋은 이야기나 하려는 정부가 되어선 곤란하다.

그리고 세계화가 요구하는 절박한 개혁들 — 예컨대 교육개혁 등 — 을 어렵고 인기가 없기 때문에 적당히 지연하거나 피해 가려는 태도는 더욱 국민과 시대를 속이는 일이다. 어려워도 반드시 해야 할 일이면 국민들에게 그 당위성과 절박성을 호소하고 설득해 나가는 '정직하고 용기 있는 정부'가 되어야 한다. 그래야 길이 열린다. 그런데 정부가 적당히 대중의 인기에 영합하여 어려움을 피하고 쉬운 일이나 인기 있는 일만 하려 들면 그 나라의 미래는 어렵게 된다. 한마디로 정부가 정책 포퓰리즘policy populism에 빠져서는 세계화시대에 국가성공을 이루어 내지 못한다는 이야기다.

둘째, 부패하지 말아야 한다.

부패란 무엇인가? 공직자가 공익보다 사익추구를 앞세우는 일, 소위 선사후공先私後公을 의미한다. 정부라는 공직은 본래 국익과 공익이라는 공동선共同善을 실천하고 실현하는 데 앞장서는 자리다. 그런데 공익을 실천하기에 앞서 개인의 이해관계를 먼저 생각하고 공익추구에 앞서 사익을 도모하려 한다면, 그러한 정부는 국민을 버리고 국가를 어렵게 만드는 정부다. 공직자들이 선공후사 즉 국익과 공익을 앞세우고 사익을 뒤로 돌리면서, 모두가 멸사봉공滅私奉公의 한마음으로 단결해 뛰어도 국가성공이 쉽지 않은 것이 21세기 세계화 정보화시대의 현실이다. 그런

- 동양에서는 이미 오래전부터 정부(지도자)와 국민들 간에 가장 중요한 것이 신뢰라고 했다. 『논어』에서 보면 자공이 공자에게 정치에 대하여 물으니 공자는 먹을 것을 풍족히 하고 군비를 풍족히 하고 백성들이 신뢰하게 하는 것이다라고 답했다. 이 세 가지 중 하나를 버려야 한다면 무엇을 버리겠습니까? 하는 질문에 공자는 군대를 버려야 한다고 답하고, 계속하여 또 하나를 버려야 한다면 무엇을 버리겠습니까? 하니 식량을 버리겠다고 답했다. 그리고 공자는 정치의 핵심은 믿음이라고 하고 백성의 신뢰를 잃으면 나라 자체가 성립할 수 없다(民無信不立)고 했다.

데 공직자들이 앞장서서 국익과 공익을 가볍게 생각한다면 그러한 나라는 희망이 있을 수 없다.

셋째, 간섭하지 말아야 한다.

모든 민간부분에서의 활동, 예컨대 경제활동, 교육활동, 사회활동, 문화활동 등에 일정한 법과 원칙과 규칙을 세우는 것은 당연히 정부가 해야 할 일이다. 다시 말해 민간부문활동의 게임의 룰rule of game을 만드는 것은 정부의 일이다. 예컨대 경제활동에서 시장의 자유·공정·경쟁성을 확보하기 위한 질서정책을 세우고 집행하는 일은 정부의 일이다. 독과점 규제나 소비자보호정책들이 그러한 질서정책이다. 그러나 정부가 시장질서market order정책을 확실하게 세운 다음에는 시장과정market process에 간섭해서는 안 된다. 결국 자유·공정·경쟁이 가능한 질서정책을 세우면 충분하다는 의미다. 이것을 넘어서 어떠한 자유·공정·경쟁이 일어나고 누가 경쟁에서 이겨야 하는가 등 경제과정에 간섭해서는 안 된다. 한마디로 '경제질서정책'은 강화해야 하지만 '경제과정정책'은 안 된다는 이야기다.•

• 질서정책(Ordo-policy)의 중요성은 전후 독일의 질서학파들이 많이 강조해 왔다. 전후 독일경제복구과정에서 이들은 정부의 경제질서에의 개입 ― 공정자유경쟁의 강화 등 ― 은 중요하고 필수적이나 경제과정에의 개입 ― 산업정책적 개입 ― 은 대단히 바람직하지 않다는 점을 많이 강조해 왔다. 이들은 특히 가격의 안정이 시장기능의 활성화에 기본적 전제라고 보았기 때문에 인플레를 유발할 수 있는 케인즈가 주장하는 거시경제적 개입주의에도 비판적이었다. 전후 독일의 부흥은 이들 질서주의자들의 기여가 커서 거시경제적 안정을 이루어 낼 수 있었고 빠른 전후복구를 이루어 냈다. 독일의 질서정책의 일반에 대한 전반적인 소개는 Alan Peacock and Hans Willgerodt, ed., *German Neo-Liberals and the Social Market Economy*, Macmillan, Trade Policy Reserch Centre, 1989 참조. 가장 대표적인 질서주의자 두 사람의 저서로는 Walter Eucken, *The Foundation of Economics*, William Hodge and Co. 1950과 Whihelm Ropke, *Civitas, Humana: A Buman Order of Society*, William Hodge and Co., 1948을 들 수 있다.

같은 논리가 민간부문의 모든 활동에 타당성을 가진다. 교육도 문화활동도 질서정책은 물론 정부의 몫이다. 그렇지만 과정은 민간의 몫이라는 점을 잊어서는 곤란하다. 정부가 질서정책을 넘어 과정정책을 실현하려면, 즉 누가 경쟁에 이겨야 하고 등등에 개입하기 시작하면 그것은 민간의 창의와 자유, 혁신을 죽이는 것이 된다.

그런데 이미 앞에서 수차 강조했듯이 민간의 창의·자유·혁신을 최대한 살리는 것이 바로 세계화시대에 개인과 국가가 성공하는 기본전략이 된다. 따라서 경제·사회·교육·문화 등의 '과정에의 개입'은 정부가 반드시 하지 말아야 할 일이다. 그런데 후진국에서 중진국으로 올라가던 산업화의 시절에 이뤄졌던 정부주도의 관행이나 의식이 아직도 우리 사회에 적지 않게 남아 있다. 그래서 정부가 질서정책만을 책임지고 과정은 민간의 창의·자유·혁신에 맡겨야 한다는 사실을 잊는 경우가 자주 있다. 이것을 반드시 개선해야 한다.

세계화와 지방발전전략: 분권형 국가운영

세계화는 지방발전전략regional development에 어떠한 영향을 미치는가? 아니 세계화는 지방발전전략에 어떠한 변화를 요구하는가? 다시 말해 세계화시대 올바른 지방발전전략은 무엇이어야 하는가? 이 문제는 대단히 중요하다. 많은 나라들이 지방 간 발전의 격차, 특히 대도시와 중소도시 나아가 도시와 농촌과의 발전의 격차 — 생산과 소득의 격차 — 에 고민하고 있다. 그리고 세계화가 이러한 지역격차를 더욱 심화시키는 것이 아닌가? 하는 우려를 하고 있다. 이 문제를 어떻게 풀 것인가? 어떻게 하여 세계화시대에 지역격차를 줄이는 발전을 도모할 수 있는가? 많은 나라들이 이 문제를 가지고 씨름하고 있다. 우리는 이에 대하여 답해야 한다.

대한민국도 예외가 아니다. 이미 서울과 지방 간의 격차는 크고 대도시와 중소도시 그리고 지역 간에도 격차가 대단히 큰 편이다. 그래서 '지역균형발전'이라는 정책구호가 나온 지도 수십 년이나 되었다. 그런데도 왜 우리나라에서 지역격차는 줄어들 기미를 보이지 않을까? 노무현정부에서는 수도이전까지를 정책화할 정도로 지역균형발전을 주장하고 나왔다. 그렇지만 왜 지역격차는 오히려 늘어나는 것일까? 그 답은 무엇보다 세계화시대에 걸맞은 올바른 지역발전정책을 세우지 못했기 때문이라고 할 수 있다. 그렇다면 세계화시대에 걸맞은 올바른 지역발전정책은 과연 무엇일까? 이 문제에 대한 올바른 답을 가져야 한다.

지역발전패러다임의 전환

세계의 많은 나라들이 — 우리나라도 포함하여 — 여러 가지 지역균형발전 정책을 추진하고 있다. 이구동성으로 늘어나는 지역격차를 줄이려고 고민하고 해결책을 제기하고 있지만 잘 안 되고 있다. 그 이유는 한마디로 잘못된 지역발전정책을 추진하고 있기 때문이다. '산업화시대의 지역발전론'을 그대로 세계화시대에 적용하려 하기 때문에 많은 노력을 해도 성공하지 못하고 있는 셈이다. 산업화시대와 달리 세계화시대에는 지역발전패러다임이 크게 달라진다. 즉 지역발전의 원리가 크게 바뀌고 있다. 그런데 이렇게 달라지는 지역발전원리를 무시하고 구舊 패러다임에 의지하여 구태의연한 구舊정책을 구사한다면 아무리 노력해도 지역격차는 줄어들지 않게 된다.

(가) 구舊패러다임: 도시집중이 균형을 파괴—균형발전론

우선 산업화시대의 지역발전론은 경제성장이 도시화를 가져온다고 보는 데서 출발한다. 경제성장이 원인이고 도시화가 결과가 되는 셈이다. 그리고 도시화 특히 대도시화의 진전은 지역 간 격차의 확대를 결과한다고 본다. 따라서 도시화가 일정수준 이상 진전되는 것을 억제하면서, 국가가 나서서 지방에 자본과 노동을 정책적으로 재배분해야 지역격차가 줄고 균형성장이 가능해진다는 주장이다. 이것이 구패러다임의 핵심적 내용이다. 좀 더 자세히 살펴보자.

(1) 경제성장의 초기에는 지방 특히 농촌에서 자본과 인구가 도시로 몰리며 도시화가 진전된다. 경제성장이 진행되면서 도시화는 더욱 빨라진다. 그런데 이 도시화의 진전 즉 도시에의 인구와 자본의 집중—특히 대도시에의 집중—그 자체가 지방의 발전을 어렵게 한다고 본다. 지속적으로 돈과 우수한 인재들을 모두 대도시로 몰아가기 때문이다. 그 결과 도시와 지방 간의 불균형은 심화되고 도시는 비정상적인 비대화가 일어난다고 본다.

(2) 경제성장이 지속적으로 진행되고 도시화도 진전되면 어느 시점을 지나면서 도시의 혼잡비용congestion cost이 집중의 이익agglomeration benefit보다 더 커지게 된다. 그렇게 되면 도시 성장속도는 점차 줄어들게 된다.

그 이후 경제성장의 효과는 지방의 중소도시로, 더 나아가 농촌으로 점차 확산되어 간다. 소위 트리클 다운trickle down 효과가 일어난다. 그래서 결국은, 즉 장기적으로는 지역 간 균형성장의 방향으로 나갈 것이다.

(3) 물론 장기적으로는 시장의 힘만으로 균형성장으로 갈지 모르나, 그때까지 기다리는 것은 옳지 않다고 생각한다. 왜냐하면 대도시의 비대화, 혹은 대도시 집중은 상당기간 불균형성장을 심화시키기 때문이다. 이것은 경제의 효율 면에서도 대도시의 혼잡비용 때문에 결코 바람직하지 않다고 생각한다. 또한 사회적 형평면 — 지역간 불균형의 심화 — 에서도 마찬가지로 바람직하지 않다고 본다. 불균형성장의 비용이 너무 커서 정치적으로 사회적으로 용인할 수 없기 때문이다.

(4) 그래서 이제는 정부가 나서서 일정수준 이상의 대도시의 확대 내지 집중은 예컨대 수도권 규제 등을 통하여 막아야 한다. 또한 지방에 보다 많은 산업 자본 인력 등이 유입될 수 있도록, 정부가 적극적으로 지역발전정책을 추진해야 한다. 예컨대 지방산업보조금, 지방기업에 대한 감세정책, 도로 등 사회간접자본의 투자, 그리고 지방노동력의 교육과 훈련 등의 정책적 노력을 강화해야 한다고 생각한다. 그래서 균형성장이 가능하도록 만들어야 한다고 주장한다.

(5) 이렇게 지방을 위한 정부의 노력들이 성공하고 또한 경제성장이 지속되면 점차 지방도 정부개입 없이 시장에 맡기는 것보다 훨씬 빨리 발전하게 될 것이다. 그러면서 결국 지역 간 균형성장을 이루게 되고 그것이 선진국의 모습이라고 생각한다.

• 도시화는 불가피하게 교통체증, 주택비 상승 등등의 '혼잡비용'을 만들어 낸다. 동시에 도시화는 사회적 분업을 세분화하여 생산성을 높이고, 경제활동의 집중을 통하여 거래비용을 낮추며, 관계자본(relational capital) — 사람과 사람과의 만남 — 을 형성시켜 창의와 혁신을 보다 용이하게 하는 소위 '집중의 이익'도 가져온다.

이상이 산업화시대 구패러다임의 중요한 내용이다. 요약하면 경제성장에 따른 시장의 힘 — 경제적 유인 — 이 도시의 비대화와 과도집중을 가져오게 된다. 그런데 이러한 도시의 비대화와 집중은 균형발전이란 측면에서 바람직하지 않기 때문에, 정부가 나서서 적극적으로 지역균형발전정책을 추진해야 한다. 그래야 균형성장이 이루어지고, 그것이 바람직하다고 보는 입장이다. 그러나 이러한 구패러다임은 산업화시대에는 어느 정도 설명력과 설득력을 가지지만, 이제 세계화시대에는 더 이상 타당한 이론으로 보기 어렵다. 그런데도 과거의 패러다임에 의지해 과거식 지역균형발전정책을 추진하면 당연히 그 효과도 별로 없고 정책실패만 반복하게 된다. 그러면 도대체 세계화시대에 타당성을 가지는 신패러다임은 무엇인가?

(나) 신新패러다임: 도시집중이 발전의 원동력 — 발전균형론

21세기 세계화시대 지역발전의 신新패러다임 내용은 다음과 같다.

(1) 경제성장이 도시화지역발전를 가져오는 것이 아니라, 도시화지역발전가 경제성장을 가져온다. 즉 특정 도시에의 인구와 자본의 집중, 특정 지역에의 인구와 자본의 집중현상이 먼저 나타나게 된다. 그것이 원인이라고 할 수 있다. 국가 전반의 경제성장은 그 다음에 오게 되는데, 이것은 결과라고 할 수 있다. 결국 경제성장의 결과로서 도시화가 나타나는 것이 아니라 도시화가 경제성장을 유발한다는 의미다. 따라서 인과관계가 산업화시대와는 정반대가 된다.[•]

• 경제발전론에서 도시와 지역을 보는 시각을 근본적으로 바꾸어야 한다는 문제제기를 설득력 있게 한 글은 Allen J. Scott and Michael Storper, *Regions, Globalization, Development*, *Regional Studies*, Vol.37; 6-7, 2003을 참조. 보다 종합적인 분석은 Allen J. Scott, *Geography and Economy*, Oxford University Press, 2006, 특히

(2) 세계화시대에는 대도시나 특정지역의 발전이 지방이나 농촌에서 자본과 노동을 이동시켜 이뤄지는 것이 아니다. 그보다는 해외에서 새로운 자본과 노동, 정보와 기술을 들여와서 발전하는 것이 일반적이다. 이제 어느 도시 어느 지역이 해외로부터 노동과 자본과 기술을 보다 많이 끌어올 수 있는가 그리고 그것을 행정적 편의, 문화적 매력 등 그 도시, 그 지역의 장점과 얼마나 잘 결합시키는가 등이 그 지역 그 도시의 세계경쟁력을 결정하게 된다. 또한 이러한 세계경쟁력이 그 지역 그 도시의 발전과 발전의 속도를 결정하게 되는 시대다. 한마디로 세계화시대란 도시와 지역이 세계자본과 세계노동을 끌어들이기 위해 세계경쟁을 하는 시대인 것이다.

그러한 면에서 보면 세계화시대의 도시는 기업과 같은 경제조직이 되고 있고 독자적인 경제주체가 되고 있다. 세계 기업들이 노동, 자본, 기술을 결합하여 새로운 상품을 만들어 내며 글로벌 시장에서 경쟁하는 것과 마찬가지로 세계도시도 이제 해외에서 끌어들인 노동, 자본, 기술을 결합하여 세계적 일류명품도시라는 새로운 상품을 만들어 내며 세계적으로 경쟁하는 시대다.

(3) 따라서 대도시 집중이나 특정지역의 급속한 발전은 결코 바람직하지 않은 현상이 아니라 거꾸로 대단히 바람직한 현상이라는 주장이다. 그것이 세계화시대에서 볼 수 있는 발전의 일반적 패턴이라는 입장이다. 세계화시대의 발전은 전형적인 불평등 발전, 즉 지역 간, 산업 간 불평등이 원칙이고, 또한 그 불평등 자체가 새로운 발전의 원동력이 된다는 논리다. 이러한 발전원리의 변화는 선진국이냐 후진국이냐 혹은 발전단

chapter 3: Geography and Development를 참조하기 바람.

계가 어느 수준이냐에 관계없이 지구촌 모든 곳에서 일어나고 있다.•

(4) 세계화시대의 발전은 '공간적·지역적 확산'으로 나타나기보다는, 오히려 '공간적·지역적 집중'으로 나타난다는 것이다.•• 도시나 지역이 발전하는 경우에도 마찬가지라고 할 수 있다. 지구촌 위의 소위 발전의 축으로 수개의 대도시지역군Mega-City Region: MCR이 등장한다. 그래서 이들이 지식기반경제 시대의 발전을 주도하는 창의적 인재와 이들의 아이디어를 사업화하는 자본을 지속적으로 흡수하게 되고 결국은 이들이 세계경제의 성장을 주도하게 된다.•••

이는 도시나 지역의 '집중의 이익'이 '집중의 비용'보다 크다는 의미다. 그래서 도시나 지역의 세계경쟁력은 집중에서 오지 확산에서 오지 않는다는 것을 보여 주고 있다. 그렇다면 대도시의 인구집중, 특정지역의 발전집중은 예컨대 우리나라의 수도권 규제처럼 반대할 것이 아니라, 높은 세계경쟁력을 의미하기 때문에 오히려 환영해야 하는 것이 된다.

(5) 그러면 이러한 세계화시대에는 형평의 문제를 어떻게 풀어야 할

• 세계의 발전은 소위 대도시지역군 — 거대 단일 대도시가 아니라 다핵화된 수 개의 도시중심이 모여 만든 지역 — 이 주도하고 있고 그 결과로 대단히 불균등하게 진행되고 있다는 사실 — 그리고 그것이 주는 정책적 함의 등 — 을 최근 자료로 잘 설명한 책은 Richard Florida, *Who's Your City?* Basic Books, 2008. 저자는 이 책에서 과거에는 도시 간, 지역 간, 경쟁이 일국 내에서 일어났으나 이제는 세계적으로 진행되고 있고 특히 대도시지역군 중심으로 진행되고 있다고 주장한다. 따라서 한 나라의 발전도 사실은 점점 더 이 대도시지역군이 선도하고 있고 이 대도시지역군의 성공 여부가 그 나라의 발전의 속도를 결정한다는 것이다. 그는 미국의 GDP의 23%가 5개의 대도시지역군이 생산해 내는 것이라고 하면서 세계화시대 한 나라의 발전에 이 대도시지역군의 발전의 중요성을 강조한다.

•• 엄밀하게 이야기하면 세계화에는 두 가지 흐름이 있다고 봐야 한다. 하나의 흐름은 단순경제, 즉 저부가가치경제로 '확산되는 경향'이다. 다른 하나의 흐름은 고급경제 즉, 고부가가치경제로 '집중되는 경향'이다. 후진국의 경제성장은 전자의 흐름에서 나타나는 경우가 많다. 그러나 중진국과 선진국의 경제성장은 후자의 흐름을 타야 한다.

••• 이와 관련해 최근에 우리나라에 좋은 자료가 있다. 동아일보사 미래전략연구소·모니터그룹 공동기획, 『미래의 경쟁력: 메가시티』, 동아일보사, 2009.

것인가? 대도시와 중소도시 간의 격차, 중앙과 지방의 지역격차를 줄이는 정책은 전혀 불가능하고 불필요하다는 주장인가?[*] 그것은 결코 아니다. 지역격차를 줄이는 정책은 대단히 중요한 정책이다. 문제는 지역격차를 줄이는 방법이 집중적 발전, 예컨대 빠르게 성장하는 특정도시나 지역의 발전을 억제하고 견제하는 데 있는 것이 아니라는 것이다. 그보다는 발전의 중심growth pole, 빠르게 성장하는 발전의 중심을 여러 곳에 만드는 방법을 통하여 지역격차를 줄여야 한다는 것이다.[**] 환언하면 집중을 막는 것이 아니라 집중을 여러 곳에 만드는 방향이 세계화시대의 올바른 지역발전전략이 된다는 뜻이다.

이는 결국 세계화시대의 지역발전전략은 '균형발전'이 아니라 '발전균형'이어야 함을 의미한다. 앞의 구패러다임에서는 균형발전을 주장했다. 도시화가 일정 정도 진행되면 균형을 목표로 집중을 막는 정부의 적극적 균형발전정책이 나와야 한다는 주장이었다. 그러나 신패러다임에서

* 사실은 이것이 대단히 중요한 문제의 하나다. 세계화시대 도시 간, 지역 간 불균등 발전이 진행되면서 도시 간, 지역 간 분열과 갈등이 큰 사회경제적 문제 심지어는 정치적 문제가 되고 있다. 많은 나라들이 이 문제를 어떻게 해결할 것인가에 큰 고민을 하고 있다. 어떤 학자들은 계급 간의 갈등보다 지역 간의 갈등이 앞으로 더 큰 문제라고까지 주장한다. 어떻게 해야 앞서나가는 선진지역을 막지 않으면서 후진한 지역의 수준을 높여 나가는가가 큰 딜레마라고 주장한다. Richard Florida, 앞의 책, pp.31-39 참조. 그런데 필자의 생각으로는 선진지역을 많이 만드는 방법 이외에는 답이 없다고 본다. 결국 중앙권력 — 돈과 권력 — 의 분권화와 지역별 특화의 추진이다.

** 21세기 초세계화시대의 경제는 공장이 아니라 지식과 아이디어가 성장을 주도하는 경제다. 그래서 누가, 어느 도시, 어느 지역이 지식과 아이디어를 내놓는 우수인재를 많이 육성하고 유치할 수 있는가, 그리고 결과적으로 그 인재들을 보고 자본을 많이 유치할 수 있는가가 중요해지는 시대다. 그런데 사실 세계적 인재와 자본을 흡수하는 블랙홀이 바로 글로벌 대도시지역군(MCR)이다. 따라서 그 나라에 이들 MCR을 여러 곳에 만들 수 있는 나라가 결국은 지역격차를 줄이고 발전균형을 이룰 수 있게 된다. 그리고 이러한 MCR을 여러 곳에 만들려면 반드시 국가경영의 분권화 — 권력과 돈의 지방이전 — 를 하지 않을 수 없게 된다. 그래서 초세계화시대 한 나라의 지역격차를 줄이기 위해서는 철저한 지방분권 → 경제적 연방제(광역분권형 국가운영) → 수 개의 MCR 구축 → 발전균형 → 지역격차 해소라는 수순을 밟지 않을 수 없다.

는 균형을 목표로 하면 균형도 이룰 수 없고 발전도 이룰 수 없다고 본다. 오히려 방향은 발전을 목표로 하여 — 여러 지역에 여러 개의 발전중심을 만들어 — 그 결과로 조화와 균형이 이루어지도록 해야 한다는 생각이다. 따라서 집중을 막는 균형발전이 아니라 집중을 여러 개 만드는 발전균형이 된다.

(6) 장기적으로는 어떻게 될까? 구패러다임에서는 정부가 개입하지 않고 시장의 힘에만 맡겨도 장기적으로는 지역격차가 줄고 지역 간 균형이 서서히 회복되는 방향으로 간다고 보았다.• 신패러다임은 장기적으로 어떻게 될 것인가는 정부의 역할에 달려 있다고 본다. 장기적으로 지역격차는 줄 수도 있고 늘어날 수도 있다고 본다. 시장의 힘에 의해서가 아니라 정부의 올바른 정책에 의해서다. 한 나라의 여러 곳에 도시집중과 지역집중을 많이 만들어 낼 수 있는 국가정책을 수립 집행하면 지역격차는 얼마든지 줄어들 수 있다. 그러나 그러한 정책이 부재하면 지역격차는 얼마든지 확대될 수 있다고 본다. 따라서 한 나라의 여러 곳에 도시집중 지역집중을 많이 만들어 낼 수 있는 국가정책은 무엇인가? 바로 그것이 핵심이 된다. 이에 대해서는 뒤에서 상론하도록 하자.

이상에서 본 바와 같이 산업화시대의 지역발전 원리인 구패러다임과 세계화시대의 지역발전 원리인 신패러다임은 그 내용이 질적으로 크게 다르다. 우리는 이제 세계화라는 새로운 시대, 새로운 발전원리와 게임의 룰이 지배하는 시대에 살고 있다. 이 점을 확실히 인식해야 올바른 지역발전정책의 수립도 성공적 국가운영도 가능하게 된다. 신패러다임의 핵심적 주장은 도시집중, 지역집중이 발전의 장애나 문제가 아니라

• 다만 지역격차의 사회경제적 비용이 너무 커서 장기간 기다릴 수 없어 정부가 적극 나서서 격차를 줄이는 것이 보다 바람직하다고 주장한다.

발전의 원동력이라고 보고 있다. 그렇다면 소위 집중에는 비용을 넘어서 어떠한 이익이 있어서 그러한 주장이 나오게 되었는가 하는 문제를 살펴보도록 하자.

도시집중과 지역집중의 이익economies of agglomeration

구패러다임은 도시집중 즉 도시에 인구 자본 정보 등이 집중되고 집적集積되는 것이 경제성장의 결과이면서도, 과도하게 진행되는 것은 문제라고 보아 왔다. 그러나 신패러다임은 도시집중 그 자체가 경제성장을 유발하는 원인이고 따라서 과도집중이란 말이 성립될 수 없고, 그 집중 자체가 문제가 되지 않는다고 보고 있다. 오히려 도시에는 인구와 자본과 정보가 집중될수록 생산성은 올라가고 국제경쟁력도 올라가서 경제성장의 견인차 역할을 한다고 보고 있다. 그래서 바람직하다고 본다. 그렇다면 도시집중 혹은 특정지역에의 인구·자본·정보의 집중은 도대체 어떠한 이점이 있는 것인가?•

첫째, 가장 중요한 것이 규모의 이익economies of scale이다.

기업의 경우도 그 기업의 규모가 커지면, 생산량을 늘릴수록 단위당 평균생산비가 낮아지는 이점이 있다. 왜냐하면 규모가 커지면 내부분업internal division of labor이 더욱 늘어날 수 있기 때문이다. 또한 기계 등 투하

• 최근 연구성과의 수준을 잘 보이고 있는 다음의 두 권의 책이 도움이 될 것이다. Allen J. Scott, *Geography and Economy*, Oxford University Press, 2006; Neil M. Coe, Philip F. Kelly, Henry W.C. Yeung, *Economic Geography*, Blackwell, 2007.

된 고정자본의 활용도가 늘어날 수 있는 등의 이점도 있어, 생산물 단위당 평균생산비가 빠르게 낮아진다. 기업과 마찬가지로 도시의 경우에도, 도시의 크기가 커질수록 도시의 내부분업의 세분화와 특화specialization가 더 잘 일어난다. 또한 도로 통신망 등 자본집약적 도시 인프라의 활용도가 높아지기 때문에, 단일 경제활동의 단위당 평균비용이 낮아진다. 다시 말해 경제활동의 단위당 평균생산성이 높아진다. 그래서 경쟁력이 높아진다.

이와 같이 도시의 경우에도 기업의 경우와 마찬가지로 규모의 이익을 가진다. 물론 규모가 커지면 이익만 있는 것이 아니라 비용도 발생한다. 예컨대 도시의 경우 교통체증이나 공해가 심해진다거나 도시의 토지가격이 높아진다거나 하는 문제가 등장한다. 그러나 여러 실증연구 결과 '규모의 비경제diseconomy of scale'는 '규모의 경제'보다 크게 작은 것으로 분석되고 있다. 그리고 실증적으로 도시의 생산성은 도시의 규모나 도시의 집중도와 정의 관계를 가지는 것으로 나타난다. 브라질, 중국, 인도, 한국 등에 대한 실증연구들이 이를 지지하고 있다.

둘째, 각종 네트워크 효과network effect가 발생한다.

우선 (1) 도시에, 혹은 특정지역에 기업들이 집중되면서 기업의 전후방 연계효과backward and forward linkage effect가 높아지고 그 결과 총비용이 낮아진다. 기업들이 특정 지역에 몰리게 되면 그 기업에 원료나 부품을 공급하는 기업들, 또한 그 기업생산물을 투입물로써 활용하여 부가가치를 더 높이려는 기업들도 함께 몰리게 되어, 각종 거래비용이 크게 낮아진다. 평소 유지해야 할 재고수준도 크게 낮출 수 있다.

(2) 도시가 집중되면 기업이 모여 들고 그러면 노동시장도 활성화된

다. 많은 기술인들과 숙련공 등이 몰려오고 취업과 이직이 활발하게 일어난다. 노동시장의 유연성이 높아지고 기업도 양질의 인재를 쉽게 찾을 수 있다. 양질의 인재도 직장을 쉽게 구한다. 결국 그만큼 구인과 구직의 매칭비용matching cost이 낮아진다.

(3) 관계자본relational capital이 크게 늘어난다. 만남과 접촉이 많아져서 서로 정보교환의 관행, 상호신뢰의 증대 등이 일어난다. 이것이 관계자본이다. 이 관계자본이 상호교육과 학습, 그리고 혁신과 창의에 있어 가장 중요한 요소가 된다. 많은 실증연구들은 학습과 혁신은 비공식적인 관계자본의 축적을 통하여 일어나는 경우가 많다는 것이다. 도시집중은 바로 이 비공식적인 관계자본의 축적을 가능하게 하기 때문에 그래서 도시가 새로운 학습과 창의와 혁신의 장場이 될 수 있는 것이다.

(4) 도시의 집중 자체가 거대한 소비시장을 창출해 낸다. 그래서 큰 소비시장에의 접근이 가능하기 때문에 보다 활발한 분업과 생산이 일어날 수 있다. 그래서 거대한 생산시장도 함께 등장한다.

셋째, 국제적 생산-분배-분업망global production-distribution network에 참여할 수 있다.

특히 세계화시대에 이러한 이점이 대단히 중요해지고 있다. 이제 세계화시대의 생산과 분배과정은 대도시 간 혹은 대지역 간 분업적·협업적 연계를 통해 일어나는 경우가 늘고 있다. 가장 생산적인 도시나 지역들을 연계network하여 생산 자체를 지구적 규모로 조직화하고 있다. 또한 이들이 생산한 물건을 지구적 규모로 조직된 분배분업망을 통하여 각 지역의 소비자들에게 배분하고 있다. 이러한 지구적 규모의 생산과 분배과정은 결국 전 세계에 약 7만 개 정도 있는 다국적기업들이 중심이 되어 추진하고 있다. 그래서 이들이 세계 무역의 2/3를 차지하고 있다. 여하튼 이러한 국제적 분업망에 참여해야 그 도시와 그 지역이 세계적 수준에서 최고의 생산성을 발휘할 수 있게 된다.

그런데 이러한 국제적 분업망에 참여하려면 그 도시와 그 지역에 상당수준의 인구·자본·정보 등의 집중이 일어나야 가능하다. 그 도시 자체의 생산성, 즉 국제경쟁력이 상당 수준 높아야 세계적 규모의 다국적 기업을 끌어들일 수 있고, 세계적 분업망에 참여할 수 있다.

특히 이 세계적 분업망에의 참여가 중요한 것은 21세기 세계화 지식정보사회가 되면서 특히 최첨단의 정보·기술·지식·혁신이 주로 이들 다국적기업의 연구실과 사업장에서 일어나기 때문이다. 그리고 그 결과가 바로 이 세계적 분업망을 통해 유통되고 활용된다. 따라서 이 세계적 분업망과의 연계를 가지지 못하면 세계적 수준의 최첨단 정보와 기술, 지식과 혁신으로부터 멀어지게 되는, 즉 소외되는 문제점이 발생한다. 따라서 도시나 지역의 집중을 세계적 분업망 참여가 가능한 수준으로 높이는 것, 즉 도시나 지역이 국제경쟁력을 가지는 것이 앞으로 세계화 시대 국가발전 전략의 중요한 부분이 되어야 할 것이다.

지금까지 도시집중 지역집중이 가지는 경제적·사회적 이점이 대단히 크다는 것을 살펴보았다. 이러한 이점들이 있기 때문에 도시집중과 지역집중이 경제성장의 계기를 만들고 견인차가 될 수 있는 것이다. 따라서 앞으로는 도시집중을 해결해야 할 문제라기보다는 발전과 도약의 가능성이고 계기로 봐야 한다. 그러한 방향으로의 관점의 전환이 필요하다. 이 전환이 없으면 지역개발정책은 실패하게 된다.

그런데 여기서 잊어서는 안 되는 것은 도시집중이나 지역집중의 이익은 반드시 대기업, 대도시, 첨단산업, 제조업 분야에서만 일어나는 것이 아니라는 점이다. '집중 혹은 집적의 이익'agglomeration economies은 중소기업, 중소도시, 전통산업 서비스 분야에서도 얼마든지 일어날 수 있고 또 일어나야 한다는 것이다. 그 도시와 그 지역의 특징과 장점 — 중소도시의 이점, 문화적 유산 등 — 을 얼마나 살리는가? 그리고 그 특징 위에 집중의 이익을 얼마나 실현할 수 있는가? 그리고 그것을 어떻게 세계적 분업망과 연계하는가? 이러한 요소들이 결국은 그 도시와 그 지역의 경쟁력을 결정하게 된다. 대도시 대기업들만이 집중의 이익을 누리는 것은 결코 아니다.

따라서 핵심은 얼마나 다양한 성장과 집중의 축growth pole을 여러 지역에, 또한 여러 도시에 많이 만들어 낼 수 있는가가 중요하게 된다. 확실한 것은 집중과 집적의 이익을 외면하고 혹은 파괴하면서 절대로 도시와 지역의 발전을 추구할 수는 없다는 사실이다. 따라서 각 도시와 각 지역이 어떻게 하여 집중과 집적의 이익을 누릴 수 있도록 만들 것인가? 그러한 제도 여건 환경을 어떻게 만들 것인가? 이러한 내용들이 가장 중요하고 핵심적인 정책과제가 된다.

대한민국 지방 낙후의 원인

우리나라는 왜 지방이 중앙에 비하여 지속적으로 낙후되어 왔는가? 모든 정부가 지역균형발전을 외치는데도 왜 지역격차는 줄어들지 않는가? 지금까지의 논의를 배경으로 이러한 의문에 대해 알아보도록 하자.

지금까지 우리의 지방발전이 낙후되어 온 주된 이유는 두 가지에서 온다. 하나는 지방발전을 보는 기본시각이 앞에서 본 구패러다임에 근거하기 때문이다. 그리고 다른 하나는 지방을 발전시킬 수단이 지방에 있지 못하기 때문이다. 각각 나누어 살펴보자.

우선 우리나라의 정책입안자들과 국민 다수의 생각이 기본적으로 구패러다임에 근거해 있다.

첫째, 지방발전이 안 되는 것은 수도권인 중앙이 너무 발전하기 때문에 지방의 발전이 안 된다고 생각한다. 즉 수도권이 지방의 인재·자본 등을 끊임없이 가지고 가서 발전하고 있기 때문에 수도권이 발전하는 한, 지방발전은 제한적일 수밖에 없다고 보는 것이다.

둘째, 따라서 지방발전을 위해서는 중앙 수도권의 발전을 어느 정도 억제하지 않으면 안 된다. 그래서 등장한 것이 수도권규제다. 그리고 동시에 그동안 자본과 노동이 너무 중앙으로 흘러가서 수도권만 발전하였으니, 앞으로는 정부기관, 공공단체, 그리고 기업들을 법적 강제를 통하거나 혹은 경제적 유인을 제공해 지방으로 분산 배치하도록 해야 한다. 이를 위해 지방발전을 위한 재정적 지원, 세금감면 등의 적극적 지방 균형 발전정책, 즉 일종의 지방특혜정책을 추진해야 한다고 주장한다.

그렇다면 이러한 주장은 과연 맞는 것인가?

사실 이러한 주장은 과거 1960-70년대의 산업화시대에는 어느 정도 설득력을 가진다. 당시에는 지방에서 유능한 인재와 우수 기업 등이 수도권으로 몰려오면서 수도권집중이 일어나는 경향이 강했다. 다만 과연 그것이 균형발전을 저해했기 때문에 대한민국의 발전에 장애가 되었는가 하는 문제제기가 나올 수 있다. 과연 대한민국 발전에 장애가 되었을까? 생각해 보면 그렇지는 않다고 말할 수 있다. 수도권 등 대도시의 발전이 사실은 산업화시대에도 대한민국의 발전을 견인해 왔기 때문이다. 당시 대한민국의 세계경쟁력은 수도권 등 대도시의 경쟁력으로 일으켜 왔기 때문이다. 1960-70년 당시에 지역균형발전을 이야기하면서 수도권의 발전을 막았다면 그것은 대한민국 발전의 동력을 저해하는 셈이 되었을 것이다.

여하튼 당시는 국내에서 생산적인 자원이 즉 노동과 자본이 수도권으로 혹은 대도시권으로 이동하여 수도권과 대도시권이 발전했던 것이 사실이다. 그러나 1980년대 이후 제2의 세계화가 본격화되면서 수도권 등 대도시권의 발전은 지방에서의 인구와 자본의 이동보다도, 해외로부터의 자본, 정보, 기술의 이동이 더 주요한 견인차 역할을 하기 시작했다. 그리고 앞으로는 더욱 그러한 방향으로 나아갈 것이다. 앞으로 수도권과 대도시권의 발전은 해외로부터 얼마나 새로운 최첨단의 자본과 기술과 인재들을 끌고 오는가에 달려 있게 된다. 그런데 해외에서 이러한 자원들을 유인해 오려면 우리의 수도권이나 대도시들의 국제경쟁력이 상당히 높아야 한다. 세계적 수준의 규모와 도시생산성 그리고 문화적 매력을 지녀야 한다.

우리는 서울이 너무 크다고 수도권규제를 강화하려 하지만 영국의 런던은 서울보다 약 2.5배 크다. 도쿄는 서울보다 3.5배 그리고 상하이는 13배 이상이 된다. 홍콩도 서울의 1.7배 수준이다. 서울이 국제적 시각에서 보면 결코 크지 않다. 세계경쟁을 하기에는 오히려 작은 편이다. 그런데 우리는 서울이 너무 커진다고 수도권규제를 강화하는 데만 열을 올리고 있다. 그러니 서울의 국제경쟁력은 낮아질 수밖에 없다. 그리고 그것은 대한민국의 경제성장 자체를 낮추는 길이 된다.

앞에서 보았지만 새로운 신패러다임에 의하면 세계화시대는 대도시의 발전이 경제성장을 견인하는 시대이기 때문이다. 그런데 대도시의 발전을 막으면 결국은 경제성장을 막는 셈이 된다. 여하튼 우리는 그동안 구패러다임에 의지해 수도권의 발전을 막아 왔다. 이런 상황이라 서울은 세계에서 보면 삼류 도시로 분류된다. 2006년 말 OECD 연구보고를 보면 세계의 도시를 세 종류로 분류하고 있는데 서울은 삼류로 분류되고 있다. 그만큼 국제경쟁력이 낮은 셈이다. 이렇게 된 데에는 구패러다임에 기초한 수도권규제나 수도발전에 대한 부정적 시각이 크게 기여했다고 보여진다.

지방이 낙후되는 두 번째 이유는 지방의 발전수단이 지방에 있지 못하기 때문이다. 발전을 도모하려면 재정권과 행정권이 있어야 하고 기획권이 있어야 한다. 지방발전을 기획하고 추진할 돈과 권한과 사람이 있어야 한다. 그런데 우리나라 지방에는 지방발전을 기획하고 추진할 '돈과 권한과 사람'을 가지고 있지 못하다. 모든 돈과 권한과 사람은 중앙정부가 가지고 있기 때문이다. 한마디로 중앙집권적 국가운영제도가 지방을 낙후시키는 두 번째 이유가 된다. 돈과 권한과 사람을 중앙정부가 독점하면서 지방균형 발전을 위한다는 명분 아래 조금씩 돈을 나누어 주거나 때로는 공공기관의 일부를 이전시킨다고 해서 지방의 자생적 발전이 가능하게 되는 것은 아니다. 지방이 자신들의 장점과 조건을 최대한 감안하여 발전을 기획하고 그 기획을 실천할 행정-재정권한과 인재들을 가져야 하는데 우리나라의 중앙집권구조는 이를 허용하지 않아 왔다. 그러니 중앙에의 로비력이나 교섭력에 의지하여, 받아 낸 돈과 권한과 인재를 가지고 지방발전을 도모하니 그 발전이 도저히 자생적일 수 없다. 또한 장기적으로 지속가능하지도 못하게 된다.

한마디로 모든 재정권과 규제권과 최고인재들을 중앙이 가지고 중앙집권적 국가운영을 하는 한, 지방은 발전이 타율적이고 제한적일 수밖에 없다. 따라서 지방발전을 위해서 '중앙집권구조' 자체를 크게 바꾸고 바로 잡아 '지방분권구조'로 바꾸지 않으면 안 된다. 중앙집권구조를 이대로 두고는 때때로 정부보조금지원, 세제감면 그리고 일부 공공기관의 지방이전 등의 정책을 해도 이것이 지방의 자생적·지속적 발전을 가져올 수 없다. 결국 답은 대대적인 지방분권이다. 돈과 권한과 인재가 중앙에 있는 것이 아니라 돈과 권한과 인재가 지방에서 나와야 한다. 또한 지방에서 나온 돈과 권한과 인재가 우선적으로 지방의 발전에 집중되어야 한다.

요약하면 철저한 지방분권을 통하여 서울과 지방을 가를 것 없이—물론 수도권규제도 풀면서—우리나라 전체에 집중과 집적의 이익을 최대한 활용할 수 있는 발전의 중심growth pole을 여러 개 만들어 나가야 한다. 이것이 세계화시대 진정한 지역의 '발전균형의 길'이다.

지역발전균형이란 기계적 평등을 의미할 수 없다. 모든 지역에 공장의 크기나 수를 같게 하고, 인구 규모도 같게 만드는 것이 발전균형이 아니다. 그러한 발전균형은 가능하지도 바람직하지도 않다. 각 지역이 나름의 장점과 특장을 최대한 이용하여 그리고 집중과 집적이 가져오는 이익을 최대한 활용하여 지역 나름의 독자적인 성장 축을 만들어 나가야 한다. 그것이 바로 진정한 발전이다. 그리고 그러한 발전의 결과로 균형과 조화가 이루어진다. 그런데 이러한 방향의 노력을 적게 하고, 지방에 돈과 권력의 이전을 가능한 한 피하면서 수도권의 규제만 강화하겠다는 것은 결국은 모든 지역을 낙후시키겠다는 정책이 된다. 그러면서 지방의 균형발전을 노래하는 것은 한마디로 연목구어緣木求魚라 할 수 있다. 아니 연목구어가 아니라, 사태를 더욱 악화시키는 것이니 설상가상雪上加霜이라는 편이 옳을 것이다. 그러면 앞으로 어떻게 하는 것이 바람직한가?

▪ 바람직한 지방발전정책: 분권형 국가경영

세계화시대가 되면서 나타나는 중요한 특징 중의 하나는 강소국强小國들의 성장이 빠르다는 것이다. 우리는 앞에서 2005년 현재 1인당 국민소득이 3만 달러 이상인 나라가 20개국이 있음을 보았다. 소위 선진국이라는 이들 20개국 중에서 11개 나라가 인구규모가 500만에서 1,500만 정도 된다. 그리고 미국, 독일 등 그 이외의 나라들도 대부분 연방제 국가들이다. 이것은 무엇을 의미하는가? 인구규모가 500만에서 1,500만 정도의 강소국 중에서 선진국이 많고 인구가 큰 선진국들은 대부분이 연방제를 한다는 것은 결국 세계화시대에 국가성공을 가능하게 하는 적정의 인구규모가 있다는 이야기가 될 수 있다. 너무 커도 그렇다고 너무 작아도 안 된다는 이야기다. 왜 그럴까? 왜 500만 내지 1,500만 정도의 강소국들이, 또한 그와 유사한 규모의 주州로 구성되는 연방제국가들이 잘 발전하는 것일까? 그 답은 한마디로 강소국의 규모가 세계화가 요구하는 변화와 개혁을 가장 효과적으로 할 수 있는 수준이기 때문이라고 생각한다.

세계화는 빠른 기술적·경영적 환경변화를 수반한다. 따라서 국가든 기업이든 학교든 어떠한 조직이든 자기변화에 빨라야 한다. 그리고 새로운 상황에 빠르고 유연하게 지속적으로 적응해 나가야 한다. 아니 때로는 변화를 선도해 나가야 한다. 그래야 세계화시대에 성공할 수 있다. 그런데 이러한 자기변화와 자기개혁의 능력, 속도, 유연성 등을 결정하는 요인의 하나가 그 나라의 규모, 혹은 독자적 경제정책단위의 규모라고 생각한다. 변화와 개혁을 이끌어 내기 위한 거래비용, 즉 이해당사자들을 설득하고 타협하는 비용, 그리고 합의를 일관성 있게 추진하는 비

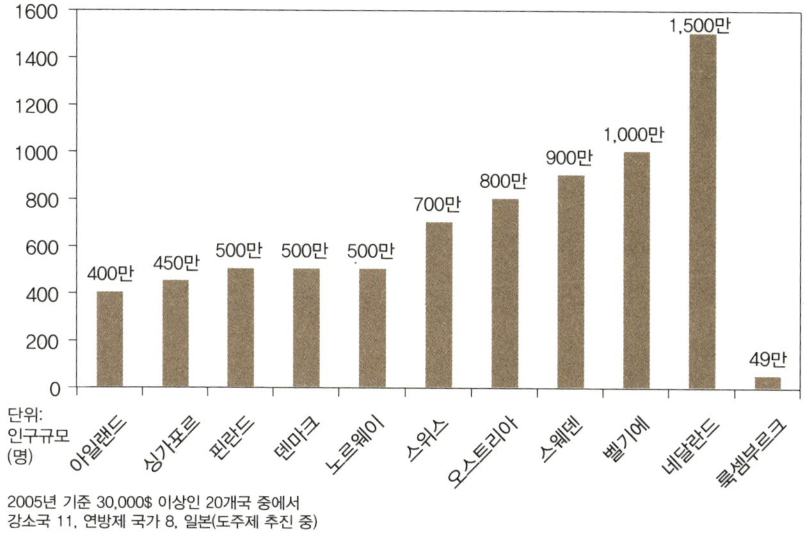

자료출처: World Development Indicator, 2007 (IBRD).

그림 8.1 강소국 인구규모

용 등이 국가의 단위, 혹은 독자적 경제정책단위가 너무 크면 기하급수적으로 증가하기 때문이다. 그래서 강소국이나 연방제적 국가운영이 세계화시대, 경제발전과 국가성공에 유리하다고 본다.

이러한 이유로 최근에 일본에서 큰 결단을 했다. 즉 선진국 20개국 중에서 연방제를 하지 않았던 대표적 국가의 하나인 일본이 '경제적 연방제'를 도입하기로 결정해 주변을 놀라게 했다. 즉 소위 도주제道州制의 도입결정이 그것이다. 전국을 약 12개 정도의 도주, 즉 '지역국가'로 묶어서 사실상 경제정책의 독자성을 인정하는 그래서 경제적 의미의 연방제를 하겠다는 결정을 한 것이다. 이제 일본 전체가 세계와 경쟁하는 시대는 아니라는 것이다. 각각의 지역이 나름의 돈과 권력과 인재를 가지고 그리고 자기 계획을 가지고 성장과 발전을 추구해야 각 지역이 성공하고 그것이 모여 일본이 성공하는 시대라는 것이다.

일본은 우리나라보다 지방자치제도의 오랜 역사가 있어 분권화가 상대적으로 많이 진전되어 있는 국가다. 이러한 나라에서도 지금까지의 지방분권地方分權 정도로는 안 되겠다고 판단한 것이다. 이제는 지방주권地方主權의 시대를 열지 않으면 지방발전도 나아가 국가발전도 가능하지 않다는 것이다. 이에 따라 도주제를 주장하면서 이를 국가정책으로 채택하고 앞으로 10년 안에 제도정착을 완료시키겠다고 기염을 토하고 있다.[*]

세계화시대의 발전패러다임의 변화에 맞추기 위해 연방제를 취하고 있는 미국에서도 변화가 보인다. 요즈음 "미국은 사실 대도시국가metropolitan nation다." "미국발전의 동력은 대도시에서 온다."라고 주장하면서 100개 대도시지역의 도약을 위한 새로운 발전 청사진을 만들고 있다.[**] 이를 가지고 21세기 미국의 번영을 지속시키겠다는 것이다.

이러한 외국의 제도 및 정책 변화를 참조하면서 우리도 세계화시대에 걸맞도록 지방분권을 넘어선 지방주권의 시대를 열어야 한다. 또한 이를 위해 수 개의 지역 국가를 탄생시키는 '광역 분권형 국가경영'을 준비해야 한다. 이 길이 바로 세계화시대, 지방발전의 길이고 국가성공의 길이라고 생각한다. 이를 위해서 지금의 지방자치단체의 규모를 광역화하여

- * 田村 秀, 『道州制 聯邦制』, ぎようせい, 2004; 江口克彦, 『地域主權型 道州制』, PHP 綜合研究所, 2007; 江口克彦, 『地域主權型 道州制か よく わかゐ本』, PHP 綜合研究所, 2009; 西 尾勝, 『地方分權改革』, 東京大學出版會, 2007을 참조. 우리나라에서의 논의를 보려면 한반도선진화재단, 『21세기 광역분권형 국가운영』, 2008년 한일공동기획세미나 자료집, 2008.
- ** 미국의 브루킹스연구소(Brookings Institution)에서 추진하고 있는 대도시정책프로그램을 보려면 2007년 나온 아래의 두 보고서를 참조.
www.brookings.edu/~/media/Files/rc/reports/2007/1106_metronation_berube/MetroNationbp.pdf
www.brookings.edu/~/media/Files/rc/reports/2008/06_metropolicy/06_metropolicy_fullreport.pdf

지방정부가 '집중과 집적의 이익'을 확보할 수 있는 규모가 되도록 해야 한다. 그래야만 우리나라의 지방이 중국의 베이징·톈진의 환環발해권, 상하이·항저우·쑤저우의 장강長江삼각주三角洲권, 홍콩·선전·광저우의 주장珠江 삼각주三角洲권, 충칭重慶권, 그리고 일본의 도쿄東京권, 오사카大阪권, 규슈九州권 등의 경제적 의미의 지역정부 내지 지역국가들과 경쟁할 수 있게 된다.

한마디로 (1) 현재 지방정부의 크기를 확대 조정하여 집중과 집적의 이익이 실현될 수 있는, 그래서 유효한 세계경쟁을 할 수 있는 단위로 만들어야 한다. 적어도 인구규모가 500만~1,500만 전후가 되어야 세계경쟁을 할 수 있을 것이다. (2) 그리고 이들 지방정부에게 각종 인허가권, 규제권, 재정권, 경찰자치권, 교육자치권 등을 확실하게 이양해야 한다. 연방제 수준에 가까운 철저한 분권화, 즉 '준準연방제적 분권화'를 하지 않고서는, 세계화시대를 맞아 지방발전도 국가성공도 할 수 없다.

좀 더 구체적으로 생각한다면 어떠한 구상이 가능할까? 예컨대 서울과 경인지역 그리고 경기지방 일부를 중심으로 가칭 경인주京仁州, 경기도 나머지와 강원도 및 금강 이북의 충청도 지역을 포괄하는 가칭 중부주中部州, 경상남·북도로 이루어지는 가칭 남동주南東州, 전라남·북도와 금강 이남의 충청도 지역 및 제주도를 포괄하는 남서주南西州 등 4개 정도의 주州로 나누는 것도 바람직할 것이다. 그래서 경인주는 세계 전체를 경쟁대상으로 하고, 중부주는 중국·러시아 등의 대륙을 대상으로 세계경영을 추구한다. 또한 남동주는 일본과 태평양을 대상으로 세계경영을, 남서주는 남중국과 동남아시아를 대상으로 세계경영을 각각 나누어 맡아 나갈 수 있을 것이다. 물론 통일 후에는 우리나라를 예컨대 북한지역의 2-3개 주를 포함해 모두 6-7개 주로 이루어지는 경제적 준연방국가로 만드는 청사진을 가지고 계획할 수도 있을 것이다.

이상을 쉽게 이야기하면 한마디로 대한민국 안에 약 500만 내지 1,500만 전후의 강소국을 4-5개 정도 만들어야 한다는 주장으로 요약된다.* 환언하면 싱가포르450만, 핀란드500만, 스위스700만, 벨기에1000만, 네덜란드1500만 등과 같은 규모의 강소국을 4-5개를 만들어야 한다. 이렇게 된다면 일단 성공적 시작이라고 할 수 있다. 그렇다면 이러한 분권적 국가경영의 시대를 열게 된 후 지방 정부들, 즉 지방의 강소국들은 어떠한 노력을 하며 지방발전의 시대를 열어 나가야 할 것인가?

지역국가의 발전전략: 지방강소국

지방에 강소국을 수 개를 만들면 그 강소국은 어떠한 노력을 하여 집중과 집적의 이익을 활용하면서 지방강소국의 발전의 시대를 열어 갈 것인가? 이와 관련해 한 가지 반드시 고려할 사항이 있다. 즉 집중과 집적의 이익을 만들어야 지방강소국이 발전할 수 있는 것은 확실하지만 집중과 집적의 이익을 만드는 방법이 산업화시대와 세계화시대가 크게 다르다는 사실이다. 즉 과거 산업화의 시대에는 그 도시 혹은 지역을 '기업들에게 매력적인 곳'으로 만드는 것이 중요했다. 그래서 많은 기업들의 유치를 우선함으로써 집중과 집적의 이익을 만드는 계기로 활용하려 했다. 그리고 그 도시와 지역을 기업들에게 매력적인 곳으로 만들기 위해 특히 생산 비용구조의 면에서 기업들에게 인센티브를 주려고 노력

* 남한에 4-5개 정도의 강소국을 그리고 통일 후에는 북한에 2-3개의 강소국을 만드는 경제적 연방제를 생각해 볼 수도 있다.

했다. 예컨대, 일정기간의 세금감면, 정부보조금 확대, 저가低價의 공장지의 공급, 기타 사회간접서비스 제공 등이 기업유치를 위한 주된 정책수단으로 활용되었다.

그런데 세계화·정보화시대가 되면서 집중과 집적의 이익을 만드는 수단이 달라지고 있다. 결론부터 이야기하면 그 도시 그 지역을 '사람들에게 매력적인 곳'으로 특히 '창조적 인재들에게 매력적인 곳'으로 만드는 일이 보다 중요하게 되었다.

왜냐하면 세계화·정보화 시대에는 앞에서 살펴본 소위 창조적 인재creative class가 많이 모이는 도시와 지역이, 기업유치유인을 높이려 노력하는 도시나 지역보다, 빠르게 발전하는 시대가 되고 있기 때문이다. 즉 기업들보다 창조적 인재들에게 매력적인 도시를 만들어야 그 도시가 빨리 발전하고 성공한다는 것이다. 환언하면 먼저 창조적 인재들이 모이게 되어야 이 창조적 인재들이 모이는 것을 보고 자본과 기업이 몰려오는 시대가 되었다는 의미다.

주지하듯이 이제 세계화·정보화 시대에는 창조적 인재들이 가장 희소한 생산자원이다.* 최고의 핵심 자원은 더 이상 자본도 토지도 아니다. 인적자원 특히 그중에서도 창조적 인재가 중요하다. 이 창조적 인재가 많이 모여드는 곳에, 기업도 들어오고 그리하여 집중과 집적이 일어난다. 그것이 도시와 지역발전의 원동력이 되는 시대다. 따라서 앞에서 집중과 집적의 이익을 이야기하였지만 21세기 세계화·정보화시대의 집중과 집적의 이익은 사실 '창조적 인재의 집중과 집적의 이익'에서 나온

* 전 세계가 창조적 인재들을 유치하기 위한 — 그들의 재능을 구하기 위한 — 전쟁 중에 있다는 문제제기와 함께 사회 전체를 창조적 사회로 만들려면 어떻게 해야 하는지에 대한 상세한 분석은 Richard Florida, *The Flight of the Creative Class: The New Global Competition for Talent*, HarperBusiness, 2005을 참조.

다고 봐야 한다.* 그렇다면 지역 국가 즉 지방강소국의 발전전략은 자연히 어떻게 하면 이 창조적 인재들이 국내외에서, 특히 해외에서 많이 몰려오도록 만들 것인가 하는 데 집중되어야 한다.

그 문제에 대한 답을 찾으려면 이들 창조적 인재들이 자신들의 주거지역을 선택할 때 무엇을 중시하는가를 봐야 한다. 그리고 그들이 중시하는 것들을 가능한 한 많이 갖추도록 노력해야 그 도시나 그 지역에 창조적 인재들이 모이기 시작할 것이다. 그리고 그것이 발전의 계기로 발전할 것이다. 그러면 창조적 인재들이 주거지역place to live을 선택할 때 무엇을 중시하는가? 일반적으로 네 가지를 중시한다고 볼 수 있다. 첫째 행정적·재정적 환경이다. 둘째, 과학적·기술적 환경이다. 셋째, 교육적·연구적 환경이다. 넷째, 문화적 예술적 환경이다.

행정적·재정적 환경이란 도시행정이 얼마나 효율적이고 편리한가, 도시교통과 주거환경 등은 어떠한가, 도시재정상황은 어떠한가, 여러 행정서비스가 적은 비용으로 잘 제공되고 있는가 등을 의미한다. 과학적·기술적 환경이란 도시가 첨단수준의 과학기술의 인프라, 예를 들어 인터넷 등 첨단정보통신망 등을 얼마나 잘 갖추고 있는가를 의미한다. 창조적 인재들은 첨단기술 환경 속에서 활동하고 그 속에서만 자신의 창의성을 발휘하는 존재들이기 때문에 과학기술적 인프라가 낙후된 곳에서는 살 수가 없다. 다음으로 교육적·연구적 환경을 보자. 창조적 인재들은 끊임없이 새로운 지식과 정보의 개발과정에 관계하면서 자기 생산성을 발휘하는 존재들이다. 따라서 그 도시나 그 지역에 교육적·연구적 인프라

* Richard Florida, *Cities and the Creative Class*, Routledge, 2005, 특히 pp.33-35을 참조. Florida 교수의 이 책은 도시가 창조적 인재들을 많이 유치하려면 어떻게 해야 하는가에 대하여도 흥미 있는 주장을 많이 하고 있다.

가 많을수록 선호하게 된다. 예컨대 최고의 대학과 대학원, 최첨단의 기업연구소 등이 많을수록 바람직한 거주 환경이 된다.

끝으로 문화적·예술적 환경이란 구체적으로 무엇을 의미하는가? 이들 창조적 인재들은 문화의 다양성과 삶의 예술성을 즐기고 또 이를 중시한다. 따라서 그 도시 혹은 지역의 문화가 다양해야 하고 그 다양성에 대한 관용의 정도가 높아야 한다. 특히 다양성에 대한 관용이 중요한 것은 이들 창조적 인재들이 다양성을 선호할 뿐 아니라 사실 창조와 창의 그리고 혁신은 항상 다양성 속에서 나오기 때문이다. 다양성에 대한 억압의 문화가 있으면 그러한 곳에서 창조와 혁신을 기대하기 어렵다. 이와 동시에 창조적 인재들은 예술적 환경을 선호한다. 그 도시 그 지역에서 다양한 예술 ― 전통예술과 현대예술, 자국自國예술과 이방異邦예술 등등 ― 과 접할 수 있는 기회를 선호한다. 뿐만 아니라 그 도시의 설계와 디자인 자체가 창의적이고 예술적이기를 요구한다.* 그들의 삶의 스타일 속에, 특히 여가소비의 행태 속에 창의와 예술에 대한 욕구가 많이 있기 때문이다.

이상과 같이 창조적 인재들이 그들의 삶의 장을 선택할 때 (1) 행정적·재정적 인프라, (2) 과학기술적 인프라, (3) 교육·연구적 인프라, (4) 문화 예술적 인프라 등을 중시한다면 지방강소국의 발전전략에도 반드시 이 점이 반영되어야 한다. 구체적인 방법 중 하나는 4-5개의 지방강소국 각각에 세계최고의 대학을 유치하든가 건립하는 것이 중요한 발전전략의 하나가 되어야 할 것이다. 그리고 그 주위에 기업의 연구소

* 도시발전에서 도시의 설계 디자인이 얼마나 중요한 역할을 하는가? 그리고 도시발전과 문화예술산업 ― 영화 음악 미술 박물관 디자인관 등 포함하여 ― 의 발전이 어떻게 상호 긴밀히 관계하는가 등을 체계적으로 분석한 연구는 John Montgomery, *The New Wealth of Cities: City Dynamics and the Fifth Wave*, Ashgate, 2008.

등을 유치하는 전략이 중요하다. 그래서 대학과 연구소를 중심으로 창조 인력이 집중되는 센터creative center를 만들어야 할 것이다. 이것이 바로 발전의 중심, 성장의 축growth pole을 만드는 시작이 되어야 할 것이다. 물론 지역마다의 대학과 기업연구소는 그 지역의 특징, 독자적 지역발전구상 등을 감안해 지역 나름의 특성을 가져야 할 것이다. ITInformation Technology 대학일 수도 BTBio Technology대학일 수도 있다. 전통문화대학일 수도 있고, 아시아의 미래지도자를 양성하는 대학일 수도 있다. 다양한 계획이 가능하다.

요컨대 지금까지는 과거 산업화시대의 패러다임에 따라 지역발전을 계획할 때 기업유치만을 우선으로 했다. 따라서 비용구조를 가능한 한 싸게 하는 데 모든 정책을 집중해 왔다고 할 수 있다. 하지만 이제는 관점을 근본적으로 돌려야 한다는 것이다. 이제 세계화의 시대는 창조적 인재가 많이 몰려야 기업이 오고 고용도 증가하는 시대다. 아무리 세금을 감면하고 정부가 보조금을 제공해도 창조적 인재들이 살기를 피하는 지역이면 기업은 몰려오지 않는다. 아니 그럴 수가 없다. 따라서 지역발전을 위해서는 그 지역을 창조적 인재들이 살기를 원하는 지역으로 만드는 것이 가장 중요하다. 이를 위해 그들이 원하는 행정 재정 인프라, 과학기술 인프라, 교육연구 인프라 그리고 예술문화 인프라를 준비하는 것이 가장 시급하다는 논리다. 이것이 바로 과거 산업화시대와는 질적으로 다른 세계화시대의 도시 및 지방발전전략이다.

끝으로 강조할 것은 한 도시, 한 지역이 세계경쟁에서 이기려면 반드시 국내의 창조적 인재뿐 아니라 세계 각지에서 창조적 인재들이 몰려올 수 있도록 만들어야 한다는 사실이다. 그래야 이웃 나라의 도시 혹은 지역과의 경쟁에서 승자가 될 수 있다. 외국의 인재들이 잘 안 들어오면, 그 도시 그 지역의 출신자 중에서 해외에 나가 창조적 분야에서 활동하는 인재들을 불러들이는 것, 소위 두뇌유입brain circulation부터 시작해야 한다. 사실 최근에는 미국과 유럽 등 선진국에서 활동하던 창조적 중국인과 인도인들이 모국의 자기 연고지로 귀향하는 움직임이 중국과 인도의 발전에 크게 기여하고 있다. 어떻게 하면 천하의 창조적 인재들이 우리 도시에, 우리 지역에 몰려들게 만들 것인가가 지방발전의 최고의 핵심과제다. 앞으로 지방강소국의 정책책임자들이 가장 많이 고민해야 할 문제다.

제3부
창조적 세계화의 길

제9장

'세계화론'에서 '창조적 세계화론'으로

세계화에 대한 이론적 정리

지금까지 우리는 제1부에서 세계화의 역사와 세계화의 의미, 구조적 특징들을 살펴보았다. 그리고 제2부에서 세계화가 세계권력구조의 변화의 측면에서, 경제와 무역 및 금융 정책의 측면에서, 교육과 노동 및 사회 정책의 측면에서, 그리고 민주주의와 국가경영의 측면에서 각각 어떠한 변화를 가져오고 어떠한 새로운 문제점을 수반하는가 등을 살펴보았다.

이상의 분석을 기초로 우리는 세계화에 대해 어떠한 시각 내지 관점을 가지고 — 국가발전전략이라는 차원에서 — 어떠한 대응을 해 나가야 하는가를 이론적이고 체계적으로 정리해야 한다고 생각한다. 그러면 그것이 '세계화론'이 될 것이다. 그러고 나서 이것을 21세기 세계경제의 변화, 특히 2008년 세계금융위기 이후의 상황변화와 대한민국의 과거 60년의 발전경험, 현재의 당면과제 및 앞으로 나아갈 방향 등을 감안하여, 우리 대한민국의 국가발전을 한 단계 더 발전시켜 나가는 노력, 즉 대한민국의 선진화노력으로 확대해야 한다. 그것이 바로 '창조적 세계화론'이다. 즉 우리는 세계화의 현실과 정책경험과 교훈을 정리한 지금까지의 세계화론에서 출발하여 앞으로 우리 대한민국이 나아가야 할 방향과 전략을 제시하는 — 물론 다른 중진국에도 크게 도움이 될 — 창조적 세계화론을 만들어 나가야 한다고 생각한다. 이 과제를 여기에서 다루도록 한다.

우선 앞의 제1부와 제2부에서의 분석과 논의를 배경으로 세계화를 보는 기본시각부터 바르게 세우는 '세계화론'부터 시작하자.

첫째, 우리가 사는 시대는 문명사적 대전환의 시대다. 창조적이고 자주적인 대응이 필요한 시대다.

우리는 지난 200년간의 산업화industrialism와 근대화modernization의 시대를 지나 21세기 세계화와 지식정보화라는 근대 이후post-modern, 산업화 이후post-industrialism의 시대로 들어가고 있다. 이것은 문명사적인 대변화이다. 이러한 대변화의 시대에는 우리도 크게 변화해야 살 수 있다. 그래서 어떻게 변화해야 하는가가 문제가 된다. 그런데 대변화의 시대이면서도 변화의 앞이 확실히 보이지 않고 있다. 따라서 교과서나 참조할 로드맵이 별로 없다. 우리만 아니라 전 지구촌 모두에게 극히 새로운 상황이 전개되고 있기 때문이다. 따라서 불가피하게 현장과 현실을 중시하면서 실험적이고 창조적으로 접근할 수밖에 없다. 그래서 앞으로의 세계화는 '창조적 세계화'일 수밖에 없다. 특히 대한민국의 경우는 더욱 그렇다. 왜냐하면 과거 후진국에서 중진국까지 올라올 때는 우리보다 앞서 나간 중진국이나 선진국이 우리가 배우고 따라야 할 하나의 발전모델이 될 수 있었다. 그러나 이제는 중진국의 선두주자까지 올라와 선진국 진입을 눈앞에 둔 단계이기 때문에 더 이상의 모델을 찾기가 어려운 상황이다. 이제는 선진모델, 즉 선진적 발전모델을 스스로 창조해 나갈 수밖에 없는 창조적이고 자기주도적인 발전단계에 도달했다고 볼 수 있다.

둘째, 우리는 반드시 세계화를 타고 가야 한다. 어떠한 세계화를 만들 것인가가 중요하다.

세계화를 찬성할 것인가 반대할 것인가라는 논쟁은 사실은 공허한 이야기다. 세계화는 이미 우리의 삶의 일부가 되고 있다. 그리고 세계화는 인류에게 여러 문제점도 가져왔으나 크게 보아 발전과 진보를 더 많이 가져왔다. 물론 우리가 이미 앞에서 보았듯이 논리적으로는 세계화가 결코 불가역적irreversible인 것은 아니다. 세계화는 시장의 힘기술의 힘과 더불어 정치의 힘정부의 힘이 만들어 낸 것이기 때문이다. 정치가 세계화를 막을 수 있다. 이미 우리는 과거 제1차 세계화가 실패했던 역사의 경험이 있다. 지금 진행되는 제2차 세계화도 논리적으로 보면 물론 실패할 수도 있다. 그러나 과거보다 실패나 회귀가 어려울 것이다. 그리고 실패나 회귀의 비용이 엄청나게 더 클 것이다.

특히 우리 대한민국은 건국 이후 지난 60년간의 역사 속에서 세계화의 흐름을 타고 가장 큰 이익을 받은 나라 중의 하나다. 아마 세계화의 흐름—자유무역의 확대 등—이 없었고 이를 타지 못했다면 대한민국은 아직도 후진국을 벗어나기 어려웠을지 모른다. 따라서 찬성이냐 반대냐라는 논란은 올바른 문제설정이 아니다. 우리는 세계화를 타고 가야 하고, 또한 '좋은 세계화', '지속가능한 세계화'로 만들어 나가야 한다. 따라서 올바른 문제설정은 우리는 앞으로 어떠한 세계화를 만들 것이냐이다. 우선 세계화가 가능한 한 많은 사람들이 참여할 수 있는, 그리고 많은 사람에게 이익이 될 수 있는 세계화이어야 할 것이다. 그리고 세계화의 고통구조조정으로 인한 실업과 폐업 등을 최소화하고, 그 고통을 가능한 한 많은 사회구성원들이 함께 나누는 세계화이어야 한다. 그러한 의미에서 세계화는 '민주적 세계화democratic globalization'이어야 하고, '사회통합적 혹은 포용적 세계화inclusive globalization'이어야 한다. 동시에 자원문제와 환경문제들을 악화시키지 않는 '지속가능한 세계화sustainable globalization'이어야 한다.

셋째, 자유무역은 원칙적으로 적극 지지하는 것이 옳다. 그러나 금융자유화에 대해서는 제한적 지지가 옳다.

물론 경제발전단계에 따라 산업분야별로는 일시적으로 보호무역이 필요한 경우도 있다. 그러나 크게 보아 자유무역은 적극 지지하는 것이 옳다. 국내외 무역의 확대는 인류에게 엄청난 부의 증대와 사고의 다양성을 가져다주었다. 반면에 금융의 자유화문제에 대해서는 신중하게 접근하는 것이 옳다. 국내외 금융감독제도의 발전이 수반되지 않으면, 특히 단기금융의 경우는 그 자유화가 얼마든지 재앙이 될 수도 있기 때문이다.

인류의 오랜 역사를 보면 자유무역은 일부 비용을 발생시켰지만 크게 보면 엄청난 이익을 인류에게 가져다주었다. 지난 250여 년간 인류의 부의 눈부신 발전은 사실 두 가지 이유 때문에 가능했다. 하나는 '과학기술의 발전'이고 다른 하나는 '자유무역의 발전'이다. 따라서 자유무역은 단기적으로는 피해를 보는 층도 ― 이 피해층에 대하여는 공동체가 적절한 보상을 해야 한다 ― 생기지만, 중장기적으로는 인류 모두에게 큰 이익을 준다고 보아야 한다. 그래서 자유무역은 적극 지지하는 것이 옳다고 본다.

그러나 금융의 자유화라는 문제는 좀 더 신중해야 한다. 일반적으로 금융의 자유화가 투자자원의 보다 효율적인 배분, 그리고 투자위험의 효율적인 분산 등에 많이 기여한 것은 사실이다. 1980년대 이후의 각국의 금융자유화가 1980년대 이후의 경제발전에 그리고 세계의 부의 증대에 크게 기여한 것은 사실이다. 특히 외국인직접투자는 후진국 경제발전에 큰 기여를 했다. 그러나 헤지펀드hedge fund 등 단기금융의 자유화는 일시적으로는 기여도 하였지만 종합적으로 보면 순기능보다 역기능이 많았다. 그래서 단기금융의 이동에 대해서는 적절한 정부의 개입과 관리가 필요하다고 본다. 다만 그 개입의 방식은 앞에서 이미 주장하였듯이, 들어오는 단기자금에 대하여 일정의 세금 혹은 거치금을 요구하는 등의 방식이 좋고, 나가는 단기자금에 대해서는 규제를 하지 않는 방식이 옳다고 본다.

무역과 금융 이외에 사람의 국가 간 교류migration는 가능한 한 권장하는 것이 올바른 정책방향이다. 특히 외국 학교, 외국인 학생, 외국 관광객, 외국 상사인, 외국 문화인, 외국인 근로자 등의 왕래가 많을수록 국가발전에 이익이 된다.

넷째, 세계화시대라고 해도 가능하면 자국 내의 '인적·물적·정신적 자원'을 최대한 효율적으로 쓰는 노력을 먼저 하는 것이 중요하다.

예컨대 대한민국과 같이 저축률이 높은 나라에서 시중의 많은 돈이 투자처를 찾지 못하여 돌고 있다는 이야기를 자주 한다. 또한 일반 국민들이 적정한 수익을 담보해 주는 저축수단 내지 투자수단을 찾지 못하여 방황한다는 소식도 있다. 그렇다면 우선 국내저축을 국내투자로 연결시켜 주는 합리적 정책수단들예컨대 인플레율을 보상하는 정부펀드 혹은 국민총생산증가율 보장의 정부펀드 등을 강구하는 것이 가장 급한 일이다. 무조건 해외저축에, 즉 외자에 의존하려는 태도는 바람직하지 않다. 국내저축도 제대로 효율적으로 활용하지 못하면서 해외저축에 의존하면 그만큼 대외의존도를 높일 뿐이다. 대외의존도 자체가 나쁜 것은 아니다. 다만 자신의 자원을 효율적으로 활용하지 못하면서 나타나는 대외의존의 증가는 개별기업의 미시적 입장에서는 이익이 될 수 있으나 거시경제의 입장에서는 바람직하지 않다.

마찬가지로 세계화시대이고 자유무역의 시대라 해도 외국과 무역을 하지 않는 부문, 즉 비교역재부문non-tradable sector의 발전예컨대 교육·의료·환경·안전·교통·음식 등 서비스 부문과 영세 중소제조업 등 내수부문을 소홀히 해선 안 된다. 다시 말해 소위 내수시장內需市場부문을 소홀히 해서는 안 된다.

교역재부문tradable sector은 발전하는데 비교역재부문의 발전이 뒤떨어지면 첫째, 국내의 소득분배 — 예컨대 수출산업과 내수산업 간의 불평등 — 가 악화된다. 둘째, 장기적으로는 교역재부문의 생산성 증가에도 장애가 된다. 왜냐하면 교역재부문이 비교역재부문의 생산물을 중간투입요소로 많이 사용하기 때문에, 장기적으로는 비교역재부문의 낮은 생산성은 교역재부문의 생산성에도 부否의 영향을 미치게 된다. 셋째, 비교역재부문/내수시장부문이 취약하면 — 생산성이 너무 낮고 GDP에서 차지하는 비중이 너무 작으면 — 급격한 해외경제변동에 국내경제가 심하게 영향을 받게 된다. 그래서 경제의 안정성 유지가 어렵게 된다.

세계화시대에는 자국의 역사와 사상, 전통과 문화 속에서 인류의 보편적 발전에 기여할 수 있는 요소를 찾아 이를 지구촌에 알려야 한다. 해외에서 새로운 사상과 기술과 문화 등을 수입하는 것도 중요하지만 자신의 고유의 사상, 기술, 문화를 적극 수출하는 것도 소홀히 하면 안 된다.

다섯째, 세계화시대라고 정부의 역할이 줄어든다고 보는 것은 옳지 않다. 다만 정부의 역할이 달라질 뿐이지 그 중요성은 여전하다.

우선 산업정책에 대하여 보자. 과거 산업화시대와 같이 정부가 나서서 특정산업이나 기업을 미래 유망산업이나 기업으로 선별pick winners해 지원하는 식의 접근은 이제 더 이상 바람직하지 않은 방법이다. 이제 21

세기 세계화시대에는 정부가 기업보다 미래에 대해 더 잘 안다 — 더 많은 정보를 가지고 있다 — 는 보장이 없다. 또한 미래 유망기업으로 뽑힌 기업은 독점기업이 되기 때문에 기술혁신에 노력하기보다는 기존의 독점체제를 유지하기 위하여 정부에 대해 지속적으로 로비를 할 수도 있다. 그래서 소위 정경유착政經癒着이 구조화될 위험도 있다. 따라서 산업화시대의 산업정책방법은 세계화시대에는 더 이상 바람직하지 않다.

그러나 정부의 산업정책은 여전히 중요하다고 본다. 다만 그 방식이 달라져야 할 것이다. 즉 민民과 관官이 함께 특정산업이 처한 문제를 함께 찾고 — 예컨대 어떻게 앞으로 동태적 비교우위dynamic comparative advantage를 지속적으로 창출해 나갈 것인가 등 — 그 대책을 함께 강구하며 서로 협력하는 식의 산업정책은 여전히 중요하다. 소위 '민관협치형 산업정책民官協治型 産業政策'은 대단히 바람직하다고 본다. 모든 것을 시장에 맡기고 정부는 법과 질서만을 지키는 야경夜警정부가 가장 바람직하다는 주장도 있지만 이는 옳지 않다. 적어도 아직 선진국을 향해 그리고 통일을 향해 뛰어야 하는 우리나라의 경우에는 더욱 그렇다.

또한 세계화시대 정부 역할과 관련하여 한 가지 더 강조할 점은 세계화시대 정부는 민주주의의 발전과 정착에 각별히 더 노력해야 한다는 것이다. 왜냐하면 민주주의가 발전해야 세계화에 성공할 수 있기 때문이다. 주지하듯이 세계화시대는 항상 수시로 구조조정이 일어나는 '구조조정의 상시화' 시대다. 따라서 이로 인한 사회적 분열과 갈등이 일상화되고 격화될 위험이 큰 시대다. 또한 만일 세계화시대 기술변화는 빠른데 — 고학력공급이 잘 안 되면서 — 구조조정이 원활하지 못하면 소득분배도 악화될 가능성이 크다. 이러할 때 사회통합과 국민화합을 위한 민주주의의 역할이 중요하게 된다. 그래서 의회와 정당, 법과 질서, 법원,

각종 중재 및 조정제도 등 여러 사회적 이견을 수렴하고 갈등과 분쟁을 조율할 제도들이 제대로 작동해야 한다. 물론 언론의 자유 등도, 국민의 불만을 표출할 수 있는 다른 제도의 발전도 함께 이루어져야 한다. 한마디로 '성숙한 민주주의'가 되어야 — 그리고 그를 향한 정부의 노력이 있어야 — 세계화는 성공하기 쉬워진다.

여섯째, 세계화시대일수록 교육과 과학기술 투자에 집중해야 한다.

세계화시대는 경쟁의 시대다. 비교우위가 경쟁하는 시대다. 국가경쟁력이 경쟁하는 시대다. 그런데 비교우위와 국가경쟁력을 결정하는 것은 결국 생산력이고 생산성이다. 그런데 생산력 내지 생산성은 교육과 과학기술 투자 없이 높아질 수 없다. 그래서 많은 나라들이 지금 교육개혁을 경쟁하고 있다. 어느 나라가 세계최고 수준의 양질의 교육을 제공할 수 있는가를 가지고 경쟁하고 있다. 그리고 많은 나라들이 과학기술의 획기적 도약을 위하여 경쟁하고 있다. 세계에서 최첨단 과학기술의 지식패권을 노리고 서로 무한경쟁 중이다.

그래서 정부, 기업 그리고 대학이 서로 연계하면서 공동작업 중이다. 그런데 갈수록 새로운 지식생산과 과학발전 그리고 기술혁신이 세계적으로 소수 나라에 소수 지역에 그리고 소수 연구소에 점점 독과점화獨寡占化되는 경향이 높아진다. 따라서 우리나라와 같이 선진국 문 앞에 서 있는 나라들은 특히 선진국의 최첨단기술과 과학정보의 생산과정에 어떻게 참여할 것인가, 그래서 한편으로 그 생산에 기여하고 다른 한편으로 그 생산의 이익을 함께 공유할 것인가 — 소위 전략적 제휴의 문제 — 가 대단히 중요한 분야가 된다. 세계중심으로부터 지식소외, 과학소외의 상태에서는 세계화는 물론이고 선진화의 성공도 기대하기 어렵다.

일곱째, 세계화시대에는 특히 '고용문제'를 중시해야 한다.

제2부에서 자세히 보았지만 21세기 세계화·정보화 시대에는 과학기술의 발전이 빨라서 비교우위의 변화도 빠르다. 그 결과 구조조정이 급격하기 때문에 노동이동도 크게 증가하게 된다. 따라서 노동의 안정성과 고용의 안정성이 위축되고 노동불안이 증가하게 된다. 이와 동시에 국제경쟁의 격화는 단기노동에 대한 수요를 높이고 장기노동에 대한 수요를 낮추게 된다. 그 결과 소위 단기-비정규직의 급격한 증가를 결과한다. 요약하면 전반적으로 고용이 불안정해질 뿐 아니라 비정규직 등의 한계고용비중이 높아진다. 더구나 과학기술의 발전이 빠를 때에는 '고용의 양', '고용의 기회' 자체가 줄어들 위험도 있다. 따라서 세계화시대에는 고용의 양과 질을 높이는 문제가 대단히 중요하다.

일반적인 대책으로 높은 성장률의 달성을 통한 총수요부족실업demand-deficiency unemployment의 축소, 그리고 교육 및 훈련 개혁 등 적극적 노동시장정책을 통한 구조적실업structural unemployment의 축소, 그리고 고용안정망의 확대 등을 통한 마찰적실업frictional unemployment의 감소 등을 생각할 수 있다. 그러나 고용문제가 심각한 때에는 노동시간 단축을 통한 일자리 나누기, 그리고 제3섹터자원봉사, 시민운동 등에서의 고용창출의 극대화, 더 나아가서는 고용지원금제도employment subsidy와 공공부문의 고용창출정책 등까지 종합적으로 준비해야 할 것이다. 요컨대 세계화시대에는 고용의 문제가 대단히 중요하고 이에 대한 철저한 대응책이 필요하다.

여덟째, 세계화시대에는 경제성장은 물론이고 소득분배, 사회복지, 그리고 환경문제에 대해서도 균형 잡힌 정책시각을 가져야 한다.

성장위주전략만 가지고는 세계화시대에 성공할 수 없다. 성장과 분배,

복지와 환경이 모두 중요한 정책목표가 되어야 한다. 분배의 경우는 제2부에서 본 세계화시대 일국一國 내 소득분배를 개선하는 데 성공한 나라들의 정책의 예를 참고할 필요가 있다. 그리고 기술개발의 속도와 교육훈련의 속도 사이에서 분배의 추세가 결정된다는 — 후자가 전자보다 빠를 때 임금격차가 줄어든다 — 연구도 참고할 필요가 있다. 또한 앞으로는 세계화시대에는 노동소득뿐 아니라 금융소득의 차이가 분배를 악화시키는 데 중요한 요인으로 등장할 수 있어, 금융소득의 격차를 줄이는 방안도 준비해야 한다.

복지의 문제는 최종적으로는 평생교육-평생고용-평생복지의 삼각 체제를 어떻게 효율적으로 구축하느냐의 문제가 된다. 특히 노동시장이 이동노동시장transitional labor market이 되어서 나타나는 노동의 유동화현상을 교육-고용-복지체제가 어떻게 효율적으로 그리고 공정하게 대처할 것인가 하는 문제가 핵심이 된다. 끝으로 환경의 문제는 시민의식의 문제이며 동시에 국가지도자의 리더십의 문제다.

아홉째, 세계화시대에는 대도시지역군을 여러 개 만들기 위한 '분권형 국가경영'이 필요하다.

세계화시대 발전은 소위 대도시지역군Mega-City Region: MCR을 중심으로 진행된다. 세계화시대의 인재와 자본의 블랙홀이 바로 대도시지역군이다. 따라서 세계화시대 발전을 위해서는 대도시지역군을 키워야 한다. 그리고 세계화시대 지역격차를 줄이기 위해서는 대도시지역군을 일국 내에 지역별로 여러 개 만들어야 한다. 많이 만들수록 좋다. 그래서 여러 개가 각자 경쟁적으로 발전하면서 소위 발전균형을 해야 지역격차를 줄일 수 있다. 그런데 이러한 대도시지역군의 발전을 가능하게 하려면 필수조건의 하나가 분권적인 국가경영이다.

세계화시대에는 국가의 규모가 너무 크거나 국가경영을 중앙집권적으로 하면 불리해진다. 왜냐하면 세계화시대는 변화와 유연성이 모든 발전의 계기가 되는 시대이기 때문이다. 국제정치 상황의 변화, 과학기술과 경제경영 여건의 변화 등이 매우 빠르다. 따라서 국가경영도 이러한 변화에 맞추어 유연하게 대처하고 자기 변화를 빠르게 해야 한다. 그런데 이처럼 유연한 대응 그리고 신속한 변화를 하려면 국가의 규모 혹은 국가의 행정단위가 인구규모 500만 내지 1,500만 정도가 적정하다. 대부분의 선진국을 보면 유럽의 모든 강소국強小國들의 규모가 이 범위 안에 들어온다. 국가의 행정단위가 너무 크고, 중앙집권적으로 경영을 하면 현장現場의 창의성local knowledge을 조직화하고 동력화하기가 어렵게 된다. 또한 중앙과 현장 간의 소위 협력과 조정비용coordination cost이 너무 많이 든다. 그러면 불가피하게 관료적이 되고 경직되면서 현장의 문제와 지혜가 국정에 반영되기 어렵다.

따라서 대부분의 선진국은 유럽의 강소국들처럼 인구규모 자체가 작은 나라들이거나 연방제를 채택해 사실상 작은 규모로 나누어 국가를 분권경영하는 나라들이다. 그래서 세계화시대에는 지방분권이 중요하다. 아니 요즘은 분권의 단계도 넘어 '지방주권'을 주장하는 사람들이 많다. 사실상 지방의 강소국들의 연합체—연방보다도 더 느슨한—수준으로 국가경영을 해야 한다는 주장까지 나오고 있다. 이렇게 철저한 분권형 국가경영을 주장하는 이유는 그렇게 해야 비로소 많은 지역에서 소위 대도시지역군들이 자유스럽게 등장할 수 있기 때문이다. 종래와 같은 중앙집권적·경직적 국가경영을 가지고는 대도시지역군을 많이 만들 수 없기 때문이다. 대단히 옳은 이야기다.

열째, 세계화시대에는 세계전략을 세우고 국제협력과 지역협력을 중시해야 한다.

세계화시대는 국내정책과 대외정책의 구별이 어려운 시대다. 상호 너무나 긴밀히 관련되어 있기 때문이다. 따라서 정부의 역할 중 하나가 '국가발전과 세계경영의 청사진'을 국민들에게 제시하는 것이다. 세계전략과 국내전략과의 관계도 밝혀야 한다. 그래서 정부만이 아니라 기업, 학교, 그리고 개인들이 각자 자신들의 미래를 계획할 때 참고할 큰 그림 — 세계의 변화와 국가목표 등의 큰 그림 — 을 제공해야 한다.

또한 세계화시대는 한 나라의 발전이 자국自國만의 노력으로 되지 않는 시대다. 국가와 국가 간의 상호의존성과 상호관계성이 너무 크기 때문이다. 따라서 자국뿐 아니라 이웃나라의 발전을 위해 함께 노력해야 한다. 더 나아가 공정하고 효율적인 세계질서를 만드는 데 모든 나라들과 함께 노력해야 한다. 그것이 자국을 포함하여 모두를 위하는 길이 된다. 따라서 국제협력이 다른 때보다 더 중요해진다. 그래서 국제금융질서의 안정성을 높이기 위한 개혁, 지구온난화를 줄이기 위한 국제협력, 핵 문제, 절대빈곤의 문제, 인권 문제 등의 해결을 위한 지구촌의 모든 노력에 우리도 앞장서 참여해야 한다.

세계화시대는 세계주의와 더불어 지역주의 — 동아시아공동체 등 — 가 함께 등장하는 시대다. 이 지역주의가 폐쇄적 지역주의가 아니라 개방형이 되도록 — 세계화를 향한 디딤돌이 되도록 — 적극 참여하고 기여해야 한다.

이상 열 가지가 앞의 제1부와 제2부의 논의에서 얻은 주요 정책교훈 — 국가발전전략이라는 관점에서 — 의 요약이라고 할 수 있다. 이를 배경으로 국제사회에서는 그동안 세계화시대의 국가발전전략 특히 후진국의 발전전략과 관련하여 어떠한 논의들이 있었는가를 살펴보도록 한다. 그리고 여기에 우리 대한민국의 발전경험과 교훈을 참고하여, 21세기 우리가 생각하는 바람직한 국가발전전략, 즉 '공동체자유주의적 발전전략', 환언하면 '창조적 세계화' 모델이 무엇인가를 제시해 보도록 한다.

워싱턴 컨센서스를 넘어: 새로운 중진국 발전모델을 찾아서

워싱턴 컨센서스와 그 이후

세계화시대에는 어떠한 국가발전전략을 가져야 할 것인가? 특히 후진국이 어떠한 발전전략을 선택해야 경제발전과 국가건설에 성공할 수 있는가? 이 문제에 대하여 1980년대에 미국의 주류 경제학자들과 워싱턴에 있는 IMF, World Bank 등의 국제기구 연구자들 사이에서 하나의 보이지 않는 합의가 이루어져 왔다. 이 보이지 않는 합의를 1989년 윌리암슨John Williamson 박사가 하나의 논문으로 정리하여 '보이는 합의'로 만들었고, 그것을 워싱턴 컨센서스Washington Consensus라고 명명했다.* 세

* John Williamson(ed.), *Latin American Adjustment: How Much Has Happened?* Institute for International Economics, 1990; John Williamson(ed.), *The Political Economy of Policy Reform*, Institute for International Economics, 1994.

계화시대의 발전모델로 제시되고 정리된 워싱턴 컨센서스는 간단히 세 가지 주장으로 요약할 수 있다. 첫째는 거시경제의 안정성을 지켜라stabilize. 둘째, 경제를 자유화하라liberalize. 즉 대외경제는 개방하고 대내경제는 규제를 완화하라. 셋째, 사유화 내지 민영화하라privatize. 정부기업 등 각종 공공사업은 가능한 한 사유화하고 민영화하라. 후진국들은 세계화시대 이 세 가지 방향으로 정책노력을 해야 경제가 발전하고 국가성공을 이룰 수 있다는 것이다. 기본적으로 이 세 가지 주장을 기초로 다음과 같은 열 가지 분야의 정책방향을 제시하고 있다.

(1) 재정균형을 지켜라fiscal discipline: 과도한 재정적자를 줄여라.

(2) 정부지출의 방향을 바꾸어라reorientation of public expenditure: 가능한 한 성장촉진적인 분야의 투자를 늘려라.

(3) 세제개혁을 하라tax reform: 세율은 낮추고 가능한 한 많은 사람들이 세금을 내도록 베이스는 넓혀라.

(4) 이자율을 자유화하라liberalizing interest rates: 금융자유화의 시작으로서 이자부터 시장에 맡겨라.

(5) 경쟁적 환율정책을 하라competitive exchange rates: 환율정책은 시장의 수급을 반영하여 시장경쟁적으로 운영하라.

(6) 무역은 자유화하라trade liberalization: 수출입의 규제를 풀어라.

(7) 외국인직접투자를 자유화하라liberalization of inward foreign direct investment: 가능한 한 외국인직접투자를 많이 도입하라.

(8) 사유화 내지 민영화하라privatization: 종래의 국영 및 공영 기관은 가능한 한 사유화 내지 민영화하라.

(9) 규제를 완화하라deregulation: 모든 산업에의 기업의 설립과 퇴출을 자유스럽게 하라.

(10) 재산권을 보호하라property right. 모든 재산권의 보호를 강화하라.

이상의 열 가지 정책방향의 제시를 가장 충실히 따른 나라들이 라틴 아메리카의 여러 국가들이었다. 그런데 1990년대의 이들 라틴 아메리카 제국의 발전의 성과연평균 1.1%는 대단히 실망적이었다. 지난 1960-80년 기간의 성장률연평균 5-6%에도 못 미치는 것으로 나왔다. 반면에 극히 대조적으로 중국의 발전은 1980년대에는 연평균 9.2%, 1990년대에는 연평균 10.1%로 눈부시게 빨랐다. 그리고 인도나 베트남의 경우도 마찬가지로 경제성장이 빨랐다. 그런데 중국이나 베트남의 경우에는 워싱턴 컨센서스가 주장하는 방향과는 크게 다른 정책들을 많이 채택했었다. 시장에 맡기기보다는 정부의 계획과 지도가 크게 작용했다. 또한 외국인투자는 환영했으나, 무역정책의 경우도 자유무역은 수출증대에만 초점을 맞추었고 수입에는 여전히 보호무역적인 요소가 많은 정책들을 추진했다. 그것도 전반적인 무역자유화라기보다는 특정지역에 경제특구를 설정하여 그곳에서만 무역을 자유화하는 접근방식이었다.

인도의 경우를 보아도 사실상 1991년부터 본격적인 워싱턴 컨센서스적인 자유화정책을 채택했으나, 인도경제의 사실상의 도약은 보호무역주의적 요소가 강했던 1980년 초부터 시작되었던 것이다. 이미 1960년대와 70년대 경제의 도약take off을 경험한 한국이나 대만의 경우에도 사실은 경제의 급성장이 수입규제와 수출촉진, 수출자유구역, 적극적 산업정책 예컨대 한국의 중화학공업정책 등, 그리고 산관産官협력 내지 유착의 시대 — 그 결과로써 한국의 재벌구조 — 에 많이 이루어진 것이었다. 한마디로 워싱턴 컨센서스와는 정반대 정책하에서 빠른 경제발전을 이룩한 나라들이 많은 것으로 나타났다. 반면에 워싱턴 컨센서스를 따른 국가들의 경제발전 정도는 낮았다.

특히 워싱턴 컨센서스를 많이 따랐던 라틴 아메리카에서의 성과부진이 많은 사람들에게 실망을 주었다.* 그래서 나온 것이 제2차 워싱턴 컨센서스였다. 즉 제1차 워싱턴 컨센서스가 제대로 작동하지 못한 주요 원인이 제도institution의 부실 내지 미흡에 있는 것이 아닌가라는 문제의식에서 출발한 것이 바로 제2차 워싱턴 컨센서스다. 사실 제1차 워싱턴 컨센서스가 제시하는 정책방향 그 자체는 많은 선진국들이 이미 실천하고 있는 정책이었고 이론적으로 별로 잘못된 것이 없다고도 볼 수 있다. 그런데도 후진국에서 이런 정책노력이 당초 기대했던 경제성과를 제대로 얻을 수 없었던 것은 후진국에는 올바른 제도가 없어서가 아닌가 — 제도의 미발달 때문이 아닌가 — 하는 문제의식이 있었던 것이다.

그래서 후진국에도 시장성공을 위해 필요한 각종 시장관련 제도가 선진국처럼 다 잘 갖추어 있다고 전제하고, 시장이 나아가야 할 방향만을 제시한 제1차 워싱턴 컨센서스에 문제가 있었다는 자기비판 내지 자기반성이 일어났다. 예컨대 이렇다. 후진국에서 무역자유화가 잘 성공하지 못하는 이유가 교육제도가 충실하지 못해 필요한 고급인력을 제대로 공급하지 못해서가 아닌가? 또한 사유화나 민영화가 잘 성공하지 못하는 이유가 적절한 기업규제제도가 잘 발달되어 있지 못해서가 아닌가? 금융자유화가 금융위기를 가져오는 이유가 금융에 대한 정부의 신중규제제도prudential regulation가 발달되어 있지 않고 기업의 지배구조corporate governance

* 라틴 아메리카의 성과부진이 워싱턴 컨센서스를 따랐기 때문이 아니라는 윌리암슨의 강력한 이의도 있다. Pedro-Pablo Kuczynski and John Williamson(ed.), *After Washington Consensus: Restarting Growth and Reform in Latin America*, Institute for International Economics, 2003, 특히 윌리암슨의 overview 논문을 참조.

가 투명하지 못해서가 아닌가? 자유화가 가난한 계층에게 이익을 가져다 주지 못하는 이유가 이들을 위한 교육훈련제도가 미흡하고 사회안전망이 제대로 준비되어 있지 않아서가 아닌가?

요컨대 올바른 시장관련 제도가 없거나 제대로 발전하지 못해 비록 올바른 정책방향을 추구해도 바람직한 시장성공을 이루어 내지 못한다는 진단이었다. 그래서 제1차 워싱턴 컨센서스가 시장정책중심getting prices right이었다면 제2차 워싱턴 컨센서스는 제도개혁중심getting institutions right의 안을 제시하였다. 그래서 제1차의 시장개혁안에 제2차의 제도개혁을 더하여 제2차 워싱턴 컨센서스가 이루어졌다. 이러한 움직임은 1999년 IMF와 World Bank가 공동주최한 제2세대 개혁회의Conference on Second Generation Reforms를 통하여 일단 정리되었다. 세계화시대 후진국이 경제발전과 국가건설에 성공하려면 발전전략은 앞의 제1차 워싱턴 컨센서스가 제시한 방향 — 시장정책방향 — 으로 나아감과 동시에 다음과 같은 제도개혁을 함께 해야 한다는 것이다. 이렇게 제도개혁에 중점을 둔 제2차 워싱턴 컨센서스를 로드릭Dani Rodrik 교수는 다음과 같이 정리했다.*

(1) 기업의 지배구조를 고쳐라corporate governance: 주주자본주의share holder capitalism를 모델로 하고 지배구조의 투명성transparency을 높여라.

(2) 반反부패의 제도와 정책을 강화하라anti-corruption: 어떠한 좋은 정책이건 부패가 존재하면 그 성과를 얻을 수 없다.

(3) 노동시장의 유연성을 높여라flexible labor market: 노동시장이 경직적이면, 즉 해고와 채용이 자유롭지 못하면 경제정책의 고용유발효과가 떨어진다. 그리고 외자기업의 진출과 신규기업의 등장을 억제한다.

* Dani Rodrik, *One Economics Many Recipes: Globalization, Institutions, and Economic Growth*, Princeton University Press, 2007, p.17.

(4) 국제자유무역기구에 가입하라WTO Agreements: 무역자유화를 위한 정책과 제도를 정비하라.

(5) 금융제도와 기준을 국제규범에 맞추어라global financial codes and standards: 금융자유화와 더불어 금융규제를 강화하되 그 기준을 국제규범에 따라야 한다.

(6) 신중하게 자본시장의 자유화를 추구하라prudent capital-accounting opening: 자본자유화를 추구하되 신중하게 하라. 자본시장의 역기능 — 급격한 자본이탈 등 — 을 최소화할 수 있는 제도적 장치를 함께 준비하면서 추진하라.

(7) 환율정책을 시장과 관치官治의 중간에 두지 마라non-intermediate exchange rate regime: 중간에 두는 경우가 금융위기에 가장 빠지기 쉽기 때문이다.

(8) 중앙은행의 독립성을 강화하고 인플레이션 목표치를 확실하게 하라independent central banks and inflation targeting: 중앙은행의 정치적 독립성을 확보하여 통화정책에 관한 한 자주적으로 하도록 하고, 물가상승목표치를 정하여 가능한 한 그 범위 내에서 통화정책을 자제하라.

(9) 사회적 안정망을 구축하라social safety nets: 원활한 구조조정을 위하여 약자 보호를 위한 공적보조 및 사회보장 등 사회안전망을 구축해야 한다.

(10) 빈곤정책을 목표치를 정하고 추진하라target poverty reduction: 절대빈곤 인구를 줄이는 경우 구체적인 정책 목표치를 정하고 추진하라.

이상의 열 가지 제2차 워싱턴 컨센서스는 주로 바람직한 제도개혁을 위한 제안이 중심이 되고 있다. 분명히 제1차 워싱턴 컨센서스보다는 진일보했다고 보여진다. 후진국의 문제가 어디에 있는지에 대해 보다 구체적인 이해를 갖고 현장에 다가온 정책건의라고 볼 수 있다.

오늘날 미국의 주류경제학자들과 IMF, World Bank 등이 세계화시대의 후진국 발전전략으로 제시하는 정책의 방향은 제1차 워싱턴 컨센서스와 제2차 워싱턴 컨센서스를 합친 것이라고 보면 무방하다. 1997년 아시아 금융위기 때도 그러했다. 그리고 오늘날에도 IMF가 금융지원을 하는 경우 내놓는 정책조건지원조건부 정책 conditionalities도 크게 보면 대부분이 제1차와 제2차 워싱턴 컨센서스를 결합한 것에 기초해 있다.

제1차, 제2차 워싱턴 컨센서스를 어떻게 보아야 할까? 어떻게 평가해야 할까? 과연 세계화시대 후진국 혹은 우리나라와 같은 중진국의 발전전략으로 타당하다고 보아야 할까? 최선이라고 보아야 할까? 이러한 의문들을 생각해 보면, 제1차, 제2차 워싱턴 컨센서스는 대체의 방향에서 크게 틀린 것은 아니지만, 다음과 같은 몇 가지 기본적인 문제가 있다고 본다.

첫째, 우선 가장 큰 문제는 장기적인 정책방향으로는 옳다고 해도 이 정책들을 일률적으로 경직적으로 적용하려고 했다는 것이다. 특히 IMF가 그동안 이러한 우愚를 많이 저질렀다. 선진국적 조건 — 시장적 조건과 제도적 조건 — 속에서 나온 정책들인데도, 이론적으로 바람직하다는 이유 하나로 후진국의 구체적 조건 — 시장적 조건과 제도적 조건의 미성숙 등 — 에 대한 이해 없이 일방적으로 강제한 경우가 많았다. 그래서 단일의 정책 패키지를 모든 후진국에 아무런 차이를 두지 않고, 경직적으로 요구한 경우one-size-fits-all가 많았다. 이래서는 실패한다. 개별국가의 특수한 사정과 여건을 감안한 정책조정이 반드시 있어야 한다. 그리고 그 개별국가의 사정은 개별국가의 정책담당자들이 제일 잘 알지 않겠는가?

둘째, 워싱턴 컨센서스에는 정책의 우선순위가 없었다. 정책논의에서 중요한 것은 어느 방향으로 나갈 것인가 못지않게, 바로 무엇부터 시작할 것인가이다. 그 나라의 경제발전에 가장 큰 장애가 되고 있는 부문이 어디인가를 확정하는 것이 중요하고 거기에서부터 문제를 풀어나가는 것이 중요하다. 그런데 제1차, 제2차 워싱턴 컨센서스 모두 정책의 우선순위에 대한 기준이 없었다. 그리고 우선순위를 정하는 기준의 제시도 없었다. 가장 최선의 정책들을 모두 단칼에 해내야 한다는 메시지가 강하다. 그래서는 현실적이지 못하다. 오히려 역작용만이 클 수 있다.

셋째, 제2차 워싱턴 컨센서스에서 제도개혁을 중시하는 방향으로 나아간 것은 올바른 일이다. 후진국의 시장은 그 시장을 둘러싼 제도적 조건이 선진국과 달라서, 선진국과 아주 동일한 시장정책을 해도 시장적 결과가 크게 다르게 나올 수 있다. 그래서 제도를 바로 세우는 문제가 대단히 중요하다. 그러나 선진국 수준의 최선의 제도를 단순히 나열하는 것만으로는 후진국에 크게 도움이 되지 못한다. 이미 이러한 제도를 완비할 수 있다면 벌써 선진국이 다 되었을 것이다. 문제는 어떻게 바람직한 제도개혁을 해 내는가이다. 후진국에는 바람직한 제도의 개혁을 실천할 수 있는 인적·물적 자원과 정치적 조건이 제한되어 있는 경우가 일반적이기 때문이다.

구체적으로 예컨대 기업 지배구조의 투명성 확보를 위해서도, 반反부패를 위해서도, 자본시장의 신중규제를 위해서도, 사회안전망의 구축을 위해서도, 반드시 필요한 것이 세 가지가 있다. 첫째는 정부의 행정능력이 있어야 한다. 그러한 제도와 정책방향으로 개혁을 추진할 수 있는 정부의 행정능력이 있어야 한다. 둘째는 정부는 물론이고 민간부문에도 그 분야의 전문적 인적자원이 있어야 한다. 기업 지배구조의 투명성은 정부의 규제와 감독만으론 안 된다. 민간부분에 이를 추진할 전문적 인적자원—전문경영인 그리고 공인회계사 등—이 있어야 한다. 그리고 셋째는 어떠한 제도개혁도 반드시 입법개혁과 재정개혁을 수반하게 된다. 법이 바뀌어야 하고 예산의 뒷받침이 있어야 새로운 제도가 작동한다. 따라서 입법과 재정개혁을 해낼 정치적 리더십이 있어야 하고 이 정치적 리더십이 자신의 정치자본political capital을 세계화개혁을 위해 쓸 용의가 있어야 한다. 어떻게 이러한 세 가지 조건을 만들어 내느냐가 사실은 제도개혁의 승패를 결정한다. 따라서 문제는 단순히 바람직한 제도개혁의 방향이 아니다. 왜냐하면 개혁방향을 몰라서가 아니라, 어떻게 그 제도개혁을 추진할 능력을 갖추느냐가 더 어려운 문제이기 때문이다.

그러나 이러한 문제들이 있다고 해도 앞으로 후진국이 나아가야 할 큰 정책방향과 개선할 제도 등을 잘 열거했다는 점에서 제1차 및 제2차 워싱턴 컨센서스는 나름의 가치와 의미가 있다고 본다. 다만 다시 강조하지만 선진국에서 일반화된 정책방향과 제도의 내용을 정리하여, 후진국이 발전전략을 수립할 때 참고하도록 큰 그림만을 제시한다는 정도면 충분했다고 생각한다. 상황이 이런데도 제1차와 제2차 워싱턴 컨센서스를 마치 만병통치약처럼 후진국에 강제하려 했다는 데 문제가 있었다고 보아야 한다.

제2차 워싱턴 컨센서스가 등장한 이후에도 제1차와 제2차 워싱턴 컨센서스에 대한 비판은 여전히 많았다. 그래서 워싱턴 컨센서스에 대하여 비판적 시각을 가지는 일단의 학자들이 2004년 바르셀로나Barcelona에서 모여 '워싱턴 컨센서스 이후의 컨센서스post-Washington Consensus consensus'를 만들어 보려는 모임을 가지게 된다. 스티글리츠Joseph Stiglitz, 폴 크루그먼Paul Krugman, 제프리 삭스Jeffrey Sachs, 로드릭Dani Rodrik, 프랭켈Jeffrey Frankel

등 미국의 비교적 우수한 일류 학자들이 모여 기존의 워싱턴 컨센서스와는 다른, 후진국의 발전전략을 위한 새로운 패러다임을 제시하려고 노력했다. 그러한 노력의 결과를 정리한 것이 '바르셀로나 발전과제The Barcelona Development Agenda'라는 이름으로 발표되었다. 그 주요 내용을 간단히 살펴보면 다음과 같다.*

(1) 지난 20여 년간 인권, 민주주의 그리고 법치의 부문에서 후진국에서는 많은 진전이 있었다. 그리고 여러 나라에서 — 특히 중국과 인도 — 경제발전의 결과로 많은 사람들이 빈곤에서 벗어났다. 무엇보다 지난 기간 동안 거시경제의 안정적 운용이 오랜 기간 인플레이션 체질이었던 라틴 아메리카의 인플레이션을 크게 진정시켰으며, 거시경제의 안정성의 중요성에 대한 후진국 여러 나라에서의 인식 또한 크게 높아졌다.

(2) 그럼에도 불구하고 그동안 구조적 금융위기가 지속적으로 발생하였으며 지구촌 전체로 보면 아직 경제성장의 성과는 미흡하다. 또한 많은 개발도상국가에서 부와 소득의 분배도 대단히 불평등해졌다.

(3) 그래서 선진국, 후진국에 관계없이 다음과 같은 일곱 가지 방향의 정책노력이 필요하다고 본다. 우선순위 순으로 이야기하면 다음과 같다.

(4) 모든 성공적인 경제발전전략에는 세 가지 기본이 있어야 한다. 첫째는 제도의 질이다. 예컨대 법의 지배, 재산권보호 등과 같은 제도의 질이 중요하다. 둘째는 시장과 국가의 적정한 균형이 중요하다. 셋째는

* Narcis Serra and Joseph E. Stiglitz, *The Washington Consensus Reconsidered: Toward a New Global Governance*, Oxford University Press, 2008, 특히 Part 1의 5를 참조.

소득분배에 대한 관심이 중요하다. 그리고 제도개혁은 그 나라의 역사, 문화 그리고 다른 사정들을 감안해 이루어져야 한다. 선진국의 제도를 무조건 복사하려 하는 것, 특히 국제기구가 그것을 강제하는 것은 득보다 해가 많다고 할 수 있다.

(5) 지속적으로 나타나는 문제의 하나가 국가든 개인이든 큰 부채는 바람직하지 않다는 것이다. 그리고 제대로 감독되지 않는 은행, 방만한 통화정책 등도 바람직하지 않다. 중기발전에 유해할 뿐 아니라 자주 금융위기의 원인이 된다. 따라서 금융, 통화, 재정, 그리고 부채정책에서 신중한 관리가 대단히 중요하다. 다만 신중한 재정이라는 것이 매년 예산의 균형을 맞추는 것을 의미하는 것은 아니다. 경기침체의 경우 등에는 경기부양을 위한 정부지출이 필요하고 따라서 그만큼 재정적자가 바람직하다. 국제기구들이 이것을 반대해서는 안 된다.

(6) 경제도약을 일으키고 성장을 지속시킬 단일 비법은 없다. 다만 나라마다 성장의 장애요소들이 다르기 때문에 각각에 맞는 정책을 선택해야 한다. 개별국가는 정책선택의 자유를 가져야 한다. 외국원조기구나 국제기관들이 후진국들의 자유로운 정책선택과 여러 가지의 정책실험 등에 대하여 부정적인 입장을 취해서는 안 된다. 각 나라들은 자국의 발전에 가장 장애가 되는 것이 무엇인가를 찾아 그에 대한 거시적·미시적 정책대응을 해야 한다.

(7) 다자간多者間무역협상은 성장을 촉진하는 방향으로 이루어져야 한다. 선진국의 농업과 섬유에 대한 보호무역주의가 개도국의 세계시장 참여에 큰 장애가 되고 있다. 일부의 개도국들도 적절하지 못한 무역정책을 선택하고 있다. 모두를 위하여 도하 라운드Doha Round는 가능한 한 빨리 성공해야 한다.

(8) 후진국의 민간부분에 국제금융이 아직 충분히 공급되지 않고 있다. 중진국의 경우에는 국제자본의 흐름이 너무 변화가 심하다는 것이 문제가 된다. 그리고 그 변화는 그 나라의 경제의 기본조건과 아무 관계가 없는 경우가 많다. 그래서 여러 금융위기를 일으킨다.

문제의 핵심은 국가 간 효율적인 위험분산more efficient risk sharing among countries을 위한 시장과 제도가 존재하지 않는 데 있다. 국제기구들도 민간부분의 이러한 문제를 해결하는 데 전혀 도움이 되지 않고 있다. 지금까지 국제금융기구international financial architecture 개편에 대한 이야기는 많았으나, 실질적 진전은 별로 없었다. 그 중요한 이유 중 하나가 국제기구에 후진국의 관점이 과소대표過小代表되고 선진국의 입장만 과대대표過大代表되고 있기 때문이다. 여하튼 국제금융기구의 개혁이 선·후진국을 막론하고 중요한 과제다.

(9) 지금까지 '국제자본이동'을 촉진시키기 위해서는 많은 제도적 노력이 있었으나 '국제노동이동'에 대해서는 거의 관심이 없었다. 그러나 효율의 관점에서도, 형평의 관점에서도 국제노동이동을 높이는 것은 대단히 바람직한 정책방향이다. 어떻게 국제노동이동을 활성화하고, 어떠한 룰을 만들어 이들의 본국에의 송금을 잘 보장하고 관리할 것인가, 그리고 어떻게 하여 이들을 노동착취 등으로부터 보호할 것인가가 중요한 과제다.

(10) 지구온난화의 문제를 포함하여 환경악화의 문제는 개별국가 차원과 지구촌 차원에서 모두 노력할 문제다. 선·후진국 모두가 관심을 가질 과제다. 결국 경제발전이라는 것은 어렵고 긴 시간이 드는 문제다. 그러나 후진국 지도자들이 노력하고 선진국이 국제기구개혁 등을 통하여 도와주면 희망이 있다고 본다.

이상이 바르셀로나 선언의 요약이다. 이미 내용에서 보았지만 지금까지의 후진국 발전전략으로 내놓은 워싱턴 컨센서스가 너무 성장과 효율 위주인 것에 대한 반성에서 출발했다. 바르셀로나 선언은 소득분배나 형평의 문제 나아가 환경의 문제 등에 대해서도 정책의 우선순위를 두어야 한다고 제시하고 있다. 그러면서도 재정정책과 통화정책에서의 안정은 중요하다고 보기 때문에 이 분야에 대하여는 워싱턴 컨센서스와 크게 다르지 않다. 그러나 금융의 안정 특히 국제금융의 안정을 위한 국제금융기구의 개혁문제 등에 대해서 워싱턴 컨센서스보다는 확실히 적극적으로 개혁의 입장을 취하고 있다. 또한 제도의 중요성을 강조하면서도 무조건 선진국제도를 모방하는 것보다 후진국 자신들의 조건에 맞는 제도고안을 강조하고 있다. 그리고 워싱턴 컨센서스가 시장의 역할에 중심을 둔 정책제안이 많았다면, 여기서는 시장과 국가의 역할분담의 중요성, 그 균형의 중요성을 강조하고 있다. 시장에만 맡겨서는 안 된다는 입장이 확실하다.

그러나 바르셀로나 선언이 워싱턴 컨센서스를 대체 내지는 대신하는 입장이라기보다는 보완하는 입장이라고 보아야 할 것이다. 아마도 이 모임의 참석자들은 처음에는 워싱턴 컨센서스를 대체하는 완전히 새로운 패러다임의 제시를 목표로 했을지 모른다. 그러나 실제는 — 본인들에게는 실망스럽겠지만 — 완전히 새로운 패러다임의 제시보다는 기존 패러다임을 보완하는 수준, 좀 더 균형적 시각을 넣는 수준에서 끝났지 않았나 하고 생각한다. 여하튼 이 바르셀로나 선언에서 세계화시대 후진국의 발전전략문제와 관련하여 몇 가지 중요한 기여 — 관점의 추가 — 가 있었다고 본다.

지금까지는 선진국을 중심으로 외국에서, 세계화시대 후진국 내지 중진국들이 어떠한 발전전략, 발전의 패러다임을 가져야 하는가 하는 문제에 대해 몇 가지 주요 논의를 간단히 살펴보았다. 이러한 논의를 배경으로 앞으로 후진국 내지 중진국들이 — 대한민국을 염두에 두면서 — 세계화시대에 어떠한 발전전략을 가져야 하는가 하는 문제에 대한 우리의 입장을 제시하도록 하자.

우리는 단순한 '세계화론'이 아니라 '창조적 세계화론'을 주장하고 있다. 그러므로 과연 창조적 세계화론의 발전모델은 무엇이고, 발전전략은 어떤 것인가를 제시해야 한다. 특히 후진국의 단계를 벗어나 중진국의 선두주자가 된 대한민국이 한번 더 도약하여 선진국에 진입하려면 어떠한 창조적 세계화 모델과 전략을 가져야 하는가 하는 문제에 답해야 한다. 이 문제에 답하기 위해 (1) 미국, 독일, 일본 등 지금의 선진국이 그들 나라의 발진의 초기 및 중기 단계에서 많이 참조한 역사학파Friedrich List 등나 제도학파 John Commons 등의 견해를 참고해야 한다고 본다.* (2) 오늘의 선진국들이 주장하는 보편적 정책 및 제도개혁의 방향이라고 하는 제1차 및 제2차 워싱턴 컨센서스도 당연히 참고해야 한다. (3) 그리고 이를 보완하는 바르셀로나 선언의 내용도 참고해야 한다. (4) 특히 중

* 특히 독일의 역사학파는 당시 후진국이었던 독일이 선진국이었던 영국을 어떻게 따라갈 것인가를 고민하여 이론을 만들었기 때문에 오늘의 개도국들에게도 많은 참고가 된다고 본다. 또한 제도학파—오늘날은 이것이 제도경제학, 법경제학, 공공선택이론 등으로 발전하고 있다—들은 시장을 둘러싼 제도의 모습과 내용에 따라 시장적 성과가 달라진다는 것을 밝혔을 뿐 아니라 제도의 선택 내지는 제도의 진화라는 측면을 강조하여 오늘의 개도국들에게—제도선택과 제도개혁에 고민하고 있는 개도국들에게—많은 참고가 된다. 몇 가지 주요 저서를 소개하면 역사학파의 저서로는 Friedrich List, *National System of Political Economy*, Augutus M. Kelly, 1966; 제도학파의 저서로서는 John Commons, *Institutional Economics: Its Place in Political Economy*, University of Wisconsin Press, 1961과 Douglass North, *Institution and Institutional Changes and Economic Performance*, Cambridge University Press, 1990.

요한 것이 1960-80년대 대한민국의 성공적인 경제발전의 경험 — 소위 동아시아발전모델과 특히 그 정책 경험 — 에서 나오는 교훈을 중시해야 한다. 어떠한 장점이 있어 대한민국은 지난 산업화의 기간 동안 성공적 경제발전이 가능하였는가에 대한 성찰이 있어야 한다. 앞으로도 더 발전시켜야 하는 장점은 무엇이고 이제는 더 이상 포기해야 하는 과거의 장점은 무엇인가 등을 구별해 보아야 한다.

이러한 외국의 역사와 이론, 우리나라의 역사 등 여러 측면을 감안하여 앞으로 후진국과 중진국들이 선택해야 할 새로운 국가발전패러다임 내지 발전전략에 대한 우리의 입장을 정리하여 제시해 보도록 하자.

신자유주의에서 공동체자유주의로: 10대 신발전패러다임

우선 신자유주의neo-liberalism에 대한 간단한 정리부터 시작하자. 신자유주의는 본래 밀튼 프리드만Milton Friedman이나 하이에크Friedrich von Hayek 등에 의하여 경제이론 내지 경제사상으로 시작되었다. 그러다가 영국의 대처Margaret Thatcher나 미국의 레이건Ronald Reagan시대에 지배적인 경제정책으로 나타난 경제사상이다. 주요내용을 보면 (1) 자유시장에 대한 신뢰가 대단히 강하고 작은 정부를 선호한다. (2) 기업가정신의 중요성을 강조하고 노동조합에 대해서는 비우호적 입장을 취한다. (3) 공기업 등 공공부문의 사유화나 민영화가 바람직하다고 본다. (4) 감세, 교육 등을 중요시하는 공급 측 경제학supply side economics의 입장을 취하여 총수요aggregate demand를 중요시하는 케인지안Keynesian의 정책에 반대한다.* (5) 경제성장의 효과가 일국 내에서도 trickle down됨과 동시에 국가 간에서도 trickle down된다고 믿는 입장이다. 다시 말해 한 나라나 한 지역이 앞서 발전하면 다른 지역이나 다른 나라에도 그 발전효과가 전파된다고 보는 입장이다.

엄격하게 이야기하면 신자유주의는 워싱턴 컨센서스와는 다른 것이다. 특히 역사적 발전배경을 보면 그러하다. 신자유주의는 구미에서 1950-60년대 발전한 복지국가의 비효율과 불공정을 배경으로 나타난 사상이고 정책이다. 그리고 세계화의 물결을 타고 치열해지는 국제경쟁을 배경으로 등장한 사상이고 정책이다. 그래서 기본적으로 20세기 후반 그리고 21세기 전반에 선진국이 선택해야 할 바람직한 정책방향에 대한 사상이다. 반면에 워싱턴 컨센서스는 앞에서 보았듯이 역사적 등장배경이 다르다. 워싱턴 컨센서스는 특히 라틴 아메리카의 경제성장 경험을 배경으로 선진국이 후진국에게 주는 바람직한 개발정책의 방향에 대한 의견으로 시작된 것이다. 그리고 그러한 정책적 의견을 발전시킨 주체는 주로 후진국에 개발금융이나 원조를 주는 IMF나 World Bank 같은 국제기구들이었다.

신자유주의와 워싱턴 컨센서스는 그 등장의 역사적 배경이 이렇게 다를 뿐 아니라 그 내용에서도 차이가 있다. 물론 전반적으로 자유시장경제의 중요성을 인정하는 부분이나 공기업의 사유화나 민영화를 주장하는 부분에서는 양자의 입장차이가 없다. 그러나 신자유주의는 금융의 자유화, 공급능력을 높이기 위한 세금감면, 최소정부minimalist state 그리고

• 공급 측 경제학은 경제발전을 위하여 혹은 경제침체를 벗어나기 위하여 시급한 것이 경제의 공급능력을 높이는 데 있다고 보는 입장이다. 생산물에 대한 수요는 있는데 공급능력이 달려서 경제가 충분히 활성화되지 못하고 있다고 보는 입장이다. 반면에 케인즈에 의하여 대표되는 수요측 경제학은 경제침체의 원인이 경제의 공급능력이 달려서가 아니라 수요가 부족하기 때문이므로 총수요를 늘려야 경제가 침체에서 벗어나 발전하게 된다는 입장이다.

통화주의monetarism 등을 주장하지만, 워싱턴 컨센서스는 그러한 주장을 하지 않는다.*

앞에서 보았듯이 신자유주의는 역사적으로 선진국 경제정책의 지도이상指導思想으로 나왔고, 워싱턴 컨센서스는 후진국에 개발금융 지원이나 원조를 하는 국제기구들이 개도국에 제안하는 정책지침政策指針으로 나왔다. 그러나 일반적으로, 특히 언론에서는 양자를 구별하지 않고 선진국이나 국제기구들의 개도국에 대한 정책건의를 비판하는 입장에서 워싱턴 컨센서스를 신자유주의라는 이름으로 묶어 비판하는 경향이 강하다. 그리고 그것이 관례가 되어 왔다.** 물론 자유시장 중시와 정부 역할의 축소 등을 생각하면 양자가 전혀 관계가 없다고 할 수도 없을 것이다. 그러나 이 둘은 이론적으로도, 역사적으로도 엄연히 다르다고 보아야 한다.

여하튼 오늘날 신자유주의는 지금까지 선진국과 IMF, World Bank 등 국제기구가 주도하는 세계화에 대한 비판에서 주요한 타깃이 되어 왔다. 신자유주의라고 지칭하든 아니면 워싱턴 컨센서스라고 하든, 우리는 지금까지 선진국이나 국제기구가 제시하는 개도국의 발전전략을 대체할 새로운 전략, 새로운 발전패러다임을 이 책에서 제시하려 한다.

그것을 본 장에서는 '신자유주의에서 공동체자유주의로의 발전' 혹은 '워싱턴 컨센서스에서 서울컨센서스로의 발전'이라고 명명하기로 했다. 공동체자유주의가 무엇을 의미하는가, 서울컨센서스의 정의가 무엇인가? 등에 대한 논의는 뒤에 하도록 하고 여기서는 공동체자유주의 — 혹은

* 신자유주의와 워싱턴 컨센서스를 같은 뿌리를 가진 것으로 취급하는 논의에 대하여 특히 윌리암슨은 크게 불만이다. Pedro-pablo Kuczynski and John Williamson (ed.), *After Washington Consensus: Restarting Growth and Reform in Latin America*, Institute for International Economics, 2003, 특히 p.326.

** 특히 우리나라 언론에서 그리고 비(非)경제학 분야 — 정치학, 사회학 등 — 의 담론에서 양자를 전혀 구별하지 않는 경향이 강하다. 왜 그럴까?

서울컨센서스 — 에 기초한 새로운 발전패러다임의 내용을 먼저 소개할 것이다. 우리가 제시하는 신발전패러다임의 열 가지 특징은 다음과 같다.

첫째, 정신자본mental capital을 중시해야 한다.

국가와 경제발전의 핵심은 '지도자의 비전'과 '국민의 열정'에 있다. 모두가 하나되어 '하면 된다는 정신can do spirit'으로 똘똘 뭉칠 때, 그 나라의 생산력과 생산성이 오르게 되어 있다. 한 사회가 이렇게 전향적이고 희망과 용기에 넘치는 분위기가 될 때 그 국가와 경제는 발전하게 된다. 대한민국이 산업화에 성공한 큰 이유 중 하나도 지도자의 비전과 솔선수범 그리고 바로 '새마을 운동' 등에서 나타난 근면, 자조 등의 정신자본이다.* 따라서 대한민국이 한 번 더 도약하여 선진화를 이루기 위해서도, 혹은 다른 중진국이나 후진국이 경제성장에 성공하기 위해서도, 그 사회 국민의 열정과 파토스 — 경제하려는 의지will to economize — 를 활성화하고 조직해 내야 한다. 물론 이 일은 그 나라의 정치리더십과 각계각층의 지도층이 해내야 하고, 국민교육이 중요한 기여를 할 수 있을 것이다. 비전과 도덕성을 가진 지도층과 잘살아 보겠다는 열정을 가진 국민이 만나야 한다. 그래야 경제발전이 가능하게 된다.

다음으로 중요한 것이 '공동체에 대한 사랑'이다. 2001년 미국의 하버드 대학 출판사에서 낸 『자본주의의 정신』*the spirit of capitalism*이라는 책에 지난 150년간 경제발전에 성공한 여러 나라들을 비교 연구한 결과가 나와 있는데 경제발전의 동인의 하나가 애국심patriotism이라는 결론이었

* 정신자본(mental capital)이란 용어를 처음 쓴 학자는 독일의 Friedrich List이다. 그는 1841년에 쓴 The National System of Political Economy에서 국민경제의 형성과 발전에 이 정신자본이 중요하다는 점을 상세히 강조하고 있다. 크게 공감한다.

다.[•] 개개인이 자신의 조국에 대한 사랑 그리고 공동체에 대한 자부심을 가질 때 경제발전의 동인이 극대화된다는 것이다.[••]

국가와 경제발전에서 가장 악영향을 미치는 것이 공동체의식의 약화이고 공동체연대의 해체다. 공동체의식의 약화는 자주 천민적 경제행태 — 극심한 물질지상주의, 극단의 이기주의 등 — 에서 시작된다. 그리고 이러한 공동체의식의 약화는 반드시 '직업윤리와 노동철학의 표류'를 가져온다. 그래서 성실, 근면, 정직의 덕이 사회에서 점점 사라지고 한탕주의와 기회주의만이 팽배하게 된다. 그러면 그러한 사회에서는 더 이상의 경제와 국가 발전은 기대하기 어렵게 된다.

둘째, 지구촌과 통합global integration을 확대해야 한다.

세계화시대에 모든 발전의 계기는 두 가지에서 온다. 하나는 '과학기술의 발전'이고 다른 하나는 '세계시장의 확대'다. 따라서 세계화시대에 발전을 위해서는 반드시 확대되는 세계시장에 참여해야 한다. 보다 긴밀히 연결되고 보다 깊숙이 통합되어야 한다. 무역은 자유무역을 원칙으로 하는 것이 옳다.

그러나 자유무역을 주장한다고 해서 '협치적協治的 산업정책'까지 부정

• Liah Breenfeld, *The Spirit of Capitalism: Nationalism and Economic Growth* Harvard University Press, 2001. 저자는 개인적·시민적 민족주의(individualistic-civic nationalism)라는 표현을 많이 쓰고 있다.

•• 나라에 대한 사랑은 어디서 오는가? 한마디로 자기 나라의 역사에 대한 자부심과 자긍심에서 온다. 따라서 대한민국의 역사를 무조건 비하하고 공격하는 태도는 크게 잘못된 것이다. 우리사회에 대한민국 역사는 정의가 실패한 역사라든가 하는 자기 부정적 역사관이 존재한다. 이 역사관은 소위 수정주의(revisionism)라고 불리는 네오마르크시즘적 역사관인데 역사적 사실에도 맞지 않지만 나라발전에도 크게 유해하다. 이러한 자학적 역사관은 국민의 애국심을 약화시키고 나아가 국가발전의 동력인 정신자본을 파괴하는 역할을 하기 때문이다.

해서는 안 된다. 협치적 산업정책에는 두 가지 분야가 있다. 하나는 민民과 관官이 개별산업이 당면한 애로와 문제점을 함께 연구하고 풀어나가는 노력이다. 또 다른 하나는 앞으로 올 산업구조의 변화를 감안하여 어떠한 인력 양성, 어떠한 R&D 투자 등을 미리 해야 하는가에 대해 민民과 관官이 정보를 공유하고 함께 연구하며 공동 대응해 나가는 노력이다. 이러한 노력은 우리가 자유무역을 추진해 나가면서도 반드시 해야 할 산업정책적 과제다. 물론 과거 산업화시대처럼 정부가 특정 산업 내지 기업을 뽑아서 전폭 지원하는 식의 낡은 산업정책은 이제 더 이상 합당하지 않다.

국제금융에 대해서도 자유화를 원칙으로 하는 것이 옳다. 외국인직접투자를 비롯하여 중장기 자본의 이동에 대해서는 모두 자유화해야 한다. 다만 단기자본의 급격한 이동으로 인한 경제의 불안정을 줄이기 위하여 국가에 들어오는 단기자본에 대해서는 세금이나 거치금据置金 요구 등을 통하여 일정한 제한을 가하는 것이 옳다. 그리하여 단기자금 흐름의 속도와 폭을 줄이고 그 대신 중장기 자본으로 전환을 유도하는 것이 옳다. 그 대신 일단 세금이나 거치금을 내고 들어온 단기자본이 나가는 경우에는 제한을 가하지 않는 것이 옳을 것이다. 기타 유학·관광·문화·스포츠 등 이웃나라 이웃국민들과의 교류는 많을수록 대단히 바람직하다. 아니, 적극적으로 교류를 확대하고 심화하는 노력을 해야 한다.

셋째, 투자경제를 만들어 공생적 발전 — 성장, 분배, 환경 간의 조화 — 을 도모해야 한다.

경제는 생산성이고 생산력이다. 경제발전은 생산성의 제고이고 생산력의 향상이다. 따라서 경제발전을 위해서 가장 중요한 것이 생산성 향상을 위한 투자다. 또한 가장 시급한 것이 고율高率의 투자경제investment economy를 만드는 일이다. 국내저축을 최대한 동원하고 해외저축까지 동원해 가능한 한 투자 ─ R&D 투자와 교육투자, 항만 등 사회간접자본 투자 등 ─ 의 질과 규모를 극대화해야 한다. 이를 위해 무엇보다 먼저 투자극대화를 위한 사회경제적 환경과 제도적·법적 환경을 개선해야 한다. 그래서 '투자극대화의 투자경제'를 이뤄야 한다.

그 다음으로 앞으로는 경제발전의 목표를 성장, 분배, 환경을 골고루 배려하는 '공생적 발전'에 두고 이를 추진하는 것이 옳다.

산업화시대 그리고 후진국에서 중진국으로 올라올 때까지는 '성장위주의 발전전략'이 나름의 가치와 유효성이 있었다. 그러나 이제 세계화시대를 맞아 선진화를 목표로 한다면 '공생적발전론'으로 한 단계 높아져야 한다. 성장 그 자체뿐 아니라 성장이 가져오는 분배의 결과에 대해 보다 관심을 가져야 한다. 그래서 성장률을 높이는 것과 동시에 체계적인 분배개선의 정책이 함께 추진되어야 한다.

좀 더 구체적으로 보면 분배개선정책은 두 가지 부문으로 나눌 수 있다. 하나는 소위 '항아리 형 경제구조'를 만들어 가는 것이다. 즉 중산층을 크게 만들기 위하여 저변底邊이 넓은 경제구조broad based growth를 만드는 성장전략을 추진하는 것이다. 다른 하나는 절대빈곤층에 대한 공적부조公的扶助와 사회적 위험social risk을 줄이기 위한 사회안전망의 강화정책이다.

여기서 저변이 넓은 경제발전 전략이란 결국 일부 대기업 주도의 발전보다는 수많은 중소기업들이 적극 참여하고 영세자영업자들이 참여하는 경제발전을 의미한다. 그러기 위해 무엇이 이들 중소기업과 영세자영업자들의 발전과 성장참여를 제한하고 있는지를 잘 분석하여 그 대응책을 세워야 한다. 이 문제는 뒤에서 논의할 내수시장의 개발문제, 비세계화 내지 비교역재부문의 개발문제와 관련이 깊다.

그리고 앞으로는 '환경문제'에 대해서도 정책의 우선순위를 높여야 한다. 특히 지구온난화 문제의 경우 탄소세 도입 등 좀 더 적극적 노력을 해야 한다. 그리고 환경문제를 위한 국제협력에 앞장서야 한다. 환경문제는 물론 효율의 문제는 아니다. 그러나 효율의 관점에서 보아도 이제는 환경문제에 대한 정부지출의 확대가 단순한 소비 내지 반反성장이 아니라, 장기적으로 성장을 보다 지속가능하게 하기 때문에 성장친화적이라는 점도 강조되어야 한다. 더 나아가 환경산업, 환경기술 그 자체가 인류의 미래산업이고 미래기술이기도 하다.• 따라서 이 분야에 적극적으로 투자를 확대하는 것은 성장과 환경 모두에 도움이 되는 일석이조의 효과가 있다.

넷째, 경제발전의 목표를 '성장극대화'가 아닌 '고용극대화'에 두어야 한다.

여기서의 완전고용률이란 단순히 실업률이 제로zero인 경우를 의미하지 않는다. 여기서 완전고용률이란 고용률employment rate을 최대가능한 수준으로 높이는 것을 의미한다. 즉 학업이나 가사 등을 위해 취업을 원하지 않는 소위 자발적 비경제활동 참가자를 빼놓고는 취업을 원하는 사람들은 원칙적으로 모두 취업할 수 있는 상태를 의미한다. 우리나라는 특히 이 고용률 — 그 연령대에 몇 %가 취업 중인가를 나타내는 지표 — 이 다른 선진국에 비해 낮은 편이다. 왜냐하면 취업가능성이 낮다고 생

• 앞으로의 미래 경제성장은 환경산업과 환경기술을 중시하는 소위 Green growth가 되지 않을 수 없을 것이다. 최근에 우리나라에서도 이 문제에 대한 논의가 많아지고 있다. 아직은 여러 가지로 미흡하지만 문제제기만은 올바른 것이라고 본다.

각하여 구직활동을 하지 않는 소위 비자발적 비경제활동참가자 — 예컨대 실망失望실업 — 가 많기 때문이다. 이러한 비자발적 비경제활동참가자들은 통계적으로 공식 실업자에는 포함되지 않기 때문에, 단순히 공식 실업률의 제로만을 목표로 하여 정책을 추진하면 적지 않은 실망실업자의 문제가 해결되지 않는다. 따라서 고용률을 최대한 높이는 노력을 해서 직장을 가지고 싶어하는 모든 사람들이 취업할 수 있게 해야 한다.

그동안 우리는 경제 '성장률 극대화'를 목표로 해 왔다. 그러나 앞으로는 '고용률 극대화'에 경제정책의 우선순위를 두어야 한다. 이미 앞의 제2부에서 보았지만 세계화시대는 구조적으로 지속적 고용불안, 비정규직의 증가, 평생학습의 필요증가 등의 문제들이 나타나기 때문에 소위 위험사회risk society가 등장한다. 이 위험사회를 '안심사회'로 바꾸는 최선의 정책이 완전고용정책이다. 그리고 이 완전고용정책은 적극적 노동시장정책인 교육훈련정책 그리고 사회복지정책들을 유기적으로 잘 연계해야 성공할 수 있다. 소위 평생고용-평생교육-평생복지의 삼각망을 잘 구축해야 성공할 수 있다.

일반적으로 '거시경제의 안정'이 경제발전에 필수적 요소라고 한다. 그래서 워싱턴 컨센서스나 바르셀로나 선언에서도 거시경제의 안정성을 강조하고 있다. 옳은 입장이라고 본다. 그런데 거시경제의 안정성을 평가할 때 재정의 균형, 통화정책의 안정과 그로 인한 낮은 물가상승률의 달성만으로 만족해서는 안 된다. 거시경제의 안정성에 재정과 통화 이외에 고용을 반드시 넣어서, 앞으로 세계화시대에는 높은 고용률의 안정적 달성 — 높은 고용률의 안정적 유지 — 을 중요한 거시정책의 정책목표 중 하나로 다루어야 한다.

다섯째, 세계화부문과 비세계화부문을 병진竝進발전시켜야 한다.

세계화부문globalized sector은 일반적으로 교역재부문tradable sector이고 비세계화부문non-globalized sector은 일반적으로 비교역재부문non-tradable sector이라고 볼 수 있다. 우리나라 산업화시대에는 세계화부문, 즉 교역재부문의 발전에 국력을 집중했다. 예컨대 처음에는 섬유, 전자 등 노동집약적 산업, 그리고 다음에는 자동차, 조선 등 중화학공업을 중심으로 수출주도의 국가발전전략을 추진했다. 그리고 대부분의 세계화부문이 국제경쟁력이 높은 대기업 중심으로 이루어졌다. 따라서 수출을 주목표로 하지 않고 내수시장을 목표로 하는 중소기업부문, 영세 자영업부문들은 모두 상대적 낙후부문이 되었다.* 동시에 우리나라의 서비스산업부문도 그동안은 세계화되지 못한 내수 중심의 부문이 대부분이었다. 그래서 이들 서비스부문도 생산성이 낮고 상대적으로 낙후되어 왔다. 그러한 과정 속에서 우리나라 경제에서 세계화부문과 비세계화부문 간의 이중구조가 생기게 되었다.** 이 이중구조의 문제는 과거 산업화시대에 지속적으로 유지되고 축적되어 왔으나 이제 선진화의 시대에는 이 문제를 본격적으로 풀어야 한다. 다시 말해 그 격차를 줄이는 정책

* 중소기업부문에서도 수출을 목표로 하는 경우에는 높은 성장률을 보여왔다. 직접수출을 목표로 하든 수출대기업에 부품을 납품하는 간접적 형태로든 수출과 관련되는 세계화된 중소기업은 내수시장만을 목표로 하는 중소기업보다 발전이 빨랐다.

** 세계화부문이 비세계화부문보다 성장이 빠른 가장 큰 이유는 세계에서 가장 발전이 빠른 나라, 지역, 산업과 연계할 수 있기 때문이다. 지구촌 전체에서 가장 역동적으로 성장을 하는 나라, 지역, 산업과 연계하기 때문에 그 나라, 지역, 산업의 높은 성장률과 비슷한 수준의 발전을 이루어 낼 수 있다. 따라서 높은 성장률을 달성한다. 반면에 비세계화부문의 발전은 내수시장의 성장률의 한계를 넘어서지 못하게 된다. 상대적으로 낙후될 수밖에 없다. 따라서 세계화는 이극화(二極化) 내지 양극화(兩極化)를 불가피하게 수반한다는 주장이 나올 수 있다. 사실이 이러하다면 단순한 경기회복은 양극화의 해소를 결코 가져올 수 없다. 양극화의 해소를 위해서는 별도의 구조적 정책이 필요하게 된다. 이러한 문제점을 잘 제기한 책으로는 水野和夫, 『人人は なぜ グローバル經濟の本質を 見誤るのか?』 日本經濟新聞出版社, 2007.

을 적극적으로 추진해야 한다. 이를 중요시하는 데는 다음과 같은 이유가 있다.

첫째, 비세계화부문이 사실 세계화부문에 들어갈 input을 생산하는 경우가 많다. 교육과 의료, 관광과 예술 분야와 교통과 통신 등의 사회간접자본, 법률과 회계 등의 비즈니스 관련 산업 등 각종 서비스 산업들이 대부분 비세계화부문이다. 그런데 이들 부문의 상대적 낙후가 심하면, 그래서 그 생산성이 낮으면 세계화부문의 국제경쟁력에도 크게 악영향을 미친다. 이 비세계화부문의 생산성이 다른 경쟁상대국들에 비해 낮으면 비세계화부문이 세계화부문에 공급하는 input의 비용이 상대적으로 높아지기 때문에 그만큼 세계화부문의 국제경쟁에 불리하게 작용하기 때문이다.

뿐만 아니라 중요한 비세계화부문의 하나가 정부다. 그리고 도시 등의 지방자치단체들이다. 또한 이미 앞에서 보았듯이 교육과 환경도 비세계화부문이다. 이들 비세계화부문의 수준과 질이 — 예컨대 공무원의 서비스수준, 도시의 사업 및 주거환경, 교육의 질 등 — 세계화시대에 다국적기업 등 외국자본유치의 성공 여부를 결정짓는 가장 중요한 요소들이다. 그래서 세계화부문의 지속적 발전을 위해서도 비세계화부문의 상대적 낙후를 더 이상 이대로 둘 수는 없다. 비세계화부문의 발전이 필수적으로 요청된다.

둘째, 이들 비세계화부문이 상대적으로 고용창출효과가 높은 부문들이다. 내수시장을 목표로 하는 중소제조업 부문, 음식·숙박 등의 영세자영업, 그리고 앞에서 예시했던 교육·의료·복지·교통·통신·건설 등의 서비스부문 이들 모두가 사실은 대단히 노동집약적인 분야다. 덕분에 일자리를 가장 많이 산출할 수 있는 부문이라고 할 수 있다. 그래서 이

부문의 발전과 성장이 특히 완전고용을 위해 한 나라의 고용률을 높여 나가는 데 결정적으로 중요한 부문이 된다. 한마디로 고용창출을 위해서도 비세계화부문의 발전을 중시해야 한다.

뿐만 아니라, 사실은 비세계화부문의 수준이 그 나라 국민의 삶의 질의 수준을 결정하는 데 중요하게 기여한다. 국민의 삶의 질quality of life은 대부분 교육·의료·도시환경·문화·예술 등의 비세계화부문의 수준에 의존하기 때문이다. 따라서 고용창출은 물론이고 국민의 삶의 질을 향상시키기 위해서도 비세계화부문의 성장과 발전에 각별한 관심을 가져야 한다.

셋째, 세계화시대에 소득분배의 악화, 혹은 양극화가 나타나는 중요한 이유 중 하나가 바로 세계화부문과 비세계화부문 간의 격차 증대에 있다. 우선 세계화부문의 경우 세계적 수준의 우수한 기술과 인재와 생산자원들을 networking해서 세계적 수준의 생산성과 경쟁력을 만들어 낼 수 있다. 이렇게 되면 당연히 그 분야 종사자들의 소득은 세계적 수준이 되지 않을 수 없다. 그러나 오직 내수시장의 수요를 목표로 국내생산자원의 공급능력에 주로 의존하는 비세계화부문에서는 당연히 생산성이 상대적으로 떨어진다. 따라서 소득이 상대적으로 낮을 수밖에 없다.* 그리고 그 격차는 세계화의 진행에 따라 커지게 된다.

따라서 세계화시대의 분배개선 그리고 양극화의 해소를 위해 비세계화부문의 성장과 발전을 위한 정부의 각별한 정책적 지원노력 등이 있

* 물론 경제이론으로 보면 세계화부문과 비세계화부문의 생산성, 소득 등의 격차가 장기적으로 유지될 수는 없다. 결국 그 격차는 시장원리 — 수요공급원리 — 에 의하여 줄어들게 된다. 예컨대 세계화부문에서 얻은 소득이 비세계화부문의 수요로 나타나 비세계화부문의 발전을 가져올 수 있다. 이것이 소위 trickle down 효과다. 그러나 중단기적으로 격차는 존재할 수 있고, 세계화부문에서 지속적인 기술혁신 등이 일어나면 그 격차가 오히려 확대될 수도 있다. 따라서 적절한 수준의 정부개입은 필요하다.

어야 한다. 어떠한 정책적 지원이 필요한가는 비세계화부문의 상대적 낙후가 나타난 원인분석부터 시작해 보면 그 답이 나올 것이다. 예컨대 수요부족인지 공급 측 애로인지, 공급 측 애로도 필요인력 부족인지 서비스 산업에 대한 정부의 과다한 규제 때문인지, 필요자금의 공급부족인지 등등을 살펴보아야 할 것이다.

넷째, 세계화시대의 큰 도전 중 하나가 소위 주기적인 국제금융위기와 그로 인한 주기적인 세계 실물경제의 급격한 침체인 것을 앞에서 보았다. 물론 과학기술의 변화로 인한 무역에서의 비교우위의 변화, 그로 인한 산업구조조정도 때로는 큰 고통이 되는 것이 사실이다. 그러나 그것은 승자도 있고 패자도 있다. 또한 승자가 패자의 고통을 분담하고도 사회 전체적으로 이익이 크기 때문에 우리는 무역으로 인한 구조조정의 고통을 발전을 위한 과정이나 발전을 향한 도약의 비용으로 본다. 그러나 국제금융위기의 경우, 금융위기로 인한 실물경제의 침체는 승자는 거의 없고 패자만이 다수인 경우가 일반적이다. 특히 후진국이나 중진국의 경우는 더욱 그러하다.

그래서 세계화시대 발전전략의 중요한 전략적 목표의 하나로 국제금융위기나 국제적 경제침체로부터 자국의 '경제 안정성'을 확보하는 문제가 등장한다. 물론 이미 우리가 세계화시대에 살기 때문에 해외의 변화로부터 절대적 안정성은 확보할 수 없다. 그러나 국가의 노력 여하에 따라 상대적 안정성은 확보할 수 있다. 이 경제의 상대적 안정성의 확보, 다시 말해 '대외의존성의 상대적 축소'를 위한 중요한 정책방향의 하나가 비세계화부문, 소위 내수부문의 규모를 키우고 발전시키는 것이다. 내수부문이 클 때 그만큼 해외시장에의 일방적 의존성은 줄어들기 때문에 해외로부터의 충격에 상대적으로 자유로울 수 있다. 수출입국을 한 일본이 항상 비세계화부문의 성장, 내수부문의 성장에 많은 정책적 관심을 가지고 노력하는 것은 우리에게 타산지석他山之石이라고 해야 할 것이다.

특히 앞으로 2008년 세계금융위기가 극복된 후 세계 각국의 발전전략에 주요한 변화가 올 것으로 본다. 우선 우리에게 가장 영향이 큰 미국의 경우 종전과는 달리 수입억제, 수출촉진, 소비억제, 저축증대의 방향에 정책의 우선순위를 둘 가능성이 크다. 소위 지구적 불균형global imbalance의 문제를 해결하기 위해서도 그러한 노력이 필요할 것이다. 또한 세계금융위기 이후 닥친 미국의 실업대란이 자연히 보호무역주의적 사회분위기를 촉발할지도 모른다. 여하튼 2008년 세계금융위기가 극복된 이후의 세계는 우리 중진국이나 후진국들에게는 지난 반세기와 같이 선진국에의 수출 여건이 좋지 않을 것이다. 그러한 경우 비세계화부문, 즉 내수부문이 가지는 중요성은 더욱 커질 것으로 보인다. 과거 산업화 시대와 같이 세계화부문을 위하여 비세계화부문을 희생하는 정책은 앞으로는 여러 측면 — 세계화부문의 경쟁력 제고, 소득분배와 고용창출, 그리고 경제의 안정성 확보 등 — 을 고려해 볼 때, 더 이상 올바른 정책이 아니다. 따라서 앞으로 우리는 세계화부문과 비세계화부문의 병진발전을 도모해야 한다.

여섯째, 인적투자의 효율을 높이고 세계지식생태계를 활용해야 한다.

경제는 한마디로 생산력이고 생산성이다. 특히 대한민국의 경우는 남북통일과 북한의 근대화산업화와 민주화라는 과제가 있기 때문에 우리의 경제가 더욱 높은 생산력을 가져야 한다. 생산력을 높이는 최선의 수단은 교육이고 과학기술이다. 따라서 교육과 과학에 국가정책의 최고 우선순위를 두어야 한다. 우선 교육은 최선의 성장정책이고 최선의 분배정책이다. 그리고 국민의 삶의 질을 높이는 정책임을 명심해야 한다. 교육을 통해 국민 모두의 지식정보 수준을 크게 높이지 않고는, 세계화시대 지식정보사회에서 국제경쟁력이 높은 국민을 만들 수 없다. 그리고 이 무한경쟁의 시대에 국제경쟁력이 높은 국민을 만들지 못하면, 국민을 버리는 것, 즉 기민棄民이 된다. 따라서 교육은 아무리 강조해도 지나치지 않는 국가발전의 최고의 정책이고 우선순위다. 그러한 의미에서 오늘날 지구촌의 모든 나라들이 치열한 교육경쟁을, 그리고 교육의 질과 양을 세계최고 수준으로 높이려는 교육개혁경쟁을 벌이고 있다고 볼 수 있다.

이러한 방향으로의 교육개혁을 전제로 다음에는 특히 과학기술에 최우선 투자를 해야 한다. 앞에서도 여러 번 강조했지만 인류의 부의 원천은 두 가지에서 온다. 하나는 시장의 확대, 분업의 확대이고 다른 하나는 과학기술의 발전이다. 따라서 국부의 증대, 즉 경제발전을 위해서는 과학기술의 획기적 발전이 필수적이다.

특히 우리나라에서는 이 과학기술의 발전이 중요하다. 왜냐하면 앞으로의 지속적 경제발전을 위해서는 지금까지의 중진국시대, 산업화시대와는 근본적으로 다른 새로운 비교우위를 창출해야 하기 때문이다. 주지하듯이 과거 산업화시대1960-70년대에는 섬유·전자·자동차·선박·중화학 등 기본적으로 숙련 내지 반숙련 노동자들의 상대적 저임금이 비교우위의 기초였다. 당시는 대외여건도 대단히 좋았다. 소위 신흥4개국NICS, 즉 한국·대만·홍콩·싱가포르 4개국이 비슷한 비교우위를 가지고, 세계시장에 진출했다. 그런데 이 4개국의 인구를 합쳐야 약 5천만 명 수준이었고, 이들이 만든 물건을 사주는 시장을 보면, 예컨대 미국의 인구가 당시 약 2억 3천만 명 정도였다. 여기에 유럽 선진국의 시장수요를 합치면 한마디로 거의 무제한의 시장수요를 즐겼다고 해도 과언이 아니다. 좋은 물건만 싸게 잘 만들면 파는 것은 걱정하지 않아도 되었다.

그런데 이제 상황이 크게 달라졌다. 1980년대 이후 중국과 인도가 개혁개방을 시작했다. 저임금경쟁에 나선 중국의 인구가 약 13억 3천만 명, 인도의 인구가 11억 4천만 명으로 두 나라만 합쳐도 24억 7천만 명이 된다. 이들이 저임금으로 만든 상품을 사줄 시장을 보면, 예컨대 미국의 인구는 현재 약 3억 6백만 명 정도다. 한마디로 5천만 명이 만든 물건을 2억 3천만 명이 사주던 상황하고 24억 7천만 명이 만든 물건을 3억 6백만 명이 사주어야 하는 상황하고는 조건이 너무 다르다. 한마디로 이제 대한민국이 더 이상 상대적 저임금이라는 비교우위에 의지해 수출위주정책을 펼칠 수 없다. 중국과 인도의 대두로 이제 저임금경쟁의 시대는 확실하게 지났다. 여기에 동유럽제국의 시장경제로의 편입과 세계시장에서의 경쟁 참여를 고려하면 더욱 그렇다. 이제 대한민국은 저임금경제가 아니라 고생산성 경제를 이루어 내야 한다. 이제 우리에게는 교육과 과학기술 투자를 획기적으로 높여서 우리의 생산성과 생산력수준을 한 단계 더 올려 고高생산성 경제를 창출하거나, 아니면 추락하거나 두 가지 길밖에 없다고 본다. 이제 다른 선택의 여지가 없는 갈림길에 도달해 있다.

그런데 문제는 단순한 고생산성 경제가 아니다. 그보다는 아주 특별한unique 고생산성 경제를 만들어야 한다. 특별하다는 것은 다른 나라에서 모방하기 어려운 창조적이고 혁신적인 고생산성 경제이어야 한다는 것이다. 왜냐하면 그래야 비로소 우리는 선진국형인 수평적 국제분업horizontal division of labor을 만들 수 있기 때문이다. 한마디로 미국이 큰 정밀기계를 잘 만들고 우리는 작은 정밀기계를 잘 만들어 서로 교환하는 식의 수평적 국제분업이 되어야 한다는 의미다. 그동안 우리나라는 저임금에 기초한 후진국형 내지 중진국형인 수직적 국제분업vertical division of labor에 주로 의존하는 단계에 있었다. 그래서 선진국의 기술을 모방하는 수준으로 충분했다. 그러나 이제 더 이상 저임금의 이점을 가질 수 없는 시대이기 때문에, 대대적인 고생산성 경제건설에, 그것도 특별한 고생산성 경제의 건설에 성공해야 한다. 그래야 세계화시대의 선진화에 성공할 수 있다. 이를 위해 대대적인 교육개혁과 과학기술입국 노력이 필요하다.

일곱째, 민관 협치協治와 지방 주권主權의 시대를 열어야 한다.

세계화시대에는 정부의 역할이 크게 줄어드는 것이 아닌가 하는 주장이 있다. 하지만 이것은 잘못된 생각이다. 정부기능 중에서 시장질서정책 — 반反독점정책 그리고 소비자보호정책 — 이 필요하다는 점에 대해서는 학자들 간에 이론異論이 없다. 이와 달리 산업정책에 대해서는 바람직하지 않다고 보는 견해가 있는데 이것은 잘못된 생각이다. 왜냐하면 현실적으로 산업정책 없이는 정보비용과 조정비용의 문제를 시장이 쉽게 풀 수 없는 경우가 많기 때문이다.

정보비용information cost이란 어느 분야가 앞으로 수익성과 장래성이 있는 분야인지 개별기업이 쉽게 알기 어렵기 때문에 발생하는 비용이다. 또한 정부가 어떠한 지원을 하면 그 산업이 크게 번창할 수 있는지 정부 자체로는 — 기업의 자료제공 등의 협조를 얻지 않고는 — 알기 어렵기 때문에 발생하는 비용이다. 조정비용coordination cost은 기업 간의 분업과 협력 등의 조정이 일어나면 — 예컨대 과당경쟁過當競爭을 축소하면 — 그 산업 전체가 크게 발전할 수 있는 경우에도 기업 간 조정이 사실상 어려워서 발생하는 비용이다. 이러한 정보비용과 조정비용의 문제는 사실 시장에 맡긴다고 저절로 해결된다는 보장이 없다. 시장이 완전하지 않기 때문이다. 특히 우리나라와 같이 아직 중진국 수준에서 선진화를 위해 노력해야 하는 발전도상국가의 경우에는 더욱 정부의 적극적 노력이 필요하다. 정부가 나서서 기업들과 협조하면서 여러 가지 비용—정보비용과 조정비용—을 줄이고, 기업들이 경쟁적 협조를 하면서 미래에 대한 올바른 정보를 가지고, 새로운 비교우위를 창출하는 데 함께 뛰어가도록 하는 여건을 만들어야 한다.

이와 동시에 정부가 해야 할 역할 중 중요한 것이 '사회통합의 기능'이다. 세계화시대의 사회통합social integration기능은 첫째, 사회적 약자에 대한 보호, 즉 효과적인 사회안전망의 구축으로 나타나야 한다. 둘째, 사회통합기능이 사회적 갈등해결 메커니즘의 제도화와 합리화로 나타나야 한다. 예컨대 공정하고 효율적인 사법제도의 정착, 그리고 각종의 강제내지 임의 조정제도 등의 도입이 있어야 한다.

요약하면 세계화시대에 산업정책이 없으면 국가발전의 효율화를 기대하기 어렵다. 동시에 세계화시대에 사회통합정책이 없으면 국가발전의 안정화를 기대하기도 어렵다. 따라서 산업정책도 사회통합정책도 반드시 필요하다. 다만 그 노력의 방식이 과거와는, 즉 산업화시대와는 확연히 달라져야 한다. 한마디로 협치와 분권의 방식을 따라야 한다.

'협치의 방식'이란 예컨대 산업정책에서는 정부와 민간이 함께 정보를 교환하고 의견을 나누며 당해 산업이 당면한 가장 큰 어려움이 무엇인지 함께 그 문제를 파악하고 분석하며 그 대안을 찾아가는 것이다. 예컨대 사회통합정책의 경우에는 실제로 사회적 약자의 보호가 잘 안 이루어지는 분야가 어디고, 그 이유가 무엇인지를 민民—예컨대 NGO 등—과 관官이 함께 찾아 대책을 만들어 가는 방식이다. 그 과정에서 민간의 역할과 정부의 역할 사이에 여러 종류의 분업관계가 나올 수 있다.

동시에 이제는 '분권分權의 방식'이 필요하다. 즉 가능한 한 현장에 접근하여 문제를 풀려고 해야 한다. 중앙정부보다는 지방정부의 권한을 확대하든, 아니면 중앙정부의 지방조직권한을 확대하든, 가능하면 현장에서 혹은 가장 가까운 곳에서 민과 관이 만나서 정보를 나누고 문제를 파악하고 대안을 찾는 방식으로 정부의 역할이 강화되어야 한다. 한마디로 분권의 방식으로 협치를 해야 한다. 이러한 분권의 방식은 산업정책의 경우에서도 또한 사회통합정책의 분야에서도 마찬가지로 중요하다.

여덟째, 자유민주주의를 성공시켜야 한다.

세계화시대 경제와 국가발전을 위해서는 특히 자유민주주의를 반드시 성공적으로 정착시켜야 한다. 정부는 물론이고 국민 모두가 자유민주주의의 발전이 대단히 중요하다는 사실을 인식해야 한다. 단순히 정치제도로서의 자유민주주의의 발전 문제가 아니라 국가의 성패 여부를 가리는 중요한 실험대로서 자유민주주의의 성공문제를 보아야 한다. 다시 말해 자유민주주의가 성공하지 못하면 그 나라는 세계화에도 그리고 선진화에도 성공할 수 없다. 왜 그러한가?

(1) 우선 자유민주주의가 성공해 법치주의가 서야 경제가 발전할 수 있기 때문이다. 경제는 미래에 대한 투자이기 때문에 미래의 예상수익이 법으로 확실하게 보호되지 않으면 투자도 경제발전도 위축될 것이기 때문이다.

(2) 자유민주주의가 성공해 지도자의 리더십이 국민을 하나로 통합하여 뚜렷한 비전과 희망을 줄 수 있어야 국민의 열의와 자신감이 동원되고 조직화되어 — 소위 정신자본이 활성화되어 — 경제발전의 성공을 이룰 수 있기 때문이다.

(3) 자유민주주의가 성공해야 소위 포퓰리즘의 덫에 빠지지 않고 국

가발전을 위한 제도개혁을 성공적으로 해낼 수 있기 때문이다. 세계화시대에 선진화에 성공하려면 생산성을 높이는 방향으로 많은 제도개혁 — 교육개혁, 공기업개혁 등 — 이 필요하다. 그런데 대중의 일시적 정서와 인기에만 영합하는 정치세력이 등장해 포퓰리즘적 선동을 하면, 생산적 제도개혁은 물 건너간다. 대신 오로지 각각의 이익집단 간의 나눠먹기식의 분배투쟁만이 일어나게 된다. 생산적 개혁은 실패하고 분배투쟁만 많아지면, 경제는 추락하고 국가는 실패하게 된다.

(4) 자유민주주의가 성공하여 이성과 합리에 기초한 대화와 토론으로 사회적 갈등의 문제를 푸는 문화가 일반화되어야 한다. 노사勞使 간에도, 관官과 민民 간에도, 여與와 야野 간에도 사회적 대화가 일상화되어야 한다. 모든 갈등이 대화와 토론을 거치고 나서, 법과 룰에 따라 해결되는 민주적 관행을 세우는 데 성공해야 경제도 국가도 발전하게 된다. 이성적·합리적 대화가 어렵고 법치가 이루어지지 않아, 사회적 갈등을 집단행동을 통해 — 때로는 불법적으로 — 해결하려 들면, 그 사회는 쉽게 무정부 상태로 이동하게 된다. 그러면 그것은 새로운 독재를 불러들이는 과정이 된다. 결국 자유민주주의도 실패하고 경제성장과 국가발전도 마찬가지로 실패한다. 따라서 자유민주주의의 성공은 국가발전의 존망이 걸린 대단히 중요한 문제다.

아홉째, 현장주의와 역사주의를 강화해야 한다.

모든 발전정책추진에 있어 현장주의現場主義와 역사주의歷史主義를 강화해야 한다. 주된 이유는 우리에게 이제는 더 이상 교과서가 없다고 보아야 하기 때문이다. 21세기 초세계화의 시대를 살아가는 우리에게 새로운 모델도 만병통치약도 없다고 봐야 한다. 그 이유는 두 가지다. 하나는 우리나라가 이미 중진국의 선두주자에 올라 이제는 선진국을 지향해야 하므로 더 이상 기존의 어떤 선진국모델을 모방만 해서는 안 된다는 이유다. 뒤따라갈 때와 달리 앞장서 뛰어야 할 때에는 자기 나름의 길을 찾아, 자기 식의 선진국을 만들어 갈 수밖에 없기 때문이다. 또 하나의 이유는 21세기 세계화, 지식정보화의 시대는 정확히 이야기해서 선진국들도 교과서가 없는 시대로 들어가고 있기 때문이다. 2008년의 미국발 세계금융위기가 이를 웅변해 주고 있다. 2008년 미국발 금융위기를 예측한 기관도 국가도 그 이후 대책에 대하여 정답을 가진 기관도 국가도 없었다. 이제는 본격적으로 누구에게나 — 선·후진국을 가리지 않고 — 불확실성의 시대다. 21세기 초세계화라는 시대는 교과서도 없고 정답이 안 보이는 시대다. 이러한 때 경제와 국가발전을 위해서는 결국 자기 나름의 최선의 해답을 스스로 찾아야 한다.

어떻게 할 것인가? 우선 현장으로 내려가야 한다. 그리고 역사歷史를 참고해야 한다. 우선 현장으로 내려가 관과 민이 함께 현장의 문제를 파악해야 한다. 과연 현장의 상황이 어떠한지, 현장의 문제가 무엇인지, 현장에 어떠한 걸림돌이 있어서 경제발전이 안 되는지 등에 대하여 정확히 파악해야 한다. 이를 위해 현장의 민간 관련자와 현장의 행정 책임자들이 함께 모이고 정보교류를 하고 의사소통을 해야 한다. 그러는 과정에서 현장에서 문제의 핵심이 파악될 수 있다. 이것이 현장주의現場主義다. 중앙정부의 정책책임자들의 탁상공론이 아니라 현장책임자들이 민관 협치를 통하여 현장에서 파악한 정보와 해결책이 더 중요하다는 것이다. 이론이나 교과서를 통해 얻을 수 있는 정보는 일반화된 정보이고 이미 표준화된 지식standardized knowledge이다. 그래서 현장에 있지 않은 제3자가 이해하고 토론하기는 쉽다. 그러나 이것은 죽은 정보인 경우가 많다. 그러나 현장에서 얻은 정보, 특히 이해당사자들에게서 얻은 정보는 살아있는 정보다. 교과서로 혹은 이론으로 정리되지는 않았지만 현장을 움직이는 정보다.[•] 이것을 정확히 파악해야 대책이 올바로 나올 수 있다. 그래서 현장주의가 중요하다.

이렇게 현장의 문제를 현장에서 파악한 후 그 문제에 대한 해결을 위해서는 지금까지 현장에서 이루어진 '정부정책의 역사'를 살펴보아야 한다. 그리고 거기서 역사의 교훈과 앞으로의 바람직한 방향을 찾아야 한다. 과거에 어떠한 정책이 성공했는가? 과거에 어떠한 정책이 실패했는가? 그 이유는 무엇인가? 이런 의문들에 대해 자세히 살펴보면 앞으로는 우리가 어떠한 정책을 어떻게 추진하면 성공할 수 있는지에 대한 상당한 지혜를 얻을 수 있다. 이것이 역사주의歷史主義다. 물론 역사가 100% 반복되지는 않는다. 그러나 한 정책이 성공하는 데 필요한 수많은 조건들이 상당 부분 그 현장의 관행과 문화 속에 녹아있는 경우가 일반적이다. 그 현장의 관행과 문화를 알기 위한 방법 중 하나가 역사를 관찰하는 것이다. 현장의 관행과 문화를 알면 그 정책은 성공하기 쉽고 모르면 실패하기 쉽다. 일반적으로 선진국의 좋은 이론이나 제도가 후진국에 도입되어 실패하는 주된 이유는 현장의 관행과 문화를 몰랐거나 현장에서 이루어진 정책의 역사에 대한 이해가 부족했기 때문이다. 이론과 제도가 잘못되어서가 아니라 현장의 문화나 조건에 맞지 않아서 실패하는 경우가 일반적이다.

• 지식을 형식지(形式知 explicit knowledge)와 암묵지(暗默知 tacit knowledge)로 나누기도 한다. 형식지는 이미 표준화·이론화된 지식이고 교과서에서 찾아볼 수 있는 지식이다. 반면에 암묵지는 아직 표준화·이론화·교과서화되지 않은, 그 형식지화되기 이전의 지식이다. 여기서 현장에서 얻는 많은 살아 있는 지식은 암묵지의 경우가 일반적이다. 사실 새로운 창조와 새로운 발상은 형식지의 연장에서 나오는 경우보다 암묵지에서 나오는 경우가 압도적으로 많다.

물론 경제발전의 일반 이론은 존재한다. 앞에서도 지적하였지만 (1) 경제발전과 국부 증대를 위해서는 시장의 확대와 과학기술의 발전이 가장 중요하다. 그래서 끊임없이 세계와의 교류확대와 통합integration의 노력을 지속해야 한다. 그리고 교육과 과학기술의 발전을 위해 많이 투자해야 한다. (2) 경제발전을 위해서는 거시경제의 안정 — 재정, 금융, 외환, 그리고 고용 — 이 대단히 중요하다. (3) 경제발전을 위해서는 법치주의의 정착과 정치적 안정, 사회적 통합이 필수적이다. 재산권제도나 계약법제 등에 대한 법의 지배가 없으면 시장이 제대로 작동하지 않아 경제발전 자체가 가능하지 않다. 또한 민주주의적 정치안정과 사회통합 없이는 경제발전이 지속될 수 없다. 이상이 일반이론이라고 볼 수 있다. 따라서 이러한 방향으로의 노력은 어느 나라에서나 대단히 중요하다.

그러나 그 이상 구체적으로 어떻게 할 것인가에 대해서는 나라마다 다를 수 있다. 예를 들어 과학기술의 발전이 더딘 경우 그 이유가 되는 가장 핵심적인 장애가 나라마다 다를 것이다. 금융이 안정되지 않는 이유도 나라마다 그 핵심적 장애가 다를 것이다. 정치안정이 안 되는 것도 나라마다 그 주된 장애요인이 다를 것이다. 따라서 중요한 것은 남을 모방하거나 흉내내는 것이 아니다. 자신의 문제를 찾아 이에 대처하는 것이다. 무엇이 가장 큰 장애인가를 찾아 과거정책의 역사를 참조하면서 자신의 답을 찾아야 한다. 생각건대 '창조적 세계화'정책에서는 각 나라가 정책의 자기주체성을 확보하는 일이 대단히 중요하다. 이웃나라의 이론, 이웃나라의 정책경험을 무시하는 것이 절대 아니다. 그 모두를 배워야 하고 참조해야 하지만 결국은 자기의 문제를 자기가 찾아, 자기 나름의 답을 가지고 대처해야 한다. 그 대처가 성공하려면 (1) 이웃나라들의 보편적 경험을 중시하고 (2) 자기나라의 현장의 특수 상황을 중시하고

(3) 자기나라의 역사적 정책경험을 존중해야 한다.

열째, 세계전략을 세워야 한다.

세계화시대는 국내와 국외의 구별이 큰 의미가 없는 시대다. 성공적 국가경영을 위하고 지속적인 경제발전을 이루기 위해서는 국내정책과 국제정책이 긴밀하게 유기적으로 연계돼 있어야 한다. 우리나라의 경우 그동안 후진국에서 중진국으로 상승하는 시기가 냉전시대에 이루어지면서 우리만의 독자적 세계전략을 가지지 않고 미국의 세계전략에 편승해 발전해 왔다. 그것이 '사고의 관습habit of mind'이 되어 냉전이 끝나고도 독자의 세계전략을 가지려는 노력이 상대적으로 약한 것 같다. 이래선 절대 안 된다. 이제는 자기의 세계전략을 가져야 경제도 국가도 발전이 가능해지는 시대가 되었다. 이제는 세계전략과 세계경영이 없으면 일국의 경영이 성공하기 어려운 시대가 되었다. 그래서 세계비전과 전략을 세워야 한다.

세계전략의 몇 가지 중요 방향을 제시하면 (1) 자유주의적 세계경제 질서가 발전하도록 적극 지지하고 지원해야 한다. 특히 자유무역의 발전이 인류 모두에게 이익이 되는 것임을 앞장서 지지해야 한다. 후진국의 경우 일시적으로 보호무역정책의 필요가 있을 수 있으나, 장기적으론 반드시 무역자유화를 지향하는 것이 바람직하다는 사실을 강조해야 한다. 그리고 선진국의 경우는 어떠한 형태의 보호무역주의도 선진국이나 세계 모두에 유해하다는 사실을 널리 알리는 데 앞장서야 한다. 그러한 의미에서 우리는 세계화를 지지해야 한다. 그리고 어떠한 형태의 반反세계화에도 반대해야 한다. 다만 세계화를 보다 민주적이고, 지속가능하게 만들려는 개별국가의 노력은 존중되어야 한다.

(2) 세계화가 야기하는 지구촌의 많은 문제를 공정하고 효율적으로 해결하기 위한 세계통치구조global governance의 개혁에 우리가 좀 더 적극적으로 앞장서야 한다. 지구촌의 온난화를 막기 위한 노력, 금융의 불안정성을 낮추기 위한 노력, 핵과 대량살상무기 확산을 막기 위한 노력, 지구촌의 절대빈곤을 줄이기 위한 노력 등에 보다 적극적으로 나서야 한다. 특히 G-20 회원국의 하나로서 — 2009년 현재는 의장국의 하나로서 — 세계통치구조개혁을 위한 대한민국의 보다 적극적 역할과 기여가 크게 기대된다고 본다.

(3) 중국의 부상이 동아시아에 새로운 과제를 가져오고 있다. 분명히 새로운 기회다. 중국이 현재 지구촌에서 경제적 성장이 가장 빠른 지역의 하나이므로 이들의 경제성장과 긴밀히 연계하여 우리도 함께 발전해야 한다. 그러나 중국의 부상은 새로운 기회인 면과 더불어 새로운 도전의 면도 있다. 과거 동아시아 역사 속에는 중국이 중화질서를 내세우며 패권적 대외관계 — 수직적 관계 — 를 추구한 경우가 많았다. 이러한 잘못된 역사가 다시 반복되지 않도록 각별히 주의해야 한다. 그 대신 이 동아시아의 국제관계가 독립된 주권국가들 간의 호혜평등의 자유주의적 국제주의liberal internationalism — 수평적 관계 — 에 기초한 선린의 관계가 되도록 해야 한다. 이에 성공하지 못하면 동아시아의 평화와 번영은 대단히 어렵게 될 것이다.

장기적으로 동아시아가 평화와 공동번영의 방향으로 나아가기 위한 구체적·제도적 장치의 하나가 동아시아 공동체East Asian Community가 될 것이다. 유럽 EU의 경험을 참조하면서 경제와 문화 분야부터 시작하여 점차 사회 나아가 정치·군사 분야까지 동아시아 공동체의 확대와 심화에 노력할 필요성이 커지고 있다. 이러한 움직임에 우리가 앞장서야 한다고 본다.

(4) 동아시아의 번영과 발전을 위해서, 또 우리민족의 숙원을 풀기 위해서도 앞으로 예상되는 북한의 변화 — 위기상황 — 가 반드시 남북통일의 방향으로 이루어져야 한다. 즉 북한의 변화 그리고 그 이후의 사태 진전에 이웃 4강의 입김이 일방적으로 작용해선 안 된다. 그래서 만에 하나라도 열강에 의한 한반도의 분단이 다시 시도되는 일이 있어서는 결코 안 된다. 그것은 한민족의 불행일 뿐 아니라 동아시아의 평화와 번영을 영원히 불가능하게 만드는 일이 될 것이다. 따라서 대한민국의 경우에는 특히 이 문제에 대한 적극적 세계전략이 필요하다. 대한민국을 위해서도 동아시아를 위해서도 반드시 북한의 변화는 남북 간의 민족통일로 이어져야 함을 이웃 4강들에 적극적으로 설득해야 한다.* 통일된 한반도가 되어야 비로소 동아시아에 평화와 번영이 올 수 있음을 구체적 자료를 가지고 설득해야 한다. 그러한 세계전략이 필요하다.

지금까지 '신자유주의'가 아니라 '공동체자유주의'에 기초한, '워싱턴 컨센서스'가 아니라 '서울 컨센서스'에 기초한 새로운 발전전략 열 가지를 제시했다. 환언하면 창조적 세계화를 위한 열 가지 발전패러다임의 변화를 살펴보았다. 이것은 물론 대한민국을 염두에 두면서 구상했다. 그래서 이것은 기본적으로 초세계화 시대에 선진국으로 도약하려는 '중진국 발전모델'이다. 그러나 사실은 많은 후진국과 중진국이 각국의 경

* 물론 이러한 생각은 반드시 북한에 사는 우리의 동포들에게 전달되어야 한다. 그리고 그들과 한반도의 바람직한 미래에 대하여 적극적 합의를 만드는 것이 중요하다. 북의 변화를 한반도 통일로 연결시키려면 적어도 세 가지 조건이 필요하다고 생각한다. 첫째, 남한 국민의 의지와 열정, 둘째는 북한동포의 적극적 동의 내지 합의, 셋째는 이웃 4강의 이해와 협조다.

제와 국가발전을 위해서도 참조해야 할 발전전략 내지 기준이 되어도 좋다고 본다. 그러한 정도의 보편성이 있다고 생각한다. 그래서 언젠가는 위의 10개의 발전패러다임이 소위 워싱턴 컨센서스를 대체할 수 있는, 아니면 적어도 크게 수정보완하는 21세기 새로운 발전패러다임이 되길 기대한다. 특히 중진국에서 선진국으로 향하는 '중진국 발전모델'로 많은 중진국에게 참고가 될 수 있기를 희망한다.

서울 컨센서스를 향하여

사실 앞으로 지구촌이 필요한 일 중의 하나는 워싱턴 컨센서스를 넘어서 — 부정하는 것이 아니라 — 새로운 서울 컨센서스Seoul Consensus를 만드는 것이라고 생각한다. 워싱턴 컨센서스는 한마디로 선진국들이 자신들의 정책경험과 그 경험에 대한 지금까지의 이론적 정리를 일반화한 것이다. 따라서 선진국에는 맞을지 모르지만 선진국과는 전혀 다른 후진국 — 다른 문화와 역사, 그리고 다른 발전단계와 발전조건을 가지고 고민하는 후진국 — 에게 그대로 일반화하고 적용하기는 대단히 어렵다. 따라서 창조적으로 수정보완하고 취사선택해야 한다. 그리고 개발도상국들은 자신들 고유의 문제가 무엇인가에 더 신경을 써야 한다. 이러한 경우 우리가 찾고 있고 제시하려는 서울 컨센서스가 큰 도움이 될 것이다.

서울 컨센서스란 무엇인가? 이것은 대한민국의 발전 경험 속에서 그리고 대한민국의 성공과 좌절의 역사 속에서 개발도상국에, 특히 중진국에 보다 크게 참고가 될 보편적 발전패러다임을 찾는 것을 의미한다. 후진국에서 중진국으로 올라오려는 나라들에게는 '동아시아 발전 모델' 소위 '박정희 모델'이 더 참고가 될 것이다. 그러나 중진국에 이른 나라들이 선진국으로 도약하려 할 때 참고가 되는 발전패러다임은 아직 세계 어디에도 뚜렷하게 보이지 않는다. 지금까지는 소위 워싱턴 컨센서스가 나름의 참고가 되었을지 모르나 이미 살펴본 바와 같이 많은 한계를 노정하고 있다. 따라서 우리는 중진국에서 선진국으로 나아가려는 나라들에게 참고가 되는 '중진국 발전패러다임'을 우리 스스로 찾아, 우선 우리가 발전 전략을 짜는 데 참고하고, 더 나아가 비슷한 발전 단계에 도달한 다른 나라들에도 참고가 되도록 제시해야 한다. 이것이 바로 서울 컨센서스를 찾는 노력이다.

대한민국은 세계 최빈국의 하나에서 출발하여 스스로 세계 중진국의 선두주자가 되었고, 이제는 선진국 진입을 위해 고민하고 노력하는 나라다. 우리가 후진국에서 중진국으로 올라오던 과거 경제발전과정의 경험 속에서, 앞으로 선진국으로 향해 갈 때 유지 발전시켜야 할 좋은 정책과 제도는 무엇이고, 버려야 할 잘못된 정책과 제도는 무엇인가를 깊이 생각해 봐야 한다. 여기에 앞에서 지적한 대로 (1) 유럽에서 후진국으로 출발한 독일과 동양에서 후진국으로 출발한 일본 등의 선진화 과정의 발전 경험과 그때의 지배적 경제사상이던 역사주의, 제도주의, 일본식 경영 등의 주장을 참고한다. (2) 또한 오늘날 이미 선진화된 나라들의 경험을 일반화한 제1차, 제2차 워싱턴 컨센서스의 주장과 소위 바르셀로나 선언의 내용도 참고한다. (3) 1960-70년대 아시아의 신흥개도국 NICS의 발전 경험, 소위 동아시아 발전 모델 등을 종합적으로 참고하여 정리해 보려 한다. 그러면 우리가 제시하는 서울 컨센서스는 인류의 경제발전, 특히 개발도상국의 경제발전, 그중에서도 특히 중진국에서 선진국으로 진입하려는 노력에 큰 보편성을 가지는 발전패러다임이 될 수 있다고 본다.

오늘날 일부 학자들은 새로운 발전패러다임으로 베이징 컨센서스Beijing Consensus를 주장하는 경우가 있다.* 그러나 아직은 베이징 컨센서스의 내용이 구체적으로 확실하지 않다. 예컨대 베이징 컨센서스를 주장하는 학자들은 중국의 발전은 형평 지향적이고 평화로우며 양질의 성장equitable, peaceful, high-quality growth을 목표로 한다든가, 유연한 접근을 한다든가, 단일 해답uniform solution을 믿지 않는다든가, 혁신적이고 실험적 방법을 중시한다든가, 이념적이면서 실용적이라든가pragmatic and ideological at the same time 등의 주장을 하면서 미국의 워싱턴 컨센서스를 비판한다. 그러나 그 이상의 구체화는 아직 보이지 않는다.

설혹 구체화가 이루어진다고 해도 중국의 발전 경험을 후진국에 참고가 되도록 일반화하기는 어려운 점이 많다고 본다. 우선 (1) 중국의 크기 — 인구와 지역의 규모 — 자체가 일반 후진국과 대비하여 너무 크다.

(2) 체제 면에서도 중국의 사회주의적 시장경제socialist market economy라는 특수한 정치경제체제가 후진국 일반의 정치경제체제와는 질적으로 크게 다르다. 그래서 일반 후진국들과는 조건과 상황이 너무나 상이하기 때문에 일반 개도국의 발전전략을 모색하는 데 중국의 경험은 별로 도움이 되지 않을 것이다. 그러나 서울 컨센서스의 경우는 앞에서 지적한 이유 등으로 일반 후진국은 물론이고 특히 중진국이 앞으로의 발전 전략을 구상하는 데 크게 참고가 될 것으로 본다.

이 책의 앞 장에서 '중진국 발전모델'이 될 수 있는 '제1차 서울 컨센

* Joshua Cooper Ramo, *The Beijing Consensus*, London Foreign Policy Center, 2004. 중국 발전이 과연 독자적인 발전모델이 될 수 있는가 하는 문제를 포함하여 중국 발전에 대한 비교적 균형있는 이론화는 Randall Peerenboom, *China Modernizes: Threat to the World or Model for the Rest?* Oxford University Press, 2007을 참조.

서스' 안을 '공동체자유주의적 10개 신新발전패러다임'이란 이름으로 제시했다. 앞으로 대한민국의 학자와 실무가들이 중심이 되고, 외국의 학자와 실무가들이 함께 연구하여 더 보완 수정 발전시켜 나가야 한다고 생각한다. 이것은 하나의 시작에 불과하다. 앞으로 서울 컨센서스를 더욱 발전시키고 완성시켜 많은 개도국과 중진국에게 참고가 되도록 해나가는 과정에서 앞에서 제시한 '공동체자유주의적 10개의 신발전패러다임'이 하나의 중요한 시발점 내지 디딤돌stepping stone이 되기를 기대한다.

그러면 앞으로 서울 컨센서스로 발전시켜 나가야 할 '창조적 세계화'를 위한 '공동체자유주의적 10개 신발전패러다임'은 과연 대한민국 발전의 역사 속에서는 어떠한 위치를 차지하는 것인가? 대한민국 발전의 역사 속에서 무엇을 계승한 것이고 무엇을 극복한 것인가? 다시 말해 지금까지 대한민국의 산업화시대, 즉 후진국에서 중진국으로 도약할 때의 지배적 발전패러다임과 창조적 세계화 시대, 즉 중진국에서 선진국으로 도약할 때를 위해 새롭게 제시된 발전패러다임이 어디가 같고 어디가 다른가를 확실히 정리해 두어야 한다. 그래야 이 신발전패러다임이 대한민국의 역사 경험에 뿌리를 둔 것임을 확인할 수 있고, 진정한 서울 컨센서스가 될 수 있다. 또한 대한민국이 산업화시대를 끝내고 선진화시대에 들어가면서, 앞으로 과거와는 달리 무엇을 어떻게 해야 하는가에 대한 구체적인 방향제시가 될 수 있을 것이다. 산업화시대의 발전패러다임 중에서 무엇을 유지하고 무엇을 고쳐야 하는가를 정확하게 알 수 있을 것이다. 그래서 1960년대와 1970년대의 '대한민국의 산업화 전략: 후진국 발전모델'과 2010년대와 2020년대의 '대한민국의 창조적 세계화전략: 중진국 발전모델'이 어떻게 달라져야 하는지를 아래에서 정리해 보기로 한다.

(1) 대한민국의 1960-70년대의 '산업화모델'은 수출지향이었다. 수입

개방에 대해서는 소극적이었다. 또한 내수를 억제하고 가능한 한 수출을 극대화하는 전략이었다.

이에 반하여 '창조적 세계화모델'은 우선 (가) 대내외개방을 지향한다. 수출의 자유화는 물론이고 수입의 자유화도 지향한다. 그리고 동시에 (나) 수출시장과 비교하여 내수시장을 차별하지 않고, 내수시장도 수출시장과 함께 중시한다. 그래서 고용확대, 분배개선, 그리고 국민들의 삶의 질을 제고하는 데 정책의 우선순위를 둔다.

(2) '산업화모델'은 정부 주도로 경제발전을 도모하고 이를 중앙집권적으로 추진했다. 경제개발5개년계획의 형식으로 경제발전의 기본구도를 정부가 정했다. 그리고 민간의 참여를 적극 유도했다. 산업정책도 정부가 주도하여 앞으로 성장잠재력이 높은 산업이나 기업을 정부가 직접 선택해 집중적으로 지원하는 형식이었다.

이에 반하여 '창조적 세계화모델'은 우선 (가) 민관협치民官協治를 통하여 경제발전을 도모한다. 민과 관이 함께 경제발전방향에 대하여 정보교환과 의견교류를 시작한다. 그리고 경제발전을 위한 계획을 함께 짜고 역할분담을 정한다. 발전의 장애물을 함께 파악하고 함께 제거한다. 산업정책도 이러한 민관이 협력하여 함께 문제점을 파악하고 풀어가는 형식으로 이루어진다. (나) 정부의 역할과 관련하여 현장주의를 강조한다. 중앙집권적 정책추진이 아니라 현장의 이해당사자 그리고 정책책임자들이 제공하는 정보와 판단에 우선순위를 두는 분권적 정책집행을 추진한다.

(3) '산업화 모델'은 각종 시장개혁에 중점을 두어 왔다. 시장에 대한 정부규제를 풀고 가능한 한 시장의 수급을 활성화하고 가격기능을 살리는 개혁을 중심으로 산업화를 추진했다. "가격을 바르게 세워라getting

price right"가 당시의 모토였다. 그래서 가격이 수급상황에 대한 정보를 전달하고 수급을 조절하는 기능을 제대로 하도록 하는 것 — 시장기능의 활성화 — 이 산업화를 위한 주요개혁이었다. 그래서 1960년대 초에 정부가 그동안 억제하였던 이자율을 시장가격에 가까울 정도로 높이는 이자율개혁을 했다. 그래서 저축이 늘었고, 투자는 높은 수익률이 있는 분야에서만 이루어지게 되었다. 또한 환율분야에서도 그동안 정부가 고高평가해 온 원화의 가격을 수급을 반영하여 크게 낮추는 외환개혁을 했다. 그래서 수출이 촉진되었고 수입은 억제되었다. 이러한 가격개혁을 가지고 산업화시대를 열기 시작했다.

반면에 '창조적 세계화 모델'에서는 더 이상 시장가격을 바로 세우는 문제는 지났고 앞으로는 각종 기본제도를 바로세우는 일이 개혁의 중심에 놓이게 된다. "제도를 바로 세워라getting institutions right"가 개혁의 모토가 된다. 그래서 금융제도의 개혁, 교육제도의 개혁, 공기업제도의 개혁, 지방자치제도의 개혁, 조세 및 재정개혁, 복지개혁, 반反부패개혁, 정당 및 의회개혁 등이 주요한 개혁과제가 된다.• 어떻게 제도의 투명성transparency과 설명력accountability, 그리고 민주성democracy과 효율성efficiency을 함께 높일 것인가가 주요과제가 된다. 시장을 둘러싼 각종 제도의 질質이 시장적 성과의 질을 결정한다고 보기 때문이다. 시장기능과 가격기능 그 자체는 선善일 수도 악惡일 수도 있다. 다시 말해 사회적으로 선한

• 제도개혁을 중시하는 측면에서는 우리의 서울 컨센서스는 제2차 워싱턴 컨센서스와 입장을 같이한다. 한 가지 차이는 워싱턴 컨센서스는 경제개혁과 행정개혁의 강조에 그치는 데 반해 우리는 이에 더해 정당과 의회개혁 등 정치개혁을 대단히 중요하게 강조한다. 서울 컨센서스가 정치개혁을 중시하는 이유는 중진국단계에서 선진국 진입을 위해서는 자유민주주의의 정착이 대단히 어려우면서도 중요한 과제라고 보기 때문이다. 중진국경제까지는 비자유민주주의로도 이루어 낼 수 있지만 선진국경제는 비자유민주주의로는 성공시킬 수 없다고 보기 때문이다.

결과를 혹은 악한 결과를 낼 수 있다. 문제는 어떠한 제도가 시장을 둘러싸고 있느냐에 따라 시장적 성과가 사회적 선이 될 수도 반대로 사회적 악이 될 수도 있기 때문에, 이제 중요한 것은 제도개혁이 된다.

(4) '산업화모델'은 정부주도의 고高투자율 유지를 중시하는 경제발전모델이었다. 그리고 '선先성장 후後분배'의 모델이었다. 즉 성장우선주의 전략이었다. 분배나 환경 문제 등은 상대적으로 소홀히 했다. 1960년대 초 세계최빈국의 하나였던 대한민국의 문제를 해결하는 길은 성장 그 자체라고 보았다. 성장이 되면 분배도 환경도 점차 해결될 수 있다고 생각했다. 아니 성장문제가 해결되어야 다른 문제를 해결할 수 있는 물적 기초 내지 경제적 여유를 갖출 수 있다고 보았다.

창조적 세계화모델에서도 높은 투자수준을 유지하려는 투자경제를 여전히 중시한다. 다만 정부주도보다는 이제는 민간이 자발적으로 높은 투자를 하도록 투자친화적 환경을 조성하는 데 보다 치중해야 한다. 그리고 이제 세계화 모델에서는 더 이상 성장우선은 통하기 힘들다. 성장과 분배와 환경뿐 아니라 고용의 문제까지도 모두 중요한 정책목표가 되어야 한다는 발전전략이다. '성장-고용-분배-환경'을 함께 병진竝進 발전시켜야 한다는 전략이다.

(5) '산업화모델'은 포드Ford 식 대량생산방식을 위한 획일적인 교육과 훈련, 그리고 이농離農 노동력에 의지하는 발전모델이었다. 산업화단계에서는 선진국을 따라가야 하는 것이 주목적이었기 때문에 서구적 문물에 대한 주입식·암기식 교육과 훈련이 중요했다. 그리고 단기간에 많은 국민들에게 일정수준의 교육을 시켜야 했으므로 불가피하게 교육에서도 대량생산방식이 채택되었다. 이와 동시에 산업화 초기에는 농촌을 떠나 도시로 이동하는 대량이농노동자들이 중요한 노동력이었다. 결국 획일

적·암기식 교육을 받은 중·고등학교 졸업의 반半숙련공, 공고나 전문대 출신의 반半기술공 등이 당시의 주노동력이었다. 이러한 노동력에 기초해 섬유, 전자 등의 노동집약적 산업이나 기본적으로 조립산업인 자동차, 조선 등의 중화학공업의 발달이 가능했다.

반면에 '창조적 세계화모델'에서는 다양한 분야의 창조적 인재가 대단히 중요한 시대다. 따라서 획일적인 암기식 내지는 주입식 교육보다는 다양한 창의성 교육이 크게 중요하게 되고 따라서 교육제도도 거기에 맞게 개혁을 해야 하는 시대다. 이제는 중·고등학교의 양적 팽창이 아니라 대학과 대학원 교육의 질적 개선이 교육개혁의 중심이 되어야 한다. 세계최고 대학과 연구소와 교류·협력·경쟁할 수 있는 대학과 연구소를 많이 만들어야 하고 그러한 세계적 인재를 교육해 내야 한다. 그래서 과거 산업화시대의 '획일적 대량생산방식의 교육-기능훈련강화-이농노동력'에서 앞으로는 '다양한 창의교육-과학기술투자-해외인력교류' 중시로 정책의 우선순위가 바뀌어야 한다.

(6) '산업화모델'은 중앙집권적 국가운영의 길이었다. 경제발전계획도 중앙정부가 수립하고 그 집행도 중앙집권적으로 추진했다. 따라서 지방의 창의는 활성화될 여지가 적었다. 산업화 초기에는 중앙집권적 모델이 나름의 효율성을 가지고 높은 성과를 낼 수 있는 제도였다. 그러나 산업화가 진전되고 경제규모가 커지면서 — 중진국의 발전단계에 도달하면서 — 중앙집권적 운영의 비효율과 불공정이 나타나기 시작했다.

따라서 '창조적 세계화모델'은 기본적으로 지방분권형 국가운영의 길을 제시한다. 다음의 두 가지 이유에서다. (가) 세계화시대는 상시적 변화의 시대이기 때문에 빠른 변화에 능한 조직이 살아남고 발전한다. 그런데 중앙집권적 국가운영은 빠른 변화에 대처하는 능력이 상대적으로 떨어진다. 규모가 작은 조직이 보다 발빠른 자기변화를 조직해 낼 수 있다. 그래서 요즘 기업의 세계에서도 거대기업보다는 slim 조직을 선호하고 있다. (나) 지방분권이 필요한 두 번째 이유는 지방의 창의와 지방의 지식을 생산적으로 동원해 낼 수 있기 때문이다. 중앙집권적 국가운영은 지방의 지혜와 창의를, 지방의 창의성과 역동성을 국가발전을 위해 조직적으로 동원해 내는 데 한계를 가진다.

이상의 두 가지 이유로 오늘날 선진국이 된 나라들은 인구 500만 내지 1,500만 규모의 강소국이 많다. 그리고 대국의 경우는 연방제라고 하는 분권형 국가운영을 한다. 그리고 한 나라에서도 1,000만 전후의 — 이미 분권화된 — 대도시지역군mega-city region이 가장 역동적 발전을 보이고 있다. 사실 이제는 단순한 '지방분권의 시대'가 아니다. 그보다는 한 단계 더 나아가 지방이 사실상 자주적으로 지방을 운영할 수 있는 경제적 의미의 연방제, 즉 경제적 '지방주권의 시대'를 열어야 한다고 볼 수 있다.

(7) '산업화모델'의 시대에 우리는 비민주적 정부non-democratic government를 가지고 있었으나, 유효한 정부effective government였다. 경제적 자유는 있었으나 정치적 자유는 심하게 제한되는 비민주정부였다. 그러나 경제발전과 국정운영에서는 소위 실공實功이 있는 유능한 정부였다. 모든 비민주적 정부가 반드시 경제발전에 성공하는 유효한 정부는 아니다. 오히려 비민주적이면서 경제도 실패하는 경우가 일반적이다. 그러나 대한민국은 그렇지 않았다. 무엇이 그것을 가능하게 하였는가는 다음의 세 가지 때문이라고 본다. (가) 정치적 리더십의 비전과 열정 (나) 국민과 정부의 합심 (다) 우수하고 유능한 관료집단의 존재 때문이었다. 특히 (가)와 (나)가 중요하므로 뒤에서 다시 언급할 것이다.

반면에 '창조적 세계화 모델'은 민주적 정부여야 하지만 동시에 반드시 유효한 정부여야 한다. 그래야 창조적 세계화에 성공할 수 있다. 사실 적지 않은 나라가 민주화 과정에서 국정운용의 실효성effectiveness을 잃는 수가 많다. 오히려 비민주정부하의 국정운용보다 더 비효율적이고 불공정한 국정운용이 될 위험이 있다. 두 가지 이유 때문에 이러한 상황이 올 수 있다. 하나는 정치지도자들이 표를 의식하여 인기영합적인 포퓰리즘에 빠지기 쉽기 때문이고, 다른 하나는 공익을 무시한 이익집단의 과도한 자기주장 때문이다. 소위 이익집단민주주의interest group democracy 때문이다. 따라서 창조적 세계화에 성공하려면 포퓰리즘의 유혹과 이익집단민주주의 덫을 극복하고 민주주의를 성공적으로 정착하여 — 갈등과 대립을 법치주의와 사회적 토론과 합의로 풀어내고 — 민주적이면서 실공이 있는 유효한 정부를 만들어야 한다.

(8) '산업화모델'에서는 지도자의 비전과 열정이 경제발전의 견인차 역할을 했다. 조국의 근대화를 성공시켜야 한다는 집념과 우리는 할 수 있다는 정신can do spirit이 산업화 성공에 크게 기여했다.

그런데 '창조적 세계화 모델'에서도 지도자의 역할은 마찬가지로 결정적으로 중요하다고 본다. 어느 시대든 — 자유민주주의 시대에서도 물론이고 — 지도자의 비전과 정열이 앞장서서 국민을 이끌어 가야 한다. 이를 위해서는 물론 지도자 그룹이 도덕적이고 유능해야 한다. 이제는 21세기 세계화시대에 대한민국의 선진화를 반드시 성공시켜야 한다는 집념과 우리도 할 수 있다는 정신을 몸소 앞서 보이는 정치적·사회적 지도자 그룹이 나와야 한다. 비전과 열정을 가진 도덕적이고 — 공인의식과 소명의식을 가진 — 유능한 지도자들이 있어야 발전한다는 점에서는 산업화시대와 창조적 세계화시대에 아무 차이가 없다. 아니 어떤 면에서는 세계화시대가 보다 복잡하고 불확실성이 크기 때문에 더 유능하고 더 도덕적이며 더 강력하고 확고한 비전과 원칙과 열정을 가진 지도자들이 필요하다고 본다.

(9) '산업화모델'은 국민과 정부의 합심에 기초해 있었다. 한마디로 민관합심民官合心 내지는 민관일심民官一心이다. '우리도 한번 잘살아 보자'는 한마음으로 모두가 뭉쳤고, 그것이 산업화 성공의 원동력이 되었다고 본다. 새마을운동 등에서 나타났던 근면, 자조, 협동정신은 모두 민관합심에 의하여 강력하게 뒷받침되었다.

그런데 '창조적 세계화모델'에서도 민관합심 내지 민관일심은 여전히 중요한 발전패러다임의 하나다. 다만 이제는 단순히 잘살아 보자의 수준은 넘어서야 할 것이다. 바르게 살아보자, 품격있게 살아보자, 물질적으로뿐 아니라 정신적으로 문화적으로 풍요롭게 살아보자는 방향으로 민관합심의 방향이 한 단계 더 발전해야 할 것이다. 그러나 여전히 중요한 것은 국민이 분열되고 정부와 국민이 따로 행동하면, 경제도 국가발전도 있을 수 없다는 점이다. 그것은 산업화시대든 창조적 세계화시대든 전혀 달라지지 않는 가장 기본적인 발전패러다임의 하나다. 따라서 대한민국이 다시 창조적 세계화에 성공하려면 그래서 선진국의 일원이 되려면 반드시 앞에서 이야기한 비전과 원칙과 열정의 정치리더십이 대한민국에 있어야 한다. 또한 지금 논하고 있는 민관합심 내지 민관일심을 이루는 데 대한민국이 성공해야 한다.*

(10) '산업화 모델'은 국제적 소극주의國際的 消極主義에 기초해 있었다.

* 민관합심이 되려면 지도자들에게는 올바른 — 선공후사의 — 리더십이 필요하고 일반국민들에게는 올바른 시민의식 — 시민적 도덕(civic virtue)을 가진 공민의식 — 이 필요하다고 본다. 일반국민들이 자신들의 집단이익이나 지역이익만을 주장하는 것이 아니라 공동체에 대한 배려와 관심과 책임의식이 함께 높아져야 비로소 시민의식 내지 공민의식을 가졌다고 할 수 있다. 그리고 그러할 때만 민관합심 내지 민관일심이 가능하게 된다.

산업화의 시대는 국제적으로는 냉전의 시대였고 국내적으로는 후진국에서 벗어나 중진국을 지향하던 시대였다. 그래서 대한민국은 국제적으론 소극주의 내지 적응주의로 일관해 왔다. 국제정치에서는 냉전하의 미국의 세계전략에 편승하고 있었고, 국제경제에서는 GATT 체제하에서 자유무역의 세계적 흐름에 적응하는 데 바빴다고 볼 수 있다.

반면에 '창조적 세계화 모델'의 시대는 냉전이 끝나고 미국주도의 시대도 어느 정도 지나 다극화multi-polar를 지향하는 시기로 접어들고 있다. 따라서 이제는 대한민국도 보다 적극적인 세계전략을 가져야 하는 시대에 살고 있다. 한마디로 국제적 적극주의國際的 積極主義가 필요한 시대로 접어들고 있다. 국제경제면에서도 이제는 선진국이 주도하는 자유무역 질서에 단순히 편승하기보다는 새로운 국제경제 질서를 창출하는 노력에도 보다 적극적으로 참여하고 기여하려는 발전전략이 필요하다. 특히 세계금융질서의 안정화를 위한 국제협력, 기후온난화를 방지하기 위한 국제협력, 지구촌의 절대빈곤의 문제를 해결하기 위한 국제공조 등에 보다 적극적으로 앞장서야 한다. 그래서 새로운 국제경제 질서가 지구촌 모두의 발전에 기여하는 — 소수국가의 발전으로 끝나지 않고 — 공정하고 효율적이며 지속가능한 국제질서가 되도록 하는 데 보다 적극적으로 나서야 한다. 이것은 지구촌의 일원으로서의 사명이고 책무이면서 자신의 운명에 대한 보다 적극적 자세라고 볼 수 있다. 다시 말해 대한민국의 경제와 국가발전을 보장하는 자유주의적 국제질서liberal internationalism를 건설하는 데 보다 적극적으로 나서는 것을 의미한다.

이상과 같이 창조적 세계화론은 과거 산업화 모델의 일정부분을 계승하고 일정부분은 수정보완하고, 일정부분은 완전히 폐기하면서 세계화라는 새로운 시대변화 속에서 경제와 국가발전을 계속할 수 있도록 하는 신발전패러다임을 찾고 세우는 노력이다. 이러한 노력이 앞으로 더욱 진전되어 '서울 컨센서스'로 발전하면 단순히 대한민국 선진화를 위한 길잡이가 될 뿐 아니라 지구촌의 다른 많은 후진국은 물론 특히 중진국의 경제와 국가발전을 위한 훌륭한 길잡이가 될 수 있을 것을 기대한다. 또한 확신한다.

창조적 세계화의 철학: 공동체자유주의

우리는 앞에서 장기적으로 '서울 컨센서스'로 발전시켜 나갈 신발전패러다임을 살펴보았다. 더 이상 신新자유주의가 아니라 공동체자유주의에 기초하여 창조적 세계화를 성공시키기 위한 발전전략, 즉 10대 신발전패러다임을 주장해 왔다. 그러면 10대 신발전패러다임이 기초로 하고 있는 공동체자유주의란 무엇인가? 신자유주의가 시장만능주의와 작은 정부를 선호한다면 공동체자유주의는 어떠한 점에서 이들과 다른 입장인가? 그리고 공동체자유주의가 다른 입장을 취하는 철학적·이론적 이유는 무엇인가? 이제부터 이런 문제를 알아보도록 하자. 공동체자유주의에 대한 본격적 논의는 이미 필자의 저서 『공동체자유주의』나남 2008, 『대한민국 국가전략』21세기북스, 2008 등에서 자세히 분석한 바 있으므로 여기서는 간단히 요점만 정리하기로 한다.

'창조적 세계화'와 '창조적 세계화를 위한 발전전략'은 올바르고 확고한 철학에 기초해 진행되어야 한다. 왜냐하면 올바른 철학이 올바른 역사를 만들기 때문이다. 따라서 창조적 세계화를 통해 대한민국의 선진화라는 역사를 만들려면 반드시 올바른 철학을 정립하는 것에서 시작해야 한다. 여기서의 철학이란 국가의 '조직원리' 내지 '운영원리'로서의 철학을 의미한다. 즉 정치·경제·사회·문화의 기본제도와 질서를 어떠한 가치를 중심으로 어떠한 원리에 기초해 만들어야 하고, 어떠한 원리에 기초해 운영해야 우리가 창조적 세계화에 성공할 수 있고 그 결과로 대한민국의 선진화를 이룰 수 있는가 하는 의미의 철학이다.

결론부터 이야기하면 우리는 모든 국가제도와 정책정치·경제·사회·문화 등을 '공동체자유주의communitarian liberalism'의 방향으로 조직하고 개혁하고 운영해야 창조적 세계화를 이룰 수 있다. 또한 그 결과로 선진국 진입이 가능하다고 생각한다. 공동체자유주의에 역행하는 조직원리나 운영원리, 즉 '자유주의'를 부정하거나 '공동체의 가치'를 거부하는 철학에 기초해 국가제도와 정책을 만들고 그러한 방향으로 국가정책을 운영하면 창조적 세계화를 이룰 수 없고, 물론 선진국 진입에도 실패하게 된다고 생각한다.

그러면 무엇이 공동체자유주의이고 왜 공동체자유주의여야 하는가를 보도록 하자.

공동체자유주의란?

공동체자유주의communitarian liberalism란 한마디로 '공동체의 가치를 소중히 하는 자유주의'다. 공동체자유주의는 무엇보다 먼저 자유주의를 기본으로 한다. 개인의 존엄과 자유와 창의를 존중하고 그것을 최고의 가치로 본다. 개인의 자유와 창의가 개인행복의 원리이고 국가발전과 경제발전의 원리라고 본다. 그러나 그 자유주의가 개인의 자유를 너무 과도하게 강조하여 이기적 자유주의가 되면 공동체의 가치와 연대를 훼손할 위험이 발생한다. 따라서 공동체자유주의는 자유주의를 강조하되 자유주의가 공동체의 가치와 연대를 훼손하지 않도록 사회구성원 각자의 성찰적 배려와 자율적 책임이 요구되어야 한다고 본다.

한 가지 유의할 것은 여기서의 '공동체주의communitarianism'는 개인의 자유를 억압하면서 민족이나 계급의 가치를 강요하는, 즉 전체의 이익이라는 이름 아래 개인의 이익을 부정하는 '전체주의totalitarianism'나 '집단주의collectivism'와는 질적으로 다르다는 사실이다. 공동체적 가치나 연대의 강조는 어디까지나 외적 강제가 아니라 내적 자각에, 즉 사회구성원 개개인의 계몽주의적 자발성에 기초하고 있다. 따라서 서로 토론하고 상호교육하면서, 소통과 설득으로 공동체를 소중히 하는 자유주의를 만들어 나가자는 것이다.

본래 자유주의란 개개인의 자유와 창의가 국가와 사회발전의 원동력이라는 사상이다. 그래서 자유주의는 국가의 간섭이나 개입으로부터 개인의 자유와 창의를 최대한 지키고 보호하려 노력한다. 본래 자유주의가 전제하는 '자유주의적 인간관'은 인간을 무한의 존엄성과 가능성을 가진 존재라고 보고, 인간에게 최고의 선은 그 무한의 가치를 실현하고 완성하는 것이라고 본다. 그래서 '인격완성과 자아실현'이 인간사회의 최고의 선이 된다. 그런데 이러한 개개인의 인격완성과 자아실현은 '자유사회free society'에서만 가능하기 때문에 국가의 목표 내지 존재이유는 이러한 자유사회를 보장하는 데 두어야 한다는 것이다. 우리는 이러한 자유주의의 입장을 지지한다.

그런데 인간은 본래가 '개체적個體的, 개성적個性的 존재'이면서도 동시에 '관계적關係的, 공생적共生的 존재'다. 인간은 시간적으로 역사 속에서 존재하며, 공간적으로 사회를 떠나 살 수 없다. 또한 항상 자연 속에서 숨쉬고 있다. 따라서 인간은 세 가지 공동체, 즉 '역사공동체' '사회공동체' '자연공동체'를 떠나 홀로 존재할 수 없는 존재다. 이 세 가지 공동체 속에서 인간은 존재하고 가치와 의미를 창조하고 성장하며 번창한다. 따라서 개인의 존엄과 자유가 대단히 중요하지만, 그렇다고 '자유만능주의' '자유절대주의' '자유원리주의'에 빠져서는 안 된다. 왜냐하면 이들은 공동체를 훼손하여 결국은 관계적·공생적 존재로서의 인간의 실재적 모습 자체를 부정하게 되기 때문이다. 그래서 인격완성과 자아실현을 가져오지 못할 뿐 아니라, 자유주의 자체를 장기적으로 지속가능하지 못하게 한다. 따라서 우리가 인류발전의 원동력인 개개인의 자유와 창의를 지키고 발전시키려면 반드시 '지속가능한 자유주의'를 확보해야 한다. 그리고 이를 위해선 우리가 주장하는 자유주의가 반드시 '공동체적 가치를 소중히 하는 자유주의'여야 한다.

왜 공동체자유주의여야 하는가?

왜 공동체자유주의여야 하는가? 이 질문에 대한 답은 비교적 간단하다. 즉 공동체자유주의는 '인류발전의 보편적 원리'이기 때문이다. 공동체자유주의를 따르면 인류는 발전한다. 반대로 따르지 않으면 인류는 퇴보한다. 이 주장의 타당성은 지난 수천 년의 인류 역사에서 쉽게 입증된다. 이미 앞에서도 인용한 바 있으나 최근 세계적 경제사 연구가의 한

연구에 따르면 BC 1000년경 당시 지구인의 일인당 연평균소득은 요즘 가치로 약 150달러 정도로 추산된다. 그런데 AD 1750년의 지구인의 일인당 연평균소득을 같은 방식으로 추산하면 약 180달러 수준이다. 즉 지난 약 2000~3000년간 인류의 물질적 풍요의 수준은 거의 변화가 없었다는 사실이다. 그 기간 중 생산성 증가율기술진보 속도은 연평균 약 0.05% 정도로 미미했다. 약간의 생산성과 소득 상승이 있어도 곧 인구 증가가 뒤따라서 성장을 잠식해 버렸다. 한마디로 대단히 오랜 기간 인류는 경제적으로 매우 어려운 생활을 해왔다.

그러나 1750년 이후 역사는 크게 바뀌게 된다. 2000년 현재 지구인 평균의 일인당 연평균소득은 약 6,600달러이다. 지난 250년간 180달러 수준에서 6,600달러 수준으로 급격한 도약을 한 셈이다. 인류의 긴 역사에서 보면 분명 하나의 기적이었다. 어떻게 이 기적이 가능하게 되었을까?

그 가장 중요한 이유는 자유주의 때문이다. 이 자유주의는 경제적으로는 '교역의 자유'와 '시장의 자유' 즉 '교역과 시장의 확대'로 나타난다. 정치적으로는 '사유재산권의 보호', '국가의 경제개입의 축소' '법치주의의 확산' 등으로 나타난다. 그리고 사회적으로는 '사상의 자유'와 '과학과 기술의 발달'로 구현된다. 특히 시장의 확대가 핵심이다. 시장의 확대는 항상 사유재산권의 보호, 교역자유의 확대, 정부의 경제개입 축소세금과 규제의 법제화, 과학기술의 발달 등과 함께 진행되어 왔기 때문이다. 이러한 '경제적·정치적·사회적 자유주의의 확대'가 바로 인류역사 속에서 지난 250년의 기적을 만든 주원인이고 동력이라고 볼 수 있다.

그런데 좀 더 자세히 들여다보면 모든 나라가 이 기간 동안 같은 속도의 발전을 보인 것은 아니었다. 성장이 빠른 나라도 있었고, 반면에

늦는 나라도 있었다. 그리고 같은 나라라도 발전이 빠른 시기도 있고 반대로 늦는 시기도 있었다. 그렇다면 무엇이 이렇게 발전의 완급緩急을 결정하는 것일까? 1750년 이후 크게 보아 이미 자유주의의 시대로 진입했다면 자유주의 안에서 무엇이 발전의 속도를 결정하는 것일까? 그것은 한마디로 어떤 자유주의를 추구하느냐에 의해 다른 결과를 가져왔다고 볼 수 있다. 자유주의의 내용이 공동체 가치를 존중하는 '공동체자유주의'인 경우에는 지속적으로 발전했다. 반면에 공동체 가치를 무시 내지 부정하는 '이기적利己的 자유주의'는 반드시 지속적 발전이 어려움에 봉착했다. 공동체 가치와 연대를 경시하고 파괴하면 결국은 자유주의 자체가 지속가능하지 못하고 성장과 발전이 지체되는 것으로 나타난다. 물론 반대의 경우, 즉 공동체적 연대와 가치를 소중히 하는 자유주의하에서는 성장과 발전은 지속된다.

결국 우리의 자유주의가 '공동체자유주의'일 때 발전하고 그렇지 못할 때 발전이 지체된다는 것이다. 따라서 이러한 지난 250년간의 인류의 역사적 경험을 돌이켜 볼 때 당연히 대한민국 선진화의 철학은 '발전과 지속의 철학'인 '공동체자유주의'가 될 수밖에 없다. 그래서 앞으로 우리는 이 공동체자유주의라는 '국가의 조직원리와 운영원리'를 기초로 하여 정치·경제·사회·문화·국제 각각의 분야에서 선진제도와 정책을 만드는 창조적 세계화 전략을 추진해 나가야 한다.

창조적 세계화의 기본방향: 이상적 국가질서를 찾아서

좀 더 구체적으로 공동체자유주의가 이루고자 하는 이상적 국가질서理想的 國家秩序의 내용을 토론해 보자. 이것은 대단히 중요한 문제라고 생각한다. 그 이유는 우리나라가 1945년 해방된 뒤 1948년 대한민국을 건국하고 그 이후 산업화와 민주화를 성공적으로 이루어 왔지만 그동안 스스로에 대해 깊이 생각할 틈이 없었기 때문이다. 즉 우리가 어떠한 민주주의를 할 것인가, 어떠한 민주주의가 우리에게 보다 맞는가, 우리는 어떠한 민주경제를 하고, 또 어떠한 민주경제가 우리에게 맞을 것인가 등의 문제에 대하여 제대로 생각하고 판단할 여력이 없었다. 이미 앞에서 지적한 바 있지만 우리는 절대빈곤에서 벗어나기 위해 산업화에 매진했을 뿐이었다. 과연 어떤 민주경제를 이루어야 하는가에 대해 깊이 생각할 틈이 없었다. 그러면서 막연히 서구적 민주경제를 모델로 생각했을 뿐이었다. 민주주의의 경우도 마찬가지다. 우리는 군사독재와 권위주의와 싸우는 데 바빴지 어떠한 민주주의를 해야 하는가에 대해 깊이 성찰할 여유가 없었다. 그러면서 막연히 서구적 민주주의를 모델로 생각했을 뿐이었다. 과연 서구적 시장경제가 그리고 서구적 민주주의 모델이 우리에게 맞는 것인가? 안 맞는다면 어떠한 수정보완 혹은 변형이 필요한가? 이러한 의제들에 대해 깊이 있는 생각을 하지 못하고 지나 왔다.

그러나 이제는 더 이상 그래서는 안 된다고 본다. 특히 이제 선진국을 지향해야 할 대한민국으로서는 더욱 자신의 역사와 문화를 돌아보면서 자신에게 맞는 민주주의, 자신에게 맞는 시장경제가 어떠한 내용이 되어야 하는가를 깊이 생각해 보아야 한다. 이 일에 성공하지 못하면 대한민국에서 민주주의의 성공과 시장경제의 성공은 어렵다고 본다. 왜냐하면 서구적 민주주의는 서구적 문화와 역사의 토양 위에서 큰 것이기 때문이다. 그리고 서구에서 꽃피웠다. 서구적 시장경제도 서구의 문화와 역사 속에서 큰 것이고 서구에서 꽃피웠다. 그 서구적 민주주의와 서구적 시장경제가 대한민국의 문화와 역사 속에서 꽃피운다는 보장이 없다. 우리는 우리의 역사와 문화 그리고 우리 국민의 의식과 정서에 맞는 '대한민국적 민주주의', '대한민국적 시장경제' 모델을 찾아내야 한다. 그래야 이 대한민국이라는 토양과 풍토에서 꽃피울 수 있는 우리의 민주주의와 시장경제를 가지게 될 것이다.

어떠한 민주주의인가?: 민본주의적 민주주의

오늘날 세계화시대의 민주주의는 하나의 큰 도전에 당면해 있다. 즉 민주주의의 집단적 결정능력collective decision making capacity의 합리성이 크게 떨어지고 있다. 다시 말해 유효한 정부effective government를 만들어 내지 못하고 있다. 정치란 본래가 국민들의 집단적 의사를 결정하는 절차이고 기구다. 그리고 민주주의 정치란 국민의 의사를 모아 내고 합리적인 결정으로 수렴하는 절차이고 시스템이다. 그런데 민주주의 정치에서 이러한 집단적 의사능력의 합리성이 크게 떨어지고 있다. 한마디로 제대로 된 합리적인 집단적 의사결정을 잘 못 내리고 있다. 민주주의가 국민이 정부를 선택하기 때문에 민주주의 정부는 정당성이 있는 정부 legitimate government임은 틀림없다. 그러나 국가문제를 풀어가는 집단적 의사결정은 제대로 합리적으로 못하는 정부ineffective government가 된다는 것이다.

서구의 민주주의를 도입한 대한민국의 경우도 마찬가지 문제에 당면해 있다. 사실 세계화는 이미 앞에서 보았듯이 기회이면서도 위험이기 때문에 국가가 어떻게 위험을 최소화하고 기회를 최대화할 것인가, 이를 위해 어떠한 제도개혁과 정책수립이 필요한가 하는 문제를 풀어내야 한다. 이 문제를 잘 풀어내는 것이 정치이고 민주주의가 되어야 한다. 그런데 민주주의가 이 일을 제대로 해내지 못한다는 것이다. 국민의 집단적 의사결정 절차이고 기구인 민주주의 정치가 합리적인 결정을 해내지 못한다는 것이다.

왜 그럴까? 두 가지 때문이다. 우선 정치지도자들의 포퓰리즘 때문이다. 정치지도자들이 득표만을 의식해 대중인기에 영합적인 정치와 정책만을 선택하기 때문에 진정으로 장기적 관점에서 국민들에게 이익이 되는 ― 예컨대 세계화의 이익을 극대화하고 위험을 최소화하는 ― 의사결정을 해내지 못하게 된다는 것이다. 한마디로 정치지도자들이 공익公益에 대한 고려보다 사익私益에 대한 고려를 더 중시한다는 것이 된다. 우선 득표에 도움이 된다고 생각하면 국민들에게 장기적으로 해로운 결정도 서슴지 않고 한다는 것이다. 사실 많은 학자들이 세계화와 관련하여 금융위기, 환경파괴, 절대빈곤, 저속한 소비문화 등의 '시장 실패' 문제를 이야기했다. 그러나 좀 더 깊이 생각해 보면 시장의 실패가 아니라 사실은 '정치 실패'이고 '민주주의 실패'의 문제다. 본래 시장경제를 규율하고 감시 감독하는 것이 정치이고 민주주의인데, 시장규율, 즉 필요한 제도보완 등을 제대로 못해 시장 실패가 일어나면 그것은 사실 정치 실패이고 민주주의 실패다. 득표를 위한 정책 포퓰리즘 그리고 각종 이익집단과의 타협과 거래 때문에 정치와 민주주의가 시장에 대한 감시와 감독을 제대로 못하게 되는 것이다.

오늘날의 민주주의가 합리적·집단적 결정을 못하는 두 번째 이유는 유권자들에게 있다. 즉 유권자들의 소위 합리적 무지rational ignorance가 문제다. 훌륭한 지도자를 찾아내기 위해 드는 비용, 조사비용과 시간 등이 훌륭한 지도자가 선출되어 본인이 얻을 수 있는 이익보다 일반적으로 크기 때문에 — 왜냐하면 좋은 사람을 뽑아 얻는 이익은 모든 유권자들과 나누어 가지게 되므로 본인에게 돌아오는 몫은 적기 때문에 — 대부분의 유권자들이 정치적 무지를 선택한다는 것이다. 그래서 선거에 불참하거나 이미지 선거, 연고선거 등 비합리적인 선택으로 흐른다는 것이다. 요컨대 유권자들이 정치지도자를 잘 알려고 하지도 않고, 일반적으로 지도자를 잘 모르는 중에 이미지나 소문 혹은 연고에 의지해 선택하게 된다는 것이다. 유권자가 이렇게 합리적 무지를 선택하면 정치지도자들은 당연히 더욱 '내용보다 모양', '국익보다 이미지' 등의 포퓰리즘적 정치행태로 질주하게 된다.

이러한 두 가지 이유로 민주주의가 현재 선진국에서도 과연 제 기능을 제대로 할 수 있을까 하는 회의와 비판이 많다. 그리고 민주주의의 이러한 기능퇴화의 문제는 정치적 후진국이거나 신흥민주주의국가new democracies에서는 더욱 심각한 문제가 되고 있다.

우리는 국민이 선출하는 민주적 정부를 희망한다. 그러나 민주적 정부가 반드시 국민의 장기적 이익을 실현 보장해 주는 유효한 정부가 아닐 위험이 커진다면 큰 문제가 아닐 수 없다. 어떻게 할 것인가? 이것은 세계민주주의의 문제이기도 하고 또한 대한민국 민주주의의 문제이기도 하다. 대한민국의 경우도 1987년 민주화 이후 들어선 정부들이 과연 유효한 정부였는가? 정부가 할 일을 제대로 잘 하는 정부였는가? 기득권에 휘둘리고 이익집단 요구에 휘둘리고 길거리의 목소리에 휘둘리지는 않았는가? 과연 국민들에게 뚜렷한 비전과 가치와 원칙을 제시하고, 국민과 소통하면서도 영합하지 않고 국민을 존중하면서도 적극적으로 리드해 왔는가? 그래서 '세계화시대 선진화'를 위한 제도와 정책 개혁을 흔들림 없이 질서 있게 지속적으로 추진하고 성공시켜 왔는가? 이러한 질문들을 떠올리면서 깊이 반성해 보아야 한다. 그렇다면 이 서구민주주의의 위기의 문제를 과연 우리는 앞으로 어떻게 풀 것인가?

결론부터 이야기하면 이 문제를 풀기 위해서는 서구의 '민주주의民主主義의 절차와 형식'에 동양의 '민본주의民本主義의 정신'을 결합해야 한다고 생각한다. 주지하듯이 우리나라에는 오랫동안 유교적 민본사상이 지배해 왔다. 우리는 이 민본사상의 장점을 발전적으로 계승하여 서구에서 온 민주주의와 결합해야 했다. 그런데 그동안 이를 해내지 못한 것이 우리나라의 정치적 혼란, 민주주의 위기의 주원인의 하나였다고 본다. 서구에서 들어온 정치제도가 우리나라의 역사 속에 숨쉬는 정치문화의 장점과 접목하지 못했던 것이다. 앞으로 창조적 세계화에 성공하려면 반드시 우리의 민주주의가 민본주의적 민주주의가 되도록 만들어야 한다고 생각한다.

그러면 민본주의란 무엇인가?• 두 가지 특징을 가진다. 하나는 지도

• 민본의 어원은 『서경(書痙)』에서 "백성이 오직 나라의 근본이니 근본이 견고하여야 나라가 편안하다(民惟邦本 本固邦寧)"에서 나왔다고 한다. 한마디로 민본주의는 민(民)이 나라의 근본이라는 사상이다. 이를 가장 명쾌하게 설명한 사람이 정도전이다. 그는 『조선경국전(朝鮮經國典)』에서 "대저 군주는 국가에 의존하고 국가는 민에 의존한다. 그러

자는 국민을 사랑하고 국민을 위해 정치를 해야 한다는 것이다. 한마디로 '애민愛民정치' '위민爲民정치'를 해야 한다는 것이다. 그런데 애민정치-위민정치가 가능하려면 지도자가 반드시 사심私心을 줄이고 공익公益을 앞서 생각해야 한다. 즉 선공후사先公後私해야 한다. 옛날 표현을 빌리면 인욕人慾을 버리고 도심道心을 가져야 애민정치-위민정치가 가능하게 된다. 그래서 지도자는 반드시 수신修身해야 하고 어느 정도 사심과 인욕을 억제할 정도의 수양이 된 후에야, 공직을 맡아야 한다. 그래야 비로소 정치를 잘할 수 있다고 보았다. 그래서 '수기 후 안민修己 後安民'이었다. 민본주의의 이러한 특징은 곧 지도자학 내지 지도자교육학을 중시하는 전통을 만들어 왔다. 반드시 '수기 후 안민'이라는 지도자 교육을 받은 후에 공직에 나설 수 있게 했다.

민본주의의 두 번째 특징은 애민-위민을 하기 위해서 소위 민의民意를 존중하는 정치를 해야 하는데 민의를 어떻게 확정할 것인가? 하는 문제와 관련된 것이다. 민본주의에서는 민의를 다수결로 정하는 것이 바람직하다고 보지 않았다. 그 시대의 학문적·도덕적 엘리트인 유능하고 덕이 높은 선비들이 자유롭고 평등한 토론을 통해 만든 공론公論으로 민의가 결정되어야 한다고 주장했다. 그러면서 단순한 세간이나 시장에서 떠돌아다니는 의견이나 소문소위 浮議 등은 비록 다수의 견해일지 몰라도 올바른 민의가 아니라고 보았다.* 민의의 대변자는 선비였다. 요즘으로 말

므로 민은 국가의 근본인 동시에 '군주의 하늘'이다."라고 주장하고 있다. 민이 나라의 근본이므로 모든 문제를 민의 입장에서 생각하고 풀어야 한다. 그래서 민을 위하고(爲民) 민을 사랑하고(愛民) 민을 존중하고(重民) 민을 보호하고(保民) 민을 기르고(牧民) 민을 평안하게 하여야 한다(安民)는 것이다. 한영우, 『鄭道傳 사상의 연구』, 서울대학교 출판부, 1999년 개정판, p.103 이후.

* 이율곡 선생께서 특히 부의(浮議)의 폐해를 많이 경계하셨다. 이율곡 선생은 부의를 떠돌아다니는 유언비어로 보셨다. 그래서 "부의라는 것은 어디서부터 시작되는 것인지

하면 올바른 민의는 단순한 여론輿論이나 중론衆論이 아니라, 전문가들의 심사숙고한 의견에 의하여 뒷받침되어야 한다는 주장이다. 대중의 일시적 여론이나 분위기에 따른 정치가 아니라, 지식인 전문가들의 연구와 토론의 결과에 의해 뒷받침되는 정치가 바람직한 정치라고 생각했다.•

이상의 두 가지 특징을 가지는 민본주의는 우리나라의 대단히 훌륭한 정치사상적 전통이고 정치문화다. 그런데 우리가 서구의 형식적 민주주의, 구체적으로는 선거를 통하여 정부를 선택한다는 선거민주주의를 받아들이면서 이렇게 뛰어난 우리의 민본주의적 전통의 장점을 모두 잊어버렸다. 그러면서 정치라는 것이 단순한 선거공학選擧工學이 되고 진정으로 선공후사의 마음으로 애민-위민愛民-爲民하려는 정치지도자들의 노력이나 지식인이나 전문가들의 의견을 존중하는 정책연구는 정치 속에서 없어져 버렸다. 또한 정치가 일종의 선거공학이 되어 버렸으니, 국정운영에서 전문가나 학자들의 의견보다는 대중의 일시적 중론 — 여론조사 등 — 이나 정서가 더 중요해졌다. 자연히 정치는 점점 인기영합의 포퓰리즘적 성격을 띠게 되었다. 국민을 진정으로 위하는, 즉 애민-위민을 하려는 멸사봉공의 지도자가 아니라, 국민들에게 듣기 좋은 이야기를 하면서 국민을 속이는 포퓰리즘적 선동가가 민주주의라는 절차와 형식을 통해 더욱 기승을 부리게 되었다. 그래서 현재 많은 나라에서 민주주의가 흔들리고 있다. 급기야는 비자유민주주의illiberal democracy가, 혹은 민주

모르나 미미하게 시작되어 점점 성하여 마침내 조당을 동요하게 하고 대간에 파란을 일으키며 온 조정이 이에 휩쓸려 …"라고 하시면서 선비들이 공론(公論)을 세워 부의의 등장을 철저히 막고 국론(國論)을 통일시킴으로써 백성을 편안하게 해야 한다고 하셨다. 김익수·조남국·박병호·김용환 공저, 『율곡의 개혁사상(하)』, 율곡사상연구원, pp.340-341.

• 과거 우리나라에서 하던 선비들의 공론을 만드는 활동을 오늘날 선진국에서는 각종의 Think Tank에서 정책전문가 — 이론가와 실무가 — 들이 하고 있다고 볼 수 있다.

주의의 실패가 오게 되는 것이다.

요즈음 많은 나라들이 민주주의의 위기를 경험하고 있다. 무엇보다 그 주된 이유는 앞에서도 보았지만 지도자의 도덕성과 철학 부족과 과도한 대중민주주의mass democracy 때문이다. 이 두 가지 문제를 동시에 풀 수 있는 열쇠가 바로 우리의 전통적 정치사상인 민본주의에 있다고 본다. 앞으로 정치질서 분야에서 공동체자유주의에 기초한 창조적 세계화 전략은 반드시 민본주의적 전통을 부활시켜 서구에서 도입한 민주주의와 결합한 소위 '민본주의적 민주주의'로 나아가야 한다. 민본주의적 민주주의를 이 땅에 실현하는 것이어야 한다. 그래야 우리나라에서도 세계화의 도전을 올바로 헤쳐나가는 유효하고 능력 있는 정부가 등장할 수 있다. 그래서 창조적 세계화에도 성공하고 진정한 자유민주주의도 지켜나갈 수 있게 될 것이다.

어떠한 시장경제인가?: 민부 중시의 시장경제

창조적 세계화에 성공하는 공동체자유주의적 경제질서는 시장경제지만 반드시 민생民生과 민부民富를 중시하는 시장경제여야 한다. 민생과 민부를 중시하는 시장경제란 다음의 세 가지 조건이 성립함을 의미한다. 첫째는 반드시 역동적이고 생산적인 시장경제여야 한다. 다시 말해 끊임없이 혁신적 투자와 창조적 파괴가 일어나는, 그래서 세계 최고의 생산성을 만들어 낼 수 있는 시장경제여야 한다. 세계 어느 나라의 경제보다 국민들에게 보다 많은 부를 가져다줄 수 있는 시장경제가 진정한 민생경제이다. 왜냐하면 진정으로 애민-위민의 경제인 민생경제를 이루려면 반드시 선부先富해야 하기 때문이다. 즉 국민들에게 가능한 한 많은 부를 제공하는 것을, 그래서 민부를 획기적이고 지속적으로 높이는 것을 우선 목표로 해야 한다. 항상 인격 수양과 교육을 중시했던 공자孔子도 민에 대해서는 선부후학先富後學이라 하셨다. 우선 국민을 부유하게 한 다음에 교육을 해야 한다고 하셨다. 아니 민民을 부유하게 하는 것은 인仁의 단계를 넘어 성聖이라고까지 높이 평가하셨다. 따라서 높은 발전을 가져오는 역동적 시장경제가 아니면 진정으로 민생과 민부를 중시하는 경제가 될 수 없다.

둘째는 단순히 역동적일 뿐 아니라 저변이 넓은 시장경제broad based market economy여야 한다. 저변이 넓다는 것은 많은 중소기업이나 영세자영업자 등이 활발하게 경제활동에 참여하는 시장경제여야 한다는 말이다. 경제활동의 주체가 대기업, 공공부문 등 특정부문만의 활동에 국한되지 않고, 많은 보통의 중소기업과 보통사람들이 다수 경제활동에 참여하는 시장경제여야 한다는 말이다. 그래야 그 경제가 중산층의 비중이 큰 '항아리경제'를 이룩할 수 있다. 다시 말해 빠른 부의 창출 내지 높은 성장률 다음으로 중요한 것이 반드시 많은 사람들이 경제활동에 참여하는 '민주적 시장경제'가 되어 시장경제가 창출하는 부의 배분과정에 가능한 한 다수가 참여할 수 있어야 한다는 것이다. 즉 분배가 고른 경제일수록 민생과 민부 중시의 시장경제라 할 수 있다.

그리고 셋째는 특히 시장경제가 요구하는 창조적 파괴, 표현을 달리하면 세계화가 요구하는 구조조정과정에서 발생하는 피해자나 약자실업자나 퇴출기업를 효과적으로 보호하는 사회안전망이 있어야 한다는 것이다. 단순한 보호 위주의 안전망이 아니라 새로운 고임금 직종으로 이동할 수 있는 훈련과 교육, 취업알선과 지원, 그리고 훈련기간 동안의 최소한의 생활의 보장 등이 함께 준비된 사회안전망이어야 한다. 물론 교육능력이나 노동능력이 없는 경우에는 국가가 직접 생계를 도와야 한다. 이는 동서고금을 막론하고 어느 시대 어느 나라에서든 당연히 국가가 해야 할 일이다.•

이상의 세 가지, 즉 선부先富, 균부均富, 보민保民이 이루어져야 비로소 민부民富 중시의 시장경제라고 부를 수 있다.

시장경제는 분명 부와 생산을 극대화하는 유효한 시스템이다. 지금까지 인류가 알고 있는 경제체제 중에서 시장경제만큼 부의 극대화wealth-maximizing를 이루어 내는 데 효과적인 제도는 없었다. 그래서 공동체자유주의는 시장경제를 지지한다. 그리고 창조적 세계화도 시장경제의 활성화를 지향한다. 그러나 시장경제라고 하여 항상 역동적인 것은 아니다. 뿐만 아니라 반드시 다수의 참여 — 다수에의 공정한 분배 — 를 보장하는 제도도, 그리고 약자보호나 공평성을 보장하는 제도도 아니다. 경우에 따라 시장경제는 크게 역동적이고 다수의 참여와 약자보호를 보장하기도 하지만, 그 반대의 경우도 얼마든지 가능하다. 시장경제가 침체되기도 하고 분배가 악화되기도 하고 약자보호를 외면하기도 한다.

따라서 공동체자유주의가 지향하는 시장경제는 우선 가능하면 '역동적인 시장경제'를 만드는 데서 출발하지만, 반드시 다수가 참여하는 '항

• 우리나라에서도 환과고독(鰥寡孤獨), 즉 홀아비, 과부, 고아, 그리고 자식 없는 노인을 4궁(窮)이라고 하여 나라가 직접 생계를 도왔다. 그러나 나라가 도와도 무조건 이들을 돕는 것이 아니라 (1) 10세에서 60세 사이면 노동능력이 있다고 보아 돕지 않았다. (2) 그리고 친척이 있는 경우는 친척끼리 도울 것을 권하기 위해 나라가 돕지 않았다. (3) 그리고 이들 중에도 재산이 있는 사람을 돕지 않았다. 그래서 진정으로 어려운 사람, 스스로 생계유지가 불가능한 사람들만 나라가 돕도록 했다. 서양에만 공적부조(公的扶助)제도가 있었던 것은 아니다. 정약용 저, 茶山연구회 역주, 『역주 목민심서 Ⅱ』 창작과비평사, 1977, 제4주 愛民 6條 제3장 진궁(振窮)편을 참조.

아리경제'를 지향해야 한다. 그리고 나아가 약자를 보호하고 발전시키는 평생교육-평생고용-평생복지의 황금의 삼각안전망golden triangle network을 만들어 내야 한다.

다시 강조하지만 공동체자유주의는 무엇보다도 먼저 투자가 끊임없이 일어나는 경제를 만들어야 한다. 이를 위해 무엇보다 대외개방은 물론이고 시장경제의 독과점을 타파하고 불필요한 정부규제를 줄일 필요가 있다. 또한 보다 많은 사람에게 그들의 '경제하려는 의지will to economize'를 활성화할 수 있도록 제도적·정책적 여건을 만들어 주어야 한다. 그러나 이 투자경제가 소수의 투자로 끝나지 않고 가능하면 많은 사람들이 참여할 수 있어서 중산층이 두터운 경제를 지향해야 한다. 그래서 중소기업, 영세자영업자 등의 활동을 지원하는 경제여야 한다. 이와 동시에 반드시 시장경제의 창조적 파괴과정에서의 피해자 내지 약자들이 재기할 수 있는 사회안전망이 갖추어져야 한다. 다시 강조하지만 이와 같이 세 가지 조건 — 선부先富, 균부均富, 보민保民 — 이 갖추어질 때 우리는 창조적 세계화가 지향하는 민부民富중시의 시장경제질서를 이루어 낼 수 있다.

어떠한 사회질서인가?: 법례法禮 조화의 안심安心사회

창조적 세계화가 지향하는 공동체자유주의적 사회질서의 최종목표는 '안심사회安心社會'다. 사회구성원들이 안심하고 삶을 계획하고 즐길 수 있는 사회다. 이 안심사회가 되려면 세 가지 조건이 필요하다.

하나는 '만민평등의 법치주의'가 바로 서야 한다. 인치가 아니라 법과 원칙의 지배가 바로 서야 한다. 그래야 모든 사람이 안심하고 자신들의 생활을 영위할 수 있다. 공동체의 성원들이 각자의 목표를 안심하고 자유롭게 추구하려면 그 사회공동체가 우선 안정되고 예측 가능해야 한다. 이 사회공동체의 안정과 예측가능성을 보장하는 가장 중요한 수단이 만민평등의 법의 지배다. 그러나 우리나라에서는 법만으로 안심사회를 이룰 수 없다. '법치法治사회'만으로는 안 된다. 반드시 '예의사회'를 만들어야 한다.

이것이 안심사회를 만드는 두 번째 조건이다. 법 이전에 국민들이 예와 의를 존중하는 마음을 가져야 한다. 국민들이 예와 의를 존중할 때 많은 사회적 문제와 갈등이 법의 논리 이전에 예와 의라는 도덕의 논리 속에서 해결된다. 특히 우리나라와 같이 역사적으로 정이 많은 다정多情사회에서는 법의 논리만으로 바람직한 사회질서를 만드는 데는, 그래서 안심사회를 만드는 데는 한계가 있다. 반드시 도덕의 영역인 예와 의가 뒷받침되어야 한다. 환언하면 법法과 예禮가 조화된 법예사회法禮社會를 만들어야 한다. 그래야 다정사회와 같이 가는 안심사회가 형성될 수 있다.

예의사회禮義社會를 만들기 위해선 무엇보다 먼저 사회구성원들 사이에 소위 서로가 입장을 바꾸어 상대의 입장에서 생각해 보는 마음, 환언하면 역지사지易地思之하는 마음이 많아져야 한다. 타인에 대한 배려 없이 자신의 이기주의만 추구하면 그것은 비례非禮 내지 무례無禮사회가 된다. 나아가 정글의 법칙이 작용하는 동물의 사회, 즉 저질低質사회가 된다. 그래서 우리는 시종일관 이기적 자유주의가 아니라 공동체자유주의를 강조하고 있는 것이다. 이 역지사지의 마음을 공자는 인仁이라고 했다. 사실 동양적 예의의 기본은 바로 이 인에 있다.* 아담스미스는 이 역지

* 좀 더 깊이 생각해 보면 인(仁)의 본질은 천지만물을 키우고 기르는 마음, 즉 천지만물의 생육지심(生育之心)이다. 따라서 자연히 입장을 바꾸어 상대의 입장에서 생각하는

사지하는 마음을 동감同感, sympathy — 남의 고통이나 즐거움을 자기의 고통이나 즐거움으로 느끼는 것 — 이라고 표현했다. 그리고 동양에서는 이 인과 예의를 소인배의 사회가 아닌 '군자의 사회'를 만드는 원리로, 그리고 서양에서는 이 동감을 '개화된 시민사회'를 만드는 기초적 구성 원리로 보았다.

이 타인에 대한 배려, 즉 역지사지하는 마음을 높이기 위해서는 도덕과 윤리 교육이 중요한 역할을 한다. 그런데 우리나라는 근대화과정산업화와 민주화을 압축적으로 거치면서 이러한 도덕과 윤리교육이 대단히 부족했다. 그래서 우리사회가 성공적 근대화의 결과 물질적으로도 풍요롭고 정치적·사회적 자유도 만끽하게 되었으나 정신적 빈곤과 영적 허탈은 대단히 심한 편이다. 앞으로 가정, 학교, 사회가 모두 나서는 대대적인 도덕·윤리 재무장운동이 반드시 전개돼 이 문제를 본격적으로 풀어야 한다고 본다.

안심사회를 만들기 위한 세 번째 조건은 효과적인 사회적 위험관리social risk management system시스템의 도입이다. 21세기는 새로운 사회적 위험이 크게 증대하는 사회다. 그래서 혹자는 위험사회라고도 부른다. 이 위험사회의 위험을 줄이고 관리하는 시스템을 도입해야 안심사회를 만들 수 있다. 다시 강조하지만 21세기는 새로운 사회적 위험이 많이 등장하는 시대다. 우선 20세기 산업화의 시대와 달리 단일직장에 장기고용

역지사지(易地思之)가 가능하게 되고 때로는 위험이나 악을 보고 참을 수 없는 마음 소위 불인지심(不忍之心)이 가능하게 된다. 따라서 생육지심이 기본이고 그 작용으로서 역지사지도 불인지심도 나온다고 보아야 할 것이다. 그러면 예(禮)란 무엇인가? 바로 이 인이 발현되는 혹은 펼쳐지는 순서다. 생육지심은 일차적으로 부모에게 그리고 자식에게 그리고 친척에게 그리고 이웃 타인에게 그리고 나아가서는 인간이 아닌 만물에게 차례로 확대되어가야 한다. 이 순서가 바로 예다. 그래서 예도 그 근본은 천하만물의 생육지심인 인에서 왔다고 보아야 할 것이다.

이 어려운 시대다. 또한 21세기 세계화시대에는 기업의 구조조정이 상시화되기 때문이다. 창조적 파괴가 보다 빈번히 일어나고 있다. 따라서 근로자들에게는 직장과 직업의 이동이 수시로 일어날 수 있다. 그 사이사이마다 일시적일지라도 실업의 위험이 따른다. 여기에 고령화가 새로운 노후의 장기실업의 위험을 높인다.

또한 21세기는 지식정보화의 속도가 빠른 사회다. 따라서 끊임없이 향상교육, 재교육을 받지 않으면 세상의 흐름에 뒤떨어질 위험이 높다. 여기에 21세기 세계화는 국경을 낮추고 사람과 물자의 이동을 활발하게 하므로 생각지도 못한 국제 질병과 테러와 범죄에 노출될 위험도 있다. 또한 지식과 정보의 국제간 교류가 빈번해지면서 과거에는 없던 문화쇼크 정체성 혼란 등의 위험도 증가한다. 따라서 전반적으로 21세기 세계화시대에는 사회적 위험이 크게 증대하게 된다. 이에 대한 적절한 위험관리기구의 제도화 없이는 안심사회를 만들 수 없다. 앞에서 이야기한 평생교육-평생고용-평생복지의 삼각안전망의 구축도 이러한 사회적 위험관리기구의 하나다. 그 외에도 사회적 위험의 내용 — 예컨대 각종 재해, 기후변화, 교통위험 등 — 에 따라 각각에 걸맞는 위험관리기구를 준비해야 한다. 분명 21세기는 안심安心사회 내지 안민安民이 큰 시대적 화두가 되는 시대다.

어떠한 국제질서인가?: 반反패권의 공동체자유주의적 국제질서

창조적 세계화가 지향하는 공동체자유주의적 국제질서는 독립된 주권국가들 간의 호혜와 평등의 자유주의적 국제질서liberal internationalism다. 따라서 어떠한 형태의 패권주의에도 반대하고 대국주의에도 반대한다. 주지하듯이 자유주의는 일국 내에서 개개인이 독립된 의사주체로서의 존엄과 자유 그리고 평등을 보장한다. 마찬가지로 국제적 자유주의는 세계의 모든 나라들이 각각 독립된 주권sovereignty의 주체로서 그 나라의 크기나 능력에 관계없이, 자유와 평등한 관계가 보장되어야 한다고 생각한다. 소위 Westphalia적인 국제관계가 기본이 되어야 한다고 생각한다.

그러나 공동체자유주의는 단순히 개별국가의 독립적이고 평등한 절대주권만을 주장하는 것으로 끝나지 않는다. 그것만을 주장한다면 그것은 자유주의에 불과하다. 공동체자유주의는 그 이상의 가능성을 모색하려고 노력한다. 즉 개별국가가 자국의 자발적 의지에 의해 자신의 주권의 일부를 보다 큰 공동체의 형성과 발전을 위해 양도할 수 있음을 인정한다. 그리고 그것이 바람직하다고 주장한다.

구체적인 예가 바로 EU와 같은 경우가 될 것이다. EU의 역사적 경험은 분명 개별국가가 모두에게 이익이 되는 더 큰 공동체를 만들기 위해 자발적으로 자신들의 절대주권의 일부를 포기할 수 있음을, 또한 포기함으로써 보다 더 큰 이익을 실현할 수 있음을 보여주고 있다. 우리는 반反패권과 반反대국주의의 기치를 확실히 하면서도, 바로 EU와 같은 자유스러운 다多국가공동체로 갈 수 있는 가능성을 적극 추구해야 한다. 그리고 그 가능성을 동아시아에서 적극적으로 모색해 보아야 한다. 동아시아 공동체를 건설하기 위한 노력을 열심히 해야 한다. 이것이 바로 공동체자유주의가 지향하는 바람직한 국제질서의 모습이다.

제10장

창조적 세계화전략

역사적 성찰

1980년대부터 시작되어 온 소위 제2차 세계화의 물결에 대해 우리 대한민국은 지난 기간 어떻게 대응해 왔는가? 하는 문제를 살펴보자.

제1차 세계화개혁

국가 차원에서 세계화에 대하여 어떠한 대응을 해야 하는가에 관한 문제를 최초로 본격적으로 논의하고, 이를 정책개발과 제도개혁으로 추진한 것은 김영삼 정부였다. 구체적으로 보면 1994년 말부터였다. 1994년 11월 17일 제2차 APEC 정상회담 후 호주 순방길 당시 시드니에서의 기자간담회에서 세계화구상의 일단을 밝혔다. 그리고 귀국 후 본격적 작업이 진행되어 1994년 12월 24일 청와대에 정책기획수석을 신설해 세계화를 위한 모든 개혁의 구상과 추진의 책임을 맡겼다. 이어서 1995년 1월 21일 세계화추진 중심기구로 민관民官합동의 '세계화추진위원회'를 발족시켰다.* 그리고 1995년 1월 25일 '대통령의 세계화구상'이 발표되

* 세계화추진위원회는 민관합동기구로 출발했다. 민관을 대표하는 두 명의 위원장과 50명 이내의 위원으로 구성했다. 정부측은 총리가 공동위원장을 맡았고 각부 장관들이 모두 참여했으며, 민간측은 대통령위원회의 위원장들(정책기획위원회 위원장, 행정쇄신위원회 위원장, 교육개혁위원회 위원장 등)이 당연직으로 참여하였고, 그 외에도 민간의 전문성과 참신성을 가지는 대표적 민간 인사들이 광범위하게 참여했다.

었다. 동시에 세계화추진위원회가 월 1회 세계화 정책과 개혁의 진행사항을 대통령에게 정례보고하도록 하면서 드디어 세계화가 본격적으로 추진궤도에 올랐다. 우리는 이 1994년 말부터 시작된 김영삼 정부의 세계화 정책을 '제1차 세계화개혁'이라고 부르려 한다.

1995년 1월 25일 발표한 대통령의 세계화구상을 살펴보면 당시 대한민국 정부가 세계화라는 문명사적 변화를 어떻게 이해하고 어떻게 대처하려 했는지를 알 수 있다.

1995년 대통령의 세계화구상은 우선, 전 인류가 20세기 산업화와 근대화의 시대를 지나 21세기 세계화와 정보화의 시대로 급속히 진입하고 있다고 진단한다. 그리고 세계화가 등장하게 된 배경으로 다음과 같은 세 가지 원인을 지적하고 있다. 첫째, 구소련의 붕괴를 계기로 동서東西의 체제경쟁이 끝나고 체제통합의 시기로 들어갔다는 것이다. 둘째, 급속한 정보통신과 항공교통기술의 발달로 세계가 시간적으로 동시화同時化되고 공간적으로 지구촌화地球村化되고 있다는 것이다. 셋째, WTO체제의 성립을 계기로 자유무역이 보다 확대 심화되면서, 세계경제의 상호의존성이 크게 증대했다는 것이다.

이러한 세 가지 변화를 배경으로 (1) 경제와 기술의 무無국경화 (2) 사회의 정보화와 지식집약화 (3) 문화와 의식의 지구촌화가 진행되고 있으며 (4) 행정과 정치의 분권화와 지방화도 함께 진행되고 있다. 이와 함께 (5) 국민이 추구하는 가치가 다양해지고 의사결정 과정에의 시민참여의식도 증대하고 있다. 동시에 (6) 세계의 불확실성이 증대하고 환경, 핵, 난민 등 새로운 지구촌 문제군地球村 問題群이 대두하고 있다고 진단하고 있다.

그러면서 대통령의 세계화구상에서는 이러한 문명사적인 혁명적 변화

세계화의 목표와 전략

21세기 국가 목표: 통일된 세계중심국가

경제 · 문화 · 정신 · 도덕대국, 모범이 되는 나라, 풍요롭고 편안한 나라

⇧

추진전략

- 환경모범국가의 건설 – 삶의 질의 세계화
- 신교육체제의 구축 – 문화대국 건설
- 지식정보 일류국가의 건설 – 지구정치시대의 국가 운영
- 과학기술의 획기적인 발전 – 법질서의 선진화
- 경제의 세계화 – 세계화시대의 행정개혁

⇧ ⇧

세계화시대의 국가발전원리

- 생산성
- 유연성
- 공정과 자율

세계화추진의 원칙

- 일류화 – 한국화
- 합리화 – 인류화
- 일체화

⇧ ⇧

세계화시대의 여건과 전망

- 지구환경시대
- 경쟁과 협력의 새로운 경제질서
- 지식정보화시대
- 과학기술 중심의 질서
- 사회구조와 가치관의 변화
- 문화우위시대
- 세계정치질서의 변화
- 다원화분권화시대

자료: 세계화추진위원회, 1998, 『세계화백서』, p.33.

에 대하여 대한민국이 어떻게 대응해야 하는가 하는 문제를 제기하고 있다. 대응전략으로 첫째, 확고한 국가목표와 국가비전을 세워야 한다. 둘째, 세계화시대에 맞는 국가발전원리를 파악해야 한다. 셋째, 이 원리에 기초하여 올바른 세계화전략, 즉 세계화시대 국가발전전략을 세워서 국민과 정부가 하나 되어 총력적으로 그 전략을 추진해야 한다고 주장하고 있다.

그러면서 우선 세계화시대의 국가목표 내지 국가비전으로 '통일된 세계중심국가'를 제시하고 있다. 지금까지 세계주변국가世界周邊國家에서 우리는 산업화와 근대화를 통해 세계조정국가世界調整國家가 되었다고 평가하고 이제는 세계화와 정보화를 통해 세계중심국가世界中心國家로 나아가야 한다고 주장하고 있다. 그리고 민족통일은 복원적이고 복고적인 통일이 아니라, 진취적이고 미래지향적이어야 한다. 즉 세계중심국가로의 발전과정, 세계중심국가로의 남북한 협력과정이 바로 통일이라고 주장하고 있다.

그러면서 세계중심국가를 다음과 같이 정의한다. 첫째는 대외적으로 다른 나라에 모범이 되는 모범국가, 존경을 받는 존경국가, 그리고 가보고 싶고 살고 싶으며 투자하고 싶고 공부하고 싶은 나라, 즉 동경과 선망의 국가를 의미한다. 둘째는 대내적으로는 국민 개개인의 삶이 풍요롭고 살기 편안한 나라, 즉 부민안국富民安國의 나라라고 정의한다. 근대화시대의 국가목표가 부국강병富國强兵이었다면 세계화시대의 국가목표는 부민안국이라는 것이다.

그러면서 대통령의 세계화구상은 세계화시대의 국가발전원리가 지금까지의 근대화·산업화시대와는 크게 달라진다고 보고 있다. 첫째, 근대화시대와 달리 앞으로는 정부주도만으로 곤란하다. 즉 시장의 영역이 더 강조되고 정부의 역할이 달라져야 한다는 것이다. 둘째, 국가의 부富와 국민의 삶의 질質이 국민이 보유하는 지식정보, 즉 지적자산知的資産의 수준 — 질과 양 — 에 의하여 결정되는 시대라는 것이다. 셋째, 법과 제도가 공정하고 투명하여, 민간의 자율과 지방의 자치가 최대한 보장되어야 국가의 성장잠재력이 최대 발현된다는 것이다. 넷째, 이제는 정치적·사회적 통합력이 강한 나라가 성공하는 시대라는 것이다. 다섯째, 이제는 자연과 인간이 공생할 수 있는 환경공동체구축이 중요해지는 시대이고, 여섯째, 사회의식과 관행이 합리화되고 질서가 생활화되어야 국가가 발전하는 시대라는 것이다.

이러한 여섯 가지 국가발전의 원리 — 시장, 지식과 정보, 법제도, 정치통합력, 환경, 사회의식 — 를 제시하면서 결국은 정치·경제·행정·사회·문화·체육 모든 면에서 '생산성과 유연성'을 높여야 한다고 강조한다. 그리고 이렇게 달라진 국가발전원리를 배경으로 '국가발전전략으로서의 세계화'를 주창한다. 따라서 1995년 주창한 세계화는 세계화라는 문명사적 전환기에 새로운 환경 속에서 국가를 발전시키기 위한 전략으로서의 세계화였다.

대통령의 세계화구상은 '국가발전전략으로서의 세계화'를 위해 다음과 같은 여섯 분야의 세계화를 주장했다.*

* 세계화(globalization)란 본래 전 세계의 인적·물적·정보적 교류와 이동이 빨라지고, 그 폭이 넓어지는 현상을 의미한다. 이 현상은 19세기 말에 있었고, 또한 20세기 말에 다시 나타나고 있다. 그러나 한국에서는 이것을 단순히 변화 내지 현상으로 보지 않고, 세계화시대의 국가발전을 위한 국정철학으로서의 세계화라는 개념으로 확장하여 사용해 왔다. 세계화시대의 국정운영철학으로서의 세계화는 국가목표인 동시에 이를 달성하는 전략이 될 수 있다. 따라서 한국에서는 세계화의 영문표기를 Globalization으로 하지 않고 Segyewha로 표시하고 있다. 대한민국에서는 세계화가 '세계화시대에 국가성공을 위한 국정운영철학', 보다 구체적으로는 국가목표인 동시에 국가전략으로서의 세계화라는 점을 강조하기 위함이었다. 최근 유럽 등에서는 세계화정책(globalization

(1) 교육을 세계화해야 한다.

창의와 인성을 중요시하고 교육수요자의 선택폭이 크게 확대되는 획기적인 교육개혁을 해야 하고 평생학습사회를 만들어 내야 한다. 그래서 국민 전체의 총 지적자산總知的資産을 일류화一流化해야 한다.

(2) 법질서와 경제질서를 세계화해야 한다.

기초질서가 지켜져야 하고 공정한 행위준칙으로서의 법의 지배가 정착되어야 하며 공정하고 자유로운 시장경제질서가 이루어져야 한다. 노사관계도 생산적이고 협력적이 되어야 하며 사회보장제도도 보다 효율화·합리화되어야 한다.

(3) 정치와 언론을 세계화해야 한다.

정당은 정책을 가지고 경쟁하는 정당, 당내민주화가 확실히 보장되는 정당, 그리고 차세대 지도자를 양성하는 미래정당이 되어야 한다. 깨끗하고 투명한 선거가 보장되어야 하고 국회의원들의 전문성과 직종대표성이 높아져야 하며 의회운영의 능률화 등을 통해 정치의 생산성이 높아져야 한다. 언론은 시대적 정론을 세우는 사회적 공기公器로서의 본연의 역할을 해야 한다.

(4) 행정과 지방을 세계화해야 한다.

행정의 세계화는 '작고 능률적인 정부' '똑똑하고 유연한 정부'를 지향

policy)이라고 하는 표현이 늘고 있다. 이것은 단순히 자유무역이나 개방화 정책을 의미하는 것이 아니라 '세계화시대의 바람직한 국가정책'이라는 의미로 사용되고 있다. 따라서 그 대상은 교육, 산업, 노동, 문화, 국제관계 등 여러 분야의 국가정책이 되고 있다.

한다. 관료적 권위주의적 행정에서 서비스 중심의 기업가적 행정으로 바꾸어야 한다. 지방자치의 성공적 정착을 통해 지방 간의 경쟁을 유도하고 지방의 성장잠재력을 활성화해야 한다.

(5) 환경을 세계화해야 한다.

차세대들이 자연과 공생할 수 있는 모범적인 환경공동체를 만들어 나가야 한다.

(6) 문화와 의식을 세계화해야 한다.

전통문화의 가치를 재확인하고 세계문화와 접목시켜야 한다. 우리의 폐쇄적 의식을 보다 합리화하여 개방하고 세계시민으로서의 의식과 윤리를 높여 나가야 한다. 자기 것에 대한 자긍심과 남의 것에 대한 존경심을 가지는 세계화된 자세와 의식이 필요하다.

그리고 대통령의 세계화 구상은 이러한 여섯 부문의 세계화노력이 바로 통일한국을 앞당기는 일이 된다고 강조한다. 왜냐하면 통일이란 남南의 세계화와 북北의 세계화가 하나 되는 과정이라고 보았기 때문이다.

그러면 이상의 여섯 부문을 세계화해야 한다고 할 때, 세계화의 의미는 좀 더 구체적으로 어떻게 정의해야 할까? 1995년 대통령세계화구상에서는 국가발전전략으로서의 세계화는 다음의 다섯 가지 의미를 가진다고 주장한다.

첫째, 세계화는 일류화다.

각 부문이 세계최고가 되는 것이다. 정부·국민·기업·학교·지방 그리고 정치, 경제, 사회, 문화, 의식 모두가 세계일류가 되고 세계최고가 되는 것이다.

둘째, 세계화는 합리화이다.

각 부문의 비합리적 제도와 의식을 개혁하는 것이다. 개발독재시대의 해이해진 기초질서, 왜곡된 경제질서, 잘못된 의식과 관행을 개혁하고 합리화하는 것이다. 따라서 세계화는 곧 개혁이고 변화다.

셋째, 세계화는 일체화一體化다.

계층과 세대와 지역을 뛰어넘어 하나가 되는 것이다. 대기업은 중소기업을, 도시는 농촌의 발전을 도와야 한다. 곧 공동체적 연대감과 소속감을 높이는 것이다.

넷째, 세계화는 한국화다.

세계화는 민족문화와 전통을 숙지하고 민족주체성과 민족정기를 바로 세우는 것이다. 한국고유의 가치와 문화를 가지고 세계로 뻗어 나가는 것이다.

다섯째, 세계화는 인류화다.

세계화는 인류 공동의 당면문제, 예컨대 핵, 인권, 환경, 난민, 빈곤 문제 등을 함께 고민하고 해결하기 위하여 노력하는 것이다.

그리고 결언에서 세계화는 새로운 문명사적 전환기를 맞이하여 옛 껍질을 깨고 새로 태어나자는 — 산업화·근대화시대의 구각을 깨고 정보화·세계화시대의 새로운 의식, 관행, 제도로 거듭나자는 — 결단이라고 주장한다.

이러한 대통령의 세계화구상을 받아서 세계화추진위원회에서는 10개 전략분야의 기본정책의 방향을 구체화했다.

(1) 환경모범국가의 건설

(2) 신新교육체제의 구축

(3) 지식정보 일류국가의 건설

(4) 과학기술의 획기적 발전

(5) 경제의 세계화

(6) 삶의 질의 세계화

(7) 문화대국건설

(8) 지구정치地球政治시대의 국가운영

(9) 법질서의 선진화

(10) 세계화시대의 행정개혁

그래서 각 분야별로 구체적인 세계화 정책과제를 선정하여 총 53개 세계화과제를 1995년부터 1997년까지 추진하게 된다. 그 과정에서 169개의 법령이 제정 또는 개정되었고, 약 100여 명의 전문연구 인력들이 참여하였으며 400여 회 이상의 크고 작은 회의를 개최했다.[*]

그 이후 1997년 말 IMF 금융위기가 오기까지, 약 3년간1995-97 세계화 개혁이 시대의 화두였고 당시 대한민국의 최고 국정목표였다. 이미 앞에서 본 바와 같이 총리실에 세계화추진위원회를 두어 총리와 민간대표가 함께 공동위원장을 맡고 대한민국이 세계화시대를 성공으로 이끌 개혁을 구상하고 추진했다. 동시에 청와대에도 청와대 직제 역사상 처음으로 정책기획수석을 두어 세계화개혁의 책임이 맡겨졌다. 이에 따라 1995년에 들어서면서 사법개혁, 5.31 교육개혁 그리고 1996년의 노동개혁과 복지개혁으로 이어지는 일련의 세계화 개혁이 추진되었다. 이는 대한민국 역사에서 세계화라는 새로운 문명사적 변화에 적극적으로 대응하기 위해 국정 전반의 정책과 제도개혁을 하려 했던 국가차원에서의 최초의

* 세계화 개혁 전반에 대한 자료는 세계화추진위원회, 『세계화의 비전과 전략』, 1995년 9월; 세계화추진위원회, 『1995년도 세계화추진종합보고서』, 1996년 1월; 세계화추진위원회, 『세계화백서』, 1998년 1월; 세계화추진위원회, 『세계화과제보고서』, 1998년 1월 등을 참조.

체계적·종합적 시도였다.

이러한 1995년의 대통령의 세계화구상에 대해 우리 사회일각에서는 이 구상은 기본적으로 효율과 성장 중심의 국가전략 내지는 신자유주의적 개혁구상이 아니냐는 비판이 있다. 그러나 자세히 보면 그렇지 않다.* 1995년 1월 25일 대통령의 세계화구상이 발표된 후, 같은 해인 1995년 3월 23일 발표된 '삶의 질의 세계화를 위한 대통령의 복지구상'을 보면 확실하게 세계중심국가가 되려면 경제발전뿐 아니라 사회발전도, 소득수준뿐 아니라 삶의 질의 개선도 세계화되고 일류화되어야 함을 강조하고 있다. 당시 대통령의 복지구상에서는 지난 근대화·산업화의 시대에서는 절대빈곤에서 벗어나는 것이 주 관심이었기 때문에 일반적인 삶의 질보다는 고용창출이 최선의 복지라고 생각하고 한정된 자원을 성장우선에 투자해 왔다고 진단한다. 그리고 과거에는 그러한 정책이 나름의 합리성이 있었다고 평가하면서도, 이제 세계화 정보화시대에는 국민의 복지와 삶의 질에 대한 관심과 의무를 더 이상 미룰 수 없는 시대라고 규정하고 있다. 세계화구상 발표 후 두 달이 안 되어서 복지구상을 발표한 것을 보면 1995년의 세계화구상을 흔히 이야기하는 신자유주의적 개혁이라고 폄하하는 것은 적절치 않다고 본다.

대통령의 복지구상은 더 이상 우리나라가 복지 문제나 삶의 질의 문제를 미룰 수 없는 이유로 다음을 제시하고 있다.

첫째, 세계화시대에는 국가안보 못지않게 인간의 가치와 삶의 질을

* 적어도 세계화를 추진한 주체들의 생각은 그러하지 않았던 것 같다. 물론 정책추진결과 내지 성과에서 과연 국가경쟁력을 높이기 위한 투자와 삶의 질을 높이기 위한 투자간의 비중이 어떠했는가를 가지고 시시비비를 가릴 수는 있을 것이다. 그러나 그것도 삶의 질을 높이기 위한 투자와 국가경쟁력을 높이기 위한 투자를 확연하게 구별하기는 쉽지 않을 것으로 본다. 사실상 경쟁력과 삶의 질의 개선이 중복되는 부분 — 교육훈련 등 — 이 대부분일 것이기 때문이다.

중시하는 인간안보가 중요한 과제가 되고 있으며 또한 그것이 시대정신이라는 것이다.

둘째, 세계화시대에는 사회통합이 중요해지고 있다는 것이다. 세계화시대의 무한경쟁이 격차와 갈등의 증대를 가져올 수 있기 때문에 사회통합이 중요해진다는 의미다.

셋째, 세계화시대에는 삶의 질이 국가경쟁력의 중요 요소가 된다는 것이다. 다시 말해 삶의 질이 국가이미지와 위상을 정하고 국민들의 근로의욕과 사회의 활력을 크게 증진시킨다는 뜻이다.

넷째, 이제 절대빈곤의 시대는 끝났고 산업화와 근대화에 성공했기 때문에 앞으로는 삶의 질에 대한 국민적 욕구와 기대가 높아진다는 것이다. 노령층의 급증, 여성의 사회참여의 증대, 핵가족화의 진전 등으로 노인복지, 여성복지, 아동복지의 수요가 크게 늘어난다는 것이다.

다섯째, 통일한국을 순조롭게 앞당기기 위해 우리 삶의 질을 고르게 높이는 일이 대단히 중요하다는 것이다.

그래서 앞으로는 균형된 사회개발이 지속적 경제개발의 전제가 되고 역으로 지속적 경제개발이 사회개발과 국민복지의 기초가 되는 시대라고 규정하고 있다. 이제는 성장과 복지를 상호대립적인 관계가 아니라, 상호상승적이고 상호보완적인 관계로 보아야 한다고 주장한다.

그러면서 삶의 질의 세계화는 한국의 역사, 전통, 국민정서, 사회경제적 조건에 걸맞는 한국적 복지사회모형에 기초해야 한다고 강조하며 삶의 질의 세계화, 즉 복지구상을 위한 다섯 가지의 기본원칙을 제시하고 있다.

:: **원칙 1: 최저수준보장의 원칙**

최소한의 인간다운 삶은 국민 모두에게 반드시 보장되어야 한다. 국민최소수준National Minimum 이하의 취약층은 소득, 의료, 교육, 주거 등 기본적 생활조건을 국가가 반드시 책임져야 한다. 그러나 능력이 있는 국민의 복지문제는 원칙적으로 자기책임원리에 따라야 한다.

:: **원칙 2: 생산적 복지의 원칙**

앞으로의 복지는 사후적事後的 복지가 아니고 예방적 복지여야 한다. 또한 소비적 복지가 아니라 생산적 복지여야 한다. 세계화시대 삶의 질은 사회구성원들의 지식, 정보, 기술 수준에 의해 결정된다. 따라서 올바른 복지정책은 사회구성원들 모두의 지적 자산수준을, 특히 사회적 약자들의 지적 자산수준을 높이는 투자형 복지여야 한다.

:: **원칙 3: 공동체적 복지의 원칙**

고도복지사회는 정부의 힘만으로는 안된다. 기업과 시민사회의 자구自救노력, 상호부조, 자원봉사 등의 민간협력과 정부의 노력이 함께 합쳐져야 한다. 민관民官협조와 민민民民협력이 있어야 한다. 여기에 가족주의의 건강성이 결합되어야 한다. 그래서 '가족-이웃-지역-국가'로 이어지는 연대의식기반 위에 복지공동체가 이룩되어야 한다.

:: **원칙 4: 정보화와 효율화의 원칙**

국민복지제도와 그 운영을 정보화하고 효율화해야 한다. 그래야 복지서비스의 질을 높일 수 있다. 또한 그 비용을 낮출 수 있어 보다 많은 수혜자를 만들 수 있다. 또한 복지체계 간의 기능분담과 상호연계성을 강화하여 공정한 복지공동체를 만들 수 있다.

:: **원칙 5: 안전중시의 원칙**

21세기는 '안전과 안정'이 삶의 질에 가장 중요한 요소가 되는 시대다. 소득수준이 올라갈수록 물질적 풍요에 대한 욕구보다 정신적 풍요에 대한 욕구가 증대한다. 따라서 우선 우리의 삶을 환경오염, 범죄, 마약, 불량식품, 부실공사 등으로부터 보호하는 것이 시급하다. 나아가 질병, 실업, 산업재해, 노령 등의 불안으로부터 우리의 삶을 확실하게 보호할 수 있어야 한다. 그래서 안전하고 안정된 사회를 만드는 것이 21세기형 복지국가다.

이상의 복지구상의 다섯 가지 원칙을 제시한 후, 우선 시급하게 다루어야 할 주요 정책과제로 (1) 영세민, 장애인, 불우아동 등 취약계층을 위한 공적 부조公的扶助의 확대 (2) 고령화시대에 대비한 노인복지의 확충 (3) 고용기회의 확대, 정치참여의 활성화 등 여성의 사회참여 확대의 지원 (4) 연금, 의료보험, 산재보험, 고용보험 등 사회보장제도의 수요자 편익 중심으로의 개선 (5) 각종 사고, 재해 등에 대비한 사회안전체계의 확립 (6) 깨끗한 공기, 맑은 물, 쾌적한 환경을 위한 21세기형 환경개선종합대책의 마련 등을 선정하고 있다. 그리고 결론부분에서 삶의 질의 세계화를 통하여 우리나라를 경제대국 생활대국 더 나아가 문화 및 정신대국이 될 수 있도록 그 초석을 닦아 나가자고 주창하고 있다.

위와 같은 내용의 대통령 복지구상이 대통령의 세계화구상이 발표된 두 달 안에 이루어진 것을 보면 당시 세계화추진세력은 국가경쟁력제고와 함께 국민통합의 중요성을 균형 있게 인식한 것 같다. 물론 그 인식이 구체적 정책으로 현실 속에서 얼마나 실현되었는가는 별개의 문제일 수 있다.*

그런데 이 1차 세계화개혁의 시도는 종합적으로 볼 때 '미완의 성공'으로 평가할 수 있을 것이다. 부분적으로 성공하고 부분적으로 중단 내지 실패했기 때문이다. 몇 가지 구체적 개혁사례를 살펴보자.

우선 1995년 2월 21일부터 시작된 사법개혁의 경우부터 보자.** 개혁은 우리나라 법률서비스가 공급독과점체제였기 때문에 서민들에게는 법률서비스 가격이 너무 높고 — 당시는 외국의 평균 3배 수준 — 서비스의 질도 전혀 가격에 상응하지 못하다는 문제의식에서 출발했다. 우리나라의 법률 서비스 가격이 높고 그 질이 떨어지는 주된 이유는 변호사 수의

* 삶의 질의 세계화를 위해 세계화추진위원회 아래 보건복지부장관을 단장으로 '국민복지기획단'을 구성하여 1995년에는 우선적으로 근로능력이 없는 계층에 대한 최저생계비지원의 확대와, 근로능력은 있으나 취업능력이 없는 취약계층에 대한 훈련 및 지원의 확대부터 노력했다. 우선 1996년 예산에 총 3,833억 — 95년 대비 600억 증액 — 을 반영했다. 그리고 매년 지속적으로 확대하기로 결정했다. 특히 생계능력이 없는 노인, 장애인, 불우아동 등에 대한 생계보호수준을 1995년 현재 최저생계비 70% 수준에서 1998까지는 100% 수준으로 높이기로 했다. 그리고 생활보호노인들에 대한 노령수당의 확대, 소년소녀가장 생계비 지원확대 등의 노력도 함께 했다.
복지개혁에서 가장 역점을 둔 사업의 하나가 장애인복지증진이었다. 1996년 4월부터 장애인에 대한 사회인식을 개선하기 위하여 민간주도로 '장애인먼저운동'을 추진했다. 그리고 96년 8월 '장애인복지대책위원회'를 구성하여 '장애인복지발전 5개년계획'을 확정했다. 또한 1988년 도입된 국민연금제도의 개혁을 위하여 '국민연금제도개선기획단'을 97년 6월 16일 발족시켰다. 또한 국민안전에 필수적 사항의 하나인 식품과 의약품 안전을 위하여 '식품의약품안전본부'를 발족시켰다. 그리고 의료서비스의 질의 향상, 의료이용편의성 증대, 포괄적 의료서비스의 보장, 의료공급체계의 효율성 제고, 보건의료산업의 경쟁력 강화 등의 의료개혁 5대 목표를 걸고 96년 11월 '의료개혁위원회'를 구성하여 의료개혁에 착수했다. 동시에 96년 5월 10일 세계화추진위원회 회의에서 보건복지부를 세계화촉진을 위한 규제개혁시범부서로 지정하여 학계, 연구계, 법조계, 소비자 단체 등 대표를 중심으로 '보건복지제도 개혁위원회'를 발족시켜, 보건복지 관련 불필요한 규제정책을 줄이는 데 앞장서도록 했다. 보다 자세한 내용은 복지개혁백서편찬위원회, 『국민복지 새 지평을 열다』, 복지개혁백서편찬위원회, 1997을 참조.

** 사법개혁에 대한 자료는 많으나 특히 권오승, 『사법도 서비스다』, 미래미디어, 1996에 잘 정리되어 있다.

절대부족 때문이었다. 1995년 3월 현재 판사, 검사, 변호사를 포함한 법조인의 수는 6,256명으로 인구 1만 명당 1.27명 수준이었다. 한마디로 대단히 적은 편이었다. 반면에 선진국은 인구 1만 명당 미국은 31.3명, 독일은 11.5명, 프랑스는 4.3명 수준이었다. 당시 우리나라 전체 변호사 수는 3,571명 수준인 데 비하여 미국은 67만 1천 명, 독일은 5만 4천 명, 프랑스는 1만 7천 명 수준이었다. 법조인 수가 적고 따라서 변호사 비용이 높으니 일반 국민들은 변호사의 도움 없이 법정에 서는 경우가 많아졌다. 변호사 선임률을 보면 민사사건의 경우 1993년 현재 37.6%에 불과하고 나머지 62.4%는 변호사 없이 소송을 진행해야 했다.

그래서 법조인수를 늘리는 개혁부터 시작했다. 먼저 세계화추진위원회는 앞으로 필요한 법조인의 수를 추정했다. 여러 전문가들이 연구에 참여해 나온 결론은 현재1995년의 6,200명 수준에서 2000년까지는 3,400명의 충원이 필요하고 2005년에는 1만 3,000명 그리고 2010년까지는 2만 1,000명의 충원이 필요한 것으로 나타났다. 이러한 연구결과를 기초로 법조인의 증원을 추진했다. 물론 법조계의 반발은 대단히 컸다. 우여곡절도 많았다. 그러나 언론과 시민사회의 지지 등에 힘입어 대법원을 설득해 법조 인력을 대폭 늘리는 개혁에는 일단 성공했다. 사실 1995년 사법시험합격자 수는 매년 약 300명 선이었다. 그런데 당시 대법원과 법무부는 이 숫자도 너무 많다고 보고 오히려 200-250명 선으로 축소할 것을 요구하고 있었다. 이것을 세계화추진위원회가 대법원을 적극 설득하여 1996년부터 500명으로 늘리고 매년 100명씩 확대하여 2000년에는 1,000-2,000명 수준에서 결정하도록 합의를 끌어냈다. 큰 성공이었다.*

* 물론 당초의 법조인 수요예측치를 생각하면 합의 수준이 많이 미흡하다. 그러나 당시 전국법과대학의 법조인교육능력 — 법조인 공급능력 — 을 감안하면 어느 정도는 불가

그 이외에도 사법개혁의 일환으로 진행되었던 변호사 보수의 적정화를 위한 제반 제도적 장치의 강구,* 전관예우 등 부적절한 법조관행을 개선하는 조치,** 국선변호인 확대, 공익公益 법무관 수의 확대 등의 개혁도 성공적이었다.

사법개혁의 다음 과제는 앞으로 늘어날 법조인력을 세계적 수준의 양질의 법조 인력으로 길러내기 위한 법학교육제도의 개혁이었다. 즉 당시의 학부교육을 대학원교육체제로 바꾸는, 소위 로스쿨law school제도의 도입이었다. 로스쿨 도입의 문제는 지금까지의 법조인력을 '시험을 통한 선발' 시스템에서 '교육을 통한 양성' 시스템으로 바꾸는 것 — 새로운 패러다임으로의 근본적 전환 — 을 의미했다. 앞으로 환경, 지적 소유권 등 새로운 분야가 등장해 법조수요가 다양해지고, 국제통상, 국제관계의 중요성이 대두되는 등 시장이 국제화되면서 보다 전문화되고 특화된 다양한 법조 인력이 대량 필요하게 되고 있었다. 이렇게 세상이 변하고 있는데 기존의 학부 중심 법과대학체제나 육법 중심의 사법시험을 통한 선발방식을 가지고는, 이러한 시대변화 — 세계화의 변화 — 에 충분한 대응이 거의 불가능하다고 보았다. 학부교육과 시험만을 통해서는 시대가

피한 측면도 있다. 당시 전국 법과대학교수는 650명에 불과했다. 법과대학 중에는 교수 10인 미만의 대학도 많았다. 따라서 법과대학개혁을 통해 공급능력을 늘려야 했다. 그러나 이것도 시간이 걸리는 작업이었다. 그래서 공급능력을 감안하여 당초 수요예측치보다 낮은 수준에서 합의했다고 보아야 할 것이다.

* 변호사 보수기준의 객관성, 공정성, 신뢰성을 높이기 위해 소비자단체, 학계, 언론계 등이 보수기준 제정 혹은 개정 시 참여하도록 제도화하였고, 관보(官報), 일간지에 보수기준을 공시하도록, 보수관련 분쟁 방지를 위하여 수입표준계약서 작성을 의무화했다. 또한 '형사사건의 성공보수제'를 원칙적으로 금지했다. 그리고 변호사 징계제도를 활성화하였고 변호사보수분쟁 발생 시 신속하게 분쟁조정위원회가 개입하도록 했다.

** 첫째, 법관들이 전관변호사들에의 청탁에 좌우되지 않도록 '법관윤리강령'을 제정하였고, 둘째, 전관예우의 우려를 줄이기 위한 특별 관리제도를 도입하였고, 셋째, 변호사징계위원회에 시민단체의 대표 등을 참여시키도록 하였고, 넷째, 변호사개업광고를 규제하도록 했다.

요구하는 유능하고 다양한 법조 인력의 충당이 불가능하다고 판단한 것이다. 그래서 양성을 통해, 즉 법학대학원에서의 다양한 교육프로그램을 통해 필요인력을 충당하려 했고, 그것이 로스쿨 제도의 도입으로 나타났다.

그러나 이 로스쿨 제도의 도입에는 법조계의 반발이 실로 대단했다. 로스쿨 제도가 도입되면 변호사의 양산이 ― 법조인의 수가 크게 느는 것이 ― 제도화된다고 보았기 때문이다. 그래서 법조계의 반발은 치열하고 집요하였고 결국은 한국의 법학교육을 대학원체제로 바꾸는 개혁은 당시 실패하게 되었다. 그 후 로스쿨 개혁은 우리나라에서 10여 년 동안 지연되었다. 그러다가 참여정부2003-2007 말기에 일단 도입에 성공하게 된다.*

다음은 세계화개혁의 일환으로 추진되었던 1995년 5.31교육개혁의 과정과 성과를 간단히 살펴보자. 교육개혁을 위한 준비는 1994년 2월 대통령직속의 교육개혁위원회의 구성으로부터 출발했다. 그때부터 교육개혁위원회가 교육개혁안을 준비하기 시작했다. 교육개혁안을 준비하는 동안 대통령은 1995년 1월 세계화구상을, 그리고 3월 복지구상을, 그리

* 이와 관련 안타까운 것이 두 가지 있다. 하나는 우리가 사법개혁을 논의할 때 일본의 정부, 학자대표들이 와서 우리의 법학교육개혁안을 보고 어떻게 이런 엄청난 일을 하느냐고 크게 감동하고 돌아갔다. 그런데 그들은 그 후 우리의 안을 참고로 로스쿨안을 곧 실천에 옮겨 우리보다 수년 빨리 도입에 성공한다. 우리는 문제를 먼저 의식하고 시작하였으나 합의를 이루지 못하고 지연하다가 늦게 시작한 일본이 성공한 이후, 비로소 도입을 서두르는 모습을 보였다.
다른 하나는 우리가 10여 년간 지연하다가 로스쿨 도입에는 성공하나 그 내용에 미진한 바가 많다는 것이다. 세계적 수준과 규모를 가진 ― 세계적 경쟁력을 가진 ― 로스쿨을 10개 전후로 만드는 것을 목표로 해야 했는데, 군소 대학들의 정치적 요구에 밀려서 너무 많은 소규모의 대학원들을 허용한 것은 크게 잘못된 일이다. 지방에는 몇몇 군소대학이 컨소시엄을 결성하여 하나의 로스쿨을 만들도록 정부가 적극 유도했어야 하는데 이를 소홀히 했다. 아무도 어려운 일을 하려 하지 않았기 때문이다. 도입은 했으나 바람직한 내용이 되지 못해 참 안타까운 일이다.

고 계속하여 4월에 신교육구상을 발표했다. 특히 당시 대통령의 신교육구상에서는 앞으로 있을 교육개혁의 기본방향과 철학이 천명되었다. 1995년 4월 27일 발표된 신교육구상은 앞으로 교육의 세계화를 위해서는 교육의 기본패러다임을 다음과 같이 크게 바꾸어야 한다고 제시하고 있다.

첫째, 획일적 교육에서 다양성의 교육으로 변화되어야 한다.

과거 산업화시대에는 서구의 선진국을 쫓아가는catch-up 시대였기 때문에 서구의 학문을 빠르게 배우는 암기위주의 획일적 교육이 불가피했다. 그러나 세계화시대에는 창조적 교육이 중요해진다. 따라서 당연히 다양한 교육을 통해 창조성과 개성을 높이는 교육이 요구된다.

둘째, 공급자 중심의 교육에서 수요자 중심의 교육으로 바뀌어야 한다.

과거 산업화시대에는 학교, 교사 등 공급자위주의 교육이 이루어졌다. 교육내용을 교육공급자들이 결정하고, 공급자들 사이에는 양질의 교육을 위한 경쟁이 없었다. 반면에 학생, 학부모 등 수요자들 사이에만 양질의 교육을 받기 위한 경쟁이 과도했다. 세계화시대에는 학생과 학부모들에게 좀 더 많은 선택권—양질의 교육을 받을 선택권—을 주어야 하고, 이를 위하여 교육 공급자들 간의 경쟁을 촉진해야 한다.

셋째, 규제위주의 교육행정에서 자율과 책무위주의 교육행정으로 바뀌어야 한다.

과거 산업화시대에는 교육규제가 과다하여 교사, 학생, 학부모 등이 학교운영, 교과목결정 등에 거의 자율권이 없었다. 앞으로는 학교운영,

학사관리 등에 이들의 의견과 목소리가 좀 더 적극적·조직적으로 반영되도록 노력해야 한다. 이를 위하여 교육규제행정이 대폭 축소되어야 하고, 동시에 학교정보가 좀 더 투명하게 교육소비자들에게 공개되어야 한다.

넷째, 교육에서의 수월성excellency 추구와 보편성universality 추구가 조화되어야 한다.

세계화시대에 국가성공을 위해서는 한 나라의 교육 수준을 세계최고 수준으로 높여야 한다. 구체적으로 교육의 질의 제고, 즉 수월성의 추구가 교육개혁의 목표가 되어야 한다. 그러나 그 수월성은 소수를 위한 수월성이 아니라, 다수를 위한 수월성이 되어야 한다. 그러나 수월성의 추구는 불가피하게 보편성에 대한 고려와 조화되어야 한다. 초·중등학교의 경우에는 보편성이, 고등학교나 대학의 경우에는 수월성이 상대적으로 보다 강조되어야 할 것이다.

다섯째, 교육제도와 그 운영의 정보화가 추진되어야 한다.

산업화시대에는 교육이 시간과 공간의 제한을 받았다. 이제 정보기술의 발달도 교육이 시공時空을 초월하여 이루어질 수 있다. 교육의 정보화를 통하여 누구든 언제 어디서나 최고 양질의 교육서비스를 받을 수 있는 교육시스템을 구축해야 한다.

이상의 다섯 가지 개혁원칙 내지 개혁방향을 전제로 대통령 구상에서는 열 가지 교육개혁과제가 제시되고 있다.

(1) 열린 평생학습사회의 구축

(2) 대학의 다양화와 특성화

(3) 초·중등교육 운영의 민주성과 자율성의 강화

(4) 인성과 창의성을 함양하는 교육과정의 개혁

(5) 선택을 넓히고 입시고통을 덜어 주는 대학입학제도의 개혁

(6) 정보화시대에 맞는 직업기술교육체제의 구축

(7) 교육수요자들이 참여하는 교육평가와 지원체제의 구축

(8) 품위 있고 유능한 교사의 양성

(9) 정보화시대에 부응하는 교육기반의 구축

(10) 교육행정 및 재정제도의 과감한 혁신

그리고 이러한 개혁의 추진을 뒷받침하기 위해 GDP 5%의 교육재정 확보를 대통령이 약속했다.

이러한 대통령의 신교육구상의 철학과 원칙에 기초해, 교육개혁위원회가 1년 4개월 걸려 마련한 제1차 교육개혁안이 1995년 5월 31일에 발표되었다. 소위 5.31 교육개혁안이 확정된 셈이다. 그리고 그 이후 1996-97년 사이에 제1차 개혁안에서 다루지 못한 과제에 대한 개혁안이 제2차, 제3차, 제4차로 속속 발표되었다. 그래서 총 120개의 교육개혁추진과제가 확정되고 실천되기 시작했다.

특히 제1차 교육개혁안이 중요했다. 여기서는 특히 큰 변화가 몇 가지 시도되고 있다. 우선 교사와 학부모들을 중심으로 구성되는 '학교운영위원회' 제도가 초·중등교육의 보다 자율적 운영을 위해 도입되었다. 같은 취지에서 '학교장과 교사초빙'제도도 도입되었다. 그리고 '교육규제완화위원회'를 교육부 시도 교육청 안에 상시 설치하여 교육에 대한 각종 규제를 최소화하려 했다. 교육과정의 세계화를 위해 '교육과정평가원'이 설치되었다. 창의성 제고를 위해 필수과목의 축소와 선택과목의 확

대, 세계화와 정보화 교육의 강화, 수준별 교육과정의 운영 등 교육과정의 개혁도 있었다. 또한 대학모형을 다양화하고 특성화하였고, '단설 전문대학원'의 설치, 그리고 대학설립, 정원, 학사운영의 자율화를 도모하고 있다. '대학입시제도의 개혁'도 있었고 학점은행제, 시간제 학생제, 편입학제도의 확대, 최소전공인정 학점제, 원격교육활성화 등 '평생학습사회의 기반구축'을 위한 노력도 있었다. 교원들의 양성 연구제도의 개혁과 능력 중심의 승진 보수체계로의 개편, 교사의 연구환경 개선과 효율적 근무여건 조성을 위한 노력도 있었다.

제2차 개혁에서는 신직업교육체제의 구축과 전문대학원대학 — 의대, 법대 등 — 의 도입 그리고 당시의 교육관계법을 '교육기본법', '초·중등교육법', '고등교육법'으로 전면 개편하고 '사회교육법'체제를 정비하는 노력이 있었다. 제3차 교육개혁에서는 교육위원회, 교육감 등 '지방교육자치'제도의 개혁이 있었고 교원양성제도개혁, 교원복지체계의 혁신, 교직의 다양화·개방화의 추진, 사학의 자율과 책임을 제고하기 위한 제도개선, '사학분쟁위원회'의 설치, 교육정보화와 사회교육의 강화를 위한 개혁방안 등이 제시되었다. 제4차 개혁에서는 '민주시민교육을 위한 개혁', '유아교육의 공교육체제'의 확립, '사교육비 경감대책' 등이 제시되었다.•

돌이켜 보면 5.31 교육개혁은 대단히 포괄적이었고 우리나라 교육을 근본적으로 개조하려는 의욕을 가졌던 교육개혁 노력이었다. 당시 한국을 방문했던 OECD 한국교육정책평가단도 '대단히 야심적이고 포괄적인 교육개혁'이라고 높이 평가한 바 있다. 5.31 교육개혁이 우리나라 교

• 교육개혁에 대한 보다 상세한 자료는 교육개혁위원회, 『세계화와 정보화를 주도하는 신교육체제 수립을 위한 교육개혁방안(Ⅰ)(Ⅱ)(Ⅲ)(Ⅳ)』, 1995. 5. 31, 1996. 2. 9, 1996. 8. 20, 1997. 6. 2을 각각 참조. 그 이외에 교육개혁평가연구회, 『21세기의 새 지평 교육개혁』, 교육개혁평가연구회, 1997도 참조.

육계의 모든 관련 인사들의 교육에 대한 사고와 기본 발상을 크게 바꾸는 데 기여한 점은 높이 평가해야 할 것이다. 특히 우리나라에서 최초로 지금까지의 공급자 중심학교나 교사에서 수요자중심학생과 학부모으로 교육의 근본 틀과 의식을 바꾸는 데는 어느 정도 성공했다고 보여진다.

그러나 가장 큰 문제는 추진기간이 너무 짧았다는 데 있다. 사실상 교육개혁의 추진기간이 1995년부터 1997년까지 3년에 불과했다. 1998년에 있었던 정권교체 — 김영삼 정부에서 김대중 정부로 — 로 인해 교육개혁의 추진이 일부 중단되거나 그 내용이 변질되기 시작했다. 물론 3년 동안의 입법화를 완료한 새로운 제도와 정책들, 즉 신교육관련법, 학교운영위원회, 특성화 고교, 교과과정, 대학제도개혁, 교장초빙제, 학점은행제 등은 오늘날까지 지속되어 오고 있다. 특히 교육예산으로 GDP 5%의 확보가 기간은 비교적 짧았지만 개혁의 실효성을 높이는 데 크게 기여했다. 그러나 교육개혁의 추진력은 정권교체로 인하여 크게 약화되었고 교육개혁의 방향도 일정 부분 수정·변화되지 않을 수 없었다. 물론 일부 수정·변화되었다고 하지만 5.31 교육개혁의 기본철학과 정신, 그리고 원칙은 오늘날 대한민국의 교육정책에 깊은 영향을 주고 있는 것은 사실이다. 또한 앞으로 새로운 교육개혁의 시도가 있을 때에도 개혁의 원칙과 방향을 정하는 데 큰 영향을 줄 것도 확실하다.•

• 해방 후의 교육개혁역사에 대한 간단한 정리와 더불어 5.31 교육개혁의 전 과정과 그 과정에서의 어려움을 비교적 요약, 정리한 자료로는 교육개혁위원회, 『한국교육개혁백서』, 1998을 참조.
5.31 교육개혁이 어떻게 추진되었고 어떻게 그 과정이 관리되었으며 개혁과정에 어떠한 문제가 있었는가, 잘한 점은 무엇이고 반성해야 할 점은 무엇인가 등을 심층적으로 분석 정리한 글로는 Park, Se-Il, *Managing Education Reform: Lessons from the Korean Experience: 1995-97,* Policy Study 2000-01, Korean Development Institute, 2000.

다음은 노사관계개혁의 경우를 살펴보자. 대통령은 1996년 4월 '신노사관계 구상'을 발표하고 거기에서 21세기 우리나라의 노사관계가 지향해야 할 다음과 같은 다섯 가지 원칙을 제시했다.

첫째, 공동선共同善 극대화의 원칙이다.

기업을 생산과 복지공동체로 만들어 분배지상주의를 극복하고 노사가 모두의 공동선을 지향해야 한다.

둘째, 참여와 협력의 원칙이다.

노사가 공생하는 동반자 관계가 되기 위해 기업은 '열린 경영'에, 노동자는 품질개선과 기술향상에 최선을 다해야 한다.

셋째, 노사자율과 책임의 원칙이다.

앞으로 노사관계는 정부에 의한 타율적 해결이 아니라 서로 책임 있는 파트너로서 노사자치주의勞使自治主義에 입각해 문제를 풀어 나가야 한다.

넷째, 교육중시와 인간존중의 원칙이다.

세계화시대는 사람에 대한 투자를 중시해야 한다. 그래야 기업도 발전하고 노동자들의 삶의 질도 높아진다. 기업과 노동조합이 함께 인적 투자를 강화해야 한다.

다섯째, 제도와 의식의 세계화원칙이다.

노동관련법과 제도 그리고 의식과 관행을 국제기준과 관행을 존중하여 세계적 수준으로 개선해야 한다.

이러한 다섯 가지 원칙에 따라 노사개혁을 추진하기 위해 대통령 직속으로 '노사개혁위원회'를 구성하게 된다.[*] 그래서 노동관계법 전반에 대한 개정논의를 압축적으로 진행하게 된다. 그 결과 노사관계법 쟁점사항 148개 중 107개 항에는 합의를 하여 노사개혁위원회의 개혁안을 만들었다. 그러나 41개 항에 대해서는 합의하지 못하고, 기旣합의된 사항만을 중심으로 노사관계법 개정안을 만들어 정부에 제출하게 된다. 그 이후 정부안이 확정되고 국회에 제출되었으나 정치권에서는 노사 양쪽의 눈치를 보면서 노동법 개정을 미루게 된다. 결국은 여당이 이미 확정된 정부안의 일부를 개정하여 단독으로 노동관계법을 처리했다.[**] 그 절차에서 야당을 배제한 처리라는 절차상의 문제도 있지만 그 내용에 도저히 노조 쪽이 받아들이기 어려운 내용 — 상급단체의 복수노조 허용을 3년 연기하는 내용 — 이 포함돼 있어 국내외의 비판이 커졌다. 결국 다음해인 2007년 초 여야 합의로 다시 재개정하는 과정을 밟게 된다.

본래 상급단체의 복수노조 허용은 세계적 표준이다. 뿐만 아니라 특히 당시 우리나라에서는 법외法外 노조였던 민노총을 제도권으로 유도해

[*] 노사개혁위원회는 노사대표 각 5인, 학계대표 10인, 공익대표 10인으로 총 30명으로 구성했다. 노사개혁위원회의 구성을 보면 압도적으로 학계 등 공익대표들이 많다. 그렇게 구성한 이유는 위원회의 운영을 단순히 노사 간의 타협을 유도하기보다는, 학계 등 공익대표들이 공동선을 향하여 노와 사를 설득하여 가는 구조를 만들려고 한 것으로 보인다. 따라서 노사정이 거의 같은 숫자 내지 비중으로 참여하는 유럽의 노사정위원회와 그 구성이 사뭇 다르다. 우리나라의 현실에서는 노사개혁위원회의 구성이 보다 합리적이라고 판단된다.

[**] 만일 여당이 국회에서 정부안을 그대로 통과시켰다면 노사의 반발과 국내외의 비판이 적었을 것이다. 그래서 절차상 야당 배제라는 비판은 한동안 있다 해도 새로운 노사관계법은 안정적으로 정착될 수 있었을 것이다. 그러나 안타깝게도 우리나라 우파보수 — 산업화 시대의 성공한 관료와 기업인 — 들이 정부안에 대해 자신들이 유리하게 일부 수정을 가했다. 사실 그것이 그 이후 파행의 원인이 되었다. 이 개혁과정에 대한 상세한 분석은 Park, Se-Il, *Reforming Labor Management Relations: Lessons from the Korean experience: 1996-97*, Policy Study 2000-02, Korean Development Institute 참조.

끌어들이는 의미가 있었다. 그런데 어떻게 마지막 단계에서 상급단체의 복수노조 허용을 3년 연기하는 내용이 들어갔을까? 결국 과거 산업화 시절에 성공경험을 가진 관료, 대기업 등 우파 보수세력의, 민노총의 제도권 진입을 막기 위한 마지막 반격이었다고 볼 수 있다.* 그러나 이러한 시대에 맞지 않는 시도는 결국 다음해 2007년 재개정으로 바로 잡혀졌다.

물론 당시 노사와 여야 합의로 통과된 신노사관계법에는 대단히 개혁적이고 참신한 내용들이 많이 있었다. 예컨대 노동조합의 정치활동을 금지하던 규정을 삭제했고, 오랫동안 논란이 되어 왔던 제3자 개입금지조항도 폐지했으며, 단체협약의 유효기간도 늘렸다. 그리고 파업기간 중에도 당해 사업 내에서는 대체근로를 할 수 있도록 했다. 생산시설 점거 및 출입과 조업방해도 금지했다. 그리고 오랫동안 잘못된 관행이던 노조 전임자에 대한 기업의 임금 지급도 원칙적으로 금지하기로 했다. 다만 유예기간을 두기로 했다. 또한 오랫동안 잘못된 관행으로 잘 지켜지지 아니했던 무노동 무임금無勞動 無賃金도 확실하게 명문화했다. 그 이외에도 노동시장의 규제를 완화하고 유연성을 높이는 탄력적 근로시간제, 선택적 근로시간제 등의 도입과 정리해고 요건과 절차의 입법화 등도 이루어졌다.**

노사개혁은 사실 큰 개혁이었다. 다만 노사가 모든 쟁점사안에 대해 — 공동선의 입장에서 — 합리적으로 타협하고 합의하여, 그것이 정부와 국회를 통해 입법화되고, 그를 계기로 노사협력의 신시대를 열려고

* 우파보수세력의 반격과정에 대한 분석은 Park, Se-Il, 위의 책(2000)을 참조.
** 노사개혁에 대한 자료로는 노사개혁백서편찬위원회, 『노사개혁: 21세기 새 동반자』, 노사개혁백서편찬위원회, 1997; 최영기 등 편, 『한국의 노사관계와 노동정치(Ⅰ) — 자료편: 사회적 합의관련 — 』, 한국노동연구원, 1999.

했던 노사개혁의 추진세력에게는 마지막 단계에서의 파행이 대단히 안타깝고 가슴 아픈 일임에 틀림없었다. 세계에 유례가 거의 없는 노사의 자발적 대타협에 의한 노동법개정을 목표로 했던 개혁파들의 꿈이 너무 이상적이었는지 모른다. 그러나 이 과정을 통하여 우리나라 노동관계법의 큰 틀은 합리화되고 세계화되었다고 볼 수 있다.

그러나 노사개혁이 있은 지 10여 년이 지났는데도 개별 사업장의 복수노조의 인정문제와 노조전임자의 임금지급 금지문제가 아직 풀리지 않고 있다. 세계화에 맞게 글로벌 표준에 따라 복수노조를 인정하고 노조전임자의 임금을 기업이 지불하는 관행을 고치기로 노사와 여야가 합의한 것이 10여 년 전의 일이다. 그런데도 2009년 현재까지 아직 법제화가 미루어지고 있는 것은 참 부끄러운 일이다. 그러나 2009년 말 정부가 이번에는 이의 추진을 공언하고 있다. 기대해 보고자 한다.

지금까지 살펴본 바와 같이, 1995년부터 본격화된 우리나라의 제1차 세계화개혁은 성공과 실패의 복합적 결과를 지니는 '미완의 개혁'으로 끝났다. 사실 이 제1차 세계화개혁은, 20세기 후반의 시대의 흐름을 세계화로 파악하고 이 세계화시대에 걸맞는 새로운 국가비전을 내세우면서, 국정 전반을 뜯어 고치려는 대대적 '국가개조의 시도'였다. 철저한 '위로부터의 개혁'시도였고 '국정 전반에 걸친 개혁'시도였다. 그런데 왜 미완으로 끝났을까? 몇 가지 이유가 있다고 본다.

첫째로 가장 큰 이유는 여야 간의 정권교체일 것이다. 세계화개혁을 추진하던 우파진보의 문민정부1992-97에서 좌파보수의 성격을 가지는 국민의 정부1998-2002로의 정권교체가 세계화개혁의 중도하차를 가져왔다. 물론 일부 세계화정책은 국민의 정부에서도 지속된 부분이 적지 않다.

특히 교육개혁부분이 이에 해당될 것이다. 그리고 사법개혁 중 법학대학원 개혁처럼 미완으로 남아 있다가 10여 년이 지나 참여정부2003-2007 때 와서 완성된 경우도 있다. 물론 1995-97년 3년간의 치열했던 세계화담론과 세계화개혁 노력들이 그 이후 국가정책과 국민의식에 적지 않은 영향을 미쳤다. 그래서 우리나라 전체가 국가정책뿐 아니라 국민의식 면에서 좀 더 대외개방적이 되고, 외부의 변화에 보다 수용적이 되었다. 해외여행도 늘고 해외유학도 늘었다. 그러나 적어도 세계화담론을 만들면서 세계화개혁을 추진하던 정치세력과 정책세력이 권력에서 물러나면서, 세계화개혁이 크게 동력을 잃었고 기既진행되던 정책도 흔들리거나 중단되는 경우가 많았던 것 또한 사실이다.

둘째의 이유는 세계화정부였던 문민정부 안에서의 세력투쟁에서 처음에는 세계화·개혁파가 반대파에 비하여 우세하였으나 시간이 감에 따라 점차 보수파에 밀렸기 때문이다. 즉 세계화개혁을 주장하는 우파진보개혁적 보수세력과 변화에 반대하는 우파보수산업화보수 혹은 성공한 보수 간의 힘의 관계에서 변화를 주장하는 우파진보가 우파보수에게 밀렸던 것이다. 당시 대통령은 변화와 개혁을 주창하는 지도자였다.

그래서 세계화개혁의 초기에는 대통령의 절대적 지원과 국민들의 전폭적 지지를 받으며 개혁파가 반대파를 압도할 수 있었다. 그러나 시간이 감에 따라 점차 반대파의 목소리가 높아졌다. 집권당과 관료의 다수는 과거 대한민국의 산업화시대를 성공적으로 이끈 세력 — 성공한 산업화보수 — 이었다. 따라서 변화와 개혁보다는 자신들에게 익숙한 산업화시대의 제도, 정책, 관행 등을 가능한 유지하려 했다. 더구나 그들에게는 지난날 성공적인 산업화의 실적이 자신들의 주장의 타당성을 지지하고 있다고 보았다. 그래서 나름의 소신을 가지고 과거의 제도와 관행의 유지를 고집했다.*

그러나 학자 출신이나 개혁적 관료 등 우파진보는 이제 세계화시대는 산업화시대와는 질적으로 다른 시대이기 때문에 근본적으로 다른 국가 발전모델과 전략이 필요하다고 보았다. 단순한 정책의 전환이 아니라 각종 제도와 관행의 근본적 개조가 필요하다고 보았다. 그래서 대통령과 소수의 우파진보가 지식인과 언론의 지원을 받으며 세계화개혁을 추진했고, 다수의 우파보수가 이를 반대하는 형국이었다.

셋째는 소위 세계화 개혁파들의 준비 부족도 미완의 세계화를 결과한 원인의 하나로 보아야 한다. 학자 출신이나 개혁적 관료들이 지향하는 세계화의 방향은 역사적으로 올바른 방향이었다. 그러나 그것을 제도개혁과 의식개혁으로 구체화하려면 좀 더 치밀한 개혁전략, 다시 말해 개혁과정에 대한 관리전략이 필요했었다고 본다. 어느 시대에도 개혁의 당위성만 가지고는 개혁의 성공을 담보할 수 없다. 개혁이 성공하려면 개혁의 당위성 못지않게 효과적인 개혁과정의 관리전략이 필요하다. 관리전략 속에는 개혁세력의 정치적 조직화도 필요하고, 국민들을 대상으로 적극적인 개혁지지의 공론형성 노력도 필요하다.

이러한 거시적 과정관리 못지않게 미시적 과정관리도 필요하다. 예컨대 개혁을 하면 적어도 일시적으로 피해를 보는 집단이 등장하게 된다. 이들에 대한 적절한 보상을 미리 준비하는 것도 개혁과정을 원만하게 추진하는 데 중요한 의미를 가진다. 또한 개혁의 성패는 결국 현장의 변화 여부에 달려 있다. 그런데 현장의 변화 여부는 일선 관료들이 얼마나

* 이러한 세력 간의 문제는 특히 노사개혁에서 뚜렷하게 잘 나타났다. 노사개혁과정에서 무엇이 문제였고 어떠한 어려움과 우여곡절이 있었는지? 개혁관리라는 차원에서 잘한 점은 무엇이고 잘못한 점은 무엇인지에 대한 분석은 Park, Se-Il, 앞의 책(2000)을 참조.

적극적으로 개혁에 동참하느냐에 따라 크게 달라진다. 따라서 개혁에 적극적으로 동참하도록 관료나 이해변화집단들 — 교육개혁의 경우 학부모나 개혁교사 등 — 을 끌어내는 동기와 유인을 만들어 내는 것 등도 대단히 중요한 과정관리 문제가 된다. 물론 반대파의 움직임을 잘 관찰하는 것도 대단히 중요하다.* 개혁의 성공을 위해 또 중요한 것이 개혁의 모멘텀momentum을 잘 유지하는 것이다. 모든 일이 다 때가 있는 법이다. 그 시기를 잘 선택하고 개혁열기를 잘 유지하고 그리고 개혁의 열기가 식기 전에 성과를 이루어 내야 한다.

그러한 관점에서 볼 때, 1995년의 세계화개혁은 개혁의 시기로는 적절하지 못했다고도 볼 수 있다. 개혁은 사실 평상시에는 어려운 법이기 때문이다. 국가 사회적 위기의 시기가 개혁의 시기로서는 적기다. 왜냐하면 개혁은 지금까지 익숙한 제도나 관행과의 단절이기 때문에 누구에게나 불편함을 준다. 따라서 평상시에 개혁을 하자고 하면 대부분의 국민들은 반대한다. 그러나 위기의 시기가 되면 일반 국민들은 변화의 불가피성을 느끼고 개혁에 대해 보다 수용적 태도, 때로는 적극적 지지의 태도를 보이게 된다. 그러한 의미에서 1997년의 아시아금융위기 이후 1~2년이 우리나라 세계화개혁의 적기適期였다고 볼 수 있다.

반면에 특별한 위기의 증후가 없었던 1995년은 적절한 개혁의 시기가 아니었다고 볼 수도 있다. 그래서 세계화 추진세력은 가능한 국민들에게 새로운 세계화시대의 도래를 주장하면서 우리가 환골탈태하지 못하면 국가발전과 국민행복이 어렵다는 사실을 열심히 설득하면서 '국민의 생각 속에서 위기감sense of urgency'을 높이려 노력했다.** 그러나 그 노

* 2006년 말 노동법의 정부안 수정통과는 세계화개혁파(우파진보)들이 전혀 모르는 사이에 세계화정부 내의 우파보수들에 의해 진행되었다.

력이 충분하지 못했던 것 같다.

결국 일부 성공, 일부 실패로 제1차 세계화개혁노력 — 3년간의 집중적 노력 — 은 미완의 개혁으로 막을 내리게 된다. 그래서 산업화시대를 끝내고 새로운 세계화시대를 맞이하여, 세계화시대에 걸맞는 새로운 국가발전모델 내지 신발전패러다임을 찾고 이를 정책화·제도화시키는 일은 중도하차하게 된다.

그리고 1998년부터 10년의 좌파정권이 등장하게 된다. 처음의 5년은 국민의 정부라는 좌파보수가 그리고 다음의 5년은 참여정부라는 좌파진보가 정권을 잡게 된다.* 좌파정부이기 때문에, 21세기 세계화시대에 맞는 새로운 국가발전의 모델이나 패러다임을 찾는 일에서는 사실 큰 진전이 없게 된다. 처음의 김대중 정부는 1998년 아시아 금융위기를 극복하기 위해 IMF가 요구하는 워싱턴 컨센서스Washington Consensus를 받아들이는 데 많은 시간을 보냈다. 당시 소위 신자유주의적인 정책 — 금융·기

** 만일 1995-97년간의 세계화개혁이 보다 성공적이었으면 우리나라가 1997년의 아시아 금융위기를 피할 수 있었을까? 아주 중요한 문제이나 답은 결코 쉽지 않다. 만일 세계화개혁이 기업지배 및 경영구조(corporate governance)부분과 금융개혁부분 등에서 철저하게 진행되었다면 1997년 위기를 피할 수 있었을지도 모른다. 그러나 당시 우리나라에 그러한 개혁세력과 개혁역량이 있었을까? 세계화추진위원회에서 대기업의 기업지배와 경영구조의 문제를 다루려 했으나, 일부 관료와 기업의 반발이 적지 않았다. 또한 정부가 금융개혁을 추진했으나 국회에서 야당의 비협조와 반대가 너무 심했다. 이론적으로는 세계화개혁이 성공했다면 1997년의 금융위기를 막을 수 있었을 것이다. 그러나 현실적으로 당시에는 우리나라에 세계화개혁을 성공시킬 정치적 힘이 없었다고 본다. 그것이 가장 안타까운 일이었다.

* 좌파와 우파 그리고 보수와 진보에 대한 정의는 여러 가지가 있다. 여기서는 우파는 자유-시장-성장-세계를 중시하는 견해이고 좌파는 평등-정부-분배(복지)-민족을 중시하는 견해로 본다. 그리고 보수와 진보는 변화의 속도에 대한 입장을 반영하는 것으로 보수는 전통을 소중히 하면서 가능한 점진적 변화를 중시하는 견해이고 진보는 보다 급진적 변화와 개혁적 변화를 중시하는 견해로 본다. 따라서 이러한 정의를 사용하면 크게 보아 김영삼 정부 이전의 전두환 정부, 노태우 정부 등은 우파보수로 그리고 김영삼 정부는 우파진보로 분류될 수 있고 김대중 정부는 좌파보수로 그리고 노무현 정부는 좌파진보로 분류될 수 있을 것이다.

업·공공·노사의 4대개혁 — 의 수용이 요구되던 시대였다. 또한 세계화 물결에의 수동적 적응의 시대였기 때문에, 세계화에 성공하기 위한 공격적인 국가발전전략의 적극적 모색, 창조적 세계화를 위한 새로운 발전패러다임의 능동적 창출 등은 사실상 어려웠던 시기였다.

그리고 그 이후 노무현 정부의 경우에는 한편에서는 전 정부로부터 진행되어 오던 신자유주의적 정책 — 한미 FTA — 이 지속되고, 다른 편에서는 새 정부의 이념코드에 맞는 분배와 균형 중시의 좌파적 포퓰리즘정책 — 수도이전, 혁신도시, 부동산세 강화, 과거사청산 등 — 이 추진되던 시대였다.* 그래서 한편으로는 세계화를 거부하고 다른 한편으로는 세계화를 수동적으로 수용하는 정책혼돈 내지 전략혼합의 시대를 지나게 된다. 따라서 우리가 적극적으로 세계화의 물결을 타고, 창조적 세계화를 공격적으로 만들어 내기 위한 개혁구상, 새로운 발전전략의 모색이나 새로운 패러다임의 창출노력 등은 사실 시도될 수 없었다. 결국 창조적 세계화라는 역사적 과제는 계속 지연되는 셈이 되었다.

아직은 우리나라 좌파적 정치세력의 수준이 비판과 문제제기에는 능하나 합리적이고 실천 가능한 제도 및 정책대안을 제시하기에는 역부족인 것 같다.** 아직은 그러한 발전단계에 이르지 않은 것 같다. 지난 10

* 좌파적 정책과 좌파적 포퓰리즘 정책은 다르다고 보아야 한다. 좌파적 정책은 자유민주주의와 시장경제의 틀 안에서 좌파적 가치 — 정의·평등·복지·환경 등 — 를 '합리적으로 추구'하는 정책이다. 이것은 그 나라의 발전단계에 따라 일정단계에서는 대단히 바람직한 정책방향이 될 수 있다. 반면에 좌파적 포퓰리즘 정책은 오직 정치적 인기 — 득표 — 를 위하여 자유민주주의와 시장경제의 기본 틀을 — 국가운영의 합리성 자체를 — 파괴하는 정책을 의미한다. 수도분할이나 대학평준화, 과세폭탄, 과거사청산 등의 발상이 이에 속한다. 노무현 정부의 문제는 합리적 좌파정책이 상대적으로 적었고 감성적 좌파 포퓰리즘정책이 많았다는 데 있었다. 만일 세계화의 흐름 그리고 시장경제와 함께 갈 수 있는 합리적 좌파정책을 많이 추진했다면 보다 성공적 정부가 될 수 있지 아니했을까? 안타까운 일이다.

** 우리나라 좌파는 '정서적 좌파' — 정서적으로 평등을 선호하는 좌파 — 는 많지만 '정책

년의 좌파정권의 기간에는, 그동안의 산업화와 민주화 시대에 제대로 제기되지 못하고 내연內燃되어 왔던 많은 중요한 문제들 — 지역불균형의 문제, 소득불평등과 각종 사회적 차별의 문제, 복지사각지대, 환경문제 등 — 이 우리사회에 주요의제로 올바로 제기되었다. 그 점은 좌파정부들의 큰 기여였다고 할 수 있다. 그러나 이들 문제에 대한 올바른 해결책 — 21세기형으로 지속가능하고 세계화에 친화적인 해결책 — 을 제시하는 데는 큰 성과가 없었다.

제2차 세계화개혁

창조적 세계화를 위해서는 우리들은 21세기 초 우리 대한민국 — 초세계화시대에 선진화를 목표로 하는 중진국으로서 대한민국 — 에 맞는 새로운 발전모델, 새로운 발전패러다임을 창출해야 했다. 그리고 이를 구상하는 데 가장 중요한 문제가 세 가지 있었다.

첫 번째 문제는 새로운 성장동력을 찾기 위한 발전모델의 모색이었다. 산업화와 민주화의 성공 이후 노동비용이 지속적으로 높아지는 대한민국이 앞으로 어디서 어떻게 새로운 비교우위를 찾을 것인가? 아니 만들어 낼 것인가? 그래서 어떻게 국제경쟁력을 유지하고 경제성장을 지속시킬 것인가 하는 문제였다. 구체적으로 이에 답하는 새로운 발전모델이 나와야 했다. 높은 노동비용 하에서도 국제경쟁이 가능하려면 신기술 혁

적 좌파' — 평등을 효과적으로 실현하는 정책적 구상을 가진 좌파 — 는 적은 것 같다. 반면에 우파는 '정치적 우파' — 정치적 이익 때문에 자유를 지지하는 우파 — 는 많으나 '철학적 우파' — 자유의 가치를 믿고 실현하려는 우파 — 는 적은 것 같다.

신, 신상품 및 신서비스개발, 신산업분야개척 그리고 이를 위한 R&D 투자확대가 일어나야 했다. 그리고 고高임금시대에 맞는 새로운 고용시스템의 도입 등도 구상되어야 했다. 그런데 지난 10년간 이러한 방향으로의 노력은 대단히 제한적이었다.

고임금시대를 비켜나기 위해 취한 첫 번째 선택이 기업과 공장의 저임금 국가로의 해외이전이었다. 그리고 두 번째 선택이 비정규직의 확대와 정규직고용의 축소였다. 그 어떤 것도 고임금시대를 맞이한 기업이 기업의 생산성을 획기적으로 높여서 새로운 비교우위를 창출하며 국제경쟁력을 유지해 가려는 적극적이고 공격적인 대응노력은 아니었다. 새로운 교육개혁과 과학기술정책, 새로운 산업정책과 지역발전정책 등을 통한 획기적인 생산력의 증가와 새로운 비교우위의 창출을 위한 노력이 보이지 않았다. 긴급피난식의 소극적이고 부분적인 대처였을 뿐, 도약을 위한 단절과 혁신의 종합적이고 공격적인 접근이 아니었다. 요약하면 산업화시대의 성장동력이 떨어지고 있으니, 국가선진화를 위해 새로운 국가발전의 성장동력을 반드시 찾아내야 한다는 것이다.

두 번째 문제는 사회통합을 위한 새로운 발전패러다임의 모색이었다. 그동안 산업화가 압축적으로 진행되어 오며 생긴 각종 불평등에 대한 불만과 형평에의 욕구 등이 오랫동안 억압되어 왔고 안으로 축적되어 왔다. 여기에 세계화시대가 시작되어 상시적 구조조정이 일어나면서 사회경제적 약자에 대한 보호의 문제가 큰 시대적 과제가 되었다. 이들 문제에 대해 새로운 패러다임에 기초한 새로운 체계적 시스템적 대응이 필요하게 되었다. 그래서 우리가 앞에서 여러 번 지적한 '평생교육-평생고용-평생복지'의 3각 안전망의 도입이나 소위 노동시장의 유연안정성flexicurity을 높이기 위한 각종의 정책과 제도개혁 등이 체계적으로 도입되었어야 했다.

다시 말해 지속가능하면서도 세계화에 친화적인 종합복지정책이 나왔어야 했다. 그런데 불행하게 우리는 아직 분배에 대한 욕구, 균형과 형평에 대한 요구를 인기영합적인 포퓰리즘으로 대응해 오고 있다. 특히 지난 10년간은 무조건 선심성으로 나누어 주는 식의 임시방편적 접근으로 일관해 왔다. 그래서 심지어는 지역발전을 위해 수도이전 내지 분할을 해야 한다는 발상도 나왔다. 한마디로 제대로 된 세계화 친화적인 새로운 종합복지 모델이 나오지 않고 있다.

세 번째의 중요한 문제가 새로운 비전과 정책을 가진 정치지도 그룹의 등장이 있어야 했고 민관民官의 마음을 하나로 묶는 노력이 있어야 했다. 그런데 지난 기간 우리는 '통합의 리더십'을 가지지 못했다. 좌파든 우파든 마찬가지였다. 독식과 독선이 많았고 소통과 나눔이 적었다. 그러니 자연 참여가 제한되고 국민과 정부를 하나의 마음으로 묶어 내지를 못했다.

그 이유가 어디에 있을까? 좌파와 우파가 각자 자기 이념에 너무 충실하여 타협을 못하고 고집을 피워서일까? 아니라고 본다. 가장 중요한 이유의 하나는 좌파든 우파든 자기 이념과 가치에 충실하지 않았기 때문이다. 본래의 이념과 가치에 충실하지 않고 가까이에 있는 이익과 권력에 눈이 멀었기 때문이라고 생각한다. 좌파든 우파든 본래 주장하는 가치를 실현하기 위해서는 — 적어도 자유민주주의 사회에서는 — 반드시 다른 견해를 가진 사람들과 타협을 하지 않을 수 없고, 이를 위한 소통과 나눔을 하지 않을 수 없다.

그런데 자신들이 주장하던 가치의 실현보다 눈앞의 권력과 이익에 더 집착하다 보니, 자연 소통과 나눔보다는 독식을 위한 독선이 나오지 않을 수 없었다. 따라서 앞으로 민관의 마음을 하나로 묶고 국민통합을 이루기 위해서는 우선 자신들이 주장하는 가치에 충실한 정치리더십이 나와야 한다. 이익보다 가치를 우선하는 정치리더십이 나와야 한다. 우파든 좌파든 눈앞의 이익과 권력보다는 자신들의 가치와 원칙에 충실해야 한다. 그리고 그 가치와 원칙에 기초하여 21세기에 걸맞는 새로운 국가발전의 비전과 정책을 제시해야 한다. 그렇게 자신이 소중히 하는 가치와 그에 기초한 자신의 정책적 입장을 먼저 정리한 다음이어야 상대와 진정한 대화와 소통이 가능해진다. 그래서 자신의 주장을 반대편과 소통하고 설득하고 수정하고 타협하고 그래서 반대편도 상당부분 동의할 수 있는 합리적 내용이 된 다음에 이를 중심으로 국민적 합의를 만들어 제2의 국가도약, 즉 선진화 추진에 노력해야 한다. 가치와 원칙에 충실하면서도 열려 있는 정치리더십이 나와야 한다. 그래야 우리는 21세기 세계화시대에 걸맞는 새로운 발전패러다임을 창출할 수 있고 실천할 수 있다. 지금까지는 그 창출과 실천이 지속적으로 지연되고 있는 셈이었다.

이제 본격적으로 제2의 세계화개혁을 해야 한다. 너무 늦어지고 있다고 생각한다. 앞에서 제시한 공동체자유주의에 기초한 10대 신발전패러다임이라는 창조적 세계화전략을 본격적으로 구체적으로 시작해야 한다. 과거 제1차 세계화개혁의 시대에는 세계화정부 내에서 우파보수가 우파진보의 발목을 잡았다. 그런데 지금의 제2차 세계화시대에는 우파와 좌파 모두가 아직은 창조적 세계화개혁에 적극적이지 않다. 산업화시대를 대변한다는 우파도, 민주화시대를 대변한다는 좌파도 모두 과거시대의 기억과 미망에서 빨리 벗어나야 한다. 새로운 시대정신을 찾아 미래로, 즉 선진화와 통일로 나가야 한다. 그런데 아직은 많이 더듬거리고 있는 것 같다. 이래선 안 된다.

여와 야가 미래를 향하여 그리고 좌와 우가 미래를 위하여 함께 힘을 합쳐 창조적 세계화개혁을 이루어 내야 한다. 이를 위해서는 여와 야가 그리고 좌와 우가 모두 초심으로 돌아가 자신들이 소중히 하는 가치와 원칙, 비전과 정책부터 점검해야 한다. 그리고 이러한 가치와 원칙과 비전과 정책을 모두 21세기형으로 바꾸어 나가야 한다. 더 이상 과거의 세력으로 남아서는 안 된다. 더 이상 산업화시대의 성공신화나 민주화 시대의 투쟁신화에 안주해 있어서는, 선진화와 통일이라는 새로운 시대적 과제를 제대로 풀지 못한다. 여야 좌우 모두의 철저한 환골탈태가 요구된다. 대대적 반성과 분발이 요구된다. 그래서 우리는 대한민국에서 제2의 세계화개혁의 시대를 본격적으로 열어야 한다. 그래서 선진과 통일을 이루어 내야 한다.

한반도 선진화의 3대 목표

창조적 세계화전략을 통하여 우리가 이룩하려는 것은 대한민국의 선진화 나아가 한반도의 선진화다. 그러면 한반도의 선진화는 구체적으로 어떠한 목표를 가지고 추진해야 하는가 하는 문제를 논의하도록 하자. 한반도 전체가 세계일류국가, 세계중심국가가 되는 한반도의 선진화는 이미 앞의 제1부에서도 강조했지만 기존 선진국의 일원이 되는 것이 아니다. 그보다는 우리의 역사·문화·전통과 잘 어우러지고, 우리의 이상과 정서에 맞는 대한민국식 선진국이 되려는 노력이라고 볼 수 있다. 이러한 의미의 선진국이 되려는 한반도 선진화는 세 가지 목표를 가지고 있어야 한다고 생각한다. 첫째 '창조국가'의 건설이고, 두 번째 '조화사회'의 건설이며, 세 번째 '통일한국'의 건설이다. 각각 나누어 살펴보자.

창조국가

한반도 전체가 선진화가 되려면 무엇보다 급한 것이 대한민국부터 창조국가를 만드는 것이 중요하다. 창조국가란 무엇인가? 국민 한 사람 한 사람의 창조성creativity이 최대한 그리고 마음껏 발휘되는, 그리고 그 실현이 극대화되는 국가를 우리는 창조국가라고 부를 수 있다. 인간은 누구나 각자 나름의 개성과 각자 나름의 창조성을 가지고 태어난다. 그 개개인의 다양한 개성과 다양한 창조성이 마음껏 발휘되는 나라, 그래서 한 사람 한 사람의 자기실현과 행복이 극대화되고, 그것이 사회의 발전으로 연결되는 나라가 바로 창조국가다. 한마디로 개인의 자기실현 내지 자아완성과 국가와 사회의 발전이 함께 가는 나라가 창조국가다. 우리는 개인의 창의성 실현이 개인의 행복 원리이고 자기완성의 원리임을 안다. 그리고 개개인 창의성의 자유로운 실현이 국가와 사회발전의 원동력이 된다는 사실을 안다. 그러므로 개인의 행복과 완성 그리고 사회와 국가의 발전을 동시실현하기 위해서는 창조국가의 건설이 가장 중요한 목표가 된다.

이러한 창조국가의 건설을 위해서는 앞에서 제시하였듯이 정치적으로는 민본주의적 민주주의 질서를 실현해야 하고 경제적으로는 민부民富를 중시하는 시장경제질서를 달성해야 한다. 그리고 법과 예가 조화된 안심사회를 만들어야 한다. 민본주의적 민주주의가 되지 못하면 국민 한 사람 한 사람의 존엄과 자유, 개성과 창의가 존중되지 못하기에 국민의 창조성이 실현될 수 없다. 또한 국민 다수가 참여하는 부유한 시장경제를 이루어 내지 못하면 국민 한 사람 한 사람이 자기의 개성과 창조성을 발휘할 수 없다. 또한 사회가 외적 강제인 법과 내적 강제인 예가 잘 조화되는 안심사회가 되지 못하면 즉 위험사회나 불안사회가 되면 국민 한 사람 한 사람의 창조성이 마음껏 실현되지 못한다. 따라서 '민주주의', '시장경제', 그리고 '안심사회'는 창조국가건설을 위한 핵심적 내용이 되고 필수적 전제조건이 된다. 그러면 이러한 기본질서들을 전제로 창조국가실현을 위한 전략적 핵심적 분야는 우리나라의 경우 무엇이 될까? 두 가지라고 생각한다. 하나는 대한민국의 교육을 살리는 것이고 다른 하나는 지방을 살리는 것이다.

우선 대한민국의 '교육을 살리는 일'이 시급하다. 대한민국의 교육은 지금 국민 창조성의 발현에 제약이 되고 있다. 국민의 창조성을 극대 발휘하고 실현시키려면 가장 중요한 것이 세계 최고의 수준과 질의 교육 기회를 만드는 것이다. 대한민국의 교육, 특히 공교육이 이 일을 해내지 못하고 있다. 그래서 나타나는 것이 사교육부담의 증가이고 해외유학으로 인한 기러기 가족들이다. 국내에서는 국민들의 개성과 창조성을 최대한 발휘시켜 줄 세계수준의 교육이 안 되기 때문이다. 왜 대한민국에서는 세계적 수준의 교육이 안 되는가? 그 답은 비교적 간단하다.

(1) 교육에 대한 실질투자 자체를 적게 했기 때문이다. 한마디로 투자규모가 적지 않지만 교육낭비가 많았기 때문에 실질투자는 적게 나타난

다. 정부와 국민들이 실제로 한 교육투자 전체의 규모가 외국과 비교해 결코 적지 않다. 그러나 그 투자가 제대로 효율적으로 이루어지지 않고 낭비가 많으면 실질 교육투자는 낮게 나타날 수밖에 없다. 그리고 교육 효과도 따라서 낮아지지 않을 수 없다

(2) 세계최고 교육을 만들려고 노력을 하지 않았기 때문이다. 특히 교육공급자들에게 강력한 유인체제가 없었다. 교육수요자들은 세계최고 교육을 받고 싶어 해도, 교육공급자들이 그러한 교육을 공급할 능력도 의지도 없었기 때문이다. 왜 능력도 의지도 없었을까? 답은 간단하다. 그러한 유인이 없었기 때문이다. 세계최고 교육을 공급하려고 노력하는 교육공급자들을 격려하는 제도적·정책적 유인도, 그러한 노력을 하지 않는 교육공급자를 제재하는 제도적·정책적 역逆유인도 약했기 때문이다. 결국 이러한 모든 것을 바로잡는 것이 바로 21세기 교육개혁의 사명이다. 세계화시대 모든 국가들이 자기국민들에게 세계최고의 교육을 제공하기 위해 무한경쟁을 하고 있다. 무한의 교육개혁경쟁을 하고 있다. 우리 대한민국도 여기에서 뒤지면 안 된다. 우리가 교육개혁에 뒤지면 창조국가의 건설이 어렵게 된다.

다음으로 중요한 것이 '지방을 살리는 일'이다. 현재와 같은 지방의 낙후를 이대로 두고 대한민국의 선진화는 어렵다. 한마디로 지방의 낙후는 지방의 개성과 창조성이 제대로 발휘되지 못함을 의미한다. 지방의 창조성을 제대로 활용하지 못하면서 어떻게 창조국가를 만들 수 있겠는가? 그러면 왜 지방의 개성과 창조성이 제대로 발휘되지 못하는가? 그 이유는 간단하다. 대한민국이 너무 오랫동안 국가경영을 중앙집권적으로 해왔기 때문이다. 지방정부에 지방의 개성과 창의성을 살릴 나름의 발전계획이 있다고 하자. 그러나 이 계획을 실현할 수단이 지방정부에는

없다. 두 가지가 없다. 하나는 예산권budgetary power이고 두 번째는 규제권regulatory power이다. 이 두 가지가 없으니 아무리 창의적 계획이 있고 의지가 있어도 실천할 수 없게 된다. 오직 중앙의 허락이 있어야 하고 중앙에서 예산을 주어야 가능하다. 이런 방식으로 지방의 개성과 창조성이 마음껏 발휘될 수 없다. 그러니 중앙과 지방의 발전 격차가 늘어나고 지방의 상대적 — 정신적·경제적 — 황폐화가 진행된다.

그래서 이미 앞의 제2부에서 보았듯이 많은 선진국에서는 지방발전을 위하여 지방분권을 대대적으로 강화하고 있다. 아니 지방분권의 단계를 넘어 지방주권을 주장하기 시작했다. 즉 연방제의 단계도 넘어 국가를 수 개의 강소국 연합체로 만들어야 한다는 주장까지 나오고 있는 것이다. 그런데 우리는 어떠한가? 아직도 지방 균형발전을 한다고 하면서 중앙이 모든 권한을 여전히 장악하고, 오직 중앙의 부처 몇 개나 대기업 몇 개를 지방에 강제로 이전시켜 준다는 식의 접근을 하고 있지 않은가? 이래선 안 된다.

조화사회

개개인의 개성과 창조성을 최대한 발휘할 수 있는 창조국가를 만들면서 반드시 함께 추진해야 할 것이 조화사회다. 창조국가가 '자유주의의 원리'에 기초한다면 조화사회는 '공동체원리'에 기초하는 목표다. 우리가 한반도의 선진화가 반드시 '공동체자유주의'에 기초해야 한다고 주장하는 이유가 여기에 있다. 개개인의 개성과 창조성이 최대한 발휘되면서도 그것이 공동체의 약화와 분열로 이어지지 않고 공동체의 강화와 발전으로 이어지게 하는 노력이 필요하기 때문이다. 그러려면 창조국가와 더불어 조화사회가 이루어져야 한다. 창조는 자유의 산물이고 공동체는 조화의 산물이기 때문이다.

그러면 조화사회란 구체적으로 무엇을 의미하는가? 아래의 다섯 가지가 조화되는 사회를 의미한다.

첫째, 물질과 정신의 조화

우선 한반도의 선진화를 위해서는 국민경제가 높은 생산성과 소득수준을 가진 사회이어야 한다. 어느 정도의 물질적 풍요는 선진사회 성립의 기본조건일 수밖에 없다. 경제가 허약하고 실업과 빈곤이 광범위하게 존재한다면 이상국가일 수 없다. 그래서 상당 수준의 물질적 풍요를 보장하는 '생산성이 높은 경제'는 기본이 된다. 특히 앞으로 남북이 함께 추진해야 할 북한의 산업화를 생각할 때 더욱 더 생산적 경제는 중요한 목표다.

그러나 물질적 풍요가 정신적 성숙과 같이 가지 않으면 그 사회는 졸부猝富사회 내지 천민사회가 된다. 물질적 풍요나 편안함에는 본래 인간의 정신력을 약화시키는 독소가 내재되어 있기 때문이다. 따라서 물질적 풍요에 걸맞는 정신적 발전 내지 성숙이 함께 이루어져야 한다. 그래서 우리나라 민족종교의 하나인 증산교甑山敎에서는 '물질이 개벽하니 정신을 개벽하자'는 주장을 한 바 있다. 이러한 물질적 풍요와 더불어 정신의 발전과 성숙이 함께 일어나야 가족해체, 마약과 범죄, 소외와 차별 등 소위 '선진국병'을 고칠 수 있다. 따라서 우리가 지향하는 선진화는 '선진국병이 없는 선진화'이다. 요컨대 선진국병이 없는 '경제강국과 정신대국'이 공존하는 사회가 우리가 지향하는 조화사회이고 우리가 지향하는 선진국이라고 할 수 있다.

둘째, 개인과 공동체의 조화

개인의 행복추구와 공동체적 가치예컨대 정의와 박애존중이 함께 가는 사회여야 한다. 개개인의 자유와 창의와 선택이 최대한 존중되고 보호되면서도 공동체적 연대나 가치가 훼손되지 않고, 오히려 존중되고 강화되는 조화사회가 바로 우리의 국가이상이다. 그동안 인간의 역사 속에서는 자주 이원론二元論과 극단론이 지배해 왔다. 개인의 자유와 창의를 강조하는 것이 지나쳐 공동체적 연대나 가치를 무시하는 경우가 있었다. 반대로 공동체의 중요성과 가치를 중시하다가 개인의 자유와 창의를 억압하는 경우도 있었다. 그러나 이 두 가지의 가치, 즉 개인의 가치와 공동체의 가치는 서로 모순하고 대립하는 것이 아니다. 아니 본래가 서로 균형되고 조화될 때 비로소 개인도 공동체도 모두가 한 단계 높게 발전하고 성숙하는 법이다.

선진국이란 바로 이러한 두 가지의 가치 — 개인과 공동체 — 가 높은 수준에서 자발적으로 균형되고 조화되는 사회다. 법치란 국가가 외적 강제를 통하여 양자 — 개인과 공동체 — 의 조화를 도모하는 제도다. 그러나 법치가 작동하기 이전에 공동체의 중요성에 대한 개인의 자각이 내적 자율을 통하여 — 예컨대 예禮와 의義를 통하여 — 자연스럽게 나타나는 사회가 진정으로 품격 있는 성숙한 선진사회다. 우리나라 역사상 이 양자의 조화가 비교적 아름답게 이루어진 적이 있었다. 그래서 우리는 이웃나라로부터 '동방의 예의지국'이라는 칭송을 받았다. 국민 다수가 예의를 잘 지키는 나라는 개인의 가치와 공동체의 가치에 대한 존중이 자연스럽게 이루어지는 국가다. 즉 두 가치의 조화가 자발적으로 이루어지는 나라다. 따라서 앞으로 '21세기 동방예의지국'의 모습을 회복하는 것이 대한민국 선진화의 한 부분이 되어야 한다. 그것이 개체와 공동체가 조화되는 이상적 조화사회의 모습이고 선진화 국가의 모습이기 때문이다.

셋째, 과거, 현재, 미래의 조화

우선 '과거와 현재'의 조화가 중요하다. 현재 속에 살아 있는 과거역사의 공功에 대한 감사가 있어야 한다. 그리고 과거역사의 과過에 대한 반성이 오늘날 살아 있어야 한다. 그것이 성숙한 조화사회의 모습이다. 과거역사에 대한 일방적 부정, 미움, 거부, 학대, 그리고 공격은 성숙한 사회의 모습이 아니다. 부모의 세대와 조상의 세대를 일방적으로 부정하면서 오늘을 올바르게 살 수 없다. 뿐만 아니라 우리의 후손들에게 밝은 내일의 비전을 제시할 수도 없다. 부모의 세대, 조상의 세대 덕분에 오늘의 우리가 있음에 감사해야 한다. 무조건 과거를 미화하자고 주장하는 것이 아니다. 역사에는 항상 명明과 암暗이 있다. 문제는 무조건 부정이나 무조건 긍정이 아니라 명과 암을 균형 있게 보면서 역사의 밝은 면을 계승 발전시키고 어두운 면을 반성 극복하려는 자세가 중요하다. 한마디로 '발전적 계승發展的繼承의 균형사관均衡史觀'이 필요하다는 것이다. 국민 다수가 그러한 역사관을 가져야 성숙한 조화사회 그리고 선진사회라고 할 수 있다.

다음은 '현재와 미래'의 조화가 중요하다. 오늘 우리의 생각과 행동이 다음에 올 후손들의 삶의 조건을 결정한다.• 예컨대 우리가 오늘의 환

• 이것이 바로 역사의식이다. 내가 오늘 하는 행동이 후손들에게 어떠한 의미를 가지는가를 생각하는 것이 역사의식이다. 서산대사가 쓴 시 중에 "눈덮인 들판을 가더라도 오

경문제에 대해 적극적으로 대응할 것인가 아니면 회피할 것인가 하는 결정이 다음 세대들의 삶의 질을 결정한다. 오늘의 우리가 환경파괴적 생산과 소비를 억제하면 할수록 우리 후손들의 삶의 질과 조건은 좋아진다. 그 반대는 물론 후손들의 삶을 어렵게 한다. 따라서 현재의 이익과 미래의 이익과의 조화가 중요하다.

후진국이 오늘에 보다 많은 가치를 두고 내일에 대한 배려의 수준이 낮은 나라라고 한다면, 선진국은 오늘보다 내일에 대한 배려의 수준이 높은 나라라고 할 수 있다. 그래서 선진국은 상대적으로 보다 '친환경적이 되고 친지구적 국가'가 된다. 즉 환경문제, 생태문제를 포함하여 전全지구적 문제핵, 빈곤, 질병, 에너지 등의 해결에 보다 많은 노력을 기울이는 나라가 된다. 이와 같이 우리의 '국가이상으로서의 선진국'은 과거와 현재 그리고 현재와 미래 간의 대화와 소통이 있고 이해利害의 조화가 잘 되는 조화사회라고 할 수 있다.

넷째, 민족과 세계의 조화

자기민족과 자기나라에 대한 사랑이 '배타적 독선적 민족주의'로 발전한다면 '국가이상으로서의 선진국'이 아니다. 물론 자기민족 자기국가에 대하여 애국애족의 마음과 자존의식을 가지는 것은 대단히 중요하다. 이미 앞에서 지적한 바가 있지만 선진국과 중진국의 경제발전의 근본동인의 하나가 애국심patriotism에 있었다는 연구결과가 있다. 애국심과 자존심 그리고 자긍심은 대단히 중요한 가치이고 덕목이다. 이 덕목을 키워야

랑캐처럼 걷지 마라. 오늘 내가 밟은 이 길의 자취가 뒷사람이 따라올 길을 만들기 때문이다(踏雪野中去 不須胡亂行 今日我行跡 遂作後人程)." 즉 뒤에 올 사람들이 내 발자취를 따라올지 모르니 함부로 멋대로 걷지 말라라는 시가 있다. 필자는 이 시가 우리나라에서 역사의식의 중요성을 가장 잘 표현한 시라고 생각한다.

한다. 그래서 우리의 애국심이 자존自尊과 자긍自矜에서 시작하여 반드시 자강自强으로 나가도록 해야 한다.

그런데 21세기 세계화 정보화시대에 자강은 반드시 '다문화 다민족 다종교의 공생사회'를 세울 때 가능하다는 사실을 잊어서는 안 된다. 공생사회를 만들어 문화융합, 민족융합, 종교융합, 사상융합이 일어날 때 비로소 세계화시대에 요구되는 세계최고의 창조성world class creativity을 발휘할 수 있다. 그리고 그 창조성을 가지고 인류의 보편적 발전을 위하여 인류공동의 고민과 문제해결에 나설 수 있다. 이것이 진정한 '세계공헌국가'의 모습이고 그것이 바로 조화사회에 기초한 국가이상으로서의 선진국의 모습이다.

다섯째, 지도자와 국민의 조화

어느 사회, 어느 조직이거나 지도자가 있고 국민대중이 있다. 우리가 생각하는 바람직한 조화사회, 이상국가로서의 선진국 속에서 지도자는 반드시 지도자다워야 하고 국민은 반드시 국민다워야 한다. 군군君君이고 신신臣臣이다. 임금은 임금다워야 하고 신하는 신하다워야 한다. 즉 지도자는 리더십leadership이 있어야 하고 국민은 팔로워십followership이 있어야 한다. 리더십이란 무엇인가? 한마디로 수기치인修己治人이고 선공후사先公後私다. 철저한 자기 수양을 통해 사심私心을 억제하고. 학문을 통해 국정운영 능력을 기른 후에, 공직을 맡아 혼심魂心노력으로 멸사봉공滅私奉公하는 것이 지도자의 역할이다. 아무런 수양도 학문도 없이, 아무런 준비도 없이 아무나 지도자가 되어서는 안 된다. 반드시 자기수양自己修養이 깊고 공인정신公人精神이 뚜렷한 유능한 지도자가 나와야 한다. 그리하여 모든 판단과 행동에 있어 국민의 이익을 앞세워 나가야 한다. 다시 말해 애민-위민愛民-爲民정신과 민본의식民本意識, 民本主義이 모든 지도자 원리의 기본이다.

다음은 국민대중의 자세가 중요하다. 지도자를 뽑았으면 믿고 따라야 한다. 나무에 올려놓고 흔들면 안 된다. 뿐만 아니라 정치무관심과 냉소주의도 바람직한 태도가 아니다. 공화주의적 시민의식共和主義的 市民意識 republican citizenship 즉 공민의식公民意識이 있어야 한다. 즉 자신의 이익만을 주장하는 것이 아니라 국가 전체의 이익이 무엇인가를 생각하면서 국가 이익과 자신의 이익을 끊임없이 조화하려는 노력을 해야 한다. 더 나아가 국정에 깊은 관심을 가지고 적극 참여하고 기여하면서 책임을 함께 나누는 자세가 필요하다. 안창호 선생께서 항상 강조하신 주인의식이 있어야 한다. 이것이 바로 공민의식이고 국민대중이 가야 할 길이다.

지도자와 대중 간의 바람직한 역할 분담과 성숙한 조화는 정부는 물론 기업, 학교, 노조, 종교단체, 시민단체 등 모든 조직에 해당한다. 이러한 모든 조직의 발전은 그 조직의 장과 조직원과의 관계가 어떠한가에 의하여 결정된다. 조직의 장이 지도자답고 '애민-위민정신'이 뚜렷하면 그리고 그 조직의 구성원들이 '공민의식'이 뚜렷하면 그 조직은 구성원 모두에게 행복한 조직이 된다. 성공하는 조직이 될 수 있다. 그리고 그러한 행복조직, 성공조직이 많은 사회가 우리의 조화사회이고 선진사회라 할 수 있다.

이상의 5대 조화의 세계를 이루는 것이 바로 한반도 선진화를 위한 우리의 3대 목표의 하나다.

통일한국

한반도 선진화를 성공시키기 위해서는 제3의 목표인 통일한국을 달성해야 한다. 한반도의 통일 없이 한반도의 선진화는 있을 수 없다. 지난 반세기 이상 남한과 북한이 분단으로 인하여 엄청난 고통과 비용을 치렀다. 지금도 지불하고 있다. 우리는 비록 또 다른 고통과 비용이 있다고 해도 이 문제를 반드시 풀어야 한다. 그리고 남북이 하나가 되어 경제발전과 국가발전을 도모한다면 우리 한반도의 미래는 대단히 밝다고 할 수 있다. 통일의 이익과 가치는 거의 무한대라고 본다.

지금 일시적인 통일의 비용이 두려워 통일을 피하는 풍조가 우리 사회 일각에 있다. 이는 대단히 짧은 생각이다. 또한 크게 잘못된 견해다. 북한에 사는 동포의 고통에 대한 외면이고 민족공동체의 중요성에 대한 큰 이해부족이다. 같은 맥락에서 최근에는 통일에 대한 이야기보다 평화를 강조하는 운동들이 많아지는 경향이 있다. 평화는 물론 대단히 중요한 가치다. 그러나 통일 없는 평화는 북한의 현상유지 그리고 한반도 분단의 고정화를 결과할 위험이 있다.

한반도 선진화를 위한 통일한국의 달성은 다음과 같은 세 가지 단계로 진행되어야 한다고 본다.

첫째는 남남南南통일의 단계다.

지금 남북통일의 최대 장애를 남남통일이 안 되어서라고 생각한다. 같은 대한민국 안에서 통일에 대한 견해가 분열된 것이 가장 큰 문제다. 아마 절대 다수는 통일 자체를 부정하지는 않을 것이다. 대한민국의 헌법 제3조가 제시하고 있는 자유민주주의적 기본질서에 기초한 통일이어야 한다는 사실에 대해서도 다수의 국민은 지지할 것이다. 일부 사람들은 남한과 북한의 체제에서 좋은 점만 모아 만든 제3의 길이 있을 수 있다고 믿는 경우도 있다. 그렇지만 그것은 종교적·관념적 발상일 뿐이다. 사회과학적으로 보면 이론적으로도 역사적으로도 성립하지 못하는 개념이다. 따라서 다수는 자유민주주의적 통일을 원한다고 봐도 무리가 없을 것이다. 그런데 어떻게 하면 그러한 통일에 도달할 것인가 하는 방법론 내지 전략론에서 서로의 의견이 달라질 수 있다. 소위 진보적 인사들은 북과 교류협력하면서 북에 좀 더 양보하면서 지원하는 것이 통일로 가는 빠른 길이라고 보는 입장이다. 그리고 소위 보수적 인사들은 양보와 지원보다는 강력한 압력 내지 제재의 방법이 보다 효과적이라고 보는 입장이다.

일견하여 큰 차이가 있는 것 같지만 사실 자유민주주의적 통일이라는 대전제와 큰 목표에 동의한다면 그 방법론은 좀 더 진지한 상호정보교류, 그리고 상호토론과 공동연구 공동분석을 통해 합의에 도달할 수 있다고 생각한다. 서로가 다른 판단을 하는 이유가 서로 알고 있는 정보의 양과 질에서 차이가 있기 때문일 가능성이 많기 때문이다. 서로 상이한 정보에 기초한 상이한 대북관을 가지고 있을 수 있고 그것이 통일정책의 차이로 나타날 수 있다. 그러나 이것은 서로 자신들이 믿는 정보를 제시하고 상호 체크하면, 어떠한 정보가 보다 사실인지를 판단할 수 있고 따라서 합의를 도출할 수 있다. 대한민국의 진보와 보수가 목표로 하는 남북통일의 내용이 다르면 — 예건대 한쪽은 북한주도의 통일, 다른 한쪽은 남한주도의 통일이라면 — 서로의 의견의 합치, 즉 남남통일은 어렵다. 그러나 그렇지 않고 목표는 같은데 — 자유민주통일 — 다만 그 방법론만 다르다면 이것을 공동연구와 공동분석을 통하여 해결할 수 있다고 본다.

이 일을 하는 것이 바로 통일에 대한 국론통일이다. 결국 이를 통해 남남통일을 이루는 것이 무엇보다 시급하다. 이것이 시급한 이유는 두 가지다. 하나는 내부의견이 통일되어야 통일을 위한 내부준비가 가능하다. 한반도의 통일은 사실 많은 어려운 문제들을 야기할 것이다. 따라서 이에 대하여 철저히 대비하고 준비하지 않으면 통일과정이 길고 고통과 혼란이 많이 따르게 된다. 따라서 미리 경제적으로 정신적으로 준비해야 할 것이 많다. 국론이 분열되어 있으면 이러한 내부준비를 제대로 할 수 없게 된다. 철저한 내부준비가 없으면 통일과정이 시작되었다 해도 우리 한민족의 이익에 반하는 방향 — 예컨대 새로운 분단으로 — 으로 역사가 진행될 위험도 등장한다. 이를 막을 수 없다. 따라서 국론통일에 기초하여 철저한 준비를 완벽하게 해야 한다.

우리 내부의 의견이 통일되어야 하는 두 번째 이유는 바로 통일된 국론이 있어야 그에 기초해 대북정책이나 대미정책 그리고 대중국정책 등을 상호 통일성과 내부 일관성을 가지고 수립하고 추진할 수 있게 된다. 통일과정에 대한 이웃 4강의 관심과 이해관계는 지대하다. 따라서 이들의 이해조정도 필요하다. 그러나 가장 먼저 중요한 것은 대한민국의 입장이고 계획이다. 남북통일은 우선 내부적으로는 우리 민족 내부의 문제이기 때문이다. 물론 남북통일은 동북아의 국제질서에 큰 변화를 의미하므로 4강이 당연히 개입하고 관여하려 할 것이다. 그래서 더욱 우리의 입장과 계획이 빨리 서야 하고 그 입장과 계획을 가지고 4강을 설득하는 작업이 시작되어야 한다. 4강의 이해와 통일된 한반도의 이해를 조율하여 한반도 통일이 동북아의 평화와 발전을 가져올 뿐 아니라 미국·중국·일본·러시아 등에게도 큰 이익과 안심이 된다는 것을 설득해야 한다. 그래야 우리의 역사가 이웃나라들의 손에 의하여 쓰여지는 역사적 불상사가 일어나지 않게 된다.

둘째는 남북통일이다.

남북통일은 북한의 정상국가화와 근대국가화로부터 시작될 것이다. 핵 포기는 정상국가화의 시작일 것이고 근대화는 산업화와 민주화로 나누어 진행될 것이다. 그리고 산업화는 개혁과 개방에서 시작될 것이다. 북한의 현 정권이 핵 개발을 포기하고 개혁개방의 길로 나가기로 한다면 남한은 당연히 최선을 다해 도와야 한다. 북北이 점진적으로 개혁개방을 통하여 산업화의 길로 나가고 남南은 선진화의 길로 나아가면서 북의 개혁개방을 적극 도울 수 있다면 가장 바람직한 한반도의 역사전개가 될 것이다. 그런데 문제는 북의 현 정권이 비핵화와 개혁개방의 길을 선택하지 못하고 있고, 앞으로도 선택이 어려울 것으로 보이는 데 있다. 비핵화와 개혁개방이 바로 자신들의 권력 붕괴를 결과한다고 보기 때문이다. 그런데 주지하듯이 비핵화와 개혁개방을 통하지 않고 북한의 주민을, 즉 우리의 동포를 우선 경제적으로 정치적으로 살릴 길이 없다. 여기에 딜레마가 존재한다. 이러한 모순된 상황에서 남쪽이 취할 수 있는 통일의 방법은 무엇일까? 세 가지 방안을 생각해야 하지 않을까?

첫째는 하드랜딩을 대비 내지는 준비하는 것이다. 점진적 변화로 문제를 풀지 못하는 경우에는 반드시 급격한 변화를 통하여 문제가 풀리는 것이 역사의 발전법칙이다. 따라서 급격한 변화에 대비하고 준비하는 것이 우리 통일정책의 하나가 되어야 한다. 이와 관련하여 가장 핵심적 문제의 하나는 북의 급격한 변화가 반드시 남북의 통일로 연결되도록 그 사태의 진행을 개입하고 관리하는 노력이 중요하다. 북의 변화가 4강의 잘못된 판단과 개입 — 특히 중국의 오판 혹은 미국과 중국의 담합 —

으로 연결되어 남북의 영구적 분단을 결과해서는 결코 안 된다는 것이다. 사전에 그러한 일이 일어나지 않도록 우리의 입장을 확고하게 전하고 대화하면서 상호의 이해관계를 조절하는 것이 대단히 중요하다.

둘째는 북한 주민들의 마음을 얻는 것이다. 그들을 설득하는 것이다. 북한의 정권은 개혁개방을 거부하고 개혁개방에 대해 회의적, 비판적이라고 해도, 북한의 주민들은 개혁개방이 살 길임을 깨닫도록 우리가 노력해야 한다. 바람직한 통일은 반드시 남쪽 국민들만이 아니라 북쪽 주민들의 올바른 이해와 적극적 지지 속에서 이루어져야 하고 이루어질 것이다. 이것은 원칙의 문제이면서 동시에 현실의 문제다. 북한 주민들이 남한과의 통일을 반대하는 상황이 와서는 안 된다. 비록 북한 정권이 개혁개방과 통일을 반대한다고 해도, 북한 주민들에게는 개혁개방이 유일한 살길이고, 개혁개방에 성공하려면 남한과의 협력이 필수적이며, 남쪽 동포들은 북의 개혁개방을 적극적으로 도울 준비 — 열의와 능력과 의사 — 가 되어 있다는 사실을 알리도록 우리가 적극 노력해야 한다. 북한 주민들의 눈에 대한민국 국민들이 자신들을 진정으로 도우려는 같은 피와 역사와 문화를 나눈 동포라는 사실이 확연히 드러나야 한다. 남한 정부도 국민들도 그러한 노력을 해야 한다. 통일의 길은 바로 북한 주민들이 남한의 상황을 — 남한 국민들의 진정성과 의지와 능력을 — 올바로 이해할 때 그만큼 앞당겨진다고 본다. 동시에 그만큼 통일과정이 순탄해질 것이다.

셋째, 이웃 4강에게 통일 후의 한반도 비전을 제시하는 것이다. 통일 한반도의 비전은 두 가지 내용을 담아야 할 것이다. 하나는 통일 한반도가 동북아시아 내지 동아시아의 평화와 발전에 어떠한 기여와 역할을 할 것인가? 그리고 어떻게 할 것인가를 밝히는 것이어야 한다. 통일된 한반도가 이웃 4강에게 국제안보상의 부담이나 도전이 되지 않는다는 사실을 확실히 밝혀 줘야 한다. 그리고 경제발전상에도 상호보완의 협력자로 등장할 것임을 밝혀 주어야 한다. 그래서 분단이 가져오는 불확실성보다 한반도 통일이 동아시아 내지 동북아의 평화와 발전에 보다 확실한 기여가 된다는 사실을 이해시켜야 한다.

분단된 한반도를 전제로 중국과 일본혹은 미국이 대치하는 모습이 되면 반드시 패권경쟁이 일어나 동아시아의 불안정을 크게 높인다는 사실을 알려야 한다. 대신에 통일된 한반도가 중국 그리고 일본과 함께 3개국 정립鼎立의 모습 — 세 다리로 서는 모습 — 을 갖출 때 이 지역에서의 일국一國에 의한 패권경쟁은 불가능하고 동아시아의 발전과 평화가 보장될 수 있음을 알려야 한다.*

셋째는 동아시아의 통일이다.

한반도의 통일이 장기적 평화와 발전의 길이 되려면 반드시 동아시아가 통일로 가는 움직임이 함께 나와야 한다. 동아시아가 분열과 갈등으로 나가면 통일한국도 장기적으로 평화와 번영을 이루어 낼 수 없다. 따라서 한반도 통일노력과 더불어 동아시아가 함께 평화와 발전의 길로 나가도록 하는 노력이 함께 이루어져야 한다. 즉 동아시아의 통일이 이루어져야 한반도의 통일이 완성된다고 볼 수 있다. 그러면 동아시아의 통일이란 무엇인가? 어떻게 이루어질 수 있는가? 그것은 장기적으로 유럽의 EU와 유사한 동아시아공동체를 만드는 것을 의미한다. 시간이 걸

* 우리는 이웃 4강에게 동아시아에서 두 나라가 대립하면 반드시 패권경쟁이 된다는 2국대립패권론(二國對立覇權論)과 동아시아의 평화는 반드시 세 나라가 서로 정립해야 가능하다는 3국정립평화론(三國鼎立平和論)을 끊임없이 주장하고 설득해야 한다.

릴 것이지만 국민국가의 틀을 벗어나는 초국가적 공동체를 만들어 내야 동아시아에 영구평화가 가능하고 그것에 기초하여 영구번영이 가능하게 된다.

지난 수천 년 동안 동아시아의 역사는 두 가지의 반복이었다. 동아시아에 강력한 패권국가가 등장하면 다른 나라들에게는 종속적 질서의 시작이었다. 변방속국이 되건, 식민지가 되건 수직적 국제질서의 시작이었다. 그리고 두 나라가 패권을 다투면 동아시아는 전쟁터가 되었다. 오직 패권국가가 등장하지 않을 때만 — 패권가능성이 있는 나라들이 자국의 내부문제에 골몰할 때 — 다른 나라들은 상대적인 자주와 자존을 그리고 평화와 발전을 지킬 수 있었다. 더 이상 이러한 역사의 배리背理를 허용해서는 안 된다고 본다. 그 방법은 무엇인가? 한마디로 아시아연합Asian Union을 만들어 나가는 것이다.

혹자는 그동안 전쟁의 역사적 경험과 기억이 동아시아에서 공동체 형성을 어렵게 할 것이라고 비관한다. 그러나 비슷한 역사의 아픔과 기억은 유럽에도 동아시아 못지않게 있었다. 유럽의 경우 유럽연합운동이 본격적으로 시작되기 이전 100년은 그야말로 전쟁의 유럽이었다. 100년 동안 프랑스와 독일 간에 3번에 걸쳐 큰 전쟁이 있었다. 혹자는 중국이 너무 커서 과연 호혜평등의 공동체가 가능하겠는가 하는 비관론을 편다. 물론 중국이 대단히 큰 것은 사실이다. 그러나 앞으로 중국도 발전을 위해서는 연방제에 가까운 분권적 국가경영이 불가피할 것이다. 또한 분권적 국가경영을 해야 중국도 발전이 지속될 것이다. 그런데 분권적 국가경영을 하게 되면 사실상 상대적 자주성을 가지는 수개의 지역국가region state가 등장할 것이다. 그리고 이들 지역국가들의 차원에서는 동아시아의 이웃 나라들과 얼마든지 호혜평등의 관계를 맺어나갈 수 있다고 본다.

혹자는 동아시아 여러 나라들의 경제발전의 차이가 너무 커서 유럽과 같은 공동체 형성이 어려울 것이라는 비관을 한다. 그러나 유럽의 경우도 경제발전의 차이가 결코 적었던 것은 아니다. 그리고 더 중요한 것은 발전의 차이가 있을수록 서로 협력할 수 있는 여지가 커지고, 그만큼 협력의 이익, 즉 발전의 이익도 커진다는 사실이다. 발전의 차이가 있을수록 상대적 비교우위뿐 아니라 절대적 비교우위에 기초한 교류와 교환의 이익도 커지기 때문이다. 여기에 경제적 교류와 협력을 지속할 수 있도록 안보적으로 평화적 질서를 동아시아 공동체를 통해 담보하는 것이 가능하게만 되면 더욱 더 안심하고 장기적 안목에서 경제교류와 협력이 확대될 수 있을 것이다.

따라서 문제는 정치적 리더십이다. 동아시아 미래에 대한 평화와 번영의 비전을 가진 리더십이 동아시아에 존재하는가가 문제다. 만일 그러한 리더십이 존재한다면, 아니 앞으로 나온다면 동아시아 공동체는 급물살을 탈 수도 있다고 생각한다. 그런데 적어도 지금까지는 동아시아 여러 나라의 리더십이 자국의 국내 문제에 몰입되어, 아시아 전체의 미래에 대한 구상을 하지 못하고 있는 것 같다. 그래서 동아시아 공동체에 대한 이야기가 나와도 아직은 학계의 수준에 머물고 있을 뿐이다. 간혹 정부 차원에서 이야기가 나와도 개별분야의 국제협력 수준에 머물고 있다. 동아시아 전체의 미래를 구상하는 정치적 비전은 아직 정치지도자들 사이에 나오고 있지 못하다. 그렇지만 반드시 그러한 때가 와야 한다고 본다.

그리고 그때 대한민국의 정치적 리더십이, 아니 통일된 한반도의 정치적 리더십이 동아시아 공동체를 구상하고 추진하는데, 그 중심적 역할을 해야 한다고 생각한다. 그동안의 역사적 사실을 보아도 우리나라는 아시아의 패권주의와 대국주의의 희생국이었다. 따라서 이 지역에서 더 이상의 패권주의나 대국주의의 등장을 막기 위한 동아시아공동체운동에 우리가 앞장설 이유와 명분이 충분하다. 또한 국가의 규모를 보아도 대국이 아닌 우리나라와 같은 중간국가가 중국이나 일본 같은 큰 나라와 아시아의 여러 작은 나라들 사이에서 이들의 이해를 조정하고 균형을 잡아 주며, 모두를 위한 공동체를 만들어 나가는 데 선도적 역할을 하기에 가장 적합하다. 반드시 그러한 때가 올 것이라고 생각한다. 그때가 바로 우리 한반도의 창조적 세계화와 선진화가 완성되어 가는 때라고 본다.

5대 국가능력 향상론

지금까지 바람직한 한반도 선진화의 목표 그리고 이를 이루어 나갈 창조적 세계화의 전략, 다시 말해 21세기 대한민국의 새로운 발전모델과 발전패러다임 등을 살펴보았다. 그렇다면 우리의 목표가 확실하고 그리고 그 목표에 도달할 전략이 정립되었다면 그 다음의 문제는 어떻게 우리의 국가능력state capacity을 높여서 창조적 세계화 전략을 성공적으로 추진해 선진화라는 국가목표에 도달할 것인가의 과제만 남는다.

우리는 다음의 다섯 가지의 국가능력을 높여야 창조적 세계화전략을 유효하게 추진할 수 있고 그 결과로 한반도의 선진화에 도달할 수 있다고 생각한다.

첫째는 사상능력思想能力이다.

어느 공동체나 그 공동체의 역사를 추진하는 힘은 생각에서 나온다. 즉 사상의 힘에서 나온다. 올바른 사상에서 올바른 역사가 창조된다. 대한민국의 올바른 사상의 힘을 높여야 한다.

둘째는 리더십능력이다.

어느 공동체이건 지도자층의 올바른 리더십이 서야 그 공동체가 발전한다. 리더십이 형편없는데 발전하는 역사는 없다. 올바른 리더십이 서면 올바른 팔로워십도 나온다. 애민愛民하는 지도자와 애국하는 국민은 같이 가는 법이다. 이렇게 국민과 지도자가 한마음이 되어야 새로운 역사를 창조할 수 있다.

셋째는 정부능력이다.

정부는 결코 전지전능하지 않다. 정부 만능주의는 옳지 않다. 정부는 불완전한 인간들이 모인 불완전한 조직이다. 그러나 국가발전에 있어 정부의 역할은 결정적으로 중요하다. 따라서 정부의 불완전성을 줄이는 노력이 필요하다. 원칙에 강하고 업무에 유능한 정부 없이 역사가 발전하는 경우는 전혀 없다. 따라서 정부능력을 어떻게 높여 — 정부의 불완전성을 줄이고 — 강하고 유능한 정부를 만들 것인가가 중요하다.

넷째는 시장능력이다.

시장은 자생적spontaneous order 질서다.* 이 자생적 질서 속에서 발전의

* 사회의 질서에는 두 가지 종류가 있다. 하나는 인간이 고안하여 만든 작위적 질서(예컨대 기업, 정부 등)이고 다른 하나는 저절로 생성된 자생적 질서다. 시장이나 언어의 문

원동력인 창조와 혁신이 나온다. 그런데 시장이라는 자생적 질서는 어떠한 법과 제도에 둘러싸여 있는가에 의해 그 시장적 역할과 성과가 달라진다. 국가발전에 선善한 결과도 악惡한 결과도 나올 수 있다. 따라서 시장만능주의 내지 시장절대주의는 옳지 않다. 그렇다고 시장부정市場否定주의는 더더욱 옳지 않다. 적극적으로 창조적 시장, 혁신적 시장을 만들기 위한 노력이 있어야 한다.

다섯째는 시민사회능력이다.

시민사회의 성장과 성숙이 한반도의 선진화에 필수적이다. 이미 제1부에서 살펴본 바와 같이 시민사회는 국가공동체의 발전을 위해 정부와 시장이 하지 못하는 일을 많이 할 수 있다. 그런데 시민사회의 성장과 성숙을 가로막는 장애도 적지 않다. 특히 우리나라에서는 시민단체들이 정치적으로 이용당할 위험과 경제적으로 이용당할 유혹을 항상 경계해야 한다. 따라서 시민사회의 발전을 위해 안의 노력과 밖의 격려가 필요하다. 무조건적인 '시민단체 찬미론'은 옳지 않다. 시민단체들은 물론이고 국민 모두가 시민사회의 성장과 성숙을 위한 많은 노력을 해야 한다.

이상의 다섯 가지 국가능력이 높아져야 우리는 창조적 세계화를 통한 한반도의 선진화에 성공할 수 있다. 아래에서 각각 나누어 살펴보도록 한다.

법 등이 자생적 질서의 대표적 예다. 물론 자생적 질서가 허공 속에서 생기는 것은 아니다. 그 사회에서 '법의 지배'가 이루어질 때 저절로 생성되는 질서다. 중요한 것은 이 자생적 질서의 하나인 시장은 누가 고안한 것은 아니다. 부의 증대 — 생산성 증대 — 에는 가장 효과적인 메커니즘인 것이 인류의 역사를 통해 증명되어 왔다. 이 문제에 대해 관심이 있으면 Friedrich A. Hayek, *Law, Legislation, and Liberty*, Routledge and Kegan Paul, 1982, 혹은 박세일, 『법경제학』, 박영사, 2000년 개정판을 참조.

사상思想능력

한 국가의 사상능력이란 무엇인가? 네 가지 정도로 나누어 생각해 볼 수 있다.

(1) 그 나라 국민들이 주인의식을 가지고 있는가? 자기 공동체에 대해 객客으로서가 아니라 주인主人으로서의 의식을 가지는가? 공동체의 어려움을 자기의 어려움으로 보고 대처하려 하는가?

(2) 그 나라 국민들이 역사의식을 가지고 있는가? 공동체의 역사에 대해 자부심과 자긍심을 가지고, 자기 세대의 역사적 사명에 대한 자각과 책임의식을 가지고 있는가?

(3) 그 나라 국민들이 '발전의 사상'을 가지고 있는가? 아니면 '퇴보의 사상'을 가지고 있는가?

(4) 그 나라 국민들이 건전한 '직업윤리와 노동철학'을 가지고 있는가?

이상의 네 가지로 나누어 점검하면 한 국가의 사상능력의 수준과 정도를 평가할 수 있을 것이다.

첫째, 국민들이 '주인의식'을 가지고 있는가?

주인과 손님의 차이는 공동체의 문제를 어떻게 대하는가에 달려 있다. 공동체의 어려움을 자신의 문제로 보고 걱정하고 자신의 잘못으로 보고 고치려 달려드는가? 아니면 남의 문제로 보고 피하려 하는가? 남의 잘못으로 보고 비판만 하고 끝내는가? 이러한 차이가 있다. 극단의 '개인주의적 자유주의'는 이웃의 문제를 자신의 문제로 보지 않을 수 있다.

그러면 그 공동체의 발전은 어렵게 된다. 국민 모두가 공동체의 문제를 자신의 문제로 보고 애정을 가지고 해결하려고 노력할 때, 국민단결이 가능하고 공동체의 문제가 해결될 수 있다. 그리고 그 공동체는 무한 발전한다. 주인의식이 없으면 국민단결도 안 되고 문제해결도 안 된다. 한반도 선진화의 문제도 창조적 세계화의 문제도 자신의 문제가 아닌 이웃의 문제나 다른 나라의 문제로 보고 대하는 국민들이 많으면 많을수록 그러한 나라에서 국가발전은 기대할 수 없다.

둘째, 국민들이 '역사의식'을 가지고 있는가?

역사의식이란 역사공동체 속에서 자신의 위치, 자신의 역할을 인식하는 것에서 출발한다. 선조로부터 내려오는 역사적 미학과 지혜, 전통과 교훈을 배우고 이를 올바로 후손들에게 전달하려 하고, 동시에 자신의 세대에서 무엇인가 새로운 가치를 더 창조해 후손들을 위하여 남기려 하는 노력이다. 그리고 더 나아가 오늘의 세대가 다음의 세대에 어떠한 모범이 되고 어떠한 교훈이 되어야 하는가를 항상 진지하게 생각하는 자세가 바로 역사의식이다. 자신의 일거수일투족이 자신의 후손들에게, 자국의 역사에, 어떠한 전범典範으로 또 어떠한 교훈으로 남을 것인가를 생각하며, 보다 나은 역사창조를 위해 노력하는 자세가 바로 역사의식이다. 이러한 역사의식을 가진 국민들이 많을 때 비로소 그 공동체는 선진화에 성공하게 된다.

셋째, 국민들이 '발전적 국민사상'을 가지고 있는가?

한 나라의 국민들이 가지고 있는 사상 중에는 '발전적 사상'이 있고 '퇴영적 사상'이 있다. 발전적 사상이란 개인과 공동체의 발전을 가져오는 사상이다. 반면 퇴영적 사상이란 개인과 공동체의 퇴보를 가져오는 사상이다. 예컨대 (1) 법法과 예禮를 존중하고 지키는 사상은 발전적 국민사상이다.

(2) 자유와 창조를 존중하고 아끼는 사상은 발전적 국민사상이다.

(3) 다양성을 수용하는 관용과 이웃에 대해 열린 마음은 발전적 국민사상이다.

(4) 자기나라의 역사에 대한 자긍심과 자부심, 그리고 자기나라를 사랑하는 애국심은 발전적 국민사상이다.

반면에 (1) 법과 예를 가볍게 생각하고 함부로 불법무례의 행동을 해도 된다고 생각하는 사상은 국가발전을 후진시키는 퇴영의 사상이다.

(2) 자유와 창조를 경시하고 평등한 결과만을 요구하는 사상은 국가발전을 후진시키는 퇴영의 사상이다.

(3) 이웃나라에 대한 폐쇄적 배타적 마음, 그리고 다양성에 대한 거부의 마음은 국가발전을 후퇴시키는 퇴영의 사상이다.

(4) 또한 자기나라 역사를 공격하고 자학하는 사상, 자기나라를 부끄럽게 생각하는 사상은 국가발전을 후퇴시키는 퇴영의 사상이다. 한 나라의 발전은 그 나라 사람들이 어떠한 국민사상을 많이 가지는가에 의해 결정된다. 발전의 사상이 많으면 발전하고 퇴보의 사상이 많으면 퇴보한다.

넷째, 국민들이 올바른 '직업윤리와 노동철학'을 가지고 있는가?

한 나라의 사상의 힘 내지 사상능력에서 결정적으로 중요한 것이 그 나라 국민들이 가지고 있는 직업의식과 윤리 그리고 노동철학이다. 우선 각자가 자신의 직업을 소중히 하고 땀을 흘리는 노동의 가치를 존중하는가가 중요하다. 직업이 단순히 생계수단이 아니고 (1) 자신의 존재의 의미를 완성하고 자신의 가치를 실현하는 과정이고 (2) 이웃과 역사에 봉사하고 기여하는 과정이라는 의식을 가지고 있는가?* 그러한 의식과 철학을 가지고 자신의 직업과 노동에 충실하고 있는가가 대단히 중요하다. 그러한 의식과 철학을 가지고 자신의 직업을 대하고 노동에 임하면 자연히 '정직 근면 성실의 덕'이 나오지 않을 수 없다. 그리고 각자의 직업에서 정직 근면 성실의 덕이 나오면 자연 사회구성원들 사이에 사회적 경제적 신뢰가 높아지고 경제발전도 민주주의의 정착도 빨라지게 된다.

여기서의 직업과 노동철학은 단순히 기업이나 공장에서 일하는 경우에 국한하지 않는다. 교수는 교수로서, 공무원은 공무원으로서, 그리고 국회의원은 국회의원으로서 과연 자신의 직업에 정직하고 근면하고 성실한가를 스스로에게 물어야 한다. 더 나아가 학생은 학생으로서 주부는 주부로서 자신의 노동에 정직하고 성실하고 근면한가를 자문해 봐야 한다. 올바른 직업윤리와 노동철학을 가진 국민들이 많아야 그 나라의 사상능력이 높아지고 국가발전의 성공을 가져올 수 있다.

이러한 네 가지 분야로 나누어 생각해 볼 수 있는 국가의 사상성을 높이기 위하여 어떻게 할 것인가? 우선 가정교육, 학교교육, 그리고 사회교육에서 사상의 중요성을 가르쳐야 한다. 특히 주인의식과 역사의식의 중요성을 가르쳐야 한다. 객처럼 사회생활을 해서는 안 된다는 사실과 자기나라의 역사와 전통을 함부로 공격하고 훼손해서는 안 된다는 사실 등을 가르쳐야 된다. 또한 가능한 한 법과 예를 존중하고 자유와

* 우리는 직업이라는 '사회적 분업의 망'을 통하여 공간적으로 서로가 서로에게 이익을 주고 있다. 그리고 직업이란 '사회적 분업의 망'은 시간적으로도 오늘의 세대가 다음의 세대에게 전수할 가치를 창조하는 연결망이 되고 있다. 그래서 자신의 직업에 충실한 것이 바로 이웃의 이익에 봉사하는 것이고 동시에 다음에 올 세대에 대한 — 즉 역사에 대한 — 기여가 될 수 있다.

창의를 소중히 여기는 그리고 다양성에 대해 열린 마음과 관용의 마음을 가지는 그러한 국민사상을 가지도록 가르쳐야 한다. 또한 국가발전과 개인의 행복을 위해서도 정직 근면 성실의 직업윤리와 노동철학을 가져야 한다는 사실이 광범위하게 교육되도록 노력해야 한다.

특히 직업윤리와 노동철학을 가르치는 일에서 종교교육의 역할이 중요하다고 본다. 요컨대 유럽에서는 프로테스탄트 윤리에 기초한 올바른 자본주의정신 — 직업윤리 노동철학 등 — 의 교육이 유럽의 산업화에 크게 기여했음을 우리는 알고 있다. 동시에 일본의 자본주의 발전에 일본 불교와 양명학陽明學의 직업윤리와 노동철학이 크게 기여했음도 알고 있다. 우리나라에도 여러 종교가 있고 불교와 기독교의 영향력이 특히 대단히 크다. 우리나라의 종교에서도 앞으로 보다 적극적으로 정직 성실 근면의 직업윤리와 노동철학을 가르치는 노력이 많아야 한다고 본다.*

리더십능력

국가능력의 핵심적 부분의 하나가 국가리더십 능력이다. 우리 사회에서 권위주의가 해체되고 민주화되면서 국가리더십을 가볍게 생각하는 사회적 풍조가 등장했다. 이것은 잘못된 것이다. 민주화가 되면 될수록 또한 민주주의가 성공하려면, 반드시 올바른 정치리더십이 서야 한다. 리더는 아무나 될 수 있는 것이 아니고 아무나 되어서도 안 된다. 왜냐하면 올바른 리더십은 다음의 세 가지 능력을 갖추어야 하기 때문이다.

* 박세일, 「우리는 일을 통하여 성불한다」, 『노동의 가치 불교에 묻는다』, 송암지원 엮음, 종이얼굴, 2007.

첫째는 철학능력 내지 가치제시 능력이다.

리더십은 그 '시대의 흐름'을 읽을 수 있어야 한다. 그 시대가 요구하고 있는 '시대정신과 시대가치'를 제시하고 대표할 수 있어야 한다. 그리고 그 시대정신과 가치에 기초하여 국가가 앞으로 나아갈 '국가비전과 목표'를 확실하게 국민들에게 제시할 수 있어야 한다. 이를 자신의 소신에 기초하여 주장할 수 있어야 한다. 한마디로 국가리더는 국민들에게 시대의 소명을 알리고 미래에 대하여 꿈을 줄 수 있어야 한다. 역사 철학자가 되어야 한다.

둘째는 정치능력이다.

정치능력이란 한마디로 국민을 하나로 통합하는 능력이다. 그리고 그러한 정치능력은 구체적으로는 공치共治와 협치協治능력에서 온다. 공치능력共治能力이란 권력을 나누어 함께 통치할 수 있는 능력이다. 권력은 나눌수록 커진다. 권력이 집중되면 독선과 아집에 빠지기 쉽다. 바람직하지 않다. 또한 협치능력協治能力이란 다양한 의견과 다양한 이해를 가진 다양한 그룹들과 협조적 관계를 구축하면서, 공동의 합의를 만들고 공동의 실천을 유도할 수 있는 능력을 의미한다. 이러한 공치능력과 협치능력이 바로 정치능력의 핵심이다. 유능한 지도자들과 권력을 나누어 함께 통치해야 한다. 의견과 이해가 다른 당파나 이익단체들을 설득하면서 신뢰와 협력의 관계를 만들어 나가야 한다. 이것이 공치와 협치의 기술이고 정치의 능력이다. 공치를 잘하려면 사심私心이 없어야 한다. 그리고 협치를 잘하려면 우선 선청善聽을 잘 해야 한다. 즉 여러 사람의 이야기를 잘 들어야 한다. 선청을 하지 못하고 사욕이 앞선다면 협치도 공치도 할 수 없다.

셋째는 정책능력이다.

정치는 궁극적으로 민생을 위해 존재한다. 국민의 행복을 위해 존재한다. 그렇다면 정치의 중심에 국가정책이 놓이는 것은 당연하다. 왜냐하면 민생에 직접 영향을 미치는 것이 바로 국가정책의 내용과 방향이기 때문이다. 따라서 리더십은 당연히 올바른 국가정책을 세울 수 있는 정책개발능력과 이를 올바로 집행할 수 있는 추진능력을 갖추어야 한다. 정책의 자세한 내용과 방향은 관료들과 학자들이 만들어 나가더라도 정책의 큰 방향에 대해서는 국가지도자의 확실한 소신과 의지가 있어야 한다. 그리고 물론 추진능력이 있어야 한다.

이상의 세 가지 능력을 갖춘 국가리더십을 세우는 것이 국가능력을 높이는 데 결정적으로 중요하다. 그러면 어떻게 해야 할까? 어떻게 해서 국가리더십을 바로 세우고 그 리더십능력을 높여 나갈 것인가? 이를 위해 결국 세 가지를 해야 한다고 생각한다. 첫째는 정당개혁의 선진화다. 둘째는 선진적 정치세력을 키워야 한다. 셋째는 선진적 정책세력을 키워야 한다. 아래에서 각각을 나누어 살펴보도록 한다.

첫째, 정당개혁의 선진화다.

우리나라 정당은 모든 정당이 한마디로 '절름발이 정당'이다. 정당에는 기본적으로 두 가지 기능이 있어야 근대적 정당이라고 할 수 있다. 하나는 대표기능representative function이고 다른 하나는 제도기능institutional function이다.

'대표기능'이란 일반적으로 국민의 뜻을 당의 비전과 정책개발을 통해 수렴하고 대표하는 기능이다. 그래서 다양한 이익집단 간의 이해를 조화시키고 연대시켜 전체적으로는 국민을 통합하고 대표하는 기능을 한다. 구체적으로는 국가비전과 정책을 개발하고 제시함을 통해 이러한 기능들을 실현한다. 즉 '대표와 정책기능'이다.

그리고 '제도기능'이란 당이 선거에 참여하여 선거운동을 조직하는 기능, 그리고 선거에 이기면 선거 권력을 나누어 정부를 구성하고 국가를 통치하는 기능이다. 즉 '선거와 권력기능'이다.

이 두 가지 기능 중 우리나라 정당은 제도기능만 가지고 있지 대표기능은 거의 없다고 볼 수 있다. 그래서 선거 때에 가장 활동적이고 선거에 이겨서 정부를 구성할 때도 활동적이지만, 그 이외의 시기에는 정당의 기능이 거의 없다. 바로 대표기능이 없기 때문이다. 그래서 각각의 정당이 표방하는 국가비전과 가치가 무엇이고, 그들이 제시하는 국가정책이 어떠한 것인지, 비전과 정책에서 정당 간에 어떠한 차이가 있는지 등에 대해 국민들은 잘 모르고 자신들도 잘 모른다. 뿐만 아니라 국민의 관심과 이해를 대표하는 정당기능이 약하니 — 그러니 자신들의 이익을 대표해 줄 정당이 없다고 보니 — 이익집단들은 자신들의 문제를 정당을 통하여 해결할 수 없다고 생각한다. 그래서 가두시위 등의 실력행사를 통해 자신들의 이익을 관철하려 든다. 한마디로 정당이 근대적 기능을 하지 않는 셈이다. 국민들의 의사를 대표하고, 민의를 정책으로 수렴해 내는 기능을 거의 하지 못하는 셈이다.

왜 이렇게 되었을까? 그것은 우리나라 정당이 근대적 정당 즉 공당公黨이 아니기 때문이다. 기본적으로 사당私黨이고 붕당朋黨이다. 가치와 이념의 모임이 아니라 선거를 치루기 위한 조직, 선거에서 이기기 위한 조직이기 때문이다. 이기는 방식은 비전과 정책보다는 지역감정이고 이미지 관리다. 정책 포퓰리즘이고, 때로는 흑색선전과 선동이다. 그리고 선거에 이기기 위해서 가치중심의 연대가 아니라 이익중심의 야합이 판을 친다. 그러니 근대적 정당 간의 정책연대는 사실상 가능하지 않다. 이러한 정치풍토 내지 정치문화 속에서 제대로 된 국가리더십이 나오기 어렵다. 따라서 정당개혁을 하여 새로운 정치문화와 정치풍토를 만들기 시작해야 올바른 국가리더십이 나올 수 있을 것이다.

이를 위해 두 가지가 중요하다. 첫째는 우선 현재의 이익중심의 정당을 가치정당으로, 그리고 비전과 정책을 중시하는 세계관정당으로 만드는 것이 시급하다. 즉 소수의 정치지도자들과 그를 추종하는 사람들의 사적 클럽, 즉 사당私黨이 아니라, 비전과 이념과 가치와 정책을 같이하는 사람들의 모임인 공당公黨으로 만들어야 한다. 그렇게 하려면 당의 조직 중심에 당의 '이념정책 연구소'가 있어야 한다. 그리고 연구소는 당의 비전과 가치에 기초하여 (1) 시민사회와 연계해야 하고 (2) 대학과 각종 연구소 등의 정책세력과 연계해야 하며 (3) 다양한 이익집단들과도 연계해야 한다. 그래서 당의 비전과 이념과 가치와 정책을 선전하고 교육하면서 동시에 이들 세력의 의견과 기대를 수렴해야 한다. 그래야 소위 정당의 대표기능이 회복될 수 있다. 그리고 정치지도자들의 협치능력도 높아질 수 있다.

둘째는 당의 국민적 기반을 만들어야 한다. 우리나라의 정당은 당원이 없는 정당이다. 진성당원이 없는 정당이다. 당원이라고 하여도 대부분이 특정 지역구의 국회의원을 지지하는 사조직에 불과하다. 당이 국민 사이에 광범위한 조직기반을 가지고 있지 않다. 당의 이념과 가치를 지지하는 국민들을 광범위하게 교육하고 조직해 내지 못하고 있다. 그래서 당이 국회 내의 활동만 있지 국민 사이의 활동이 없다. 원내대표만 있지 원외대표가 없다. 당의 이념과 가치, 국가비전과 정책을 국민들에게 확산시키는 노력, 그래서 당비를 내는 진성당원을 조직해 가는 노력이 거의 없다. 그러니 당의 공천과정도 밑에서 올라올 수 없다. 국민조직 — 진성당원조직 — 이 없기 때문이다. 따라서 당 지도부가 일방적으로 공천을 한다. 그러면 후보자들은 지도부에 더욱더 사적 관계를 통하여 의존하게 된다. 당의 사당화와 권력의 사유화를 강화시키게 된다. 앞으로 우리나라 정당은 국민적 기반을 가진 정당, 당원을 가진 정당으로 환골탈태해야 한다. 그리고 당원의 의견이 보다 많이 반영되는 방향으로 공천개혁을 해야 한다. 그래야 근대적 공당이 될 수 있다.

물론 지금은 20세기적인 계급정당이나 이념정당이 가능한 시대가 아니다. 그러한 의미에서 계급 지향적 대중정당이 가능한 시대도 아니다. 그러나 적어도 비전과 정책정당은 가능하고 이를 위한 시민 내지 국민적 기반을 가지는 시민정당 내지 국민정당은 필요한 시대다. 그렇게 되지 않으면 정치가 국리민복을 위한다는 본래의 목표를 잃게 된다. 그러한 의미에서 불행하게도 지금 우리나라 정치는 본래의 목표를 잃고 소수 정치인들에 의하여 정치가 사물화私物化되어 왔다. 그 기초에는 오직 선거기능만 가지고 있고 국민대표기능을 잃은 — 당원이 없고 당지도부만 있는 — 사당구조私黨構造가 존재한다.

둘째, '선진적 정치세력'을 키워야 한다.

대한민국의 정치인 충원구조를 보면 대단히 전前근대적이고 비非합리적이다. 현재로서는 리더십능력을 갖춘 국가지도자들을 정치권에 등장시키는 데는 너무나 많은 장애가 있다. 우선 각 당의 공천구조가 아직 기본적으로 패쇄적이다. 또한 기존 당의 지도자들에게 극히 유리하도록 독과점적 구조를 가지고 있다. 국가비전과 가치 혹은 국가경영능력을 중심에 놓고 벌이는 자유경쟁이 아니다. 그러니 훌륭한 인재들이 당에 수혈되지 못하고 있다. 그리고 오직 기존의 당지도자들과의 개인적 인연이 중요하게 작용한다. 결국 이러한 정당구조와 정치문화 속에서 제대로 된 국가지도자가 나올 수 없다. 당연히 올바른 선진적 정치세력이 키워질 수도 없다.

국가경영이라는 것은 앞으로 복잡성과 전문성이 많이 요구된다. 따라서 미래의 정치지도자를 키우기 위한 다양한 교육프로그램이 많이 개발되어야 한다. 민간 부문에 혹은 국회 내에 선진 정치인을 양성하기 위한 '정치전문교육 프로그램' 내지 '정치전문대학원'의 수립 등도 생각해 보아야 한다. 각 정당들이 각 정당 나름의 특색을 가진 정치지도자교육 프로그램을 개발하는 것도 대단히 바람직한 일이다. 동시에 당의 공천구조도 혁파하여, 비전과 가치를 같이하면서도 국가경영능력을 가지고 있는 사람들이 공정하게 공개경쟁을 할 수 있도록 만들어야 한다. 그리고 당지도부의 일방적 결정이 아니라 당원들의 의견이 크게 반영되는 방향으로 그래서 천하의 선진적 인재들이 모여들게 만들어야 한다.

이와 함께 일부 국민이나 식자들 속에 있는 정치에 대한 허위의식 내지 정치가치의 이중잣대도 고쳐야 한다. 우리 국민들의 일부는 나라의 정치를 걱정하고 정치인들의 행태에 대하여 비판하면서도, 스스로 지역선거나 연고선거를 극복하려는 노력을 별로 하지 않는다. 올바른 인재를 뽑아야 하겠다는 주장은 강하나 실제 노력은 약하다. 아니 그러한 노력을 하려는 움직임을 격려는 못할망정 오히려 경계하거나 폄훼하는 경향도 있다.

공직을 맡다가 나온 사람이나 국회에서 국민을 대표하여 일하다 나온 사람들에게 참 고생 많았다 수고했다고 말하는 경우가 극히 적은 우리 국민이고 지식인들이다. 그동안 정치인들의 행태가 오죽했으면 그러하겠느냐고 반론할 수 있다. 그러나 그 사람들을 도대체 누가 뽑았는가? 상황이 어려울수록 좋은 정치인들을 키우려는 국민들의 노력과 정성이 필요하다고 생각한다.

셋째, '선진적 정책세력'을 키워야 한다.

우리사회는 정책세력이 약하다. 정책세력이란 국가정책을 올바로 입안하고 효과적으로 추진할 수 있는 능력을 갖춘 인재들이다. 다시 말해 이론과 실무를 동시에 아는 인재다. 이론에 능한 학자와 실무에 능한 공무원의 장점을 합친 인재가 정책세력이다. 우리나라에는 학자도 많고 공무원들도 많지만 이러한 의미의 정책세력은 적다. 그런데 우리나라는 지금 변화와 개혁의 시기를 맞고 있다. 창조적 세계화개혁을 해야 하는 시기다. 이러한 때 가장 필요한 인재가 이상주의와 현실주의를 결합할 수 있는 정책세력, 환언하면 '개혁적 학자-공무원그룹'이다. 그런데 우리사회에 이러한 인재들이 부족하다.

특히 문제는 정당 안에 개혁적 선진 정책세력이 크게 부족하다는 것이다. 그러니 정당이 국민들에게 제대로 된 비전과 정책을 제시할 능력을 갖출 수 없다. 올바른 선진정치세력도 길러야 하지만 올바른 선진정책세력도 길러야 한다. 그래서 장기적으로는 선진정책세력을 선진정치세력으로 만드는 노력도 해야 한다. 그래야 정치의 중심에 정책이 들어갈 수 있다. 지금은 정치의 중심에 정책이 없다. 그래서 민생부재의 정치가 되고 있다.*

* 우리나라 정치는 민생부재의 정치라는 측면이 크다. 왜 그런가? 두 가지 이유 때문인 것 같다. 하나는 우리나라 정치 속에 정책이 중요한 비중을 가지지 않기 때문이다. 국민의 생활은, 즉 민생은 정책에 의해 직접적 영향을 받는다. 그런데 정책을 소홀히 하는 정치이기 때문에 우리의 정치는 민생을 외면하는 모습을 보인다. 다른 하나는 정당

어떻게 할 것인가? 정책세력을 키우기 위해서는 우선 미국 하버드대학교의 케네디 스쿨Kennedy School과 같은 국가정책대학원을 많이 만들어야 한다. 그리하여 이론에 밝고 국정경험이 있는 교수진들이 이론과 실무를 함께 가르칠 수 있어야 한다. 그리고 부르킹스 연구소Brookings Institution와 같은 비非정파적인 민간 정책연구소가 많이 나와야 한다. 그래서 정파적 입장을 떠나 오직 국가이익이라는 관점에서, 국가정책을 객관적 자료에 기초해 과학적으로 탐구한 많은 정책연구들이 나와야 한다. 그러면 이러한 연구 활동에 참여한 연구자들이 자연스럽게 선진적 정책세력이 된다. 그 외에도 정당 정책연구소의 연구와 교육을 활성화하고, 당 운영의 중심에 두어서 활용한다면, 사실은 당의 정책연구소에서 연구에 참여하거나 교육을 받은 인재들이 장기적으로 당의 정책세력으로 성장할 수도 있다. 정책세력을 당 안에서도 키울 방법은 있지만 그 성공 여부는 당 지도부의 의지에 있는 것이다.

정부능력

21세기 세계화시대에 요구되는 정부능력은 무엇일까? 그리고 그 정부능력을 어떻게 높일 것인가? 세계화시대의 요구되는 성공정부를 위해 요구되는 정부능력을 다음의 네 가지로 요약할 수 있다. 첫째는 (1) 국가전략능력이다. 이제는 전략의 시대다. 대한민국의 선진화라는 국가 목표

에 국민적 기반이 없다. 소위 진성당원이 없다. 정당의 하부구조에 국민 참여가 없는 정당이다. 그러니 그 정치가 자연히 국민 — 국민의 삶의 일상 — 과 떠나 있는 정치가 되기 쉽다. 국민들과 아무 관계 없는 정치로 비추어질 가능성이 크다.

가 확정되면 그 다음에는 국가의 종합전략을 짜고 그 위에서 부문별 국가정책을 구상하고 그리고 이를 효과적으로 추진할 수 있는 능력이 있어야 한다. 다음은 (2) 위기관리능력이다. 21세기 세계화시대는 앞에서 보았지만 불확실성이 대단히 높은 시대다. 이러한 때 국가경영을 성공하려면 각종 위기에 대한 대처에서 기민성과 임기응변적 유연성이 요구된다. 동시에 외국과의 긴밀한 공조능력도 요구된다. 셋째는 (3) 민관협치능력이다. 이제는 관 주도의 산업화시대가 아니다. 민주화의 시대이고 세계화의 시대다. 이제는 민과 협조하면서 국정을 운영해야 한다. 그리고 많은 민생문제와 경제사회문제는 민과 함께 공동으로 풀어나가고 공동 관리해 나가야 한다. 마지막으로 (4) 학습능력이다. 정부도 하나의 학습조직이 되어야 한다. 그래서 정부능력 자체를 지속적으로 개선해 나갈 수 있어야 한다. 특히 정부의 학습능력이 더 요구되는 것은 우리가 국가정책에 대한 단일한 정답이 없는 불확실성의 시대로 들어가고 있기 때문이다. 정부 자신의 학습능력을 높여 국가적 과제에 대해 정답을 찾아가는 지속적 노력이 요구되기 때문이다. 각각에 대하여 상론하도록 하자.

첫째, 국가전략능력을 높여야 한다.

대한민국의 선진화라는 국가목표가 확정되면 그 다음은 정부가 종합적인 국가전략을 세워야 한다. 국가전략을 세우려면 세계의 변화에 대한 종합적이고 심층적 이해가 있어야 한다. 동시에 우리 내부 조건과 능력에 대한 객관적인 평가가 있어야 한다. 다시 말해 세계의 흐름에 대한 이해와 국력에 대한 종합평가가 있어야 한다. 그리고 지난 기간의 발전전략과 발전패러다임을 비판적으로 검토해 보고, 새로운 상황에 맞는 새로운 발전전략과 발전패러다임을 세워야 한다. 물론 이 과정에서 이웃나라들의 국가전략도 비교 검토해야 할 것이다. 그래서 종합적인 국가전략이 대외對外국가전략 즉 세계전략과 대내對內국가전략 즉 국내전략으로 나뉘어 세워져야 할 것이다. 그것이 세워지면 다음에는 각 분야별 — 예컨대 안보정책, 교육정책, 산업정책, 복지정책 등등 — 국가정책과 제도개혁안들이 준비되어야 할 것이다.

이와 같이 정부는 국가전략, 국가정책, 제도개혁 등을 구상하고 제시할 능력이 있어야 한다. 뿐만 아니라 그 전략과 정책 그리고 제도개혁을 실효성 있게 신속하고 효율적으로 추진하여 성공시킬 정책능력도 필요하다. 환언하면 높은 수준의 '전략구상능력'과 '정책추진능력'이 함께 있어야 성공한 정부를 만들 수 있다.

둘째, 위기관리능력을 높여야 한다.

세계화에 따라 국내와 국외의 구별이 약해진다. 또한 불확실성과 더불어 각종 위험이 크게 증대한다. 국제적 금융위기, 국제적 테러, 국제적 전염병, 국제 간 분쟁 등 각종 위험이 국경을 넘나든다. 이러한 때 급격한 변화와 위기에 신속하고 유효하게 대응하기 위한 정부능력이 크게 제고되어야 한다. 일상적 상황이 아닌 긴급한 상황에 대비하여 국민의 생명과 자산 그리고 국가의 경제와 안보를 지키려면, 비상시를 대비한 정부기구 간의 협조체제, 민관협조체제가 잘 작동해야 한다. 이를 위한 평시의 훈련이 잘되어 있어야 한다. 그리고 개별정책의 현장성 — 현장파악력과 장악력 — 그리고 유연성과 종합기획능력 등이 높아져야 한다.

특히 세계화시대에는 각종 위기상황에 대한 국가 간 공조체제의 구축이 중요하다. 많은 위험과 위기가 국경을 넘나들 뿐 아니라 몇 개의 국경에 걸쳐서 진행되는 경우가 많기 때문이다. 이러한 경우에 대비하기 위해서는 국제공조의 상설 제도화도 필요하다. 세계적 금융위기를 지역 차원에서 대비하기 위한 아시아통화기금AMF의 설치 같은 것도 사실은 이 지역에 있는 국가들의 위기관리능력을 높이는 제도의 하나가 될 수 있다. 이제 외교는 내치의 일부다.

셋째, 민관협치民官協治능력을 높여야 한다.

이제는 모든 정부정책을 정부주도하에 구상하고 추진하는 시대는 지나고 있다. 반드시 민간과 상의하고 민간에 있는 현장의 정보와 지식과 요구를 수렴한 후에 정책을 구상하고 그리고 민간과 상의하면서 이를 추진하는 것이 바람직한 시대다. 아니 그래야 정책의 실공實功 내지 유효성이 높아지는 시대다. 21세기 세계화시대는 동시에 민주화의 시대다. 정치 민주화, 권력 민주화의 시대일 뿐 아니라 정보 민주화, 지식 민주화의 시대다. 그래서 이제는 과거처럼 주요 정보가 정부에만 독점되던 시대, 20세기적 산업화의 시대가 더 이상 아니다. 21세기 정보화의 시대에는 민간도 정부 못지않게 많은 정보와 지식을 가지고 있다. 따라서 앞으로는 이들 민간부문의 정보와 지식을 정책구상과 정책추진 과정에 생산적으로 동원해 내야 그 정책이 보다 잘 성공할 수 있는 그러한 시대다. 한마디로 이제는 민관협치의 시대다. 그래서 정부가 민과 대화하고 교류하고 정보를 교환하고 생각을 나누고 그리고 함께 목표와 계획을 정하고 협력하는 능력을 높이는 것이 대단히 중요하다. 앞으로 민관협치능력을 높이지 못하면 정부의 문제해결능력이 크게 저하될 것이다.

끝으로 강조할 것은 정부의 '민관협치능력'이 높아지면 소위 정부의

'사회갈등 해결능력'이나 '국민통합능력'도 함께 높아진다는 사실이다. 많은 경우 사회갈등이 민과 관 사이의 정보와 의사소통의 부족 내지 부재에서 시작되는 경우가 많다. 이미 국민의식의 민주화나 정보와 지식의 민주화도 많이 진전되어 있다. 그런데 정부가 과거처럼 권위적으로 관료적으로 ― 정부의 정보독점을 전제로 ― 문제를 해결하려 하면, 불필요한 오해와 갈등을 야기하게 된다. 따라서 정부가 민과 함께 국가경영을 하려는 의지를 가지고 민과 소통하고 협력을 유도하는 민관협치능력을 높이면, 자연 사회갈등해결도 국민통합도 보다 용이하게 이루어지게 된다.

넷째, 학습능력을 높여야 한다.

학습능력이란 정부가 자신의 과거에서 배울 수 있는 능력을 말한다. 구체적으로는 자기나라 정책의 역사와 이웃나라 정책의 역사에서 배울 수 있는 능력을 의미한다. 정부가 과거 국정운영의 경험, 개혁정책의 성공과 실패의 경험, 그리고 이웃나라의 여러 정책의 역사적 경험 등에서 중요한 교훈을 배워 스스로 끊임없이 자기개혁self-reform과 자기개선을 할 수 있다면 이러한 정부는 높은 학습능력을 가진 정부다. 이러한 의미의 학습능력이 낮은 정부는 동일하거나 유사한 정책실패를 주기적으로 반복하게 된다. 우리나라의 경우를 보면 항상 새 정부가 들어서면 과거 정부와 차별화하기에만 급급하고 과거의 정책경험에서 배우기를 게을리하는 경향이 있다. 그래서 유사한 정책실패가 정권이 바뀔 때마다 주기적으로 반복되는 경향을 보인다. 그런데 그 피해자는 항상 국민이다. 이래서는 안 된다. 이제 학교뿐 아니라 기업도 학습능력이 높은 학습조직이 되어야 살아남는 시대다. 정부도 마찬가지다. 학습능력을 높여 끊임없이 자기개선을 할 수 있어야 한다. 학습능력을 높여 조직의 지속적 개선,

정책의 지속적 개선을 할 수 있어야 성공한 정부가 될 수 있다.

다시 강조하지만 특히 오늘날 이 학습능력이 중요해지는 이유는 21세기 세계화시대에는 더 이상 단일의 교과서가 있는 시대가 아니기 때문이다. 국가발전을 위한 단일한 모델의 시대가 아니다. 스스로 나라마다 각자 자기에 맞는 정답을 찾아가야 하는 시대다. 물론 아직도 외국의 경험, 선진국의 경험 등은 모두 큰 참고가 되는 것은 사실이다. 그러나 종국적으로는 자신의 경험, 자신의 역사적 문화적 조건에 맞는 자신의 길을 찾아가야 한다. 이렇게 자신의 길을 찾아가기 위해서 가장 중요한 능력이 자기 주도의 학습능력self-directed learning capacity이다. 결국 어느 나라가, 어느 나라 정부가 이러한 자기주도의 학습능력이 높은가가 바로 그 나라가 얼마나 자신들에게 맞는 올바른 발전전략을 제대로 찾을 수 있는가를 결정한다. 다시 말해 과연 올바른 국가발전의 길을 찾을 수 있는가? 그래서 국가발전에 성공할 수 있는가? 이것이 바로 이 정부의 학습능력에 달려 있다는 의미다.

이상의 네 가지 정부능력을 높이려면 어떻게 해야 하는가? 두 가지가 시급하다고 생각한다. 우선 정부에 '국가전략 기획부서'를 설치해야 한다. 다른 하나는 '공무원 채용교육제도'를 크게 고쳐야 한다.

국가운영의 전략성과 기획능력을 크게 높이기 위해서는 국가미래를 중장기적 관점에서 종합적으로 기획하고, 정부시스템의 유연성과 적응력을 높이는 것을 책임지는 국가전략기획 부서를 설치해야 한다. 과거의 산업화시대에는 '경제기획원'이 국가전략기능을 담당했다. 그리고 '한국개발원'이 정책연구를 지원했다. 그러나 당시에는 냉전시대이기 때문에 외교의 비중도 작았다. 또한 권위주의시대이기 때문에 정치와 사회의 비중도 작았다. 그래서 경제중심의 기획으로 국가기획이 어느 정도 충분하였을 수 있다. 그러나 이제는 정부 속에 외교국방부터 정치경제 그리고 사회문화 모든 분야를 포괄하는 종합적 국가전략과 기획기능을 담당할 기구가 있어야 한다. 예를 들어 '국가기획원' 같은 부서를 생각할 수 있다. 그리고 이 부서를 지원할 국립의 '국가전략연구원 혹은 세계전략연구원'를 두어야 할 것이다. 그래서 국내의 각 정책 분야에 대해 종합적 체계적 심층적 파악은 물론이고, 연구소의 지부를 외국 주요국의 수도에 배치하여, 주요국의 국내 정책의 변화와 세계전략외교 통상 문화 등의 변화를 손바닥 보듯이 보고 있어야 한다.•

위의 네 가지의 정부능력을 높이기 위한 두 번째의 조치는 '국가정책대학원제도'를 도입하는 일이다. 이를 통하여 고위 공무원의 양성과 선발제도를 대대적으로 개혁해야 한다. 앞에서 본 전략정책능력, 위기관리능력, 협치능력 그리고 학습능력이 높은 우수한 양질의 공무원의 양성과 보유는 정부성공의 필수요건이다. 21세기의 작지만 유능한 정부의 시대에는 더욱 그렇다. 그런데 지금까지 우리나라의 고위 공무원 선발 방식은 주로 행정고시와 외무고시 등 '시험을 통한 선발방식'에 의존해 왔다. 이러한 선발 방식으로는 21세기 세계화시대가 요구하는 위의 네 가지 능력을 갖춘 우수 인재들을 확보하기 어렵다.

이제는 우수 고위 공무원의 확보를 '시험을 통한 선발'에서 '교육을 통한 양성'으로 바꾸어 나가야 한다. 구체적으로는 '국가정책대학원' 제도의 도입을 검토해야 한다. 프랑스의 '국립행정원Ecole de National Administration'과 유사한 제도다. 국가가 고위공직자로 키우고자 하는 사람들은 입학시험을 거쳐 이 대학원에서 2년간 세계 최고 수준의 특수 교육과 훈련과정

• 일본의 하토야마 정부는 2010년부터 '국가전략국'을 총리실 내부에 설치하고 모든 개혁의 사령탑 역할을 하기로 결정하고 준비단계에 들어갔다.

을 이수하도록 하는 것이다. 급변하는 세계와 시대의 변화, 그리고 정부 역할의 변화를 신속하게 교육훈련과정에 수시로 반영해 나가야 한다. 그래서 이러한 양질의 교육을 이수한 학생 중에서 최종 임용 대상자를 선정하는 것이다. 물론 교과과정은 철저히 현장중심, 이론과 실무중심, 글로벌 스탠더드 중심의 교육훈련방법으로 해야 한다. 그래서 학생들이 반드시 세계수준의 전략정책능력과 협치능력, 학습능력 등의 정부경영능력을 갖추도록 하는 데 초점을 맞추어야 한다. 그리고 교수진은 이론가학자와 실무경험자전직 고위공무원 등로 구성하여, 이론과 실무가 결합된 살아 있는 실사구시實事求是의 교육을 가르치도록 해야 할 것이다.

시장능력

일반적으로 시장이란 개인들 간에 자발적이고 수평적 거래를 통해 각자가 자신의 경제적 이익을 극대화하는 영역이다. 그래서 그 결과로 자원의 효율적 활용이 가능하게 되어 국가의 부를 증대시키는 장場이다. 이러한 시장이 자기역할과 기능을 잘하려면 (1) 시장질서 (2) 시장제도 (3) 시장문화가 잘 발달되어 있어야 한다. 각각 나누어 설명하도록 한다.

첫째, 시장질서가 자유·공정·경쟁적이어야 한다.

모든 시장에서 자유경쟁과 공정경쟁은 기본이다. 시장이 '시장의 장점'을 극대화하려면 — 그래서 창조와 혁신이 지속적으로 일어나기 위해서는 — 반드시 시장이 자유 공정한 경쟁적 질서를 가져야 한다. 여기서 이야기하는 '시장의 장점'은 시장참여자 — 기업, 소비자, 노동자 등 — 가 각자 자신의 이익을 위해 창조와 혁신 등의 노력을 하지만 그 결과가 항상 사회발전으로, 환언하면 소비자이익의 극대화와 국부의 증대로 나타나게 되는 것을 의미한다. 이러한 의미의 시장의 장점이 실현되려면 반드시 시장이 자유 공정 경쟁적이어야 한다. 시장질서가 독과점적이거나 경제외적 힘, 즉 정치적 내지 사회적 힘에 의하여 왜곡되어서는 개인의 이익과 국부의 증대가 함께 가지 못한다. 창조적 혁신도 일어나지 않고 국부의 증대도 일어나지 않는다. 오직 독과점구조의 유지를 위한 기업들 간의 담합이나 정치로비 내지 입법로비만 일어난다.

그러면 시장의 자유 공정한 경쟁질서를 지키려면 어떻게 해야 할 것인가? 세 가지를 해야 한다. 첫째는 사적 소유권private property right에 대한 법적 보호가 확실해야 한다. 지적소유권의 보호도 대단히 중요하다. 지적소유권제도의 부실은 창의적인 지적 혁신을 막기 때문이다. 둘째는 독과점 금지와 소비자보호 등의 시장질서정책을 확립해야 한다. 카르텔에 의한 즉 기업담합에 의한 독과점 금지뿐 아니라 법률을 통한 독과점의 성립 — 법률에 의한 진입금지 등 — 도 막아야 한다. 셋째는 정부의 불필요한 시장개입이나 규제가 최소화되어야 한다. 정부의 시장개입이나 시장규제가 많아지면 그만큼 시장의 영역이 줄어든다. 동시에 기존시장에도 규제에 의한 왜곡이 나타날 수 있다. 따라서 가능한 한 시장개입이나 규제를 줄여야 한다.

둘째, '사회적 안전망'을 잘 구축한 시장제도가 있어야 한다.

일반적인 '생산물시장'에는 앞에서 이야기한 자유공정 경쟁질서만으로 충분하다. 다시 말해 자유공정 경쟁질서만 확보되면 새로운 상품과 서비스를 위한 치열한 경쟁이 나타나게 된다. 그 결과 새로운 혁신과 창조가 일어나며, 다시 이것은 소비자 이익의 증대 그리고 국부의 증대로 나타난다. 그러나 '생산요소시장'의 경우는 생산물 시장과 달리 각 시장별로 정교한 '사회안전망'이 구비되어 있어야 한다.*

예컨대 생산요소시장 중의 하나인 자본 금융시장이라는 생산요소시장의 경우는 소위 정보의 비대칭성asymmetric information 그리고 과도한 집단적 쏠림 심리herd psychology 등으로 인해 구조적으로 불안정성이 크다. 따라서 자본 금융시장의 경우에는 정부의 신중규제prudential regulation, 예금보호제도deposit insurance 등의 사회안전망이 요구된다. 그렇지 못하면 금융사고, 금융위기 등이 빈발하여 시장의 장점을 파괴하게 된다.

노동시장이라는 생산요소시장의 경우도 마찬가지다. 인간의 노동력을 팔고 사는 시장이기 때문에 근로기준법labor standards law, 최저임금minimum wage제도 등과 같은 인간적 근로조건과 최소한의 삶을 보장하는 사회안전망이 잘 구비되어야 한다. 그렇지 않으면 노동력 유실, 노사분쟁의 격화, 그리고 생산성 하락이 초래된다.**

마지막으로 중요한 생산요소시장은 토지시장이다. 토지는 공급이 제한되어 있고 한번 특정목적에 사용하면 비가역성非可逆性이 크다. 이 때문에 토지사용에 대한 정교한 사회안전망이 필요하고, 각종 토지사용규제가 있어야 한다. 그렇지 못하면 자연파괴, 난개발 등 시장의 장점을 파

* 시장질서에 대한 정부정책이 생산물시장의 경우와 생산요소시장의 경우가 질적으로 달라야 한다는 점을 가장 잘 주장한 책으로는 Karl Polany, *The Great Transformation: The Political and Economic Origin of Our Time*, Beacon Press, 1971.

** 경제가 산업화시대를 지나 세계화·정보화시대로 들어가면서 산업화시대에 요구되던 노동보호의 필요가 많이 약화되는 것도 사실이다. 왜냐하면 경제가 선진화되면서 창조적 지식노동자들의 비중이 늘어나 노사 간의 교섭력에서 지식노동자들의 교섭력이 크게 높아지기 때문이다. 노동시장에서 창조적 지식노동자들의 입장이 유리하기 때문에 — 구인자가 구직자보다 많아져서 — 구태여 노동관련법을 통한 노동보호가 필요 없게 되기 때문이다.

괴하는 일들이 일어난다. 이와 같이 이들 생산요소시장 각각에 적절한 사회안전망을 구축하는 것이 시장능력을 높이는 중요한 시장제도가 된다.

셋째, 반反시장정서가 없어야 한다.

사회분위기에 시장에서의 자유경쟁과 공정경쟁을 부정하고 비하하는 언동이나 풍조가 없어야 한다. 자유보다 평등 — 특히 평등한 결과 — 을 찬미하는 사회적 분위기도 시장능력을 파괴한다. 국부 극대화 능력을 파괴한다. 무조건 대기업을 비판하고 부자를 부정적으로 보려는 태도도 반시장적인 것이다. 아무 근거 없이 나의 어려움이 이웃의 넉넉함 때문이라고 보는 시각도 마찬가지로 시장능력을 파괴한다. 이러한 반시장적 정서가 사회에 많으면 많을수록 그 사회에서 시장은 국부를 증대시키는 기능을 할 수 없다. 따라서 시장능력을 높이려면 이러한 반시장적 정서를 줄여나가야 한다.

시장적 정서를 줄이려면 두 가지 방법이 있다. 하나는 (1) 사회교육의 강화이다. 일반적으로 반시장정서가 정확한 사실관계를 모르거나 — 과장된 왜곡된 통계를 보았거나 — 경제학에 대한 기초적 이해의 부족에서 기인하는 경우가 많다. 따라서 일반 시민들에게 올바른 자료를 제공하고 경제학의 기초적 이해를 넓히는 노력을 해야 한다. 다음은 (2) 시장경제에서 크게 성공한 사람들이 사회적으로 존경받을 수 있도록 노력해야 한다. 다시 말해 부자가 존경받을 수 있는 모범적인 사회적 활동과 모습이 있어야 한다. 무엇보다도 그들의 부가 땀과 성실과 노력의 결실로 얻게 된 부임을 보여야 한다. 그리고 다른 사람들에게 존경을 받을 수 있는 모습과 내용을 갖춰 그 부를 사용해야 한다.

넷째, 직업윤리와 노동철학이 바로 서야 한다.

시장은 단순히 국부를 극대화하는 메커니즘만이 아니다. 시장은 사실 인간과 인간을 연결시켜 주는 연결망이다. 수많은 사회적 분업이 서로 연결되는 망network이 시장이다. 이 망을 통하여 인간은 다른 인간과 상호관계하고 상호작용하고 상호발전한다. 거대한 사회적 분업의 망 속에서 내가 만든 생산물을, 시장을 통해 다른 사람들이 사서 소비하고 그 사람들이 만든 생산물을 내가 사서 소비한다. 이렇게 서로 연결되어 있다. 내가 만든 부품을 조립회사가 구입해 자동차를 만들어 파는 관계라면, 내가 얼마나 성실하게 부품을 만드는가가 수많은 자동차 소비자의 행복에 큰 영향을 줄 수 있다. 내가 성의 없이 만들어 부실부품을 팔았다면, 수많은 자동차 소비자들에게 생각지 못한 큰 불행을 줄 수도 있다. 이렇게 사람과 사람이 큰 사회적 분업 망 속에서 서로 연결되어 있다.* 그 연결이 국부의 증대와 소비자의 만족이라는 이웃의 행복으로 나타나려면 내가 올바른 노동철학과 직업윤리를 가지고 일을 해야 한다. 환언하면, 시장능력을 높여 진정으로 시장의 장점을 살리려면 즉 국부의 증대를 가져오려면 반드시 시장참여자들이 정직 근면 성실이라는 올바른 노동철학과 장인정신 — 프로정신 혹은 천직의식 — 으로 표현되는 올바른 직업윤리를 가져야 한다. 그래야 시장능력을 높여서 국부의 증대와 경제발전을 이룰 수 있다. 뿐만 아니라 사회구성원들끼리 서로 신뢰할 수 있는 안심사회, 즉 선진사회를 이룰 수 있다.

* 이 문제에 대한 약간의 철학적 접근은 박세일, 「제6장 공동체자유주의; 이념과 정책」, 박세일·나성린·신도철 공편, 『공동체자유주의』, 안민정책포럼 기획, 개정판 2009, 나남출판사, 특히 pp.250-252.

시민사회능력

21세기 세계화시대에 시민사회의 바람직한 역할은 세 가지로 요약할 수 있다. 첫째는 국민통합역할이다. 공동체적 가치와 연대를 가지고 사회의 분열과 갈등을 치유하는 기능이다. 둘째는 국민성숙 역할이다. 국민들로 하여금 민주주의적 시민으로, 더 나아가 공화주의적 공민으로 발전할 수 있도록 돕고 훈련시키는 장이 시민사회다. 셋째는 정부와 시장의 보완 및 견제 역할이다. 시민사회는 정부실패를 줄이도록 정부를 견제하고 시장의 인간화를 위하여 시장기능을 보완하는 역할을 한다. 시민사회가 이상의 세 가지 기능을 잘 할수록 시민사회능력이 높아지고 그만큼 국가능력은 향상된다.

첫째, 국민통합능력을 높여야 한다.

세계화가 진행되면서 세계화부문과 비세계화부문의 사회적 분열, 구조조정과정에서의 승자와 패자 간의 사회적 갈등 등이 커질 수 있다. 이 분열과 갈등을 누가 어떻게 치유할 것인가? 하는 문제가 중요하다. 시장과 정부가 과연 그 일을 할 수 있을까? 시장은 자유liberty의 원리에 기초해 국부를 증대시키지만, 그 과정에서 사회경제적 갈등과 분열도 생산한다. 따라서 시장은 자기가 만들어 낸 갈등과 분열을 스스로 치유하기 어렵다. 그러면 정부는 어떠한가? 정부는 본래가 평등equality의 원리 — 혹은 정의justice의 원리 — 에 기초하여 시장적 결과에 개입해 누진과세累進課稅와 각종 사회보장제도 등을 통해 과도한 불평등을 줄여 나가는 역할을 한다. 정부의 노력만큼 갈등과 분열의 가능성을 줄여 나갈 수 있다. 그러나 공동체의 건강과 발전을 위해서는 그것만으로는 불충분하다. 더 필요한 것이 사실은 공동체적인 사랑과 따스함의 유지다. 이것을 해야 하는 것이 바로 시민사회다. 그래서 시민사회는 기본적으로 박애fraternity의 원리에 기초해 있어야 한다. 이러한 박애의 원리에 기초한 시민사회가 공동체 구성원의 여러 어려움과 마음의 상처들을 어루만져 줄 수 있어야 진정으로 국민통합이 가능하게 된다.

점점 이기적 개인으로 고립되어 가고 파편화되어 가는 현대사회에서 이웃에 대한 사랑과 나눔을 회복시켜 주는 '사회공동체운동'을 하는 것이 시민사회여야 한다. 또한 극심한 경제적 이익의 과도한 추구가 우리의 자연환경을 함부로 파괴해 나갈 때, 이를 막고 생태계를 지키는 '자연공동체운동'을 하는 것이 시민사회여야 한다. 더 나아가 우리의 역사 전통 문화에 대한 존중과 사랑 그리고 선조에 대한 존경과 후손에 대한 배려가 살아 숨쉬는 '역사공동체운동'을 하는 것이 시민사회여야 한다. 한마디로 사랑과 배려와 나눔을 통해 공동체의 가치와 연대를 지키고 강화해 나가는 것이 시민사회여야 한다. 그래서 사회통합과 국민통합을 이루어 나가는 것이 시민사회의 역할이다.

둘째, 민주적 시민市民과 공동체적 공민公民을 키워야 한다.

시민사회는 무엇보다 일반국민을 민주적 시민으로, 더 나아가서는 공화주의적 공민으로 육성하고 발전시키는 역할을 해야 한다. 많은 나라들이 선거민주주의 — 선거를 통한 정권의 교체 — 는 달성했다고 해도 명실상부한 자유민주주의의 달성은 아직 요원하다. 자유민주주의를 달성하려면 적어도 국민들이 두 가지를 해야 한다. 하나는 민주시민으로서의 책임을 다해야 한다. 둘째는 공동체 공민으로서 민주주의의 발전에 적극 기여해야 한다. 민주시민으로서의 기여는 준법정신, 선거참여, 그리고 납

세 등과 같은 국민의무의 이행 등을 생각할 수 있다. 그러나 이것은 최소한의 역할이다. 좀 더 나아가서 공민으로서 민주주의발전에 적극 기여해야 한다. 그러려면 민주주의과정 — 구체적 정책입안과 집행과정 — 에 보다 적극적인 정책건의, 품격 높은 시민참여와 주민감시 등이 필요하다.

시민의 등장은 헌법상의 국민의 의무를 잘 지키고 권리를 잘 주장하는 선에서 가능하다. 왜냐하면 시민은 공동체를 시민들이 만든 계약의 결과로 보기 때문이다. 그래서 공동체는 개인과는 별개로 존재하는 약속의 존재로 본다. 그러나 공민公民의 경우는 다르다. 기본적으로 공민은 공동체를 나와 별개의 독립된 존재로 보지 않는다. 깊은 내적 연계가 있는 존재로, 상호의존과 상호작용이 큰 상호 관계적 존재로 본다. 그래서 공동체에 대한 사랑이 시민의 경우보다 훨씬 깊다고 할 수 있다. 그러므로 공민은 공동체의 이익이 무엇인가에 대해 보다 적극적으로 성찰하고 모색한다. 그리고 공동체의 이익과 자신의 사적 이익을 조화시키려는 끊임없는 성찰과 고민을 하며, 무엇인가 공동체의 발전에 보다 적극적 기여를 하려 한다. 민주주의가 성공하고 특히 자유 민주주의가 정착하려면 보다 많은 시민과 공민들의 등장이 필요하다. 그런데 이 일, 즉 시민과 공민을 길러내는 일을 해야 하는 것이 바로 시민사회다.

셋째, 정부와 시장을 보완하고 견제해야 한다.

시민사회는 시민발의, 시민참여, 시민감시 등을 통해 정부의 정책수립과 집행과정에서 발생하는 비효율과 불공정을 줄여 나갈 수 있어야 한다. 즉 소위 정부실패government failure를 줄이는 데 기여해야 한다. 특히 앞으로는 정부의 정책분야 중에서 환경분야, 산재예방분야, 청소년대책, 영세민대책, 치안대책 등 소위 민관협치 분야가 많아질 것이다. 그럴 때

시민사회의 질 높은 참여와 협조와 감시는 정부성공을 위해 핵심적 조건이 될 수 있다. 따라서 시민사회의 정부활동에 대한 협조와 감시의 질을 높이는 노력이 중요하다.

더 나아가 시민사회는 시장에 대한 민주적 통제의 기구가 될 수 있다. 시장은 국부증대를 위한 대단히 효율적 메커니즘이지만 시장의 결과는 때로는 반反사회적 내지 비非인간적인 결과를 수반하기도 한다. 이러한 시장의 위험이나 횡포 — 예컨대 소비자 주권의 침해, 환경파괴 등 — 를 막기 위해 종래에는 정부가 큰 역할을 했다. 그러나 세계화시대가 되면서 정부의 감시와 규제기능이 크게 약화되는 경향이 있다. 이 약화되는 기능을 시민사회가 반드시 보완하고 보강해 나가야 한다. 시장의 인간화를 위한 시장견제와 감시에 시민사회가 보다 적극적 역할을 해야 한다. 그래야 국가능력이 높아지고 국가의 선진화가 이루어질 수 있다.

이러한 세 가지 방향으로 시민사회능력을 높이기 위해 (1) 시민운동의 개혁 (2) 민간의 독립적 정책 싱크탱크 운동의 확산이 필요하다고 본다.

첫째, 시민운동을 개혁해야 한다.

시민운동은 기본적으로 (1) 체제 내 합법운동이다. (2) 집단이익을 추구하는 이익운동이 아니라 공동선 내지 공익을 실천하려는 가치운동價値運動이다. (3) 자발적 자원 봉사형 운동이다. 그래서 이들 시민운동은 앞에서 박애博愛의 원리를 실천하려는 공동체 운동이라고 했다. 그런데 우리나라에서는 과거 권위주의 시대를 지나오면서 시민운동이 (1) 과도하게 중앙집권적 조직, 지도자 중심의 조직이 되어 '시민 없는 시민운동'적 경향이 나오기 시작했다. (2) 또한 과도하게 권익추구 내지 권익쟁취형 조직이 되어 가치를 추구하고 공동체적 박애를 실천하는 측면이 약화되었다. (3) 최근에는 일부 시민운동이 정치운동에 관계하면서 정치투쟁이나 정파적 이념투쟁을 위한 수단 내지 외곽단체로 전락하는 경향도 보이게 되었다. 그래서 최근 우리나라의 시민운동에서는 국민통합기능이 약해지고 오히려 갈등과 분열을 조장하는 경향까지 나타나기 시작했다.

이대로 두면 안 된다고 본다. 이제 민주주의시대의 시민운동 본래의 모습을 찾아가야 한다. 아니 새롭게 만들어 가야 한다. 이를 위한 시민운동의 대대적 각성이 필요하다고 본다. 그래서 개헌이나 정치개혁 등과 같은 거대한 국가정책과제보다는 지역사회의 크고 작은 이웃의 어려운 문제 — 무의탁 노인의 문제 등 — 를 함께 풀고 함께 도와 나가는 자발적 자원봉사형 조직으로, 또한 분권형 시민참여조직으로 다시 키워 가야 한다. 공동체적 가치를 — 박애의 가치를 — 지역사회의 이웃들에게 조용히 실천해 나가는 grass root 운동으로 다시 시작해야 한다. 그리고 무엇보다도 먼저 탈이념, 탈정치를 해야 한다.

그렇게 시민운동이 다시 본래의 모습을 찾으면 우리나라의 시민사회능력을 높이는 데 크게 기여하게 될 것이다.

둘째, 민간의 독립적 싱크탱크운동을 확산해야 한다.

독립적 싱크탱크independent think tank운동이란 (1) 교수, 학자 등 이론전문가와 관료, 기업인, 정치인 등 실무전문가들이 모여 국가의 정책과제를 함께 연구하는 모임이다. (2) 정치적으로 중립적이며 경제적으로 독립적이다. (3) 주 사업은 당면한 주요 국가정책과제를 선정하여 이를 공동연구한 후 그 연구결과를 정부와 국민들에게 공개 발표하는 일종의 정책운동이다. 그래서 정부에게는 국가정책의 질을 높이도록 돕고, 국민들에게는 올바른 국가정책방향에 대한 이해와 공감의 수준을 높이는 운동이다.

옛날부터 우리나라에서는 국가의 공론公論을 세우는 것이 선비의 역할이라고 했다.* 나라가 나아갈 길에 대한 정답을 제시하는 것이 선비의 역할이라는 말이다. 이러한 공론과 정론을 세우는 선비들 역할의 21세기형 모습이 바로 독립된 민간싱크탱크운동이라고 생각한다. 민간싱크탱크운동이 확산되면 다음과 같은 순順기능이 예상된다.

우선 국가정책에 대한 논의를 비정치화하고 비정파화한다. 주지하듯이 우리나라는 정치논쟁은 과잉인데 정책논의는 과소하다. 그리고 정책논의가 빠르게 정치화되고 정파화한다. 정책논의의 합리성, 객관성, 과학성을 묻지 않고 그 결론이 누구에게 유리하냐, 친親정부냐 반反정부냐 하는 식으로 접근한다. 이래선 올바른 정책연구가 힘들고, 정책논의도 가능하지 않다. 따라서 국가정책의 공론과 정론을 세울 수 없다. 민간의 독립적 싱크탱크의 연구와 발표활동이 활발해지면, 국가정책논의를 이러한 정치적 정파적 오염에서 벗어나게 할 수 있다. 국익과 공익을 우선하는 정책논의를 발전시킬 수 있다.

또한 이론가와 실무자가 함께 공동토론과 공동연구를 함으로써 이론과 현실을 접목시킬 수 있다. 학자들의 이론적 지식과 정보가, 정부나 기업의 실무적 지식과 현장정보와 결합하면 큰 시너지 효과를 낼 수 있다. 이상적이면서 현실적인 정책대안을 만들어 낼 수 있다. 동시에 과거 정책책임자들도 함께 공동연구에 참여한다면 과거 정책의 성공과 실패

* 이율곡 선생께서는 "공론(公論)을 유지하는 사람들이 사림(士林)이다"라고 하셨다. 그리고 "공론은 나라의 원기이다. 공론이 조정에 있으면 그 나라가 다스려지고 공론이 항간에 있으면 그 나라가 어지러워지고 만약 위아래 모두에 공론이 없으면 그 나라는 망한다"고 하셨다. 이렇게 중요한 공론을 세우고 지키는 사람들이 바로 당시의 지식인들인 선비들이라고 보았다. 김익수·조남국·박병호·김용환 공저, 『율곡의 개혁사상(하)』, 율곡사상연구원, 1997, pp.337-338.

에서 오는 교훈과 경륜, 즉 암묵지暗默知 tacit knowledge도 미래의 정책개발과 실천을 위해 귀하게 사용할 수 있다.

끝으로 시민운동을 포함하여 일반 시민사회가 국가정책을 올바로 이해하고 건강하게 비판하고 그리고 건설적 대안을 제시하는 능력을 높이는 데 민간 싱크탱크의 연구결과가 크게 참고가 될 수 있다. 그리고 이러한 민간 싱크탱크의 연구활동에 참여한 인재들은 앞으로 이론과 실무를 겸한 전문적 정책가政策家 technopol 혹은 bureaucratic scholarly entrepreneur — 정책지향형 인재 — 로 육성시켜 나갈 수 있다. 특히 우리나라처럼 이론과 실무를 겸한 정책가가 부족한 경우에 더욱 이 역할은 중요한 의미를 가진다.

제11장

맺는말: 국민 각성을 위한 정책세력과 정치세력의 역할

지금까지 우리는 21세기 세계화라는 문명사적 변화가 과연 무엇이고 지구촌 위에 어떠한 변화와 갈등을 가져오고 어떠한 문제들—어떠한 정책과제들—을 제기하고 있는가를 살펴보았다. 그리고 세계화시대의 개별과제들—민주주의, 경제와 금융, 노동과 분배, 환경과 문화 등—을 어떻게 이해하고 앞으로 정책적으로 어떻게 대응해 나가는 것이 바람직한가도 분석해 보았다. 그리고 우리나라가 나가야 할 방향이 어디인지, 국가목표 내지 국가이상을 어디에 두어야 하는지도 살펴보았다. 그래서 건국과 산업화 그리고 민주화 이후 우리나라가 나가야 할 방향은 한반도 전체가 명실공히 세계일류국가, 성숙국가가 되는 '선진화와 통일'이라는 결론을 내렸다.

이제 우리의 과제와 목표가 분명해졌다. 우리는 이제 세계화라는 새로운 문명사적인 변화가 가져오는 많은 과제들—국가발전과 관련된 과제들—을 올바로 풀어 나가면서, 한반도의 선진화와 통일을 목표로 일로매진해 나가야 한다. '선진화와 통일'이 우리의 목표이고 '창조적 세계화'가 우리의 수단이다.

이를 위해서 우리에게는 20세기 산업화시대와는 다른 21세기 세계화시대에 맞는 국가발전전략이 필요하다. 또한 우리는 과거 후진국에서 중진국으로 올라올 때와는 다른 중진국에서 선진국으로 도약할 수 있는 새로운 국가발전전략이 필요하다. 우리는 이 새로운 발전전략 내지 발전패러다임을 '창조적 세계화모델'—혹은 공동체자유주의적 발전모델—이라고 명명했다. 그리고 이 창조적 세계화모델의 10대 발전패러다임을 제시하면서 이들이 과거의 산업화전략—동아시아발전모델의 하나인 박정희 모델—과는 어떻게 다른지, 그리고 선진국들이 후진국에 일반적으로 제시하는 발전전략인 소위 '워싱턴 컨센서스'와는 어떻게 다른지를 자세히 논의했다. 그리고 이 모델이 앞으로 '중진국발전모델'로서의 — 후진국과 중진국에 모두에게 참고가 되지만 — '서울 컨센서스'로 발전되기를 기대한다는 희망도 피력했다. 그리고 이 창조적 세계화 — 창조적 선진화 — 를 위한 10대 발전패러다임을 성공적으로 추진하기 위해 우리는 국가능력을 크게 높여야 한다고 주장했다. 그래서 국가능력을 다섯 가지 부문 — 사상·리더십·정부·시장·시민사회 — 으로 나누어 각각의 국가능력을 높인다는 것이 무엇을 의미하고 그리고 각각을 어떻게 높일 것인가를 살펴보았다.

우리는 앞에서 한반도의 선진화를 위해 우리에게 남아 있는 시간이 많지 않다는 점을 지적했다. 앞으로 10-15년 안에 대한민국은 반드시 선진국에 진입해야 하고 그 사이에 북한은 반드시 산업화의 시대를 열어야 한다는 점을 강조했다. 그리고 그 이후 또 15-20년 사이에 남한은 성숙한 선진국으로 발전해야 하고 북한은 산업화를 마치고 선진화 초기에 진입해야 한다는 점도 주장했다. 그래서 앞으로 30년 안에 통일된 한반도의 선진화를 반드시 성공해야 한다는 점을 제시했다. 지금과 같은 남한의 노령화 그리고 북한의 사막화 — 정신적·물질적 사막화 — 가 진행되는 상황 속에서 중국과 인도의 급부상, 동남아의 추격, 일본·미국 등 선진국의 더욱 높아지는 기술장벽 속에서, 우리에게 남아 있는 시간이 결코 많지 않다는 점을 강조했다. 여기서 우리가 통일과 선진화에 실패하면 우리는 영원히 중진국으로 남겨지거나 아니면 후진국으로 추락한 한반도를 우리의 후손들에게 남겨주는 운명이 된다는 점을 잊어서는 안 된다.

그러면 최후로 남는 문제는 과연 누가 이 '창조적 세계화'를 추진할 것인가? 누가 국가능력을 높이고 창조적 세계화가 제시하는 새로운 공동체자유주의적 10대 발전진략을 추진할 것인가? 그래서 대한민국을 아니, 한반도를 선진국에 성공적으로 진입시킬 것인가? 이것이 문제로 남는다.

아무리 생각해 보아도 무엇보다 먼저 국민들이 한반도의 선진화와 통일을 간절히 원해야 한다고 본다. 국민들이 원하지 않는 역사가 이루어질 수 없다. 역사는 국민들의 생각이 만든다. 국민들이 간절히 원하고 절실하게 희망해야 선진화와 통일이 이루어질 것이다. 통일이 아무리 좋은 것이라고 해도 국민들이 통일을 원하지 않으면 분단은 영구화될 것이다. 북한이 급격한 변화hard landing를 한다 해도 국민들이 통일을 원하지 않으면 북한의 위기 내지 붕괴는 통일로 연결되지 않는다. 마찬가지로 국민이 선진화를 원하지 않으면 우리나라는 선진국이 되지 못할 것이다. 중남미와 같이 선진국 문턱에서 실패하고 중진국이나 후진국으로 전락할 것이다. 결국은 국민들의 마음이 우리 역사의 미래를 결정할 것이다. 그렇다면 결국은 국민들 사이에서 시대적 과제에 대한 자각과 역사적 과제에 대한 각성이 일어나야 한다. 그리고 그에 기초한 대대적인 **한반도 선진화운동** 그리고 **한반도 통일운동**이 일어나야 할 것이다.

그런데 국민들 사이에 이러한 자각운동과 각성운동이 일어나기 위해서는 적어도 우리사회의 두 그룹이 앞장서 노력해야 한다. 하나는 소위 지식인-전문가집단, 즉 정책세력이고 다른 하나는 정치가집단, 즉 정치세력이다. 정책세력인 지식인-전문가집단은 두 가지 일을 해야 한다.

첫째는 우선 세상의 변화를 국민들에게 정확히 알려야 한다. 우리 대한민국이 처해 있는 상황과 조건이 어떠한지를 솔직히 알려야 한다. 국민들은 모두 각자의 생업에 바쁘다. '지식인-전문가집단'의 역할은 세상의 변화를 이해하기 쉽게 정리하여 국민들에게 보고하는 일이다. 우리가 처해 있는 조건과 상황이 어려우면 사실 그대로 알려야 한다.

둘째로 지식인-전문가집단들은 여러 가지 어려움 속에서도 우리가 어떻게 하면 통일을 이룰 수 있고 한반도가 선진국이 될 수 있는지 그 길을 밝혀야 한다. 선진화에 성공할 수 있는 전략과 정책을, 통일에 이르는 전략과 정책을 구체적으로 제시해야 한다. 그래야 국민들이 자신감을 가질 수 있고 희망을 가질 수 있다. 그래야 통일운동도 선진화운동도 요원의 불길처럼 일어날 수 있다. 이 두 가지를 지식인-전문가집단들이 해야 한다.

국민들은 오늘날 사실事實에 — 특히 객관적 사실과 전문가들의 과학적이고 객관적인 평가에 — 목말라하고 있다. 오늘날은 과거보다 엄청나게 많은 정보가 흐르는 시대다. 정보의 공급이 과다할 정도다. 그러나 많은 정보들이 주관적인 — 자신의 주장을 각색하여 — 경우가 많다. 게다가 정치적 내지 정파적으로 혹은 이념적으로 편향되거나 채색된 정보도 많다. 또한 전문가들의 객관적 연구나 과학적 분석이 뒷받침되지 않은 비전문가들 마음대로의 생각과 주장이 너무 과다한 경우가 일반적이다. 그래서 국민들은 혼란스럽다. 각자의 생업에도 바쁜데 어떠한 정보가 사실에 기초한 정확한 정보인지 판단하기 어렵다. 그렇게 되면 그 사회에서는 소위 부의浮議 — 유언비어, 소문 등 — 가 판을 치게 된다. 그러면 사회는 혼란스럽게 된다. 이율곡 선생께서는 부의浮議를 크게 경계했다. 부의가 시중에 있으면 사회의 정신적 기강이 문란해지고, 그것이 조정에까지 들어오면 그 나라는 망한다고 경계했다. 선비들이 공론을 바로 세워 부의의 난무와 횡포를 막아야 그 나라가 발전한다고 했다. 그리고 그러한 공론을 바로 세우는 것이 선비들이고 따라서 선비는 나라의 원기元氣라고 칭송했다.

오늘날 이 공론 — 사회적 정론正論 — 을 바로 세우는 일을 해야 하는 것이 바로 이 시대를 사는 대한민국의 지식인-전문가집단이라고 생각한다. 그래서 세상의 움직임을 쉽고 바르게 정리하여 국민들에게 알려야 한다. 그리고 어려운 세상의 변화 속에서도 국리민복을 위해 국가를 발전시킬 올바른 길을 제시해야 한다. 이것이 바로 이 시대를 사는 지식인-전문가집단의 시대적 사명이다. 정책세력이 몸을 던져 혼신의 노력을 해야 한다.

다음으로 국민들 사이에 선진화와 통일운동이 일어나게 하려면 또 하나의 집단의 노력이 필요하다. 바로 정치가들, 즉 정치세력이다. 정치세력도 두 가지 일을 해야 한다. 우선 국민통합을 이루는 것이다. 더 이상의 국민갈등과 분열을 막아야 하고 국민을 하나로 묶어 내야 한다. 그리고 다른 하나는 국가 리더십을 바르게 세우는 일이다. 환언하면 국가비전 내지 목표 — 선진화와 통일 — 에의 헌신과 솔선수범이다. 이 두 가지를 정치세력이 해내야 국민들이 국가의 미래에 대한 새로운 희망과 자신을 가지고 선진화와 통일운동에 나설 수 있다.

정치는 본래 두 가지 기능 내지 역할을 해야 한다. 하나는 '국민통합'이고 다른 하나는 '국가발전'이다. 이 두 가지를 잘 해내야 훌륭한 정치다. 그런데 우리나라의 정치는 이 두 가지 모두에서 큰 문제점을 가지고 있다. 한마디로 정치가 국민통합을 이루지 못할 뿐 아니라 국가발전도 제대로 선도 내지 리드하지 못하고 있다.

우선 급한 것이 국민통합이다. 세계화가 일반적으로 국민갈등을 높일 위험이 많다는 점은 이미 앞에서 지적했다. 여기에 더하여 우리나라에서는 정치가 국민 분열과 갈등에 기여해 온 점도 적지 않다. 국민들의 다양한 요구와 이해를 수렴하고 조정해 국민적 합의를 만든 뒤, 그것에 기초해 국가발전의 계기를 조직화해 나가야 한다. 그런데 우리는 그러지 못했다. 정치가 국민통합을 이루지 못할 뿐만 아니라 정치가 국가발전의 추동력을 만들어 내지 못하고 있다.

본래 국가발전을 위해서는 우선 (1) 정치가 국가발전의 청사진을 제시해야 한다. (2) 그를 중심으로 국민적 합의에 기초한 국민적 열정—정신적 자본—을 조직해 나가야 한다. 그런데 우리나라 정치는 국가발전의 청사진도 국민통합의 계기도 이루어 내지 못하고 있다. 그러니 국가발전이 지체되고 있는 것이다.

그 주된 이유는 어디에 있을까? 앞에서 여러 번 강조했지만 우리나라 정치는 가치실현을 목표로 국가비전과 국가발전의 청사진들이 경쟁하는 정치가 아니다. 우리의 정치는 특정개인이나 집단의 권력추구를 위한 정권투쟁의 장이 되고 있다. 가치투쟁이 아니라 이익투쟁이기 때문에 국가비전이나 국가발전의 청사진이 필요 없다. 또한 가치투쟁이 아니라 이익투쟁이기 때문에 선거 후에 무엇을 할 것인가가 아니라 선거 자체에서 이기는 것이 최종목적이 된다.

따라서 선거승리를 위한 선거공학選擧工學을 위해 포퓰리즘과 국민 분열에 주저 없이 앞장선다. 국민을 통합하기보다 분열시키는 것이 각자 득표 전략에 유리하기 때문이다. 국민을 분열시켜 자기의 지지층을 공고히 다진 다음에 합종연횡하는 것이 유리하기 때문이다. 그래서 항상 지역정서가 결정적 변수가 된다. 이러한 경향은 여야나 진보, 보수 사이에 차이가 없다. 말이 진보요 보수이고 좌파와 우파이지 이념적 진지성은 대단히 약하다. 그래서 이념적 언술이 모두 인기영합적 포퓰리즘적 경향을 강하게 가진다. 이념적 언술도 이념의 실현이 목적이 아니라 정권 획득을 통해 개인이나 집단의 권력 확대가 목표가 된다. 한마디로 권력투쟁의 수단에 불과하다. 이러한 과정에서 정치는 더 이상 공적公的 역할을 하지 못한다. 결국 정치가 소수 정치지도자들의 정치적 권력추구를 위한 사적私的 수단에 불과해진다.

따라서 이러한 한국의 정치병을 고치려면 앞에서도 여러 번 강조했지만 정당을 가치정당, 세계관정당으로 바꾸는 정당개혁에서부터 시작되어야 한다. 그래서 국가발전의 비전과 청사진을 가지고 그 실천을 위해 경쟁하는 그러한 정치가 시작될 수 있어야 한다. 그래서 대한민국의 선진화와 통일을 위해 경쟁하는 정당들이 나와야 한다. 어떻게 하는 것이 선진화와 통일을 보다 앞당기는가를 가지고 비전과 정책경쟁을 하는 정당들이 나와야 한다. 선진화와 통일을 앞당기기 위해 어떠한 창조적 세계화전략이 보다 유효한가를 가지고 치열하게 연구하고 논쟁하는 정당들이 나와야 한다. 대한민국의 선진화라는 국가비전을 중심으로 그 실현 방법에서 — 창조적 세계화전략에서 — 우파적 정책과 좌파적 정책으로 나누어져 생산적 경쟁을 하는 시대가 열려야 한다. 그래야 국민통합도 이루어지고 국가발전도 이루어지는 정치가 시작될 수 있다. 따라서 정치세력의 대대적 반성과 자기개혁이 있어야 한다. 여와 야, 좌와 우 그리고 진보와 보수가 대한민국의 선진화와 통일을 위한 각자의 세계화전략을 가지고 경쟁하는 시대를 빨리 열어야 한다.

이렇게 지식인과 전문가집단 등 정책세력들이 자기들의 역할을 다하고 정치세력들이 자기개혁을 할 때, 그래서 비전과 정책지향의 우파와 좌파로 거듭날 때 국민들 사이에 대대적인 이 시대의 사명에 대한 자각운동, 국민운동이 일어날 수 있을 것이다. 이럴 때 비로소 한반도의 선진화와 통일운동이 일어날 수 있다. 그리고 그것이 거대한 물결이 되어 한반도의 역사를 선진화와 통일의 방향으로 밀고 나갈 것이다. 그래서 19세기 말에는 산업화와 근대화라는 도전에 실패했지만, 21세기 초 세계화와 정보화의 도전에는 우리가 반드시 승리하여 21세기 한반도의 선진화와 통일의 역사를 활짝 열어 나가야 할 것이다. 그래서 22세기 우리의 후손들이 자랑스러워하는 21세기 선조들이 되도록 우리 모두가 혼신의 노력을 바쳐야 할 것이다. 우리 모두가 한마음이 되어 “나가자 선진화! 이루자 통일!”을 소리 높이 외치고 반드시 이뤄 내야 한다. 이것이 지금 이 시대를 사는 우리 모두의 역사적 사명使命이고 이 시대 역사의 대의大義일 것이다.

부록

세계화의 미래: 후퇴인가? 전진인가?*
- 세계과제와 우리과제는 무엇인가 -

문제의 제기

세계화globalization란 무엇인가? 세계화에 대한 여러 가지 정의가 가능하지만 이 글에서는 논의를 단순화하기 위해 세계화를 '지구적 규모의 시장의 확대'로 이해하도록 한다.

이번 2008년 세계적 금융위기를 겪은 이후 세계화의 방향에 대해 관심이 쏠리고 있다. 세계화는 과연 앞으로 어떻게 될 것인가? 지구적 규모의 시장 확대는 더욱 진전될 것인가, 중단될 것인가, 아니면 세계시장 축소라는 후퇴의 모습을 보일 것인가?

세계화에는 명明과 암暗이 존재한다. 오늘날과 같은 미국발 금융위기의 지구적 확산과 그로 인한 세계경제의 침체와 혼미라는 부정적 결과도 수반했다. 세계화는 지난 250년간 인류의 발전, 특히 물질적 풍요와 정신적 성숙에 엄청난 기여를 해왔다. 1750년대 지구촌에 살던 사람들의 일인당 평균소득은 약 180달러 수준이었다고 한다.** 그것을 2000년 현재 약 6,600달러까지 끌어올린 것이 바로 세계화의 힘이다.

이러한 물질적 부富의 혁명적 변화를 가져온 배경에는 구체적으로 세

* 이 글은 2009년 6월 29일 삼성경제연구소 토론회에서 발표한 것으로 세계화의 중장기 미래에 대한 필자의 견해를 밝힌 것으로 관심 있는 독자들에게 참고가 될 것으로 보아 부록으로 게재한다.

** Eric D. Beinhocker, *The Origin of Wealth*, Harvard Business School Press, 2006.

가지 요인이 있었다고 본다. 첫째는 경제적 가치에 대한 인류 인식의 변화다. 부자가 되는 것을 가치 있는 일富가 곧 德로 보게 된 가치관의 변화가 중요한 계기가 된다. 둘째는 종교적 교리doctrine로부터 해방된 사상의 자유가 가져온 '과학기술의 발전'이다. 셋째는 국가의 중상주의적重商主義的 통제로부터 해방된 '시장의 확대'다. 이중 특히 동네시장에서 지방시장과 국가시장으로, 나아가 지역시장과 세계시장으로 끊임없이 진행된 시장의 확대가 분업의 세분화를 통해 획기적 생산성의 증대를 가능하게 했던 것이다. 한마디로 세계화는 지난 250년간 인류발전의 혁명적 도약을 가져온 주된 이유의 하나다.

물론 제1차 세계화의 물결1860-1917이 제1차 세계대전의 발발로 중단된 바 있다. 그리고 1차 대전의 뒤를 이은 세계공황1929 등으로 보호무역주의가 크게 강화되면서 세계화가 심각하게 후퇴한 역사가 있었던 것도 사실이다. 그러나 제2차 세계대전이 끝난 후 세계화의 물결은 다시 시작될 수 있었다. 이후 점진적으로 진행되다가 1980년대 들어오면서 더욱 가속화돼 오늘에 이르러 본격적인 제2차 세계화의 시대1980-현재를 열게 된 것이다. 분명히 이번 2008년의 금융위기, 경제위기로 인해 세계화의 확산과 가속에 일정한 반성과 수정이 가해질 것이다. 그것은 시장 — 특히 금융시장 — 에 대한 정부규제와 감시의 강화로 나타날 것이다. 그러나 지난 인류의 역사를 보면 세계화, 다시 말해 지구적 규모의 시장 확대는 우여곡절을 겪으면서도 꾸준히 확대 발전해 왔다. 그러나 과거에 그러했다고 해서 앞으로도 과연 계속 같은 방식으로 진행될지는 장담하기 어렵다.

그렇다면 세계화는 앞으로 어떻게 될 것인가? 이 문제를 단기적·중기적·장기적 관점으로 나누어 생각해 보도록 하자. 이것은 인류의 장래를 가늠해 보고, 오늘을 사는 우리가 앞으로 국가발전의 전략을 올바로 세우는 데 매우 중요한 문제가 된다고 본다.

단기적10-20년 전망: 수정하면서 전진

앞으로 10년 내지 20년 정도를 내다보면 세계화는 일정의 수정을 받으며 지속될 것으로 보인다. 일정의 수정은 주로 금융부분에서 나타날 것이다. 주지하듯이 제2차 세계화의 시대는 '금융의 세계화'를 중심으로 진행되어 왔다. 그런데 이 기간 중 특히 금융부분이 본래 가지고 있는 구조적 문제를 해결하는 데 미흡했다. 소위 정보의 비대칭성 등으로 인한 도덕적 해이의 문제를 해결하기 위해 반드시 필요한 소위 신중규제prudential regulation가 특히 소홀했다고 볼 수 있다. 이로 인해 국제수준이든 개별 국가수준이든 금융부분이 도덕적으로 크게 느슨해졌던 것이 사실이다. 레이건 대통령과 대처 수상의 시대를 지나오면서 정책담당자들 사이에 단순한 '시장주의'를 지나서 '시장만능주의'에 가까운 생각들이 팽배했던 것도 한 원인이라고 할 수 있다. 따라서 앞으로 당분간은 그동안 빠르게 세계화되어 온 금융을 어떻게 효율적으로 그리고 공정하게 규제할 것인가가 국제수준이나 개별국가 수준에서 큰 시대적 화두가 될 것이다.

학자들 중에서는 이제 영미英美식 시장경제의 패러다임이 끝나거나, 미국도 유럽의 사민社民주의나 일본식 신중상新重商주의를 받아들이게 될 것이 아닌가 하는 주장들을 하고 있다. 소위 미국의 유럽화 주장이다. 그러나 그렇지는 않을 것이다. 주된 이유는 한 나라의 문화와 의식 그리고 역사와 관행은 그렇게 쉽게 변화는 것이 아니기 때문이다. 유럽식 혹은 일본식 대신 미국은 여전히 개인주의적이고 시장주의적인 미국식 가치와 문화의 기조를 유지하면서, 일정의 수정, 즉 금융감독의 강화, 경제적 약자에 대한 지원의 확대 등과 같은 정부 역할의 부분적 확대를 경험할 것으로 본다.

그리고 다른 나라들도 각자 개별국가의 발전수준, 시장의 크기 그리고 문화·역사·관행·의식 등에 맞는 자기 식의 수정을 시도할 것이다. 아마 많은 나라들이 다음과 같은 몇 가지 방향으로의 수정과 보완에 노력하리라고 본다.

(1) 우선 경제經濟의 안정성安定性에 대한 정책적 비중을 과거보다 높일 것이다. 지난 반세기 동안 그리고 가까이는 지난 30년간 경제정책이 경제의 역동성과 경제의 대외 팽창력대외 성장력에 많은 비중을 두었다면, 앞으로는 경제안정에 대한 고려가 크게 높아질 것이다. 그리고 이는 당연히 내수內需부문 — 환언하면 서비스, 농업, 중소 자영업, 지방발전 등과 같은 비교역부문非交易部門에 대한 정책적 관심과 지원과 비중을 높일 것이다.* 동시에 외국인직접투자를 적극적으로 유치해야 한다는 입장에는 큰 변화가 예상되지 않지만, 단기자본의 이동에 대해서는 국제적 규제나 개별국가의 규제강화가 모색될 것이다.

(2) 신新산업정책을 모색하는 경향이 커질 것이다. 과거식으로 정부가

* 세계화시대 세계시장과 연계되어 있는 세계화 분야는 빠르게 성장하나 그러지 못한 비세계화 분야는 상대적으로 뒤처지게 된다. 이 구조가 심화되면 그 나라 경제는 2중구조를 가지게 되고 소득은 양극화의 길을 가게 된다. 세계시장과 연계되어 있는 분야는 세계에서 가장 역동적인 — 그래서 가장 성장률이 높은 — 나라·지역·도시·산업과 연계되기 때문에 성장률이 높을 수밖에 없다. 반면에 세계시장과 관계가 적은 내지 없는 분야의 경우에는 국내 경제 성장률의 한계를 크게 벗어나기 어렵기 때문에, 자연히 비세계화 분야의 성장률이 세계화 분야의 성장률보다 낮아지게 된다.

주도하는 일방적 산업정책과는 다른, 민관협치民官協治형, 정보교환情報交換형 내지는 세계전략世界戰略형의 신新산업정책이 등장할 것이다. 또한 국가전략이라는 관점에서 정부와 민간의 긴밀한 분업과 협업의 필요성도 강조될 것이다.* 물론 이러한 움직임은 일부 보호무역의 강화 등의 경향을 보이겠지만 그 정도가 세계자유무역의 발전을 크게 저해하는 방향으로까지는 나가지 않을 것이다. 그보다는 기본적으로 시장의 실패market failure를 줄이는 시장친화적 산업정책의 방향이 될 것이다.

(3) 공평하고 효율적인 사회적 안전망의 창출을 서두를 것이다. 큰 방향은 '평생고용-평생교육-평생복지'를 서로 연계하는 효율적인 삼각안전망을 구축하는 쪽으로 될 것이다. 각 나라는 자기 나라에 신新사회안전망 창출에 노력할 것이다. 21세기형 신사회안전망이 필요하게 되는 이유는 다음과 같다. 우선 지금은 산업 및 기업의 구조조정이 상시화常時化되는 동시에 평생교육의 필요가 커지는 초세계화의 시대이기 때문이다. 이에 따라 노동시장이 취업, 실업, 그리고 비경제활동 간의 노동이동이 활발해지는 소위 '이동移動노동시장transitional labor market'으로 변화하고 있어 이러한 노동시장의 질적 변화에 맞춰 사회안전망을 새롭게 구축해야 한다. 둘째 이유는 인구구조의 변화 특히 급속한 '저출산 고령화의 추세 때문이다. 저출산 고령화의 추세가 지금까지와는 다르게 새로운 사회복지 통치구조social welfare governance를 구축할 것을 요구하고 있기 때문이다.

크게 봐서 세계화는 이러한 방향으로 부분 수정 내지 보완을 하면서 지속적으로 발전할 것이다. 큰 중단이나 후퇴는 없을 것으로 본다. 단기

* 21세기는 세계적 불확실성과 불안정성이 — 그리고 경우에 따라서는 양극화가 크게 증대하는 시대가 될 것이므로 국가전략과 국가리더십이 중요한 시대가 될 것이다. 따라서 국가전략의 관점에서 민과 관의 협력이 중요한 국가과제가 될 것이다.

적으로 세계화의 지속을 비교적 낙관하는 이유는 아직은 시장 확대, 분업의 세분화, 생산성의 제고, 기술이전 등과 같은 '세계화의 이익'이 실업 등 구조조정 비용, 금융 불안정, 환경파괴 등과 같은 '세계화의 비용' 보다 크기 때문이다. 또한 세계화 이익이 비용보다 큰 부등호가 상당기간 지속될 것으로 보기 때문이다.

이상과 같은 낙관적 전망에는 다른 두 가지 근거가 추가될 수 있다. 첫째는 다음 장에서 논할 새로운 세계통치구조new global governance의 구축이라는 세계화의 주요 과제를 과거 제1차 세계화 시대로부터 우리가 얻었던 아픈 실패의 경험 — 1917년부터 1945년까지의 반反세계화가 가져온 인류발전의 후퇴 — 이 있었기 때문에, 지구촌이 앞으로 이 문제를 어느 정도 잘 풀어 가지 않을까 하는 기대 때문이다. 설사 이 문제를 제대로 풀지 못한다고 해도, 세계통치구조의 실패가 가져오는 비용이 축적되는 데도 상당한 시간이 걸리기 때문에 앞으로 10-20년의 사이에는 세계화가 지속되는 데 별 문제가 없을 것으로 본다.

둘째는 앞으로 적어도 2030년까지는 미국이 가지는 국제관계에서의 수퍼 파워super power로서의 역할이 지속될 것으로 보기 때문이다. 2030-35년 사이에 중국의 GDP가 미국의 GDP를 넘어서겠지만 군사력·과학력·교육력·사상력·문화력 등등을 감안하면 미국의 힘은 2030년까지는 물론이고 이후에도 상당기간 지속될 것이다. 미국의 수퍼 파워로서의 역할이 지속되는 한, 현재 진행되는 세계화는 부분적으로 수정 보완을 하면서도 분명히 확대 발전할 것이다. 그리고 G-2로 등장하는 중국의 경우도 앞으로 2030년까지는 적어도 현재의 세계화시대에서 큰 이익을 보고 있기 때문에 현상유지세력으로 남을 것이다.

중기적30-70년 전망: 전진과 후퇴가 모두 가능

조금 길게 30-70년 정도의 중기적 관점에서 보아 세계화는 어떻게 될 것인가 생각해 보자. 중기적으로 보면 세계화의 미래는 단순히 경제적·기술적 변수에만 의존하지 않게 된다. 한마디로 정치 — 국내정치와 세계정치 — 의 변화에 보다 많이 의존하게 된다. 따라서 중기적으로 세계화의 미래 시나리오에는 다음과 같은 세 가지 가능성이 모두 있다고 볼 수 있다.

첫째, 번영繁榮의 시나리오다. 세계화는 더욱 번영하면서 지속할 것이다.

둘째, 냉전冷戰의 시나리오다. 세계화는 지속하지만 분열될 것이다.

셋째, 중세中世의 시나리오다. 중세시대와 같은 분쟁과 혼란과 암흑의 시기로 들어갈 것이다.

세 번째 시나리오부터 설명하면 이 경우는 앞으로 다음과 같은 세 가지 세계과제global challenges를 우리 인류가 풀지 못하면 불가피하게 등장할 것이다.

(1) 미국과 중국의 패권적 대국주의화大國主義化 여부

(2) 21세기형 세계통치구조 신글로벌 거버넌스new global governance 창출의 성공 여부

(3) 세계의 많은 나라에서 민주주의의 공고화 내지 안정화의 성공 여부

이상의 세 가지 세계과제를 제대로 풀지 못하면 세계화의 미래는 중세적 혼란과 암흑을 맞게 될 것이다. 반면에 이 세 가지 문제가 비교적 제대로 풀리면 인류는 중기적으로 번영의 시대를 맞이할 것이고, 세계화는 지속적으로 확대되고 심화될 것이다. 그리하여 세계화는 아직도 지구 위에 많이 남아 있는 절대빈곤의 문제를 획기적으로 개선하는 새로운 인류의 역사를 만들 것이다.

두 번째의 가능성은 위의 세 가지 세계과제 중에서 미국과 중국과의 문제가 제대로 풀리지 못할 때 발생할 시나리오다. 즉 미국과 중국이 앞으로 세계패권을 다투게 되면 세계화는 진행되면서도 두 캠프로 나누어질 것이다. 미국과 유럽중심의 소위 '자유민주주의적 시장경제'를 하는 캠프와 중국·러시아 등을 중심으로 소위 '비자유민주주의적 시장경제'를 하는 캠프로 나누어질 것이다. 이 두 캠프가 21세기형 신 글로벌 거버넌스를 만드는 데 얼마나 잘 협조할 것인가 등은 지금으로서는 사실 예측이 불확실하다. 소위 세계의 부와 권력의 중심이 상당부분 동양으로 이동하고 중국의 화평굴기peaceful rising가 끝난 다음의 이야기 — 21세기 중반의 이야기이기 때문이다.

따라서 '세계화의 미래'는 위의 세 가지 세계과제가 어떻게 풀리는가에 의하여 결정될 것이다. 그렇다면 세 가지 과제에 대하여 좀 더 자세히 살펴보도록 하자.

(1) 세계과제의 첫째는 미중美中의 문제다. 소위 G-2의 문제다. 지난 200년은 유럽과 미국이 중심이 되어 소위 대서양이 세계를 지배하는 시대였다. 그러나 앞으로 100년은 미국과 중국이 중심이 된 태평양이 세계를 지배할 것으로 전망된다. 따라서 G-2가 어떠한 길을 가느냐에 따라 세계의 명운이 크게 좌우될 것이다. 그런데 좀 더 자세히 들여다보면 중장기적으로 미국은 지는 해이고 중국은 인도와 더불어 뜨는 해가 될 것이다. 주지하듯이 2030-35년경이 되면 중국이 미국의 GDP를 넘어서게 될 것이다. 그리고 2050년경이 되면 미국과 서유럽의 GDP 합이 중국과 인도의 GDP 합보다 작아질 것이다. 1990년에는 미국의 GDP가 중국과 일본과 인도의 GDP를 합친 것보다 컸다는 사실과 비교하면 소위 세계권력의 축이 얼마나 빨리 유럽에서 아시아로 급속히 이동하고

있는지를 알 수 있다.[•] 문제는 이러한 변화에 대한 미국과 아시아의 대응이다. 세계권력의 대대적 이동에 대하여 과연 미국은 어떠한 자기적응을 할 것인가? 그 과정이 순조로울 것인가? 그리고 중국은 소위 도광양회韜光養晦와 화평굴기和平屈起의 시대가 끝난 이후 어떠한 행보를 할 것인가? 과연 중국은 세계질서를 중국 중심으로, 즉 21세기판 중화주의中華主義를 재구축하려고 시도할 것인가? 아니면 기존의 세계질서를 받아들이고 현상유지의 방향으로 움직일 것인가?

(2) 세계과제의 둘째는 글로벌 거버넌스의 문제다. 즉 세계화가 제기하는 지구촌의 많은 문제 군群을 어떻게 풀 것인가 하는 점이다. 예컨대 핵과 대량살상무기의 문제, 절대빈곤과 실패국가의 문제, 지구온난화와 자원 부족의 문제, 불안정한 세계금융질서의 문제, 난민과 이민의 문제 등의 많은 문제들을 공정하고 효율적으로 풀기 위해서는 세계통치구조가 올바로 재구축되어야 한다. 이를 위해선 적어도 새로운 세계통치구조는 (1) 정당성legitimacy을 가져야 하고 (2) 실효성effectiveness을 가져야 한다. 그런데 기존의 UN, IMF, World Bank 등의 세계통치구조는 그 구성원리가 과도하게 대서양적 선진국에 편향되어 있어, 즉 그들이 과다過多대표되어 있어 전 지구적 이해를 대변한다고 보기 어렵다. 그래서 정당성 내지 대표성이 약하다. 또한 그 운영원리를 봐도 1945년 이후 지난 60여 년간의 세계권력 변화 — 예컨대 중국·인도·일본·브라질 등의 대두 — 를 의사결정과정에 반영하지 못하고 있다. 따라서 세계 문제의 해결능력이 대단히 제한적이라 실효성이 부족하다.

지금까지 UN, IMF, World Bank 등 세계통치구조의 개혁에 대해 많

• Gabor Steingart, *The War for Wealth*, McGraw Hill, 2008.

은 이야기가 있었지만 사실상 큰 진전은 없다. 이번의 G-20 정상회담이 앞으로 하나의 희망이 될 수 있지 않을까 하고 기대해 본다. 적어도 G-20에는 선진국과 후진국이 동수同數로 대표되고 있어 조직의 정당성과 대표성이 높고, 또한 정상들의 모임이라서 여기서 합의되면 그 집행력에서 높은 실효성을 기대할 수 있기 때문이다.

(3) 세계과제의 셋째는 민주주의의 공고화 내지 안정화의 문제다. 지난 20세기는 민주주의가 꾸준히 확산되어 온 세기였다. 1900년 당시 세계에서 민주주의 국가는 약 10개 국가 정도였다. 그것이 제2차 세계대전이 끝난 1945년경에 약 30개국으로 늘었지만 그 이후 1975년경까지 큰 변화가 없었다. 그러던 것이 제2차 세계화의 물결과 냉전시대의 종말과 더불어 많은 나라들에서 민주주의가 성공하기 시작했다. 그래서 2000년 현재 세계의 민주주의 국가는 약 120개국 정도가 되었다.* 따라서 지구촌의 대부분 나라들이 신생민주주의국가new democracies라고 볼 수 있다. 이들 신생민주주의국가들이 과연 '민주화'의 단계를 지나 '자유화'까지 성공하여 소위 자유민주주의의 공고화까지 성공할 것인가? 하지만 자유민주주의의 안정적 정착까지를 이루어 낼 것인가 하는 문제는 결코 간단한 문제가 아니라고 본다.

'민주화'는 엄밀히 말하면 국민들이 투표를 통하여 정권을 바꿀 수 있는 것을 의미하고 '자유화'는 그렇게 등장한 정권이 국민의 자유와 권리, 재산과 생명을 하늘처럼 떠받드는 것을 의미한다. 그런데 미국과 유럽의 역사를 보면 자유화는 13세기부터 민주화는 20세기 들어 시작된 '선先자유화 후後민주화'의 역사였다.** 미국과 유럽에서는 이미 자유화의 진전

* Michael Mandelbaum, *Democracy's Good Name,* PublicAffairs, 2007.
** Fareed Zakaria, *The Future of Freedom*, Norton, 2003.

이 있었기 때문에 민주화에만 성공하면 자유민주주의로 발전하기가 비교적 쉬웠던 것이다. 그러나 대부분의 비非유럽국가들은 — 한국도 포함하여 — 모두 민주화가 자유화보다 선행하는 '선민주화 후자유화'의 역사를 가진 국가들이다. 대부분 비유럽국가들은 자유화의 전통 없이 1945년 이후 혹은 1980년 이후 민주화가 시작됐기 때문에, 비록 민주화에 성공해도 자유화까지 자동으로 성공하리란 보장이 없다. 사실 비유럽국가에서 많은 나라들이 민주화에는 성공했지만 자유화에 실패해 — 그 중요한 이유가 포퓰리즘의 등장에 있지만 — 소위 비자유민주주의illiberal democracy가 되는 경우가 적지 않은 것이 20세기 후반의 역사경험이다.

그런데 세계화라는 지구적 시장질서의 확대는 법치주의를 전제로 한 자유민주주의적 정치질서 속에서 가장 잘 발전한다. 따라서 많은 나라에서 자유주의의 후퇴나 민주주의의 실패가 일어나면 세계화의 후퇴를 수반할 위험이 높다. 특히 민주화과정에서 일부 선동가들에 의하여 포퓰리즘이 등장하면 — 그래서 집단이기주의나 지역이기주의와 결합하면 — 법과 원칙과 역사를 무시한 국정운영이 나타나 시장경제의 발전을 크게 해치게 된다. 일반적으로 포퓰리즘의 등장은 대내적으로는 노동자, 농민, 저소득층 등과 같은 이익집단의 목소리를 키우고 대외적으로는 배타적 민족주의 정서와 영합하게 된다. 이렇게 되면 소득재분배를 위한 국가주의적 개입의 증대, 보호무역주의로의 후퇴 등의 부작용을 낳게 될 뿐 아니라, 새로운 글로벌 거버넌스를 만들어 나가야 할 합리적 국제공조와 이를 위한 타협 자체가 국내정치적 여건상 불가능하게 된다.

이상의 세 가지 세계과제를 인류는 과연 잘 풀어나갈 것인가? 물론 그 답은 간단하지 않다. 그러나 여러 가지를 종합해 볼 때 앞으로 어떠한 시나리오가 과연 유력할지는 예상할 수 있다. 생각건대 번영과 냉전의 시나리오의 중간쯤으로 가지 않을까 희망한다. 적어도 중세의 시나리오로는 가지 않을 것으로 본다.*

이러한 '상대적 낙관론'을 가지는 근거는 무엇일까? 두 가지 근거를 생각해 볼 수 있다. 하나는 지난 60년간 EU의 역사적 성공 경험이 인류에게 주는 새로운 가능성이다. EU의 성공 경험은 우리가 노력하면 개별국가이익을 넘어서 세계이익의 관점에서 새롭고 합리적인 세계통치구조를 만들 수 있다는 희망과 자신감을 주기 때문이다. 긴 역사에서 볼 때 EU의 성공은 인류 역사발전에 대단히 큰 실험이고 큰 성공이라고 볼 수 있다. EU는 전쟁과 혁명의 대륙인 유럽을 반半영구평화의 대륙으로 만드는 데 성공했을 뿐 아니라, 유럽 전체의 공동선共同善을 위해 선진 지역이 국민국가의 경계인 국경을 넘어 낙후지역을 지원하는 일까지 성공시켰기 때문이다. 지구촌이익을 위해 국가이익을 넘어설 수 있다는 가능성을 보여준 것이다.

상대적 낙관론의 두 번째의 근거는 앞으로 세계권력의 중심이 동양으로 이동하면 할수록 동양적 사고와 사상이 세계표준global standard에 주는 영향이 커질 것이라는 점이다. 그런데 동양의 사고는 서양의 사고보다 훨씬 공동체주의communitarianism적이다.** 국민국가이익을 넘어 지구공동체라는 시각을 가진 바로 이 공동체적 사고가 지구촌 위에 많아지면 많

* 물론 중세(中世)의 시나리오로 간다고 보는 견해도 있다. 미국의 시대가 2035년경에 끝나면 다극화된 세계가 적어도 2035-60년까지 대대적인 국제분쟁의 시대(超분쟁의 시대)로 간다고 보는 견해도 있다. Jacques Attali, 『21世紀の 歷史: 未來の人類から 見た 世界』, 林昌廣 譯, 作品社, 2008.

** 동양에는 인간은 개체적 존재이면서 동시에 공동체적 존재로 이해한다. 서양에서와 같이 '사회에 대립하는 인간', '자연과 대결하는 인간'이라는 이원론이 동양에는 없다. 따라서 만일 동양적 사고가 좀 더 인류의 사고 전체에 영향을 줄 수 있게 된다면, 인간이 개체의 이익을 넘어서 전체의 이익에 기초한 합리적 행동을 할 수 있을 가능성을 높일 것이라고 기대한다.

아질수록 앞으로 보다 합리적인 세계통치구조를 만들어 나가는 것이 상대적으로 용이할 것이라고 기대한다.

세 번째 근거는 과학기술의 발달에 대한 기대다. 세계적 초분쟁의 시대 소위 중세적 시대로 가지는 않을 것이라는 예측은 현재 진행되고 있는 과학기술의 혁명적 발전에 대한 기대에서 온다. UN연구서를 보면 2050년경 세계인구는 89억 2천만, 2075년에는 92억 2천만까지 올라갈 것으로 예측하고 있다. 2000년 현재의 약 60억 7천만보다는 거의 30억 명 이상의 인구의 증가가 예측된다.• 결국 자원 부족, 물과 에너지 부족, 식량 부족, 그리고 지구온난화 등은 필연적 결과가 될 것이다. 이 문제를 제대로 풀지 못하면 국제적 긴장과 분쟁은 불가피할 것이다. 그러나 현재 혁명적 발전이 진행되고 있는 NT·ET·BT·IT 등의 과학기술발달이 결국은 자원의 부족문제를 해결할 것이다. 지난 오랜 역사를 길게 보면 결국 지구자원의 부족은 항상 지식의 생산과 축적으로 해결해 왔다고 생각한다.

그러나 비록 상대적 낙관론이라고 해도 이를 강하게 주장하기 어려운 가장 큰 걱정은 바로 민주주의에 있다. 앞으로 세계 여러 나라에서 민주주의의 안정화와 공공화에 대하여 낙관하기 어렵다는 데 있다. 세계가 다극화되어 서로 협력하고 경쟁하는 체제로 갈 때 각국에서 현재 확산되고 있는 민주주의가 과연 건강하게 정착할 것인가? 민주화의 단계를 넘어서 자유화까지 과연 갈 것인가? 그래서 세계 여러 나라에서 자유민주주의가 꽃을 필 것인가? 이 문제에 대하여 솔직히 자신이 없다. 아니 비관적인 생각이 적지 않다.

• *World Population 2300*, United Nations, 2004.

세계화는 분명 우리가 적절한 세계통치구조를 잘 만들지 못하면 중장기적으로는 시장제국주의로 발전할 수도 있다. 그러면 세계화 내지 시장제국주의가 가져올 시장의 폭력 — 사회적 불평등, 사회적 불안정, 분배악화 등등 — 을 막기 위해 민주주의의 확산과 심화는 절대적으로 필요하게 된다. 민주주의만이 시장의 폭력에 대하여 유효한 견제수단이 될 수 있다.* 그런데 문제는 민주주의가 사회경제적 불평등을 줄이는 수준을 넘어서 시장 자체를 파괴하는 수준까지 발전하지 말라는 법이 없다는 데 있다. 소위 오랫동안 정치 사상가들이 걱정했던 과잉민주주의 문제, 즉 폭민화·우민화의 문제다. 과연 오늘의 민주주의는 오늘의 민중들은 자기억제력을 가질 수 있을까? 그래서 자유민주주의의 기본을 지켜나갈 수 있을까? 어떻게 하면 그것이 가능하도록 할 것인가.** 이것이 사실 인류의 미래를 생각할 때 — 그리고 세계화의 미래를 예측할 때 — 가장 중요한 문제의 하나다.

* 사실 부(富)의 분배에는 두 가지 메커니즘이 있다. 하나는 시장이고 다른 하나는 민주주의다. 전자는 부의 증대에 크게 기여하지만 분배에서는 — 특히 세계화 시대에는 — 불평등과 격차를 증대하는 경향을 가진다. 물론 민주주의도 — 법의 지배 등으로 — 부의 증대에 기여하지만 분배에서는 사회경제적 불평등과 격차를 줄이는 데 크게 기여한다.

** 혹자는 민주주의를 지키기 위해 자유무역주의보다 '협조적 보호무역주의'를 선택하는 것이 어떤가 하는 주장을 하기도 한다. Emmanuel Todd, 『デモクラシー 以後: 協調的 保護主義の 提唱』, 石崎晴己 譯, 藤原書店, 2009.
물론 민주주의를 지키기 위해 일부 보호무역주의의 도입을 통한 급격한 구조조정의 고통을 줄이는 노력이 필요한 측면도 있다. 그러나 민주주의 자체의 성공을 위한 노력이 반드시 있어야 한다. 뒤에서 논하겠지만 예컨대 지도자의 리더십과 비전, 그리고 국민들의 민주시민의식 내지 공화주의적 공민의식을 제고하는 제도적·정책적 노력 등이 민주주의 성공을 위해 대단히 중요하다고 본다.

장기적100-200년 전망: 세계화 내용이 크게 변화

약 100년 단위로 앞을 전망한다면 세계화는 진전되면서 그 내용이 크게 변화transformation할 것으로 보인다. 장기적으로 보면 세계는 크게 두 방향의 흐름이 중첩적으로 진행되지 않을까 생각한다. 하나는 지속적인 지구적 규모의 시장global market 확대와 심화이고, 다른 하나는 동네시장 내지 지역시장local market으로의 회귀다. 동네시장 내지 지역시장의 재등장과 동시에 시장의 형식과 내용도 달라질 것으로 본다. 종전과 같은 지구적 규모의 제조업과 서비스 시장도 여전히 존재하고 발전하겠지만 새로운 형식과 내용의 시장들 또한 다수 등장할 것으로 본다. 예컨대 자연보호시장, 이웃배려시장, 문화유산보존시장, 정신적 가치교환시장 등등의 새로운 시장 분야—이윤보다 가치추구적인 시장분야—가 빠르게 커질 것이다. 그리고 시장에서의 교환도 반드시 화폐를 매개수단으로 하지 않는 물물교환 또는 상호성을 매개하지 않는 일반적 증여 등이 지난 250년보다 많이 등장할 것으로 본다. 그러면서 구舊시장분야와 신新시장분야가 때로는 서로 경쟁하는 모습을 가질 것이다.

한마디로 앞으로 100-200년을 내다보면 근대는 불가피하게 종말을 고할 것으로 보인다. 소위 근대성modernity 내지 '근대의 시대'가 끝날 것으로 본다. 1750년경부터 본격적으로 시작된 경제적 의미의 근대는 앞으로 100-200년 안에 끝날 것이라는 의미다. 근대의 종말은 과연 무엇을 의미하고 그 배경은 무엇인가?

첫째 근대의 종말이란 더 이상 우리가 사는 시대가 '진보의 시대'가 아님을 의미한다. 이제는 인류의 목표가 단선적인 무한성장에서 순환循環circulation으로의 전환이 불가피해짐을 의미한다. 둘째는 경제적 가치가 더 이상 인류가 지향하는 가장 중요한 목표가 될 수 없음을 의미한다. 다시 말하면 경제적 가치보다 문화적·정신적 혹은 영적가치의 중요성이 훨씬 커짐을 뜻한다. 요약하면 '진보에서 순환으로' '경제에서 문화로' '물질에서 정신으로' 그리고 '이기利己에서 이타利他로'의 인류사회의 대전환 내지 대혁명great revolution이 일어나지 않을까 생각한다. 근대의 시대가 끝나고 본격적인 탈脫근대의 시대가 시작되는데, 탈근대는 사실 근대 이전 전前근대 시대와 일정부분 유사점을 가지게 될 것이다. 동양의 역易의 용어를 빌리면 '화火의 시대'가 끝나고 다시 '토土의 시대'가 열린다고 볼 수도 있다.

왜 근대가 끝난다고 보는가? 몇 가지 이유가 있다. 첫째, 세계는 사실 폐쇄적 시스템closed system이기 때문이다. 세계는 무한히 열려있는 시스템이 아니다. 우리가 동네시장에서 지방시장으로 국민국가시장으로, 나아가 지역시장 더 나아가 세계시장으로 우리의 경제활동 범위를 확대해 나가는 소위 '근대의 시대'에는 세계란 우리에게 무한히 열린 시스템open system으로 받아들여졌다. 산업화의 시대에 우리는 별 생각 없이 자연파괴와 자원착취를 하면서도 여전히 세계를 무한히 열린 시스템으로 이해하며 안심해왔다. 특히 우리나라처럼 작은 개방경제small open economy의 경우는 더욱 그렇게 생각하는 경향이 컸다. 그러나 사실 지구는 하나의 자기완료적인 — 기후, 자원의 제약성 등 — '폐쇄적 시스템'이다. 따라서 근대의 무한지속, 무한 진보와 무한 성장은 바람직하지 않을 뿐더러 가능하지도 않다.

오늘날 개별국가에서는 아직도 슘페터적인 '공급 측 정책'이 여전히 중요한 위치를 점하고 있다. 그러나 이번 2008년의 세계금융위기에서도 봤지만 세계 전체의 수준에서는 케인즈적 '수요 측 정책'이 다시 유효해지고 있다. 그 이유는 개별국가 차원에서는 세계를 아직도 열린 시스템으로 볼 수 있지만 — 환언하면 공급능력만 탁월하면 얼마든지 세계시장으로 진출할 수 있지만 — 세계 전체로서는 폐쇄적 시스템으로서의 한계가 나타나고 있기 때문이다. 다시 강조하지만 열린 시스템을 전제로 한 무한진보는 더 이상 어렵다는 이야기다.

둘째, 시장경제 내지 자본주의의 가장 큰 문제점 내지 약점은 과過부유화over-affluence에 있다.* 세계화의 문제도 마찬가지다. 지난 250년간 인간의 경제적 이기심에 기초한 근대적 시장경제의 역동성과 생산성은 실로 눈부신 성장과 발전을 가져왔다. 그러나 그것이 근대적 시장경제의 장점이면서 동시에 단점이다. 지금까지 진행되어 온 그리고 앞으로 진행될 세계화는 다수의 인류를 오래된 빈곤에서 구해 왔고 앞으로도 또한 구할 것이다. 그러나 동시에 많은 인류를 과過부유화시킬 것이다. 그런데 과부유화는 점점 지속가능하지 못하게 될 것이다. 하나는 지구의 부존자원의 한계 때문일 것이다. 물론 기술발달이 상당부분 부존자원의 한계라는 문제를 해결할 수 있을 것이다. 그러나 더욱 큰 한계는 '물질적 풍요'와 조화할 수 있는 인류의 '정신적·영적 성숙'이 함께 하지 못한다는 데서 온다. 물질은 개벽하는데 정신이 개벽하지 못하기 때문이다. 따라서 과부유화는 불가피 자기수정을 하면서 근대를 끝내는 방향으로 움직일 것이다.

셋째, 근대의 종말은 인구 고령화의 진전과 깊은 관계를 가지게 될 것이다. 세계인구가 현재의 약 65억 명에서 2050년 약 89~90억 명 수준으

* 시장경제 자본주의의 문제점을 빈부격차의 증대 — 특히 세계화시대에는 양극화의 심화 — 로 보는 견해가 있다. 단기적으로는 맞는 이야기다. 그러나 신산업정책으로 인한 세계화부문과 비세계화부문의 격차 축소, 그리고 민주주의의 발전 — 국민의 요구증대 — 에 수반하는 새로운 3각 복지체제 — 평생교육-평생고용-평생복지 — 의 구축 등으로 빈부격차의 증대 문제는 해결의 방법을 찾을 수 있다. 그러나 시장경제가 가져오는 과(過)부유화의 문제는 결코 쉽게 해결할 수 없다고 본다.

로, 2100년 약 91-95억 명 수준으로, 그리고 2200년에는 약 95-100억 명 수준으로 증가할 것으로 예상된다. 인구의 증가가 큰 문제인 것은 사실이나 더욱 심각한 것은 인구의 고령화다. 세계 인구에서 60세 이상의 인구 비중이 현재의 10% 수준에서 2050년에는 약 22% 수준으로 증가할 것으로 예상된다. 우리나라의 경우는 고령화가 급속히 진행되고 있다. 60세 이상 인구가 현재의 약 14% 정도 수준에서 2050년이 되면 총 인구의 33%를 넘어설 것으로 보고 있다.• 인구의 고령화는 가족문제, 성장과 생산성, 고용과 교육, 그리고 사회보장 등과 같은 여러 가지 사회경제적 문제를 일으킬 것이다. 그런데 보다 큰 변화는 인간의 삶의 의미와 가치를 크게 바꾸어 나가는 데서 올 것이다. 이미 근대화와 세계화가 가져온 상당수준의 물질적 풍요를 전제로 성장보다는 안정, 경제보다는 문화, 물질보다는 정신 등 지금까지 근대가 추구해 온 삶의 목적과 가치에서 탈근대 내지는 반反근대의 방향으로 지속적인 가치관의 변화가 일어나리라 예상한다.

요약하면 인류는 앞으로 100-200년 사이에 근대를 끝내고 새로운 패러다임에 기초한 '신문명의 시대' 혹은 '반문명의 시대'를 열 것이다. 물론 지구적 규모의 세계화가 상당 진전된 상황에서 인류는 새로운 문명을 — 정신주의·애타주의·창조주의·조화주의·초자유주의 등을 — 향한 새로운 도약을 모색할 것으로 본다.

• 최근의 우리나라 정부의 인구추계에 따르면 65세 이상의 고령인구가 2005년 현재는 9.1%로 일본, 이탈리아, 프랑스 등 선진국 수준에 비하여 낮은 편이나 2030년에는 24.3% 그리고 2050년에는 38.2%로 당시 선진국 평균수준인 25.9%보다 높은 수준에 이를 것을 걱정하고 있다. 선진국일반의 경우보다 훨씬 빠른 속도로 고령사회에 진입할 것으로 보고 있다.

대한민국의 경우: 중·단기적 도전

21세기 초 우리 대한민국은 어떠한 중·단기적 도전에 직면해 있는가? 초세계화시대 국가와 국민이 성공하기 위해 어떠한 노력을 해야 하는가? 우리나라는 현재 다섯 가지 도전 내지 과제를 맞고 있다고 생각한다.

(1) 새로운 발전동력과 발전전략을 세워야 하는 도전이다.

지난 60년간 건국-산업화-민주화에 성공하고 이제 대한민국은 중진국 선두주자가 되었다. 앞으로의 국가목표는 명실공히 세계일류국가선진국의 하나가 되는 선진화다. 중국의 급격한 성장, 2008년 세계금융위기 등을 거치면서 달라지는 세계환경 속에서 우리나라는 과거의 동아시아 모델박정희 모델과 최근의 워싱턴 컨센서스 모델을 넘어서는 새로운 발전 모델과 발전전략을 찾아야 한다. 이를 워싱턴 컨센서스Washington Consensus 대신에 서울 컨센서스Seoul Consensus로, 또는 '신자유주의 모델' 대신에 '공동체자유주의 모델'로, 혹은 '후진국발전모델' 대신에 '중진국발전모델'이라고 부르려고 한다. 이것을 찾아내는 것이 중요한 국가과제다. 이것을 개발하고 제시할 수 있어야 우리는 21세기 초세계화시대에 선진경제로의 진입이 가능하게 될 것이다.

(2) 자유민주주의를 성공시켜야 하는 도전이다.

우리사회의 경우 민주화에는 성공했지만 자유화는 아직 과정에 있다. 자유화까지 성공하여 명실공히 자유민주주의국가가 되어야 선진국이 될 것이다. 그런데 사실 자유민주주의는 성공하기 대단히 어려운 제도다. 서구에서 들어온 제도인 자유민주주의가 성공하려면 몇 가지 조건이 필요하다.

첫째, 국가지도자의 리더십과 민본주의民本主義가 바로서야 한다. 지도자들이 수기안민修己安民하고 선공후사先公後私하는 정신과 덕목을 가져야 한다. 쉽게 표현하면 정치지도자들이 사심을 접고 국익과 공익을 위해 헌신하는 사람들이어야 한다. 조선조 시대의 애민愛民정치와 위민爲民행정이라는 전통, 환언하면 민본주의의 전통을 현대화해야 한다. 그렇지 못하면 민주화과정이 선동가들의 인기영합과 포퓰리즘의 경쟁이 될 위험이 크다.

둘째, 국민들의 민주책임의식을 높여서 모두가 공민公民이어야 한다. 공민이란 자신의 이익과 공동체의 이익을 함께 생각할 수 있는 국민, 그리고 두 개를 조화하려고 노력하는 국민이다. 이러한 공사조화公私調和의 국민을 서구적으로 표현하면 공화주의共和主義의 덕을 가진 국민이라는 뜻에서 공민이라고 불렀다. 과거 조선에서는 이것을 '충忠'이라고 했다. 국민들의 다수가 '나라를 사랑하는 국민'이 되어야 자유민주주의에 성공할 수 있다. 나라사랑이 없으면 민주화 과정에서 국민은 쉽게 야심가들에 의하여 — 집단이기주의나 지역이기주의에 빠져 — 폭민화暴民化되거나 우민화愚民化되기 쉽다.

셋째, 지식인들이 시대의 공론公論, public judgement을 바로 세워야 한다. 학자와 언론 그리고 종교인과 사회운동단체들이 사회의 올바른 정론正論을 세우려고 노력하는 나라는 건강한 나라다. 그러한 나라에서는 국가운영이 단순히 여론輿論, public opinion이나 중론衆論, mass opinion에 의하지 않고 공론에 의하여 운영된다. 그래서 자유민주주의도 국가발전도 성공하게 된다. 그런데 학자와 언론, 종교인과 사회단체들이 정파적이 되면 국민은 혼란스럽고 그 나라는 어지러워진다. 그러면 국가운영은 법과 원칙에 따라 운영되지 못하여 헌정주의憲政主義와 법치주의는 파괴되고 자유화는 좌초하게 된다. 그래서 이율곡 선생께서 "선비들이 나라의 공론을 세워야 하고 선비들이 세운 나라의 공론이 그 나라의 원기元氣"라고 하셨다. 그리고 "공론이 조정에도 없고 시중에도 없으면 그 나라는 망한다"고 하셨다.•

(3) 민족통일을 이루어 내야 하는 도전이다.

해방 후 대한민국에는 3개의 국가 프로젝트가 있었다. 경제발전, 민주주의, 민족통일이 그것이다. 경제발전을 보면 우선 산업화에 성공하여 중진국 선두주자까지 올라왔다. 이제는 경제의 선진화가 남은 과제다. 민주주의를 보면 우선 민주화까지는 성공했다. 앞으로 자유화까지 이루어 내어 소위 자유민주주의를 이루는 것이 정치 선진화의 남은 과제다. 그러나 아직 아무런 진전이 없는 것이 바로 민족통일이다. 그런데 최근 들어 큰 변화가 오고 있다. 통일의 시기가 다가오고 있다고 본다. 변화의 가장 중요한 이유는 북한에서 일어나고 있는 체제위기의 심화 때문이다. 이대로는 북한이 체제 실패로 갈 가능성이 크다. 본래가 궁즉변窮卽變, 어려우면 변화해야 한다이어야 하는데 불행하게도 북한은 비핵화의 의사도, 체제의 변화와 개방을 추진할 의사도 능력도 없는 것 같다. 그래서 빠른 속도로 체제 실패로 가고 있다고 보는 것이다.

문제는 오히려 남南이다. 남쪽에 있는 소위 보수우파는 통일비용을 걱정하면서 통일에 소극적이다. 또한 진보좌파는 통일 대신에 평화를 노래하며 통일에 소극적이다. 좌와 우가 이처럼 모두 통일에 소극적이다. 여

• 김익수·조남국·박병호·김용환 공저, 『율곡의 개혁사상(하)』, 율곡사상연구원, 1997, pp. 335-345.

기에 바로 오늘날 대한민국의 진정한 위기가 있다. 우리가 한반도의 통일에 소극적이면 결국 4대 강국의 이해관계에 의해 한반도의 역사가 쓰여질 것이다. 그리고 그것은 한탄스럽게도 새로운 분단의 등장과 분단 영구화의 방향으로 나아갈 것이다. 따라서 이제는 단순한 '분단관리론'을 넘어서 '적극적 통일론'으로 국민의 뜻을 모으고, 북한동포에 우리의 진정성을 알리면서, 4강을 적극 설득해 나가야 한다. 그렇지 못하면 분단 영구화라는 부끄러운 유산을 후손에게 남기게 된다. 결국 통일을 향한 우리의 단호한 의지와 열정이 무엇보다 중요한 시점이다.

(4) 중국 문제를 풀어야 하는 도전이다.

21세기 세계권력 변동의 최대 특징의 하나는 아시아의 부상, 특히 중국과 인도의 부상이 될 것이다. 그중에서도 한반도와 국경을 맞대고 있는 중국의 급격한 경제적·군사적 부상은 우리에게 대단히 풀기 어려운 많은 과제를 줄 것이다. 우선 시급한 것만 봐도 세 가지 도전이 등장하고 있다.

첫째, 경제적·기술적 도전이다. 구체적으로는 우리의 경제와 기술이 중국의 추격에 어떻게 대응하고, 중국의 성장과 어떻게 연계하며 우리의 발전전략을 짤 것인가다. 그리고 더 나아가 '동아시아의 경제협력'을 어떻게 발전시켜 인근 국가들과 함께 보다 공식적·다자적 틀 속에서 중국과의 협력과 경쟁관계를 발전시켜 나갈 수 있게 할 것인가?

둘째 정치적·안보적 도전은 이것보다 더욱 어려운 과제다. 과거 수천 년 동안의 역사를 보면 중국이 내부문제를 해결하고 거대 단일 통일국가가 되면 반드시 대외패권의 길을 걸었던 것을 알 수 있다. 이로 인해 한반도는 정치적으로 자존과 안보적으로 평화를 지키기 어려웠다. 불행하게도 그것이 한반도가 처해 있는 지정학적인 운명이다. 결국 중국과 잘 지낼 때는 큰 문제가 없겠지만 양국의 국가이익이 충돌할 때는 문제가 된다. 그러할 때 우리는 어떻게 자존과 번영을 지킬 것인가? 어디서 중국을 견제할 힘을 만들 것인가 하는 문제에 대하여 깊이 생각하고 대비해야 한다. 자강노력, 동맹전략 그리고 균세전략을 어떻게 짜나가야 할 것인가에 대하여 구체적 노력이 있어야 한다.

셋째는 문화적·정신적 도전이다. 우리는 조선시대에 중화中華중심주의sino-centrism 속에서 살아 왔고 해방이후에 서구중심주의euro-centrism 속에서 살아 왔다. 21세기에는 중화중심주의가 부활하고 서구중심주의는 상대적으로 위축의 길을 갈 것이다. 의문은 이러한 세기적 문화변동 속에서 우리가 과연 코리아 중심주의Korea-centrism를 만들어 낼 수 있을까 하는 점이다. 코리아 중심주의가 되려면 적어도 우리들 스스로 사상적·문화적 자기정체성이 뚜렷해야 한다. 예컨대 대한민국의 유교가 중국의 유교와 어디가 같고 어디가 다른지가 확실하게 나와야 한다. 대한민국의 불교와 중국의 대승불교와 어디가 같고 어디가 다른지가 나와야 한다. 그렇지 못하면 우리의 유교와 불교는 중국 문화의 아류에 불과하게 된다. 변방문화에 불과하게 된다. 동시에 우리의 주장과 사상과 문화가 — 대한민국의 유교와 불교가 — 인류보편성을 가져야 한다. 그런데 과연 우리는 그 일을 해낼 수 있는가? 이것이 큰 도전이 될 것이다.•

가장 시급한 것이 아마 '전통의 현대화' 작업일 것이다. 우리는 우리의 과거 역사, 문화, 전통의 가치와 의미를 잊고, 심지어 때로는 적극 부

• 나는 개인적으로 한국의 유교와 불교는 중국의 그것과 크게 다르다고 본다. 중국에는 없는 장점이 많다고 본다. 문제는 그것을 어떻게 발견하여 정리하고 세계화하느냐다. 민관 모두의 관심과 투자가 필요한 분야다. 중장기적으로 대한민국의 soft power를 만들어 나가는 데 대단히 중요한 정책과제가 될 분야다.

정하면서 산업화와 민주화의 시대를 살아왔다. 그러나 이제는 과거 속에서 전통의 가치, 윤리, 사상, 철학을 다시 찾아 그것을 21세기적 지구 의식global consciousness과 결합해야 한다. 우리의 역사와 전통을 현대화하고 미래화하면서 새롭게 복원시켜야 한다. 당시 강조하지만 이 일을 하지 못하면 우리는 중국의 사상적·문화적 변방으로 전락할 것이다. 그러면 당연히 진정한 선진국이 될 수 없을 것이다.

(5) 새로운 역사의 주체를 만들어 내야 하는 도전이다.

초세계화의 시대에 '선진화와 통일'에 성공하려면 우리나라에 반드시 새로운 역사의 주체가 나와야 한다. 새로운 역사는 새로운 역사의 주체가 등장할 때 가능하다. 산업화시대에는 산업화의 주체가 있었고 민주화시대에도 민주화의 주체가 있었다. 그런데 오늘날은 선진화와 통일의 시대인데도 유감스럽게 우리사회에서 선진화와 통일의 주체가 안 보인다. 어느 시대에나 그 시대의 중심목표, 중심가치 그리고 중심세력이 있기 마련인데 지금은 그렇지 못한 것 같다.

안타깝게도 오늘 우리사회는 대부분 객客으로 차 있다. 주인이 없다. 주인의식을 가진 지도자들이 잘 안 보인다. 아니 지도자만이 아니다. 국민도 대부분 스스로를 손님처럼 느끼고 생각하고 행동한다. 주인처럼 생각하고 행동하는 사람들이 적다. 이런 형편이니 우리 사회에서는 국민의 세금으로 운영되는 국가를 자기들의 개인적 목적에 이용하는 데만 열을 올리는 경향이 있다. 정부에 대한 막무가내식 지원 요구, 불합리한 세금 탕감 요구, 부실한 연구용역 등 국가라는 공동체를 — 심하게 표현하면 — 착취하는 데 급급한 경우가 많다. 반면에 국가를 부유하게 만들려는 노력은 부족하다. 국가에 대한 주인의식도 부족하다. 이제는 이 나라에 뚜렷한 주인의식을 가진 새로운 역사의 주체가 등장해야 한다. 이 문제를 풀어야만 — 새로운 역사의 주체를 만들어 내야 — 초세계화 시대의 도전을 넘어 선진화도 그리고 통일도 이루어 낼 수 있을 것이다.

맺는 말

지금까지 본 바와 같이 세계와 우리나라는 대단히 어려운 여러 도전에 당면해 있다. 과연 인류는 그리고 우리 국민은 이러한 도전들을 잘 해결할 수 있을까? 그래서 행복한 세계와 통일된 선진한반도를 제대로 만들어 나갈 수 있을까? 솔직히 여기에 답하는 것은 어렵다. 그러나 한 가지 확실한 것은 우리의 미래는 지금 우리가 어떠한 신념을 갖고 어떠한 노력과 준비를 하느냐에 달려 있다는 점이다. 미래는 불확실하지만 인과因果는 확실하기 때문이다.

그래서 신채호 선생께서 "**역사는 국민의 생각이 만든다.**"고 하셨다. 우리가 어떠한 생각을 가지고 어떠한 노력을 하느냐가 우리의 미래를 결정할 것이다. 그렇다면 과연 인류가 지금 초세계화시대가 제기하는 각종 도전을 극복하고 번영의 시대를 열어갈 것인가? 또한 우리 대한민국이 각종 도전을 이겨내고 통일된 선진한반도의 꿈을 이루어 나갈 것인가? 이 두 문제에 대한 답은 결국 오늘을 사는 우리들의 생각과 노력 — 우리들의 신념과 헌신 — 에 달려 있다고 봐야 할 것이다.

특히 현재의 20-30대들이 어떠한 생각을 하고 어떠한 준비를 하느냐가 중요하다. 이들이 앞으로 20-30년 후에 대한민국을 책임지고, 동아시아의 역사를 만들어 나갈 인재들이기 때문이다. 이들의 생각과 식견,

기개와 품격이 우리 대한민국과 동아시아의 미래를 결정할 것이다. 따라서 오늘의 기성세대는 이들 20-30대의 미래세대에게 어떠한 가이드 라인을 주고, 무엇을 가르쳐 주며, 스스로 말과 행동으로 어떠한 전범을 보일 것인지 깊이 고민해야 할 것이다.

참고문헌

1. 세계화 일반론

김성해·이동우, 『세계는 울퉁불퉁하다』, 민음사, 2009.
로웰 브라이언 외, 매킨지 감수, 황진우 옮김, 『세계화 이후의 세계화: 매킨지 컨설턴트가 제시하는 신경제전략』, 세종서적, 1999.
한스 피터 마르틴·하랄드 슈만, 강수돌 옮김, 『세계화의 덫: 민주주의와 삶의 질에 대한 공격』, 영림카디널, 1997.

Eisuke, Sakakibara, 『大不況で 世界は こう 變わる!』, 朝日新聞出版, 2009.
Eisuke, Sakakibara, 『新世紀への 構造改革』, 讀賣新聞社, 1997.
Hayashi, Masahiro 역, 『Jacques Attali 21世紀の 歷史』, 作品社, 2008.
Saito, Seiichiro, 『新しい 世界 新しい經濟』, 日本經濟新聞社, 1991.
金子 勝, 『反グローバリズム: 市場改革の 戰略的 思考』, 岩波書店, 1999.
大野健一, 『開途國の グローバリゼーション』, 東洋經濟新報社, 2001.
石崎晴己 譯, 『E. トッド, デモクラシー 以後: 協調的 保護主義の 提唱』, 藤原書店, 2009.
小島 明, 『日本の 適者の モデルへ』, NTT出版, 2007.
水野和夫, 『人人は なぜ グロ—バル 經濟の本質を 見誤るのか?』, 日本經濟新聞出版社, 2007.
伊藤元重, 『グローバル 經濟の 本質』, ダイヤモンド社, 2003.
正村俊之, 『グロ—バリゼ—ション』, 有斐閣, 2009.
佐伯啓思, 『大轉換：脫成長社會へ』, NTT出版, 2009.

A Report of the International Forum on Globalization, *Alternatives to Economic Globalization: A Better World Is Possible*, Berrett-Koehler Publishers, Inc., 2002.

Baldwin, Robert E., & Winters, L. Alan, *Challenges to Globalization*, The University of Chicago Press, 2004.

Barnet, Richard J., & Cavanagh, John, *Global Dreams: Imperial Corporations and the New World Order*, Simon & Schuster, 1994.

Beck, Ulrich, *What Is Globalization?*, Polity Press, 2000.

Beinhocker, Eric D., *The Origin of Wealth: Evolution, Complexity, and the Radical Remaking of Economics*, Harvard Business School Press, 2006.

Bhagwati, Jagdish, *In Defense of Globalization*, Oxford University Press, 2004.

Burtless, Gary, Lawrence, Robert Z., & Litan, Robert E., Shapiro, Robert J., *Globaphobia: Confronting Fears about Open Trade*, Brookings Institution Press, 1998.

Charles, Derber, *People Before Profit: The new Globalization in an age of Terror, Big Money, and Economic Crisis*, ST. Martin's Press, 2002.

Clark, Gregory, *A Farewell to Alms: A Brife Economic History of the World*, Princeton University Press, 2007.

Daniels, John L., & Daniels, Dr. N. Caroline, *Global Vision: Building New Models for the Corporation of the Future*, McGraw-Hill, Inc., 1993.

Dehesa, Guillermo de la, *Winner and Losers in Globalization*, Blackwell Publishing, 2006.

Drucker, Peter F., *Post-Capitalist Society*, Harper Business, 1993.

Emmott, Bill, *20: 21 VISION(*Twentieth-Century Lessons for the Twenty-first Century), Farrar, Straus and Giroux, 2003.

Findlay, Ronald, & O'rourke, Kevin H., *Power and Plenty: Trade, War, and the World Economy in the Second Millennium*, Princeton University Press, 2007.

Frieden, Jeffry A., *Global Capitalism*, W.W. Norton & Company, 2006.

Friedman, Thomas L., *The Lexus and the Olive Tree*, Farrar Straus Giroux, 1999.

Friedman, Thomas L., *The World Is Flat: A Brife History of The Twenty-First Century*, Farrar, Straus and Giroux, 2005.

Gilpin, Robert, *The Challenge of Global Capitalism: The World Economy*

In the 21st Century, Princeton University Press, 2000.

Goldin, Ian Reinert Kenneth, *Globalization for Development: Trade, Finance, Aid, Migration, and Policy*, Palgrave Macmillan, 2006.

Greenwald, Bruce C., & Kahn, Judd, *Glob·ali·za'·tion: The Irrational Fear That Someone in China Will Take Your Job*, John Wiley & Sons, Inc., 2009.

Held, David, *A Globalizing World? Culture, Economics, Politics*, Routledge, 2000.

Held, David & McGrew, Anthony, *Globalization: Anti-Globalization*, Polity, 2002.

Held, David, & McGrew, Anthony, *Governing Globalization: Power, Authority and Global Governance*, Polity, 2002.

Held, David, & McGrew, Anthony, *The Global Transformations Reader*, Polity Press, 2000.

Held, David, *A Globalizing World? Culture, Economics, Politics*, Routledge, 2000.

Held, David, McGrew, Anthony, Goldblatt, David & Perraton, Jonathan, *Global Transformations*, Stanford University Press, 1999.

Helliwell, John F., *How Much Do National Borders Matter*, The Brookings Institution, 1998.

Hesselbeil, Frances, Glodsmith, Marshall, & Beckhard, Richard, *The Organization of the Future*, Jossey-Bass Publishers, 1997.

Hoogvelt, Ankie, *Globalization and the Postcolonial World: the New Political Economy of Development*, Johns Hopkins University Press, 1997.

James, Harold, *The End of Globalization: Lessons from the Great Depression*, Harvard University Press, 2001.

Jan Nederveen, Pieterse, *Global Futures: Shaping Globalisation*, Zed Books, 2000.

John, Gray, *False Dawn: The Delusions of Global Capitalism*, The New Press, 1998.

Koenig-Archibygi, Mathias, *Taming Globalization: Frontiers of Governance*, Polity, 2003.

Lawrence, Robert Z., *Single World Divided Nations?: International Trade and OECD Labor Markets*, The Brookings Institution, OECD Development Centre, 1996.

Lawrence, Robert Z., Bressand, Albert, & Ito, Taktoshi, *A Vision for the World Economy: Openness, Diversity, and Cohesion*, The Brookings Institution, 1996.

Lechner, Frank J., & Boli, John, *The Globalization Reader*, Blackwell Publishers, 2000.

Longworth, Richard C., *Global Squeeze: The Coming Crisis for First-World Nations*, Contemporary Books, 1998.

Mander, Jerry, & Goldsmith, Edward, *The Case Against The Global Economy: And for a Turn Toward the Local*, Sierra Club Books, 1996.

Martin, James, *The Meaning of the 21st Century: A Vital Blueprint for Ensuring our Future*, Eden Project Books, 2006.

McRAE, Hamish, *The World in 2020: Power, Culture and Prosperity*, Harvard Business School Press, 1994.

Mittelman, James H., *The Globalisation Syndrome: Transformation and Resistance*, Princeton University Press, 2000.

O'Meara, Patrick, Mehlinger, Howard D., & Krain, Matthew, *Globalization and the Challenges of a New Century*, Indiana University Press, 2000.

Ohmae, Kenichi, *The End of the Nation State: The Rise of Regional Economies*, The Free Press, 1995.

Ohmae, Kenichi, *The Borderless World: Power and Strategy in the Interlinked Economy*, Harper Perennial, 1990.

Osterhammel, Jürgen, & Petersson, Niels P., *Globalization: A Short History*, Princeton University Press, 2005.

Ragaee, Farhang, *Globalization on Trial: The Human Condition and the Information Civilization*, Kumarian Press, 2000.

Reich, Robert B., *Supercapitalism: The Transformation of Business, Democracy, and Everyday Life*, Alfred A. Knopf, 2007.

Rieger, Elmar, & Leibfried, Stephan, *Limits to Globalization*, Polity, 2003.

Samuel, Brittan, *Capitalism With a Human Face*, Edward Elgar Publishing

Company, 1995.

Sassen, Saskia, *Globalization and Its Discontents: Essays on the New Mobility of People and Money*, The New Press, 1998.

Schiffrin, Anya, & Bisat, Amer, *Covering Globalization*, Columbia University Press, 2004.

Singer, Peter, *One World: The Ethics of Globalization*, Yale University Press, 2002.

Steger, Mamfred B., *Globalism: The New Market Ideology*, Rowman & Littefield Publishers, INC., 2002.

Steingart, Gabor, *The War for Wealth: The True Story of Globalization, or Why the Flat World is Broken*, McGraw Hill, 2008.

Stiglitz, Joseph E., *Globalization and Its Discontents*, W. W. Norton & Company, 2002.

Stiglitz, Joseph E., *Making Globalization Work*, W.W. Norton & Company, 2006.

The Economist, *Economics: Making Sense of the Modern Economy*, The Economist Newspaper Ltd., 1999.

The World Bank, *Entering the 21st Century World Development Report 1999/2000*, The World Bank, 2000.

Thurow, Lester C., *Building Wealth*, Harper Collins Publishers, 1999.

Vietor, Richard H. K., *How Countries Compete*, Harvard Business School Press, 2007.

Weinstein, Michael M., *Globalization: What's New?* Columbia University Press, 2005.

William, Greider, *One World Ready or Not: The Manic Logic of Global Capitalism*, Simon & Schuster, 1997.

2. 세계정치, 동아시아

김우상, 『신한국책략 II』, 나남, 2007.

닐 퍼거슨, 김종원 옮김, 『제국: EMPIRE』, 민음사, 2006.

리처드 하스 지음, 장성민 옮김, 『세계사를 바꿀 역전의 기회: 미국 외교정책의 대

반격』, 김영사, 2005.
빅터 D. 차 지음, 김일영·문순보 옮김, 『한국, 미국, 일본의 삼각 안보체제: 적대적 제휴』, 문학과지성사, 2004.
빅터 차·데이비드 강 지음, 김일영 옮김, 『북핵퍼즐, Nuclear North Korea: A Debate on Engagement Strategies』, 따뜻한 손, 2003.
아태평화재단, 『김대중의 3단계 통일론: 남북연합을 중심으로』, 한울, 2000.
윤휘탁, 『신 중화주의』, 푸른역사, 2007.
일본 내각부 편, 한광희 역, 『일본의 21세기 비전』, 미래한국재단, 2006.
조동호 외(박 진, 정연호, 신지호, 김현종, 김은영), 『북한경제 발전전략의 모색』, 한국개발연구원, 2002.
조동호 외(한승훈, 김상훈, 이대현), 『남북경제공동체 형성을 위한 남북경협 추진전략 및 부문별 주요 과제』, 한국개발연구원, 2001.
존 J. 미어셰이머, 이춘근 역, 『강대국 국제정치의 비극』, 자유기업원, 나남출판, 2001.
하영선 엮음, 『부강국가를 넘어서 지식국가로: 21세기 한반도 백년대계』, 풀빛, 2004.
하영선 편, 『동아시아 공동체 신화와 현실』, 동아시아연구원, 2008.

Sakamoto, Yoshikazu, 『相對化の 時代』, 岩波新書, 1997.
Yokoyama, Hiroaki, 『中華思想と 現代中國』, 集英社新刊, 2002.
橋本 努, 『帝國の 條件』, 弘文堂, 2007.
山口二郎, 『ポスト戰後政治への 對抗軸』, 岩波新書, 2007.
小原雅博, 『國益と 外交』, 日本經濟新聞社, 2007.
小原雅博, 『東アジア 共同體』, 日本經濟新聞社, 2005.
田中明彦, 『アジアのなかの日本』, NTT 出版, 2007.
田中明彦, 『新しい 中世: 21世紀の 世界システム』, 日本經濟新聞社, 1996.
天兒 慧, 『中國. アジア. 日本』, chikuma shinsho, 2006.

A Foreign Affairs Book, *America and the World: Debating the New Shape of International Politics*, Foreign Affairs Council on Foreign Relations, 2002.
Baylis, John, & Smith, Steve, *The Globalization of World Politics: An Introduction to International Relations*, Oxford University Press,

2001.
Bergsten, C. Fred & Gill, Bates, Lardy, Nicholas R., Mitchell, Derek, *CHINA: The Balance Sheet: What the World Needs to Know Now About the Emerging Superpower*, Public Affairs, 2006.
Bladwin, David A., *Neorealism and Neoliberalism: The Contemporary Debate*, Columbia University Press, 1993.
Bradford, Jr. Colin, & Linn, Johannes F., *Global Governance Reform*, Brookings Institution Press, 2007.
Brooks, Stephen G., & Wohlfirth, William C., *World Out of Balance: International Relations and the Challenge of Americal Primacy*, Princeton University Press, 2008.
Brzezinski, Zbigniew, *The Grand Chessboard: American Primacy and Its Geostrategic Imperatives*, A Member of the Perseus Books, 1997.
Brzezinski, Zbigniew, & Scowcroft, Brent, *America and the World*, Basic Books, 2008.
Brzezinski, Zbigniew, *The Choice: Global Domination or Global Leadership*, A Member of the Preseus Books, 2004.
Cha, Victor D., & Kang, David C., *Nuclear North Korea: A Debate on Engagement Startegies*, Columbia University Press, 2003.
Cooper, Robert, *The Breaking of Nations*, Grove Press, 2003.
Deudney, Daniel H., *Bounding Power: Republican Security Theory From the Polis to the Global Village*, Princeton University Press, 2007.
Emmott, Bill, *Rivals: How the Power Struggle Between China, India and Japan Will Shape Our Next Decade*, Harcourt, INC., 2008.
Etzioni, Amitai, *From Empire to Community: A New Approach to International Relations*, Palgrave Macmillan, 2004.
Falk, Richard, *On Humane Governance: Toward a New Global Politics*, The Pennsylvania State University Press, 1995.
Fukuyama, Francis, *America at the Crossroads: Democracy, Power, and the Neoconservative Legacy*, Yale University Press, 2006.
Haass, Richard N., *The Opportunity: America's Moment to Alter History's Course*, Public Affairs, 2005.
Hutton, Will, *The Writing on the Wall China and the West in the 21st*

Century, Abacus, 2007.

Ikenberry, G. John & Mastanduno, Michael, *Ieternational Relations Theory and the Asia-Pacific*, Columbia University Press, 2003.

Kagan, Robert, *The Return of History and the End of Dreams*, Alfred A. Knopf, 2008.

Kang, David C., *China Rising*, Columbia University Press, 2007.

Kaul, Inge, & ConcelÇÃo, Pedro, Goulven, Katell LE, Mendoza, Ronald U., *Providing Global Public Goods*, Oxford University Press, 2003.

Knnedy, Paul, *Preparing for the Twenty-First Century*, Random House, 1993.

Krieger, Joel, *Globalization and State Power: Who Wins When America Rules?* Pearson Longman, 2005.

Leonard, Mark, *Why Europe Will Run The 21st Century*, Public Affairs, 2005.

Mahbubani, Kishore, *The New Asian Hemisphere: The Irresistible Shift of Global Power to the East*, Perseus Books Group, 2008.

Mark, Leonard, *What Does China Think*, Fourth Estate, 2008.

Noland, Marcus, *Avoiding the Apocalypse: the Future of the Two Koreas*, Institute for International Economics, 2000.

Nye, Jr. Joseph S., *Soft Power: The Means to Success In World Politics*, Public Affairs, 2004.

Nye, Jr. Joseph S., *The Power to Lead*, Oxford University Press, 2008.

Nye, Jr. Joseph S., *Power in the Global Information Age*, Routledge, 2004.

Nye, Jr. Joseph S., *The Paradox of American Power: Why the World's Only Superpower Can't Go It Alone*, Oxford University Press, 2002.

O'hanlon, Michael, & Mochizuki, Mike, *Crisis on the Korean Peninsula: How to Deal With a Nuclear North Korea*, Brookings Institution Book, 2003.

Peerenboom, Randall, *China Modernizes: Threat to the West or Model for the Rest?* Oxford University Press, 2007.

Pempel, T. J., *Remapping East Asia: The Construction of a Region*, Cornell University Press, 2005.

Pollack, Jonathan D., *Korea The East Asian Pivot*, Novel War College

Press, 2004.

Pyle, Kenneth B., *Japan Rising: The Resurgence of Japanes Power and Purpose*, Public Affairs, 2007.

Ross, Dennis, *Statecraft: How to Restore America's Standing in the World*, Farrar, Straus and Giroux, 2007.

Samuels, Richard J., *Securing Japan: Tokyo's Grand Strategy and the Future of East Asia*, Cornell University Press, 2007.

Suh, J. J., Katzenstein, Peter J., & Carlson, Allen, *Rethinking Security in East Asia: Identity, Power, and Efficiency*, Stanford University Press, 2004.

Sutter, Robert G., *Chinese Foreign Relations: Power and Policy Since the Cold War*, Rowman & Littlefield Publishers, 2008.

The Report of The Commission on Global Governance, *Our Global Neigbourhood*, Oxford University Press, 1995,

Walt, Stephen M., *Taming American Power: The Global Response to U.S. Primacy*, W.W. Norton & Company, 2005.

Zakaria, Fareed, *The Post-American World*, W.W. Norton & Company, 2008.

3. 무역, 금융, 외국인투자, 다국적기업, 기술

板村 健,『グローバル スタンダード 國家戰略』, NTT 出版, 2005.

Alexander, Kern, Dhunala, Rahul, & Eatwell, John, *Global Governance of Financial Systems: The International Regulation of Systemic Risk*, Oxford University Press, 2006.

Archibugi, Daniele, Howells, Jeremy, & Michie, Jonathan, *Innovation Policy in A Global Economy*, Cambridge University Press, 1999.

Barba, Navaretti Giorgio, Venables, & Anthony J., *Multinational Firms in the World Economy*, Princeton University Press, 2004.

Blecker, Robert A., *Taming Global Finance: A Better Architecture for Growth and Equity*, Economic Policy Institute, 1999.

Cowen, Tyler, *Creative Destruction: How Globalization Is Changing the World's Cultures*, Princeton University Press, 2002.

Dicken, Peter, *Global Shift: Reshaping the Global Economic Map In the 21st Century*, The Guilford Press, 2003.

Eatwell, John, & Taylor, Lance, *Global Finance at Risk: The Case for International Regulation*, The New Press, 2000.

Eichengreen, *Toward A New International Financial Architecture*, Institute for International Economics, 1999.

Farrell, Diana, *Offshoring: Understanding the Emerging Global Labor Market*, Harvard Business School Press, 2006.

Isard, Peter, *Globalization and the International Financial System*, Cambridge University Press, 2005.

Isard, Peter, *Globalization and the International Financial System: What's Wrong and What Can Be Done*, Cambridge University Press, 2005.

Kao, John, *Innovation Nation: How America Is Losing Its Innovation Edge, Why It Matters, and What We Can Do to Get It Back*, Free Press, 2007.

Litan, Robert E., & Rauch, Jonathan, *American Finance for the 21st Century*, Brookings Institution Press, 1998.

Lundvall, Bengt-Ake, *National Systems of Innovation*, Pinter Publishers, 1992.

Mishkin, Frederic S., *The Next Great Globalization: How Disadvantaged Nations Can Harness Their Financial Systems to Get Rich*, Princeton University Press, 2006.

Paul, Krugman, *The Return of Depression Economics and the Crisis of 2008*, W.W. Norton & Company, 2009.

Rajneesh, Narula, *Globalization & Technology: Interdependence, Innovation System and Industrial Policy*, Polity, 2003.

The World Bank, *Finance for All?: Policies and Pitfalls in Expanding Access*, A World Bank Policy Research Report, 2008.

The World Bank, *Trade Blocs*, A World Bank Policy Research Report, 2000.

Scherer, F.M., *New Perspectives on Economic Growth and Technological*

Innovation, Brookings Institution Press, 1999.
Shiller, Robert J., *The New Financial Order: Risk in the 21st Century*, Priceton University Press, 2003.
Shiller, Robert J., *The Subprime Solution*, Princeton University Press, 2008.
Smick, David M., *The World is Curved: Hidden Dangers to the Global Economy*, Portfolio, 2008.
United Nations, *World Investment Report: 2005 Transnational Corporations and the Internationalization of R&D*, United Nations, 2005.

4. 교육, 노동, 소득분배, 사회복지

김혜원 외(박찬임, 황덕순, 김영용, 박종현, 전승훈), 『제3섹터 부문의 고용창출 실증연구』, 한국노동연구원, 2009.
박세일 외(김승보, 박정수), 『평생학습사회 만들기: 교육에서 학습으로』, 한국직업능력개발원, 교육개혁포럼, 2007.
박세일 외(박래영, 김태기, 이각범), 『선진국의 노사관계 정착경험』, 한국노동연구원, 1991.
박세일·선한승, 『노동운동이념 연구: 국제비교론적 관점』, 한국노동연구원, 1991.
송암 지원 엮음, 『노동의 가치 불교에 묻는다』, 종이얼굴, 2007.
유경준 편, 『한국경제 구조변화와 고용창출』, 한국개발연구원, 2004.
제러미 리프킨 저, 이원기 옮김, 『유러피언 드림(The European Dream)』, 민음사, 2004.

Nonaka Ikujiro Konnp Noboru, 『知識創造の 方法論』, 東洋經濟新報社, 2003.
廣井良典, 『持續可能な 福祉社會』, Chikuma Shinsho, 2006.
宮本太郎, 『福祉政治: 日本の 生活保障とデモクラシー』, 有斐閣, 2008.
島田晴雄, 『雇用を 創る 構造改革』, 日本經濟新聞社, 2004.
島田晴雄, 太田 清 編, 『勞動市場改革』, 東洋經濟新報社, 1997.
山口二郎, 宮本太郎, 坪鄕 實 編著, 『ポスト福祉國家とソーシャル. ガヴァナンス』, ミネルヴァ書房, 2004.
二宮厚美, 『新自由主義の 破局と決着』, 新日本出版社, 2009.

玄田有史,『ジョブ クリエイミョン』, 日本經濟新聞社, 2004.

Ackerman, Bruce, & Alstott, Anne, *The Stake Holder Society*, Yale University Press, 1999.

Aghion, Philippe, & Williamson, Jeffrey G., *Growth, Inequality and Globalization: Theory, History and Policy*, Cambridge University Press, 1998.

Aidt, Toke, & Zafiris, Tzannatos, *Unions and Collective Bargaining: Economic Effects in a Global Environment*, The World Bank, 2002.

Auer, Peter, *Changing Labour Markets in Europe: The Role of Institutions and Policies*, International Labour Office·Geneva, 2001.

Baker, Dean, Epstein, Gerald, & Pollin, Robert, *Globalization and Progressive Economic Policy*, Cambridge University Press, 1998.

Beck, Ulrich, *The Brave New World of Work*, Polity Press, 2000.

Bernhard, Ebbinghaus, & Philip, Manow, *Comparing Welfare Capitalism: Social Policy and Political Economy in Europe, Japan and the USA*, Routledge, 2001.

Bloom, Allan, *Closing American Mind*, Simon and Schuster, 1987.

Bluestone, Barry, & Bluestone, Irving, *Negotiating the Future: A Labor Perspective on American Business*, Basic Books, Inc., 1992.

Chadwick, Andrew, & Heffernan, Richard, *The New Labour Reader*, Polity, 2003.

Chubb, John E., & Moe, Terry M., *Politics Markets & America's Schools*, Brookings Institution Press, 1990.

Clark, Paul F., *Building More Effective Unions*, Cornell University Press, 2000.

Elliott, Kimberly Ann, & Freeman, Richard B., *Can Labor Standards Improve Under Globalization?* Institute for International Economics, 2003.

Fields, Gary S., *Distribution and Development: A New Look at the Developing World*, Russell Sage Foundation, 2001.

Fields, Gary S., & Pfeffermann, Guy, *Pathways Out of Poverty: Private

Firms and Economic Mobility in Developing Countries, Kluwer Academic Publishers, 2003.

Foray, Dominique, *The Economics of Knowledge*, The MIT Press, 2004.

Freeman, Richard B., & Medofe, James L., *What Do Unions Do?* Basic Books, Inc, Publishers, 1984.

Freeman, Richard B., *America Works: Critical Thoughts on the Exceptional U.S. Labor Market*, Russell Sage Foundation, 2007.

Garfinkle, Norton, & Yankelovich, Daniel, *Uniting America: Restoring the Vital Center to American Democracy*, Yale University Press, 2005.

Geyer, Robert R., *Exploring European Social Policy*, Polity Press, 2000.

Giddens, Anthony, *Where Now for New Labour?* Policy Network, 2002.

Graham, Carol, & Safety Nets, *Politics, and the Poor: Transitions to Market Economies*, Brookings Institution Press, 1994.

Harrison, Ann, *Globalization and Poverty*, The University of Chicago Press, 2007.

Heckscher, Les C., *The New Unionism: Employee Involvement in the Changing Corporation*, Basic Books, Inc., 1988.

Held, David, & Kaya, Ayse, *Global Inequality*, Polity, 2007.

Hurrell, Aandrew & Woods, Ngaire, *Inequality, Globalization, and World Politics*, Oxford University Press, 1999.

Kapstein, Ethan B., *Sharing the Wealth: Workers and the World Economy*, W.W. Norton & Company, 1999.

Katz, Harry C., & Darbishire, Owen, *Converging Divergences: Worldwide Changes in Employment Systems*, ILR Press, an imprint of Cornell University Press, 2000.

Keohane, Robert O., *Power and Governance in a Partially Globalized World*, Routledge, 2002.

Klare, Karl, Fischl, Richard & Michael, Conaghan, Joanne, *Labour Law in an Era of Globalization: Transformative practices and possibilities*, Oxford University Press, 2002.

Kochan, Thomas A., Katz, Harry C., & McKersie, Robert B., *The Transformation of American Industrial Relations*, Basic Books, 1986.

Kochan, Thomas A., & Katz, Harry C., *Collective Bargaining and*

Industrial Relations, Irwin, 1988.
Kochan, Thomas A., & Useem, Michael, *Transforming Organizations*, Oxford University Press, 1992.
Koning, Jaap de, & Mosley, Hugh, *Labour Market Policy and Unemployment: Impact and Process Evaluations in Selected European Countries*, Edward Elgar, 2001.
Leibfried, Stephan, & Pierson, Paul, *European Social Policy: Between Fragmentation and Integration*, The Brookings Institution, 1995.
Magnus, George, *The Age of Aging: How Demographics Are Changing the Global Economy and Our World*, John Wiley & Sons Pte. 2009.
Marshall, Ray, & Tucker, Marc, *Thinking for A Living: Education and the Wealth of Nations*, Basic Books, 1992.
Milanovic, Branko, *Worlds Apart: Measuring International and Global Inequality*, Princeton University Press, 2005.
Moe, Terry M., *Schools, Vouchers, and the American Public*, Brookings Institution Press, 2001.
Moran, Theodore H., *Beyond Sweatshops: Foreign Direct Investment and Globalization in Developing Countries*, Brookings Institution 2002.
Nirald, John R., Lansbury, Russell D., & Verevis, Chrissie, *The Future of Industrial Relations*, Sage Publications, 1994.
Nonaka, Ikujiro, & Takeuchi, Hirotaka, *The Knowledge-Creating Company: How Japanese Companies Create the Dynamics of Innovation*, Oxford University Press, 1995.
O'Reilly, Jacqueline, Cebrián, Inmaculada, & Lallement, Michel, *Working-Time Changes*, Edward Elgar, 2000.
Osterman, Paul, *Securing Prosperity: The American Labor Market: How It Has Changed and What to Do about It*, Princeton University Press, 1999.
Osterman, Paul, Kocchan, Thomas A., Locke, Richard M., & Piore, Michael J., *Working in America: A Blueprint for the New Labor Market*, The MIT Press, 2001.
Oxford University, *Averting the Old Age Crisis: A World Bank Policy Research Report*, Oxford University Press, 1994.

Peter, Auer, *Employment Revival in Europe: Labour market success in Austria, Denmark, Ireland and the Netherlands*, International Labour Office, 2000.

Peter, Leisink, *Globalization and Labour Relations*, Edward Elgar, 1999.

Phillips, David, & Ertl, Hubert, *Implementing European Union Education and Training Policy*, Kluwer Academic Publishers, 2003.

Pierson, Paul, *The New Politics of the Welfare State*, Oxford University Press, 2001.

Reich, Robert B., *The Future of Success*, Knope. Alfred A, 2000.

Reich, Robert B., *The Work of Nations: Preparing Ourselves for 21st-Century Capitalism*, Alfred A. Knopf, 1991.

Reich, Robert B., *The Future of Success*, Knope. Alfred A, 2000.

Rifkn, Jeremy, *The End of Work: The Decline of the Global Labor Force and the Dawn of the Post-Market Era*, A Jereme P. Tarcher Putnam Book, 1995.

Ronaldo, Munck, *Globalisation and Labour: the New 'Great Transformation'*, Zed Book, 2002.

Schmidt, Johannes Dragsback, & Hersh, Jacques, *Globalization and Social Change*, Routledge, 2000.

The World Bank, *Constructing Knowledge Socities: New Challenges Tertiary Education*, The World Bank, 2002.

The World Bank, *Globalization, Growth, and Poverty: Building An Inclusive World Economy*, Oxford University Press, 2002.

The World Bank, *World Development Report 2006: Equity and Development*, Oxford University Press, 2006.

Troy, Leo, *Beyond Unions Collective Bargaining*, M.E. Sharpe, 1999.

Ulman, Lloyd, Eichengreen, Barry, & Dickens, William T., *Labor and An Intergrated Europe*, The Brookings Institution, 1993.

Van Roozendaal, Gerda, *Trade Unions and Global Governance: The Debate on a Social Clause*, Continuum, 2002.

Weiler, Paul C., *Governing the Workplace: The Future of Labor and Employment Law*, Harvard University Press, 1990.

5. 환경, 문화, 지역

국가균형발전위원회(성경륭, 박동, 송우경, 봉선학), 『국가균형발전의 비전과 전략』, 동도원, 2004.

동아일보사미래전략연구소·모니터그룹공동기획, 『미래의 경쟁력: 메가시티』, 동아일보사.

이병남 편(박세일, 김동원, 이병훈, 박준식), 『대전환 노사파트너십』, 명진출판, 1995.

최송화, 권영설 편저, 『21세기 동북아 문화공동체의 구상』, 法文社, 2004.

江口克彦, 『地域主權型道州制』, PHP 新書, 2007.

西尾 勝, 『地方分權改革』, 行政學叢書 (5), 東京大學出版會, 2007.

川勝平太, 『文化力: 日本の 底力』, ウェッジ, 2006.

青木 保, 『異文化理解』, 岩波新書, 2001.

後藤和子 편, 『文化政策學』, 有斐閣 compact, 2001.

Berger, Peter L., & Huntington, Samuel P., *Many Globalizations: Cultural Diversity in the Contemporary World*, Oxford University Press, 2002.

Coe, Neil M. & Kelly, Philip F., Yeung, Henry W.C., *Economic Geography: A Contemporary Introduction*, Blackwell Publishing, 2007.

Eberly, Don, *Building a Healthy Culture: Strategies for An American Renaissance*, William B. Eerdmans Publishing, 2001.

Florida, Richard, *The Rise of the Creative Class*, Basic Boooks, 2002.

Florida, Richard, *The Flight of the Creatice Class: The New Global Competition for Talent*, Harper Business, 2005.

Florida, Richard, *Who's Your City?: How the Creative Economy is Making Where to Live the Most Important Decision of Your Life*, Basic Books, 2008.

Fredric, Jameson, & Masao, Miyoshi, *The Cultures of Globalization*, Duke University Press, 1998.

Goff, Patricia M., *Limits to Liberalization: Local Culture in A Global Marketplace*, Cornell University Press, 2007.

Harrison, Lawrence E., *The Central Liberal Truth: How Politics Can Change A Culture and It From Itself*, Oxford University Press, 2007.
Hopper, Paul, *Understanding Cultural Globalization*, Polity, 2007.
Jones, Eric L., *Cultures Merging: A History and Economic Critique of Culture*, Princeton University Press, 2006.
Klare, Michael T., *Rising Powers Shrinking Planet: The New Geoploitics of Energy*, Metropolitan Books, 2008.
Leadbeater, Charles, *Up the Down Escalator: Why the Global Pressimists are Wrong*, Viking An Imprint of Penguin Books, 2002.
Lebaron, Michelle, *Bridging Cultural Conflicts: A New Approach for a Changing World*, Jossey-Bass, 2003.
Pieterse, Jan Nederveen, *Globalization & Culture*, Rowman & Littlefield Publishers, Inc., 2004.
Richard, Florida, *Cities and the Creative Class*, Routledge, 2005.
Scott, Allen J., *Geography and Economy: The Clarendon Lectures in Geography and Environmental Studies*, Oxford University Press, 2006.
Shuman, Michael H., *Going Local: Creating Self-Reliant Communities in a Global Age*, The Free Press, 1998.
Stern, Nicholaas, *The Economics of Climate Change: The Stern Review*, Cambridge University Press, 2006.
Stern, Nicholas, *The Global Deal: Climate Change and the Creation of a New Era of Progress and Prosperity*, Public Affairs, 2009.
Zedillo, Eenesto, *Global Warming*, Yale University, Brookings Institution Press, 2008.

6. 민주주의, 시민사회, 정부역할

강정인 외(김수자, 문지영, 정승현, 하상복), 『한국정치의 이념과 사상: 보수주의, 자유주의, 민족주의, 이념주의』, 후마니타스, 2009.
전세영, 『율곡의 군주론』, 집문당, 2005.
정윤재 외(박병련, 전성호, 김영수, 김종명, 박현모), 『세종 리더십의 형성과 전개』, 지식산업사, 2009.

조너선 색스 지음, 서대경 옮김, 『함께 만들어 가는 세상을 찾아서: 사회의 재창조』, 말글빛냄, 2007.
최장집 편, 『위기의 노동: 한국 민주주의의 취약한 사회경제적 기반』, 후마니타스, 2005.

Jean-Pierre, Chevenement, Higuchi, Yoichi, & Mura, Nobutaka, 『共和國は グローバル化を 超えられるか?』, 平凡社新書, 2009.
文部省著作教科書, 『民主主義』, 怪書房, 1995.
板本義和集 6, 『世界秩序と 市民社會』, 岩波書店, 2005.

Archibugi, Daniele, *The Global Commonwealth of Citizens: Toward Cosmopolitan Democracy*, Princeton University Press, 2008.
Barber, Benjamin R., *A Place for Us: How to Make Society Civil and Democracy Strong*, Hill & Wang, 1998.
Berry, Jeffrey M., *The New Liberalism: The Rising Power of Citizen Groups*, The Brookings Institution, 1999.
Bhargava, Vinay, *Global Issues for Global Citizens: An Introduction to Key Development Challenges*, The World Bank, 2006,
Croucher, Sheila L., *Globalization and Belonging: The Politics of Identity in A Changing World*, Rowman & Littlefield Publishers, Inc., 2004.
Dahl, Robert A., *Dahl on Democracy*, Yale University Press, 1998.
Dasgupta, Partha, & Serageldin, Ismail, *Social Capital: A Multifaceted Perspective*, The World Bank, 2000.
Diamond, Larry, *The Spirit of Democracy: The Struggle to Build Free Societies Throughout the World*, Times Books, 2008.
Diamond, Larry, & Gunther, Richard, *Political Parties and Democracy*, Johns Hopkins University Press, 2001.
Diamond, Larry, & Plattner, Marc F., *The Global Resurgence of Democracy*, Johns Hopkins University Press, 1996.
Eberly, Don, *The Rise of Global Civil Society: Building Communities and Nations from the Bottom Up*, Encounter Books, 2008.
Ehrenberg, John, *Civil Society: The Critical History of An Idea*, New

York University Press, 1999.
Ekins, Paul, *A New World Order: Grassroots Movements for Global Change*, Routledge, 1992.
Elkin, Stephen L., & Soltan, Korol Edward, *Citizen Competence and Democratic Institutions*, Pennsylvania State University Press, 1999.
Fukuyama, Francis, *Trust: The Social Virtues and the Creation of Prosperity*, A Free Press Paperbacks Book, 1995.
Haggard, Stephan, & Kaufman, Robert R., *The Political Economy of Democratic Transitions*, Princeton University Press, 1995.
Halpern, David, *Social Capital*, Polity, 2005.
Hoggard, Stephan, & Webb, Steeven B., *Voting for Reform: Democracy, Political Liberalization, and Economic Adjustment*, Oxford University Press, 1994.
Honohan, Iseult, *Civic Republicanism*, Routledge, 2002.
Jessop, Bob, *The Future of the Capitalist State*, Polity, 2002.
John, Dunn, *Democracy*, Atlantic Monthly Press, 2005.
Lukacs, John, *Democracy and Populism*, Yale University Press, 2005.
Michael, Mandelbaum, *Democracy's Good Name: The Rise and Risks of the World's Most Popular Form of Government*, Public Affairs, 2007.
Mueller, John, *Capitalism Democracy & Ralph's Pretty Good Grocery*, Princeton University Press, 1999.
Payne, J. Mark & Daniel, Zovatto G., Fernando, Carrillo Flórez, Andrés, Allamand Zavala, *Democracies in Development: Politics and Reform in Latin America*, Inter-American Development Bank, 2002.
Reinicke, Wolfgang H., *Global Public Policy: Governing Without Government?* Brookings Institution Press, 1998.
Rondinelli, Dennis A., & Cheema, G. Shabbir, *Reinventing Government for the Twenty-First Century: State Capacity in A Globalizing Society*, Kumarian Press, 2003.
Sacks, Jonathan, *The Politics of Hope*, Vintage, 1997.
Sen, Amartya, *Identity and Violence: The Illusion of Destiny*, W. W. Norton & Company, 2006.
Shapiro, Ian, *The State of Democratic Theory*, Princeton University Press,

2003.
Skocpol, Theda, & Fiorina, Morris P., *Civic Engagement in American Democracy*, Brookings Institution Press, Russell Sage Foundation, 1999.
Smith, Jackie, *Social Movements for Global Democracy*, Johns Hopkins University Press, 2008.
Starr, Paul, *Freedom's Power: The True Force of Liberalism*, A Member of the Perseus Books, 2007.
Sullivan, William M., & Kymlicka, Will, *The Globalization of Ethics: Religious and Secular Perspectives*, Cambridge University Press, 2007.
The World Bank, *World Development Report 1997: The State in A Changing World*, Oxford University Press, 1997.
Webster, Mary E., *The Federalist Papers: In Modern Language Indexed for Today's Political Issues*, Merril Press, 1999.
Whiteehead, Laurence, *Democratizations: Theory and Experience*, Oxford University Press, 2002.
Williamson, John, *The Political Economy of Policy Reform*, Institute for International Economics, 1994.
Zakaria, Fareed, *The Future of Freedom: Illiberal Democracy At Home And Abroad*, W.W. Norton & Company, 2003.

7. 창조적 세계화론

강정인, 『서구중심주의를 넘어서』, 아카넷, 2004.
공보처, 『문민정부 5년 개혁백서』, 정부간행물 제작소, 1997.
교육개혁위원회, 『한국교육개혁백서』, 교육개혁위원회, 1998.
교육개혁평가연구회, 『21세기의 새 지평 교육개혁』, 교육개혁평가연구회, 1997.
국역총서 85-2, 『국역 율곡전서(V): 성학집요』, 한국정신문화연구원, 1985.
권오승, 『사법도 서비스다』, 미래미디어, 1996
그레고리 핸더슨 지음, 박행웅·이종삼 옮김, 『소용돌이의 한국정치』, 한울 아카데미, 2000.
금장태, 『유교와 한국사상』, 한국학술정보(주), 2007.

금장태, 『한국의 선비와 선비정신』, 서울대학교출판부, 2000
김경원·임현진 공편, 『세계화의 도전과 한국의 대응』, 나남출판, 1996.
김광석·차동세, 『한국경제 半세기: 역사적 평가와 21세기 비전』, 한국개발연구원, 1995.
김은희 외(함한희, 윤택림), 『문화에 발목잡힌 한국경제: 경제위기에 대한 문화적 분석』, (주)현민, 1999.
김팔수 외(고대혁, 장승구, 신창호 옮김), 『관자(管子)』, 소나무, 2006.
김형효, 『원효의 대승철학』, 소나무, 2006.
김형효 외(최진덕, 장승구, 김석근, 박홍기, 정해창), 『민본주의를 넘어서: 동양의 민본사상과 새로운 공동체 모색』, 청계, 2000.
남덕우, 『국제화 시대의 한국경제』, 삼성경제연구소, 1997.
남덕우, 『한국, 과거를 딛고 미래를 보자』, 삼성경제연구소, 2007.
남시욱, 『한국진보세력 연구』, 청미디어, 2009.
노대환, 『동도서기론 형성과정연구』, 일지사, 2005.
노사개혁백서편찬위원회, 『노사개혁 21세기 새 동반자』, 노사개혁백서편찬위원회, 1997.
대통령자문 21세기 위원회 편, 『21세기의 한국 : 2020년을 바라본 장기정책과 전략』, 도서출판 서울프레스, 1994.
린이푸 외, 한동훈·이준엽 옮김, 『중국의 개혁과 발전전략』, 백산서당, 2001.
박세일 외 19명, 『소비자 주권의 교육대개혁론』, 길벗, 1995.
박세일 외(나성린), 『21세기 대한민국 선진화 4대전략』, 한반도선진화재단, 2007.
박세일 외(이주호, 우천식), 『자율과 책무의 대학개혁: 제2단계의 개혁』, 한국개발연구원, 한국직업능력개발원, 2004.
박세일 외(이주호, 우천식), 『자율과 책무의 학교개혁: 평준화 논의를 넘어서』, 한국개발연구원, 2002.
박영철 외, 『한국의 외환위기 10년: 전개과정과 추후 과제(상, 하)』, 한국경제연구원, 2008.
박현모, 『세종처럼: 소통과 헌신의 리더십』, 미다스북스, 2008.
복지개혁백서편찬위원회, 『국민복지 새 지평을 열다』, 복지개혁백서편찬위원회, 1995.
산업자원부, AT커니, 전국경제인연합회, 『2015 산업발전 비전과 전략』, 전국경제인연합회, 2006.
세계화추진위원회, 『1995년도 세계화추진 종합보고서』, 세계화추진위원회, 1995.

세계화추진위원회, 『세계화추진현황과 세계화추진위원회의 역할: 시드니 세계화 선언 1주년에 즈음하여』, 세계화추진위원회, 1995.
세계화추진위원회, 『세계화과제 보고서』, 세계화추진위원회, 1998.
세계화추진위원회, 『세계화백서』, 세계화추진위원회, 1998.
순자 지음, 김학주 옮김, 『순자(荀子)』, 을유문화사, 2001.
신 평, 『한국의 사법개혁: 아직 끝나지 않은 여정』, 높이깊이, 2009.
신인석·한진희 편, 『경제위기 이후 한국경제 구조변화의 분석과 정책방향』, 한국개발연구원, 2006.
오원철, 『한국형 경제건설 7(내가 전쟁을 하자는 것도 아니지 않느냐)』, 한국형경제정책 연구소, 1999.
이돈희 외, 『21세기의 새 지평 교육개혁』, 교육개혁평가 위원회, 1997.
이돈희 외, 『교육개혁의 평가와 향후 과제』, 교육개혁포럼, 교육인적자원부, 2002.
이장희, 『조선시대 선비연구』, 박영사, 1989.
이정식, 『대한민국의 기원』, 일조각, 2006.
장기표, 『지구촌시대 민족발전전략』, 백산서당, 1995.
재정경제원, 한국개발원 편, 『열린시장경제로 가기 위한 국가과제(21세기 새로운 도약을 위한 준비: 자료편)』, 재정경제원, 한국개발원, 1997.
정도전, 『국역 삼봉집(1), (2)』, 민족문화추진회 편, 1977.
정약용, 다산연구회 역주, 『역주 목민심서(1-6)』, 창작과비평사, 1988.
최홍규, 『신채호의 역사학과 민족운동』, 일지사, 2005.
한국개발연구원, 『열린 시장경제로 가기 위한 국가과제』, 재정경제원, 한국개발연구원, 1997.
한국개발연구원, 『경제위기극복과 구조조정을 위한 종합대책』, 한국개발연구원, 1998.
한영우, 『정도전』, 지식산업사, 1999.
함정호 편저, 『선진국 진입을 위한 한국경제의 새로운 성장전략』, 지식산업사, 2004.
현광호, 『한국근대사상가의 동아시아인식』, 선인, 2009.

中曾根康弘, 『21世紀, 日本の 國家戰略』, PHP硏究所, 2000.
Eisuke, Sakakibara, 『文明としての 日本型 資本主義』, 東洋經濟新報社, 1993.
Hajino, Masaki, 『現代 ドイツ 經濟思想の 源流』, 文眞堂, 1989.
Masamura, Kimihiro, 現代綜合硏究集團(편), 『21世紀の グランド デザイン』,

NTT出版, 2002.
丘山 新·丘山萬里子,『アジアの 幸福論』, 春秋社, 2005.
難波田春夫,『國家と 經濟』, 早稻田大學出版部, 1982.
朴 倍暎,『儒教と 近代國家』, 講談社, 2006.
山口二郎,『戰後政治の 崩壞』, 岩波新書, 2004.
山口二郎,『日本政治の 課題』, 岩波新書, 1997.
小澤一郎,『小澤主義』, 集英社, 2006.
田村正勝,『新時代の 社會哲學』, 早稻田大學出版部, 2000.
中川八洋,『保守主義の 哲學』, PHP研究所, 2004.

Baumol, William J., & Litan, Robert E., Schramm, Carl J., *Good Capitalism, Bad Capitalism, and the Economics of Growth and Prosperity*, Yale University Press, 2007.
Behravesh, Nariman, *Spin-Free Economics: A No-Nonsence Nonpartisan Guide to Today's Global Economic Debates*, McGraw Hill, 2009.
Bell, Daniel A., *Beyond Liberal Democracy*, Princeton University Press, 2006.
Bell, Daniel A., *China's New Confucianism*, Princeton University Press, 2008.
Burki, Shahid Javed, & Perry, Guillermo, *Institutions Matter*, Oxford University Press, 1998.
Chang, Ha-Joon, *Globalisation, Economic Development, and the Role of the State*, Zed Books, 2003.
Fridman, Benjamin M., *The Moral Consequences of Economic Growth*, Alfred A. Knopf, 2005.
Greenfeld, Liah, *The Spirit of Capitalism: Nationalism and Economic Growth*, Harvard University Press, 2001.
Kerr, Clack, & Dunlop, John T., Harbison, Frederick H., Myers, Charles A., *Industrialism and Industrial Man: The Problems of Labor and Management in Economic Growth*, Harvard University Press, 1960.
Kuczynski, Pedro-Pablo & Williamson, John, *After Washington Consensus: Restarting Growth and Reform in Latin America*, Institute for International Economics, 2003.

Lee, Kuan Yew, *From Third World to First (The Singapore Story: 1965~2000)*, Harper Collins Publishers, 2000.

Peter, F. Drucker, *Managing for the Future*, Truman Talley Books, 1992.

Polanyi, Karl, *The Great Transformation: The Political and Economic Origins of Our Time*, Beacon, 1944.

Porter, Micahel E., Takeuchi, Hirotaka & Sakanara, Marroko, *Can Japan Compete?* Macmillan Press, 2000.

Rodrik, Dani, One Economics, *Many Recipes: Globalization, Institutions, and Economic Growth*, Princeton University Press, 2007.

Rodrik, Dani, *Has Globalization Gone Too Far?* Intitute for International, 1997.

Rodrik, Dani, *The New Global Economy and Developing Countries: Making Openness Work*, Johns Hopkins University Press, Overseas Development Council, 1999.

Röpke, Wilhelm, *Civitas Humana: A Humane Order of Society*, William Hodge and Company, 1948.

Scdwortz, Herman M., *States Versus Markets: History, Geography, and the Development of the International Political Economy*, St. Martin's Press, 1994.

Serra, Narcis, & Stiglitz, Joseph E., *The Washington Consensus Reconsidered: Towards a New Global Governance*, Oxford University Press, 2008.

Simhony, Avital, & Weinstein, David, *The New Liberalism: Reconciling Liberty and Community*, Cambridge University Press, 2001.

Stern, Nicholas, Dethier, Jean-Jacques, & Rogers, F. Halsey, *Growth and Empowerment: Making Development Happen*, The MIT Press, 2005.

Streeck, Wolfgang, & Yamamura, Kozo, *The Origins of Nonliberal Capitalism*, Cornell University Press, 2001.

Tamir, Yael, *Liberal Nationalism*, Princeton University Press, 1993.

The Ministry of Education, *Educational Reform Toward The 21st Century in Korea*, The Ministry of Education, 1998.

The World Bank, *The East Asian Miracle: Economic Growth and Public Policy*, Published for the World Bank, Oxford University Press, 1993.

Wolfe, Alan, *The Future of Liberalism*, Alfred A. Knopf, 2009.
Yusuf, Shahid, & Evenett, Simon J., *Can East Asia Compete?: Innovation for Global Markets*, The World Bank, 2002.

찾아보기

ㅇ

ㅈ

Korea's "Creative" Globalization Strategy:
"*Creative*" Globalization Strategy for the Advancement of Korea

Park, Se-Il
Professor of Law and Economics
Graduate School of International Studies
Seoul National University

This writing is a sequel to the author's several works on "Korea's Strategy for the *Segewha* Policy"published in the mid-1990s at the time when the State of Korea was endeavoring to posit itself as one of the responsible players in the ever globalized international community. It is also designed to serve both as a critical tribute to all the national efforts made ever since, and as a new path finder in the unfolding of the next phase of "the *creative* globalization strategy" in the future nation building of Korea, against the backdrop of the current developments in the national and world affairs.

The main purposes of this book are threefold. Firstly, this publication seeks to examine the developments in the recent globalization process, and their influences on various public policy issues. Analysis will be made, for example, onthe impact of the globalization on international relations, global finance, trade and labor, education, poverty and inequality, global warming and culture, as well as the implications of the globalization process on democracy, civil society and the ever-changing role of the government. Critical evaluation will be performed on the recent academic accomplishments and research outcomes in each policy area. Based upon such findings, theauthor purports to present the appropriate and balanced optimum policy recommendations, by which individual nations should be guided in their respective endeavors to build a successful economy and society in the age of globalization.

This book also aims to investigate the meanings of the so-called Washington Consensus and its relevance in the wake ofthe 2008 global financial crisis. The Washington Consensus (1989) was originally designed to develop a package of policy recommendations desirable to developing countries for their successful economic and social development. However, its appropriateness and effectiveness havebeen seriously doubted and damaged especially after the 2008 global recession. A couple of attempts have been made either to replace or repair the Washington Consensus, including the Beijing Consensus (2004) and the Barcelona Declaration (2004), yet without much success. In this context, the authorendeavors in this book to develop and to present "the Seoul Consensus", hopefully a most appropriate and effective substitute for the Washington Consensus. "The Seoul Consensus" has emerged mainly deriving from the Korea's own experience of successful development in the past five decades, as a nation that rose from an extremely backward economy to a state of mid-level income, and that is now seeking another leap to a fully advanced economy.

Another purpose of this book is to review critically the globalization strategy that the Korean government had adopted and implemented in the identical period of time. In the year of 1995, the Korean government, first in its history, had initiated its own sets of globalization strategy, entitled then as "the *Segewha* Policy", which was distinct from its former "Industrialization Policy". Such first sets of the globalization strategy were specifically designed to bring the Korean economy and its social system into full compliance with the features and requirements of the globalization trend of the time, with a view toward recreating Korea as a more robust and successful country amid the challenges in the age of globalization.

The first sets of the globalization strategy in Koreaincluded a series of institutional and policy reforms in such policy areas as education, labor, health, and welfare. The author will provide personal accounts on, and also examine the historical background of such reforms designed and implemented in the '*Segewha*' policy period (1995–97). Investigative analysis will follow on the underlying reasons for the success and failure of each reform. Based upon such critical examination, this book seeks to provide more appropriate and desirable policy guidelines, and recommendations for the unfolding of the next phase of the *creative* globalization strategy, which the state of Korea should take seriously in order to transform itself once again as one of the fully advanced nations in the world.

박세일

서울대학교 법과대학을 졸업하고 미국 코넬대학에서 경제발전론·법경제학·노동경제학 연구로 석·박사학위를 받았다. 귀국 후 한국개발연구원(KDI)에서 국가정책수립에 관계했고, 1985년부터는 서울대학교 법과대학에서 교수로 후진을 양성했다. 1995년부터는 청와대 정책수석, 사회복지수석으로 사법개혁·교육개혁·노동개혁·복지개혁 등 세계화개혁을 주도했다. 경제정의실천시민연합(경실련)의 탄생을 주도하여, 경실련 정책위의장과 경제정의연구소 이사장을 역임한 바 있다. 제17대 국회의원으로서 한나라당 여의도연구소장 그리고 정책위의장을 역임했다. 국민통합과 국가발전의 이념으로 개인의 존엄과 창의와 자유를 기본으로 하되 공동체적 가치와 연대를 중시하는 '공동체자유주의'를 주창하여 오고 있다. 특히 지식인의 사회적 책임, 학제간 연구의 중요성, 이론과 실천의 통합, 동양정신과 서양제도의 결합 등을 강조해 오고 있다. 2006년 비(非)정파적 민간싱크탱크인 한반도선진화재단을 창립, 대한민국의 선진화와 통일을 위한 비전과 정책을 연구 개발하고 이를 전파하는 데 앞장서 오고 있다. 현재 한반도선진화재단 이사장으로 활동하며, 서울대학교 국제대학원 교수로 재직중이다.

1987년 한국경제학회가 젊은 학자의 우수논문에 주는 청람상(靑藍賞)을 수상한 바 있고 한국노동경제학회 회장, 한국법경제학회 회장, 그리고 한국제도·경제학회 회장을 역임한 바 있다.

주요 저서

- 『법경제학』(2000)
- 『대한민국 선진화전략』(2006)
- 『공동체자유주의』(공저, 2008)
- 『애덤 스미스의 도덕 감정론』(공역, 2009)
- 『대한민국 국가전략』(2009)